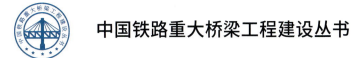

中国铁路重大桥梁工程建设丛书

INNOVATIONS AND PRACTICES
IN THE BRIDGE ENGINEERING OF
THE FUZHOU-XIAMEN HIGH-SPEED RAILWAY

福厦高铁桥梁工程创新与实践

严爱国　王德志　等　编著

人民交通出版社
北京

内 容 提 要

本书依托我国第一条沿海高速铁路——福厦高铁的桥梁工程建设实践,针对沿海强风、高地震、深厚软基、密集的水陆交通网等复杂的建设环境,秉持高铁桥梁结构合理、安全适用、经济美观的建设理念,开展了大跨度高低塔混合梁斜拉桥、大跨度结合梁斜拉桥、整体式连续刚构、大跨度桥梁无砟轨道技术、大跨度简支梁建造技术和海洋环境结构耐久性等创新技术研究,系统总结了桥梁方案、结构设计、施工技术和数字化建造技术成果,构建了适应我国沿海高铁桥梁设计、施工的创新技术体系。

本书集中展现了当前桥梁工程领域的先进技术水平,涵盖了丰富的工程设计资料,可供从事铁路桥梁设计、施工、建设管理的工程技术人员参考,尤其对参与铁路跨海桥梁建设的工程技术人员具有重要的指导和借鉴作用,亦可作为桥梁工程及相关领域高等院校师生的学习参考资料。

图书在版编目(CIP)数据

福厦高铁桥梁工程创新与实践 / 严爱国等编著.
北京：人民交通出版社股份有限公司,2025.4.
ISBN 978-7-114-20145-5

Ⅰ.U448.13

中国国家版本馆 CIP 数据核字第 202536XF27 号

中国铁路重大桥梁工程建设丛书
Fu-Xia Gaotie Qiaoliang Gongcheng Chuangxin yu Shijian

书　　　名：	福厦高铁桥梁工程创新与实践
著 作 者：	严爱国　王德志　等
责任编辑：	张　晓　李学会
责任校对：	赵媛媛　刘　璇
责任印制：	张　凯
出版发行：	人民交通出版社
地　　　址：	(100011)北京市朝阳区安定门外外馆斜街 3 号
网　　　址：	http://www.ccpcl.com.cn
销售电话：	(010)85285857
总 经 销：	人民交通出版社发行部
经　　销：	各地新华书店
印　　刷：	北京博海升彩色印刷有限公司
开　　本：	889×1194　1/16
印　　张：	35
字　　数：	1064 千
版　　次：	2025 年 4 月　第 1 版
印　　次：	2025 年 4 月　第 1 次印刷
书　　号：	ISBN 978-7-114-20145-5
定　　价：	258.00 元

(有印刷、装订质量问题的图书,由本社负责调换)

福厦高铁桥梁工程
创 新 与 实 践

INNOVATIONS AND PRACTICES
IN THE BRIDGE ENGINEERING OF
THE FUZHOU-XIAMEN HIGH-SPEED RAILWAY

MAIN BRIDGE CONSTRUCTION SITES

斜拉桥

乌龙江特大桥
（主跨 432m）

主要桥梁工点

泉州湾跨海大桥
（主跨 400m）

木兰溪特大桥

(主跨 145m + 145m)

安海湾特大桥
（主跨 300m）

部分斜拉桥

太城溪特大桥
（主跨 125m）

雷公山特大桥
（主跨 224m）

湄洲湾跨海大桥
（主跨 180m）

梁 桥

跨斗尾疏港高速公路特大桥
（主跨 146m）

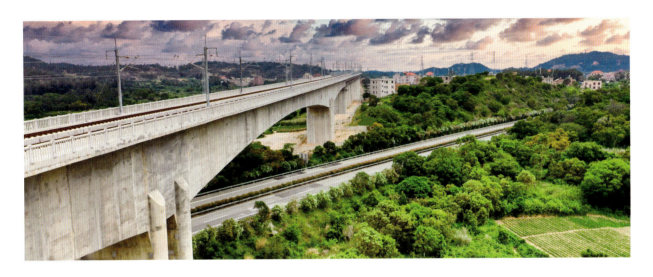

泉州湾跨海大桥引桥
（3×70m 整体式桥梁）

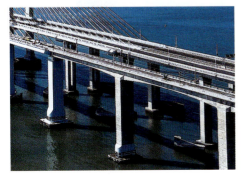

泉州湾跨海大桥
（160m 连续刚构拱）

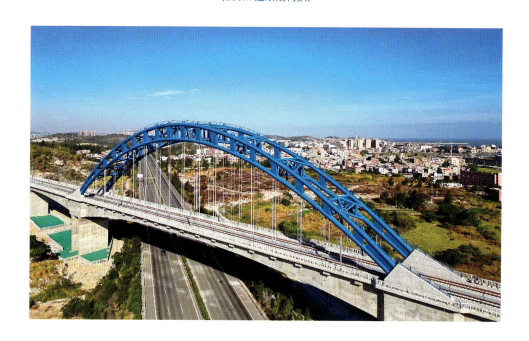

西溪特大桥
（主跨 168m）

湄洲湾跨海大桥引桥
(40m 简支梁)

集美特大桥
（门式墩）

青口特大桥
（100m+100m T构）

桥上设备

固化道床

直立式声屏障

封闭式声屏障

钢栏杆

混凝土栏杆

六棱块锥体

混凝土栏杆

EDITORIAL COMMITTEE | 编委会

主 任 委 员

严爱国　王德志

副主任委员

陈国顺　文望青　饶惠明　张志鹏　杨　恒　南　纯

编　　委

陈其强	金团辉	周晓涛	刘清江	何晓春	吴宜民	吴　成
寇延春	曾甲华	聂利芳	凌玉芳	武　兵	任　征	夏正春
杨利卫	蒋啟明	陈　玉	柯朝辉	殷鹏程	余艳霞	张晓江
余兴胜	赵月悦	闫俊峰	梁金宝	王新国	陶志列	张朝霞
李金忠	李　兵	黄中华	易　旺	龚辉忠	段廷发	杜立安
张红涛	张伟莹	樊国良	程正敏	胡海波	许平华	李　维
罗长维	刘福星	翁方文	邢天明	白昌杰	梁　奇	曾德文
徐　彬	徐进波	张凤龙	杨文远	陈晓辉	刘本永	章开东
赵剑锋	崔国宏	姚　慧	倪　峰	王鹏宇	张丽璞	陈　勇
宋子威	李的平	杨得旺				

Foreword

  福厦高铁位于我国东部沿海地区，是"十三五"规划中"八纵八横"高速铁路网以及沿海高速客运通道的重要组成部分，设计速度为350km/h。项目技术标准高，建设条件复杂，沿线途经台风多发地区。线路依次跨越湄洲湾、泉州湾、安海湾三个海湾，以及乌龙江、木兰溪、九龙江等多条水系，并上跨G324、沈海高速公路、福泉高速公路、泉州绕城高速公路、厦蓉高速公路等重要国道和城市道路，与众多道路管线交错，十多次与既有福厦铁路、向莆铁路、厦深铁路、港口支线等铁路相交，且有长段落与既有福厦铁路近距离并行。线路沿途有海上深水、滨海滩涂及陡峻山区，有深厚软基、陡岩固石及"采石天坑"，地形地质复杂。

  该项目于2017年9月开工建设，历时6年，在全体建设者艰苦奋斗、励精图治之下，于2023年9月顺利建成通车。铁路桥梁工程师充分发挥聪明才智，紧密结合建设条件、功能需求、环境景观等，构思了多种新结构、新体系高铁桥梁，如大跨度四线高低塔混合梁斜拉桥、全组合梁斜拉桥、独塔斜拉桥、整体式连续刚构、双薄壁墩大跨度T构桥等，都在本项目中得到了合理应用。针对复杂的建设条件，工程师们进行了大量施工技术创新，木兰溪特大桥主桥邻近铁路的桥塔创新采用裸塔转体施工，增加了桥塔施工时与既有铁路间的距离，降低了对既有线运营安全的影响；泉州湾跨海大桥主跨400m全组合梁斜拉桥，主梁节段采用工厂钢-混凝土结合、整体运输至桥位悬拼施工；在跨海大桥上大量采用40m大跨度预制简支梁，并应用国之重器"昆仑号"运架一体机运输、架设；在多联整体式刚构桥中创新采用交接墩临时固结、梁部全悬灌施工技术，实现了海中深水区高墩引桥无支架悬浇施工；高墩条件下的6~32m渡线连续梁，创新采用先预制架设简支梁、后结合为连续梁施工成桥工艺。新材料方面，针对沿线高湿高盐的海洋强腐蚀环境，率先在我国海洋大气环境研发并使用免涂装Ni系高性能耐候钢及石墨烯重防腐涂装体系。针对并行既有桥的大跨度斜拉桥，开展了并行桥梁风-车-线-桥耦合振动研究，提出了一系列抑振措施及合理桥间距等关键技术参数，此外还开展了大跨度桥梁BIM建造与健康监测技术等研究。

序言

福厦高铁桥梁建设条件复杂，技术创新特点突出，本书系统总结了大跨度高低塔四线混合梁斜拉桥、大跨度钢-混凝土结合梁斜拉桥、整体式连续刚构桥梁、大跨度无砟轨道桥梁、大跨度预制架设简支梁建造技术及耐久性措施等六大核心创新技术，对全线典型工点做了总结和提炼，包含国内铁路最大转体桥（3.8万t）、海上超长栈桥（10km）、主跨224m矮塔斜拉桥、装配式桥面系建造技术，以及水下倾斜裸岩、孤石等复杂地质条件下基础施工技术，都反映了本线桥梁建造技术的复杂性和创新性。

在国民经济快速发展和"海洋强国"国家战略的驱动下，我国沿海跨海铁路桥梁建设近年来取得了显著成就。2019年，福平铁路平潭海峡公铁大桥建成通车；2023年，甬舟铁路开工建设。其中，西堠门公铁两用大桥跨度突破千米级，杭州湾跨海铁路大桥跨海段长度达29km，新温福铁路的建设也即将启动，这些项目的推进将进一步推动我国高铁跨海大桥的纵深发展。同时，伴随着铁路桥梁BIM技术和健康监测等现代信息技术的进步，相关部门也在积极探索其在铁路桥梁的勘察设计、施工、管养全过程应用，推动铁路桥梁向智能化迈进，提升桥梁建造品质及运营安全水平。

"交通强国，铁路先行"。希望广大桥梁建设者和科技人员，继续弘扬创新精神，奋发进取，积极探索，大胆实践，不断提升我国铁路桥梁的建设水平，助力我国从桥梁大国稳步迈向桥梁强国，引领世界铁路桥梁技术的发展。

2025年1月于长沙

Preface

福厦高铁北起福州南站（含）南至漳州站（含），连接福州、莆田、泉州、厦门、漳州等海峡西岸经济发达地区。线路全长 277.5km，其中桥梁部分长达 181.1km。面对异常复杂的建设条件，建设者们因地制宜，创新性地运用了多种桥梁结构，如四线大跨度混合梁斜拉桥（主跨 432m）、大跨度结合梁斜拉桥（主跨 400m、300m）、整体式连续刚构（3×70m）、海上大跨度无砟轨道桥梁（主跨 300m）以及大跨度预制架设简支梁等。建设者们还致力于海洋环境高耐久性技术的研究与应用，同时积极探索建立以 BIM 技术为基础，融合互联网、云计算、大数据等的前沿技术，研究并制定沿海地区高铁智能建造标准，探索智能建造技术，助力打造精品工程，将"新时代"发展理念充分融入高铁建设中，打造具有新时代特征的"新福厦"，树立中国沿海高铁技术集成应用和最美沿海高铁的"新标杆"。

为系统总结并传承福厦高铁桥梁的建设经验，进一步推动我国铁路桥梁技术的创新发展，值此全线通车周年之际，在建设单位福建东南沿海铁路福建有限责任公司的大力支持下，由中铁第四勘察设计院集团有限公司牵头，组织中铁四局集团有限公司、中铁六局集团有限公司、中铁大桥局集团有限公司、中铁上海局集团有限公司、中铁十一局集团有限公司、中铁十二局集团有限公司、中铁建大桥工程局集团有限公司、中铁十七局集团有限公司以及中交第二航务工程局有限公司等多家单位的铁路桥梁专家，共同编撰了此书，为未来我国高铁桥梁的持续进步描绘新的辉煌篇章。

本书紧密围绕福厦高铁工程实践，全面系统地介绍了工程建设条件，分析了工程建设特点，阐述了典型桥梁的桥位和桥式方案构思的研究过程，并详细解读了各种复杂特殊结构的主要技术参数、关键构造细节、结构分析方法以及科研试验成果，对典型桥梁结构的施工技术、复杂桥梁的创新技术、BIM 技术的应用和桥梁健康监测技术进行了系统而详尽的阐述。

全书主要内容如下：

第 1 篇　概述，简要介绍了福厦高铁桥梁工程概况、国内外铁路桥梁发展现状，我国铁路跨海桥梁的建设和发展，全面介绍了福厦高铁桥梁建设环境及面临的建设挑战与创新。

前言

第 2 篇 方案研究，针对多座跨越江海、邻近既有线、跨越高速公路等重点复杂桥梁，详细论述了桥位和桥式方案比选研究成果。

第 3 篇 结构设计，结合全线主要复杂桥梁结构，如四线高低塔斜拉桥结构设计、大跨度钢箱结合梁斜拉桥、独塔转体混凝土斜拉桥等，对桥梁结构的主要技术参数、结构构造、结构分析等做了全面的阐述，列举了主要计算及科研试验成果。

第 4 篇 桥梁施工，分工点介绍了主要桥梁施工技术，包括基础施工、斜拉桥桥塔和梁部施工、转体桥梁施工、40m 梁制运架施工等。

第 5 篇 数字化建造技术，系统地介绍了全线桥梁的 BIM 实施内容及技术成果，以及桥梁健康监测设计和桥梁动态监测成果。

第 6 篇 创新技术研究，集中介绍了福厦高铁桥梁结构设计和施工创新技术，体现了福厦高铁的桥梁结构体系创新、材料创新、施工技术创新以及施工设备创新等。

在本书编写过程中，承蒙中国国家铁路集团有限公司鉴定中心陈良江、张红旭、赵会东、孙宗磊，工管中心江忠贵、韩晓强等知名桥梁专家的悉心指导，获得了中国国家铁路集团有限公司、清华大学、西南交通大学以及中南大学等单位领导和教授的大力支持，得到了中铁第四勘察设计院集团有限公司各级领导和同事的鼎力支持，在此表示诚挚的谢意。中铁第四勘察设计院集团有限公司陈晓辉、肖俊、徐征等在本书的编写过程中做了大量的插图整理及组织协调工作，在此一并表示感谢。

由于作者水平有限，难免有疏漏和错误之处，敬请读者提出宝贵意见。

作　者
2025 年 1 月于武汉

Contents

第1篇　概述 ……………………………………………………………………………… 1

    第1章　引言 …………………………………………………………………………… 3
    第2章　国内外铁路桥梁发展现状 …………………………………………………… 4
        2.1　铁路斜拉桥 ……………………………………………………………………… 4
        2.2　铁路部分斜拉桥 ………………………………………………………………… 9
        2.3　铁路大跨度连续梁（刚构）桥 ………………………………………………… 12
        2.4　铁路T形刚构桥 ………………………………………………………………… 16
    第3章　我国铁路跨海桥梁的建设发展 ……………………………………………… 18
        3.1　技术挑战 ………………………………………………………………………… 18
        3.2　沿海（跨海）铁路桥梁工程 …………………………………………………… 18
        3.3　铁路桥梁技术发展 ……………………………………………………………… 20
    第4章　福厦高铁桥梁工程概况 ……………………………………………………… 22
        4.1　建设条件 ………………………………………………………………………… 22
        4.2　主要技术标准 …………………………………………………………………… 28
        4.3　全线桥涵概况 …………………………………………………………………… 28
        4.4　主要设计原则 …………………………………………………………………… 29
    第5章　福厦高铁桥梁建设挑战与创新 ……………………………………………… 34
        5.1　面临挑战 ………………………………………………………………………… 34
        5.2　桥梁创新技术 …………………………………………………………………… 34

第2篇　方案研究 …………………………………………………………………………… 39

    第1章　乌龙江特大桥 ………………………………………………………………… 41
        1.1　工程概况 ………………………………………………………………………… 41
        1.2　主要技术标准 …………………………………………………………………… 43
        1.3　桥梁方案控制因素 ……………………………………………………………… 43
        1.4　桥位方案比较 …………………………………………………………………… 44
        1.5　桥式方案 ………………………………………………………………………… 46
        1.6　小结 ……………………………………………………………………………… 49
    第2章　太城溪特大桥 ………………………………………………………………… 50
        2.1　工程概况 ………………………………………………………………………… 50
        2.2　主要技术标准 …………………………………………………………………… 51
        2.3　桥梁方案的控制因素 …………………………………………………………… 51

目录

  2.4 桥式方案比较 ··· 51
  2.5 结构技术要点 ··· 54
  2.6 小结 ··· 58
第3章 雷公山特大桥 ··· 59
  3.1 工程概况 ·· 59
  3.2 主要技术标准 ··· 60
  3.3 桥梁方案的控制因素 ································· 60
  3.4 桥式方案 ·· 61
  3.5 小结 ··· 66
第4章 福清西站特大桥 ·· 67
  4.1 工程概况 ·· 67
  4.2 主要技术标准 ··· 68
  4.3 桥式方案 ·· 68
  4.4 结构技术要点 ··· 70
  4.5 小结 ··· 74
第5章 木兰溪特大桥 ··· 75
  5.1 工程概况 ·· 75
  5.2 主要技术标准 ··· 76
  5.3 桥梁方案控制因素 ···································· 76
  5.4 桥式方案 ·· 77
  5.5 小结 ··· 83
第6章 湄洲湾跨海大桥 ·· 84
  6.1 工程概况 ·· 84
  6.2 主要技术标准 ··· 84
  6.3 桥梁方案控制因素 ···································· 84
  6.4 主桥桥式方案 ··· 85
  6.5 引桥桥式方案 ··· 87
  6.6 小结 ··· 89
第7章 泉州湾跨海大桥 ·· 90
  7.1 工程概况 ·· 90
  7.2 主要技术标准 ··· 92
  7.3 主要控制因素 ··· 92
  7.4 桥位方案比较 ··· 93
  7.5 桥式方案布置 ··· 95

Contents

  7.6 主桥方案选择 …………………………………………………… 95
  7.7 小结 ……………………………………………………………… 99

第 8 章 安海湾特大桥 ………………………………………………………… 101
  8.1 工程概况 ………………………………………………………… 101
  8.2 主要技术标准 …………………………………………………… 102
  8.3 桥跨布置确定 …………………………………………………… 102
  8.4 桥式方案布置 …………………………………………………… 102
  8.5 小结 ……………………………………………………………… 105

第 9 章 景观设计 …………………………………………………………… 106
  9.1 引言 ……………………………………………………………… 106
  9.2 景观设计总体构思 ……………………………………………… 107
  9.3 桥梁景观设计构思 ……………………………………………… 108
  9.4 色彩设计灵感 …………………………………………………… 113
  9.5 小结 ……………………………………………………………… 116

第 3 篇 结构设计 …………………………………………………………………… 117

第 1 章 概述 ………………………………………………………………… 119
  1.1 全线桥梁结构 …………………………………………………… 119
  1.2 桥梁结构特点 …………………………………………………… 120
  1.3 桥梁设计理念 …………………………………………………… 121

第 2 章 高低塔混合梁斜拉桥 ……………………………………………… 123
  2.1 概述 ……………………………………………………………… 123
  2.2 结构比选 ………………………………………………………… 123
  2.3 结构设计 ………………………………………………………… 136
  2.4 静力计算 ………………………………………………………… 139
  2.5 动力分析 ………………………………………………………… 147
  2.6 工程应用成果 …………………………………………………… 148

第 3 章 钢箱结合梁斜拉桥 ………………………………………………… 151
  3.1 概述 ……………………………………………………………… 151
  3.2 结构设计 ………………………………………………………… 151
  3.3 静力分析 ………………………………………………………… 156
  3.4 动力分析 ………………………………………………………… 163

第 4 章 混凝土斜拉桥 ……………………………………………………… 171
  4.1 概述 ……………………………………………………………… 171
  4.2 主要结构参数比选 ……………………………………………… 171
  4.3 主要结构设计 …………………………………………………… 174
  4.4 结构静力计算 …………………………………………………… 176
  4.5 局部应力分析 …………………………………………………… 183
  4.6 稳定计算 ………………………………………………………… 189
  4.7 抗震性能计算 …………………………………………………… 190

第 5 章 部分斜拉桥 ………………………………………………………… 193
  5.1 概述 ……………………………………………………………… 193

目录

	5.2 桥式结构比选	193
	5.3 结构设计	194
	5.4 结构静力计算	196
	5.5 局部应力分析	201
	5.6 结构动力分析	204
	5.7 轨道长波不平顺静态分析	208

第6章 连续刚构拱 ... 211
 6.1 概述 ... 211
 6.2 主梁构造 ... 211
 6.3 结构计算 ... 213
 6.4 施工顺序调整 ... 218
 6.5 施工工艺要求 ... 219
 6.6 小结 ... 220

第7章 整体式连续刚构 ... 221
 7.1 概述 ... 221
 7.2 结构设计 ... 221
 7.3 受力特点 ... 226
 7.4 动力分析 ... 228
 7.5 施工过程受力分析 ... 229
 7.6 推广应用情况 ... 233

第8章 大跨度混凝土T构桥 ... 235
 8.1 概述 ... 235
 8.2 结构特点 ... 235
 8.3 结构分析 ... 236
 8.4 墩身结构对梁部刚度的影响 ... 238
 8.5 梁部经济性分析 ... 238
 8.6 T构通用图 ... 239
 8.7 小结 ... 242

第9章 大跨度预制架设简支梁 ... 244
 9.1 概述 ... 244
 9.2 结构计算 ... 244
 9.3 运架梁计算 ... 246
 9.4 与32m通用图梁部的主要参数对比 ... 247
 9.5 梁端局部应力简支分析 ... 248
 9.6 车桥耦合振动分析 ... 248
 9.7 小结 ... 250

第4篇 桥梁施工 ... 253

第1章 乌龙江特大桥主桥施工 ... 255
 1.1 概述 ... 255
 1.2 钻孔桩基础施工 ... 255
 1.3 桥塔施工 ... 259

Contents

  1.4 锚跨混凝土现浇梁及钢-混凝土结合段施工……………………………………262
  1.5 大节段钢箱梁安装施工……………………………………………………………265
  1.6 超高性能混凝土（UHPC）结合桥面应用………………………………………269
  1.7 线形及应力控制……………………………………………………………………270
  1.8 关键施工要点………………………………………………………………………272

第2章 太城溪特大桥主桥施工…………………………………………………………………274
  2.1 概述…………………………………………………………………………………274
  2.2 基坑防护及冠梁施工………………………………………………………………274
  2.3 超大球铰结构及安装技术…………………………………………………………276
  2.4 塔梁同步施工技术…………………………………………………………………278
  2.5 大吨位转体技术……………………………………………………………………280
  2.6 关键施工要点………………………………………………………………………281

第3章 福清西站咽喉区高架桥施工……………………………………………………………282
  3.1 概述…………………………………………………………………………………282
  3.2 预制梁施工…………………………………………………………………………282
  3.3 架梁施工……………………………………………………………………………286
  3.4 连续梁施工…………………………………………………………………………294
  3.5 关键施工要点………………………………………………………………………297

第4章 木兰溪特大桥主桥施工…………………………………………………………………298
  4.1 概述…………………………………………………………………………………298
  4.2 复合式牵索挂篮设计………………………………………………………………299
  4.3 主梁施工技术………………………………………………………………………307
  4.4 斜拉索施工技术……………………………………………………………………309
  4.5 小结…………………………………………………………………………………312

第5章 湄洲湾跨海大桥施工……………………………………………………………………313
  5.1 概述…………………………………………………………………………………313
  5.2 主栈桥交通维护方案………………………………………………………………313
  5.3 40m箱梁预制施工…………………………………………………………………316
  5.4 关键施工要点………………………………………………………………………319

第6章 泉州湾跨海大桥施工……………………………………………………………………320
  6.1 工程概况……………………………………………………………………………320
  6.2 主桥基础施工………………………………………………………………………320
  6.3 主塔施工……………………………………………………………………………326
  6.4 主桥钢-混凝土结合梁施工…………………………………………………………327
  6.5 引桥高桩承台施工…………………………………………………………………336
  6.6 引桥梁部施工………………………………………………………………………336
  6.7 关键施工要点………………………………………………………………………340

第7章 安海湾特大桥主桥施工…………………………………………………………………342
  7.1 概述…………………………………………………………………………………342
  7.2 无封底混凝土钢-混凝土组合吊箱施工……………………………………………342
  7.3 主塔施工……………………………………………………………………………345
  7.4 钢-混凝土结合梁施工………………………………………………………………348
  7.5 关键施工要点………………………………………………………………………353

目 录

第 8 章　西溪特大桥 168m 刚构转体施工 ⋯⋯⋯⋯⋯⋯⋯⋯⋯⋯⋯⋯⋯⋯⋯⋯⋯⋯⋯⋯ 354
  8.1　概述 ⋯⋯⋯⋯⋯⋯⋯⋯⋯⋯⋯⋯⋯⋯⋯⋯⋯⋯⋯⋯⋯⋯⋯⋯⋯⋯⋯⋯⋯⋯⋯ 354
  8.2　梁部施工 ⋯⋯⋯⋯⋯⋯⋯⋯⋯⋯⋯⋯⋯⋯⋯⋯⋯⋯⋯⋯⋯⋯⋯⋯⋯⋯⋯⋯⋯ 355
  8.3　转体施工 ⋯⋯⋯⋯⋯⋯⋯⋯⋯⋯⋯⋯⋯⋯⋯⋯⋯⋯⋯⋯⋯⋯⋯⋯⋯⋯⋯⋯⋯ 357
  8.4　孤石钻孔桩施工 ⋯⋯⋯⋯⋯⋯⋯⋯⋯⋯⋯⋯⋯⋯⋯⋯⋯⋯⋯⋯⋯⋯⋯⋯⋯⋯ 359
  8.5　关键施工要点 ⋯⋯⋯⋯⋯⋯⋯⋯⋯⋯⋯⋯⋯⋯⋯⋯⋯⋯⋯⋯⋯⋯⋯⋯⋯⋯⋯ 360
第 9 章　装配式桥面施工 ⋯⋯⋯⋯⋯⋯⋯⋯⋯⋯⋯⋯⋯⋯⋯⋯⋯⋯⋯⋯⋯⋯⋯⋯⋯⋯⋯⋯⋯ 361
  9.1　概述 ⋯⋯⋯⋯⋯⋯⋯⋯⋯⋯⋯⋯⋯⋯⋯⋯⋯⋯⋯⋯⋯⋯⋯⋯⋯⋯⋯⋯⋯⋯⋯ 361
  9.2　设计概况 ⋯⋯⋯⋯⋯⋯⋯⋯⋯⋯⋯⋯⋯⋯⋯⋯⋯⋯⋯⋯⋯⋯⋯⋯⋯⋯⋯⋯⋯ 361
  9.3　预制及安装施工 ⋯⋯⋯⋯⋯⋯⋯⋯⋯⋯⋯⋯⋯⋯⋯⋯⋯⋯⋯⋯⋯⋯⋯⋯⋯⋯ 363
  9.4　质量控制及检验 ⋯⋯⋯⋯⋯⋯⋯⋯⋯⋯⋯⋯⋯⋯⋯⋯⋯⋯⋯⋯⋯⋯⋯⋯⋯⋯ 367
  9.5　结语 ⋯⋯⋯⋯⋯⋯⋯⋯⋯⋯⋯⋯⋯⋯⋯⋯⋯⋯⋯⋯⋯⋯⋯⋯⋯⋯⋯⋯⋯⋯⋯ 370

第 5 篇　数字化建造技术 ⋯⋯⋯⋯⋯⋯⋯⋯⋯⋯⋯⋯⋯⋯⋯⋯⋯⋯⋯⋯⋯⋯⋯⋯⋯⋯⋯⋯⋯⋯ **371**

第 1 章　BIM 技术 ⋯⋯⋯⋯⋯⋯⋯⋯⋯⋯⋯⋯⋯⋯⋯⋯⋯⋯⋯⋯⋯⋯⋯⋯⋯⋯⋯⋯⋯⋯⋯ 373
  1.1　概述 ⋯⋯⋯⋯⋯⋯⋯⋯⋯⋯⋯⋯⋯⋯⋯⋯⋯⋯⋯⋯⋯⋯⋯⋯⋯⋯⋯⋯⋯⋯⋯ 373
  1.2　技术路线 ⋯⋯⋯⋯⋯⋯⋯⋯⋯⋯⋯⋯⋯⋯⋯⋯⋯⋯⋯⋯⋯⋯⋯⋯⋯⋯⋯⋯⋯ 374
  1.3　BIM 模型创建 ⋯⋯⋯⋯⋯⋯⋯⋯⋯⋯⋯⋯⋯⋯⋯⋯⋯⋯⋯⋯⋯⋯⋯⋯⋯⋯⋯ 374
  1.4　设计阶段 BIM 应用 ⋯⋯⋯⋯⋯⋯⋯⋯⋯⋯⋯⋯⋯⋯⋯⋯⋯⋯⋯⋯⋯⋯⋯⋯ 384
  1.5　施工阶段 BIM 应用 ⋯⋯⋯⋯⋯⋯⋯⋯⋯⋯⋯⋯⋯⋯⋯⋯⋯⋯⋯⋯⋯⋯⋯⋯ 387
  1.6　典型工程实施效果 ⋯⋯⋯⋯⋯⋯⋯⋯⋯⋯⋯⋯⋯⋯⋯⋯⋯⋯⋯⋯⋯⋯⋯⋯⋯ 388
  1.7　小结 ⋯⋯⋯⋯⋯⋯⋯⋯⋯⋯⋯⋯⋯⋯⋯⋯⋯⋯⋯⋯⋯⋯⋯⋯⋯⋯⋯⋯⋯⋯⋯ 390
第 2 章　施工控制技术 ⋯⋯⋯⋯⋯⋯⋯⋯⋯⋯⋯⋯⋯⋯⋯⋯⋯⋯⋯⋯⋯⋯⋯⋯⋯⋯⋯⋯⋯⋯ 392
  2.1　概述 ⋯⋯⋯⋯⋯⋯⋯⋯⋯⋯⋯⋯⋯⋯⋯⋯⋯⋯⋯⋯⋯⋯⋯⋯⋯⋯⋯⋯⋯⋯⋯ 392
  2.2　技术准备 ⋯⋯⋯⋯⋯⋯⋯⋯⋯⋯⋯⋯⋯⋯⋯⋯⋯⋯⋯⋯⋯⋯⋯⋯⋯⋯⋯⋯⋯ 392
  2.3　施工控制过程 ⋯⋯⋯⋯⋯⋯⋯⋯⋯⋯⋯⋯⋯⋯⋯⋯⋯⋯⋯⋯⋯⋯⋯⋯⋯⋯⋯ 394
  2.4　智能控制技术探索 ⋯⋯⋯⋯⋯⋯⋯⋯⋯⋯⋯⋯⋯⋯⋯⋯⋯⋯⋯⋯⋯⋯⋯⋯⋯ 399
  2.5　小结 ⋯⋯⋯⋯⋯⋯⋯⋯⋯⋯⋯⋯⋯⋯⋯⋯⋯⋯⋯⋯⋯⋯⋯⋯⋯⋯⋯⋯⋯⋯⋯ 404
第 3 章　健康监测技术 ⋯⋯⋯⋯⋯⋯⋯⋯⋯⋯⋯⋯⋯⋯⋯⋯⋯⋯⋯⋯⋯⋯⋯⋯⋯⋯⋯⋯⋯⋯ 405
  3.1　概述 ⋯⋯⋯⋯⋯⋯⋯⋯⋯⋯⋯⋯⋯⋯⋯⋯⋯⋯⋯⋯⋯⋯⋯⋯⋯⋯⋯⋯⋯⋯⋯ 405
  3.2　监测目标与方案 ⋯⋯⋯⋯⋯⋯⋯⋯⋯⋯⋯⋯⋯⋯⋯⋯⋯⋯⋯⋯⋯⋯⋯⋯⋯⋯ 405
  3.3　硬件设备安装与集成 ⋯⋯⋯⋯⋯⋯⋯⋯⋯⋯⋯⋯⋯⋯⋯⋯⋯⋯⋯⋯⋯⋯⋯⋯ 419
  3.4　软件平台设计与研发 ⋯⋯⋯⋯⋯⋯⋯⋯⋯⋯⋯⋯⋯⋯⋯⋯⋯⋯⋯⋯⋯⋯⋯⋯ 423
  3.5　小结 ⋯⋯⋯⋯⋯⋯⋯⋯⋯⋯⋯⋯⋯⋯⋯⋯⋯⋯⋯⋯⋯⋯⋯⋯⋯⋯⋯⋯⋯⋯⋯ 428

第 6 篇　创新技术研究 ⋯⋯⋯⋯⋯⋯⋯⋯⋯⋯⋯⋯⋯⋯⋯⋯⋯⋯⋯⋯⋯⋯⋯⋯⋯⋯⋯⋯⋯⋯⋯⋯ **429**

第 1 章　大跨度高低塔钢箱混合梁斜拉桥性能研究 ⋯⋯⋯⋯⋯⋯⋯⋯⋯⋯⋯⋯⋯⋯⋯⋯⋯ 431
  1.1　四线荷载钢-混凝土结合过渡段关键构造技术 ⋯⋯⋯⋯⋯⋯⋯⋯⋯⋯⋯⋯⋯⋯ 431
  1.2　固定约束体系下结构和轨道受力研究 ⋯⋯⋯⋯⋯⋯⋯⋯⋯⋯⋯⋯⋯⋯⋯⋯⋯ 441
  1.3　高低塔斜拉桥抗震模拟试验研究 ⋯⋯⋯⋯⋯⋯⋯⋯⋯⋯⋯⋯⋯⋯⋯⋯⋯⋯⋯ 442
  1.4　结论 ⋯⋯⋯⋯⋯⋯⋯⋯⋯⋯⋯⋯⋯⋯⋯⋯⋯⋯⋯⋯⋯⋯⋯⋯⋯⋯⋯⋯⋯⋯⋯ 446

Contents

第2章 大跨度结合梁斜拉桥设计研究 ··· 447
    2.1 结合梁结构形式及受力行为研究 ·· 447
    2.2 主桥抗风性能及风洞试验研究 ·· 452
    2.3 主梁建造关键技术研究 ·· 454
    2.4 高精度线形控制 ·· 459
    2.5 结论 ··· 460

第3章 整体式连续刚构研究 ··· 461
    3.1 结构受力分析 ··· 461
    3.2 梁轨相互作用 ··· 467
    3.3 抗震性能分析 ··· 469
    3.4 无支架施工技术 ·· 472
    3.5 结论 ··· 473

第4章 并行桥梁气动干扰效应研究 ·· 474
    4.1 概述 ··· 474
    4.2 泉州湾跨海大桥气动干扰效应 ··· 477
    4.3 磨刀门水道特大桥气动干扰效应 ····································· 483
    4.4 虎跳门水道特大桥气动干扰效应 ····································· 484
    4.5 结论 ··· 485

第5章 大跨度无砟轨道桥梁适应性研究 ··· 486
    5.1 国内大跨度桥梁铺设无砟轨道现状 ·································· 486
    5.2 桥梁主要技术指标 ·· 488
    5.3 轨道结构及其动力学影响分析 ·· 490
    5.4 无砟轨道结构变形适应性分析 ·· 492
    5.5 无砟轨道长波不平顺管理研究 ·· 492
    5.6 结论 ··· 492

第6章 海洋环境结构耐久性研究 ··· 494
    6.1 概述 ··· 494
    6.2 混凝土结构耐久性 ·· 494
    6.3 钢结构耐久性 ··· 500
    6.4 结论 ··· 512

第7章 大跨度40m箱梁运架技术研究 ·· 513
    7.1 概述 ··· 513
    7.2 运架设备关键技术 ·· 513
    7.3 运架设备研发 ··· 515
    7.4 运架一体机施工工艺 ·· 522
    7.5 结论 ··· 528

参考文献 ··· 529

福厦高铁桥梁工程
创 新 与 实 践
PART 1

第 **1** 篇

概述

福厦高铁桥梁工程
创 新 与 实 践

INNOVATIONS AND PRACTICES
IN THE BRIDGE ENGINEERING OF
THE FUZHOU-XIAMEN HIGH-SPEED RAILWAY

第1章 引　言

福州至厦门高速铁路（简称"福厦高铁"）是我国沿海客运通道的重要组成部分，设计时速350km，正线北起福州南站（含）至漳州站（含），连接福州、莆田、泉州、厦门、漳州等海峡西岸经济发达地区，线路全长277.5km，桥梁长度181.1km，桥长占比65%。线位走向如图1-1-1所示。

图1-1-1　福厦高铁线位走向示意图

"闽山莽莽，越水汤汤"，被武夷山脉和闽中、闽西大山带簇拥的福建地区，自古以来便受限于连绵起伏的山峰丘陵和穿插蜿蜒的河谷盆地，交通闭塞，出行极为不便。而在"八山一水一分田"的福建，修路谈何容易，往日不得已只能以栈道、渡船等代替。因此在新中国成立后的1957年，福建地区建成了第一条铁路——鹰厦铁路，极大改善了沿线民众的出行条件，畅通了赣闽两省的交通枢纽。21世纪以来，一条条新建铁路如雨后春笋般出现在东南大地上，赣龙、杭深、合福、南三龙、福平等铁路相继开通，彻底改变当地人民的出行条件，形成了以福州、厦门为中心，辐射赣皖浙等地的"三纵六横"高速铁路（简称"高铁"）客运网。

福厦高铁的建成通车，将缩短福州、厦门、泉州、漳州之间的通车时间，厦榕宁将形成一小时交通圈，厦漳泉将形成半小时交通圈，一方面让东南沿海人民搭上"高铁经济"的顺风车，加快沿海城镇工业化、城市化进程，带动沿线民众开发实体经济；另一方面将有效缓解厦门这座旅游城市居民的居住压力，加强福州和厦门两地之间的经济往来、人才交流，推动海西城市群快速发展。福厦高铁建成后，与温福、向莆、合福高铁等共同构成赣粤皖至华东、华南沿海地区间旅客交流的快速铁路通道，缓解原有铁路网的运输压力。同时，福建地缘优势再次升级，将闽南和华南、华东等地紧密相连，拓宽贸易范围，助力沿线地区商品及旅游产业蓬勃发展。

福厦高铁建设条件复杂，施工技术难度极大，在满足铁路使用功能的前提条件下，项目致力于实现安全适用、技术先进、经济美观的统一。结合桥址建设条件，积极开展强风、温度作用下结构变形特征关键技术、多种桥梁结构创新关键技术、桥梁附属装配式关键技术、桥梁健康监测关键技术等创新研究与应用，同时积极探索建立以建筑信息模型（BIM）技术为基础，结合互联网、云计算、大数据等新技术，研究沿海地区高铁智能建造标准，探索智能建造技术，助力打造精品工程。

福厦高铁桥梁技术在结构、材料、工艺等方面取得了显著进步，复杂大跨度创新桥梁结构体系的全线形成了一系列首次运用、创新技术特点突出的桥梁结构，集中体现在大跨度高低塔四线混合梁斜拉桥技术、大跨度钢-混凝土结合梁斜拉桥技术、无支座整体式桥梁技术、大跨度无砟轨道桥梁技术、大跨度简支梁建造技术、海洋环境耐久性技术等六大创新技术。

福厦高铁桥梁将"新时代"发展理念充分融入高铁建设项目中，创新和发展了沿海高铁桥梁设计和施工技术，打造具有新时代特征的"新福厦"，树立中国沿海高铁技术集成创新及应用和最美沿海高铁的"新标杆"，为我国沿海高铁桥梁技术的发展奠定基础。

第 2 章 国内外铁路桥梁发展现状

近 20 年来，铁路桥梁呈现跨越式发展，我国成功建造了世界上最长的铁路桥梁——丹昆特大桥（全长 164.85km），以及最大跨度的高铁无砟轨道桥梁——裕溪河特大桥（最大跨度 324m），高铁桥梁已经形成了设计、施工、管养成套技术，其中大跨度斜拉桥、近海桥梁等建造技术水平位居世界前列。结合福厦高铁桥梁类型，本章主要介绍铁路斜拉桥、部分斜拉桥、大跨度连续梁（刚构）桥和 T 形刚构桥等桥梁技术的发展与工程应用。

2.1 铁路斜拉桥

近 30 年来，世界超大跨度公路斜拉桥技术发展迅猛。

法国的诺曼底大桥建成于 1995 年，为主跨 856m 的混合梁斜拉桥，如图 1-2-1 所示，是一座与当地景观完美协调的斜拉桥，以其细长的结构和典雅的造型而著称，被授予"20 世纪世界最美的桥梁"。

日本的多多罗大桥为主跨 890m 斜拉桥，如图 1-2-2 所示。该桥引领世界超大跨度斜拉桥 10 年，采用了边跨为预应力混凝土及中跨为钢箱梁的混合梁形式，可抵抗 52m/s 左右的暴风及强地震。

图 1-2-1　法国的诺曼底大桥

图 1-2-2　日本的多多罗斜拉桥

中国香港的昂船洲混合梁斜拉桥主跨长度达 1018m，于 2009 年建成，如图 1-2-3 所示。2010 年建成的鄂东长江公路混合梁斜拉桥，主跨长度为 926m，如图 1-2-4 所示。这两座桥梁的主跨加劲梁均采用分离式双钢箱梁结构，而边跨则采用混凝土双箱梁结构。

图 1-2-3　中国香港的昂船洲混合梁斜拉桥

图 1-2-4　中国的鄂东长江公路混合梁斜拉桥

2012年，俄罗斯的跨东博斯鲁斯海峡大桥更是将混合梁斜拉桥的跨径大幅提高到1104m，该桥亦为目前世界上已建成最大跨度的斜拉桥。如图1-2-5所示。

图1-2-5 俄罗斯的跨东博斯鲁斯海峡大桥

（1）等高塔斜拉桥

进入21世纪，我国铁路建设步伐显著加快，对铁路桥梁的性能与标准也提出了更高要求。随着对铁路斜拉桥技术研究的持续深化，我国逐渐掌握了铁路斜拉桥的刚度标准和不同列车速度下桥上轨道行为的相关要求。在此基础上，伴随着新材料、新结构、新设备和新工艺的研发与应用，我国铁路斜拉桥建设取得了重大突破，成功地将这一桥型的应用范围拓展至200~600m的跨度，尤其是在300m以上的大跨度桥梁中，斜拉桥更是成为主力桥型。同时，铁路斜拉桥的主梁也从最初的单一钢桁梁形式，发展出混凝土梁、钢-混凝土混合梁、钢-混凝土组合梁等多种结构形式，主梁形式的多样化能够更好地适应不同桥梁的建设条件，实现技术性与经济性的双重优化。

宁波铁路枢纽北环线甬江特大桥，如图1-2-6所示，于2014年建成，采用（53＋50＋50＋66＋468＋66＋50＋50＋53）m 钢箱混合梁斜拉桥设计，为全球铁路桥梁领域的首次应用，其以流线型箱形加劲梁承载双线铁路，创建了铁路大跨度斜拉桥的新桥式，改变了铁路大跨度斜拉桥主梁采用钢桁梁的单一技术局面。

昌赣铁路赣州赣江特大桥，如图1-2-7所示，于2018年建成，主桥采用（35＋40＋60＋300＋60＋40＋35）m 双塔双索面组合梁斜拉桥，铺设CRTSⅢ型板式无砟轨道，是国内外首座铺设无砟轨道的高铁斜拉桥，突破了在大跨度桥上铺设无砟轨道并通行速度350km/h高速列车的技术瓶颈。

图1-2-6 宁波铁路枢纽北环线甬江特大桥

图1-2-7 昌赣铁路赣州赣江特大桥

浩吉铁路洞庭湖特大桥，如图1-2-8所示，于2019年建成，采用（99.12＋140＋406＋406＋140＋99.12）m 三塔钢箱桁组合梁斜拉桥，为世界首座重载铁路三塔斜拉桥。该桥采用了新型钢箱桁组合梁新结构、设置中塔稳定索的三塔斜拉桥结构体系，进一步创新了大跨度铁路斜拉桥的建造技术。

图 1-2-8　浩吉铁路洞庭湖特大桥

杭绍台铁路椒江特大桥，如图 1-2-9 所示，于 2022 年建成，主桥采用（84＋156＋480＋84＋156）m 四线钢桁梁斜拉桥，四线双主桁、双索面的宽桁主梁形式，同时，480m 的主跨也创造了四线纯高铁桥梁跨度之最。

广汕铁路增江特大桥，如图 1-2-10 所示，于 2022 年建成通车，主桥采用（48＋84＋260＋84＋48）m 混凝土梁斜拉桥，为国内首次在高铁斜拉桥上采用节段预制拼装混凝土箱梁的主梁结构，创新并应用了多项节段预制拼装混凝土梁斜拉桥后期变形控制技术。

图 1-2-9　杭绍台铁路椒江特大桥

图 1-2-10　广汕铁路增江特大桥

2020 年建成通车的沪苏通长江公铁大桥主桥（主跨 1092m）为最大跨度公铁两用钢桁梁斜拉桥，2021 年通车的南沙港铁路西江特大桥主桥（主跨 600m）为国内外已建成的最大跨度双线混合梁斜拉桥，2020 年通车的乐清湾港区铁路瓯江特大桥主桥（主跨 300m）为国内外最大跨度铁路混凝土斜拉桥。2020 年通车的福平铁路平潭海峡公铁大桥主航道桥（主跨 532m）则是国内跨海铁路斜拉桥的典型代表，如图 1-2-11 和图 1-2-12 所示。

图 1-2-11　沪苏通长江公铁大桥

图 1-2-12　福平铁路平潭海峡公铁大桥

国内外典型等高塔斜拉桥统计见表 1-2-1。

国内外典型等高塔斜拉桥　　　　　表 1-2-1

序号	桥名	主跨（m）	桥塔	建成年份
1	前南斯拉夫沙瓦河铁路桥	254	双塔	1977
2	乌克兰基辅第聂伯尔河桥	271	独塔	1993
3	中国武汉天兴洲长江大桥	504	双塔（公铁）	2009
4	中国宁波枢纽北环线甬江特大桥	468	双塔	2014
5	中国贵广铁路思贤窖特大桥	230	双塔	2014
6	中国铜陵公铁两用长江大桥	630	双塔（公铁）	2015
7	中国昌赣高铁赣江特大桥	300	双塔	2019
8	中国浩吉铁路洞庭湖大桥	460	三塔	2019
9	中国商合杭铁路裕溪河特大桥	324	双塔	2020
10	中国沪苏通长江公铁大桥	1092	双塔（公铁）	2020
11	中国福平铁路平潭海峡公铁两用大桥	532	双塔（公铁）	2020
12	中国南沙港铁路西江特大桥	600	双塔	2021
13	中国安九铁路鳊鱼洲长江大桥	672	双塔	2021
14	中国杭绍台铁路椒江特大桥	480	双塔	2022
15	中国广汕铁路增江特大桥	260	双塔	2022
16	中国宜宾临港长江公铁大桥	522	双塔（公铁）	2023

（2）高低塔斜拉桥

高低塔斜拉桥是斜拉桥中的一种特殊形式，在现代大跨度斜拉桥中应用较少。不同于等高塔斜拉桥，高低塔斜拉桥在桥式结构、受力特性上均存在明显的不对称性，铁路斜拉桥与公路斜拉桥相比，又存在桥面二期恒载和列车活载大、对桥梁刚度要求高等特点，进一步增加了高低塔斜拉桥的技术复杂程度及设计难度。

传统等高双塔斜拉桥对地形要求较高，难以适用于河谷和山区等边跨地形受限的区域。高低塔斜拉桥凭借边跨不等跨特点，可有效解决地形受限区域的斜拉桥设置问题。从桥梁景观方面考虑，采用高低塔斜拉桥在一些特定地理环境下能达到很好的视觉效果，高低塔斜拉桥的不等高桥塔结构给人错落多变的独特感觉，与周围环境相协调，而不显得突兀。如桥址所处的地形比较特殊，桥两侧的地势相差较大，采用高低塔斜拉桥桥型，将高地势侧桥塔设计的比较低，将低地势侧桥塔设计的比较高，结构与地形条件相互呼应，使得该高低塔斜拉桥与周围环境融为一体，以达到很好的美学效果。

高低塔斜拉桥的布置可根据通航要求、地形地质条件、经济条件和受力性能等因素综合考虑。高低塔斜拉桥其受力特点不同于一般的等高双塔斜拉桥，根据高低两塔的相差高度大小，其主要受力结构和形成的体系有所不同。当两边桥塔的塔高相差较大时，高塔侧结构将作为独塔斜拉桥承受主要的力，低塔侧作为辅助结构，两者形成协作体系；当两边桥塔的塔高相差较小时，高塔侧和低塔侧共同作为主要受力结构，两者形成的体系与等高双塔斜拉桥类似。

从设计方面考虑，高低塔斜拉桥的结构及受力是不对称的，选择合理的高塔和低塔高度，调整整个结构的受力，使桥梁整体性能达到一个最优状态。

国内外典型高低塔斜拉桥统计见表 1-2-2。

典型高低塔斜拉桥　　　　　　　　　　　　　　　　表 1-2-2

序号	桥名	高塔（m）	低塔（m）	跨径布置（m）	通车年份
1	中国陕西梁家沟渡槽桥	43.5	—	18＋24＋78＋10	1986
2	日本 Katsushika Harp 桥	65	29	134＋220＋60.5	1987
3	墨西哥 Mezcala 桥	241.8	—	311.4＋229.46	1993
4	中国香港汀九桥	195	168/162	127＋448＋475＋127	1998
5	中国湖南洞庭湖大桥	125.7	99.3	123＋318＋130	2000
6	中国宜昌夷陵长江大桥	125	106.5	120＋2×348＋120	2001
7	中国荆州长江大桥南汊主桥	124.8	89.4	160＋300＋97	2002
8	中国重庆云阳长江大桥	94.8	70.4	132＋318＋187	2005
9	中国重庆涪陵乌江二桥	178.4	129.4	100＋340＋150	2009
10	中国荆岳长江公路大桥	265.5	224.5	398＋816＋230	2010
11	中国黄舣长江大桥	210	123.5	293＋520＋140	2013
12	中国重庆双碑嘉陵江大桥	175.7	121.8	75＋145＋330＋113	2015
13	中国宜昌至喜长江大桥三江桥	157	122.6	39＋73＋210＋56	2016
14	中国重庆水土嘉陵江大桥	201	154	61＋199＋388＋128	2021
15	中国重庆南纪门长江大桥	227	158	35.4＋180.5＋480＋215.5＋94.5	2023

我国荆岳长江公路大桥，如图 1-2-13 所示，2010 年建成通车，是目前国内外主跨跨度最大的高低塔斜拉桥，其主跨跨径达 816m，南、北主塔塔高分别为 224.5m 和 265.5m，两塔高差为 41.0m 超大的跨度、高度不一致的桥塔给设计、施工带来了全新的挑战，其建造技术达到了世界领先水平。

图 1-2-13　荆岳长江公路大桥

广州南沙港铁路跨西江特大桥，如图1-2-14所示，2021年建成通车，主桥为（57.5＋172.5＋600＋107.5＋3×60）m斜拉桥，是国内外主跨最大的高低塔双线铁路斜拉桥，其高塔和低塔塔高分别为208m和200m，两塔高差为8.0m。

湖杭铁路富春江特大桥，如图1-2-15所示，2022年建成通车，主桥为（30＋46＋300＋97＋62.395）m四线铁路高低塔面斜拉桥，索塔高分别为92m和141.5m，两塔高差为49.5m。

图1-2-14 广州南沙港铁路跨西江特大桥

图1-2-15 湖杭铁路富春江特大桥

2.2 铁路部分斜拉桥

部分斜拉桥是介于连续梁桥和斜拉桥之间的一种桥梁，兼有连续梁桥和斜拉桥的优点。部分斜拉桥有很高的美学价值，能与周围环境和谐统一，有较好的美学效果。

近年来，铁路混凝土部分斜拉桥发展迅速。由于部分斜拉桥的刚度更大，因此非常适合于活载比例较大的铁路桥梁，特别是对变形控制严格的大跨度高铁桥梁，具有得天独厚的优势。

1）特点

（1）受力性能好

部分斜拉桥以梁的受弯、受压为主，通过索的受拉来承受竖向荷载。主梁具有较好的刚度，行车平顺；斜拉索应力幅较小，可采用较高的应力，可靠度高。

（2）跨径布置灵活

设计时，部分斜拉桥可根据需要选择独塔、双塔或多塔等结构布局，尤其适用于100～300m跨径的桥梁。此设计不仅有效克服了传统斜拉桥的刚度不足问题以及各跨间的相互影响，同时还发挥了多跨连续梁桥的优势。

（3）施工方便

部分斜拉桥的施工方法与连续梁桥、连续刚构桥基本相同，一般采用悬臂浇筑法施工。由于部分斜拉桥的桥塔较矮，相较于斜拉桥桥塔施工更为简便。

（4）外形美观

部分斜拉桥的梁高与连续梁桥相比要小很多，具有纤细的美学效果，克服了连续梁桥主梁高度过大所带来的压迫感。

2）国外斜拉桥

日本新干线三内丸山跨线桥是一座主跨为150m的四跨双线预应力混凝土部分斜拉桥，跨径布置为（74.8＋150＋150＋74.18）m，是日本最大跨度的新干线桥梁。该桥于2005年10月开始基础施工，2008年6月建成，如图1-2-16所示。日本新干线屋代南桥（64.2＋105.0＋105.0＋64.2）m为四跨双线预应力混凝土部分斜拉桥，如图1-2-17所示。

日本北陆新干线神通川大桥，是一座桥长428m的四跨预应力混凝土部分斜拉桥，如图1-2-18所示，跨径布置为（86＋128＋128＋86）m。该桥为双线铁路桥，桥塔为独柱形结构，桥面以上塔高15.0m。

每座桥塔配置10对斜拉索，斜拉索采用双索面布置。

图 1-2-16　日本三内丸山跨线桥

图 1-2-17　日本屋代南桥

图 1-2-18　日本北陆新干线神通川大桥

表 1-2-3 列举了国外铁路典型部分斜拉桥。

国外铁路典型部分斜拉桥　　　　　　　　　表 1-2-3

桥名	所在国家	跨径布置（m）	结构体系
屋代北桥	日本	54.3 + 90.0 + 54.3	塔墩梁固结
屋代南桥	日本	64.2 + 105.0 + 105.0 + 64.2	塔墩梁固结
三内丸山跨线桥	日本	74.18 + 150 + 150 + 74.18	刚构、连续组合
北陆新干线神通川大桥	日本	86 + 128 + 128 + 86	塔梁固结
九州新干线小野川桥	日本	30 + 113 + 113 + 30	刚构、连续组合
保加利亚维丁桥	保加利亚	124 + 3 × 180 + 115	塔墩梁固结

3）国内斜拉桥

国内部分斜拉桥的建设起步虽然较晚，但近年来发展非常迅猛。2000年我国建成的芜湖公铁两用长江大桥，如图 1-2-19 所示，跨径布置为（180 + 312 + 180）m，是世界上首次采用钢桁梁作主梁的部分斜拉桥。

2010 年建成的广珠城际铁路西江特大桥，如图 1-2-20 所示，其跨径布置为（100 + 2 × 210 + 100）m，是一座高塔部分斜拉连续刚构组合桥，塔高 70m。2011 年建成的京沪高铁津沪联络线特大桥，主桥为（64.6 + 2 × 115 + 64.6）m 部分斜拉桥。2020 年建成的福平铁路乌龙江特大桥，如图 1-2-21 所示，主桥为（144 + 288 + 144）m 混凝土部分斜拉桥，是目前世界上跨度最大的铁路混凝土部分斜拉桥。

近年来，铁路混凝土部分斜拉桥进入快速发展期。如怀邵衡铁路沅江特大桥、大张高铁智家堡御河特大桥、黔张常铁路阿蓬江特大桥、商合杭铁路颍上特大桥、京沈客运专线潮白河特大桥、成昆铁路攀枝花金沙江大桥、浩吉铁路三荆段汉江特大桥等，均相继建成通车。

图 1-2-19 芜湖长江大桥

图 1-2-20 广珠城际铁路西江特大桥

图 1-2-21 福平铁路乌龙江特大桥

表 1-2-4 列举了国内铁路部分斜拉桥。

国内铁路部分斜拉桥一览   表 1-2-4

序号	桥名	跨径布置（m）	通车年份
1	芜湖长江大桥（公铁两用）	180 + 312 + 180	2000
2	澳门西湾大桥（公路、轻轨）	110 + 180 + 110	2005
3	广珠城际铁路西江特大桥	100 + 2 × 210 + 100	2010
4	石郑郑州黄河桥（公铁两用）	120 + 5 × 168 + 120	2011
5	京沪高铁津沪联络线特大桥	64.6 + 115 + 115 + 64.6	2011
6	怀邵衡铁路沅江特大桥	90 + 180 + 90	2017
7	大张高铁智家堡御河特大桥	94 + 186 + 94	2019
8	浩吉铁路三荆段汉江特大桥	72.5 + 116 + 248 + 116 + 72.5	2019
9	阿富准铁路喀腊塑克水库特大桥	140 + 260 + 140	2020
10	黔张常铁路阿蓬江特大桥	135 + 240 + 135	2020
11	商合杭铁路颍上特大桥	94.2 + 220 + 94.2	2020
12	福平铁路乌龙江特大桥	144 + 288 + 144	2020
13	京沈客运专线潮白河特大桥	65 + 85 + 178 + 93	2021
14	成昆铁路攀枝花金沙江大桥	120 + 208 + 120	2022

4）发展趋势

（1）跨径不断增大

我国福平铁路乌龙江特大桥跨径为 288m。随着桥梁工程技术的不断创新与发展，该跨径仍可继续增大，部分斜拉桥跨径在 350m 内时仍然具有竞争力。

（2）主梁结构多元化

部分斜拉桥正在由早期的预应力混凝土结构发展为钢箱混合梁、钢桁梁等，使得桥梁的自重大大降低，增强了其跨越能力。

（3）主梁结构轻型化

部分斜拉桥主梁的高度是根据其受力来确定的，而且内力可以用斜拉索进行调整。因此主梁尺寸的灵活性比较大。轻柔的主梁结构更符合人们的审美，且具有很好的景观效果。

（4）向多塔发展

部分斜拉桥更适合多塔形式，可克服传统斜拉桥多塔的中间桥塔刚度弱的问题。

（5）索塔锚固方式多样化

部分斜拉桥的索塔锚固主要有交错锚固和索鞍锚固两种方式，而索鞍锚固抗滑方式一般又有内外管锚固抗滑和分丝管锚固两种，分丝管索鞍也从早期的单侧单向抗滑发展到单侧双向抗滑。

2.3 铁路大跨度连续梁（刚构）桥

由于高铁在桥梁结构刚度、变形平顺、乘坐舒适性等方面的特殊要求，使得连续梁这类桥式当之无愧地成为高铁中等跨度桥梁设计的首选和主流。我国铁路已经颁布了主跨48m、56m、64m、80m、100m、125m等连续梁的通用图，由于大跨度铁路连续梁桥需要采用大型桥梁支座，而结构受力使支点弯矩较大、梁高更高，因此限制了其在大跨度桥梁中的应用，一般跨度150m以上的桥很少采用连续梁结构。

预应力混凝土连续刚构桥既保持了连续梁有很大的顺桥向抗弯刚度和横桥向抗扭刚度的特点，又有不设支座、施工方便的优点，能够利用墩身的柔度来适应结构因预应力混凝土收缩、徐变和温度变化所引起的位移，能满足特大跨度桥梁的跨越及受力要求，同时，在一定条件下，具有用料省、施工简便、养护费用低等优点。

1）国外连续梁（刚构）桥

1965年，德国在莱茵河上建成了本道夫莱茵河桥，该桥为真正意义上的连续刚构桥，采用了双薄壁墩，主跨208m，梁高从跨中的4.4m变化到墩顶的10.45m。

1991年建成的葡萄牙波尔图铁路桥，如图1-2-22、图1-2-23所示，主跨250m，设计速度为120km/h，设计活载为国际铁路联盟（UIC）活载，铺设无砟轨道。结构形式为设置多个辅助墩的连续刚构桥，为控制混凝土收缩、徐变，箱内设置了体外预应力筋。主梁采用单箱双室斜腹板箱形梁，支点梁高为12m，跨中梁高为7.0m，在铁路桥中是少见的。

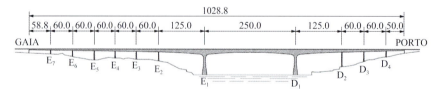

图1-2-22　葡萄牙波尔图铁路桥立面示意图（尺寸单位：m）

图1-2-23　葡萄牙波尔图铁路桥

表 1-2-5 列举了国外典型铁路大跨度连续刚构桥。

国外典型铁路大跨度连续刚构桥一览　　　　表 1-2-5

桥梁名称	国家	建成年份	主跨跨度（m）	梁高（m）	结构形式	活载
圣若昂桥	葡萄牙	1991	250	12.0/7.0	设辅助墩的连续刚构	铁路
伊格尔斯塔大桥	瑞典	1995	158	15.4/6.5	双薄壁刚构	铁路
埃德斯海姆铁路大桥	德国	2000	130	—	双薄壁刚构	铁路
梅德韦大桥	英国	2003	152	11.5/3.23	V形支撑连续刚构	铁路
谢赫·哈利法大桥	阿联酋	2009	200	10.5/3.5	（轻轨）V形支撑连续刚构	铁路

2）国内连续刚构（梁）桥

1986 年建成的茅岭江大桥，采用（48 + 80 + 48）m 变高度预应力混凝土连续梁，是我国当时最大跨度的铁路预应力混凝土连续梁桥。结构采用的是三向预应力体系，纵向预应力筋为 24 根 ϕ5mm 高强度钢丝束，横向、竖向预应力均为 ϕ25mm 螺纹粗钢筋。

1992 年建成的沪杭、浙赣铁路钱塘江二桥，采用（45 + 65 + 14 × 80 + 65 + 45）m 预应力混凝土连续梁，首次采用 18 跨一联长 1340m 的预应力混凝土结构，其联长居世界第一。

1993 年建成的广深准高铁石龙特大桥，采用（40.5 + 3 × 72 + 40.5）m 部分预应力混凝土连续梁跨越东江南、北干流，是我国第一座大跨度部分预应力混凝土连续梁桥，其梁高设计在同跨度部分预应力混凝土连续梁桥中，属当时国内最低。

2010 年建成的福厦线乌龙江特大桥，如图 1-2-24 所示，为（80 + 3 × 144 + 80）m 连续梁；2010 年建成的温福铁路白马河特大桥，为（80 + 3 × 145 + 80）m 刚构连续梁。

图 1-2-24　福厦线乌龙江特大桥

2011 年建成的广珠城际铁路容桂水道特大桥，如图 1-2-25 所示，主桥采用（108.85 + 2 × 185 + 115.5）m 连续刚构，首次在大跨度混凝土桥梁上铺设城际铁路无砟轨道。

图 1-2-25　广珠城际铁路容桂水道特大桥

2018 年建成的南三龙铁路闽江特大桥，如图 1-2-26 所示，主桥采用非对称（118 + 216 + 138 + 83）m 连续梁跨越闽江。主跨跨径 216m，为国内最大跨度双线铁路预应力混凝土连续刚构。

图 1-2-26 南三龙铁路闽江特大桥

2024 年建成通车的杭温铁路楠溪江特大桥，为主跨 216m 单线连续梁，是我国近年已建成跨度最大的大跨度铁路单线混凝土连续刚构桥。

我国铁路典型大跨度连续刚构（梁）桥见表 1-2-6。

我国铁路典型大跨度连续刚构（梁）桥一览　　　　　　　　表 1-2-6

序号	线路名称	桥梁名称	跨径布置（m）	建成年份
1	连乐铁路	岷江特大桥	100 + 3 × 180 + 100	2022
2	广珠城际铁路	容桂水道特大桥	108 + 2 × 185 + 115	2011
3	大临铁路	澜沧江双线大桥	102.95 + 188 + 102.95	2020
4	渝怀二线	乌江右线大桥	98 + 192 + 94	2020
5	织毕铁路	架盖河特大桥	100 + 192 + 100	2015
6	襄渝铁路	牛角坪特大桥	100 + 192 + 100	2009
7	福平铁路	闽江特大桥	110 + 198 + 110	2019
8	南三龙合福联络线	闽江特大桥	118 + 216 + 118	2018
9	南三龙铁路	闽江特大桥	118 + 216 + 138 + 83	2018
10	玉磨铁路	阿墨江特大桥	112 + 216 + 112	2021
11	杭温铁路	横溪江特大桥	100 + 216 + 100	2024

主要发展趋势：

（1）预应力混凝土桥梁正在向长联、大跨方向发展。预应力混凝土桥梁的最大跨径已发展到 216m，跨数从 3 跨发展到多跨，最大联长达 3.08km。

（2）从单一的连续梁体系向结构体系多样化、轻型化方向发展，出现了形式多样的结构体系，如刚构-连续梁组合体系、整体式连续梁刚构、预应力混凝土和钢结构的组合体系、V 形支撑连续梁体系、连续梁弹性约束体系等。

（3）预应力混凝土桥梁的新材料、新结构、新工艺、新技术的研究与应用，如大节段悬灌施工、预应力自动张拉和管道灌浆技术等。

3）整体式（半整体式）连续刚构桥

传统的连续刚构桥仍然有其局限性：仅实现了主墩处的墩梁固结，温度变化产生的梁体伸缩变形很大程度上仍需要依靠在边墩采用活动支座来解决；支座维护工作及其所造成的影响得以减少但并未从根本上消除。基于以上原因，整体式连续刚构桥应运而生。整体式连续刚构桥是以连续刚构为基础发展起来的墩梁全固结体系，近年来得到了广泛的应用。

在德国高铁埃尔福特至哈勒/莱比锡德、文德林根至乌尔姆德线路中应用了半整体式桥梁。半整体式铁路桥梁的桥墩和上部结构整体式连接，但上部结构在桥台处仍然设置支座。目前在半整体式铁路桥梁中，已实现了 580m 长度范围内不设结构断缝和钢轨伸缩调节器。

表 1-2-7 列举了德国整体式连续刚构桥。德国谢尔孔德河谷大桥如图 1-2-27 所示，德国翁施特鲁特河谷大桥如图 1-2-28 所示。

德国整体式连续刚构桥统计　　　　　　　　　　　　　　　　　　　　　　　表 1-2-7

序号	整体式（半整体式）桥	总长（m）	跨径布置（m）	建成年份
1	翁施特鲁特河谷大桥（Unstrut Viaduct）	2668	3×58+4×(4×58+116+4×58)+3×58	2012
2	谢尔孔德河谷大桥（Scherkonde Viaduct）	576.5	27+2×36.5+10×44+36.5	2011
3	根热巴赫跨谷大桥（Gänsebach Viaduct）	1001	52.5+8×112+52.5	2012
4	希德布尼茨跨谷大桥（Stöbnitz Viaduct）	297	22+24+102.5+102.5+24+22	2012
5	格鲁本跨谷大桥（Gruben Viaduct）	215	2×25+90+3×25	2013
6	菲尔斯河谷大桥（Fils Viaduct）	485	44+95+150+93+58+45	2021

图 1-2-27　德国谢尔孔德河谷大桥

图 1-2-28　德国翁施特鲁特河谷大桥

整体式连续刚构桥，全桥不设支座，其边墩及中墩均与主梁固结，上、下部结构协同作用，各墩抗力得到均匀充分地发挥，实现结构体系整体受力，使得材料用量大幅降低，结构轻盈美观、抗震性能好、维修养护量少，经济性及耐久性好。

国内广州地铁最早采用了整体式连续刚构桥，如图 1-2-29 所示。2013 年开通运营的广州地铁 6 号线，高架段全线采用无支座连续刚构桥，最大跨径 40m，最小跨径 30m，一般三跨或四跨一联，少数两跨一联，桥墩采用双薄壁墩。

图 1-2-29　广州地铁 6 号线连续刚构桥

2017年开通运营的广州地铁14号线整体式刚构桥如图1-2-30所示。标准段桥梁采用4×40m单薄壁墩连续刚构桥，桥梁平均墩高11~14m。

图1-2-30　广州地铁14号线整体式刚构桥

目前国内铁路桥中，福厦高铁泉州湾跨海大桥为国内首次采用多联3×70m的整体式连续刚构桥，该桥型已逐步在国内铁路上推广应用。珠海市区至珠海机场城际轨道交通工程横琴至珠海机场段采用了12联（3×66.5）m和（4×66.5）m预应力混凝土整体式连续刚构桥，ZC设计活载，梁体为单箱单室，支点梁高5.5m，跨中梁高4m。桥墩采用带切角的双壁矩形桥墩，墩高14.5~37.5m，钻孔灌注桩基础。

深汕铁路32m跨整体式连续刚构桥，设计速度350km/h，ZK设计活载，主要跨径有3×32m、4×32m、5×32m等类型。主梁采用等高箱梁，梁高2.8m，节段预制拼装。墩高范围8~25m。

合肥轨道交通S1号线为市域铁路，ZS荷载。主跨采用3×35m一联整体式连续刚构，主梁为等高梁、斜腹板、单箱单室，施工方法为支架整体现浇；墩高范围8~22m。

2.4　铁路T形刚构桥

预应力混凝土T形刚构（简称"T构"）桥具有整体性能好、结构刚度大、抗震性能好、主梁变形挠曲线平缓、行车舒适等优点，设计施工技术成熟，施工质量和施工工期都能得到有效控制，且成桥后养护工作量小。在120m跨径以下的公路、市政桥梁中得到了广泛的应用。公路预应力混凝土T构桥大多采用箱形截面，刚臂墩处梁高跨径比为1/8~1/13，边跨支点处梁高跨度比为1/20~1/29。

T构桥墩梁固结，两侧孔跨支撑于边墩，一次超静定体系，受温度影响较小，可较好地控制梁体应力和变形。在深水、深谷、大江、急流等障碍条件下修建大跨度桥梁，不需架设支架。跨越高速公路或高铁时可采用转体施工，施工条件便利，同时采用悬灌施工时可取消合龙环节，实现无边跨现浇段及合龙段，简化了施工。

日本上越新干线上的吾妻川桥，跨径为（110+110）m，是T构桥在铁路桥梁中成功应用的范例。

我国在宜万铁路的建设中，设计了一系列的铁路T构桥，其中典型代表为马水河大桥，如图1-2-31所示。跨度为（116+116）m，主墩墩高为108m，很好地解决了深峡谷的跨越问题，同时桥梁施工对既有山体几乎不会造成破坏，既符合环保理念，又极大地降低了施工安全风险。

图1-2-31　宜万铁路马水河大桥主桥

武黄城际铁路余家湾上行特大桥为转体T构桥的典型代表,主桥立面布置见图1-2-32,跨径为(115+115)m。综合了T构桥和转体施工方案的优点,T构桥的桥墩及主梁,先期沿着平行于既有铁路的方向,在既有铁路的路侧完成施工,后期通过平面转体,将桥梁转体至设计线位。全桥一次转体成桥,取消了端部梁段的后浇施工,利用施加梁端上顶力避免支座拉力,改善主梁受力;转体重14500t,转体长231.6m,为国内同类型桥梁之最。通过转体施工,对既有线运营安全的影响降至最低,安全压力大为减轻;主梁采用大节段现浇施工,多节段同时施工,较常规施工方式缩短一半工期,产生了很好的经济效益。

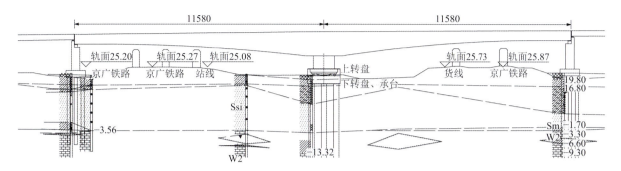

图1-2-32 余家湾上行特大桥主桥立面布置示意图(尺寸单位:mm;高程单位:m)

我国铁路典型预应力混凝土T构桥见表1-2-8。

我国铁路典型预应力混凝土T构桥   表1-2-8

序号	项目	桥梁名称	主桥跨径(m)	建成年份
1	太中银铁路	前王家山2号大桥	100	2009
2	宜万铁路	马水河大桥	116	2010
3	宜万铁路	龙洞大桥	85	2010
4	宜万铁路	马口河大桥	85	2010
5	西康增建二线铁路	关庙大桥	95	2012
6	武黄城际铁路	余家湾上行特大桥	115	2013
7	郑徐客运专线	商丘特大桥	80	2015
8	深茂铁路	南坦海特大桥	78	2016
9	怀邵衡铁路	长塘河大桥	95	2018
10	福厦高铁	青口特大桥	100	2023
11	福厦高铁	九龙江特大桥	80	2023

随着我国铁路建设的发展,T构桥梁方案在跨越既有公路、铁路、沟谷等得到了工程师的青睐,特别是跨越既有铁路或高速公路时,采用转体施工,更能体现该桥式结构的优势,同时在深水大跨度桥梁方案要求等跨结构时,T构桥也是较好的选择方案。

目前铁路T构桥已形成48~120m不同跨径系列的标准设计,必将使T构桥得到更好的应用。

第 3 章　我国铁路跨海桥梁的建设发展

沿海、跨海铁路建设条件复杂、技术难度高、工程投资大、施工风险高。自 21 世纪初，随着我国经济实力的增强，以及沿海地区经济社会发展的需要，我国陆续建成甬温、温福、厦深、青连、青荣、深茂、福平、福厦等沿海铁路。随着设计、建造技术能力的提高和铁路网延伸拓展的需要，甬舟跨海铁路、深江铁路、沪苏嘉甬铁路已开工建设，我国在沿海、跨海大桥的设计、施工技术方面全面发展。

3.1　技术挑战

沿海工程面临软弱覆盖层厚、浅水及滩涂区宽、潮差大、海床冲淤显著等不利条件，海峡及连岛桥梁则面临深水、风暴、海床起伏、覆盖层薄、岩面倾斜且裸露等复杂建设条件的挑战。

（1）强风环境：受台风（热带气旋）和季风气候影响较大，风速高（基本风速可达 35～65m/s），全年 6 级以上的大风天数多，因此面临桥梁自身抗风稳定性、桥面行车安全性、海上施工作业安全及效率等方面的技术难题。

（2）复杂海域水文条件：河口、海湾等近海工程、海峡及连岛工程面对水深、浪大、流急、潮差大、波流力大等严酷条件，下部结构设计和施工的难度显著增大。

（3）通航等级及防船撞标准高：海岸线分布大型港口、大型船舶通行，通航净空尺寸大，因此对通航孔桥的工程规模和桥墩防船撞提出了更高要求。

（4）特殊的工程地质条件：位于河口、海湾的近海桥梁面临软弱淤泥等覆盖层厚、持力层深、滩涂区宽等不利条件，海峡及连岛桥梁则面临海床起伏、覆盖层薄、岩面倾斜且裸露等挑战，对海上基础设计与施工、通航孔桥及非通航孔桥的桥跨桥式选择和施工方法提出了技术挑战。

（5）高盐高湿腐蚀环境：跨海大桥处于海水氯离子、海洋大气盐分等腐蚀环境，对混凝土及钢结构的长效耐久性带来了严峻考验。

（6）极为不利施工条件：风大、浪涌，施工条件受制因素较多，对桥梁设计、装配式快速建造（标准化、工厂化、大件化）、海上施工组织、施工技术装备、关键施工技术提出了更高要求。

（7）高烈度地震区的不利条件：沿海、海湾及海峡地区（特别是太平洋沿岸）大多位于大陆板块与海洋板块交界区的地震带或断裂带等高烈度地震区，考验大桥的灾害抵抗能力。

综上可知，强风环境、复杂海域水文条件、特殊工程地质、海洋腐蚀、高地震烈度区、通航及防船撞等工程条件，决定了沿海/跨海大桥的工程特点，此外对结构设计（通航孔桥、深水区非通孔桥、浅水滩涂区桥）、设计理论、耐久性措施、快速建造技术、施工技术装备、关键施工技术等提出了特殊要求。

3.2　沿海（跨海）铁路桥梁工程

我国铁路跨海工程起步较晚，第一条跨海铁路——粤海铁路于 1998 年 8 月 30 日开工。自 2004 年国务院批准实施《中长期铁路网规划》以来，我国铁路顺利实现快速发展，而 2005 年开工建设的温福、甬台温铁路开启了我国沿（跨）海高铁桥梁工程建设的序幕。

温福铁路白马河特大桥如图 1-3-1 所示，为我国第一座跨越海湾的铁路桥梁，通航孔主桥采用（80＋3×145＋80）m 长联刚构连续梁，深水引桥采用 64m 大跨度简支箱梁。同时，针对铁路桥梁开展了海洋环境桥梁结构耐久性、风-车-桥耦合振动分析等技术研究并进行工程应用。

近十年间，沿海铁路进入快速发展期。随着我国东部和南部沿海铁路工程的开工建设，特别是 2020 年福平铁路的开通，及通苏嘉甬高铁杭州湾跨海大桥的工程开工建设，标志着我国开始建造更大规模的跨海铁路大桥。

威海双岛湾地处海洋环境，桥址区化学侵蚀（如氯盐侵蚀）、盐类结晶破坏、冻融环境破坏问题等并存，对混凝土、钢筋等建筑材料腐蚀严重。沿线部分地段分布有广泛的软土，是当地出名的"黑风口"，突发性大风非常多。而我国面对挑战迎难而上，在 2014 年成功开通青荣城际铁路双岛湾跨海特大桥，如图 1-3-2 所示。

图 1-3-1　温福铁路白马河特大桥　　　　　图 1-3-2　青荣城际铁路双岛湾跨海特大桥

位于日照港近海浅水区，于 2014 年建成通车的山西中南部铁路通道（瓦日铁路）付疃河特大桥（1.452km 区段），为国内首座重载铁路沿海桥梁，而针对近海海洋环境采取了混凝土结构表面增加（防腐）涂层和环氧涂层钢筋等耐久性强化措施。

位于海南省昌江县珠碧江入海口，SO_4^{2-}、Cl^- 含量极高，于 2015 年开通的海南西环铁路珠碧江特大桥，如图 1-3-3 所示，属于高温高湿强腐蚀海洋环境。针对此极端腐蚀环境，研究了高温高湿强腐蚀海洋环境混凝土结构防腐蚀强化技术，提出了优化钢筋配置、加强保护层设计、确保混凝土强度达标以及实施特定防腐蚀强化手段等一系列综合防护措施。

图 1-3-3　海南西环铁路珠碧江特大桥

2018 年开通运营的青连铁路胶州湾特大桥，如图 1-3-4 所示，跨越胶州湾海域采用 40 孔 50m 双线预应力混凝土简支箱梁，节段预制拼装法施工。针对高侵蚀海湾环境，采用了耐候钢支座。桥墩受波浪侵袭部位采用了耐蚀钢筋，建立了铁路跨海桥梁混凝土结构无线监测体系和耐蚀钢筋混凝土结构服役寿命评估体系。

于 2020 年建成通车的平潭海峡公铁大桥（全长 16.34km），如图 1-3-5 所示，为我国第一座跨海峡公铁两用大桥。大桥建设突破了建桥禁区（平潭海峡为世界三大风暴海域之一），为世界跨海大桥的里程碑式工程。面对风大、浪高、涌急、强台风、复杂地质、强腐蚀等恶劣条件，大桥在结构设计、施工技术、施工装备等方面进行了系统集成创新。

图 1-3-4　青连铁路胶州湾特大桥

图 1-3-5　平潭海峡公铁大桥

于 2022 年开工建设的甬舟铁路西堠门公铁两用大桥，主跨达 1488m，基础水深达 60m，如图 1-3-6 所示。这座大型跨海工程的建设，将推动我国铁路跨海大桥向超深水域、超大跨度的更广阔领域发展。

图 1-3-6　甬舟铁路西堠门公铁两用大桥

于 2023 年 9 月建成通车的福厦高铁为"八纵八横"高铁主通道沿海通道的组成部分，其设计行车速度 350km/h，为我国第一条真正意义上的海洋服役环境高铁工程、国内外行车速度最高的沿（跨）海铁路。全线先后跨越湄洲湾、泉州湾及安海湾，其中跨海段桥梁总长约 20.5km。

3.3　铁路桥梁技术发展

随着桥梁科技持续创新，铁路桥梁工程技术取得飞速发展。新技术的广泛应用推动桥梁建设能力的提升，桥梁跨度纪录不断刷新。例如，主跨 432m 的渝利铁路重庆涪陵韩家沱长江大桥，首次提出了大跨度钢桁梁铁路斜拉桥；主跨 567m 的武冈城际铁路黄冈长江大桥，首次采用了上宽下窄的新型倒梯形主桁断面；主跨 630m 的铜陵公铁两用长江大桥，首次采用了全焊箱桁组合主梁结构；主跨 2×406m 的浩吉铁路洞庭湖大桥，首次采用了钢箱钢桁叠合主梁形式，用于承载双线的重载铁路；主跨 432m 的渝黔铁路新白沙沱长江特大桥，首次采用了 6 线铁路双层桥面布置；主跨 588m 的商合杭铁路芜湖长江公铁大桥，首次采用了不等高的矮塔斜拉桥；2020 年通车的沪苏通长江公铁大桥，采用了主跨 1092m 的公铁两用钢桁梁斜拉桥，是世界上首座跨度超千米的公铁两用斜拉桥；主跨 1176m 的常泰长江大桥，创造了公铁合建斜拉桥跨度的新纪录。

主跨 300m 的昌赣铁路赣江特大桥和主跨 324m 的商合杭铁路裕溪河大桥，设计速度 350km/h，采用了无砟轨道，将高铁无砟轨道桥梁的最大跨度提高到 300m 以上，成为高铁大跨度无砟轨道结合梁斜拉桥和箱桁斜拉桥的代表。

已建成通车的丽香铁路金沙江特大桥为主跨 660m 的双线铁路悬索桥，是我国首座纯铁路悬索桥。于 2023 年建成的连镇铁路五峰山长江大桥，其主跨为 1092m 的公铁合建悬索桥，标志着我国已进入大跨度高铁悬索桥时代。

而随着铁路网的密集建设，特别因高铁建设标准高、平面曲线半径大等要求，出现了大量与河道、道路小角度斜交的情况，故需要建设跨度在 150~300m 的桥梁。但我国铁路桥梁建设者充分利用学术及实践能力，进行创新性研究，最终创造出了连续梁（刚构）-柔性拱组合结构、混凝土梁-桁组合结构新体系，进一步创新了桥结构体系。该结构均以混凝土梁为主，辅以柔性拱或钢桁或部分斜拉加劲，增强了混凝土桥梁的跨越能力，降低了主梁高度，使其具有显著技术经济性。而通过主动调整梁体的受力状态，大幅度减小了结构的工后徐变，并使其具有优越的高速行车动力性能，之后大量应用于我国铁路桥梁的建设，建成了一批具有世界领先水平的铁路大跨度混凝土梁桥。其中典型代表有商合杭铁路淮河特大桥其主跨为 224m 的连续梁柔性拱，汉十铁路崔家营汉江特大桥其主跨为 2×300m 的连续刚构柔性拱，郑阜高铁界临特大桥其主跨为 172m 的钢桁加劲混凝土连续梁，福平铁路乌龙江特大桥其主跨为 288m 的部分斜拉桥。这些桥梁的建成通车，引领了铁路大跨度混凝土桥梁技术的发展。

主跨 300m 的温州瓯江特大桥是国内首座大跨度铁路双塔混凝土斜拉桥，也是世界上最大跨度的铁路混凝土斜拉桥，标志着我国混凝土铁路斜拉桥的跨度突破。主跨 468m 的宁波枢纽甬江大桥首次采用大跨度混合梁结构，攻克了铁路混合梁斜拉桥的关键技术难题，其成果推广应用于深茂铁路、福厦高铁、广州南沙港等重大铁路项目的关键控制性桥梁，目前最大跨度为安九铁路鳊鱼洲长江大桥，主跨 632m。混合梁结构拓展了铁路斜拉桥的技术体系和构造类型，改变了大跨度铁路斜拉桥普遍采用钢桁梁的单一技术格局。

连续梁、连续刚构桥的跨度不断刷新，混凝土连续刚构桥的最大跨度达到 216m，钢桁梁的最大跨度达到 264m。系杆拱、梁-拱组合体系、矮塔斜拉桥等的结构性能和技术经济性突出，成为 200~300m 跨度范围内极具竞争力的桥型。

近年来，铁路桥梁结构向多样化、轻型化、节约化发展，开发应用了高强度钢、高性能混凝土等材料，更加注重耐久性设计，并且将数字化、信息化、智能化技术应用到桥梁的勘察设计和建造中。2000MPa 的高强钢丝和 Q500qE 高性能钢材已成功应用于沪苏通长江公铁大桥，常泰长江大桥的温度自适应塔梁约束体系中采用了碳纤维增强基复合材料（Carbon Fibre-reinforced Polymer，简称 CFRP）拉杆构件，张吉怀铁路酉水桥和拉林铁路藏木桥均采用了耐候钢材料，南沙港多座钢箱梁桥面板采用了不锈钢复合板。此外超高性能混凝土（Ultra-High Performance Concrete，简称 UHPC）、新型涂料等亦在铁路桥梁上得到积极应用。新型装备、人工智能、数字化、信息化、BIM 等技术在铁路桥梁上的应用进展较快。

为贯彻"绿水青山就是金山银山"的可持续发展理念，桥梁建设更注重绿色建造和环境保护，工厂化制造、快速化施工的节段预制装配式桥梁在多个工程项目中得到应用。为进一步节能降耗、节省投资，也正在工程实践中稳步推进精细化建设。广汕铁路主跨为 260m 的增江特大桥首次在大跨度铁路混凝土斜拉桥上采用节段预制拼装工法，为大跨度铁路桥梁采用装配化工艺积累了宝贵经验。

千吨级架桥机的成功研制，逐步推广应用了 40m 大跨度简支梁的预制架设技术；大扭矩液压动力钻机的研发，使钻孔桩直径提升到 6.3m；为适应大节段或整孔桥梁的架设、起吊需要，不断研发应用了一些大型起重设备，如平潭跨海大桥 3600t 大型起吊设备和 1100t 架梁起重机等。

在过去的 20 年间，我国铁路建设实现了跨越式发展，从平原到峡谷，从陆地到海洋，铁路桥梁技术在简支梁、连续梁（刚构）桥、拱桥、斜拉桥、悬索桥及索梁、梁拱组合结构等诸多领域取得了显著成就。大跨度铁路桥梁的桥型各具特色、数不胜数，获得举世瞩目，标志着我国的铁路桥梁建造技术，已从远远落后于西方发达国家，开始跻身于世界先进行列。随着国家经济和科技的不断发展，铁路桥梁设计理论将更加完善，关键技术将不断取得新突破，结构形式将更加丰富多彩，更多的跨度大、技术新、造型美的铁路桥梁，将会一一呈现在世人面前。

第 4 章　福厦高铁桥梁工程概况

福厦高铁位于福建沿海地区，台风多发，其沿线经过福州、莆田、泉州、厦门及漳州，均为沿海经济发达城市，水陆交通发达，管线众多；地形起伏，有陡坡、丘陵及冲积滩涂等；线路走向与省内主要高速公路及既有福厦铁路方向一致，有多处共用通道并行。气象、水文、地质、交通等条件给铁路建设带来了较大挑战，对铁路设计及施工都提出了更高的要求。

4.1　建设条件

1）河流水系

沿线经过的主要水系有闽江水系、木兰溪水系、晋江水系、泉州水系、厦门水系及九龙江水系等。

（1）闽江水系

闽江是福建省第一大河，发源于闽、浙、赣三省交界的武夷、仙霞、杉岭等山脉，流经全省35个县、市，全长581km，流域面积60992km^2，约占福建省陆域面积的一半。

闽江上游在南平以上有建溪、富屯溪、沙溪三大支流，南平以下至水口为闽江中游，其间有尤溪、古田溪等主要支流汇入，水口大坝以下为闽江下游，其间有梅溪、大目溪等主要支流汇入。出淮安村以后，闽江河道从马尾折向东北，穿过闽安镇峡谷，绕琅岐岛南侧经梅花镇入东海。

（2）木兰溪水系

木兰溪是闽中最大河流，为全省八条主要水系之一，流域面积1732km^2。木兰溪发源于德化县戴云山支脉的笔架山，入仙游县西苑乡黄坑村，横贯莆田市中、南部，至三江口注入兴化湾，干流全长168km。

（3）晋江水系

晋江发源于戴云山脉南段的安溪县桃舟乡达新村，经安溪县桃舟折向东北入永春县后，在东南向折回安溪县，入南安境内，经泉州市区后，在丰泽区浔浦处入海（泉州湾）。全流域面积5629km^2，全长182km，主河道平均坡降1.9‰，为福建省第四大河流。

（4）泉州水系

泉州市流域面积在100km^{2}以上的沿海小流域有菱溪、林辋溪、黄塘溪、洛阳江、九溪，此小流域河流具有流程短、支流少、汇水面积小、流量变化大等特点。

（5）厦门水系

厦门市域内河道里程短，河面窄，河床浅，水量随季节变化大。主要河流有同安区的东西溪、西林溪、官浔溪，集美地区的苎溪、霞尾溪等。其中，流域面积100km^{2}以上的河流有东西溪和苎溪，50～100km^{2}的河流有西林溪和官浔溪，其余河流的流域面积均在50km^{2}以下。

（6）九龙江水系

九龙江是福建省的第二大河，由北溪、西溪和南溪三条主要河流汇合组成，流域面积14241km^2，干流全长258km，流经三明、龙岩、泉州、漳州和厦门5个地市18个县（市、区）。北溪为九龙江主流，流域面积9640km^2，全长272km；西溪是九龙江最大的支流，流域面积3940km^2，全长172km；南溪流域面积660km^2，全长88km。

2）气象

线路所经闽东南沿海地区，属南亚热带气候，受季风环流和地形的影响，雨量充沛，光照充足，年平均气温17～21℃，平均降雨量1400～2000mm，是我国雨量最丰富的省份之一，7～9月受台风影响较大。

（1）福州市

线位区域纬度较低，临近海洋，受冷暖气流季节性交换的影响，四季分明。多年平均气温20.2℃，历年极端最高气温41.7℃（七月），历年极端最低气温−1.7℃（一月）。每年5～6月为雨季，多年平均降雨量1374.9mm。

历年地面平均风速为2.6m/s，各风向的平均风速在2～4m/s之间，历年最大风速23.5m/s（1994年5月）。年平均雷暴日数38.3d。

（2）莆田市

莆田市属亚热带海洋性气候，面临东海。流域多年平均气温20.0℃，极端最高气温39.4℃，极端最低气温−2.3℃。地处福建省沿海中部，为台风多发地区。每年7～10月受台风影响较大，平均每年5.6次，台风多出现在7～9月，风力10～12级，最大风速40m/s。

（3）泉州市

泉州市属南亚热带气候，海洋性气候特点较为突出。多年平均气温20.7℃，最低月平均气温12.1℃，最高月平均气温28.6℃。极端最高气温38.9℃，极端最低气温0℃。多年平均降水量为1202.0mm，3～9月份为多雨季节。其主要气候灾害是夏季的台风暴雨导致的晋江的洪水和秋、冬、初春季的干旱。

（4）厦门市

厦门市属南亚热带海洋性季风气候，全年雨量充沛，气候温和。年平均气温在18～21.5℃之间，最高月平均气温28.1℃，最低月平均气温12.4℃，极端最高气温38.5℃，极端最低气温−1℃。厦门市受台风的影响，7～9月为台风季节，平均每年受台风影响5～6次，东南向极端风速可达65m/s。

（5）漳州市

漳州市属南亚热带气候，海洋性气候特点较为突出。多年平均气温21.1℃，最低月平均气温12.8℃，最高月平均气温28.8℃。极端最高气温40.9℃，极端最低气温−2.1℃。多年平均降水量为1523.5mm。其主要气候灾害是夏季的台风暴雨导致的九龙江的洪水和秋、冬、初春季的干旱。

3）地形地貌及地质

（1）地形地貌

福厦高铁全线属闽东山地及沿海岛屿地貌，东部沿海海岸线曲折，多港湾、宽阔的平原、滩涂及残积台地，地面高程0～50m，地势平坦开阔，水网密布，为海西主要城镇分布区，人口密集，经济发达；西部以剥蚀中低山及丘陵区为主，地形起伏大，山势较为陡峻，沿线最大高程400余米。区内主要河流有乌龙江、木兰溪、晋江、西溪、九龙江等，均东流入海，线路跨越湄洲湾、泉州湾及安海湾等海域。

（2）工程地质

① 福州—莆田段

剥蚀丘陵及冲海积平原区，地势平坦开阔，略有起伏，多辟为城镇密集区，冲海积区地表分布第四系全新统海积层，主要以黏性土、圆砾土及砂类土互层为主。其中，淤泥及淤泥质黏土，深灰色，呈流塑状，主要以黏粉粒为主，含少量粉细砂及贝壳碎屑，厚1.4～26m，基本承载力$\sigma_0 = 40～80$kPa（σ_0为岩土的基本承载力，以下同）。圆砾土主要分布在中部及土石分界线处，松散～密实，饱和，成分以花岗岩为主，磨圆度较好，层厚1.5～12m，$\sigma_0 = 200～300$kPa。砂类土多以粉、细砂，浅灰、灰白色，松散～稍密，饱和，中密，层厚0.8～16m，$\sigma_0 = 110～200$kPa。剥蚀丘陵区地表分布第四系残坡积层，主要以黏性土为主，硬塑，夹有少量碎石成分，层厚2～5m，$\sigma_0 = 180～200$kPa。下伏基岩花岗岩、花岗斑岩、花岗闪长岩，灰白色～灰褐色、紫红色，全风化～弱风化。其中，全风化层，岩芯呈砂土状、砾砂状，层厚2～8m，$\sigma_0 = 250$kPa；强风化层，节理裂隙发育，岩芯呈碎块状，层厚5～10m，$\sigma_0 = 500$kPa；其下为弱风化层，岩石完整，$\sigma_0 = 1000$kPa。

② 泉州地区

泉州湾及冲海积平原区，陆地地形平坦开阔，地面高程为3～5m，辟为城镇。地层为第四系长乐组海积层，主要为淤泥，黑褐色，流塑，主要由黏粒组成，含腐殖质，具异味，层厚2～10m，$\sigma_0 = 60$kPa；淤泥质粉质黏土，黑褐色，软塑，主要由粉粒和黏粒组成，层厚2.50～17.00m，$\sigma_0 = 100$kPa；粉质黏土，黄褐色、灰褐色，软塑，层厚2.80～11.80m，$\sigma_0 = 120$kPa；粉质黏土，黄棕色、灰褐色，硬塑，层厚2.60～6.90m，$\sigma_0 = 160$kPa；细砂，黄褐色，稍密～中密，局部含生物碎屑及贝壳，层厚0.90～27.90m，岩土施工分级为I级，$\sigma_0 = 120$kPa；卵石土，杂色，饱和，稍密～中密，卵石主要物质成分为花岗岩，颗粒级配差，磨圆度一般，呈亚圆状，层厚2～7.20m，$\sigma_0 = 450$kPa；下伏基岩为燕山期花岗闪长岩，全风化～弱风化，$\sigma_0 = 200～1000$kPa。

③厦门—漳州段

冲海积平原区，陆地地形平坦开阔，地面高程为2～10m，辟为城镇、盐田。地层为第四系海积层：淤泥，黑褐色，流塑，主要由黏粒组成，含腐殖质，具异味，层厚2～10m，$\sigma_0 = 60$kPa；淤泥质粉质黏土，黑褐色，软塑，主要由粉粒和黏粒组成，层厚3～12.00m，$\sigma_0 = 100$kPa；粉质黏土，黄褐色、灰褐色，软塑，层厚2～10m，$\sigma_0 = 120$kPa；粉质黏土，黄棕色、灰褐色，硬塑，层厚3～20m，$\sigma_0 = 160$kPa；细砂，黄褐色，稍密～中密，局部含生物碎屑及贝壳，层厚1～9m，$\sigma_0 = 120$kPa；卵石土，杂色，饱和，稍密～中密，卵石主要物质成分为花岗岩，颗粒级配差，磨圆度一般，呈亚圆状，层厚2～7.20m，$\sigma_0 = 450$kPa；下伏基岩为燕山期花岗闪长岩，全风化～弱风化，$\sigma_0 = 200～1000$kPa。

（3）水文地质特征

地表水主要有海水、河水、水库水等，其水位、流量受大气降水、季节及涨退潮影响，在丰水期向四周排泄，枯水期由地下水补给。地下水主要为松散岩层孔隙潜水及基岩裂隙水。松散岩层孔隙水分布于冲海积砂、卵砾石层中，为孔隙潜水或承压水，主要由大气降水和地表水补给，水量较丰富；基岩裂隙水分布于中低山区、丘陵地带，主要赋存于构造裂隙和风化裂隙中，一般水量较贫乏，局部构造破碎带连通性较好，赋水性强。

海域区、滨海海积平原区受海潮影响，地表水及地下水对混凝土具有硫酸盐、酸性侵蚀，环境作用等级H1～H2，氯盐环境作用等级L1～L3，盐类结晶破坏环境作用等级Y1～Y3，不受海潮影响的河流阶地、中低山区、丘陵地带地表水、地下水对混凝土一般无化学侵蚀性。

（4）地震动参数区划

根据1:400万《中国地震动参数区划图》（GB 18306—2015），沿线Ⅱ类场地条件下基本地震动峰值加速度、基本地震动反应谱特征周期值的划分见表1-4-1。

地震动参数 表1-4-1

范围	Ⅱ类场地条件下基本地震动峰值加速度（g）	Ⅱ类场地条件下基本地震动反应谱特征周期（s）
起点～DK108+400	0.10	0.45
DK108+400～DK250+850	0.15	0.45
DK250+850～终点	0.15	0.40

（5）主要不良地质

剥蚀中低山区及丘陵区地势多上陡下缓，沿线白垩系、侏罗系凝灰岩及燕山期侵入花岗岩类节理裂隙发育，岩体破碎，受沿海季风气候的影响，不均匀风化严重，易产生剥落，坡脚易形成崩塌物堆积，坡面形成陡崖、孤石，易形成危岩、落石灾害；厦门、泉州地区采石坑较多，垂直下切深度达数十米，边坡直立，规模大，形成"天坑"群，对工程影响较大。线位选择时已对规模较大的危岩、落石地段和"天坑"群予以绕避，局部小型危岩、落石地段采取稳妥的处治措施，人为坑洞地段采取妥当的工程类型穿越。花岗岩风化层厚度大，水稳性较差，边坡应适当放缓，并加强防排水措施。海积平原、滩涂、河流阶地、山（丘）间谷地区淤泥、淤泥质土及饱和软黏性土层，工程性质差，局部浅层发育稍密～中密细砂、中砂，部分为可液化土，（松）软土地基需加固处理。

4）沿线交通

福厦高铁沿线水陆交通发达，且福厦高铁与省内主要交通干线走向一致，形成了相当多的小角度交叉工点。

（1）航道

跨越的通航河流有乌龙江、木兰溪、湄洲湾、泉州湾、安海湾及九龙江，铁路通航孔跨需满足相应的通航净空尺度要求。全线跨越航道表见表1-4-2。

跨越航道统计　　表1-4-2

序号	名称	航道等级	通航尺度［宽（m）×高（m）］	最高通航水位（m）	通航孔径（m）
1	乌龙江	Ⅳ级	81×8	4.57	432
2	木兰溪	地方3级	44×2.5	5.34	100+100
3	湄洲湾	规划3000t	158.8×30.94	5.47	180
4	泉州湾	5000t双向，10000t单向	278×44.57	4.3	400
5	安海湾	2000吨级	180×27.21	4.43	300
6	九龙江北溪北港	地方3级	24×2.5	4.092	80+80
7	九龙江北溪南港	Ⅵ级	46×6	4.342	146
8	九龙江西溪	Ⅴ级	80×8	6.392	168

全线跨越三处海湾，湄洲湾水域桥长10km，泉州湾水域桥长9.0km，安海湾水域桥长1.5km，受地质条件和深水影响，基础施工辅助设施庞大（栈桥、平台、围堰、护筒等），对工程投资、施工安全及工期影响较大。

根据水深及工点承台设置情况，水中围堰采用钢板桩、钢套箱、钢吊箱等围堰。针对福厦高铁沿线的三座海湾大桥，专项设计了海上施工辅助工程措施，以确保工程安全顺利实施。

（2）公路及道路交通

沿线公路交通发达，主要有渔平高速公路、G324、沈海高速公路、湄渝高速公路、泉州绕城高速公路、围头疏港高速公路、厦蓉高速公路等，所跨越高等级道路共53处，见表1-4-3。

沿线穿过福州、泉州、厦门等福建沿海发达城市，诸多城镇道路对铁路的影响较大。本线采用全封闭形式，跨越公路及道路交通均采用立交形式，桥跨布置时合理考虑路网规划的要求及远期的发展，选取合理的施工方案，避免施工过程中对公路运营和城市交通造成较大影响。

由于本线技术标准高，曲线半径大，受线形布置的限制，所跨越的道路很多呈斜交，有的交角较小，为此需要设置更大跨度的桥梁，也增加了桥梁设计难度及工程投资。

跨越高等级道路大跨度桥梁统计　　表1-4-3

序号	里程	名称	公路等级	夹角（°）	道路宽度（m）	考虑净空（m）	跨径布置及桥型
1	DK001+760.795	永南路	城市道路	86	正宽40	5	(8.35+2×13.25+8.35)m框架
2	DK002+810.474	环岛路（在建）	城市道路	79.5	规划正宽70	5	(2×10+3×13.6+9)m框架
3	DK005+79.150	G324	国道	45	正宽23	5	432m主跨斜拉桥
4	DK006+77.500	G324	国道	35	正宽23	5	(60+100+60)m连续梁

续上表

序号	里程	名称	公路等级	夹角(°)	道路宽度(m)	考虑净空(m)	跨径布置及桥型
5	DK008+364.000	G15沈海高速公路	高速公路	62	正宽62.5（中央绿化带宽38）	5.5	（40+64+64+40）m连续梁
6	DK013+370.000	福州东绕城高速公路	高速公路	25	正宽35.5	5.5	2~100m T构
7	DK032+560.800	G324	国道	130	正宽17.5	5	（40+64+40）m连续梁
8	DK032+772.400	G15沈海高速公路	高速公路	139.6	正宽41	5.5	（95+125）m斜拉桥
9	DK042+598.000	G15沈海高速公路	高速公路	26.6	正宽41	5.5	（120+224+120）m矮塔斜拉
10	DK050+358.800	G15沈海高速公路	高速公路	132	正宽41	5.5	（70+125+70）m连续梁
11	DK066+429.500	湄渝高速公路	高速公路	64	正宽39	5.5	（60+100+60）m连续梁
12	DK071+499.700	S201（国欢路）	省道	52	正宽50	5	（60+100+60）m连续梁
13	DK077+908.800	G15沈海高速公路	高速公路	30	正宽22	5.5	（30+145+145+30）m斜拉桥
14	DK078+67.900	G15沈海高速公路	高速公路	24	正宽28	5.5	（30+145+145+30）m斜拉桥
15	DK079+617.650	G15沈海高速匝道	高速公路	113	正宽10	5.5	（60+100+100+60）m连续梁
16	DK084+479.950	G15沈海高速匝道	高速公路	131	正宽13	5.5	（60+100+100+60）m连续梁
17	DK084+575.250	G15沈海高速匝道	高速公路	51	正宽15	5.5	（60+100+100+60）m连续梁
18	DK085+71.800	迎宾大道（S202）	省道	97	正宽20	5	（40+56+40）m连续梁
19	DK089+786.150	城港大道	城市道路	136	正宽65	5	（70+125+70）m连续梁
20	DK090+40.000	莆永高速公路	高速公路	141	正宽25	5.5	112m系杆拱
21	DK091+500.000	规划联十一路	城市道路	38	正宽35.5	5	（70+125+70）m连续梁
22	DK094+562.600	S306	省道	23.3	正宽31	5	（70+125+70）m连续梁
23	DK096+45.000	规划联十一路	城市道路	131	规划正宽50	5	（70+125+125+70）m连续梁
24	DK097+800.000	规划滨海大道	城市道路	19	规划正宽80	5	（60+100+100+60）m连续梁
25	DK143+681.000	斗尾疏港高速公路	高速公路	35	正宽25	5.5	（82+146+82）m连续刚构
26	DK150+171.100	东西主干道	城市道路	33.1	正宽约82	5	（60+100+100+60）m连续梁
27	DK152+311.435	X307	城市道路	124	正宽33	5	（48+80+48）m连续梁
28	DK156+91.610	泉州绕城高速公路	高速公路	31	正宽33	5.5	（76+160+76）m连续刚构拱

续上表

序号	里程	名称	公路等级	夹角(°)	道路宽度(m)	考虑净空(m)	跨径布置及桥型
29	DK157+4.350	南北主干道	城市道路	150	正宽约73	5	(94+168+94)m 连续刚构
30	DK157+622.700	S201	省道	49	正宽44	5	(60+100+60)m 连续梁
31	DK166+874.000	沿海大道	城市道路	32	正宽60	5	(94+168+94)m 连续刚构
32	DK167+995.500	水头外线	城市道路	111	正宽60	5	(60+100+60)m 连续梁
33	DK170+699.000	G1502泉州绕城高速公路	高速公路	152	正宽40	5.5	(94+168+94)m 连续刚构
34	DK175+168.000	G1502泉州绕城高速公路	高速公路	35	正宽37	5.5	(60+100+60)m 连续梁
35	DK183+680.000	社马路	城市道路	148	正宽57	5	(70+125+70)m 连续梁
36	DK184+844.650	城市联盟高速公路、东石连接线	高速公路	59	正宽约37	5.5	(70+125+70)m 连续梁
37	DK194+37.650	在建伞都大道	城市道路	58.3	正宽55	5	(70+125+70)m 连续梁
38	DK195+818.700	伞都大道	城市道路	64.25	正宽约70	5	(82+146+82)m 连续刚构
39	DK197+613.910	城市联盟高速公路	高速公路	161	正宽约35	5.5	(94+168+94)m 连续刚构
40	DK199+582.300	G1502泉州绕城高速公路	高速公路	54	正宽35	5.5	(60+100+60)m 连续梁
41	DK212+50.000	G15沈海高速公路	高速公路	140	正宽42（双向八车道）	5.5	(70+125+70)m 连续梁
42	DK220+580.000	G324	国道	59	既有24（规划至55）	5	(60+100+60)m 连续梁
43	DK229+320.000	同集北路、BRT	城市道路	136	正宽50	5	(70+125+70)m 连续梁
44	DK244+84.200	集美北大道	城市道路	44	正宽30	5	(60+100+60)m 连续梁
45	DK249+716.000	在建灌新路和规划匝道	城市道路	85	正宽32	5	(60+100+60)m 连续梁
46	DK267+817.500	G324	国道	48	在建正宽28	5	(48+80+80+48)m 连续梁
47	DK272+865.000	G15沈海高速公路	高速公路	136	正宽25	5.5	72m系杆拱

（3）铁路

本线跨越的铁路有福厦铁路、向莆铁路、厦深铁路、湄洲湾港口支线、漳泉肖铁路、鹰厦铁路及港尾支线，对铁路建设影响较大。其中，既有福厦铁路、向莆铁路及厦深铁路为福建省内干线，运营列车对数多；福州南站、莆田站、厦门北站及漳州站并行杭深线既有站设站，木兰溪特大桥、西溪特大桥、集美特大桥及九龙江特大桥长距离并行既有杭深线，设计及施工影响因素多，桥塔、梁部及基础施工给既有线带来各种安全风险，邻近营业线施工和要点施工多，制约施工方案及工期条件较多。

跨越既有铁路情况见表1-4-4。

跨越铁路汇总　　　　　　　　　　　　　表 1-4-4

序号	里程	名称	夹角（°）	考虑净空（m）	跨越方式
1	DK003+257.000	福州南动车所	90	7.25	48m 钢桁梁
2	DK013+400.000	福厦铁路	149	7.96	2～100m T 构转体
3	DK084+000.000	向莆线左线	154	7.96	门式墩
4	DK084+125.000	向莆线右线	163	7.96	门式墩
5	DK090+460.000	港口支线	11	7.96	门式墩
6	DK091+080.000	福厦铁路	17	7.96	门式墩
7	DK091+300.000	港口支线	156	7.96	门式墩
8	DK126+658.000	漳泉肖铁路	26	7.96	门式墩
9	DK212+990.00	福厦铁路	23	7.96	（94+168+94）m 刚构转体
10	DK266+765.00	鹰厦铁路	57	7.96	2～80m T 构转体
11	DK276+400.00	厦深铁路	11	7.96	门式墩
12	DK276+533.60	港尾支线	54	7.96	32m 简支梁
13	FZNSLDK000+572.00	福厦铁路	24	7.96	门式墩
14	ZLSDK002+137.00	港尾支线	35	7.96	（40+56+40）m 连续梁
15	ZLXDK001+452.00	厦深铁路	27	7.96	（60+100+60）m 连续梁转体

（4）地下管线

沿线油气管线众多，与线路交叉、并行的中海油、中石化及液化天然气（LNG）等管道共 76 处；超高压电力迁改共 195 处。为保证各类管线的安全，对桥梁跨度、施工方案提出了更高的要求，实施过程中的油气管线拆迁进度也对工程建设造成了较大影响，引起了部分孔跨方案的调整。

4.2　主要技术标准

（1）铁路等级：高铁。
（2）线路数目：双线。
（3）设计速度：350km/h。
（4）正线线间距：5.0m。
（5）最小曲线半径：一般地段 7000m，困难地段 5500m。
（6）最大纵坡：20‰。
（7）到发线有效长度：650m。

4.3　全线桥涵概况

贯通正线全长 277.368km，桥梁全长 182.181km，共有大中桥 84 座，涵洞 59 座，公路桥 2 座。正线桥涵见表 1-4-5。

联络线及动车走线全长 44.548km，共有单线大中桥 13-8575.58 延米、双线大中桥 8-2707.355 延米，涵洞 51 座，公路桥 4 座。

贯通方案正线桥涵　　　　　　　　表1-4-5

类别	项目	单位	合计
线路	线路建筑长度	km	277.368
桥梁	大中桥	座-延米	84-182181.337
	特大桥	座-延米	47-175429.055
	大桥	座-延米	21-5714.27
	中桥	座-延米	16-1038.012
	小桥	座-延米	1-12
	大中桥长占比	%	65.7%
涵洞	涵洞	座-横延米	59-2193.85
公路桥	公路桥	座-顶平米	2-5254.6

特殊结构主要有连续梁、连续刚构、系杆拱、斜拉桥等结构类型；不含高架站内道岔梁，特殊结构联数为203联，总长37.9km，占比20.8%，大于150m主跨的总联数为15联。

高架站4座，分别为福州南站（8台16线）、福清西站（2台4线）、泉港站（2台4线）及厦门北站（7台15线）。

4.4 主要设计原则

在满足使用功能的前提下，针对工程项目面临的台风多发、海上深水施工、深厚软基、滨海滩涂、复杂地形地貌、众多道路管线、跨越或临近既有铁路安全风险大等挑战，力求安全适用、结构合理、经济美观。以此为指导思想，结合桥址处建桥条件，确定桥式方案和桥梁结构。同时，积极采用新技术、新结构、新工艺、新材料，并根据工点的实际情况，推动技术创新及应用，确保工程的高质量。

1）桥式方案

常用跨度简支梁以32m、24m梁跨度为主，当选用24m作为调整跨度时，采用与32m跨度相同的等高箱梁的处理方案。施工以预制架设为主，当受地形条件、交通和施工组织等因素限制无法预制架设施工时，则结合场地和墩高条件，采用移动模架或支架现浇施工。

上跨高速公路均预留双向8车道扩建条件，并满足公路安全评估的要求。跨越河堤原则上一孔跨越，局部困难条件下，桥墩设在背水坡，相关工程措施应满足防洪评估的要求。跨越通航河道应满足通航论证的要求，与既有结构的距离在满足规范要求的前提下尽可能加大，以保证施工期间既有结构的安全及减少结构物之间的相互影响。

跨越既有铁路时，根据斜交角大小采取一孔跨越或门式墩方案，施工期间尽可能减少对既有铁路行车的影响。连续梁结构采用转体施工方案，门式墩采用钢门式墩盖梁吊装方案。施工安全限界在既有铁路设施外侧2m以上。

结合沿海、跨海桥梁环境，选择耐久性优越的桥梁结构。在与既有桥梁并行时，选择对孔布置、结构基本一致的设计原则。大跨度桥梁温度跨宜控制在200m以内，尽可能减少轨道伸缩调节器的设置。

2）梁部设计

标准简支梁采用《时速350公里客运专线铁路无砟轨道后张法预应力混凝土简支箱梁》[通桥（2016）2322A]，联络线及动走线采用《时速160公里客货共线铁路预制有砟轨道后张法预应力混凝土简支箱梁》[通桥（2014）2131、2132、2133]。

为满足通航、防洪要求及跨越铁路、高等级公路的需要，采用大跨度连续梁、连续梁拱、刚构拱及独塔斜拉桥等结构。

位于车站渡线区、咽喉区、联络线等道岔区段上的桥梁，采用道岔连续梁。对于山区高墩、深水桥梁、软土地基上的渡线连续梁，结合现场实际控制情况及施工组织安排，选用先简支后连续的结构形式。

全线主要特殊结构见表1-4-6。

全线主要特殊结构统计　　　　　　　　　　　　　　　　　　　　　　　　表1-4-6

序号	类型	图名	主要跨径（m）	图号
1	斜拉桥	乌龙江特大桥主桥	（72+109+432+56+56）高低塔混合梁斜拉桥	福厦施（桥）-7
2		泉州湾跨海大桥主桥	（70+130+400+130+70）钢-混凝土结合梁斜拉桥	福厦施（桥）-55
3		安海湾特大桥主桥	（40+135+300+135+40）钢-混凝土结合梁斜拉桥	福厦施（桥）-59
4		雷公山特大桥主桥	（118+224+118）部分斜拉桥	福厦施（桥）-19
5		湄洲湾跨海大桥主桥	（96.8+180+96.8）部分斜拉桥	福厦施（桥）-30
6		木兰溪特大桥主桥	（30+145+145+30）独塔斜拉桥	福厦施（桥）-27
7		太城溪特大桥主桥	（95+125）独塔部分斜拉桥	福厦施（桥）-15
8	连续梁	时速350km高铁无砟轨道预应力混凝土连续梁（双线、悬浇）	48、56、64、80、100	通桥（2015）2368A
9		时速350km高铁无砟轨道预应力混凝土连续梁（双线、悬浇）	2×56、2×64、2×72、2×80、2×100、125	肆桥（2016）2302
10		（70+2×125+70）m预应力混凝土连续梁（双线、无砟、悬灌）	（70+2×125+70）	福厦施（桥）参
11		时速350km高铁无砟轨道预应力混凝土连续梁（双线、悬浇）	（40+72+40）	福厦施（桥）参
12		预应力混凝土连续梁（单线、有砟、悬灌）	56、64、72、100	福厦施（桥）参
13		预应力混凝土连续梁道岔梁（无砟、支架现浇）	5×32、6×32、7×32	福厦施（桥）参
14		（32+32）m预应力混凝土连续梁（单线、有砟、支架现浇、十字梁）	（32+32）	福厦施（桥）参
15	拱结构	128m无砟轨道双线下承式钢管混凝土提篮拱	72、112、128	肆桥（2016）3301
16	刚构拱	（76+160+76）m预应力混凝土刚构拱（双线、无砟、悬灌）	（76+160+76）	福厦施（桥）参
17	连续刚构	82+146+82m预应力混凝土刚构（双线、无砟、悬灌）	（82+146+82）	福厦施（桥）参
18		94+168+94m预应力混凝土刚构（双线、无砟、悬灌）	（94+168+94）	福厦施（桥）参
19		3×70m预应力整体式连续刚构	（3×70）	福厦施（桥）参
20	T构	预应力混凝土T构（双线、无砟、悬灌）	40.05、44.05、49.15、60、80、100	福厦施（桥）参
21	钢桁梁	48m钢桁梁（三线、有砟）	48	福厦施（桥）参
22		48m钢桁梁（双线变宽、有砟）	48	福厦施（桥）参
23		48m钢桁梁（单线、有砟）	48	福厦施（桥）参

为适应沿海海洋环境，全线均采用无涂装耐候钢球型钢支座，减少运营过程中的维养量。其中，简

支梁采用 TJQZ-8360-NY，特殊结构采用 TJQZ-8361-NY。部分支座根据结构受力需要采用抗震支座。

3）墩台及基础

一般区间，正线墩高小于20m时，采用流线型圆端形实体桥墩；墩高20～26m时，采用斜坡实体桥墩；墩高大于26m时，采用圆端形空心墩。正线、联络线及动走线，均采用矩形空心桥台。车站内桥墩根据横向宽度及与上部结构的适应性，采用"N"或"M"形挖孔墩。

正线双线无砟箱梁桥简支梁墩台参考图见表1-4-7。

正线双线无砟箱梁桥简支梁墩台参考图　　　　表1-4-7

序号	图名	主要内容	图号
1	时速350km客运专线铁路圆端形实体桥墩（双线）	墩高3～20m，预制梁，$A_g=0.15g$	通桥（2009）4301-Ⅲ
2	时速350km客运专线铁路圆端形实体桥墩（双线）	墩高3～20m，预制梁，$A_g=0.10g$	通桥（2009）4301-Ⅱ
3	时速350km客运专线铁路圆端形实体桥墩（双线）	$0<H<3m$，$20<H\leqslant 26m$，预制梁，$A_g=0.15g$	福厦施（桥）参
4	时速350km客运专线铁路圆端形空心桥墩（双线）	预制梁，$23m\leqslant H\leqslant 50m$	福厦施（桥）参
5	时速350km客运专线铁路圆端形空心桥墩（双线）	现浇梁，$23m\leqslant H\leqslant 50m$	福厦施（桥）参
6	时速350km客运专线铁路双线矩形空心桥台(无砟)	预制梁，现浇梁	福厦施（桥）参
7	时速350km客运专线铁路圆端形实体桥墩（双线）	$0<H<3m$，$20<H\leqslant 26m$，预制梁，$A_g=0.10g$	福厦施（桥）参
8	时速350km客运专线铁路圆端形实体桥墩（双线）	$H\leqslant 26m$，现浇梁，$A_g=0.15g$	福厦施（桥）参
9	时速350km客运专线铁路圆端形实体桥墩（双线）	$H\leqslant 26m$，现浇梁，$A_g=0.10g$	福厦施（桥）参
10	时速350km客运专线铁路圆端形实体桥墩附属工程	—	福厦施（桥）参

注：H为墩高；A_g为地震加速度。

在软土地区进行桥涵设计时，需检算桥墩的刚度、基础的沉降以及桥台稳定性等，并结合以往工程经验，采取地基处理措施，以提高基础的承载能力，严格控制基础变形，保证下部结构纵、横向刚度满足技术要求。

4）桥梁附属工程

正线桥面布置、桥面附属构造、排水体系、伸缩缝、综合接地等均参考《客运专线铁路常用跨度梁桥面附属设施》[通桥（2016）8388A]。联络线及动走线附属工程参考《时速160公里、200公里客货共线铁路常用跨度箱梁桥面附属设施》[通桥（2014）8188]。

影响工程防水效果的主要因素是防水材料和施工工艺。防水材料包括卷材和防水涂料两大类，我国铁路混凝土桥面防水用卷材主要有高聚物改性沥青防水卷材、氯化聚乙烯防水卷材等，防水涂料主要有聚氨酯防水涂料等。基于本工程的实际需求，并借鉴杭长客运专线、济青高铁、京沈客运专线等项目工程应用经验，在无砟区段防护墙内侧最终采用薄涂型聚氨酯防水涂料（PPU）。与传统防水材料相比，PPU防水层材料对混凝土基面有着良好的渗透性和附着力并具有较好的拉伸性能和优良的耐紫外老化性能，且无须设置桥面保护层，从而减小了桥梁二期恒载。图1-4-1为防水层构造示意图。

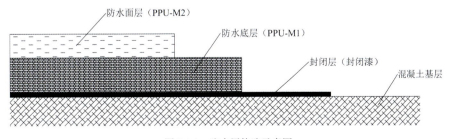

图1-4-1　防水层构造示意图

装配式桥面系整体受力性能好，构件采用集中预制、整体安装，附属设施采用螺栓连接，相较于传统的预埋钢筋连接方式，连接数量有显著减少。福厦高铁超过70km的桥梁段，采用了装配式桥面设施结构。

现浇桥面系与装配式桥面系典型断面如图1-4-2所示。

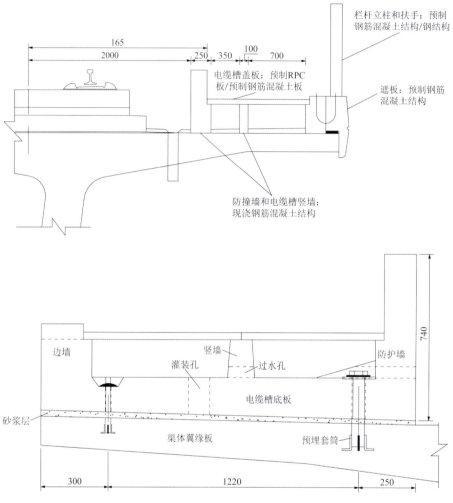

图1-4-2 现浇桥面系与装配式桥面系典型断面示意图（尺寸单位：mm）

结合现场浆砌片石施工及材料现状，桥涵锥体护坡表层采用混凝土实心六棱块，如图1-4-3所示。实心六棱块采用集中厂制，较传统浆砌片石，具有尺寸统一、预制质量标准化及观感美观的特点，有利于现场附属工程质量的进一步提升。

5）耐久性

针对本项目环境特点，开展了混凝土结构附加防腐措施的机理和高性能耐候钢防腐研究，根据《铁路混凝土结构耐久性设计规范》（TB 10005—2010）的相关规定，制定了适合本线的耐久性实施细则，包括高性能混凝土、耐海洋大气钢及混凝土防腐蚀附加强化措施等。

（1）结构强化措施：采用高性能混凝土，提高混凝土强度等级，增大混凝土钢筋保护层厚度，控制混凝土裂缝的宽度。

（2）防腐蚀附加强化措施：浪溅区和水位变动区混凝土采取表面涂装，即柔性氟碳面漆＋环氧树脂中间漆＋环氧封闭底漆涂装体系。根据浪溅区及水位变化区的腐蚀性特点，选择不同体系等级。

（3）钢结构防腐：泉州湾跨海大桥及安海湾特大桥主桥钢锚梁采用镍系高性能耐候钢，初期锈层稳定化处理，后期服役免涂装维护。钢主梁采用石墨烯重防腐涂装体系，控制湿度在50%以下，以实现钢结构海洋大气腐蚀环境下30年及以上的超长寿命防护目标。

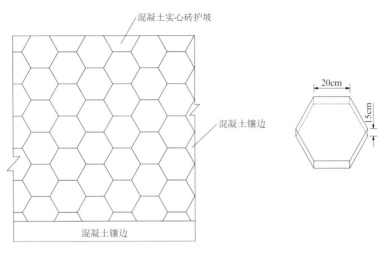

图 1-4-3　混凝土实心六棱块布置示意图

第 5 章　福厦高铁桥梁建设挑战与创新

5.1　面临挑战

（1）恶劣的自然环境

作为首条东南沿海高铁，位于台风多发地区，年平均 5~6 次强台风在福州至漳州沿海登陆，最大风速 40m/s 以上，给工程建设带来巨大挑战。而跨海段桥梁工程，克服了大风、涌浪、深水、海洋腐蚀等恶劣的自然环境，创新了复杂自然环境影响下桥梁结构设计、施工技术、工程装备和运营安全保障技术，确保强风环境下高速列车在长大跨度海大桥上平稳、舒适运行，实现沿（跨）海高铁桥梁技术体系新突破。

（2）不良的地质环境

贯穿了沿线大部分海积平原、滩涂、河流阶地、山（丘）间谷地区淤泥，深厚软基层严重影响了桥梁基础设计和施工。泉州地区采石坑垂直下切深度达几十米，边坡直立且规模大，形成"天坑"群，给线位选择、桥式方案带来巨大挑战。厦门地区侏罗系凝灰岩及燕山期侵入花岗岩类节理裂隙发育，岩体破碎，不均匀风化严重，形成大量陡崖、孤石，增加了桥梁基础施工的技术难度。

（3）复杂的水陆交通网

沿线水陆交通发达，跨越高等级道路共 127 处，且与主要公路交通干线走向一致，形成了相当多的小角度交叉，造成大跨度桥梁众多。跨越六大通航河流，三处 20km 长大海湾。鉴于复杂的地质条件及深水环境，必须进行合理的基础设计和必要的施工辅助措施，对于控制工程投资、确保施工安全及按期完工等具有重大影响。

（4）对邻近铁路安全运营的影响

跨越既有铁路 11 处，其中既有福厦铁路、向莆铁路及厦深铁路均为时速 200km 及以上，长距离并行既有杭深线，与既有福州南站、莆田站、厦门北站并行设站等，桥梁梁部和墩台基础施工都对既有线的安全运营造成较大影响。

（5）长大海域并行桥梁

为实现与海湾环境下并行既有公路桥的协调，在满足铁路荷载、高速度性能要求的同时，兼顾结构力学和建筑美学，避免大跨度斜拉桥涡振影响，提高深水高墩引桥的结构刚度，对大桥进行了轻型化设计，采用流线型箱梁替代钢桁梁，深水区引桥采用轻盈的整体式刚构桥，铁路桥与公路桥形成双龙卧波，灵动和谐。

5.2　桥梁创新技术

我国高铁桥梁技术经过 20 多年的系统研究和科学试验，在基础理论、技术标准、结构设计以及施工技术等方面取得了重大技术成果并积累了丰富的工程实践经验，为福厦高铁桥梁的建设奠定了坚实基础。针对全线大跨度高低塔四线混合梁斜拉桥、无砟轨道大跨度钢-混凝土结合梁斜拉桥、整体式连续刚构桥、独塔混凝土斜拉桥、大跨度无砟轨道桥梁、大跨度简支梁、部分斜拉桥等复杂桥梁结构，在方案研究、结构设计、施工技术、数字化建造等方面进行了深入的科研攻关，主要关键技术如下。

（1）大跨度高低塔四线混合梁斜拉桥设计关键技术

结合乌龙江特大桥主桥（72+109+432+56+56）m 铁路高低塔双索面四线混合梁斜拉桥，如

图1-5-1所示,在桥式方案构思、高低塔混合梁斜拉桥结构受力分析、斜拉桥支承体系、梁轨适应性等方面开展了设计关键技术研究,较好地满足了平面曲线上桥、梁端轨道无法设置钢轨伸缩调节器的技术要求。

图1-5-1 乌龙江特大桥

(2)无砟轨道大跨度钢-混凝土结合梁斜拉桥设计关键技术

结合泉州湾跨海大桥主桥(70+130+400+130+70)m全钢-混凝土结合梁斜拉桥,如图1-5-2所示,高铁斜拉桥首次采用全结合梁结构,开展了高盐高湿的海洋腐蚀环境耐海洋大气腐蚀钢研究,索塔钢锚梁在国内首次采用耐海洋大气腐蚀钢,结合抗震要求研究出减隔震综合体系和系列减隔震新技术,以及全结合梁结构、梁板结合新技术,较好地解决了跨海高铁大跨度斜拉桥的设计关键技术难题。

图1-5-2 泉州湾跨海大桥

(3)整体式连续刚构桥建造关键技术

结合泉州湾跨海大桥主桥两侧深水区引桥多联3~70m无支座整体式连续刚构桥,如图1-5-3所示,边墩和中墩均与主梁固结,边墩采用薄壁墩,相邻两联边墩共用基础,开展了整体式刚构桥梁结构受力分析、墩梁合理刚度匹配及结构抗震性能研究。

图1-5-3 整体式刚构桥

结果表明该桥型结构有较好的竖向刚度和横向刚度,桥墩结构具有较好的变形适应性,结构受力及变形条件良好。整体抗推刚度大,与无砟轨道有较好的适应性,抗震性能好。该桥型景观性好,首次应用在国内高铁上,其成套设计与施工技术有较高的推广应用价值。

(4)独塔混凝土斜拉桥建造关键技术

木兰溪特大桥小角度跨越沈海高速公路,主桥采用(30+145+145+30)m独塔双索面混凝土斜拉桥，塔梁墩固结体系。与既有福厦线木兰溪特大桥主桥并置，两桥之间的结构净距 6.1m，如图 1-5-4 所示。

图 1-5-4　木兰溪特大桥

这是我国首次在高铁上采用全混凝土结构独塔斜拉桥，开展了混凝土独塔斜拉桥结构受力研究，通过辅助墩结构的合理设置，改善了斜拉桥结构受力，提高了整体结构刚度。为降低对邻近既有铁路的影响，开展裸塔转体施工技术研究。采用独塔斜拉桥方案，显著降低了线路高程，减少了对高速公路的影响，裸塔转体改善了施工环境，降低了铁路安全运营风险。

（5）大跨度无砟轨道桥梁设计关键技术

针对安海湾特大桥主桥（40＋135＋300＋135＋40）m 双塔双索面钢-混凝土结合梁斜拉桥、雷公山特大桥主桥（118＋224＋118）m 部分斜拉桥和泉州湾跨海大桥（70＋130＋400＋130＋70）m，以上均是三座主跨大于 200m 的桥梁，故开展了大跨度无砟轨道桥梁技术研究。通过桥上轨道结构动力学的影响分析，分析了轨道合理结构形式，如图 1-5-5 所示。通过合理的结构体系研究，提高桥梁竖向刚度，以满足轨道与桥梁的跟随性、协调性和梁端处的平稳性。此外以大跨度梁的温度、风、徐变等引起的轨道变形作为基准，分析轨道长波不平顺验收容许偏差值，以确定静态评估及验收方法。

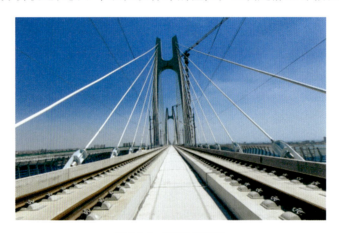

图 1-5-5　无砟轨道结构

（6）大跨度简支梁建造关键技术

针对湄洲湾海域宽浅的特点，湄洲湾跨海大桥共布置 298 孔 40m 大跨度预应力混凝土简支梁，采用预制架设施工方案，如图 1-5-6 所示。据此开展了 40m 大跨度简支梁预制架设建造技术研究，全面分析了 40m 大跨度简支梁的经济适应性和建造技术，为大跨度简支梁在高铁工程中的应用积累了工程实践经验。本桥为首次在跨海高铁上应用 40m 大跨度简支梁预制架设建造技术。

图 1-5-6　40m 运架一体机架梁

（7）海洋大气环境耐久性技术

为适应高湿高盐强紫外线的海洋腐蚀环境，钢主梁采用石墨烯重防腐涂装体系，采用石墨烯改性鳞片型富锌底漆和超耐候氟碳面漆，可实现 30 年以上的超长防腐年限。

对后期维修、养护困难的索塔钢锚梁和支座，首次应用无涂装的镍系耐海洋大气腐蚀钢，且基于长达 5 年的挂片曝晒试验，建立了长期腐蚀预测模型。此外钢材自身可生成致密、稳定的钝化锈层，达到"以锈止锈"的长效防腐目的，实现"免涂装＋绿色耐久"的绿色环保全寿命设计。

（8）桥梁绿色建造技术

针对福清西站渡线连续梁支架施工困难的情况，合理采用了分片预制，先简支后连续的结构体系，实现了连续梁的绿色建造，确保了梁部施工质量。该项技术突破了传统的悬臂浇筑或支架施工模式，首次采用预制和现浇相结合的绿色建造技术，开辟了连续梁施工的新思路。

在满足铁路使用功能的前提下，力求安全适用、经济美观，并充分借鉴我国高铁早期工程建设的宝贵经验。遵循这一设计理念，结合桥位的具体建设条件，合理确定桥式方案，积极开展大跨度斜拉桥、整体式连续刚构桥、大跨度桥梁无砟轨道技术、大跨度简支梁建造技术以及海洋环境耐久性技术等关键技术的研究与应用，极大地丰富和提升了我国沿海高铁桥梁的技术水平。

福厦高铁桥梁工程
创 新 与 实 践
PART 2

第 2 篇
方案研究

福厦高铁桥梁工程
创 新 与 实 践

INNOVATIONS AND PRACTICES
IN THE BRIDGE ENGINEERING OF
THE FUZHOU-XIAMEN HIGH-SPEED RAILWAY

第 1 章　乌龙江特大桥

1.1　工程概况

1）工程地理位置

福厦高铁自福州南站新建福厦高速场引出，上跨既有福州南动车所、三江路后，到达乌龙江北岸，在 G324 乌龙江大桥与福平铁路乌龙江特大桥之间，与动车走行线并行后，形成四线铁路桥梁，自北向南跨越乌龙江。桥位处河段顺直，岸边无淤积。

乌龙江系闽江在福州境内的南支，自 1971 年以来，桥位附近不到 500m 范围内分别修建了 G324 乌龙江复线大桥、G324 乌龙江公路大桥、福厦高铁桥、福平铁路桥、福厦铁路桥等共 5 座跨江大桥，形成独特桥梁群，各桥的平面位置如图 2-1-1 所示。

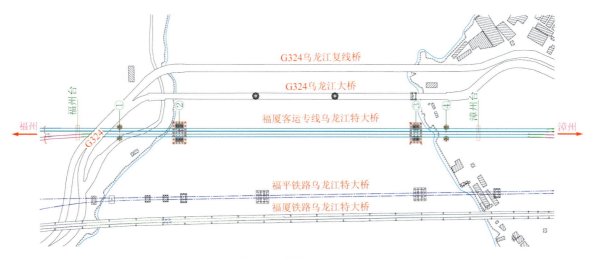

图 2-1-1　桥位平面示意图

2）工程地质

桥址处各岩土层地层岩性由上及下、由新及老叙述如下：

⓪$_1$ 填筑土（Q_4^{ml}）：土褐色，结构零乱，成分以碎块石为主，堆填年限约 2 年，结构松散，层面高程 5.92～18.50m，层厚 0.6～7.2m。

⓪$_2$ 素填土（Q_4^{ml}）：灰色，灰黄色，松散～稍密，成分以黏性土和凝灰岩全风化产物为主，层面高程 5.32～17.80m，层厚 0.5～0.7m。

①$_8$ 粗砂（Q_4^{al+m}）：灰黄色，稍密，级配差。层面高程-24.69～12.90m，层面埋深 0.6～7.2m，厚 0.70～3.50m，$\sigma_0 = 180$kPa。

①$_{10}$ 粗圆砾土（Q_4^{al+m}）：灰褐色，灰黄色，稍密，饱和，粒径 30～60mm 的粗圆砾含量约 60%，充填物以中粗砂为主。层面高程-19.08～-11.72m，层面埋深 0.83～5.6m，厚 1.00～3.10m，厚 0.80～4.60m，$\sigma_0 = 300$kPa。

①$_{11}$ 卵石土（Q_4^{al+m}）：灰黄色，灰褐色，稍密-中密，饱和，粒径 50～80mm，卵石含量约 70%，最大粒径约 400mm。层面高程−17.08～−9.72m，层面埋深 0.6～7.2m，厚 1.00～3.10m，$\sigma_0 = 350$kPa。

④$_1$ 粉质黏土：灰黄色，硬塑，含约 20%的碎石土，粒径 10～30mm，棱角状，层面高程−0.69～16.40m，层面埋深 0.6～7.2m，层厚 0.4～2m，$\sigma_0 = 180$kPa。

⑩$_1$ 凝灰岩（J_3n）：灰白、灰黄色，全风化，呈土状，手捏即碎，呈粉状，层面高程−0.69～16.40m，层面埋深 0.6～7.2m，厚 0.8～2.40m，$\sigma_0 = 220$kPa。

⑩$_2$ 凝灰岩（J_3n）：灰白、浅灰、青灰色，强风化，层面高程−3.29～15.60m，层面埋深 2.9～9.6m，厚 0.8～4.80m，岩芯呈碎块状夹短柱状，$\sigma_0 = 450$kPa。

⑩$_3$ 凝灰岩（J_3n）：灰色、灰白色，弱风化，块状构造，节理较发育，岩体较完整，岩芯多呈柱状，节长多为 10～30cm，岩质较硬。层面高程−5.69～10.80m，层面埋深 3.7～12.0m，$\sigma_0 = 800$kPa。

地震动峰值加速度为 0.10g，地震动反射谱特征周期为 0.55s，对应抗震设防烈度为 7 度，场地土为中硬土，场地类别为Ⅱ类。

桥址区地震动峰值加速度值为 0.10g，地震动反应谱特征周期为 0.65s。

3）气象及水文

（1）气象条件

桥址处属典型的亚热带季风气候，邻近海洋，受冷暖气流季节性交换的影响，四季分明，冬寒不剧，夏暑不酷，春季天气多变，秋季稳定。多年平均气温 20.2℃，最低月（1 月）平均气温约为 10℃，最高月（7 月）平均气温为 28.8℃。极端最高气温 42.3℃，极端最低气温−2.5℃。

闽江流域一般在 6～9 月份受太平洋台风的影响，风力可达 9～12 级，桥址附近的风向以东南风为主，其次为北风及西北风，风力一般为 5～6 级，最大 11 级。6～9 月份为台风雷雨季节。桥址区基本风速（标准高度 10m、平均时距 10min、重现期 100 年）为 37.4m/s。

（2）水文资料

乌龙江位于福建省福州市区，闽江干流流至福州淮安村后分为南北两支，南支即是乌龙江。乌龙江由西北往东南方向依次接纳溪源江、大樟溪、淘江三条主要支流后穿过峡口峡，于马尾区、长乐区、仓山区三区交界处的三江口与闽江北港汇合，往东北方向入海。

桥位以上汇水面积 59584km²，三百年一遇洪峰流量 $Q_{0.33\%} = 37800$m³/s，$H_{0.33\%} = 5.38$m；百年一遇洪峰流量 $Q_{1\%} = 32660$m³/s，$H_{1\%} = 5.08$m；五十年一遇洪峰流量 $Q_{2\%} = 21500$m³/s；十年一遇洪峰流量 $Q_{10\%} = 1880$m³/s，$H_{10\%} = 4.52$m。桥位处水位受潮汐影响，三百年一遇洪水高潮位为 5.38m，历年最高水位 $H_{max} = 4.61$m，历年最低水位 $H_{min} = -2.39$m。

桥位所在河段为感潮河段，受潮汐影响较大，因此当乌龙江发生百年一遇洪水时，其高水位受潮汐顶托影响。

4）邻近建筑物

桥梁位于在建福平铁路乌龙江特大桥（下游 115m，轴心距离）和 G324 乌龙江公路大桥（上游 61m，铁路中心至公路桥边）之间，上下游 500m 范围内已有 4 座桥梁，见表 2-1-1。

（1）福厦铁路乌龙江特大桥：在本桥上游 155m，全长 868.178m。孔跨布置为 5-32m 简支箱梁+（80+3×144+80）m 连续梁+3-32m 简支箱梁，其中主跨 3×144m 连续梁跨越乌龙江航道。

（2）福平铁路乌龙江特大桥：在本桥上游 115m，在乌龙江小里程方向分为左线、右线两个单线桥，左线及江上双线桥桥长 875.315m，右线桥长 417.585m，采用（144+288+144）m 刚构斜拉桥跨越乌龙江航道。

（3）G324 跨乌龙江公路大桥：在本桥下游 61m，桥长 548m，采用（52+3×144+52）m 钢筋混凝土 T 构跨越乌龙江航道，各 T 构间采用 33m 简支挂梁连接。

（4）新建乌龙江公路复线大桥：在既有 G324 乌龙江公路桥的下游 46m 孔跨布置（80+3×144+80）m 连续梁+2-25m 简支梁，桥长 640m。

桥梁信息汇总　　　　　　　　　　　　　　　　表 2-1-1

类别	铁路			公路	
	福厦铁路	福平铁路	福厦高铁	G324	G324 复线
线路等级	客货共线	客货共线	客运专线	二级公路	二级公路
线路数目	双线铁路	双线铁路	四线	双车道	双车道
线间距（m）	4.6	4.2	5.0 + 5.0 + 5.0	桥面宽 12.0	桥面宽 12.0
速度目标值（km/h）	160	160	160	60	60
设计活载	中-活载	中-活载	ZK 活载	汽车—20	公路—I 级
孔跨布置	（80 + 3 × 144 + 80）m 连续梁	（144 + 288 + 144）m 刚构斜拉桥	（72 + 109 + 432 + 56 + 56）m 高低塔斜拉桥	（58 + 3 × 144 + 58）m T 构 + 挂孔梁桥	（31 + 49 + 3 × 144 + 86）m 连续梁
位置关系	上游			下游	
桥间距（m）	155	115	0	61	107
通航孔跨	双孔双向	单孔双向	单孔双向	双孔双向	双孔双向

5）航道

本桥所在河段为通航河段，目前河道基本处于天然状态，乘潮可通航 300 吨级船舶，汛期可通航 500 吨级船舶。该河段为国家内河Ⅳ级航道，净高值不得小于 8m，净宽宽度两年一遇洪水单孔双向不小于 117m（南港）和 105m（淘江）。十年一遇洪水单孔单向不小于 81m（南港）和 79m（淘江）。

代表船型为 2 × 500 吨级顶推船队和 500 吨级船舶，通航净空 120m × 8m。最高通航水位采用十年一遇洪水位 4.52m，最低通航水位 −1.79m。

6）环境作用等级

桥址区地表水、地下水存在 CO_2 侵蚀，化学环境作用等级为 H2、无硫酸盐侵蚀、酸性侵蚀、镁盐侵蚀，无盐类结晶破坏。仅根据氯离子含量判定，无氯盐侵蚀性。

桥址区大气环境作用等级为 T2。

1.2 主要技术标准

（1）铁路等级：高铁。
（2）轨道类型：有砟轨道。
（3）线路数目：四线，左侧为正线双线，右侧为动车走行线双线。
（4）线间距：(5.0 + 5.0 + 5.0) m。
（5）设计速度：正线 160km/h，动走线 80km/h。
（6）设计活载：ZK 活载。

1.3 桥梁方案控制因素

（1）通航条件

桥址处河道为乌龙江窄口河段，水面宽约 430m，桥位上下游 500m 范围河段内已建、在建有 4 座大桥，不满足与既有桥梁相隔距离，故两座水上过河建筑物靠近布置相邻边缘距离应控制在 50m 以内和靠近布置的水上过河建筑物的数量不宜超过 2 座的规范要求。桥位附近多条航道，且航道转弯，不利船舶控制。因此桥区通航条件十分复杂，根据规范应采取加大通航孔跨度或一孔跨过通航水域的措施。

考虑拟建大桥河段附近桥梁较多，桥墩林立，通航条件较差，通航论证意见如下："采用一孔跨过通航水域，建议拟建福厦高铁乌龙江特大桥主通航孔设置432m以上跨度。"此外须考虑邻近桥梁的对孔布置，以获得良好的景观效果和视角通透性。

（2）桥位地形条件

桥位处乌龙江的河道为闽江南港最窄段，水域宽约430m。乌龙江北岸为清凉山，山势较陡，线路采用隧道穿过。紧贴山脚为既有G324，道路大多为开挖山体形成。乌龙江南岸（大里程侧）为金牛山，山势亦较为陡峭，由于山体为浅埋岩层，开挖难度、工程量均较大。因此，两侧边跨布置长度应尽可能不进入山体，尤其大里程侧边跨布置长度不宜超过112m。

（3）既有道路条件

乌龙江北岸紧贴清凉山山脚为既有G324，道路正宽23m，与铁路线斜交角度约45°，开挖山体形成。根据地方意见，G324交通繁忙，道路行车条件、接线条件、地形条件均较差，不具备道路改移条件，且施工期间原则上不容许过多影响道路交通。

（4）线路纵坡条件

线路小里程侧轨面高度主要受跨越G324净空及福州站车站高程控制，大里程侧轨面高度受下穿福平铁路净空控制，不具备平坡布置条件。因此，线路纵坡采用以主跨中心为变坡点的对称人字坡布置，两侧均以2.8‰坡度布置。

（5）线路平面条件

曲线小里程直线边为车站直线边，位置、方向根据既有福州南站确定，曲线大里程直线边为乌龙江特大桥，位置、方向根据既有公路桥，福平铁路桥确定。同时，小里程侧线路平面受小里程侧隧道控制，需满足隧道出口处相邻正线与动走线最小线间距8.5m的要求。

（6）机场限空条件

桥位距义序军用机场跑道端部最小距离为8.2km，距福州长乐国际机场跑道最小距离为26.4km，位于机场限空范围内。依据军用及民用机场净空有关规定，并经民航福建监管局审核，乌龙江特大桥建筑最高高程190.0m，距设计水位（高程4.52m）高差约185.5m。

1.4 桥位方案比较

桥梁小里程侧线路平面受云居山隧道出口控制，隧道出口距小里程桥台30m，乌龙江桥距离福州南站南咽喉仅1.2km，桥梁所在直线边与车站直线边采用1400m半径曲线连接，正线平面在此段基本固定，因此只能通过调整动车走行线位置来适应不同梁型及隧道的要求。

结合福州南站福厦高铁场布置、厦门侧线路展线条件，以及乌龙江两岸的环保、规划、航道及码头等因素，对比研究福厦高铁并行公路桥方案、并行铁路桥方案和并行公路复线桥下游方案。由于并行公路复线桥下游方案穿越一级水源保护区，为福清市一级取水点，不符合环保要求，因此该桥位方案不可行。

并行公路桥方案在乌龙江公路桥上游67m跨越乌龙江，并行铁路桥方案在福平铁路公路桥下游50m跨越乌龙江，两方案均采用主跨432m一孔跨过通航水域，桥位比选如图2-1-2所示。

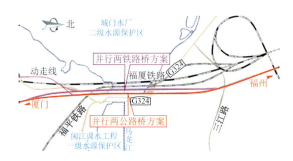

图2-1-2 桥位比选平面示意图

方案一：并行公路桥方案，如图 2-1-3 所示。

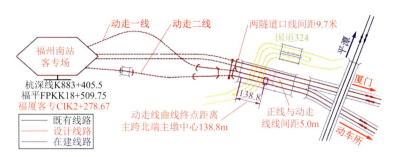

图 2-1-3　桥位方案示意图

正线自福州南站引出，以隧道形式下穿云居山后上跨乌龙江，两条动车走行线分别自车站南咽喉正线两侧引出，在隧道范围疏解后以双线隧道形式出云居山，隧道出口动车走行线与正线间距 9.7m，主跨部分四线采用（5＋5＋5）m 线间距、部分曲线上桥方案。

本方案动车走行线与正线在云居山隧道范围完全分离，隧道工程难度较小，同时桥梁主跨范围线间距较小，总体工程难度及投资较少，但动车走行线曲线终点已上桥（小里程），对桥梁边跨配置和桥梁结构有一定影响。

方案二：并行铁路桥方案，如图 2-1-4 所示。

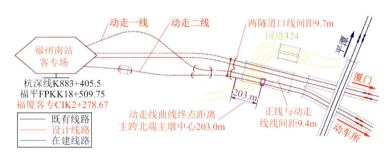

图 2-1-4　桥位方案示意图

正线自福州南站引出，以隧道形式下穿云居山后上跨乌龙江，两条动车走行线分别自福州南站南咽喉正线两侧引出，在隧道范围疏解后以双线隧道形式出云居山，隧道出口动车走行线与正线间距 9.7m，主跨部分四线采用（5＋9.4＋5）m 线间距布置，桥梁全部位于直线上。

本方案较方案一动走线曲线终点距离桥梁较远，可适应更多桥梁形式选择，但主桥部分线间距较大将导致桥梁宽度增加，显著增加工程投资。两种桥位方案比较见表 2-1-2。

桥位方案比较　　　　　　　　　　　　　　　　　表 2-1-2

序号	项目	并行两公路桥方案	并行两铁路桥方案
1	河道及水流	桥区河道河床相对稳定，水流流场基本平顺，无旋涡和强大紊流区，具备建桥条件	
2	通航影响	一孔跨过通航水域，主桥桥墩靠近岸边，基本不影响通航	一孔跨过通航水域，主桥桥墩距岸边稍远，对通航影响小
3	线形条件	仅一个单向曲线，进出站车在此均无须限速，线路条件较好。正线线路展长 11m，动走线缩短 10m，线路长度基本一致	设置一组反向曲线，出站车无须限速，进站车需在第一个曲线限速 120km/h；且隧道处于反向曲线上，且有 110m 平坡地段，需要反向排水，平纵面条件较差
4	建设条件	福州侧主墩位于岸边，基础施工方便	水域相对较宽，福州侧主墩位于水中，基础施工复杂

续上表

序号	项目	并行两公路桥方案	并行两铁路桥方案
5	与福平铁路关系	正线和动走线与福平铁路相距稍远,并行长度减少,对福平铁路影响小	正线和动走线与福平铁路近距离并行长度均增加,致其桥墩变更数量增加至6个
6	道路改迁和高压线迁改	两方案道路改移长度基本相当,但高压线改迁长度较短	高压线改迁长度增加2km
7	施工影响	距福平铁路较远,对本桥施工对铁路运营影响小	邻近福平铁路,对本桥施工安全提出更高要求

经过比较,并行公路桥方案跨越河道处较窄,相比并行两铁路桥方案,对通航影响更小,铁路线形条件更好,故推荐主桥(5+5+5)m线间距、部分曲线上桥方案。

1.5 桥式方案

依据桥位地形地质条件、通航防洪要求、线路布置、既有道路要求等建桥条件,结合主桥孔跨布置的边界条件分析,主桥采用主跨432m跨越乌龙江航道;小里程侧边跨布置最大范围为181m,且需采用跨度不小于69m跨越既有G324;为尽可能避免山体开挖,大里程侧边跨布置最大范围为112m。

本桥主跨432m较大,且承载四线铁路,若采用拱桥方案,则存在用钢量大、造价高昂、施工难度、风险较大等不利因素,因此不予考虑。调研资料表明,国内外已建成邻近432m主跨范围铁路(公铁两用)桥梁多采用斜拉桥,见表2-1-3。此外,考虑到桥位两侧的清凉山和金牛山的地质条件较好,若采用悬索桥方案则两个锚碇均可采用隧道锚,施工方便、传力可靠。因此,本桥主要研究了斜拉桥和悬索桥方案。

国内外已建成主跨邻近432m铁路(公铁两用)桥梁统计　　表2-1-3

桥名	桥式结构	主跨(m)	附注
乌里扬诺夫斯克伏尔加河桥	斜拉桥	407	双层桥面,公铁两用,建成
云贵铁路南盘江特大桥	上承式拱	416	劲性骨架钢筋混凝土拱,双线铁路,建成
沪昆客运专线北盘江特大桥	上承式拱	445	劲性骨架钢筋混凝土拱,双线铁路,建成
南广铁路肇庆西江特大桥	中承式钢箱拱	450	双线铁路,建成
香港汲水门大桥	斜拉桥	430	混合梁,双线铁路+八车道公路,建成
武汉天兴洲长江大桥	斜拉桥	504	钢桁主梁,建成四线铁路+六车道高速公路
渝利铁路韩家沱长江大桥	斜拉桥	432	钢桁主梁,建成,双线铁路
宁波铁路枢纽甬江特大桥主桥	斜拉桥	468	钢箱混合梁,建成,双线铁路
丹麦厄勒海峡大桥	斜拉桥	490	钢桁主梁,建成双线铁路(160km/h)+四车道高速公路

(1)高低塔混合梁斜拉桥方案

依据建桥条件限制,乌龙江特大桥如采用斜拉桥方案,则孔跨布置拟定为主跨采用432m跨越乌龙江航道;小里程侧边跨采用72m上跨既有G324,孔跨布置为(72+109)m;大里程侧边跨采用(56+56)m布置,尽可能避免山体开挖;全桥孔跨布置为(72+109+432+56+56)m,桥梁全长739.9m(含两侧桥台)。

依据孔跨布置,小里程侧边跨长181m,边中跨比0.42;大里程侧边跨长112m,边中跨比0.26;两侧边跨非对称性突出,且大里程侧边中跨比值较小,且承载四线铁路边跨压重需求大。因此,为适应孔跨布置的非对称性，考虑边跨压重需求，拟采用（72+109+432+56+56）m 高低塔混合梁斜拉桥方案，如图 2-1-5 所示。主梁采用边跨混凝土箱梁、中跨钢箱梁的混合梁形式，一方面可充分发挥混凝土箱梁自重、刚度大的特点，提高边跨压重作用、减小梁端转角，加强边跨对桥塔的锚固作用，提高桥式结构整体竖向刚度，使结构体系受力更为合理；另一方面也大幅减少了主梁钢结构用量，有效降低工程造价，具有较好经济性。

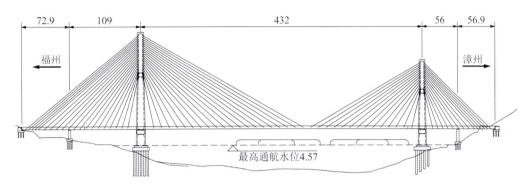

图 2-1-5　高低塔混合梁斜拉桥桥式布置示意图（尺寸单位：m）

大里程侧桥塔轨底以上塔高 98.9m，承台以上塔高 128.5m；小里程侧桥塔轨底以上塔高 140.4m，承台以上塔高 170.0m，塔顶高程 174.0m（不含避雷设施高度 6m）；两侧塔高差值为 41.5m。距机场净空要求的乌龙江特大桥建筑最高高程 190.0m 尚有 16m 的距离，满足桥塔施工吊机操作空间要求。

主梁除小里程侧梁端 97.9m 范围和大里程侧梁端 132.9m 范围采用预应力混凝土梁外，其余部分均采用钢箱梁。

钢箱梁采用带风嘴的闭合双主梁箱形截面，两侧单室为钢锚箱，外侧为外挂风嘴。钢箱梁桥面宽度 26.0m，含风嘴全宽 29.1m，箱梁高度 4.0m。钢箱梁节段标准长 12m，每隔 3m 设置一道实腹横隔板。如图 2-1-6 所示。

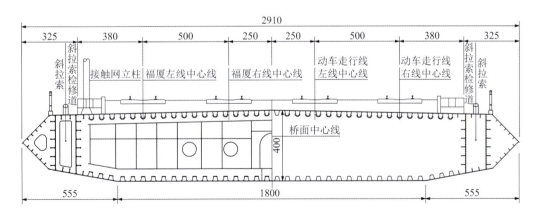

图 2-1-6　钢箱梁标准横断面示意图（尺寸单位：cm）

混凝土箱梁采用与钢箱梁相同的单箱单室等高截面，截面全宽 29.2m，中心处梁高 4.0m，顶板、底板厚度均为 40cm。箱内横隔板标准布置间距为 4.0m 一道，部分区域根据受力及结构要求布置 2.5～3.0m 一道。如图 2-1-7 所示。

最终主要施工方案为边跨混凝土箱梁采用支架逐段现浇施工，钢箱梁采用整节段吊装后顶推就位施工；中跨钢箱梁采用桥面吊机悬臂拼装法施工。边跨现浇支架高度 5～25m，跨 G324 段高度 12m，采用防护棚支架，以保证公路运营安全。全桥施工总工期预计约 39 个月。

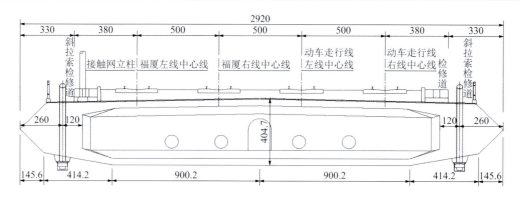

图 2-1-7　混凝土箱梁标准横断面示意图（尺寸单位：cm）

（2）钢桁梁悬索桥方案

主桥采用三跨连续单跨悬吊上承式钢桁梁悬索桥，桥梁全长 514m。主缆三跨布置为（95 + 432 + 126）m，加劲梁三跨布置为（41 + 432 + 41）m。小里程侧接（70 + 70）m T 构跨越 G324，大里程侧接 2-32m 简支箱梁。主缆垂跨比 1/10.8，矢高 40m。中跨吊索布置（20 + 28×14 + 20）m = 432m。如图 2-1-8 所示。

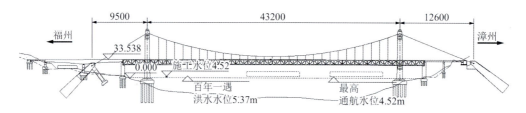

图 2-1-8　悬索桥方案桥式立面布置示意图（尺寸单位：cm；高程单位：m）

两岸均采用隧道式锚碇。前锚室长 30m，锚塞体长 40m。福州侧隧道锚倾角 45°，漳州侧隧道锚倾角 39°，采用散索鞍支墩作为主缆转向和散开支承。桥塔采用双柱式门式框架结构，两侧塔柱高均为 85m。

钢梁采用带竖杆的平行华伦式桁架。节间长 6.0m、7.0m 两种，桁高 8m，横宽 25.5m。如图 2-1-9 所示。下弦平面设置"K"形纵向连接系，断面节点间设置倒"V"形横向连接系。上弦杆、下弦杆、斜腹杆均采用箱形截面，竖腹杆采用工字形截面。桥面采用正交异性板钢桥面结构，按纵横梁体系设计。

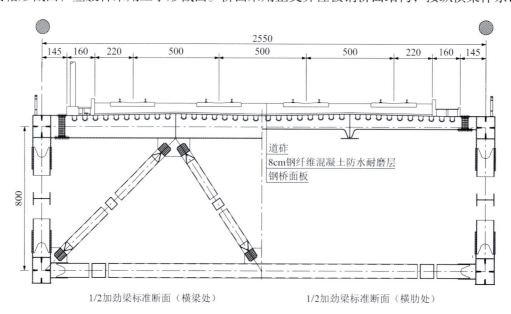

图 2-1-9　钢桁梁横断面示意图（尺寸单位：cm）

最终主要施工方案为隧道锚采用控爆台阶法开挖；主缆采用牵引法架设，再利用主缆从跨中向两侧对称吊装施工钢桁梁主梁。小里程侧(70+70)m T构采用带安全防护对称悬臂浇筑施工，大里程侧2-32m简支箱梁采用支架现浇施工。全桥施工总工期预计约46个月。

（3）方案比选

两方案比较分析结果见表2-1-4。两方案均较好地适应了复杂的建桥条件，工程技术可行。钢桁梁悬索桥方案受力明确，桥式大气美观，但结构刚度低，并且钢桁梁施工周期长，后期维修养护工作量大，造价高。高低塔混合梁斜拉桥方案受力体系明确、桥式优美、刚度条件良好；主梁采用混合梁形式，具有结构合理、适应高低塔短边跨受力特点等优点，相较悬索桥方案节省了大量投资。综合比选，推荐(72+109+432+56+56)m高低塔混合梁斜拉桥方案。

主桥方案综合比较　　　　　　　　　　　　　　　　表2-1-4

项目	(72+109+432+56+56)m 高低塔混合梁斜拉桥	(70+70)m T构+(41+432+41)m 钢桁梁悬索桥+2-32m简支箱梁
主桥长/全桥长	726.8m/726.8m	514.0m/726.8m
结构体系	半漂浮	半漂浮
竖向刚度	挠跨比1/744	挠跨比1/519
梁端转角	1.0‰rad	1.2‰rad
制造安装	钢箱梁主梁采用大节段吊装施工，方便快捷	桁式结构杆件较多，且为水中施工，施工作业面较多；施工工期相对较长
施工工期	39个月	46个月
钢材/延米用钢量	12474.2t/24.8t/延米	13878.0t/27.0t/延米
混凝土	41760.0m^3	56058.5m^3
索体	2525.1t	5260.2t
水中墩基础	24ϕ3.0m钻孔桩，全桥共2个	32ϕ3.0m钻孔桩，全桥共2个
全桥工程概算	5.6亿元	7.2亿元

1.6 小结

福厦高铁乌龙江特大桥建桥条件复杂，线路、通航、孔跨、塔高等方面受限条件较多，采用悬索桥和斜拉桥方案技术上均可行。(72+109+432+56+56)m高低塔混合梁斜拉桥方案很好地适应了建桥条件，满足各方面限制要求，且有效减小了大里程侧边跨布置长度（仅112m），大幅减少了山体开挖工程量；主梁采用混合梁，充分发挥中跨钢箱梁自重轻、跨越能力强，边跨混凝土梁自重大、锚固能力强的优势。桥式布置合理、结构受力明确、桥型简洁美观，施工快捷方便，具有突出的工程适应性和技术经济性。经综合比选，乌龙江特大桥主桥选定高低塔混合梁斜拉桥。此桥梁建成后，将成为世界上首座大跨度四线铁路高低塔混合梁斜拉桥。

第 2 章 太城溪特大桥

2.1 工程概况

太城溪特大桥桥位于福清市镜洋镇，大里程端进入福清西站，桥址范围处于丘间谷地区，植被发育、分布少量民房，主要跨越太城溪，上跨 G324 及沈海高速公路，如图 2-2-1 所示。

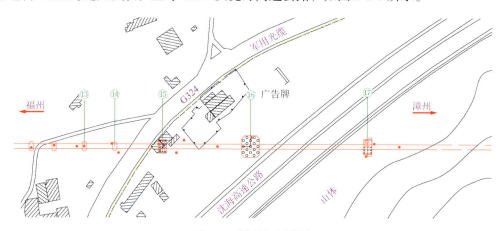

图 2-2-1 桥址平面示意图

1）工程地质

桥址处各地层岩性由上及下、由新到老叙述如下：

（1）第四系人工填土层（Q_4^{ml}）

Q_4^{ml} 杂填土：灰褐色、灰黄色，稍湿，松散，局部稍密。

Q_4^{ml} 素填土：灰褐色、灰黄色，稍湿，堆填成分以黏性土为主。

（2）第四系坡洪积层（Q_4^{dl+pl}）

Q_4^{dl+pl} 碎石土：灰黄色，饱和，中密，局部密实，$\sigma_0 = 400\text{kPa}$。

（3）第四系残坡积层（Q^{el+dl}）

Q^{el+dl} 粉质黏土，褐黄色，硬塑，成分以黏性土为主，$\sigma_0 = 180\text{kPa}$。

Q^{el+dl} 碎石土：灰黄色，饱和，稍密，局部密实，$\sigma_0 = 350\text{kPa}$。

（4）侏罗系上统南园组（J_3n）

W_2 晶屑凝灰岩，全风化层，褐黄色，$\sigma_0 = 250\text{kPa}$。

W_3 晶屑凝灰岩，强风化层，褐黄色、浅灰色，$\sigma_0 = 400\text{kPa}$。

W_4 晶屑凝灰岩，弱风化层，青灰色、灰青色，熔结凝灰质结构，$\sigma_0 = 800\text{kPa}$。

桥址区地表水较发育，受季节或降雨影响显著。第四系孔隙潜水主要赋存于第四系卵石层之孔隙中，主要由大气降雨地表水渗入及地下水补给，水量较丰富，流量和水位变动大，受季节或降水影响显著。基岩裂隙水主要赋存于基岩强～弱风化层节理裂隙中，接受地下径流及上层孔隙水渗透补给，地表水侧向补给，具有就近补给就近排泄的特点，受季节变化影响大，此类地下水不丰富。

桥址区地表水、地下水均无化学性侵蚀、无盐类结晶破坏，根据氯离子含量判定，无氯盐侵蚀性。

桥址区基本地震动峰值加速度 0.10g，II 类场地条件下基本地震动反射谱特征周期为 0.45s，抗震设防烈度为 7 度。

2）水文

桥址跨越太城溪，与线路大里程夹角为 83.75°，桥址处河道顺直，宽约 620m。汇水面积 $F = 56.97 \text{km}^2$，设计流量 $Q_{1\%} = 852.485 \text{m}^3/\text{s}$，设计流速 $V_{1\%} = 2.92 \text{m/s}$，设计水位 $H_{1\%} = 55.28 \text{m}$。

太城溪上游 5.5km 处为福清市东坑底水库，东坑底水库建于 1958 年，隶属太城溪流域，总库容 32 万 m^3，主坝级别 5 级，校核洪水重现期为 200 年，坝高 10m，坝长 75m，最大泄洪流量 $40.84 \text{m}^3/\text{s}$。

2.2　主要技术标准

（1）铁路等级：高铁。
（2）轨道类型：双块式无砟轨道。
（3）线间距：5.0m。
（4）设计速度：350km/h。
（5）设计活载：ZK 活载。

2.3　桥梁方案的控制因素

（1）桥位地形条件

桥位位于福清西站小里程端，受福清西站整体高程控制，在跨越沈海高速公路处净高条件受限。沈海高速公路挖山而设，大里程侧山势较为陡峭，设置边跨条件有限，故需进行山体开挖，施工难度、对高速公路影响及工程体量均较大，因此，沈海高速公路大里程侧应尽快终桥。小里程侧上跨 G324，地形相对平坦。

（2）既有道路条件

桥位主要跨越 G324 及沈海高速公路；G324 路基宽 15m，沈海高速公路路基正宽 42m，双向八车道。两条道路交通量均较为繁忙。如表 2-2-1 所示。

立交控制点　　　　　　　　　　　　　　　表 2-2-1

序号	交点里程	路名	立交方式	现状宽度（m）	设计净空（m）	交角（°）
1	DK32+558.603	G324	铁路上跨	15	5	136.12
2	DK32+781.394	沈海高速公路	铁路上跨	42	5.5	139.92

2.4　桥式方案比较

桥式方案选择要依据桥位地形、地质条件、既有道路要求等建桥条件，选择合适的桥式方案，特别考虑沈海高速公路跨点方案及大里程端地形地貌，充分考虑孔跨及施工条件，结合经济性、合理性及可实施性，全面比较论证。

1）128m 系杆拱方案

由于跨越沈海高速公路净高条件受控，大里程设置边跨条件较差，从跨越方案来说采用系杆拱跨越较为合适。

（1）孔跨布置

跨越 G324 及沈海高速公路局部孔跨为 1-24m 简支梁 +（40+64+40）m 连续梁 + 1-40m 简支梁 +

1-128m 系杆拱。其中 64m 主跨连续梁跨越 G324，128m 系杆拱跨越沈海高速公路，如图 2-2-2 所示。

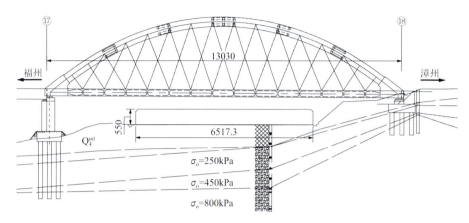

图 2-2-2　128m 系杆拱立面布置示意图（尺寸单位：cm）

（2）施工方案

① 支架现浇：128m 系杆拱施工采用先梁后拱方案，采用贝雷梁支架现浇施工。

优点：先梁后拱方案在系杆拱施工中较为成熟，系梁的受力转换明确，线形及结构控制相对简单。

缺点：需要在高速公路上设置临时支墩，将占用两条车道，影响高速公路正常行驶，导致高速公路收费增加。

② 整体顶推：128m 系杆拱施工方案在小里程侧施工完成后，整体顶推就位。

优点：仅在拱顶推就位过程中对高速公路通行产生影响，影响时间及产生占道费较原位实施方案大幅减小。

缺点：顶推重量均约为 10000t，吨位大；预应力钢筋混凝土系梁，受力体系多次改变，造成局部应力较大，风险较高；需要在高速公路上设置临时支墩，增加高速公路行车风险。

系杆拱也可采用先拱后梁的施工方案，拱肋先采用缆索悬吊施工合龙，系梁利用吊杆采用悬灌施工，由于施工辅助措施较多，跨越繁忙的高速公路影响大，故该方案不做对比。

2）136m 连续梁拱方案

（1）孔跨布置

跨越 G324 及沈海高速公路局部孔跨为 2-72m T 构 +（64 + 136 + 64）m 连续梁拱方案，跨越高速公路处立面如图 2-2-3 所示。

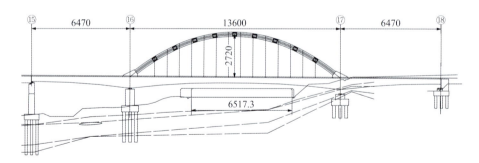

图 2-2-3　136m 连续梁拱立面布置示意图（尺寸单位：cm）

（2）施工方案

采用先梁后拱施工方案，跨高速公路采用悬灌施工。

优点：（64 + 136 + 64）m 连续梁拱施工采用悬臂挂篮实施，对高速公路运营影响较小。

缺点：连续梁拱大里程边跨需要挖山设桥，山体高边坡（四级边坡）防护工程量较大；大开挖对山体的稳定性造成较大影响（高速公路施工时山体有滑坡迹象），因此安全风险极大。

3）125m 连续梁转体方案

（1）孔跨布置

跨越 G324 及沈海高速公路局部孔跨为 1-26m 非标简支梁 +（32 + 48 + 32）m 连续梁 +（70 + 125 + 60）m 连续梁。跨越沈海高速公路处采用（70 + 125 + 60）m 非标连续梁。如图 2-2-4 所示。

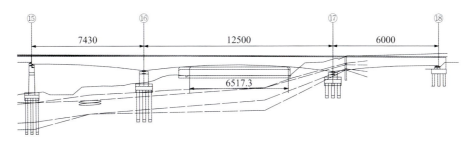

图 2-2-4　125m 连续梁立面布置示意图（尺寸单位：cm）

（2）施工方案

由于 125m 连续梁桥下施工净高不够，挂篮悬浇施工方案不成立。因此，跨高速公路梁部采用转体施工，梁部顺高速公路大节段支架现浇。

优点：连续梁转体施工对高速公路运营影响较小，不会产生占道相关费用。

缺点：受转体施工的影响，在大里程侧 60m 扇形区域内进行山体挖除，留出转体前现浇空间；同时由于挖山设桥，60m × 14.6m 范围的山体挖除，山体产生高边坡防护工程；大开挖对山体的稳定性造成较大影响，因此安全风险极大。

4）（95 + 125）m 不对称转体斜拉桥方案

（1）孔跨布置

跨越 G324 采用 53m 简支梁方案，跨越沈海高速公路采用（95 + 125）m 不对称转体斜拉桥方案。平面及立面图如图 2-2-5、图 2-2-6 所示。

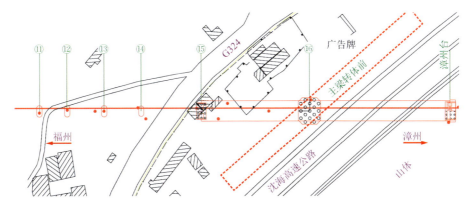

图 2-2-5　（95 + 125）m 斜拉桥平面布置示意图

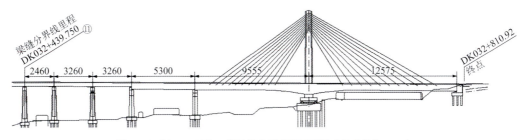

图 2-2-6　（95 + 125）m 斜拉桥立面布置示意图（尺寸单位：cm）

（2）施工方案

在桥墩、基础和转体设施施工完成后，先在顺沈海高速公路方向从桥塔中心向边墩处进行大节段现浇施工，同步施工桥塔，张拉斜拉索，后顺时针一次转体40°就位，再施工大里程侧直线段，最终全桥合龙。53m简支梁采用支架现浇施工。

优点：①斜拉桥转体施工对高速公路运营影响小，可减少交通拥堵；②转体前为平行现浇，不会对高速公路运营产生影响，不会发生占道费及相关配合费用；③消除了连续梁等方案挖山设桥、高边坡防护的安全隐患；④对福厦铁路建设工期影响小，且施工工期可控。

缺点：斜拉桥工程费用稍高。

（3）方案比选

通过对各方案的经济性、结构合理性、施工影响及运营过程中可能存在的风险等进行分析，最终选用（95+125）m不对称转体斜拉桥方案作为本工点实施方案。方案对比见表2-2-2。

桥式方案对比　　　　　　　　　　　　　　　　　　　　　　　　　　　表2-2-2

序号	项目	128m系杆拱	136m连续梁拱	125m连续梁	（95+125）m斜拉桥
1	施工方案	原位现浇或顶推	悬灌或转体	转体	转体
2	跨越条件	对高速公路跨点净高适应性好，比例协调，景观效果好	支点梁高较高，建成之后桥下净空交底，视觉效果较差	支点梁高较高，建成之后桥下净空交底，视觉效果较差	对高速公路跨点净高适应性好，比例协调，视觉效果好
3	大里程山体影响	大里程对地形适应好，无须挖方设置边跨	大里程需设置边跨，挖方设桥，需设置多级刷坡，存在一定的安全隐患	大里程需设置边跨，挖方设桥，需设置多级刷坡，存在一定的安全隐患	大里程对地形适应好，无须挖方设置边跨
4	施工影响	需占用车道进行临时支墩施工，配合费用高，但顶推方案较原位现浇方案低	施工期间对高速公路影响较小	施工期间对高速公路影响较小	施工期间对高速公路影响较小
5	经济性	结构及施工费用整体较高，经济性差	桥梁结构本体费用较低，但边坡防护费用较高，整体经济性一般	桥梁结构本体费用低，但边坡防护费用较高，整体经济性一般	结构本体费用较高，但施工费用低，经济性较好

2.5 结构技术要点

1）技术要点

（1）结构体系

部分斜拉桥结构体系主要有塔梁墩固结体系、塔梁固结体系、塔墩固结体系等，为了确定本桥合理的结构体系，对塔墩梁固结体系及塔梁固结体系进行计算比较，结果见表2-2-3、表2-2-4。

不同体系主梁受力汇总　　　　　　　　　　　　　　　　　　　　　　表2-2-3

体系	主力		主力+附加力	
	中支点弯矩（kN·m）	跨中弯矩（kN·m）	中支点弯矩（kN·m）	跨中弯矩（kN·m）
塔梁墩固结	−2029162	65333	−2054243	140936
塔梁固结	−1918889	131456	−1931215	195669

不同体系主梁变形汇总　　　　　　　　　　　　　　　　　　　　　　表2-2-4

体系	徐变（mm）	活载竖向位移（mm）		刚度	梁端转角（rad）
		最大	最小		
塔梁墩固结	−16.4	2.6	−28.6	1/4374	0.99‰
塔梁固结	−30.4	16.4	−44.5	1/2812	1.39‰

从上表可知，两种体系主梁中支点受力差别不大，但采用塔梁墩固结体系，跨中正弯距有比较明显的改善。塔梁墩固结体系能有效提高结构刚度，以减小梁部后期徐变。

（2）梁高

因军用光缆的影响，不具备设辅助跨的条件；受高速公路影响，梁高受限；研究表明部分斜拉桥在一定范围内无论是增加跨中梁高还是支点梁高，主梁应力改善影响较小，而本梁为无砟轨道，在梁部应力均满足的条件下，活载梁端转角成为控制本桥梁高的关键因素。通过不同跨中梁高进行比较，分析桥梁刚度的变化，见表2-2-5。

不同梁高主梁刚度计算结果　　　　　　表2-2-5

跨中梁高（m）	活载竖向位移（mm）	刚度	梁端转角（rad）
5	−31.4	1/3980	1.10‰
5.3	−28.6	1/4374	0.99‰
5.5	−27.0	1/4626	0.93‰

由上表可知：随着跨中梁高的增加，活载竖向位移和梁端转角显著减小，竖向刚度显著加大。

（3）桥塔高度

在斜拉索力、桥塔截面尺寸不变的情况下，比较塔高为30m、40m、50m、60m时结构受力及刚度的变化，结果见表2-2-6、表2-2-7。

不同塔高主梁受力结果汇总　　　　　　表2-2-6

塔高（m）	主力		主力+附加力	
	中支点弯矩（kN·m）	跨中弯矩（kN·m）	中支点弯矩（kN·m）	跨中弯矩（kN·m）
30	−2794671	175825	−2828626	243692
40	−2424178	129022	−2453065	200913
50	−2187287	92767	−2214793	166593
60	−2032288	66324	−2059856	141018

不同塔高主梁变形结果汇总　　　　　　表2-2-7

塔高（m）	徐变（mm）	活载最小竖向位移（mm）	刚度	梁端转角（rad）
30	−72.5	−30.7	1/4077	1.05‰
40	−46.2	−29.7	1/4207	1.02‰
50	−28.3	−29	1/4304	1‰
60	−15.4	−28.6	1/4371	0.99‰

由上表可知：随着塔高的增大，斜拉索对主梁的加劲效果明显，主梁受力得到有效改善，徐变显著减小。表明在梁高受限的情况下，独塔斜拉桥能适当增加塔高能有效改善主梁受力。

（4）非对称索力

由于结构不对称，在跨度较小一侧采用增加结构自重、填充铁砂混凝土等措施平衡结构不对称受力外，同时采用不平衡索力法，克服活载、温度、收缩徐变等工况下两侧梁部结构受力差异。

为研究左右两侧斜拉索力的合理差值，分别取小跨与大跨索力比值为1.0、1.1、1.2、1.3四种工况进行计算比较，计算结果见表2-2-8、表2-2-9。

不同索力比桥塔结果汇总　　　　　　　　　　　　　　　表 2-2-8

索力比值	塔顶纵向位移（mm）		塔底弯矩（kN·m）	
	恒载	活载	主力	主力+附加力
1.0	120	13	−93010	−166202
1.1	−22	13	32185	178493
1.2	−164	13	118216	264528
1.3	−307	13	204243	350558

注：塔顶位移负值表示变形偏向福州侧，正值则偏向厦门侧。

不同索力比主梁结果汇总　　　　　　　　　　　　　　　表 2-2-9

索力比值	徐变（mm）	主力		主力+附加力	
		中支点弯矩（kN·m）	大跨侧跨中弯矩（kN·m）	中支点弯矩（kN·m）	大跨侧跨中弯矩（kN·m）
1.0	−19.1	−2058100	72643	−2084117	148895
1.1	−15.4	−2019514	62822	−2045509	138063
1.2	−11.9	−1966870	52002	−2006917	127234
1.3	−8.8	−1942375	41186	−1968335	116410

注：徐变变形负值表示向下，正值表示向上。

由上表可知，索力比值从 1.0 变到 1.3，桥塔变形及弯矩反号，随着索力比值增加，桥塔塔底弯矩增加非常明显。随着索力比值增大，大跨侧跨中正弯矩显著减小，主梁受力改善明显，主梁徐变明显减小。设计索力比值选用 1.1 较为合理。

2）结构构造

（1）主梁

（95+125）m 独塔部分斜拉桥塔、梁、墩固结体系，主梁全长 221.3m，中支点梁高 8.6m，边支点梁高 5.3m，中支点等高平段长 7.0m，边支点等高平段长 56.55m（福州侧）、86.75m（厦门侧），中间 35.5m 梁高按圆曲线变化。

主梁采用单箱双室截面，直腹板，斜拉索采用箱外锚固形式。为满足运梁车的通行，主梁顶板宽度为 17.2m，厚 45cm，底板宽 14m，厚度由中跨处的 50cm 渐变至 90cm，中支点附近处局部加厚。箱梁腹板厚度有 40cm、60cm、80cm、100cm，在塔梁结合块附近局部加厚。全梁在边、中支点共设 3 道横隔板，所有横隔板均过人孔。斜拉索锚固点设高度 2.0m 小横梁，全梁共计 22 道。主梁典型横截面如图 2-2-7 所示。

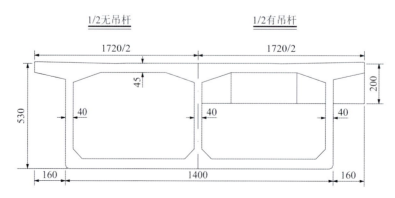

图 2-2-7　主梁典型横截面布置示意图（尺寸单位：cm）

（2）主塔及桥墩

桥塔为双柱式桥塔，设置于桥面两侧，桥面以上塔高60m。塔柱为矩形实体截面，顺桥向宽5.0～6.0m，横桥向宽3m，桥塔构造如图2-2-8所示。主墩采用矩形实心截面，顺桥向为7m，横桥向19m，桥墩高度2.9m。

（3）斜拉索

斜拉索采用空间双索面体系。斜拉索梁上间距福州侧5.5m、厦门侧8.0m，斜拉索在塔端采用分丝管索鞍贯通，竖向间距1.4m。斜拉索采用单丝涂覆环氧涂层钢绞线，外套HDPE，规格55-7ϕ5mm，端索水平夹角28.89°，斜拉索最长226.085m，最短107.04m。

（4）基础

结合转体球铰构造，基础承台分两层，上承台顺桥向×横桥向×厚度为15m×20m×4.5m。下承台顺桥向×横桥向×厚度为20m×22.9m×6.0m，四周设3.45m×3.45m的倒角。桩基础采用17ϕ2.5m钻孔柱桩，梅花形布置，桩长25m。

3）大吨位转体

（1）转体系统

转体系统由球铰、撑脚、上转盘、下转盘、转体牵引、助推、轴线微调系统等组成。转体吨位3.8万吨，为目前高铁转体最大吨位。

球铰转盘投影直径6m，分上下两片，分设于上下转盘之间。上转盘位于桥墩底部，布置撑脚及上转台，顺桥向×横桥向×厚度为14m×19m×2.55m，内嵌8个撑脚，每个撑脚为直径2×ϕ1000mm的双圆柱形。

下转盘布置球铰垫石、环形滑道、牵引反力座、助推系统、轴线微调系统等，顺桥向×横桥向×厚度为20m×22.9m×6m，四周均匀设置千斤顶反力座及转动滑道。

上、下转盘内根据受力布置双向预应力钢绞线，上转盘采用12ϕ15.2mm的预应力钢绞线，下转盘采用19ϕ15.2mm的预应力钢绞线。

转体采用牵引索转动，设计起转牵引索力2×3671kN，设计转动牵引索力2×1836kN。

转体完成后，通过封铰混凝土将上、下转盘连接形成整体承台。转体系统平面如图2-2-9所示。

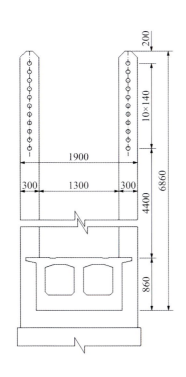

图2-2-8 桥塔横向布置示意图（尺寸单位：cm）

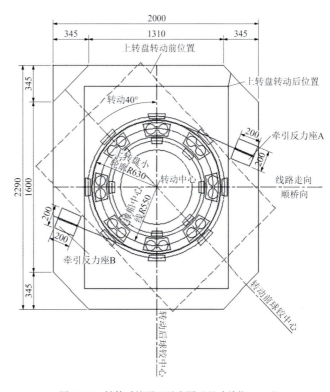

图2-2-9 转体系统平面示意图（尺寸单位：cm）

（2）转盘结构分析

转体吨位3.8万t，荷载较大，采用有限元软件对转盘结构进行空间分析，如图2-2-10、图2-2-11所示。

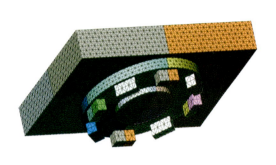
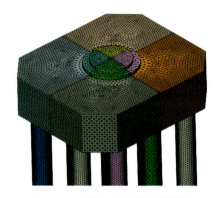

图2-2-10　上转盘有限元模型示意图　　　　图2-2-11　下转盘有限元模型示意图

转体结构按预应力混凝土结构计算，上转盘最大拉应力1.1MPa，最大压应力13.5MPa，最大主拉应力1.3MPa，最大主压应力13.7MPa。下转盘最大拉应力2.01MPa，最大压应力为6.04MPa，最大主拉应力为2.27MPa，最大主压应力10.77MPa，均满足规范要求。

由计算可知，转体过程中上部竖向荷载主要通过上下转盘球铰接触面传递，球铰接触面占整个下转盘面积较小，整个下转盘处于局部承压状态，下转盘对应接触面底部、上转盘对应接触面顶部存在局部拉应力区域。可通过合理选择混凝土等级、转体球铰尺寸、适当配置预应力钢束等措施，使上下转盘混凝土拉应力及压应力处于合理范围内，确保转体施工中上下转盘的结构安全。

2.6　小结

本章立足现场建设条件及施工条件，研究得出系杆拱桥现浇、整体顶推方案；为减少对高速公路的影响，研究提出连续梁拱桥方案；为减少工程投资，研究得到连续梁转体方案；为避免大里程侧山体开挖防护产生的高边坡安全风险，研究确定独塔斜拉桥转体方案。经上述多方案的不断深化研究和优缺点比较，最终选用独塔斜拉桥转体方案，在确保铁路安全和尽可能减少对高速公路影响的前提下，均具备相当优势。

大跨系杆拱方案在结构高度以及跨度的适应性上均满足工点要求，但无论是先梁后拱还是先拱后梁的施工方案，在施工期间均会对桥下公路运营产生影响，而在目前日益复杂的铁路建设环境下，选择大跨系杆拱作为跨越高等级道路、航道及河流方案时，还需充分论证后期施工可能产生的费用或沟通协调外部因素影响，将临时过渡费用及配合费用纳入前期方案比选。

非对称独塔斜拉桥在不设辅助跨的情况下，采用塔梁墩固结体系能有效提高结构刚度，以减小梁部后期徐变。通过不平衡索力的合理选择，能有效改善梁部的结构受力状况。

第3章 雷公山特大桥

3.1 工程概况

雷公山特大桥位于福州市福清市境内,主要跨越沈海高速公路,夹角为25.9°,沈海高速公路双线八车道,正宽为42m。周边地势平坦开阔,分布有多条道路,交通便利。如图2-3-1所示。

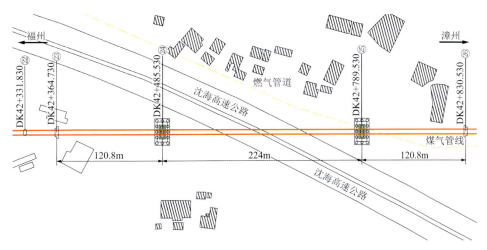

图2-3-1 桥址平面示意图

1）气象条件

福清地处福州东南沿海,背山临海,东临台湾海峡,属亚热带海洋性季风气候,气候宜人,冬无严寒,夏无酷暑,冬短夏长,日照充足,雨量较充沛,四季分明。夏秋季节易受台风袭击影响,平均每年2～3次,台风常在盛夏正面登陆,最大平均风力在12级以上。

根据气象站观测资料统计,年平均气温19.6℃,极端最高气温38.7℃,极端最低气温-1.2℃,最热月份为7月份,最冷月份为1月份。

2）地质资料

（1）工程地质

桥址处各岩土层主要特征自上而下分述如下:

⓪2层:人工填土,杂色,稍密,稍湿,成分以黏性土及碎石块为主,偶有建筑垃圾。层厚1.00～3.90m。

②2层:淤泥质粉质黏土,灰黑色,软塑,成分以黏性土为主,黏性较强,韧性较差,具腐臭味,含有机质,该层厚约1.00m。

②4层:粉质黏土,灰黄色,硬塑,成分以黏粒为主,粉粒次之,刀切面较粗糙,韧性、干强度较差,黏性一般,土质较均匀,局部含砾石。砾石成分为强风化凝灰质砂岩,层厚0.50～8.70m。

②7层:中砂,浅黄色,稍密,饱和,成分以石英砂为主,含量占70%～75%,粒径2～20mm占5%～10%,级配较差,余以黏性土充填,层厚1.80～2.20m。

②11层:卵石土,褐黄色,中密,稍湿～饱和,主要成分为石英、强风化凝灰熔岩,粒径60～90mm,

约55%，磨圆度较好，多呈亚圆形，级配一般，其余为泥质、砂质充填，层厚2.00~4.5m。

下伏基岩侏罗系上统南园组（J_3n）晶屑凝灰岩：

⑩1层：晶屑凝灰岩，浅黄色，全风化，原岩结构构造已完全破坏，岩芯呈土状夹少量强风化碎块。层厚1.00~39.70m。

⑩1-1层：晶屑凝灰岩，浅黄色，全风化，原岩结构、构造已基本破坏，但残余仍可辨认，岩芯呈土柱状夹碎块状。

⑩2层：晶屑凝灰岩，灰黄色、青灰色、强风化，凝灰结构，层状构造，节理裂隙很发育，岩芯多呈短柱状、柱状及碎块状，块径2~8cm。层厚0.40~57.00m。

⑩3层：晶屑凝灰岩，深灰色，弱风化，凝灰结构，层状构造，节理裂隙较发育，芯呈柱状、短柱状，少量长柱状及碎块状，岩质硬，锤击声脆。

⑮构造角砾岩：青灰色，浅紫色，强风化，碎裂结构、块状构造。角砾母岩为凝灰岩，呈棱角状，粒径2~8mm，最大10mm，含量为70%~75%。硅质胶结，胶结较好，岩质较硬，岩芯较完整，以短柱状为主。

（2）水文地质特征

① 地表水

桥址区地表水较发育，零星分布水沟、鱼塘。区中有一水渠，宽约10.0m，水深为2~3m，在线路的两侧呈曲折状分布。

② 地下水

第四系孔隙潜水主要赋存于第四系卵石土及中砂中，其富水性好、透水性强，受大气降水及地表水入渗补给，具有明显季节性，以蒸发或垂直渗入基岩裂隙中形式进行排泄。

构造裂隙水较发育，主要赋存于桥址区断层中，其影响区域内节理裂隙发育，岩体较破碎，导水性较好，富水性较好。

③ 环境水的侵蚀性

桥址区地表水、地下水均无化学性侵蚀、无盐类结晶破坏、无氯盐侵蚀性。

（3）地震

根据1：400万《中国地震动参数区划图》（GB 18306—2015）的划分：Ⅱ类场地条件下基本地震加速度值为0.10g，动反应谱特征周期为0.45s。

3.2 主要技术标准

（1）铁路等级：高铁。
（2）轨道类型：无砟轨道。
（3）线路情况：双线，直、曲线，曲线半径≥7000m。
（4）线间距：5.0m。
（5）设计速度：350km/h。
（6）设计活载：ZK活载。

3.3 桥梁方案的控制因素

上跨处沈海高速公路为双向八车道，道路正宽42m，与铁路线斜交角度为25.9°。根据高速公路主管部门意见，沈海高速公路交通繁忙、道路行车条件、接线条件、地形条件均较差，不具备道路改移条件，施工期间原则上不容许过多影响道路交通。因此，需考虑不占用高速公路，跨越沈海高速公路桥梁主跨不小于224m，且应考虑尽可能减少桥梁施工对既有高速公路的影响。

由于受线路曲线的影响，小里程侧位于半径 $R = 7000$m 的曲线上，且线路纵断面较低，桥梁高20m，因此桥梁方案还要考虑温度跨度和墩高对上部结构的影响。

3.4 桥式方案

依据桥位地形地质条件、线路走向、既有道路要求等建桥条件，主桥孔跨达到224m，因此比较连续梁拱和部分斜拉桥两种方案。

1）连续梁拱方案

从宜万铁路宜昌长江大桥采用主跨275m连续刚构拱以来，我国相继建成众多高铁连续刚构（梁）拱桥，见表2-3-1，形成了128～300m一系列连续刚构（梁）拱组合结构，技术上较为成熟。其中温福铁路昆阳特大桥、徐盐铁路徐洪河特大桥见图2-3-2、图2-3-3。

我国铁路典型大跨度梁拱组合桥一览　　　　　表2-3-1

序号	项目名称	桥梁名称	孔跨布置（m）	设计速度（km/h）
1	京津城际铁路	跨北京四环路特大桥	60 + 128 + 60	350
2	温福铁路	昆阳特大桥	64 + 136 + 64	250
3	京沪高铁	京杭运河大桥	90 + 180 + 90	350
4	郑万铁路	唐河特大桥	100 + 200 + 100	350
5	徐盐铁路	徐洪河特大桥	100 + 200 + 100	250
6	商合杭铁路	淮河特大桥	112 + 224 + 112	350
7	商合杭铁路	淮河特大桥	112 + 228 + 112	350
8	西延高铁	王家河特大桥	124 + 248 + 124	350
9	宜万铁路	宜昌长江大桥	130 + 2×275 + 130	160
10	汉十铁路	崔家营汉江特大桥	135 + 2×300 + 135	350

图2-3-2　温福铁路昆阳特大桥

图2-3-3　徐盐铁路徐洪河特大桥

大跨度铁路连续刚构（梁）-拱组合桥边跨长度多数集中在 $0.45L$～$0.5L$ 范围内（L为主跨跨度），单箱双室截面，支点截面高度在 $L/18$ 左右，跨中梁高为支点梁高的 0.4～0.5 倍。拱肋矢跨比一般采用 1/5，截面多数采用哑铃形截面，少数采用桁架式截面，拱肋截面高度在 $L/55$～$L/65$ 之间；梁部刚度较好，活载挠跨比在 1/4000～1/5500 之间，梁端转角和工后徐变能得到较好控制。

（1）桥式布置

主桥采用（118＋224＋118）m 连续梁拱方案，全桥长 449.5m，如图 2-3-4 所示。连续梁约束体系，固定支座设置在小里程曲线侧主墩，大里程直线段主墩设置活动支座，同时设置轨温调节器。

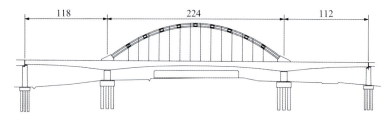

图 2-3-4　主桥总体布置示意图（尺寸单位：m）

（2）主梁结构

主梁为预应力混凝土结构，采用单箱双室变高度箱形截面，跨中及边支点处最低点梁高 5.5m，中支点处最低点梁高 13.0m，梁底按 1.6 次抛物线变化。箱梁顶宽 14.2m，中支点处局部顶宽 17.1m；箱梁底宽 11.0m，中支点处局部底宽 14.4m；箱梁共设 5 道横隔板，边支点横隔板厚 1.6m，中支点横隔板厚 5.0m，中跨跨中横隔板厚 0.4m，各横隔板均设进人孔。此外，箱梁于各吊杆处共设 22 道吊点横梁。跨中及拱脚处主梁横断面如图 2-3-5、图 2-3-6 所示。

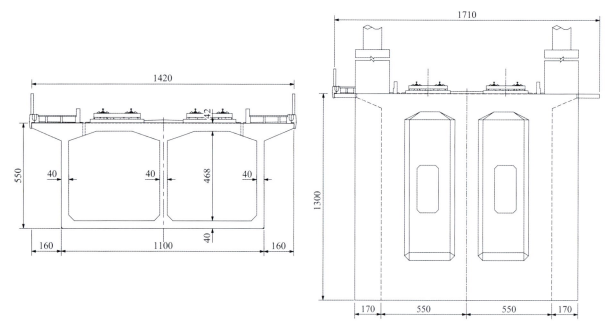

图 2-3-5　跨中处主梁横断面示意图（尺寸单位：cm）　　图 2-3-6　拱脚处主梁横断面示意图（尺寸单位：cm）

拱肋计算跨度 L＝224m，设计矢高 f＝44.8m，矢跨比 f/L＝1∶5，拱轴线采用二次抛物线。拱肋为钢管混凝土结构，采用等高度哑铃形截面，截面高度 3.4m。拱肋弦管直径 1.2m，由 δ＝24mm、28mm 厚的钢板卷制而成，弦管之间用 δ＝20mm 厚钢缀板连接。两榀拱肋间横向中心距 12.2m。上、下钢管及腹腔均为钢-混凝土组合结构，钢管及腹腔内填充 C55 自密实补偿收缩混凝土。

吊杆顺桥向间距 9m，全桥共设 22 组双吊杆。吊杆采用 PES（FD）7-61 型低应力防腐拉索（平行钢丝束），外套复合不锈钢管，配套使用冷铸镦头锚。吊杆上端穿过拱肋，锚于拱肋上缘张拉底座，下端锚于吊点横梁下缘固定底座。

两榀拱肋之间共设 11 道横撑，拱顶横撑为空间桁架撑和 K 撑组合撑，其余横撑均采用空间桁架撑，各空间桁架横撑由 4 根 $\phi610\text{mm} \times 24\text{mm}$ 主钢管和 32 根 $\phi325\text{mm} \times 16\text{mm}$ 连接钢管组成，K 撑采用

ϕ508mm×20mm 钢管和ϕ325mm×16mm 连接钢管组成，钢管内部不填混凝土，其外表面均需做防腐处理，横撑内表面不做防腐处理，端头采用封端板进行密封处理。

（3）桥墩和基础

主桥墩台均采用矩形实体墩，主墩高度分别为 8m、10m；连接墩及中墩基础均采用钻孔桩基础，桩径分别采用 1.5m、3.0m，按柱桩进行设计。

（4）施工方案

采用"先梁后拱"施工方案，桥墩的基础及承台采用常规方法施工，主梁采用节段悬灌现浇施工，边跨合龙后梁端压重 2000kN。桥面上塔设矮支架拼装钢管拱肋；利用桥面塔架及其他设备使钢管拱肋竖向转体就位，合龙拱顶、固结拱脚；依次灌注拱肋下弦管、上弦管、缀板内混凝土；按指定次序张拉吊杆；施工桥面系成桥。全桥施工总工期预计约 31 个月。

（5）主要计算结果

梁部主要计算结果见表 2-3-2。

梁部主要计算结果（单位：MPa）　　　表 2-3-2

项目	上缘最大压应力	上缘最小压应力	下缘最大压应力	下缘最小压应力	最大剪应力	最小剪应力	主压应力	主拉应力
主力	15.30	0.60	14.40	2.73	3.43	−3.45	15.30	−2.04
主力+附加力	18.00	0.50	14.80	1.26	3.45	−3.48	18.00	−2.12

各支点沿横桥向布置 3 个支座，边支点支座吨位为 9000kN，中支点支座吨位为 130000kN。拱肋运营阶段应力结果见表 2-3-3。拱肋强度、稳定性检算结果见表 2-3-4。

拱肋运营阶段应力结果（单位：MPa）　　　表 2-3-3

项目		上缘最大压应力	上缘最小压应力	下缘最大压应力	下缘最小压应力	最大主压应力	最大主拉应力
主力	主钢管	136	33.8	148	62.6	148	−1.31
	上钢管内混凝土	8.25	−0.20	6.62	0.88	8.25	−0.20
	下钢管内混凝土	7.94	1.90	9.60	1.26	9.60	−0.03
主力+附加力	主钢管	145	24	156	57.7	156	−1.71
	上钢管内混凝土	10.3	−1.47	7.65	−0.0116	10.3	−1.47
	下钢管内混凝土	8.98	1.06	10.6	0.446	10.6	−0.05

拱肋强度、稳定性检算结果（单位：MPa）　　　表 2-3-4

强度及稳定系数	主力	主力+附加力
按单肢柱极限承载力检算	2.46	2.22
按哑铃形极限承载力检算	2.50	2.41
按轴心受压检算单肢柱局部横向稳定	1.26	1.58
拱的纵向稳定系数	5.66	
拱的横向稳定系数	4.47	

根据以上结果，得出吊杆主力作用下最大应力为 314MPa，安全系数 $k=1670/314=5.3$；主力+附加力作用下最大应力为 331MPa，安全系数 $k=1670/331=5.0$；最大应力幅为 129MPa，应力幅小于 150MPa，综上，吊杆应力检算满足要求。

2）部分斜拉桥方案

近年来铁路混凝土部分斜拉桥进入快速发展时期。福平铁路乌龙江特大桥主跨288m、浩吉铁路三荆段汉江特大桥主跨248m、赣深铁路剑潭东江特大桥主跨260m部分斜拉桥等，形成了115～288m跨度系列部分斜拉桥。

部分斜拉桥兼具连续梁和斜拉桥的特点，且具有独特的美学风格。这些桥梁的梁高远小于连续梁桥，具有纤细的美感，因此深受众多工程师的喜爱。部分斜拉桥的支点梁高宜取跨度的1/18～1/20，跨中梁高与支点梁高之比0.45～0.6，宽跨比1/20～1/30。桥面以上塔高与跨度比宜取1/5～1/8，大跨度铁路部分斜拉桥边中跨比0.52～0.6。部分斜拉桥由于斜拉索作用，更容易控制结构后期变形。

（1）桥式布置

主桥采用（118+224+118）m部分斜桥方案，桥梁全长461.6m，墩梁固结体系，如图2-3-7所示。固定支座设置在小里程曲线侧主墩，大里程直线段主墩设置活动支座，同时设置轨温调节器。

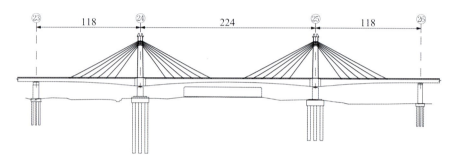

图2-3-7 主桥总体布置示意图（尺寸单位：m）

（2）主梁结构

如图2-3-8、图2-3-9所示，中支点梁高为12.0m，边跨直线段及中跨跨中梁高为7.2m，梁高按圆曲线变化；箱梁顶宽14.3m，底宽11.2m。箱梁横截面为单箱双室直腹板截面，顶板厚45cm，腹板厚分别为45cm、65cm、85cm，底板厚由跨中的55cm按圆曲线变化至中支点梁根部的120cm，局部加厚到220cm；全桥共设5道横隔梁，分别设于中墩支点、边墩支点和中跨跨中截面。另全梁共设36道半横梁，高度为1.8m，宽度为0.6～1.0m，位置与斜拉索下锚固端位置一一对应。

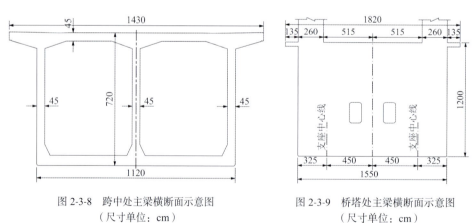

图2-3-8 跨中处主梁横断面示意图　　图2-3-9 桥塔处主梁横断面示意图
（尺寸单位：cm）　　　　　　　　　　（尺寸单位：cm）

（3）桥塔及基础

桥塔采用直立式形式，桥面以上塔高44.0m，高跨比为1/5.09。塔柱采用矩形实体截面，顺桥向宽度为5.0～6.0m，横桥向宽度为2.6m，四周设10cm圆倒角，中间设置有宽度为1.4～2.4m、深度为0.3m的槽口。

斜拉索采用单丝涂覆环氧涂层钢绞线拉索体系，外套HDPE，空间双索面体系。斜拉索梁上间距8.0m，与主梁采用成品梁端锚具形式，主梁内设置锚固梁，张拉端设置在梁上。

主桥墩台均采用矩形实体墩，连接墩及中墩基础均采用钻孔桩基础，桩径分别采用 1.5m、3.0m，按柱桩设计。

（4）施工方案

桥墩的基础及承台采用常规方法施工，桥塔采用液压爬模节段浇筑，主梁采用节段悬灌现浇施工。全桥施工总工期预计约 28 个月。

（5）主要计算结果

梁部主要计算结果见表 2-3-5。

梁部主要计算结果（单位：MPa） 表 2-3-5

项目	上缘最大压应力	上缘最小压应力	下缘最大压应力	下缘最小压应力	最大剪应力	主压应力	主拉应力
主力	12.24	1.58	12.56	2.36	2.44	13.42	−1.33
主力+附加力	16.15	0.91	13.38	1.1	2.56	13.65	−1.76

主梁强度及抗裂安全系数检算结果见表 2-3-6，桥塔纵向变形结果见表 2-3-7。

主梁强度及抗裂安全系数检算结果 表 2-3-6

项目	抗裂安全系数		强度安全系数	斜截面抗剪强度系数
	上缘	下缘		
主力	1.59	1.57	2.61	2.43
主力+附加力	1.48	1.33	2.17	2.21

桥塔纵向变形结果（单位：mm） 表 2-3-7

项目	活载工况纵向水平变形		恒载纵向水平变形	恒载竖向变形
	最大值	最小值		
中固定塔	39.1	−70.9	−24.6	−15.9
中活动塔	3.3	−44.1	−24.6	−30.9

其中各支点沿横桥向布置 3 个支座，边支点支座吨位为 9000kN，中支点支座吨位为 130000kN。

3）方案比选

两方案均较好地适应了复杂的建桥条件，工程技术可行。部分斜拉桥结构受力明确、后期维养工作量少、施工工期短、经济性好，因此推荐采用（118+224+118）m 部分斜拉桥方案。两方案比较分析结果见表 2-3-8。

主桥方案综合比较 表 2-3-8

项目	（118+224+118）m 部分斜拉桥	（118+224+118）m 连续梁拱
竖向刚度	挠跨比 1/1991	挠跨比 1/5161
梁端转角（rad）	0.935‰	0.865‰
混凝土（m³）	18965.0	19129.5
普通钢筋（t）	3710.7	3393.9
预应力筋（t）	816.4	1333.9
钢结构（t）	—	1220.4

续上表

项目	（118＋224＋118）m 部分斜拉桥	（118＋224＋118）m 连续梁拱
索体（t）	395.8	62.293
施工工期（月）	28	31
全桥工程概算（万元）	6177.6	6671.8

3.5 小结

雷公山特大桥建桥条件较复杂，受高速公路影响条件较多，采用连续梁拱方案和部分斜拉桥方案均可行。经结构受力、后期维养、施工工期和工程造价等综合比选，最终雷公山特大桥主桥采用（118＋224＋118）m 部分斜拉桥方案。

第 4 章　福清西站特大桥

简支梁和连续梁是我国铁路桥梁最常用的两种结构形式，桥上渡线区无缝道岔要求桥梁结构采用刚度大、整体性好的连续梁结构，通常称"渡线连续梁"，其特点是结构连续，截面等宽，一般采用现浇法施工。对于高墩、软土地基或跨越道路、河流上的渡线连续梁，支架现浇施工存在较大困难，工程造价高，且现场浇筑混凝土施工质量控制难度大。而采用预制架设先简支后连续施工方案，则较好地解决这一难题，它由预制架设简支梁和湿接缝拼装构成，充分利用了简支梁预制架设施工方便的优点，通过体系转换后形成连续梁结构，其具备连续梁的受力特征，并满足了无缝道岔的受力要求。

结合先简支后连续的结构受力及施工工艺特点，以此研究福清西站渡线连续梁技术方案。

4.1　工程概况

福厦高铁福清西站位于福清市宏路镇西侧郊区，桥址范围地势较为平坦，依次跨越石竹路、龙江、高干渠，为两台四线，线间距（6.5 + 5.0 + 6.5）m，双块式无砟轨道，中间两条正线，两侧为到发线。小里程侧咽喉区两条到发线通过 42 号道岔与正线过渡。如图 2-4-1 所示。

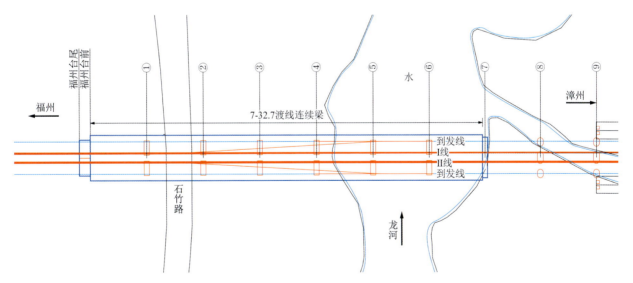

图 2-4-1　平面示意图（尺寸单位：m）

（1）工程地质

桥址区的岩土层按其成因类型分类主要有第四系人工填土层（Q_4^{ml}）杂填土、素填土；第四系冲洪积层（Q_4^{al+pl}）中砂、粗圆砾土、卵石土；第四系残坡积层（Q^{el+dl}）粉质黏土、含砾粉质黏土；侏罗系上统南园组（J_3n）晶屑凝灰岩。

桥址区地表水较发育，主要为龙江，其常年流水，主要接受大气降水以及上游支流、地表水补给，流量和水位变动大，受季节或降雨影响显著。测时水位高程 19.9m。基岩裂隙水受季节变化影响大，该类地下水较丰富。桥址区地表水、地下水均无化学性侵蚀、无盐类结晶破坏，仅根据氯离子含量判定，无氯盐侵蚀性。

桥址区基本地震动峰值加速度0.10g，II类场地条件下基本地震动反射谱特征周期为0.45s。

（2）水文

桥址跨越福清市龙江，龙江与线路交角80.87°，汇水面积$F = 207.21\text{km}^2$，设计流量$Q_{1\%} = 1784.94\text{m}^3/\text{s}$，设计水位$H_{1\%} = 19.9\text{m}$，设计流速$V_{1\%} = 3.59\text{m/s}$。

桥址上游1.65km为福清市东张水库，东张水库坝址位于石竹山下的龙江中游，集雨面积200km²，坝型为钢筋混凝土宽缝重力坝，坝高38.5m，坝顶高程56.5m，坝顶长210m。设计洪水重现期200年一遇，校核洪水重现期2000年一遇，设计洪水位为54.77m。

4.2 主要技术标准

（1）铁路等级：高铁。
（2）轨道类型：无砟轨道。
（3）线路情况：四线，中间正线，两侧各有一条到发线。
（4）线间距：（6.5 + 5.0 + 6.5）m。
（5）设计速度：正线350km/h，到发线160km/h。
（6）设计活载：ZK活载。

4.3 桥式方案

1）位置因素

桥位位于福清西站小里程端，受地形和福清西站整体布置影响，小里程咽喉区和站台区采用高架桥梁，跨越道路、河道和供水暗渠等，站台区中间正线采用标准跨度简支梁，两侧分别采用单线简支梁，在站区设置预制梁场，简支梁均采用预制架设施工。

福州台至7号墩位于福清西站进站渡线区，桥位主要跨越道路为石竹路，现状宽度15m，设计净空5m，正交，是福清市区通往东张水库的主要道路。

2）孔跨布置

为满足道岔及无缝线路的需要，福州台至7号墩采用7×32m渡线连续梁，依次跨越石竹路、龙江、高干渠等，最大墩高27m。立面图如图2-4-2所示。

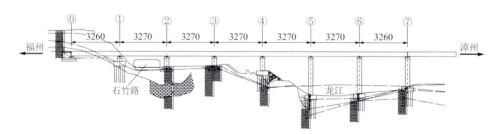

图2-4-2 （7×32）m渡线连续梁立面布置示意图（尺寸单位：cm）

3）结构形式

充分考虑场地的施工条件，结合经济性及可实施性，对四线7×32m预应力混凝土渡线连续梁的结构形式进行比选。

（1）双箱并置现浇连续梁方案

渡线区的常规梁跨方案，结构体系及施工方案相对成熟，双副单箱双室7×32m连续梁并置，梁高3.05m，并置梁宽12.75m。如图2-4-3所示。

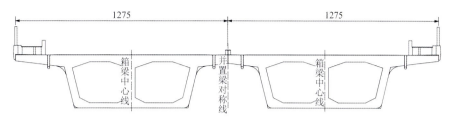

图 2-4-3 梁部横断面布置示意图（尺寸单位：mm）

施工方案：单箱双室截面单孔梁重超过目前双线 900t 架桥机的架设能力，因此只能采用支架现浇施工。

优点：①结构受力体系明确，施工方案成熟，整体属于铁路常规方案；②对材料供给要求较小，阶段混凝土浇筑量不大，可较好控制施工质量。

缺点：梁体采用支架现浇施工，支架体量较大。由于福州台至 7 号墩桥下穿过石竹路及龙江，梁部施工搭设支架对桥下公路交通及河流泄洪产生一定的影响。因此 5～7 号桥墩较高，支架安全风险大。

（2）单箱预制架设先简支后连续方案

横向采用四个分离式单箱单室箱梁结构，7×32m 连续梁采用单孔梁简支先预制架设，之后再纵向连续的施工方案，体系转换之前为多条单线简支梁并置。

梁高 3.05m，到发线梁宽 6.75m，正线梁宽 5.44m，横向现浇湿接缝宽 0.6m。边跨梁长 32.6m，中跨梁长 32.7m，中支点处纵向湿接缝宽度 0.6m，梁端预留伸缩缝 0.1m，因此边跨预制梁长 32.3m，中跨预制梁长 32.1m。正线与正线间预留 2cm 纵向缝，四线梁部全宽 25.6m，如图 2-4-4 所示。

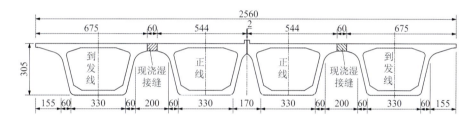

图 2-4-4 结构截面示意图（尺寸单位：cm）

施工方案：利用福清西站既有梁场施预制单线简支梁，利用到发线既有的单线 550t 架桥机架设施工，纵横向湿接缝连接，体系转换，形成 7×32m 连续梁。

优点：结构受力体系明确，施工方案成熟，施工质量控制较好；对桥下道路和河流泄洪不产生影响；充分利用梁场预制架设，经济性好。

缺点：梁体需体系转换，施工控制要求高。

（3）方案比选

对上述双箱并置现浇连续梁方案和单箱预制架设先简支后连续方案进行技术经济比选，见表 2-4-1、表 2-4-2。

技术经济比较 表 2-4-1

类别	单箱双室	双箱单室
施工方法	支架现浇施工	先简支后连续
施工质量	质量控制难度稍大	质量容易控制
施工设备	不需要大型运架设备	单线架桥机和运梁车
施工工期	工期长	工期短
施工安全	桥墩较高，且在河道中架设支架，安全风险较大	预制架设施工，对河道行洪等不产生影响
经济性	稍差	较好

主要工程量对比　　　　表 2-4-2

工程项目	单位	支架现浇一次成桥	先简支后连续	比例
C50 混凝土	m³	2991.4	2787.1	0.93
预应力钢筋	t	127.9	116.3	0.91
普通钢筋	t	600.3	564.8	0.94

从以上两表可得出，双箱单室结构方案采用预制架设、先简支后连续的施工方法，充分利用既有运架梁设备，通过预制架设施工，确保了施工质量，缩短了施工周期，同时避免桥下河道内搭设高支架，降低施工安全风险，与单箱双室支架现浇施工方案相比，技术经济效益明显。该结构体系可节省约 7% 的钢筋混凝土材料，大大提高了经济效益。

本桥渡线连续梁选用双箱单室箱梁截面形式，其预制简支梁外部轮廓与到发线单线简支梁一致，并与到发线梁同步架设施工，采用先简支后连续施工方案，通过纵、横向湿接缝连接和体系转换，形成双线渡线连续梁。此外简支梁架设精度直接关系最终结构体系是否与设计相符，结构体系经过多次转换，且在临时支座向永久支座转换的过程中，临时支座卸除过程的同步性对结构产生的影响较大，先简支后连续施工对现浇施工要求更高。

通过经济性、结构合理性以及施工方案等分析，在现有梁场能够提供单线运架梁条件下，最终采用 7×32m 先简支后连续渡线连续梁方案作为本工点实施方案。

4.4 结构技术要点

1）梁端构造

为确保梁端现浇湿接缝与箱梁之间良好结合、受力的有效传递以及便于施工的要求，箱梁的连续端头做成马蹄状，梁端预留接茬钢筋，一般使用搭接焊的方式进行连接，同时预留混凝土灌注条件。为避免出现收缩裂纹，故采用与梁体同强度的补偿收缩混凝土。梁端湿接缝构造如图 2-4-5 所示。

与此同时，临时支座应保证有必要的强度和刚度，且方便拆装，设置高度应考虑临时支座压缩变形，临时支座要保持比永久支座高出 4mm 左右的高度，此举方便体系的转换以及拆除。拆除时一般使用硫黄砂浆，通过电热法进行拆除。拆除时，必须保证桥梁逐孔处于对称均匀的受力状态。支座布置图如图 2-4-6 所示。

支点处上、下缘钢索布置在箱内顶板和底板上，在箱内设置锯齿块张拉，由于箱内空间较小，应合理布置箱内锯齿块构造，以满足钢索布设要求。由于钢索长度较短，及受箱梁架设安装施工误差的影响，容易引起预应力损失，因此应加强施工质量控制。

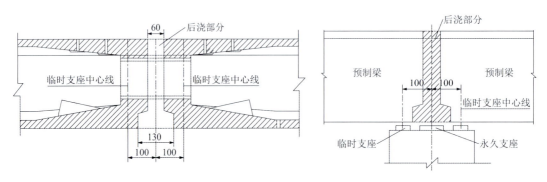

图 2-4-5　梁端湿接缝示意图（尺寸单位：cm）　　图 2-4-6　支座布置示意图（尺寸单位：cm）

2）受力性能

主梁在简支状态承受自身重量，经过体系转换成为连续结构后，承受二期恒载及使用阶段活载。各阶段跨中及支点恒载弯矩如图 2-4-7 所示。可得出先简支后连续结构弯矩位于简支梁和连续梁之间，跨中弯矩远小于简支梁，略大于连续梁跨中弯矩 4%，支点负弯矩小于连续梁支点负弯矩 7%。相比简支梁，由于支点处负弯矩的"卸载"作用，使活载产生的跨中弯矩明显减少，从而改善了结构受力，使结构更加合理。各工况下最大弯矩比较见表 2-4-3。

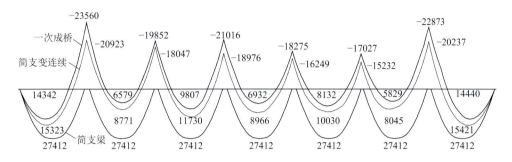

图 2-4-7　各体系恒载弯矩图（单位：kN·m）

各工况下最大弯矩比较（单位：kN·m）　　表 2-4-3

工况类型		简支梁	先简支后连续		连续梁	
			正弯矩	负弯矩	正弯矩	负弯矩
施工	自重	14501	14461	—	—	—
	恒载	26320	15323	−20922	14342	−23559
成桥	主力	38393	26165	−36167	25021	−38803
成桥弯矩占比		1.47	1.0	1.0	0.96	1.07

先简支后连续结构，在预制架设为简支结构时，由于变形结构是静定体系，简支梁预制 60d 后架设，后期收缩徐变小，且简支时收缩徐变不产生内力，支座产生的不均匀沉降也不产生次内力。体系转换后，由于恒载已使大部分沉降发生，混凝土收缩和徐变已部分完成，其后期沉降和徐变大大减少，不会产生较大的二次内力，因此先简支后连续结构受力性能有明显的优越性。

得出梁部后期徐变 1.76mm，较一次成桥徐变减少 1.34mm。

3）活载偏载系数

利用有限元软件 MIDAS Civil 2010 建立空间模型，对不同工况下的箱梁偏载系数进行计算，分析荷载、结构的空间效应。在单、双线行车条件下，活载偏载对各支座产生的最大活载支反力，与平面杆件模型计算求得的支座反力比较，得到中墩最大活载支反力偏载系数 1.21，见表 2-4-4。

最大活载支反力偏载系数　　表 2-4-4

支座编号	空间活载最大支反力（kN）	平面活载支座反力均值（kN）	偏载系数
1 号墩	1923	1525	1.261
2 号墩	4508	3991	1.130
3 号墩	5867	4925	1.191
4 号墩	6357	5269	1.207
5 号墩	6393	5356	1.194

4）施工对结构的影响

总体施工方案：墩顶设置临时支座，简支梁预制架设，使用搭接焊的方式对预埋筋进行连接，为了防止出现收缩裂纹，故采用相同强度等级的补偿收缩混凝土；纵、横向湿接缝连接，预应力张拉，体系转换成桥,拆除临时支座。

(1)横向整体施工方案:先浇筑横向两箱间翼缘湿接缝,将2片箱梁结合为横向整体结构,之后再浇筑梁端湿接缝,张拉二次预应力。

(2)纵向整体施工方案:先浇筑梁端湿接缝,施加纵向二次预应力,形成每片箱梁的纵向连续整体结构,之后再浇筑横向两箱间翼缘湿接缝。

由于横向整体施工方案,墩顶纵、横向湿接缝全断面整体一次浇筑,能够提高结构的整体性,后期二次预应力使两箱间横向接缝处存在预压应力,因此建议采用横向整体施工方案。横向湿接缝宜分段浇筑以避免混凝土产生收缩裂缝,而体系转换由中墩向两端进行,利用固定支座形成稳定的结构支承体系。

5)静力计算

恒载状态下,二次预应力使支点处上下缘预存不小于3MPa的压应力,运营状态下,梁部主要计算结果如表2-4-5所示。计算得出静活载作用下最大挠度值为−3.1mm,为跨度的1/10447,梁端最大转角为0.17‰rad。预制时到发线和正线设置相同的预拱度,最大值为−1.2cm。

梁部主要计算结果   表2-4-5

类别	上缘		下缘		最大主压应力(MPa)	最小主拉应力(MPa)	最大剪应力(MPa)	强度安全系数	斜截面强度系数	抗裂安全系数	理论计算跨中反拱值
	最大正应力(MPa)	最小正应力(MPa)	最大正应力(MPa)	最小正应力(MPa)							
主力	12.63	1.17	13.94	0.92	11.73	−1.16	2.73	2.51	3.39	1.76	−11
主力+附加力	15.02	0.44	14.62	0.39	12.28	−1.28	2.73	2.28	2.75	1.58	

对于双箱单室结构,当两线荷载不一致时,必然引起两榀箱梁竖向变形差异,对跨中湿接缝横向受力和裂缝产生影响。采用MADIS建模,分析梁体在ZK活载作用下双箱单室结构竖向位移、桥面板横向应力,以及跨中横隔板设置对结构变形的影响。

(1)变形

箱梁跨中不设置横隔板和设置横隔板的两种工况下,选取第一跨跨中进行对比,箱梁最大的变形分别为1.39mm和1.35mm,变形云图如图2-4-8所示,主要变形为跨中竖向挠度,跨中横向变形平顺,表明箱梁横向抗扭刚度大,有无跨中横隔板差异甚微。

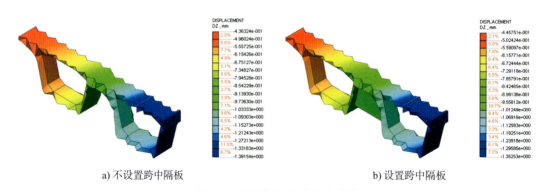

a)不设置跨中隔板   b)设置跨中隔板

图2-4-8 活载作用下竖向挠度云图

(2)应力

从整体应力云图来看,应力较大区域位于中支点处轨道下部,无横隔板时顶板横向最大拉应力为0.8MPa,纵向横隔板外最大主应力2.0MPa。其主应力云图如图2-4-9所示。

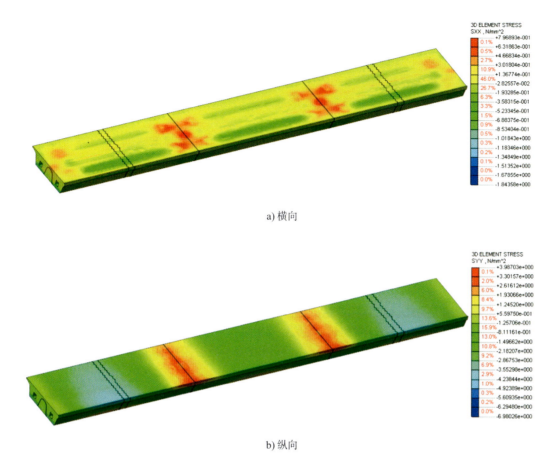

a) 横向

b) 纵向

图 2-4-9　恒载 + 活载组合下应力云图

以上分析表明跨中横隔板对结构的竖向变形和顶板的应力均未产生较大的影响，对于 32m 跨度双箱单室连续梁，跨中可不设横隔板。

6）运架梁检算

考虑以下工况进行运架梁检算：①在湿接缝没有施工前，梁体处于简支状态下，两片单线简支梁承受运架荷载；②湿接缝施工完毕，混凝土强度满足要求，但未张拉负弯矩钢索时运梁；③体系转换后，梁体承受运架荷载。同时考虑偏载系数和动力系数的影响。

结果表明：900t 运架一体机运梁荷载，在梁体处于简支状态下控制设计。主力工况下最大正应力 15.54MPa，最小正应力 0.16MPa；最小主拉应力 1.14MPa，最小强度安全系数 2.55，最小抗裂安全系数 1.86；主力 + 附加力工况下上缘出现最小正应力 −1.37MPa。

7）主要施工步骤

（1）架梁施工

正线 17 孔双线 32m 简支梁，采用 WE-SC900H 运架一体机架设；到发线 34 孔单线 32m 简支梁、28 孔 32m 单线渡线连续梁（先简支架设后连续）采用 1 套 550t 运梁车与 550t 单导梁架桥机配合架设完成。

首先采用运架一体机架设正线 17 孔双线 32m 简支梁，然后单线架桥机架设单线梁。

（2）连续梁施工

梁体吊装后，以设计一联为单位进行体系转换及横隔板、湿接缝施工。其施工顺序如下：

① 设置临时支座，中墩顶设置板式橡胶支座（边墩无须设置临时支座），安装好临时支座后逐孔架设箱梁，置于临时支座上成为简支状态。

② 安装永久支座，凿毛支座就位部位的支撑垫石表面，清除预留锚栓孔中的杂物安装支座下座板，安装灌浆用的模板，在达到强度要求后安装上支座板，并进行支座预偏量调整。

③ 连接接头段钢筋，绑扎横梁钢筋，设置接头段顶板波纹管并穿束，浇筑中横梁前，应精确预埋支座预埋钢板位置，核查整联梁体中线线形，高程与设计一致后再浇筑混凝土。

④ 待混凝土强度达到设计强度的 100%后，且龄期不小于 10d 时，张拉顶板负弯矩预应力钢束及剩余底板钢束，并注压水泥浆。张拉顺序为先两侧中支点，后中间中支点。

⑤ 中支点处先横向形成整体，再纵向张拉，形成连续结构。中支点附近纵向湿接缝先连接，跨中部分张拉后再连接。

⑥ 一联内所有负弯矩钢束及剩余底板束张拉完成后，且管道压浆强度达到 40MPa 时，拆除一联内临时支座，完成体系转换。

⑦ 浇筑剩余部分桥面板湿接缝混凝土及预留槽处顶板混凝土，剩余部分桥面板混凝土应由跨中向支点浇筑。

4.5 小结

福厦高铁桥福清西站渡线道岔梁连续梁，采用先简支后连续施工方案，对结构受力、后期徐变和施工方案等分析，结果表明：①高铁渡线区道岔连续梁采用预制架设、先简支后连续的施工方案经济合理、技术可行，特别是设置支架现浇施工困难时，该方案技术优势明显；②先简支后连续结构体系受力合理，后期徐变小，满足无缝道岔变形要求；③单箱双室箱梁结构不设置跨中横隔梁时，跨中变形满足无缝渡线道岔受力要求。

"先简支后结构连续"结构充分发挥了简支梁桥和连续梁桥的优点。一方面能够使整个桥梁工程结构的刚度得到提高；另一方面还能提高施工过程的机械化水平，从而加快工程的施工进度，缩短工期。既符合现场施工条件，较好地解决了桥下搭设支架施工的难题，又满足了无缝道对梁部结构的要求，特别是桥下不宜采用搭设支架现浇施工时，该方案技术优势明显。目前我国大力提倡装配式建造技术，先简支后连续施工工艺可应用在铁路桥梁工程上。

第 5 章 木兰溪特大桥

5.1 工程概况

福厦高铁木兰溪特大桥位于福建省莆田市江口镇境内，与既有福厦铁路木兰溪特大桥主桥 1-128m 系杆拱并行，跨越分离式沈海高速公路。沈海高速公路双幅路面均为 4 车道，正宽分别为 22m、28m，夹角分别为 30°、27°。桥址区主要为海积平原，局部为丘间谷地及缓丘，如图 2-5-1 所示。

图 2-5-1　主桥地理环境图

1）气象条件

莆田市属亚热带海洋性气候，面临东海，多年平均气温 20.0℃，极端最高气温 39.4℃，极端最低气温−2.3℃，年降雨量 1100～1800mm。风向以东北、东北偏北为主，台风多出现在 7～9 月，风力 10～12 级，最大风速 40m/s，多年平均最大风速为 18.1m/s。

2）地质资料

（1）工程地质

桥址处各岩土层地层岩性由上及下、由新到老叙述如下：

① 第四系人工填土（Q_4^{ml}）

⓪$_1$ 杂填土：杂色，松散～稍密。

⓪$_2$ 素填土：褐黄色，松散，稍湿。

② 第四系全新统冲海积层（Q_4^{al+m}）

①$_1$ 淤泥：褐黄色，流塑，$\sigma_0 = 60$kPa。

①$_3$ 粉质黏土：褐黄色，软塑，$\sigma_0 = 120$kPa。

①$_4$ 粉质黏土：褐黄色，硬塑，$\sigma_0 = 160$kPa。
①$_6$ 细砂：黄褐色，稍密，$\sigma_0 = 100$kPa。
①$_{10}$ 粗圆砾土：黄褐色，稍密，饱和，$\sigma_0 = 300$kPa。
①$_{12}$ 含砾粉质黏土：黄褐色，硬塑，$\sigma_0 = 180$kPa。
③ 第四系残坡积层（Q^{el+dl}）
④$_1$ 粉质黏土：褐红色、黄褐色，硬塑，$\sigma_0 = 180$kPa。
④ 燕山晚期侵入岩花岗岩（γ）、闪长岩（δ）
⑪$_1$ 花岗岩（土状）：褐灰色，全风化，$\sigma_0 = 200$kPa。
⑪$_{1-3}$ 花岗岩：为全风化层中包裹的弱风化球状风化体，灰白色，弱风化。
⑪$_2$ 花岗岩：褐灰色，强风化，$\sigma_0 = 500$kPa。
⑪$_3$ 花岗岩：褐灰色，弱风化，$\sigma_0 = 1000$kPa。

（2）水文地质特征

① 地表水

桥址区地表水系主要为木兰溪，主要接受大气降水以及上游支流、地表水体和地下水补给，流量和水位变动大，受季节或降雨影响显著。该类地表水发育。

② 地下水

第四系孔隙潜水主要赋存于砂层和含砂卵、砾石层及淤泥等第四系土层及基岩全风化层，主要由大气降雨及地表水渗入补给，砂、卵砾石层中水量较丰富，流量和水位变动大，受季节或降水影响显著。

基岩裂隙水主要赋存于基岩强～弱风化层节理裂隙中，接受地下径流及上层孔隙水渗透补给，表水侧向补给，具有就近补给就近排泄的特点，受季节变化影响大，该类地下水不丰富。

③ 环境水

根据地质报告及水质分析结果，环境水侵蚀性判定成果。

（3）地震

根据1：400万《中国地震动参数区划图》（GB 18306—2015）的划分：Ⅱ类场地基本地震动峰值加速度0.10g，动反应谱特征周期为0.45s。

5.2 主要技术标准

（1）铁路等级：高铁。
（2）轨道类型：无砟轨道。
（3）线路数目：双线。
（4）线间距：5m。
（5）设计速度：350km/h。
（6）设计活载：ZK活载。

5.3 桥梁方案控制因素

根据高速公路主管部门意见，沈海高速公路交通繁忙、道路行车条件、接线条件、地形条件均较差，不具备道路改移条件，施工期间原则上不容许过多影响道路交通。

随着高铁建设的推进，新建高铁线路引入既有站或与既有铁路并行线位，不可避免地与既有运营高铁交叉，或邻近并行既有铁路，施工安全风险高、与既有运营铁路相互干扰大。桥位左侧紧邻既有福厦铁路木兰溪特大桥，主桥分别采用1-128m系杆拱和1-80m钢桁梁跨越沈海高速公路。桥址如图2-5-2所示，桥梁方案应考虑邻近铁路的影响。

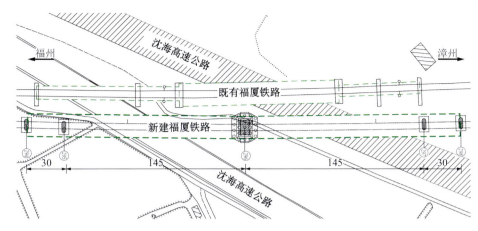

图 2-5-2　桥址平面示意图（尺寸单位：m）

5.4　桥式方案

考虑到连续梁方案、独塔部分斜拉 T 构方案，主梁梁高达 11m，整体结构显得粗笨、压抑，桥下高速公路行车视觉效果差，景观效果差，且连续梁方案、独塔部分斜拉 T 构方案抬高了线路整体高程。而双孔系杆拱桥方案与邻近的既有铁路系杆拱结构难以协调，且施工期间对高速公路影响较大，钢结构的运输、安装等受施工场地狭小因素限制较大。依据桥位地形地质条件、桥位、既有道路要求等建设条件，充分利用分离式沈海高速公路两幅间隙设置主墩，主跨采用 2×145m，重点研究独塔混凝土斜拉桥方案，同时与部分斜拉桥和连续梁方案进行对比。

1）类似工程实例

（1）杭长客运专线长沙西北上行联络线跨武广客运专线特大桥

在跨越武广高铁处，为了尽可能减小施工和日后养护对既有武广高铁运营安全的影响，最大限度地缩短跨线作业时间以及确保日后的养护维修作业的安全，采用槽形主梁结构转体施工方法施工，孔跨方案为（32+80+112）m 独塔斜拉桥，与武广客运专线交叉角度为 22°。如图 2-5-3 所示。

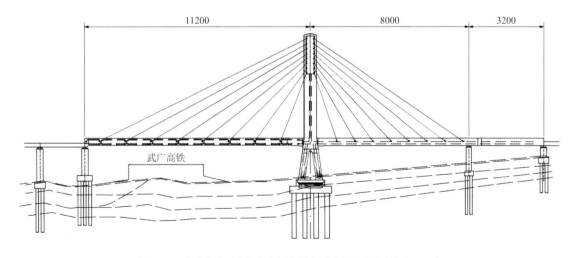

图 2-5-3　跨武广客运专线特大桥主桥立面示意图（尺寸单位：cm）

不对称独塔双索面塔梁固结体系，主梁为预应力混凝土槽形梁结构，边辅跨 32.0m 截面与主跨 80.0m 梁相同，桥塔与槽形梁边箱融为一体。施工阶段桥塔下塔柱至既有铁路结构外边缘最小水平距离约 9.3m，桥塔上塔柱至既有铁路结构外边缘最小水平距离约 13.3m。如图 2-5-4、图 2-5-5 所示。

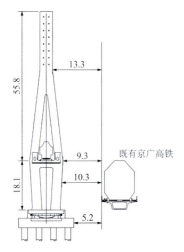

图 2-5-4　桥塔与既有铁路位置关系示意图
（尺寸单位：m）

图 2-5-5　在既有高铁旁边施工图

（2）贵广南广铁路穗盐路特大桥

该桥处于 $R = 1150\text{m}$ 的曲线区段，贵广南广铁路位于武广高铁高架桥与西环高速公路高架桥之间，铁路与公路桥斜交角度为 76°，西环高速公路桥梁边缘距离武广客运专线桥梁边缘距离仅为 21.8m，采用大跨度独塔桥梁小角度跨越设计方案。

孔跨布置为 $(32.6 + 2 \times 175 + 32.6)\text{m}$ 四线铁路独塔钢箱混合梁弯斜拉桥，主跨 $2 \times 175\text{m}$ 为钢箱结构，边辅跨 32.6m 为预应力混凝土结构，塔梁固结体系。穗盐路斜拉桥结构总体布置如图 2-5-6 所示。

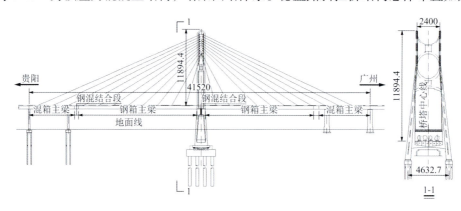

图 2-5-6　穗盐路斜拉桥结构总体布置示意图（尺寸单位：cm）

（3）郑万铁路联络线特大桥上跨郑西客运专线

郑万铁路联络线特大桥上跨既有郑西客运专线采用 $(32 + 138 + 138 + 32)\text{m}$ 独塔斜拉桥，斜交角度为 17°，位于半径 $R = 1400\text{m}$ 曲线上，线路纵坡为 29.1‰。郑万铁路独塔斜拉桥立面如图 2-5-7 所示。

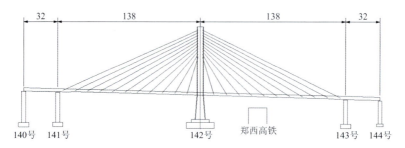

图 2-5-7　郑万铁路独塔斜拉桥立面布置示意图（尺寸单位：m）

结构体系为半漂浮体系，混凝土箱梁采用单箱双室等高截面，截面全宽11m，主跨中心处梁高2.5m。施工阶段桥塔下塔柱至既有铁路结构外边缘最小水平距离约6.8m，桥塔上塔柱至既有铁路结构外边缘最小水平距离约12.6m（图2-5-8），桥塔采用爬模法现浇施工，主梁分节段支架现浇施工，之后转体跨越郑西客运专线。郑万铁路独塔斜拉桥施工实景如图2-5-9所示。

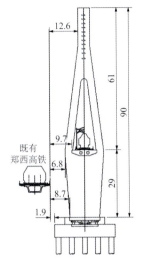

图2-5-8　桥塔与既有铁路位置关系示意图
（尺寸单位：m）

图2-5-9　郑万铁路独塔斜拉桥施工实景图

（4）武九客运专线矮塔斜拉桥上跨京九铁路

武九客运专线西南下行联络线特大桥采用主跨（82+154+88）m单线矮塔斜拉桥（图2-5-10），转体施工上跨既有京九铁路上、下行线以及既有西南下行联络线，承台至既有铁路建筑限界最小水平距离约5.1m，上塔柱至既有铁路建筑限界最小水平距离约7.1m（图2-5-11）。武九客运专线矮塔斜拉桥施工实景如图2-5-12所示。

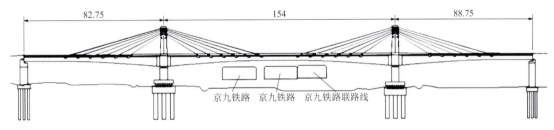

图2-5-10　武九客运专线矮塔斜拉桥立面布置示意图（尺寸单位：m）

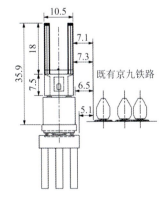

图2-5-11　桥塔与既有铁路位置关系示意图
（尺寸单位：m）

图2-5-12　武九客运专线矮塔斜拉桥施工实景图

2）方案设计

（1）独塔混凝土斜拉桥

孔跨布置采用（30+145+145+30）m独塔斜拉桥，桥全长350m，塔梁墩固结体系（图2-5-13）。主桥位于上坡、曲线上，两主跨分别跨越分离式高速公路。混凝土主梁采用连续结构形式，前牵引式挂篮施工，施工期间不影响下方高速公路运营。

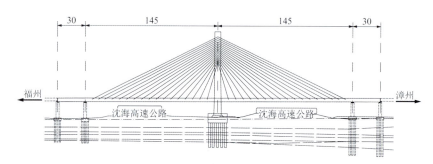

图2-5-13　独塔部分斜拉桥方案立面布置示意图（尺寸单位：m）

主梁采用预应力混凝土箱梁，单箱三室等高截面，截面全宽18m，中心处梁高3.8m（图2-5-14）。混凝土箱梁每7m、8m设置一道厚60cm斜拉索横隔梁，与斜拉索位置对应设置。桥塔、连接墩及辅助墩支点处各设置一道加厚横隔梁，辅助墩处横隔梁厚2.0m，连接墩处端横隔梁厚1.7m。斜拉索梁端锚固于箱内混凝土锚固块上，锚固块设于顶板、边腹板和横隔梁交会处。

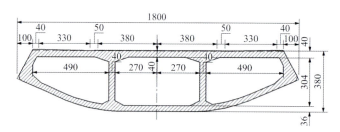

图2-5-14　主梁标准截面横断面示意图（尺寸单位：cm）

桥塔采用花瓶式桥塔，总高85.5m。桥塔顺桥向尺寸为7.0～9.5m，横桥向尺寸塔顶处宽度为6.0m，塔底处宽度为12.0m（图2-5-15）。上塔柱为斜拉索锚固区，单箱单室截面；中塔柱为两分离式倾斜塔柱，单箱单室截面；下塔柱亦为两分离式倾斜塔柱，为矩形实体截面。

斜拉索采用抗拉标准强度1860MPa钢绞线拉索，空间双索面体系，扇形布置，全桥共34对斜拉索。斜拉索梁上基本间距7m、8m。

主桥墩台均采用矩形实体墩，连接墩及中墩基础均采用钻孔桩基础，桩径分别采用1.5m、3.0m，按柱桩设计。

主要施工步骤为①基础和承台施工；②梁部和桥塔同步施工；③梁部施工，0号块采用支架，其余节段采用牵索式挂篮施工。全桥施工总工期预计约30个月。

（2）独塔部分斜拉桥方案

孔跨布置采用（54+145+145+54）m部分斜拉桥，梁全长399.82m，塔梁墩固结体系（图2-5-16）。主梁采用单箱双室直腹板箱梁截面，箱梁顶宽15.0m，底宽12.1m；梁体中支点处截面高为12m，边跨直线段及中跨跨中截面高为6.0m，梁高按圆曲线变化。

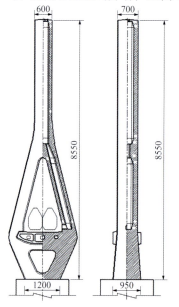

图2-5-15　主塔轮廓示意图（尺寸单位：cm）

索塔采用直立式桥塔形式,桥面以上塔高50.0m,顺桥向宽度为6m,横桥向宽度为2.8m,四周设30cm×30cm直切角。斜拉索采用平行双索面体系。斜拉索梁上间距9.0m,在塔柱处采用分丝管索鞍贯通,间距为1.0m。

边、中桥墩台均采用矩形实体墩,连接墩及中墩基础均采用钻孔桩基础,桩径分别采用1.5m、3.0m,按柱桩设计。

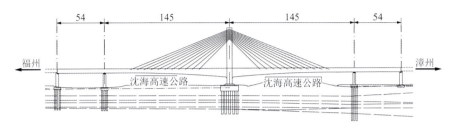

图2-5-16 独塔部分斜拉桥方案立面布置示意图(尺寸单位:m)

主要施工步骤为①桥墩、基础和承台施工;②梁部和桥塔同步施工,梁部采用节段悬灌现浇施工。斜拉索同步挂设,全桥施工总工期预计约32个月。

(3)三塔部分斜拉桥方案

主桥跨度为(75+145+145+75)m,梁全长441.5m(图2-5-17)。主梁采用单箱双室直腹板箱梁截面,箱梁顶宽14.6m,底宽11.7m;梁体中支点处截面高为8m,边跨直线段及中跨跨中截面高为4.0m,梁高按圆曲线变化。

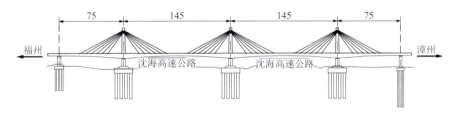

图2-5-17 三塔部分斜拉桥方案立面布置示意图(尺寸单位:m)

索塔采用直立式桥塔形式,桥面以上塔高18.0m,顺桥向宽度为4m,横桥向宽度为2.2m,四周设30cm×30cm直切角。斜拉索采用平行双索面体系。斜拉索梁上间距8.0m,在塔柱处采用分丝管索鞍贯通,间距为1.0m。

边、中桥墩台均采用矩形实体墩,连接墩及中墩基础均采用钻孔桩基础,桩径分别采用1.5m、3.0m,按柱桩设计。

主要施工步骤为①桥墩、基础和承台施工;②梁部和桥塔同步施工,梁部采用节段悬灌现浇施工。斜拉索同步挂设,全桥施工总工期预计约30个月。

(4)连续梁方案

孔跨布置采用(75+145+145+75)m连续梁,全长441.5m(图2-5-18)。主梁为预应力混凝土结构,采用单箱单室直腹板箱形截面,箱梁顶宽12.6m,底宽8.0m;梁体中支点处截面高为10m,边跨直线段及中跨跨中截面高为5.0m,梁高按圆曲线变化,$R=505.076$m。

图2-5-18 连续梁方案立面布置示意图(尺寸单位:m)

边、中桥墩台均采用矩形实体墩，连接墩及中墩基础均采用钻孔桩基础，桩径分别采用 1.5m、3.0m，按柱桩设计。

主要施工步骤为①桥墩、基础和承台施工；②梁部采用节段悬灌现浇施工。全桥施工总工期预计约 26 个月。

（5）结构方案比选

对以上四种桥式方案进行比选，见表 2-5-1。

主桥结构方案比较　　　　　　　　　　表 2-5-1

项目	（30＋145＋145＋30）m 独塔混凝土斜拉桥方案	（54＋2×145＋54）m 独塔部分斜拉桥方案	（75＋2×145＋75）m 三塔部分斜拉桥方案	（75＋145＋145＋75）m 连续梁方案
结构长度（m）	351.5	399.5	441.5	441.5
主梁高度（m）	3.8	12/6	8/4	10/5
桥塔高度（m）	70	50	18	—
温度跨长（m）	175.75	199.75	220.75	220.75
动力性能	良好	良好	良好	良好
轨道适应性	良好	良好	不满足	不满足
施工工期（月）	30	32	30	26
工程概算（万元）	7134.4	7990.3	7947.2	6720.8

独塔部分斜拉桥、三塔部分斜拉桥和连续梁结构构造相对简单、施工方法成熟、经济性好，但结构高度大，景观效果不佳，会提高线路纵断面和两侧引桥高度；由于主桥平面位于曲线地段，其中三塔部分斜拉桥方案和连续梁方案的温度跨长已达 220m，不满足设置轨道温度调节器的条件；独塔混凝土斜拉桥梁高较低、降低了线路整体高程、对高速公路运营影响较小，且系梁为鱼腹扁平结构，景观性较好，因此推荐（30＋145＋145＋30）m 独塔混凝土斜拉桥方案，桥塔与既有线铁路桥梁位置关系如图 2-5-19 所示，最小距离 6.08m。

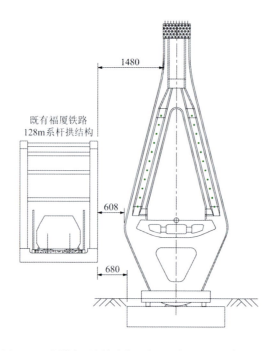

图 2-5-19　桥塔与既有铁路位置关系示意图（尺寸单位：m）

（6）施工方案

对杭长客运专线、郑万铁路、武九客运专线塔斜拉桥和本桥四座独塔斜拉桥施工方案上进行比较，比较结果汇总如表 2-5-2 所示。

主桥方案综合对比　　　　　　　　　　表 2-5-2

项目名称		福厦铁路	郑万铁路	杭长客运专线	武九客运专线
桥梁结构类型		（30＋145＋145＋30）m 独塔斜拉桥	（32＋138＋138＋32）m 独塔斜拉桥	（112＋80＋32）m 独塔斜拉桥	（82＋154＋88）m 矮塔斜拉桥
桥塔方案		混凝土桥塔	混凝土桥塔	混凝土桥塔	混凝土桥塔
桥塔施工方案		自升高平台现浇施工	爬模法现浇施工	爬模法现浇施工	爬模法现浇施工
主梁施工方案		牵引式挂篮现浇施工	支架现浇＋转体	支架现浇＋转体	支架现浇＋转体
桥塔全高（m）		88	90	74	36
桥面以上高度（m）		70	61	55.8	18
主梁	至既有铁路结构边缘最小水平距离（m）	8.8	9.7	10.3	7.3
下塔柱		6.08	6.8	9.3	6.5
上塔柱		14.8	12.6	13.3	7.1
承台		6.8	1.9	5.2	5.1

综上分析，福厦高铁独塔斜拉桥至既有铁路建筑限界最小水平距离较小，上塔柱施工时，三座独塔斜拉桥至既有铁路结构边缘最小距离基本相当，武九客运专线矮塔斜拉桥桥塔高度最小，至既有铁路建筑限界最小水平距离也是最小，均存在较大的施工安全风险。

5.5　小结

福厦高铁木兰溪特大桥建桥条件较复杂，受高速公路影响条件较多，采用独塔部分斜拉桥方案和独塔斜拉桥方案均可行，但考虑对既有高速公路运营影响小，线路高程低、景观性好等影响因素，最终木兰溪特大桥主桥推荐采用（30＋145＋145＋30）m 独塔混凝土斜拉桥方案。

第 6 章　湄洲湾跨海大桥

6.1　工程概况

湄洲湾跨海大桥位于福建省莆田市，跨越湄洲湾海域，桥梁全长 14.7km，其中 10km 位于湄洲湾顶部海域内。湄洲湾位于福建省沿海中部，三面环山，湄洲岛横亘湾口，往湾内分布不同的岛屿平列，形成三道屏障，避风避浪条件极好。桥位处水深较浅，受湾内岛屿、岬角等地形的掩护，湾顶风浪较小。

湄洲湾属亚热带气候，极端最高温度在 36.7℃，极端最低气温为 0.0℃。多年平均风速 2.9~4.7m/s，最大风速为 20.3m/s。湄洲湾潮型属于正规半日潮，历史最高潮水位 5.47m，当地最低理论潮面 −3.74m，表面漂流实测最大涨潮流速为 0.65m/s，落潮最大流速 0.63m/s。

桥址上覆土层主要为第四系人工填土（Q_4^{ml}）杂填土、第四系冲海积（Q_4^{al+m}）淤泥及粉质黏土、第四系冲洪积（Q_4^{al+pl}）粉质黏土等。下伏基岩为燕山早期侵入二长花岗岩和闪长岩。在桥址区海积平原地区零星分布细砂、中砂层和粗砂层，在 7 度地震作用下会出现砂土液化现象。冲海积平原广泛分布层厚 0.4~13.1m 流塑状淤泥，零星分布层厚 1.4~2.8m 软塑状淤泥质粉质黏土，具有天然含水率高、天然孔隙比大、高压缩性、高灵敏度等特征，工程性质差。

桥址区地表水具硫酸盐侵蚀、镁盐侵蚀，化学环境作用等级 H2；具盐类结晶破坏侵蚀，盐类结晶破坏环境作用等级为 Y3；具氯盐侵蚀性，氯盐环境作用等级 L3。场地类别为 II 类场，基本地震加速度值为 0.1g，动反应谱特征周期为 0.45s。

6.2　主要技术标准

（1）铁路等级：高铁。
（2）线路数目：双线。
（3）正线线间距：5.0m。
（4）设计速度：350km/h。
（5）轨道形式：无砟轨道。
（6）设计活载：ZK 活载。
（7）通航标准：通航等级为 3000 吨级杂货船。

6.3　桥梁方案控制因素

（1）通航条件

结合目前工程海域船舶通航情况、自然条件和对通航要求的分析，确定桥位附近作业点规划等级为 3000 吨级。通航代表船型及其主尺度见表 2-6-1。

代表船型尺度   表 2-6-1

船型	总长（m）	型宽（m）	型深（m）	满载吃水（m）	空载水线以上至最高点高度（m）	备注
3000DWT 杂货船	108	16.0	7.8	5.9	24.30~33.5	代表船型
3000DWT 散货船	96	16.6	7.8	5.8	—	代表船型

桥梁通航 3000 吨级船舶最小通航净高要求为 30.94m，单孔单向通航净宽要求为 158.85m，净宽范围内梁底最低点设计高程限值为 36.41m。设计最高通航水位 5.47m，设计最低通航水位 −3.74m。

（2）海域情况

桥址位于湾顶的枫亭澳水域，水深条件总体较差，湾澳北部分布大范围滩涂。湄洲湾北段深槽位于肖厝—秀屿断面以北，涨潮流通过该断面后，水流积聚，受地形影响转为西北走向，最后行进至湾顶枫亭澳减弱、漫滩。落潮时、涨潮时纳入的潮量基本上全部从该水道下泄，由于涨、落潮流均汇集在这个狭窄水道中，形成较大流速，因此多年来该段深槽保持良好水深。总体来看，大桥位于海床稳定，水流条件相对较好的海域。

（3）道路立交

除湄洲湾规划航道外，大桥跨越主要控制点有 S306 省道、规划联十一路以及规划滨海大道，跨越情况见表 2-6-2。

跨越公路情况一览   表 2-6-2

序号	交点里程	路名	立交方式	现状宽度（m）	规划宽度（m）	设计净空（m）	交角	设计立交孔跨
1	DK94+567	S306	铁路上跨	31	—	5.5	23°	（70+125+70）m 连续梁
2	DK96+019	联十一路	铁路上跨	—	38.5	5.5	62°	（70+2×125+70）m 连续梁
3	DK97+794	滨海大道	铁路上跨	—	51.5	5.0	19°	（72+2×100+70）m 连续梁

6.4 主桥桥式方案

考虑桥区上下游海域条件、港区规划情况，大桥采用单孔单向通航方式设置一个通航孔，通航孔布置于海域深槽附近，跨过船舶习惯航线，实际通航净空尺度 158.85m×30.94m（净宽×净高），能满足代表船型单孔单向通航要求。

考虑斜交和防撞设施的因素，主桥采用 180m 跨度，结合常用桥式方案，可选用连续梁（刚构）拱或部分斜拉桥方案，由于部分斜拉桥施工简便且经济性较好，因此选用（96+180+96）m 连续刚构部分斜拉桥方案，边中跨比 0.53。主桥立面布置如图 2-6-1 所示。

（1）主梁

主梁采用单箱双室变高度直腹板箱梁，边跨直线段及中跨中截面梁高为 5.0m，中支点梁高为 10.0m，梁高按圆曲线变化，圆曲线半径 $R = 542.725$m；箱梁顶宽 14.1m，底宽 11.0m。如图 2-6-2 所示。

（2）桥塔

索塔采用双柱式人字形桥塔形式，桥面以上塔高 30.0m，桥面以上塔的高跨比为 1/6。塔柱采用矩形实体截面，顺桥向宽 4.2m，横桥向宽 2.4m，四周设 30cm×30cm 切角。如图 2-6-3 所示。

在墩塔梁固结处桥塔分叉为两个独立塔柱，每个塔柱截面最小尺寸为 2.19m×2.19m，相交处以圆弧连接。

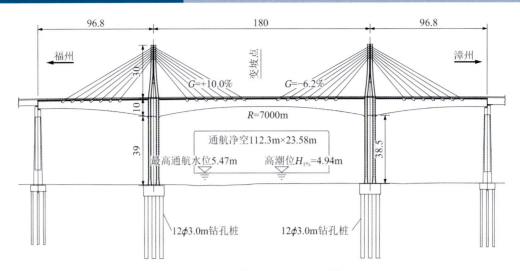

图 2-6-1 主桥立面布置示意图（尺寸单位：m）

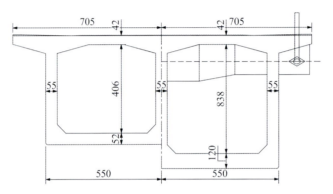

图 2-6-2 主梁典型横断面示意图（尺寸单位：cm）

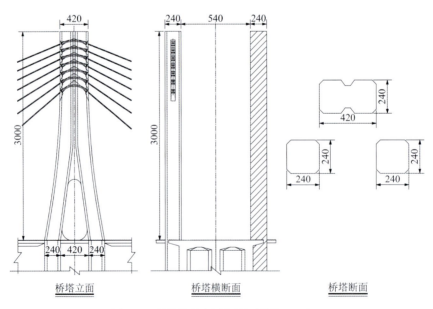

图 2-6-3 桥塔轮廓示意图（尺寸单位：cm）

（3）斜拉索

斜拉索采用单丝涂覆环氧涂层钢绞线拉索体系，外套HDPE，空间双索面体系。斜拉索梁上间距8.0m，塔上间距1.0m；主梁内设置锚固梁，张拉端设置在梁上，斜拉索在塔端采用分丝管索鞍贯通。如图2-6-4所示。

斜拉索规格分 61-7ϕ5mm、55-7ϕ5mm 两种,端索水平夹角为 21.34°,斜拉索最长 166.0m,最短 76.0m,斜拉索采用单根张拉。

(4)桥墩与基础

主墩采用双肢墩柱,单肢为实心矩形截面,顺桥向为 2.4m,设 50cm×50cm 切角,两墩壁中心距 6.6m;横桥向等宽 15.1m,主墩顶端为与主梁底板平顺过渡,设置 $R = 10m$ 的圆弧连接。

承台顺桥向×横桥向×厚度为 23.7m×17.4m×6.0m。桩基础均采用 12 根ϕ3.0m 钻孔柱桩,行列式布置,桩中心距 6.3m。如图 2-6-5 所示。

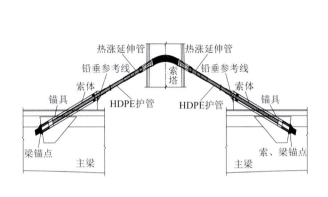

图 2-6-4 斜拉索构造示意图

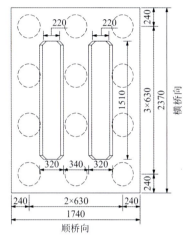

图 2-6-5 基础平面布置图(尺寸单位:cm)

6.5 引桥桥式方案

湄洲湾跨海大桥除主桥外,海上和陆地引桥长度 14km 多,孔跨方案需综合考虑地质条件、墩高、施工方法、经济性等方面因素确定,选取海上一段引桥对 32m、40m 和 48m 简支梁三种孔跨方案进行比选。

1)梁部数量

32m 简支箱梁梁重 822t,梁高 3.035m;40m 简支箱梁重 964t,梁高 3.235m;48m 简支箱梁重 1585t,梁高 4.0m。32m、40m 和 48m 简支箱梁的主要工程数量对比见表 2-6-3。

梁部数量对比　　　　　表 2-6-3

梁型	32m 箱梁		40m 箱梁		48m 箱梁	
类别	数量	技术指标	数量	技术指标	数量	技术指标
梁孔数	30	—	24	—	20	—
混凝土(m³)	316.1	9.67	370.86	9.11	609.8	12.39
普通钢筋(t)	53.012	1.62	67.41	1.66	114.455	2.33
钢绞线(t)	9.428	0.29	15.487	0.38	25.553	0.52

2)下部结构数量

(1)桥墩数量

32m 简支箱梁方案的墩高范围为 31~42.5m,平均墩高 37.4m;40m 简支箱梁方案墩高范围为 31~42m,平均墩高 36.8m;48m 简支箱梁方案墩高范围为 30.5~41m,平均墩高 35.9m。32m、40m 和 48m 简支箱梁方案的桥墩墩高均在 30m 以上,采用圆端形空心墩,工程数量对比见表 2-6-4。

桥墩数量对比 表 2-6-4

项目	32m 梁方案	40m 梁方案	48m 梁方案
桥墩个数	31	25	21
平均墩高（m）	37.4	36.8	35.9
墩身圬工量（m³）	20798	18448	21514
每延米墩身圬工量（m³/m）	23.6	18.9	24.3

（2）承台、基础数量

所选范围桥址处上覆土层主要为素填土、淤泥、淤泥质粉质黏土，下层基岩主要为二长花岗岩。承台采用矩形承台，基础采用钻孔桩基础，根据不同墩高、跨度、地质条件选取 1.25m 和 1.5m 桩径桩基。承台和基础工程数量对比见表 2-6-5。

承台、基础数量对比 表 2-6-5

项目	32m 梁方案	40m 梁方案	48m 梁方案
承台圬工量（m³）	13538.8	13065.9	10097.1
桩基圬工量（m³）	16939.8	15109.1	14635.5
钢板桩围堰（t）	6710.9	5516.5	5689.3
承台圬工量（m³/m）	13.8	13.4	10.3
桩基圬工量（m³/m）	17.3	15.5	14.9
钢板桩围堰（t/m）	6.841	5.647	5.782
下部结构合计（m³/m）	54.3	47.8	49.5

由此可以看出，上部结构 40m 和 32m 梁部每延圬工数量基本相当，显著优于 48m 简支梁；下部结构 40m 跨度方案显著优于 32m 和 48m 跨度方案，与 32m 跨度相比每延米工程量减少 12%，钢板桩围堰数量减少 17.4%；与 48m 跨度方案相比，40m 跨度方案每延米工程量减少 3.5%，钢板桩围堰数量基本持平。

3）经济性分析

初步估算三个方案工程造价比选见表 2-6-6。梁部及下部工程造价对比及每延米工程造价对比如图 2-6-6、图 2-6-7 所示。

引桥方案综合比选 表 2-6-6

项目	32m 梁方案	40m 梁方案	48m 梁方案
简支梁施工方法	预制架设	预制架设	移动模架现浇
上部造价（万元）	1875.0	2129.4	2440.3
下部造价（万元）	7974.1	7161.5	7147.8
钢板桩造价（万元）	1328.8	1092.3	1126.5
总造价（万元）	11177.9	10383.2	10714.6

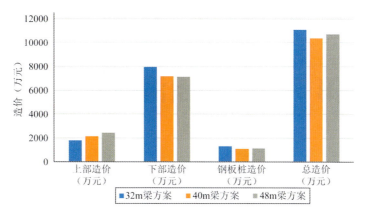

图 2-6-6　三个方案工程造价对比图

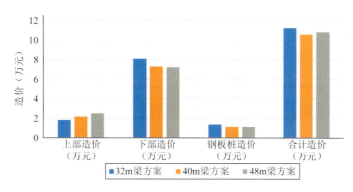

图 2-6-7　三个方案每延米工程造价对比图

由此可以看出，随着跨度增加，上部结构造价依次增高。但随着跨度适当增大，桥墩数目减少，40m 梁方案下部结构和钢板桩部分造价相对较低。综合比较各方案经济性，40m 简支梁方案工程造价最低，略低于 48m 简支梁方案，与 32m 简支梁（2016 版）方案相比节约 7.1%，与 2023 新版 32m 简支梁方案相比基本持平。从经济性角度考虑，采用 40m 梁方案具有明显优势。

此外，因千吨级运架一体机等运架设备的研发，使得 40m 简支箱梁具备预制架设施工条件，可有效缩短海上施工工期和降低施工风险，保证施工质量。综合考虑，引桥推荐采用 40m 简支梁方案。

6.6　小结

湄洲湾跨海大桥主桥采用（96+180+96）m 连续刚构部分斜拉桥，引桥全部采用 40m 简支箱梁。其中，主桥小里程 298 孔 40m 梁采用预制架设施工，主桥大里程 29 孔 40m 梁移动模架现浇施工。海上 40m 简支梁预制架设施工，降低了梁部现浇施工中的质量控制风险和受恶劣天气影响的施工安全风险，极大缩短了海上施工工期。在高铁建设中实现跨度 40m 简支梁的规模化工程应用，是高铁常用跨度桥梁建造技术的重大提升突破。

第 7 章　泉州湾跨海大桥

7.1　工程概况

泉州湾跨海大桥从南岸的晋江市与石狮市交界处，经白屿岛至北岸惠安县秀涂村附近，跨越泉州湾中部海域，距与已建成的泉州湾跨海公路桥下游 85m（轴心距离），两桥并行跨越泉州湾。桥区水域宽阔，约 9.0km，主槽水深 10～12m（高潮位时），平均潮位时主槽范围水深 6.01～8.66m。桥位处两侧潮滩发育，滩涂面宽阔平缓，桥位海域周边多为较稳定的矶头、人工土石护岸、港区、滨海公路等，岸坡稳定。

已建成通车的泉州绕城高速公路跨海大桥为双塔双幅四索面结合梁斜拉桥，如图 2-7-1 所示，孔径布置为（70 + 130 + 400 + 130 + 70）m。深水区引桥采用跨度 70m 等高度预应力混凝土连续箱梁，运用节段预制技术建造，通过对称悬拼与短线拼装完成施工。

图 2-7-1　桥位海域

1）水文条件
（1）潮位

对后渚、石湖和崇武 3 个潮位站的潮位观测资料进行特征值统计，见表 2-7-1，确定本工程特征潮位和设计潮位。

特征潮位　　表 2-7-1

项目	站名		
	后渚	石湖	崇武
平均潮差（m）	4.50	4.27	4.31
最大潮差（m）	6.54	6.33	6.09
最高潮位（m）	3.99	3.85	3.67
平均高潮位（m）	2.91	2.77	2.74
平均低潮位（m）	−1.62	−1.52	−1.57
最低潮位（m）	−2.60	−2.51	−2.73
平均潮位（m）	0.58	0.58	0.58
平均涨、落潮历时（h）	6	6	6

工程海区的潮流性质为正规半日潮，呈往复流特征。桥位处300年一遇高水位4.79m，100年一遇高水位4.57m，100年一遇低水位−3.47m；100年重现期的设计流速为1.58m/s。

（2）潮流

泉州湾属强潮海区，潮差大。根据福建省港航管理局勘测中心于2016年3月28日在桥区附近进行的大潮涨落急时段表面流速流向观测结果，发现落急时段的最大流速1.12m/s，略超涨急时段的最大流速1.09m/s。实测最大流速一般出现在表层或者近表层，最小流速一般出现在底层或近底层，潮流流速呈表层往下逐渐减弱的趋势。

（3）波浪

泉州湾常年以NNE—NE向、SSW向的风浪与SE向的涌浪所形成的混合浪为主。累年各方向上的平均波高多在0.7~1.2m之间，平均波周期在3.4~5.1s之间，各方向上的最大波高在1.2~6.5m之间。全年的强浪向为SE向，次强浪向为NEN向。

（4）泥沙

桥位工程海域的西北侧有晋江和洛阳江，晋江下泄的泥沙成为泉州湾早期主要的泥沙来源，但在近几十年来晋江下游多处建闸与晋江流域的综合治理下，晋江来沙量逐步减少。洛阳江是一条山溪性河流，长仅39km，1972年在洛阳桥上游1km处修建桥闸之后，入海泥沙减少，对桥位工程海域影响有限。

2）气象条件

泉州属南亚热带气候，降水适中，夏少酷暑，冬无严寒，海洋性气候特点较为突出。

（1）气温

多年间，平均气温稳定于20.0℃。其中，最冷月份（1月、2月）平均气温为12.0℃，最热月份（7月、8月）平均气温为27.4℃。极端最高气温36.7℃，极端最低气温−0.3℃。

（2）降水

多年间，平均降水量为1084.5mm，全年的降水主要集中在春、夏季（3~8月），平均降水量为946.6mm，占全年降水量的72%以上。其中，5月、6月最多，月降水量均在200mm以上，全年日降水量达到或超过25mm的天数平均为12.1d。

（3）风况

工程位于沿海高风速带，热带气旋（台风）是影响大桥的主要灾害性天气，风速大、风况复杂，全年6级及以上风力的天数平均为91d，全年8级及以上风力的天数平均为47.7d。桥位处的基本风速为34.0m/s。每年5~10月泉州湾港区可能受热带风暴（台风）影响，7~9月为台风盛行期，年均受影响次数约为5.4次，风力一般为6~8级，阵风可达9~11级，最大风速为12级，风向多为EN向。

3）地质条件

（1）工程地质

桥址区上覆土层主要有第四系人工填土（Q_4^{ml}）素填土、杂填土，第四系冲海积（Q_4^{al+m}）淤泥、淤泥质粉质黏土、粉质黏土、含砾粉质黏土、砂等，第四系冲洪积（Q_4^{al+pl}）淤泥质粉质黏土、粉质黏土、砂等，第四系残坡积（Q_4^{el+dl}）粉质黏土。

下伏基岩主要为燕山早期侵入（γ）花岗闪长岩、二长花岗岩、辉绿岩及混合岩。

（2）水文地质

桥址区海水（地表水）存在硫酸盐及镁盐侵蚀性，化学环境作用等级为H2，盐类结晶破坏环境作用等级为Y2。根据氯离子含量判定，氯盐环境等级为L3，具有强腐蚀性。桥址区地下水对混凝土无侵蚀性。

（3）不良地质及特殊岩土

在桥址区冲海积平原广泛分布流塑状淤泥、软塑状淤泥质粉质黏土，以流塑状淤泥为主，层厚0.5~16.7m。未见有活动性断裂构造存在，地质构造相对稳定，无滑坡、崩塌、泥石流和地下采空区等不良地质作用迹象。

（4）地震

根据1:400万《中国地震动参数区划图》(GB 18306—2015)的划分：II类场地基本地震动峰值加速度0.15g，动反应谱特征周期为0.65s，对应地震基本烈度为7度。

4）通航

桥位区段的航道为后渚通海航道，航道有效宽度100m，设计航道底标高−5.8m，可满足5000吨级杂货船乘潮单向通航要求。

通航标准：代表船型为5000吨级杂货船，兼顾船型为10000吨级杂货船；最高通航水位为4.30m，最低通航水位为−3.32m；通航净空尺度：5000吨级船舶最小通航净高要求为40.76m、单孔双向通航净宽要求为280.50m，10000吨级船舶最小通航净高要求为44.72m、单孔双向通航净宽要求为182.57m。

7.2 主要技术标准

（1）铁路等级：高铁。
（2）线路数目：双线。
（3）正线线间距：5.0m。
（4）设计速度：350km/h。
（5）轨道形式：通航孔主桥及相邻引桥采用聚氨酯泡沫固化道床结构有砟轨道，钢轨伸缩调节器地段采用轨枕埋入式无砟轨道，其余地段采用CRTS双块式无砟轨道。
（6）设计活载：ZK活载。
（7）防撞标准：通航孔主墩（索塔）按10000吨级杂货船防撞标准设计。辅助墩防按3000吨级杂货船撞标准设计，连接墩按500吨级海轮防撞标准设计。

7.3 主要控制因素

（1）海域建设条件

桥区水域宽阔，主深槽靠近海域东北侧，主槽水深10～12m（高潮位时），两侧潮滩发育，滩涂面宽阔平缓，桥位软弱覆盖层深厚，最大厚度29.2m。

工程位于沿海高风速带，风速大、风况复杂，成桥状态主梁桥面高度处设计基准风速达49.4m/s。大桥面临强风环境下长大跨海大桥通行高铁列车的技术难题。

（2）通航要求

主桥跨越的航道单孔双向通航尺度要求为280.50m×44.72m，通航等级及净空要求高。

（3）并行既有跨海公路大桥

与既有泉州湾跨海公路大桥（图2-7-2）长距离并行，公路斜拉桥主梁采用带风嘴的流线型扁平结合梁，两幅梁全宽56.49m（含风嘴），梁高3.5m。索塔采用三柱式门形混凝土索塔。海上深水区引桥跨度70m，浅水区引桥跨度50m。

原则上，铁路跨海段应与既有泉州湾跨海公路大桥并行对孔布置，轴心距离85m，结构最小净距29.8m。桥式方案与既有公路桥景观协调，主桥与既有公路桥主桥结构基本一致，桥塔也应体现泉州文化特色。

图2-7-2　泉州湾跨海公路大桥

（4）海洋腐蚀环境

大桥位于高湿高盐强紫外线的强腐蚀海洋大气环境，桥位桥面平均湿度大于75%，Cl^-等海盐离子是此沿线大气环境的主要腐蚀因素，梁底距水面约50m，在紧邻的泉州湾跨海公路大桥桥面，按照湿烛法和干纱布法测得的最大氯离子沉积率平均值为 0.589mdd，空气中弥散和桥梁结构表面易附着高浓度的海盐粒子。高盐高湿腐蚀环境下，高铁跨海大桥长效防腐耐久设计是大桥需解决的技术难题。

（5）地震高烈度区

桥址区为冲海积平原区，场地整体土性偏软，场地类别属Ⅲ类，设计地震动峰值加速度为 0.215g，设计地震动反应谱特征周期 0.75s，罕遇地震动峰值加速度为 0.38g，罕遇地震动反应谱特征周期 1.05s。

大桥位于台湾海峡西岸地震高烈度区，因而面临长联高墩跨海大桥的抗震设计难题。

（6）机场限空条件

通航孔主桥大里程桥塔中心距泉州晋江国际机场跑道端部最小距离为 7.0km，位于机场外水平面内，依据军用及民用机场净空有关规定，并经中国民用航空福建安全监督管理局审核，泉州湾跨海大桥建筑最高高程为 179m（含避雷设施等附属结构）。

（7）跨越等级道路情况

本桥多次跨越高速公路、国省道以及城市道路，根据高速公路预留双向 8 车道的要求，并考虑小角度跨越道路的影响，确定桥梁跨度 100m 及以上共 10 处，见表 2-7-2。其余部分引桥则采用常用跨度桥梁结构。

桥梁主要跨越结构　　　　　　　　　表 2-7-2

序号	名称	公路等级	夹角（°）	净空（m）	孔跨方案
1	采石坑	—	—	—	（70+110+45）m 连续梁
2	泉州绕城高速公路	高速公路	31	5.5	（76+160+76）m 连续刚构
3	南北主干道	城市道路	150	5.0	（94+168+94）m 连续刚构
4	S201	省道	49	5.0	（60+100+60）m 连续梁
5	沿海大道	城市道路	32	5.0	（94+168+94）m 连续刚构
6	水头外线	城市道路	111	5.0	（60+100+60）m 连续梁
7	泉州绕城高速公路	高速公路	152	5.5	（94+168+94）m 连续刚构
8	高速公路接线	高速公路	72	5.5	（94+168+94）m 连续刚构
9	石泉路	城市道路	105	5.0	（60+100+60）m 连续梁
10	泉州绕城高速公路	高速公路	35	5.5	（60+100+60）m 连续梁

7.4　桥位方案比较

1）桥位方案拟定

（1）在泉州湾跨海大桥桥位的选择上，综合考虑环保标准、通航要求及泉州南车站的设置条件等因素，拟定并行公路下游方案、并行公路上游方案和公路桥上游桥梁方案三个方案进行比选，如图 2-7-3 所示。

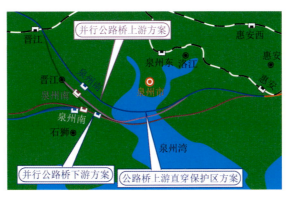

图 2-7-3　桥位方案示意图

（2）并行公路下游方案：线路自起点先下穿泉州绕城高速公路，至泉州台商投资区西侧设泉州南站，出站后依次跨东园街、东西主干道、杏秀路、S201、泉州绕城高速公路、南北主干道，而后绕避秀涂收费站，向南并行泉州绕城高速公路桥下游跨过泉州湾，之后折向西南绕避军垦农场，最后跨过泉州绕城高速公路至比较终点，线路全长29.300km。

（3）并行公路上游方案：线路自起点先下穿泉州绕城高速公路，至泉州台商投资区西北侧设泉州南站，出站后依次穿过东园镇镇区、亚洲艺术公园和规划金融商务区，而后折向南并行泉州绕城高速公路桥上游穿过泉州湾河口湿地保护区缓冲区至泉州湾南岸，最后穿军垦农场一角沿泉州绕城高速公路西侧至比较终点，线路全长29.278km。

（4）公路桥上游桥梁方案：线路自起点先下穿泉州绕城高速公路，至泉州台商投资区西侧设泉州南站，出站后依次跨东园街、东西主干道、杏秀路、S201、泉州绕城高速公路、南北主干道，而后穿过规划的金融商务区从泉州绕城高速公路桥上游1.3km处跨过后渚航道，之后穿过泉州湾湿地保护区核心区至泉州湾南岸，最后穿过军垦农场沿泉州绕城高速公路西侧至比较终点，线路全长28.912km。

2）桥位方案比选

（1）对城市规划影响分析

并行公路下游方案，在泉州台商投资区范围内线路走向与规划预留的宁漳客运专线线位基本一致，避开了规划的金融商务区以及在建的亚洲艺术公园，因此对泉州台商投资区规划的影响相对较小；同时，完全绕避了军垦农场，绕开了晋江新塘工业园区主体范围，对晋江规划的影响较小；但该方案需要从石狮西北侧穿过，对石狮的规划存在一定的影响。

并行公路上游方案，在泉州台商投资区范围内线路需要穿过东园镇镇区、规划的金融商务区以及在建的亚洲艺术公园，因此对泉州台商投资区规划的影响大；同时，晋江市内线位需要从军垦农场的一角穿过，存在一定的不确定性，并且需要穿过晋江新塘工业园区的主体范围，对晋江规划的影响较大。

公路桥上游桥梁方案，在泉州台商投资区范围内线路需要穿过规划的金融商务区，该商务区旨在打造泉州市的"陆家嘴"，因此对泉州台商投资区规划的影响较大；同时，晋江市内线位需要从军垦农场的中间穿过，存在一定的不确定性，并且需要穿过晋江新塘工业园区的主体范围，对晋江规划的影响较大。

（2）从线路长度、工程实施难度及投资角度分析

并行公路下游方案比较范围内线路长度为29.300km，并行公路上游方案为29.278km，公路桥上游桥梁方案为28.912km，并行公路下游方案和并行公路上游方案线路长度接近，公路桥上游桥梁方案较并行公路下游方案短0.388km。

并行公路下游方案线路2次跨越泉州绕城高速公路，1次跨越泉州绕城高速公路匝道，同时小角度跨越滨海路、水头外绕等城市道路，工程实施难度相对较大，同时拆迁量最大，工程投资最大；并行公路上游方案线路2次跨越泉州绕城高速公路匝道，工程实施难度相对较小，同时拆迁量居中，因此工程投资居中，较并行公路下游方案少1.64亿元；公路桥上游桥梁方案线路未跨越泉州绕城高速公路，工程条件好，工程实施难度最小，同时拆迁量最小，工程投资最小，较并行公路下游方案少4.13亿元。

（3）对泉州湾河口湿地自然保护区影响分析

公路桥上游桥梁方案穿越泉州湾河口湿地自然保护区的核心区、缓冲区和实验区，对自然保护区的影响大；并行公路上游方案避开了核心区范围，从缓冲区和实验区穿过，对自然保护区的影响相对较小；并行公路下游方案避开了核心区和缓冲区范围，只需从实验区穿过，对自然保护区的影响最小。

（4）对航道影响分析

并行公路下游方案线路完全平行既有泉州湾跨海公路大桥，跨过泉州湾后渚航道，对航道通航的影响小；并行公路上游方案线路与既有公路桥以2.5°的夹角跨越泉州湾后渚航道，对航道通航有一定影响；并行公路上游方案线路需要穿越规划锚地，且从泉州湾后渚航道拐弯处跨过，对航道通航影响较大。

经综合比选，并行公路下游方案虽拆迁、工程投资和工程实施难度相对较大，但该方案避开了泉州台商投资区规划的金融商务区、亚洲艺术公园和晋江市规划的新塘工业园区主体范围，与泉州台商投资区和晋江市的规划协调性最好，对规划的影响最小，同时对泉州湾河口湿地自然保护区的影响和对航道的影响也最小，此外完全绕避了军垦农场，故推荐并行公路下游方案。

泉州湾跨海大桥航道通航影响评价报告从桥梁所处海域条件、航道条件、相关城市道路规划、自然环境保护区、水上水下有关设施、通航安全状况等方面对推荐桥位方案进行了论证，认为拟建泉州湾跨海大桥桥位所处海域海床基本稳定，航道条件较好，与水上水下有关设施距离均满足规范要求，选其为桥位方案可行。

7.5 桥式方案布置

全桥跨海段基本与既有泉州湾跨海公路大桥并行布置，位于其下游，中心距85m，桥式方案遵循与既有公路桥景观协调、桥梁孔跨对孔设置的原则，因此主桥孔跨采用（70+130+400+130+70）m，两侧海域高墩区引桥采用70m跨，矮墩区引桥则选用50m跨，均与既有公路桥孔跨一一对应。

线路多次跨越泉州绕城高速公路，分别选用168m主跨连续梁刚构与100m主跨连续梁；而跨越沿海大道、南北主干道及高速公路接线时，则统一采用168m主跨连续梁刚构设计。全桥立面如图2-7-4所示。

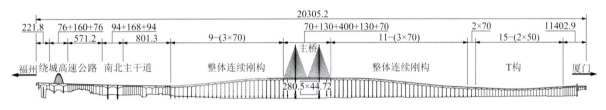

图2-7-4 全桥立面示意图（尺寸单位：m）

7.6 主桥方案选择

1）桥跨桥型确定

目前已建成的主跨300m以上铁路桥梁，如昌赣铁路赣州赣江特大桥（主跨300m）、宁安铁路安庆长江大桥（主跨580m）、合福客运专线铜陵长江大桥（主跨630m）等，普遍采用斜拉桥结构，也有少数采用推力拱、钢桁拱结构。而大跨推力拱结构通常建于能够有效承受推力的地形地质条件环境中，如南广铁路西江桥两岸为浅埋岩层的陡峭山坡地形。而本桥桥址位于泉州湾深水区，且基岩埋深超过25m，因此不适宜采用推力拱结构。钢桁拱桥虽然具有较好的刚度特性，但对于双线客运专线（ZK活载）的功能定位，其用钢量大、工程造价较高。

考虑到紧邻的公路桥为斜拉桥，若主桥采用其他桥型，则与公路桥的景观协调性较差。此外，泉州湾深水区的地形也为斜拉桥施工提供了便利条件。综上所述，主桥推荐采用斜拉桥结构。

2）铁路斜拉桥方案

结合主桥结构受力（含工后徐变限制）、交通功能（双线高铁）、地形及海湾深水区等建桥条件，并考虑大跨度高铁斜拉桥的技术要求，适用于主桥的斜拉桥类型主要有：

（1）混合梁斜拉桥（主梁在纵向，包括混凝土箱梁和钢箱梁）。

（2）钢-混凝土结合梁斜拉桥（主梁全长为槽形钢箱梁与混凝土桥面板组合截面）。

（3）钢桁梁斜拉桥。

综合比较上述三种桥型，前两种斜拉桥类型均为箱形加劲梁斜拉桥，下文将先对两个箱形加劲梁斜拉桥作初步比较，再与钢桁梁斜拉桥方案进一步比选。

3）桥型方案比选

（1）混合梁斜拉桥方案

桥径布置为（70+130+400+130+70）m双塔双索面混合梁斜拉桥，考虑主桥全长位于海湾深水区、梁底至海床的距离超过50m、桥位处淤泥质软弱覆盖层厚度基本都在20m以上，若将钢-混凝土结合段设在中跨侧，则边跨混凝土现浇需要设置庞大的支架系统，施工成本高，且130m跨采用混凝土主梁，因中跨钢箱梁对其自重的平衡有限，混凝土主梁弯矩较大，预应力配置困难。根据结构受力和施工条件，将钢-混凝土结合段设于辅助墩往索塔侧21m处，即每侧边跨端部91m为混凝土箱梁，其余为钢箱梁，主桥立面布置如图2-7-5所示。

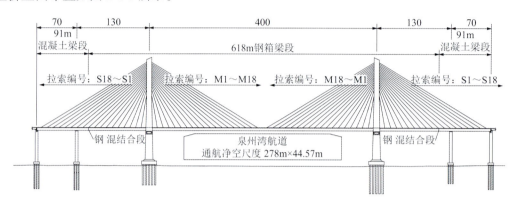

图2-7-5 混合梁斜拉桥方案桥式立面布置示意图（尺寸单位：m）

混合梁斜拉桥主梁采用单箱三室等高截面，截面全宽18m，中心处梁高4.25m。

主梁施工方法：混凝土箱梁采用支架现浇施工，钢-混凝土结合段的钢结构部分采用工厂制造组装，桥位利用大型浮吊整体提升至支架，钢箱主梁采用节段桥面吊装施工。

（2）钢-混凝土结合梁斜拉桥方案

跨径布置为（70+130+400+130+70）m双塔双索面钢-混凝土结合梁斜拉桥，每侧边跨设一个辅助墩，半漂浮体系，桥长800m（含两端主桥梁缝），主桥立面布置如图2-7-6所示。

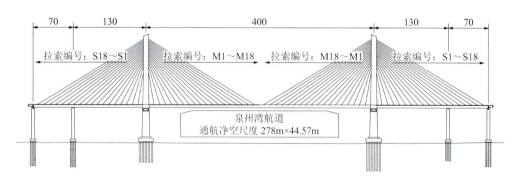

图2-7-6 钢-混凝土结合梁斜拉桥方案桥式立面布置示意图（尺寸单位：m）

主梁全长采用混凝土桥面板+槽形钢箱梁的结合梁结构，为封闭箱形断面形式，主梁（含风嘴）全宽21m，梁高4.25m，拉索在梁端锚固采用锚拉板结构。

主梁施工方法：塔区梁段（含混凝土桥面板）利用大型浮吊船提升至塔旁托架并纵向牵引就位，在已架设钢梁上拼装400t架梁起重机；结合主梁标准节段采用桥面起重机整节段吊装，悬臂架设；边跨每侧端部钢梁77.9m采用驳船整体运输，辅以1600t浮吊船整节梁段提升。

（3）钢桁梁斜拉桥方案

跨径布置为（70+200+400+200+70）m双塔双索面钢桁梁斜拉桥，半漂浮体系，桥长940m（含两端主桥梁缝），每侧边跨设两个辅助墩，主桥立面布置如图2-7-7所示。

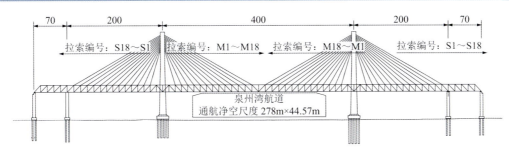

图 2-7-7　钢桁梁斜拉桥方案桥式立面布置示意图（尺寸单位：m）

主梁采用连续钢桁梁，N 形双主桁，主桁横向中心距（桁宽）18m，桁高 14m，标准节间长度 13m、14m。主梁采用焊接整体节点结构形式，最大板厚 50mm。主桁上下弦杆均为箱形截面，上弦杆内高 1200mm，内宽 1000mm，板厚 24～50mm；下弦杆内高 1300mm，内宽 1000mm，板厚 24～50mm。桥面采用正交异性板整体桥面结构，桥面板下焊接厚 8mm 的梯形纵向加劲肋，在每条线路的轨道之下设置两道高 620mm 的倒 T 形纵梁。纵桥向每隔 3.0m 设一道倒 T 形横梁。

主梁施工方法：塔区钢梁利用大型浮吊船提升至塔旁托架并纵向牵引就位，在已架设钢梁上拼装 400t 架梁起重机；钢桁主梁标准节段采用整节段架设，水上运输，桥面起重机提升拼装；70m 边跨钢桁梁采用大型浮吊进行整孔提升安装。

（4）混合梁斜拉桥与钢-混凝土结合梁斜拉桥方案比选

两种斜拉桥方案的对比见表 2-7-3。

混合梁斜拉桥与钢-混凝土结合梁斜拉桥的对比分析　　表 2-7-3

方案		混合梁斜拉桥	钢-混凝土结合梁斜拉桥
方案说明		每侧边跨端部 91m 范围为混凝土箱梁，其余为钢梁。梁高 4.5m	主梁全长为槽形钢箱梁与混凝土桥面板组合截面。梁高 4.25m
主梁典型截面的竖向抗弯惯性矩（m^4）		混凝土梁 22.8，钢箱梁 3.91	全截面 37.1，槽形钢箱梁 1.72
中跨跨中静活载挠度（m）		0.555	0.508
中跨跨中竖向挠跨比		1/711	1/786
横向刚度（行车风＋温度＋摇摆力）		1/3118	1/4837
梁端转角（rad）		0.610‰	0.843‰
车桥响应（双车，350km/h）	脱轨系数 Q/P	0.42（≤0.8）	0.12（≤0.8）
	轮重减载率 $\Delta P/P$	0.37（≤0.6）	0.35（≤0.6）
	动车舒适性指标	竖向 2.02，横向 2.05，优秀	竖向 2.02，横向 1.98，优秀
	车体加速度（m/s^2）	竖向 1.17，横向 0.61	竖向 1.19，横向 0.60
车桥响应（双车，420km/h）	脱轨系数 Q/P	0.60（≤0.8）	0.42（≤0.8）
	轮重减载率 $\Delta P/P$	0.74（＞0.6），不满足	0.55（≤0.6），合格
	动车舒适性指标	竖向 2.30，横向 2.32，优秀	竖向 2.09，横向 1.99，优秀
	车体加速度（m/s^2）	竖向 1.19，横向 0.67	竖向 1.286，横向 0.668
主梁主要材料数量	钢梁用钢量（t）	11261	11039
	混凝土用量（m^3）	6106	6515
施工便捷性和经济性		边跨混凝土梁支架现浇，施工难度大，经济性差	主梁工厂化制造，桥面起重机或浮吊节段架设，经济性好

由表 2-7-3 可知：

① 结构刚度条件方面,钢-混凝土结合梁斜拉桥明显优于混合梁斜拉桥,后者的横向刚度仅为1/3118,静活载竖向挠跨比仅为1/711。

② 车桥动力响应方面,当双线列车以低于 420km/h 的速度通过桥梁时,车辆的各项指标均满足要求,列车乘坐舒适性均为优;当列车以 420km/h 的速度通过桥梁时,混合梁斜拉桥出现了列车轮重减载率超限(超限23%)的问题,车辆的安全性指标不满足规范要求。

③ 建筑材料用量方面,两方案基本相当,钢-混凝土结合梁斜拉桥用钢量比混合梁斜拉桥少222t,其原因在于后者混凝土箱梁在桥梁全长占比小。结合梁和混合箱梁每米用钢量分别为 13.8t、18.2t。

④ 施工便捷性和经济性方面,钢-混凝土结合梁斜拉桥的梁部全部采用工厂化制造,船舶运输,桥面起重机或浮吊节段架设,施工快捷,而混合梁斜拉桥边跨混凝土箱梁需采用搭设庞大的高支架进行现浇施工,施工难度大,成本高。

综上,主桥推荐采用钢-混凝土结合梁斜拉桥方案。

(5)钢-混凝土结合梁斜拉桥和钢桁梁斜拉桥方案比选

① 经济性比较

钢-混凝土结合梁斜拉桥:主梁采用混凝土桥面板 + 槽形钢箱梁的结合梁结构,充分发挥混凝土受压、钢结构受拉的材料优势,可显著节约用钢量。

钢桁梁斜拉桥:为保证边跨对中跨的锚固作用,消除边跨支点负反力,需设置较长的边跨,主梁边中跨长度比一般不小于0.55,并需设一定压重。本方案主梁全长940m,每侧边跨长270m,边中跨主梁长度比为0.675,主梁全长采用钢结构,用钢量较大。两种斜拉桥方案的对比见表2-7-4。

钢-混凝土结合梁斜拉桥与钢桁梁斜拉桥经济性比较　　表 2-7-4

方案	钢-混凝土结合梁斜拉桥	钢桁梁斜拉桥
主梁钢材用量(t)	13023.1	20988.1
建安费(万元)	55803.0	60173.8
经济指标(万元/m)	59.36	64.01
经济性	经济性好,节约4370.8万元	经济性差

由表 2-7-4 可知,相比钢桁梁斜拉桥方案,钢-混凝土结合梁斜拉桥方案节约投资达4370.8万元。若仅承载双线铁路,钢桁梁斜拉桥方案建安费偏高,主梁用钢量较大,经济性较差。

② 景观效果比较

钢-混凝土结合梁斜拉桥:主梁采用流线型封闭箱形截面,梁高 4.25m,梁高与主跨比 1/94.12,梁高与轨顶以上塔高比 1/27.76,比例协调,主梁轻巧,索塔显得高耸,结构美观和谐。与既有泉州湾跨海公路大桥相互呼应,两桥景观协调性较好。

钢桁梁斜拉桥:主梁采用钢桁梁结构,桁高 14m,梁高与主跨比 1/28.6,梁高与轨顶以上塔高比 1/8.64,与既有泉州湾跨海公路大桥的景观协调性较差,两者梁高比 4.0。

③ 与公路桥的相互风场气动干扰对结构和行车的影响比较

钢-混凝土结合梁斜拉桥:主梁高 4.5m,紧邻的公路桥梁高 3.5m,两座桥梁高接近且均采用流线型封闭箱形截面,在横向风作用下,两座桥的相互气动干扰较小。

钢桁梁斜拉桥:桁高 14m,与公路桥梁高比达 4.0,且两者气动外形差别很大,在风作用下,两座桥的相互气动干扰突出,风场会出现显著的紊流。钢桁主梁与公路桥的相互影响,对两座桥的结构和行车安全不利。

④ 行车刚度条件比较

钢-混凝土结合梁斜拉桥:梁端转角 0.885‰rad,主跨竖向挠跨比 1/820,横向刚度 1/4348。

钢桁梁斜拉桥:梁端转角 0.673‰rad,主跨竖向挠跨比 1/882,横向刚度 1/5078。

均满足高速行车要求。

⑤ 技术的成熟度比较

钢-混凝土结合梁斜拉桥：广泛应用于公路斜拉桥（如东海大桥、福州青州闽江大桥、上海徐浦大桥、宁波绕城高速公路清水浦大桥等），并应用于昌赣铁路赣州赣江特大桥，为主跨300m的斜拉桥铁路桥梁。

钢桁梁斜拉桥：目前大跨度铁路斜拉桥的常用桥式，特别适用公铁合建或四线铁路桥梁，设计施工技术成熟。

⑥ 维修和养护比较

钢-混凝土结合梁斜拉桥：主梁为封闭式整体结构，养护简易方便，维修便捷、维养工作量较少。

钢桁梁斜拉桥：主梁全长为钢桁梁，养护维修工作量大。

两种斜拉桥方案的对比见表2-7-5。

钢-混凝土结合梁斜拉桥与钢桁梁斜拉桥的对比分析表　　　　表2-7-5

方案		钢-混凝土结合梁斜拉桥	钢桁梁斜拉桥
主桥跨径布置		（70+70+130+400+130+70+70）m	（70+200+400+200+70）m
经济性	指标	建安费55803.0万元，59.36万元/m	建安费60173.8万元，64.01万元/m
	优劣	节约投资7.8%，达4370.8万元	
景观效果	指标	梁高4.5m，跨径、塔、梁比例协调；与既有公路桥（梁高3.5m）景观协调	桁高14m，与既有公路桥（梁高3.5m）景观协调性差
	优劣	优势显著（美观协调）	—
与公路桥的相互风场气动干扰	指标	两座桥的主梁高度和主梁气动外形接近，风作用下的相互气动干扰较小	两桥的主梁高度和主梁气动外形相差较大，风作用下的相互气动干扰突出
	优劣	优势显著	台风地区，钢桁主梁的采用需审慎评估和研究，不建议
行车刚度条件	指标	梁端转角0.885‰rad，主跨挠跨比1/820，横向刚度1/4348	梁端转角0.673‰rad，主跨挠跨比1/882，横向刚度1/5078
	优劣	行车刚度指标良好	行车刚度指标略优
施工难度及工期	指标	施工技术成熟，工期略短（约40个月）	施工技术成熟，工期略长（约41个月）
	优劣	略优	
技术成熟性	评价	公路桥广泛采用	大跨度铁路斜拉桥的常用桥式
		设计施工技术成熟可靠	设计施工技术成熟可靠
维修及养护	评价	主梁为封闭式整体结构，养护简易方便，维修便捷，维养费用和工作量均较小	杆件零散，杆件数量及表面积大，维养难度、工作量和费用均较大
		优势显著	—
桥式结构适用性	评价	结构体系合理，桥式经济、适用，特别适用于纯铁路的情况	对于承载双线铁路的情况，不经济
		经济、适用	相对不经济、不适用
综合推荐意见		推荐	不推荐

综上所述，对于本桥400m的主跨，两个方案设计施工技术均较成熟可靠、行车刚度条件均较好，方案切实可行。钢-混凝土结合梁斜拉桥方案在经济性、与公路桥的相互风场气动干扰程度、景观协调性、维修养护等方面均较优，因此推荐采用钢-混凝土结合梁斜拉桥方案。

7.7 小结

综合钢箱混合梁、钢桁梁和钢-混凝土凝土结合梁的三种典型梁型比选分析以及静动力分析结果，可知钢-混凝土结合梁斜拉桥具有经济、美观、受力合理、工厂化施工程度高、施工便捷、抗风性能优、维修养护成本低等优势，因此泉州湾跨海大桥通航孔主桥采用钢-混凝土结合梁斜拉桥，跨径布置为（70 + 130 + 400 + 130 + 70）m。

泉州湾跨海大桥建设条件复杂、技术标准高，桥位方案兼顾了民航、规划、站位等综合需求，桥跨方案考虑了通航、水文、公路及景观的需求，较好地实现了铁路与公路跨海通道的和谐共存。

第8章　安海湾特大桥

8.1　工程概况

本桥位于晋江市东石镇和石井镇境内，经东石工业园区，跨越安海湾。桥址跨越大片农田、民房、海鲜养殖基地和大型城市道路。主桥位于泉厦漳城市联盟路泉州段安海湾公路大桥下游 68m（轴心距离），两桥并行跨越安海湾。

（1）气象

桥址区属南亚热带海洋季风性湿润气候，夏长无酷暑，冬短温暖而少雨，秋温高于春温；多年间，平均气温 18.5℃，最冷月份（1月）平均气温为 11.0℃，最热月份（7月）平均气温为 28.3℃。极端最高气温 41.5℃，极端最低气温 −4.0℃。

桥址区位于沿海高风速带，热带气旋（台风）是影响大桥的主要灾害性天气，平均每年影响福建的热带气旋约 6 个；风速大、风况复杂，全年 6 级及以上风力的天数平均为 36.9d，桥位处的基本风速为 34.3m/s。

（2）水文

工程海区的潮流性质为正规半日潮，呈往复流特征。主桥范围平均潮位时的水深为 1.28~6.23m，最高潮位时为 4.33~9.28m，最低潮位时为干出~3.39m。

100 年一遇高水位 4.53m，100 年一遇低水位 −3.27m，设计波高（100 年一遇极端高水位）3.57m。设计流速 1.96m/s。

（3）工程地质

桥址处上覆土层主要为第四系人工填土（Q_4^{ml}），第四系全新统冲、海积层（Q_4^{al+m}）淤泥、淤泥质粉质黏土、粉质黏土、中粗砂、细砂，第四系残坡积层（Q^{el+dl}）粉质黏土，第四系残积层（Q^{el}）。

下伏基岩主要为燕山晚期侵入（γ）花岗岩、辉绿岩岩脉。

⑪$_1$ 花岗岩：褐黄色~浅灰白色，全风化，浸水后易软化、崩解，层面埋深 4.0~33.0m，层厚 1.1~30.3m。

⑪$_2$ 花岗岩：褐灰色、灰黄色，强风化，中粗粒花岗结构，风化强烈但岩石矿物组织已严重破坏，岩芯呈碎块，易碎。层面埋深 10.0~67.0m，层厚 0.4~28.5m。

⑪$_3$ 花岗岩：青灰色、灰白色，弱风化，中粗粒花岗结构、块状构造，岩体风化一般，裂隙仅局部发育，层面埋深 9.8~72.0m，层厚 0.8~21.2m。

桥址区属 0.2g 地震动参数分区内，地震基本烈度为 8 度，场地类别属Ⅲ类。桥址区及其附近没有发现活动断裂，但存在地震砂土液化效应和软土震陷效应。

桥址区海水（地表水）存在硫酸盐侵蚀性（环境等级 H2）、镁盐侵蚀性（环境等级 H1~H2），盐类结晶破坏环境作用等级为 Y2~Y3。根据氯离子含量判定，氯盐环境等级为 L3。主桥范围地下水具强腐蚀性，据氯离子含量判定，氯盐环境等级为 L3。

（4）邻近建筑物

桥位上游分布有水头及安海作业区、东石作业区。东石作业区主要分布有 2000 吨级杂货船码头和

1000（300）吨级以下生产用海轮（内河）泊位。桥址下游为石井作业区码头，位于拟建桥位下游约 347m 处，该码头为 3000 吨级码头，在特定条件下可靠泊接卸 5000 吨级船舶。

（5）通航标准

通航等级为 2000 吨级杂货船，拟建桥梁所需最小通航净空高度为 27.21m，最小单孔双向通航净宽为 228.9m，最高通航水位为 4.43m，最低通航水位为 −2.959m。

8.2　主要技术标准

（1）铁路等级：高铁。
（2）线路数目：双线。
（3）正线线间距：5.0m。
（4）设计速度：350km/h。
（5）轨道形式：无砟轨道。
（6）设计活载：ZK 活载。
（7）桥墩防撞标准：航孔主墩（索塔）按 5000 吨级海轮、航速 8 节进行防撞标准设计。大里程连接墩（179 号墩）及辅助墩（178 号墩）邻近下游龙田油码头，按 3000 吨级船舶防撞标准设计。小里程辅助墩（175 号墩）按 1000 吨级船舶防撞标准设计。

8.3　桥跨布置确定

主桥跨越安海湾主航道，上游紧邻泉厦漳城市联盟路泉州段安海湾特大桥，跨径布置为（135 + 300 + 135）m 钢箱混合连续刚构。根据相邻桥梁的通航相关技术要求、通航净空尺寸等因素，主桥应与公路桥对孔布置，即通航孔桥跨亦采用 300m。针对我国铁路大跨度桥梁现状，东部沿海区域地势平缓，斜拉桥因其跨越能力强，适合河道环境，但其地质条件较差，多为深厚软土覆盖，基岩埋置较深，如商合杭铁路裕溪河特大桥主跨 320m 钢箱桁斜拉桥与昌赣铁路赣州赣江特大桥主跨 300m 结合梁斜拉桥。而我国西南山区，地质条件较好，大跨度拱桥有所应用，如张吉怀铁路酉水特大桥主跨 298m 上承式拱桥与沪昆客运专线南盘江特大桥主跨 445m 上承式混凝土拱桥。鉴于本桥所处地形地质特性，因此推荐选用斜拉桥设计方案。

8.4　桥式方案布置

根据本线速度目标值和铺设无砟轨道的要求，考虑到混合梁在结构刚度、施工便捷性及经济性上不如结合梁斜拉桥，因此针对钢-混凝土结合梁斜拉桥方案与结构刚度较大的钢桁梁斜拉桥方案进行比较。

1）主桥方案一：钢-混凝土结合梁斜拉桥

跨径布置为（40 + 135 + 300 + 135 + 40）m 双塔双索面钢-混凝土结合梁斜拉桥，如图 2-8-1 所示，半漂浮体系，桥长 650m，每侧边跨设一个辅助墩。主桥平面位于直线上，立面位于±1‰人字坡上，主跨中心对称。

（1）主梁

主梁全长采用混凝土桥面板 + 槽形钢箱梁的结合梁结构，为封闭箱形断面形式，主梁（含风嘴）全宽 21m，梁高 4.25m。槽形钢箱梁（不含两侧风嘴）采用单箱三室等高截面，拉索在梁端锚固采用锚拉板结构。标准节段长 10.5m，标准节段最大吊重约 279t（含混凝土桥面板 114t）。

横隔板标准间距 3.5m，支点处、拉索处、压重区、梁端、塔梁临时固结处的横隔板采用实腹横隔板，其余位置采用空腹横隔板。

混凝土桥面板在边板、中纵腹板、拉索及支点横隔板的上翼缘与钢梁通过剪力钉结合，桥面板标准厚度为 30cm，在与钢梁结合处、塔区 18m、距边跨端部 50.5m 的范围加厚至 50m。

混凝土桥面板采用分块工厂预制，最大尺寸为 4.65m（横向）×9.7m（纵向），重约 42t（加厚区为 61t），预制后需存放 6 个月以上后方可与钢梁进行结合。

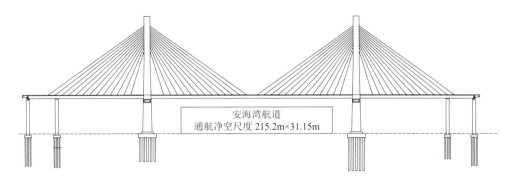

图 2-8-1　钢-混凝土结合梁斜拉桥方案桥式立面布置示意图

（2）索塔

采用带曲线造型的 H 形混凝土索塔，分离式塔柱，塔底以上索塔全高为 126.9m，梁顶以上塔高 86.01m，梁顶塔高与主跨比为 1/3.488。索塔纵向宽度自塔顶 6.5m 渐变至塔底 10m。

（3）斜拉索

斜拉索采用抗拉标准强度 1770MPa 环氧涂层平行钢丝拉索，空间双索面体系，扇形布置，全桥共 52 对（104 根）斜拉索，张拉端设置在塔内。斜拉索在梁上的索距为 10.5m，塔上的索距为（锚点竖向间距）2.6～3.2m。斜拉索最长约 166.55m，最大规格为 PES（C）7-337。

（4）施工方案

根据主桥全长位于海湾深水区的特点，主桥主要施工流程为钻孔桩基础施工→承台施工→主塔（墩）施工→组合主梁架设→桥面附属工程。

预计工期：考虑台风等施工不利因素，年有效作业时间按 300d 计，总工期 36 个月。

2）主桥方案二：钢桁梁斜拉桥方案

跨径布置为（40＋135＋300＋135＋40）m 双塔双索面钢桁梁斜拉桥，如图 2-8-2 所示，半漂浮体系，桥长 651m，每侧边跨设一个辅助墩。

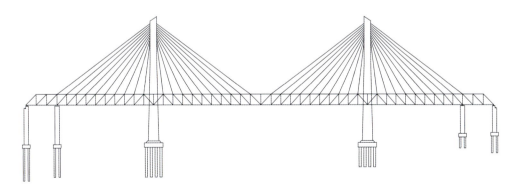

图 2-8-2　钢桁梁斜拉桥方案桥式立面布置示意图

（1）主梁

主梁采用五跨连续钢桁梁，N 形双主桁，主桁横向中心距（桁宽）14m，桁高 14m，标准节间长度 13.5m（梁端节间 13m、跨中节间 15m），主梁采用焊接整体节点结构形式。

桥面采用正交异性板整体桥面结构，由纵肋（梁）及其加劲的 16mm 厚钢桥面板组成。桥面板下焊接 8mm 厚的梯形纵向加劲肋，基本间距 600mm。在每条线路的轨道之下设置两道高 620mm 的倒 T 形纵梁。纵梁每隔 3.375m 设一道倒 T 形横梁，横梁的高度 1.2～1.6m。

各杆件工厂制造时均为焊接连接。工地安装时，除桥面板为熔透焊接外，其余的纵横向连接均采用 M24 高强螺栓。

（2）索塔

采用门式混凝土索塔，塔底以上索塔全高 127.39m，轨底以上塔高 88.42m，轨底以上塔高与主跨比为 1/3.392。索塔纵向宽度自塔顶 8.0m 渐变至塔底 12.0m。

上塔柱斜拉索锚固区横桥向宽度 4.2m，采用单箱单室截面，顺桥向壁厚 1.3m，横桥向壁厚 1.0m。中塔柱为两分离式倾斜塔柱，单箱单室截面，每柱横桥向宽度为 4.2m，顺桥向壁厚 1.2m，横桥向壁厚 1.1m。下塔柱为两分离内倾斜塔柱，单箱单室截面，每柱横向宽度由 4.2m 渐变至 7.0m，顺桥向壁厚 1.4m，横桥向壁厚 1.2m。

桥塔设置上、下横梁，横梁采用等宽度变高度截面，全预应力混凝土结构。

（3）斜拉索

斜拉索采用抗拉标准强度 1670MPa 镀锌平行钢丝拉索，空间双索面体系，扇形布置，全桥共 40 对（80 根）斜拉索，张拉端设置在塔内。斜拉索在梁上索距为 13.5m。斜拉索最长约 151.9 米，最大规格为 PES（C）7-253。

（4）施工方案

根据主桥全长位于海湾深水区的特点，主桥主要施工流程为钻孔桩基础施工→承台施工→主塔（墩）施工→钢桁梁架设→桥面附属工程。

预计工期：考虑台风等施工不利因素，年有效作业时间按 300d 计，总工期 36 个月。

3）方案比选

（1）经济性比较

钢-混凝土结合梁斜拉桥主梁采用混凝土桥面板 + 钢箱梁的结合梁结构，充分发挥混凝土受压、钢结构受拉的材料优势，显著节约用钢量。相比钢-混凝土结合梁，钢桁梁主梁钢结构用钢量较大，经济性较差。相比钢桁梁斜拉桥方案，钢-混凝土结合梁斜拉桥方案节约投资 7.6%，达 3179.1 万元。两种方案经济性对比见表 2-8-1。

钢-混凝土结合梁斜拉桥与钢桁梁斜拉桥经济性比较　　　表 2-8-1

方案	钢-混凝土结合梁斜拉桥	钢桁梁斜拉桥
主梁钢材用量（t）	7798.7	13977.1
建安费（万元）	41527.5	44706.6
经济指标（万元/m）	63.89	68.88
经济性	好	差

（2）与公路桥的相互风场气动干扰对结构和行车的影响比较

钢-混凝土结合梁斜拉桥：主梁高 4.25m，与紧邻的公路桥梁高接近，在横向风作用下，两座桥相互气动干扰较小。

钢桁梁斜拉桥：桁高 14m，与公路桥梁气动外形差别很大，在风作用下，两座桥的相互气动干扰突出，风场会出现显著的紊流，对两座桥的结构和行车安全不利。

（3）行车刚度条件比较

钢-混凝土结合梁斜拉桥：梁端转角 0.256‰rad，主跨竖向挠跨比 1/860。

钢桁梁斜拉桥：梁端转角 0.460‰rad，主跨竖向挠跨比 1/831。均满足高速行车要求。

（4）技术的成熟度比较

钢-混凝土结合梁斜拉桥：广泛应用于公路、铁路斜拉桥，如福州青州闽江大桥、昌赣铁路赣州赣江特大桥等。

钢桁梁斜拉桥：目前是大跨度铁路斜拉桥的常用桥式，特别适用公铁分层合建或四线铁路桥梁，设计施工技术成熟。

（5）景观效果比较

钢-混凝土结合梁斜拉桥：主梁采用流线型封闭箱形截面，梁高仅4.25m，比例协调，主梁轻巧，索塔显得高耸，结构美观和谐。与既有泉厦漳城市联盟路泉州段安海湾大桥之间的景观协调性较好。

钢桁梁斜拉桥：主梁采用钢桁梁结构，桁高14m，与既有的泉厦漳城市联盟路泉州段安海湾大桥之间的景观协调性较差。

（6）维修和养护比较

钢-混凝土结合梁斜拉桥：主梁为封闭式整体结构，养护简易方便，维修便捷、维养工作量较少。

钢桁梁斜拉桥：主梁全长为钢桁梁，养护维修工作量较大。

钢-混凝土结合梁斜拉桥和钢桁梁斜拉桥的比较结果见表2-8-2。

钢-混凝土结合梁斜拉桥和钢桁梁斜拉桥的对比分析　　　　　表2-8-2

方案		钢-混凝土结合梁斜拉桥	钢桁梁斜拉桥
经济性	指标	建安费41527.5万元，63.89万元/m	建安费44706.6万元，68.88万元/m
	优劣	节约投资7.6%，达3179.1万元	—
景观效果	指标	梁高4.25m，跨径、塔、梁比例协调；与公路桥景观协调	桁高14m，与公路桥景观协调性差
	优劣	优势显著（美观协调）	—
与公路桥的相互风场气动干扰	指标	两座桥的主梁高度和主梁气动外形接近，在风作用下的相互气动干扰较小	两桥的主梁高度和主梁气动外形相差较大，风作用下的相互气动干扰突出
	优劣	优势显著	台风地区，钢桁主梁的采用需审慎评估和研究，不建议
行车刚度条件	指标	梁端转角0.256‰rad，主跨挠跨比1/860	梁端转角0.460‰，主跨挠跨比1/831
	优劣	行车刚度指标良好	行车刚度指标良好
施工难度及工期	指标	施工技术成熟、安全便捷工期约36个月	施工技术成熟工期约36个月
	优劣	略优	—
技术成熟性	评价	公路桥广泛采用	大跨度铁路斜拉桥的常用桥式
		设计施工技术成熟可靠	设计施工技术成熟可靠
维修及养护	评价	主梁为封闭式整体结构，养护简易方便，维修便捷，维养费用和工作量均较小	杆件零散，杆件数量及表面积大，维养难度、工作量和费用均较大
		优势显著	—
桥式结构适用性	评价	结构体系合理，桥式经济、适用，特别适用于纯铁路的情况	对于承载双线铁路的情况，不经济
		经济、适用	相对不经济、不适用
综合推荐意见		推荐	—

8.5 小结

安海湾特大桥主跨300m，采用双塔双索面钢-混凝土结合梁斜拉桥方案，在工程经济性、与公路桥的相互风场气动干扰程度、景观效果、工程施工、维修养护等方面均较优，因此推荐采用该方案。

第 9 章 景观设计

9.1 引言

我国著名桥梁学家茅以升曾说过:"河是城镇的命脉,桥是故土的象征,一座桥就是一段历史。"桥梁与城市,桥梁与文化,桥梁与历史,都有着千丝万缕的联系。

福建有着"桥乡"之称,因其地形以低山、丘陵为主,素有"八山一水一分田"之说,且属于亚热带季风气候,省内气候温暖,雨量充沛,故此,对桥梁的需求较大。

福建的桥梁,在古代就有过辉煌的成就,最著名的有洛阳桥、安平桥和虎渡桥,如图 2-9-1 所示。

a) 洛阳桥

b) 安平桥

c) 虎渡桥

图 2-9-1 古代著名桥梁

洛阳桥建于北宋皇佑五年(1053 年),桥长 834m,宽 6m,其独特的筏形基础、种蛎固基技术以及应潮架设之法,被茅以升称赞为开辟了桥梁技术新纪元,誉为北有赵州桥,南有洛阳桥。

安平桥建于宋绍兴八年(1138 年),原桥长 2491m,宽 3.4m,现桥长 2251m,宽 5m。在 1905 年郑州黄河大桥完工之前,它为历史上最长的石梁桥,有赞句:"世间有佛宗斯福,天下无桥长此桥"。

虎渡桥,原为浮桥,建于南宋嘉定七年(1214 年),石墩木桥,后改铺石梁,桥长 285m,宽 6m,孔径最大 21m,每孔架石梁 3 根,最重达 200t,古代十大名桥之一。石梁如何开采、搬运、铺设,至今仍然成谜。

洛阳桥之巧,安平桥之长,虎渡桥之奇,均已载入我国桥梁史册。

近现代以来,福建桥梁设计飞速发展,既紧跟时代步伐,又坚守本土文化底蕴,成为福建向世界展示的一张重要名片。步入新时期,福建经济发展迅猛,桥梁需求不断加大,在设计与建造上,不再局限于经济实用,而更加注重桥梁在城市形象中的美学作用,力求与城市景观交相辉映,共同彰显城市的独特魅力。

9.2 景观设计总体构思

基于福建的文化底蕴，结合中西方的建筑美学思想，桥梁设计尽显和谐之美，独特展现东西方文化交融的非凡魅力，使福建的传统韵味与时代气息相得益彰，和谐共生。

（1）福建土楼"方与圆"

福建土楼（图2-9-2）是福建文化的精髓。福建作家冼怀中说："土楼是个句号，却引出无数的问号和感叹号。"它传承了福建人民爱好和平、团结统一的精神。同时，方与圆的几何造型也被应用于西方古典教堂的平面布局中，如梵蒂冈的圣彼得大教堂等。

图2-9-2 福建土楼

对于我国而言，古人认为天是圆的，地是方的，以圆和方代表天和地，崇拜有加。尤其认为圆具有无穷的神力，寓意万事和合、子孙团圆。从方与圆的基本形态出发延伸设计出了福厦铁路的一系列桥梁（主塔造型）景观，如泉州湾大桥、安海湾大桥、木兰溪大桥、乌龙江大桥等，均集中体现了方圆思想的魅力，引人遐想。

建筑中的"天圆地方"观，主要表现在方与圆的空间布局和空间造型上，方与圆的空间造型，不仅具有一种空间形式美，而且具有一种追求与宇宙和谐合一的意境美。方与圆哲学的东西方文化指向如图2-9-3所示。

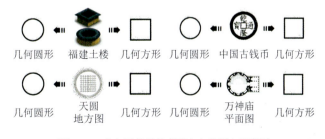

图2-9-3 方与圆哲学的东西方文化指向示意图

方与圆空间关系的形式美表现为上圆下方，或内圆外方。圆具有圆满、和谐的特性，方具有宁静、沉稳的特性。建筑布局、构件、样式排斥纯理性几何化的方形或圆形，而是将方与圆相结合，在方与圆中求变化，追求富于情感的自然造型，赋予建筑更多的形式美，从而达到一种和谐与互补，使建筑显得温和内敛，体现出中国人注重与天地环境和谐统一的审美心性。

（2）福建海洋文化

基于福建的地理背景，作为邻海大省，其海洋特色鲜明，而贝壳作为海洋元素的象征，恰如其分地体现了这一地域特征。因此，在福建的跨海桥梁设计中，集中运用了圆弧和贝壳造型，凸显圆润感与时代气息，泉州湾跨海大桥便是一个典型代表，如图2-9-4所示。

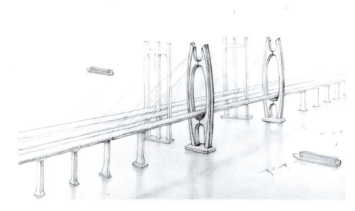

图2-9-4　泉州湾跨海大桥创意图

鉴于对桥体轻量化的高度重视，设计采用了多边形截面的桥墩与塔身结构，或于塔身开挖凹槽和孔洞，赋予桥梁"纤细"的美感。该设计既与南方地区的审美相契合，又融入了地方特色，避免桥梁显得粗笨，较好展现了桥体的灵动性与生命力，实现了桥体与城市发展的和谐共融，呈现出一种"静中寓动"的优雅景象。

（3）现代桥梁艺术融合

福建因其临海的先天有利条件，积极发展海外贸易，将"海上丝绸之路"的发展理念发挥到极致。在经济腾飞的同时，积极吸取西方文化的开放优势。设计中，巧妙融入西方万神庙与帕特农神庙的艺术精髓，实现东西方桥梁艺术的相互融合，展现了空间的无限延伸与向上的生命力。

本系列桥梁景观设计根植于福建土楼、海洋文化的深厚底蕴，融合中国哲学智慧与国际现代设计美学，以"方圆思想、海洋文化与东西方艺术交融"的设计理念，实现桥梁形态上的有机统一。

9.3　桥梁景观设计构思

1）东方和西方文化融合——泉州湾跨海大桥和安海湾特大桥

泉州湾跨海大桥和安海湾特大桥的设计，是地域的海洋文化（图2-9-5）与方圆文化的变异，借鉴了西方经典造型艺术（万神庙的"方圆搭配"、帕特农神庙的"视觉矫正"），并进行了精心改造。在具体设计上，两座大桥的索塔均选用了贝壳两侧圆弧形的造型，使得西方的圆润感与东方方圆文化中的"圆"相得益彰，体现了当地"厚德载物"的民俗文化，同时桥身设计纤细并向两侧无限延伸，打造出一种流畅而富有张力的视觉效果。

图2-9-5　海洋文化代表—贝壳形

（1）东西方文化交融

泉州湾跨海大桥和安海湾特大桥（图2-9-6、图2-9-7）的设计既突出了西方文化中的理学，又突出了东方文化中的感性韵味。在西方艺术中，圆弧形是完美的化身，是理性的源流，与此同时，设计者注重精准实地考察，强调数据的重要性，极度彰显了西方文化中的理性精神。在东方文化中，圆弧形体现圆润之感，给人心旷神怡的感受体验，容易触动观赏者的细腻情感。东方文化充满了神秘色彩，东方人往往通过直观、内省等个人体验来获得对世界的感知，较西方理性文化而言，东方文化显得更为感性。

图 2-9-6　泉州湾跨海大桥景观效果图

图 2-9-7　安海湾特大桥景观效果图

（2）东方"写意"韵味

泉州湾跨海大桥和安海湾特大桥的设计，洋溢着浓郁的"写意"风格，桥梁整体纤细，富有南方女子的纤细美感，将传统的审美体验融入其中。贝壳形桥梁设计赋予观赏者独特体验，仿佛细品古典美人之韵，尽享视觉上的古典美学盛宴。福建女性以贤淑、温婉、灵气著称，两座大桥的设计更是将福建女性的诸多特质融入其中，使之富有生活气息和女性审美趣味。

（3）东西方艺术的融合

泉州湾跨海大桥和安海湾特大桥的设计巧妙地将西方文化强调的个体性与东方文化注重的整体性融为一体。贝壳形状、拱形结构、方圆设计均体现了西方艺术对个性化的追求。然而，整体上，设计者立足于深厚的文化底蕴，注重设计的整体和谐性，贝壳形的圆润和弧度美感，使得整体造型既独特又和谐统一（图 2-9-8），展现了一种东西方文化交融的审美境界。

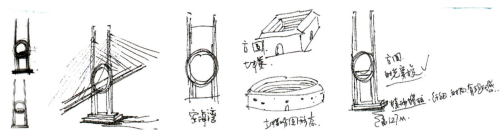

图 2-9-8　安海湾特大桥设计方案草图

（4）整体视觉艺术缩影

在汲取万神庙（图 2-9-9）艺术精髓的基础上，桥梁设计整体上展现出流畅的圆弧形态，细节上呈现出丰富的层次感。泉州湾大桥和安海湾大桥均为斜拉桥，主塔由外弧与内弧构成，设计语言简洁而有力，风格时尚、大气、简约，高出公路桥面的铁路桥具有良好的景观效果。

同时，帕特农神庙（图 2-9-9）所蕴含的"视觉矫正"艺术原理在这两座大桥的设计中得到了充分展现与巧妙应用。主塔造型的灵感源自海中的贝壳，两侧立柱上下呈合笼状，赋予桥梁一种"轻巧"的视觉美感，避免了传统桥梁中常见的粗笨感。贝壳形设计不仅美观，还象征着团结的力量，寓意福建人民团结一心共创辉煌。

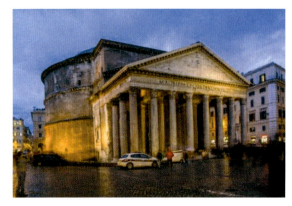

图 2-9-9　万神庙和帕特农神庙

希腊柱（图 2-9-10）的凹槽，赋予了柱体刚劲有力的质感，并有效减轻了柱体的臃肿感。这一美学理念在桥墩与桥塔的设计中得以借鉴。通过视觉艺术的巧妙运用，桥体结构呈现出更为纤细和优雅的美感。在桥墩和桥塔的设计中，同样借鉴了这种手法，利用视觉效果的巧妙处理，进一步凸显其纤细之美。

图 2-9-10　希腊柱

2）神奇的地方美学特色——乌龙江特大桥和木兰溪特大桥

乌龙江特大桥和木兰溪特大桥均为方圆设计理念的典范之作。乌龙江特大桥采用了高低塔的设计模式（图 2-9-11），这种不对称的布局不仅巧妙地解决了受力问题，更将桥梁的美学价值提升到了新的高度。桥梁周围环境宁静优美，充满了静谧气息。高低塔的设计，犹如两位欢快的少女，在河水的流动中互相追逐、嬉戏打闹，营造出欢腾、热闹、祥和的景象；又如相恋的情侣，彼此腼腆，展现出岁月静好、和光同尘的画面；还似年轻的母亲和幼女，母亲呵护着身后的孩子，传递出温馨、亲切的情感……

图 2-9-11　乌龙江高低塔实施方案图（整体为瓶形，局部做圆形处理）

两桥遵循方圆融合的设计理念，横截面积因此较为显著。因而如何克服可能的粗笨感，成为设计关键。设计者在桥塔采用了菱形结构，有效减轻了桥体的厚重感，使得桥体轻便化；此外，桥身修长，从高度上进一步增强了桥体本身的轻盈感，使得整体结构更显轻巧和优雅。

（1）"土楼"方圆的形态体现

福建永定土楼的方与圆，构成了设计灵感的主要源泉。在永定土楼群中，方形土楼数量众多，它们与圆形土楼相映成趣，彼此衬托。方形土楼象征着平安与祈福，其"四方"之意，体现了福建人民对和平的热爱，以及和谐共生的理念。

乌龙江特大桥和木兰溪特大桥，打破了传统的"H"形桥梁设计，整体造型线条清晰，端庄典雅，是"方"的完美诠释。它们与周边的平原和低矮的丘陵遥相呼应，更加体现桥梁的雄伟壮观。在细节处理上，桥梁的柱体摒弃了原有四方形的墩柱设计，改为多面棱柱体墩柱，这一变革既贯彻了"方"的设计理念，又使桥体不再笨重，转向纤丽。

木兰溪特大桥整体造型设计（图2-9-12）中，桥梁上方融入了"圆"的元素，以椭圆和半圆形设计为主，规避了桥体的单一性，转向了"方与圆"的二元对立美学。此类设计手法不仅增强了桥梁的视觉冲击力，还突出了木兰溪大桥公路和铁路交会处的景观效果，使其呈现出雕塑般的艺术美感。

（2）"厚德载物"的文化

乌龙江大桥和木兰溪大桥在整体造型上采用了棱角分明的方形设计，使得两座大桥呈现出庄重而宏伟的气象。福建地理环境优越，依山傍水，与老庄思想中

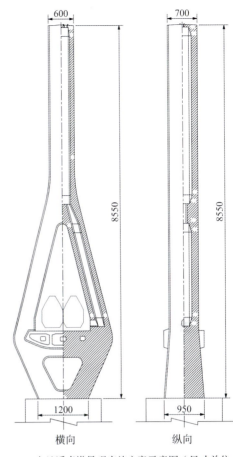

图2-9-12　木兰溪索塔景观实施方案示意图（尺寸单位：cm）

"宁静致远"的意境相得益彰。秀美福建，正是老庄思想所折射的自然环境的真实写照。乌龙江大桥与木兰溪大桥的设计，又使灵气与仙气共存的福建，拥有了"厚德载物"的文化魅力。

3）文化与环境结合——雷公山特大桥

福建地处山海之间，邻接东海，将陆地与海洋紧密相连。这独特的地理环境为设计者提供了丰富的创作灵感。福建地貌多山丘，平原点缀其间，桥梁设计匠心独运，将整体美学与城市风貌巧妙融合，交相辉映，尽显和谐之美。

雷公山大桥位于福建东南部经济较为发达的地区，如图2-9-13所示，大桥外形现代化气息浓郁，中间镂空，配合椭圆形的设计，更加彰显灵动性，与当地的实际环境配合，寓意着福建将不断地开拓进取，加强对外海外贸易，积极落实"走出去"的政策；桥体高耸纤细，宛若云塔，映射海洋文明的开放多元、创新进取的精神。大桥顶部的帆船造型（图2-9-14），是对方圆设计理念的现代诠释，象征着福建在陆海间无限延伸的壮阔图景。

图2-9-13　雷公山大桥实施方案

图2-9-14　海中的帆船

桥梁设计的主体颜色为白色,是福建海洋文明、海洋文化在桥梁上的外化和体现,彰显了福建不断开拓进取、敢为人先的海洋逐猎精神。

4)历史气息结合时代脉搏——湄洲湾跨海大桥

湄洲湾跨海大桥坐落于福建莆田市湄洲湾,整体上给人一种扑面而来的现代气息,但是在细节上,又体现着富有地方色彩的历史踪迹。如图 2-9-15 所示,位于莆田市的古谯楼拥有数几百年的历史,被誉为八闽地区古谯楼的典范,它不仅是福建人民心中不可替代的标志性建筑,也是福建历史文化的象征。设计者十分注重从当地的文化中找寻设计灵感,不断求实创新,将古谯楼的独特造型巧妙地融入湄洲湾跨海大桥的设计之中。

图 2-9-15　古谯楼

如图 2-9-16 所示,桥塔设计巧妙至极,完美承袭"古谯楼"风貌。整体呈现出"上宽下窄"的形态(图 2-9-17),达到一种视觉上的整体平衡,传达出磅礴大气的氛围。

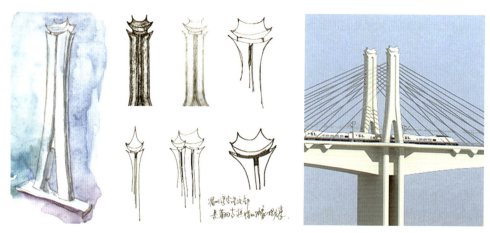

图 2-9-16　湄洲湾塔顶造型示意图　　　　图 2-9-17　湄洲湾索塔实施方案

桥梁之巅宛如古谯楼屋顶再现,配合上翘的弧度,使得桥梁灵动活泼,跃然于江面之上,既传承了福建的古典雅韵,又焕发出勃勃生机,古今交融,韵味悠长。

湄洲湾跨海大桥设计深蕴福建时代精神,乃闽人精神之结晶,激励代代闽人秉持"爱国爱乡、海纳百川、乐善好施、敢拼会赢"之魂,锐意进取,开拓创新,续写辉煌篇章。

5)海洋文化与丝绸之路——跨海大桥

在新时期,福建积极拓展海外市场,高举"走出去"战略的大旗,其文化在潜移默化中已深深融入海洋文明的内核。海洋文明的三大精髓如下:

(1)开放性。海洋文明不是一种闭关自守的文明,而是一种不断从异质文化汲取养分的文明。其开放性体现在多个层面。海洋文明依赖于对外贸易,发展并开拓海外市场是其核心经济诉求。同时,人文交流的开放性拓宽了人们的视野,提升了整体素质,进而促进文化和思想的广泛开放。

（2）多元性。海洋文明开放性的补充体现在对异质文化和多样文化的包容与共存，以及它们之间的竞争。多元性激发了竞争，而竞争又促进了发展，形成了以发展求生存的动态机制。同时，得益于海洋的屏障作用，各地区得以保持自身的文化特色，并有机会选择性地吸收其他文化的优点。

（3）进取精神。人类从陆地走向海洋，本身就意味着一种挑战，而对海洋的征服会培养和激发人们的创新与进取精神。"爱拼才会赢"这句俗语，完美体现了福建人民"敢冒风险，勇为人先"的进取精神和自强不息的个性。闯荡世界使福建人视野开阔，无论是在近代历史上，还是在当代改革开放的大潮中，福建人民都敢于解放思想、勇于探索，取得了辉煌业绩，充分体现了他们敢于迎击时代风浪的勇气和气魄。

福厦高铁的三座跨海大桥的巧妙设计，与海洋文化及现代文明的发展共鸣，既展现了海洋的宽广与壮阔，也通过桥梁建筑艺术诠释了海洋生命的灵感与飞跃。

泉州湾跨海大桥的主桥采用斜拉结构，引桥深水区采用70m、浅水区采用50m的等跨度梁桥设计。在岸边，桥梁借鉴了跨越高速公路的方式，布置了一联月牙式刚构拱桥。斜拉索如同翅膀，有序的桥墩像鱼鳍，拱桥的主跨则似海鸟的头部，整体桥梁造型犹如一只海鸟，从海洋向陆地展翅高飞。

如图2-9-18所示，湄洲湾跨海大桥在浩瀚的大海中宛如一条巨龙，生动活泼，充满了生命力。这座横跨大海的桥梁赋予了大海生命和灵魂，与周围环绕的群山相映，大海、桥梁、群山融为一体，完美展现了桥梁建筑与自然环境的和谐相融、力与美的统一。

图2-9-18　海阔任鱼跃

9.4　色彩设计灵感

本系列桥梁的设计灵感源自丰富的海洋文化、历史悠久的古谯楼和及独具特色的莆田荔枝。桥梁主体以珍珠白和浅灰色为主，局部点缀朱砂红。灰白色与壮阔的海洋文化背景相呼应，如图2-9-19所示。红色不仅代表着中国元素，又延续了古谯楼的经典色彩，还是福建特产莆田荔枝的标志性颜色。这一色彩搭配，充分融入了中国深厚的文化底蕴、福建的海洋文化及地方独特文化标识，展现出和谐而富有层次的视觉效果。

针对泉州湾、安海湾、乌龙江及木兰溪等关键桥梁，通过适当增加桥身夜间照明，突显景观效果，同时避免眩光。附属设施的设计与大桥整体定位相协调，以简约现代风为主。色彩设计也控制在大桥"白色加局部红色"的基调之上，局部小构件采用鲜亮色彩点缀，如图2-9-20所示。

图 2-9-19　主塔采用灰白色　　　　　图 2-9-20　栏杆扶手等附属设施使用中国红

（1）德化白瓷——纯净的色彩美感

福建是临海大省，白色体现了福建厚实的海洋文化，隐喻纯净、大方、时尚、现代之感。此外，福建德化的白瓷名扬海外，如图 2-9-21 所示，设计者将福建德化白瓷的"白"融入设计理念之中，使桥体整体呈现白色，并与蓝天、白云、碧水遥相呼应，共同构成一幅多彩的画卷。

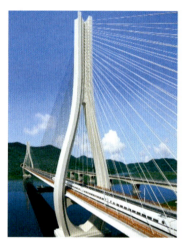

图 2-9-21　桥塔造型和甜白釉玉壶春瓶（德化白瓷代表）

（2）漳州水仙花——灵动的色彩美感

漳州水仙花（图 2-9-22）以纯净的白色为主调，辅以花蕊处的淡雅鸭黄色点缀，更加凸显其清秀脱俗的气质，增添了几分生动与灵气。

图 2-9-22　漳州水仙花（大部分的白色加局部的橙色）

设计者深挖漳州水仙花的灵动之源，将这种特质巧妙融入桥梁色彩设计中。桥梁在保持外形美观的同时，又不失灵动。

（3）莆田古谯楼与莆田桂圆——质朴的色彩美感

如图 2-9-23 所示，莆田古谯楼和莆田桂圆的颜色颇为相似，同属于暖色调，给人一种宁静古朴平和的感觉，这正是桥梁设计的初衷——以自然质朴之色，融入福建山水社会之间。

（4）独特的地域特色——文化的色彩美感

栏杆的设计紧密契合桥梁的整体设计理念，与索塔造型相得益彰，共同体现了海洋与地域文化精髓。针对福建沿海风急浪高的特性，设计特别注重减少风阻，保障安全。在造型上，选取了波浪、帆船、水、贝壳等海洋元素，进行艺术化的诠释和加工。色彩搭配上也充分体现了海洋文化的特色，选用了白云的白色、蓝天和海水的群青色、福建土楼夯土墙的中黄色以及常见于高架桥栏杆的水泥灰色，分段实施，共设计 7 种栏杆样式，如图 2-9-24～图 2-9-26 所示，这些设计将帆船、波浪、水、船桨等元素转化为实体设计，展现了独特的艺术风格。

图 2-9-23　莆田古谯楼热情的红色

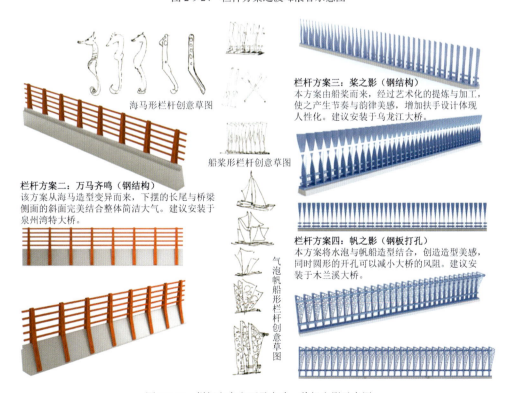

图 2-9-25　栏杆方案之万马齐鸣、桨帆之影示意图

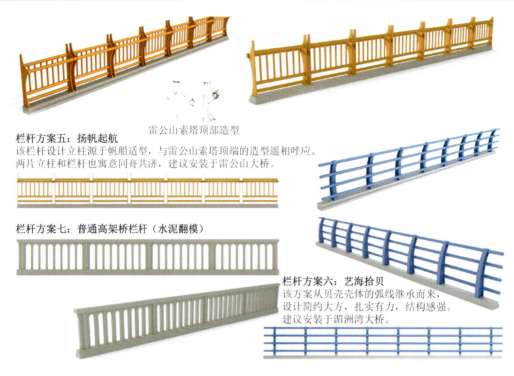

图 2-9-26 栏杆方案之扬帆起航、艺海拾贝示意图图

9.5 小结

桥梁不仅仅是满足结构力学与通行需求的载体，更是当地文明的集中展现。福厦高铁桥梁系列方案设计从福建本土文化出发，探索中国现代都市桥梁造型语言的新方向。

福厦高铁桥梁有以下几个重要的特征：

（1）地域性。因地制宜，充分考虑福建广阔土地上的自然地理和人文社会因素，塑造出各自相对独立的风格和特色。

（2）多元性。融合东西方文化的精髓，又深入挖掘福建省的历史文脉和时代精神，融入福建本土特色元素，匠心独运。

（3）多功能性。既满足交通运输的基本需求，又兼顾审美价值，成为城市形象的典型代表。

横跨在青山绿水间仪态万千的福厦高铁桥梁，常常把人带进一个诗情画意的境界。"水从碧玉环中过，人从苍龙背上行"，令人神往。

福厦高铁桥梁之美，首先是其建筑艺术的魅力，它们在序列组合、空间布局、比例尺度、造型风格、与色彩质地等方面，追求均衡、对称、变化与和谐，更蕴含着韵律和节奏，展现出独特的造型之美。其次是融入地域特色的美，它们造型轻盈，结构匀称，精巧而空灵，雄伟之中见秀逸，与周围环境、自然景色互相配合，格局相宜，融为一体，达到一种美学境界。系列桥梁与当地地理环境的完美融合，共同构成了一幅绚丽多姿的画卷，引人称叹。

福厦高铁桥梁工程
创 新 与 实 践
PART 3

第 **3** 篇
结构设计

福厦高铁桥梁工程
创 新 与 实 践

INNOVATIONS AND PRACTICES
IN THE BRIDGE ENGINEERING OF
THE FUZHOU-XIAMEN HIGH-SPEED RAILWAY

第1章 概　　述

1.1 全线桥梁结构

针对本线特殊的地理环境和复杂的建设条件，考虑跨越条件、软土地基、海上深水施工及耐久性等特点，根据桥式方案的不同，合理开展结构设计。

（1）大跨度斜拉桥

全线斜拉桥共计4座。其中，乌龙江特大桥为主跨432m的大跨度四线铁路混合梁斜拉桥，不对称高低塔结构；泉州湾跨海大桥为主跨400m的结合梁体系斜拉桥，半漂浮体系；安海湾特大桥为主跨300m的结合梁体系斜拉桥，半漂浮体系；木兰溪特大桥小角度跨越沈海高速公路，主桥为跨径（30＋145＋145＋30）m的独塔双索面混凝土斜拉桥，塔梁墩固结体系。

（2）部分斜拉桥

全线部分斜拉桥共计3座。其中，雷公山特大桥跨越沈海高速公路，主桥为跨径（120＋240＋120）m的部分斜拉桥，固定/活动支承体系；湄洲湾跨海大桥主桥为跨径（96＋180＋96）m的部分斜拉桥，连续刚构体系；太城溪特大桥跨越沈海高速公路，主桥为跨径（95＋125）m的非对称独塔部分斜拉桥，塔梁墩固结体系。

（3）大跨度连续刚构

沿线交通发达，受线形布置限制，所跨越高等级道路、铁路等多为斜角跨越，采用各种跨度连续梁、连续刚构较多。其中跨斗尾疏港高速公路特大桥主跨采用（82＋146＋82）m连续刚构；泉州湾跨海大桥三处采用（94＋168＋94）m连续刚构，分别跨越泉州南北主干道、沿海大道和G1502泉州绕城高速公路；安海湾特大桥采用（94＋168＋94）m连续刚构跨越城市联盟高速公路；西溪特大桥采用（94＋168＋94）m连续刚构跨越既有福厦铁路；九龙江特大桥采用（94＋168＋94）m连续刚构跨越九龙江西溪；泉州湾跨海大桥海上深水高墩区引桥采用多联3-70m无支座整体式刚构桥梁，这是国内铁路首次采用整体式连续刚构。

（4）T构桥

青口特大桥主桥采用（100＋100）m的T形转体，跨越既有福厦铁路和地方道路。为便于桥跨布置，全线还采用了40m、42m、44m、50m、80m等不同跨度的T构，形成了高铁系列跨度T构桥梁。

（5）拱桥

为降低结构高度，本线采用了跨度分别为72m、112m、128m的系杆拱桥，系梁采用支架现浇施工。泉州湾跨海大桥还采用（76＋160＋76）m连续刚构拱桥，跨越泉州绕城高速公路。

（6）大跨度简支梁

40m大跨度简支梁首次在福厦高铁上大规模应用。湄洲湾跨海大桥引桥全部采用40m预应力混凝土简支梁，其中小里程侧298孔40m简支箱梁采用预制架设施工，大里程侧29孔采用移动模架现浇施工。

（7）其他

全线高架站桥梁和众多跨越道路桥梁较多采用32～125m不同系列跨度连续梁结构，技术上成熟，标准化应用。其中福清西站渡线区高架桥，充分利用既有梁场和运、架梁设备，首次采用先简支后连续结构，为铁路桥梁拓展了新思路。

全线主要桥梁结构类型见表 3-1-1。

全线主要特殊桥梁结构类型一览表   表 3-1-1

序号	桥梁类型	典型跨度（m）	数量（座）	结构特点
1	斜拉桥	主跨 432/400/300	1/1/1	高低塔四线混合梁/结合梁/结合梁
2	独塔斜拉桥	2-145	1	混凝土主梁
3	矮塔斜拉桥	主跨 224/180	1/1	连续梁和连续刚构加劲
4	系杆拱桥	主跨 128/112/72	1/1/1	简支体系
5	连续刚构拱桥	主跨 160	1	连续刚构拱
6	T 构	主跨 100/80/50/44/42/40	1/1/15/5/5/2	其中 100m T 构采用转体施工
7	无支座整体刚构	主跨 3-70	20	无支座整体式结构
8	大跨度连续刚构	主跨 168/146	6/2	主墩处墩梁固接
9	大跨度连续梁	主跨 125/100	16/16	预应力混凝土连续梁
10	高架站	以 32 跨为主	4	简支梁和道岔连续梁
11	大跨度简支梁	40 简支梁	298/29	预制架设施工/现浇施工

1.2 桥梁结构特点

根据全线不同的桥梁方案，桥梁结构创新地应用了高低塔混合梁斜拉桥、全钢-混凝土结合梁斜拉桥、混凝土独塔斜拉桥、不对称混凝土独塔部分斜拉桥、整体式连续刚构等桥梁结构形式。

根据桥梁结构特点和跨越公路、铁路条件，桥梁施工分别采用了裸塔转体、不对称转体、整体式连续刚构无支架施工和大跨度连续刚构拱裸梁运架施工技术。针对高湿高盐的海洋强腐蚀环境，全线开展了混凝土和钢结构耐久性技术研究，全线支座和钢锚箱采用了耐海洋大气环境免涂装耐候钢技术。

全线超 150m 特殊大跨度桥梁结构特点见表 3-1-2。

大跨度桥梁结构特点   表 3-1-2

序号	桥梁名称	结构跨度（m）	结构形式	结构体系	梁部施工特点
1	乌龙江特大桥	72 + 109 + 432 + 56 + 56	钢箱混合梁斜拉桥	固定/活动支承	大节段吊装
2	青口特大桥	2-100	T 构（转体）	墩梁固结	转体
3	雷公山特大桥	35 + 118 + 224 + 118 + 35	部分斜拉桥	固定/活动支承	悬臂施工
4	木兰溪特大桥	30 + 145 + 145 + 30	混凝土独塔斜拉桥	塔梁墩固结	裸塔转体
5	湄洲湾跨海大桥	96 + 180 + 96	部分斜拉桥	连续刚构体系	悬臂施工
6	跨斗尾疏港高速公路特大桥	82 + 146 + 82	连续刚构	墩梁固结	悬臂施工
7	泉州湾跨海大桥	76 + 160 + 76	连续刚构拱	墩梁固结	悬臂施工
8		94 + 168 + 94	连续刚构	墩梁固结	悬臂施工
9		70 + 130 + 400 + 130 + 70	钢-混凝土结合梁斜拉桥	半漂浮体系	大节段吊装
10		94 + 168 + 94	连续刚构	墩梁固结	悬臂施工

续上表

序号	桥梁名称	结构跨度（m）	结构形式	结构体系	梁部施工特点
11	泉州湾跨海大桥	94+168+94	连续刚构	墩梁固结	悬臂施工
12	安海湾特大桥	40+135+300+135+40	钢-混凝土结合梁斜拉桥	半漂浮体系	步履式顶推
13		94+168+94	连续刚构	墩梁固结	悬臂施工
14	西溪特大桥	94+168+94	连续刚构	墩梁固结	悬臂施工
15	九龙江特大桥	94+168+94	连续刚构	墩梁固结	悬臂施工

1.3 桥梁设计理念

合理的桥式方案、可靠的结构设计和科学的施工技术是桥梁设计成败的关键。桥梁结构设计不仅要满足高铁桥梁技术要求，还要充分体现高铁桥梁结构合理、安全适用、经济美观的设计理念。

1）大跨度桥梁变形控制

本线大跨度混凝土梁桥多，跨度超过100m以上的混凝土梁桥有51处，后期徐变控制非常关键。因此，应合理拟定梁体结构尺寸和预应力钢索布置，严格控制跨中梁段上下缘应力差，合理确定节段梁施工周期及桥面二期恒载铺设时机，并对高性能混凝土徐变性能提出要求。

当跨度大于168m时，采用梁拱或斜拉索加劲组合结构，充分发挥梁拱或索梁结构优势，不仅可以降低结构高度，还可以有效控制混凝土梁体后期徐变变形。

2）结构的合理刚度

桥上无缝线路纵向力及梁轨相对位移的大小均与桥梁墩台纵向刚度密切相关，常用跨度简支梁下部结构的纵向刚度限值按规范取值，但对于下部结构的横向刚度则没有具体的规定。

下部结构横向刚度直接影响桥梁的横向振动加速度、轨道平顺性、列车运行的安全性及旅客舒适性。常用跨度简支梁墩顶横向水平刚度按不小于规范相应纵向水平刚度的2～3倍控制，按墩高呈反向取值。因本线经过沿海软弱地基较多，表层广泛分布着淤泥和淤泥质土，所以其纵、横向刚度对下部结构设计起着主要的控制作用。

3）结构耐久性

基于桥梁主体结构100年设计使用寿命要求，结合不同区域环境特点，遵循以强化主体结构为主、防腐附加措施为辅的技术思路，对混凝土结构和钢结构的耐久性进行针对性研究。混凝土结构在构造上适当增加保护层厚度，提高混凝土强度，严格控制结构裂缝，优化材料配合比，并加强防、排水措施等；首次在钢锚梁上采用耐海洋大气环境的耐候钢，外表免涂装，钢主梁则采用重防腐措施；海上墩身及索塔外表面均采用表面防腐涂层附加措施，以此构成海洋环境下铁路桥梁工程结构耐久性技术体系。

4）施工安全措施

本线邻近营业线施工，跨越既有铁路、高速公路较多，又处于台风多发地区，因此桥梁施工方案力求简便快捷、安全可靠，尽量降低桥梁施工安全风险，减少对邻近铁路及公路的影响。主要体现在以下几个方面：

（1）跨越铁路、道路等采用转体施工，如采用2-100m T构转体施工跨越既有福厦铁路，采用（95+125）m独塔部分斜拉桥转体跨越沈海高速公路，木兰溪特大桥主桥采用裸塔转体施工等。

（2）海上大跨度简支梁采用预制架设施工，降低了海上梁部的施工风险。

（3）基坑防护措施，对于沿线软土地基，特别是海上深水软基以及邻近既有铁路、公路和既有结构物的基坑防护，全部采用钢板桩或钻孔桩防护以确保施工安全。

5）桥梁景观

由于福厦高铁沿线具有特殊的闽南文化、地理风情以及秀美的山水和丰富的人文特色，项目伊始就力求打造福厦高铁桥梁景观，建设最美高铁。在桥式方案、墩梁外观、结构造型等方面强调与人文的自然协调。本线 7 座斜拉桥和 3 座拱桥无不为沿线的城市乡村增加一道靓丽的风景，箱梁外观与流线型造型桥墩上下一体。如乌龙江主桥高低塔的选择与周围山峰高矮呼应，泉州湾主桥、引桥孔跨与既有公路桥孔跨、梁型、塔高等相映增辉，九龙江跨西溪拱桥的布置起到画龙点睛的意境等，一桥一景，均起到独特的景观效果。

第 2 章　高低塔混合梁斜拉桥

2.1　概述

乌龙江特大桥主桥采用跨度（72＋109＋432＋56＋56）m 高低塔双索面混合梁斜拉桥，承载四线铁路（福厦正线双线，动车走行线双线），线间距为（5.0＋5.0＋5.0）m，有砟轨道，设计速度160km/h。梁宽（不含风嘴）25.5m，梁高4.0m，斜拉索标准间距12m。大桥高、低塔桥面以上塔高分别为140.3m 和 98.8m，塔高差为41.5m，为国内外首座大跨度四线铁路高低塔斜拉桥（图 3-2-1）。

图 3-2-1　乌龙江特大桥效果图

2.2　结构比选

大跨度四线铁路高低塔钢箱混合梁斜拉桥与等高塔斜拉桥及公路高低塔斜拉桥相比具有结构和受力不对称，二期恒载及列车活载大，对桥梁刚度要求高等特点。通过调研及数值仿真分析，明确桥式结构体系的受力特性，对四线铁路高低塔钢箱混合梁斜拉桥的结构支承体系、截面选型、高低塔匹配、辅助墩设置、钢-混凝土结合段位置及斜拉索布置间距等方面进行研究，以指导和优化桥梁结构设计。

1）结构支承体系特点及选择

（1）高低塔混合梁斜拉桥结构受力特点

斜拉桥的边跨作为主跨的锚固跨，因此，主跨采用自重较轻的钢梁，边跨则采用刚度和自重较大的混凝土梁，形成混合梁斜拉桥结构体系。高低塔混合梁斜拉桥与单一的钢梁斜拉桥或混凝土斜拉桥相比有许多独特之处，主要体现在：

① 高低塔斜拉桥边跨非对称布置，适应两侧边跨等长布置受限的条件，孔跨布置更灵活。

② 主跨的跨越能力比一般的斜拉桥要大，而边跨与主跨的长度比例一般要比传统的斜拉桥小。

③ 边跨梁具有刚度和自重较大的特点，增强了对主跨的锚固作用，使结构具有较强的跨越能力和良好的行车刚度条件，尤其适用于铁路斜拉桥。

④ 主梁高度受跨径增大的影响较小，加之采用扁平的流线型箱梁，抗风性能强，建筑外观优。

（2）结构体系选择

斜拉桥主要有漂浮体系、半漂浮体系、塔梁固结体系和刚构体系四种结构体系。各体系的主要特点如下：

① 漂浮体系

漂浮体系的特点是塔梁分离。主梁除两端有支承和在塔柱与主梁之间设置侧向限位支座外，其余全部用拉索悬吊，属于在纵向可稍做浮动的多跨弹性支承连续梁。

该体系的主要优点是：

a. 主跨满载时，塔柱处的主梁截面无负弯矩峰值。由于主梁通过斜拉索悬吊在塔柱上，所以温度、收缩和徐变内力均较小。

b. 密索体系中主梁各截面的变形和内力的变化较平缓，受力较均匀。地震时允许全梁纵向摆荡，做长周期运动，从而大大减小在地震作用下结构响应的放大效应。

② 半漂浮体系

半漂浮体系的特点是塔墩固结。主梁在塔墩上设置竖向支承，成为具有多点弹性支承的连续梁，再辅以纵向阻尼器，能有效约束加劲梁纵向位移，有利于线路轨道的稳定，适用于铁路斜拉桥。半漂浮体系塔柱处主梁有负弯矩尖峰，温度、收缩、徐变次内力仍较大，宁波铁路甬江特大桥主桥 468m 主跨斜拉桥和南沙港铁路西江特大桥主桥 600m 主跨斜拉桥均采用半漂浮体系。

③ 塔梁固结体系

塔梁固结体系的特点是塔梁固结并支撑在桥墩上。斜拉索作为弹性支承，主梁的内力与挠度直接同主梁与索塔的弯曲刚度比值有关。

体系的优点是：可显著减小主梁中央段承受的轴向拉力，索塔和主梁的温度内力较小。体系的缺点是：长温度联侧梁端温度位移较大。当中孔处于满载状态时，主梁在墩顶处的转角位移导致塔柱倾斜，进而使塔顶产生较大的水平位移，这极大地增加了主梁跨中挠度和边跨负弯矩。此外，还需要设置很大吨位的支座。

④ 刚构体系

刚构体系的特点是塔梁墩相互固结。优点是：既可避免使用大型支座又能满足悬臂施工的稳定要求，结构的整体刚度比较好。缺点是：主梁固结处负弯矩大，使固结处附近截面需要加大。为消除温度应力，应用于双塔斜拉桥时要求墩身具有一定的柔性，常用于高墩的场合，以避免出现过大的附加内力。

铁路桥梁各种约束方式统计见表 3-2-1。

铁路桥梁各种约束方式统计列表 表 3-2-1

桥名	主跨（m）	结构体系	备注
沪通铁路长江大桥	1092	半漂浮（竖向支座+带限位功能的黏滞阻尼器）	公铁两用
合福铁路铜陵长江公铁大桥	630	半漂浮（竖向支座+黏滞阻尼器）	公铁两用
宁安城际铁路安庆长江大桥	580	半漂浮（一塔固定支座，一塔竖向支座+带限位功能的黏滞阻尼器）	四线铁路桥
武冈城际铁路黄冈长江大桥	567	半漂浮（竖向支座+带限位功能的黏滞阻尼器）	公铁两用
福平铁路元洪航道斜拉桥	532	半漂浮（一塔固定支座，一塔竖向支座+黏滞阻尼器）	公铁两用
荆州长江公铁大桥	518	半漂浮（一塔固定支座，一塔竖向支座+带限位功能的黏滞阻尼器）	公铁两用
武汉天兴洲长江大桥	504	半漂浮（竖向支座+黏滞阻尼器+磁流变阻尼器）	公铁两用
渝利铁路韩家沱长江大桥	432	半漂浮（竖向支座+黏滞阻尼器+速度锁定器）	双线铁路桥
香港汲水门大桥	430	一塔横梁与加劲梁固结，另一塔竖向支座	公铁两用

续上表

桥名	主跨（m）	结构体系	备注
天门—仙桃（潜江）岳口汉江大桥	260	半漂浮（竖向支座＋黏滞阻尼器）	独塔、单线铁路桥
贵广南广铁路思贤窖特大桥	230	半漂浮（竖向支座＋黏滞阻尼器）	四线铁路桥
南广铁路桂平郁江双线特大桥	228	半漂浮（竖向支座＋黏滞阻尼器）	双线铁路桥
贵广南广铁路跨穗盐路曲线斜拉桥	2×175	塔梁固结	独塔、四线铁路桥

由表3-2-1可知，半漂浮体系与纵向液压黏滞阻尼器组合设置方式是目前国内铁路大跨度斜拉桥比较成熟的纵向约束方式。普通阻尼装置仅具有动力阻尼约束作用，即对脉动风、制动和地震引起的动荷载具有阻尼耗能作用，不能限制静风荷载、温度等引起的缓慢位移。若要达到提高结构刚度、减小梁端位移的目的，还需要限制阻尼装置的行程。因此，阻尼装置应具有动力阻尼和静力额定行程刚性限位的功能。当由静风、温度和汽车引起的塔梁相对纵向位移在阻尼器设计行程以内时，不约束主梁运动；超出行程时，对主梁运动产生刚性固定作用，同时还应保证在发生动荷载作用时，阻尼器具有足够的行程以满足正常工作需求。

综上所述，结合混合梁斜拉桥设计经验及本桥自身特点与条件，充分考虑小里程侧曲线上桥，不能设置轨温调节器这一因素，选用高塔处设固定支座的半漂浮体系。

2）低塔侧辅助墩设置

受跨越G324线及预留江滨公园建设条件限制，高塔侧边跨孔跨布置为72m＋109m，高塔侧辅助墩位置相对固定。因此，仅对低塔侧边跨辅助墩的设置进行分析。

（1）低塔侧辅助墩个数

斜拉桥辅助墩的设置对斜拉桥主梁的应力及变形、主塔的应力及变形、斜拉索的索力分布、支座反力等均有较明显的影响。

边跨辅助墩的设置个数以及跨度在满足结构受力、梁端转角的前提下，还需综合考虑桥下地形、规划道路、通航要求、方便施工等因素的影响。由于低塔侧边跨仅为112m，如不设置辅助墩（图3-2-2）可解决边支座及辅助墩出现负反力的难题，则可节省一个辅助墩的工程量。

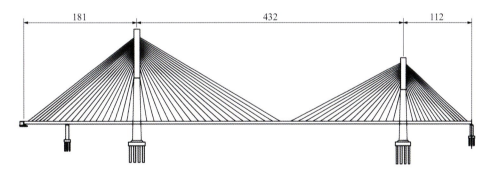

图3-2-2 低塔侧边跨不设置辅助墩（尺寸单位：m）

对低塔侧边跨不设置辅助墩，两边跨同时采用钢-混凝土结合梁、钢箱梁、混凝土梁三种情况进行分析计算，计算结果见表3-2-2。

低塔侧边跨不设置辅助墩计算结果 表3-2-2

项目	钢-混凝土结合梁	钢箱梁	混凝土梁
梁端转角（rad）	4.7‰	4.8‰	2.9‰

结果表明，边跨侧不设辅助墩，边跨主梁的梁端转角均不能满足小于2‰rad的要求，故低塔侧边跨辅助墩不能取消。

（2）低塔侧辅助墩布置间距

宁波铁路跨甬江主桥为跨度（53+50+50+66+468+66+50+50+53）m钢箱混合梁斜拉桥，边中跨比为0.451；南沙港铁路跨西江主桥为跨度（2×57.5+172.5+600+4×57.5）m钢箱混合梁斜拉桥，边中跨比为0.479和0.383；两桥边跨均无须配置压重。研究表明，在不采取压重措施的情况下，铁路混合梁斜拉桥由于二期恒载、列车重载原因，一般边跨与中跨之比不宜小于0.35。本桥低塔侧边跨长度限制为112m，与主跨跨度比值为0.26，故需采用压重措施。为尽量减小低塔侧压重数量，降低工程造价，低塔侧边跨辅助墩的设置位置结合地形条件及受力条件，边跨采用混凝土梁结构。对边跨辅助墩距离边支座分别为41m（图3-2-3）、51m和56m三种方案进行对比分析，主要计算结果见表3-2-3。

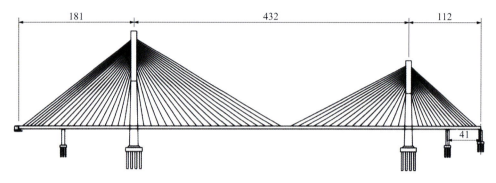

图3-2-3　边跨辅助墩距离边支座41m（尺寸单位：m）

不同辅助墩计算结果对比　　　　　　　　　　　　　　表3-2-3

方案			边跨辅助墩距离边支座的距离		
			41m	51m	56m
等效跨度（m）			448	448	448
结构刚度	中跨跨中静活载挠度（m）		−0.41	−0.41	−0.41
	中跨跨中挠跨比		1/1054	1/1054	1/1054
	静活载梁端转角（rad）		0.415‰	0.787‰	1.02‰
	塔顶静活载最大纵向位移（m）		0.171	0.168	0.167
结构受力	钢箱梁最大弯矩（kN·m）	正弯矩（主力）	416708	418623	419329
		负弯矩（主力）	−548757	−551853	−553075
结构受力	斜拉索最大索力（kN）（主力）		9002	9047	9152
	斜拉索疲劳应力幅（MPa）		94	93	93
边支座支反力	主力最小值（低塔侧，kN）		−89.7	1099	1517
	主力最小值（高塔侧，kN）		4321.1	4311	4311

计算结果可知：改变边跨辅助墩位置对等效跨度无影响；边跨辅助墩位置离梁端越近，梁端转角越小，但边墩支反力越小。边跨辅助墩距离边支座41m时，需要增加压重才能消除边墩负反力。

综上所述，推荐采用低塔侧边跨辅助墩距离边支座56m的方案。

3）高低塔斜拉桥等效跨度

高低塔斜拉桥的等效跨度$L_{等效}$是衡量结构受力是否合理的关键参数，其数值由活载最大下挠变形点A位置决定，$L_{等效}$为高塔至等效点距离的2倍，$L_{等效}$越接近中跨跨度，梁体受弯曲效应越小、索力也越均匀,如图 3-2-4 所示,图中:L_1、L_3 分别为高、低塔侧边跨长度;H_1、H_2 分别为高、低塔高度;L_2 为中跨跨度;$L_{等效}$ 为等效高塔时中跨跨度。

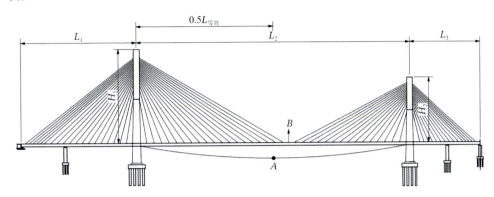

图 3-2-4 高低塔斜拉桥等效跨度示意图

(1) 桥塔高度匹配对等效跨度的影响

为研究高低塔两侧桥塔高度匹配对等效跨度的影响,选取了三组桥塔高度匹配方案进行比较研究。

方案 1:高塔桥面以上塔高 136m,低塔桥面以上塔高 104m,塔高差值为 32m。

方案 2:高塔桥面以上塔高 141m,低塔桥面以上塔高 99.5m,塔高差值为 41.5m。

方案 3:高塔桥面以上塔高 146m,低塔桥面以上塔高 95m,塔高差值为 51m。

三个方案高低塔侧边跨长度均为 181m 和 112m,比值为 1.62;主跨索间距布置均为 12m,边跨索间距布置为 5~9m,结构应力和变形均调整到相对合理状态。大桥等效跨度对比及各项特征值比较见表 3-2-4、表 3-2-5。

塔高匹配对等效跨度影响　　　　　　　　　　　　表 3-2-4

项目		方案 1	方案 2	方案 3
高塔侧等效跨度 $L_{等效}$(m)		444	448	456
边支座负反力(kN)	低塔侧	1280.1	1088.3	1753.4
	高塔侧	1074.6	1533.9	3406.8
压重(t)	低塔侧	5000	3100	2700
	高塔侧	0	0	4000

各项特征值比值表　　　　　　　　　　　　表 3-2-5

高塔高度(m)	低塔高度(m)	比值	高塔斜拉索对数	低塔斜拉索对数	比值	高塔侧等效跨度(m)	低塔侧等效跨度(m)	比值
136(方案 1)	104	1.31	19	15	1.27	444	426	1.04
141(方案 2)	99.5	1.42	20	14	1.43	448	424	1.06
146(方案 3)	95	1.54	21	13	1.62	456	420	1.09

由数据分析可知:

①随着高塔塔高的增加、低塔塔高降低,斜拉索在主跨高塔侧布置范围增大,等效跨度点 A 随之向低塔侧移动,高塔侧等效跨度随之增大,最后接近独塔斜拉桥的受力特性,并且等效跨度点始终位于主跨跨中点与拉索分界点 B 之间。

②方案 1 高低塔高度比值、斜拉索对数比值均远小于两边跨长度比值 1.62,表明低塔侧边跨压重数量需求显著,方案 1 低塔侧等效跨度较大,体系受力对低塔侧不利。

③方案 3 高低塔高度比值、斜拉索对数比值均较为接近 1.62，但计算结果却表明塔高差值增加后对改善低塔侧压重效果已不明显（相对方案 2 仅减少了 400kN），而由于高塔侧等效跨度增加高塔侧边跨出现了较大的配重需求，压重总值最大，体系受力对高塔侧不利。

④方案 2 高低塔高度比值和斜拉索对数比值较为接近，但与边跨长度比值 1.62 并不接近。该方案压重总值量最小，体系受力较为合理。

（2）桥塔截面尺寸变化对等效跨度的影响

改变桥塔截面尺寸会引起桥塔刚度变化，从而对等效跨度产生影响，在其他参数一致的情况下，计算分析了 5 种桥塔刚度条件下桥梁竖向刚度、等效跨度及边跨支座反力的结果，见表 3-2-6。

桥塔刚度变化对等效跨度的影响 表 3-2-6

项目	主梁最大下挠值（mm）	等效跨度（m）		低塔侧边支座反力主力最小值（kN）	高塔侧边支座反力主力最小值（kN）
		低塔侧	高塔侧		
基准刚度	410	416	448	1099	4311
高塔刚度增加 5 倍，低塔刚度不变	383	416	448	1495	5577
高塔刚度增加 10 倍，低塔刚度不变	377	414	450	1575	5876
矮塔刚度增加 5 倍，高塔刚度不变	390	420	444	1701	4426
矮塔刚度增加 10 倍，高塔刚度不变	386	420	444	1843	4447

由表中结果可知：

①桥塔刚度变化对等效跨度影响很小，一侧桥塔刚度增加等效跨度点将产生向另一侧桥塔移动的趋势。

②桥塔刚度增加能提升桥梁整体竖向刚度，但效果不明显。

③增大主塔刚度对改善低塔侧边支座反力有一定的作用，但同样效益较低。

因此，通过增加桥塔刚度来改善本桥结构体系受力性能是不经济的，桥塔截面尺寸按能够满足受力需求进行设计即可。

（3）斜拉索间距对等效跨度的影响

在其他条件一致的前提下（高、低塔塔高差值 41.5m），斜拉索在主跨主梁的不同间距对等效跨度的影响见表 3-2-7。

索间距变化对等效跨度的影响 表 3-2-7

中跨索间距（m）	等效跨度点位置	高塔侧 $L_{等效}$（m）
13.0	距离主梁跨中 10m（靠低塔侧）	452
12.0	距离主梁跨中 8m（靠低塔侧）	448
10.5	距离主梁跨中 6m（靠低塔侧）	444

结果表明，随着斜拉索在主跨主梁布置间距的减小，高塔侧等效跨度随之减小，逐渐接近主跨跨度。分析表明，四线铁路相对二线铁路二期恒载大幅提高，而斜拉索仍采用的双索面布置形式。因此采用较密的斜拉索间距布置，提升斜拉索效率，对大桥主梁结构受力更为有利。

设计结合现场钢箱梁吊装条件考虑采用 12m 间距，一方面可减少斜拉索工程数量，另一方面也可节省钢箱梁节段数，有利于缩短施工周期，因此索间距推荐采用 12m。

（4）等效跨度影响因素分析

综上所述，改变高低塔斜拉桥桥塔高度匹配、桥塔刚度、斜拉索间距等参数均能影响大桥等效跨度变化。桥塔高度匹配及斜拉索在主跨主梁上的布置间距对等效跨度的影响更大。然而高低塔斜拉桥的结构设计不宜盲目追求等效跨度的最优结果，需同时保证受力、经济性能均在合理区间内，大桥结构设计方能达到合理状态。

4)桥塔结构设计

（1）桥塔塔形选择

铁路桥塔主要类型有 A 字形、倒 Y 形、钻石形、H 形和花瓶形等，如图 3-2-5 所示。

a) 钻石形塔　　　　b) H 形塔　　　　c) 花瓶形塔　　　　d) A 字形塔　　　　e) 倒 Y 形塔

图 3-2-5 铁路桥塔主要类型

A 字形、倒 Y 形桥塔下塔柱横桥向向外扩大，基础规模较大。

H 形是比较传统的桥塔形式，完全竖直的塔柱便于施工，斜拉索为平行索面，简化了锚固系统，但基础规模与下塔柱内收的钻石形和花瓶形桥塔相比较大。

钻石形塔斜拉索为空间索，塔、索之间的空间立体感增强，且可以使主梁获得较高的扭转自振频率，提高其横向风荷载承受能力。上塔柱向上收拢，总体造型挺拔，与倾斜的索面结合和谐。而下塔柱通过向内收缩使得基础规模较小，节省了工程造价，目前较为广泛地使用于斜拉桥中。

花瓶形桥塔结合了 H 形塔和钻石形塔的优点，竖直的上塔柱、平行索面便于施工，下塔柱倾斜内收利于减小基础规模。塔形源自福建享誉海外的德化白瓷花瓶造型，结构优美简练，特别是通过横梁曲线的勾勒，使得塔形大气端庄而又不失秀美，体现出福建深厚的历史文化底蕴。

综合以上对受力、施工、造价和景观等方面的分析，从结构受力安全可靠、施工简便、造价合理和景观优美等方面考虑，结合当地文化内涵，推荐采用花瓶形塔。

（2）桥塔塔高匹配

理论上，桥面以上索塔越高斜拉索倾角越大，其竖向分力对主梁的支承作用就越大，对提高结构整体竖向刚度越有利。但索塔过高，不利于塔的刚度，同时会增加塔和索的工程用量，施工难度也相应增加。因此，合理的索塔高度需对两个方向的刚度统筹兼顾、综合考虑。一般而言，铁路斜拉桥的塔高对应其最外侧斜拉索的仰角为 30°左右时，是技术、经济较为合理的布置。

宁波铁路跨甬江主桥跨度 468m 斜拉桥，对应其最外侧斜拉索的仰角为 30°；南沙港铁路跨西江主桥跨度 600m 斜拉桥，最外侧斜拉索的仰角为 29°。

对于高低塔斜拉桥，两个塔之间的高度匹配尤为重要。合适的塔高匹配能够使桥式受力体系更加合理，经济性更优。等高塔斜拉桥是斜拉桥桥式一般工况下的最优选择，因此应尽量减小高低索塔间的高差。高低塔斜拉桥通常是低塔侧边跨长度受限后的选择，因此，高低塔斜拉桥索塔塔高设置的关键因素在于低塔高度，而低塔高度的选择需要综合考虑两个方面的因素：①低塔侧边跨布置长度，其影响边跨斜拉索的可布置范围；②中跨与边跨主梁的刚度、自重条件，其影响低塔侧斜拉索进入中跨的布置长度。

受地形及线路条件限制,本桥低塔侧边跨长度为112m,采用7m和5m的索间距布置;结合中跨斜拉索按照间距12m布置和拉索纵向水平夹角最小值为30°的原则,确定低塔桥面以上塔高约100m,高塔桥面以上塔高约140m。

为确定合理的高、低桥塔高度,在维持其他主要参数不变的情况下,对比分析了以下三种高、低桥塔高度匹配方案。

方案1:高塔桥面以上塔高136m,两侧各19对斜拉索;低塔桥面以上塔高104m,两侧各15对斜拉索;两桥塔桥面以下塔高均为29m,塔高差值为32m。

方案2:高塔桥面以上塔高141m,两侧各20对斜拉索;低塔桥面以上塔高99.5m,两侧各14对斜拉索;两桥塔桥面以下塔高均为29m,塔高差值为41.5m。

方案3:高塔桥面以上塔高146m,两侧各21对斜拉索;低塔桥面以上塔高95m,两侧各13对斜拉索;两桥塔桥面以下塔高均为29m,塔高差值为51m。

三个方案主跨索间距布置均为12m,边跨索间距布置为5～9m,结构应力和变形均调整到相对合理状态。主要结果对比见表3-2-8。

塔高匹配研究主要结果对比表　　　　　表3-2-8

项目			方案1	方案2	方案3
结构主要计算结果	中跨跨中静活载挠度(m)		0.635	0.641	0.653
	中跨跨中挠跨比		1/680	1/673	1/661
	塔顶静活载最大纵向位移(m)		0.226	0.243	0.249
	钢梁最大轴力(kN)	主力工况	151685	152449	165083
	钢梁最大弯矩(kN·m)	正弯矩(主力)	127193	131528	141861
		负弯矩(主力)	−121668	−120625	−134116
	混凝土梁最大轴力(kN)	主力	330179	327670	334750
	混凝土梁最大弯矩(kN·m)	正弯矩(主力)	267499	225987	355841
		负弯矩(主力)	−410324	−283432	−446907
	桥塔下塔柱底最大弯矩(主力)(kN·m)		528802	645802	654181
	边支座反力(kN)	低塔侧	1280.1	1088.3	1753.4
		高塔侧	1074.6	1533.9	3406.8
工程量	斜拉索钢丝(t)		2281	2338	2403
	桥塔混凝土圬工(m³)		29336	29347	29596
	压重(t)	低塔侧	5000	3100	2700
		高塔侧	0	0	4000

由表3-2-8可知:①三个塔高匹配方案,桥梁结构整体刚度基本相当;②方案1边跨混凝土主梁弯曲效应较方案二明显增大,低塔侧边跨压重数量显著增加;③方案3边跨混凝土主梁弯曲效应较方案2明显增大,结构受力不对称性更为明显,塔高差值增加对改善低塔侧压重效果已不明显,高塔侧出现较大的配重需求。

综合以上分析,高低塔的塔高匹配需在合理区间内斜拉桥结构体系受力方能达到较优状态,本桥方案2在结构受力、工程数量等方面均具有优势。因此推荐采用方案2。

5)斜拉索间距

斜拉桥随着斜拉索间距(以下简称"索距")减小,主梁由受弯为主向受轴力为主转变,改善了主梁受力;同时,密索布置对每根拉索承受的索力要求相应减低,简化了拉索锚固构造,张拉千斤顶可小型化、轻型化；但就施工周期方面而言，小索距会增加主梁节段数，延长施工时间，且索距太小，对斜拉桥的景观也有一定影响。因此拉索索距应根据主梁内力、拉索张拉力、锚固构造、施工吊装能力、材料规格及经济性等因素综合考虑。

研究表明，梁上索距在9.0~12.0m之间变化时，对大跨度斜拉桥主梁受力、斜拉索应力幅、活载挠跨比均影响不大。

考虑到施工周期、桥梁景观等因素，研究主跨范围内钢箱梁段索距10.5m、12.0m两种情况，分析结果见表3-2-9。

索间距变化对结构设计参数的影响　　表3-2-9

方案			索距10.5m	索距12.0m
主跨索距组成（m）			16×10.5+15.5+21×10.5	18×12+16+14×12
结构刚度	中跨跨中静活载挠度（m）		−0.38	−0.41
	中跨跨中挠跨比		1/1136	1/1054
	静活载梁端转角（rad）		0.876‰	0.787‰
	塔顶静活载最大纵向位移（m）		0.155	0.168
结构受力	钢箱梁最大弯矩（kN·m）	正弯矩（主力）	322454	418623
		负弯矩（主力）	−394371	−551853
	斜拉索最大索力（kN）（主力）		8188	9047
	斜拉索疲劳应力幅（MPa）		86	93
边支座支反力	主力最小值（低塔侧，kN）		1039	1099
	主力最小值（高塔侧，kN）		6611	4311
工程量	斜拉索钢丝（t）		2525	2281

计算表明，以上两种索距受力基本相当，均能满足设计要求。与索距10.5m相比，采用索距12.0m能节省约11%的斜拉索数量，同时钢箱梁节段更少，节省施工工期。因此，推荐采用索距12.0m，中跨钢箱梁最大梁段质量约为264t。

6）主梁截面选型

宁波铁路跨甬江主桥468m斜拉桥和南沙港铁路跨西江主桥600m斜拉桥均为双线中活载铁路桥、混合梁结构。甬江桥主梁宽度19m，梁高5.0m；西江桥主梁宽度21m，梁高4.5m。

本桥主跨432m，且承载四线同层铁路，桥面宽度达26.0m。从受力特点、经济性能、方便施工等综合考虑，主跨应采用结构自重轻、抗扭及抗风性能好的闭口钢箱截面（图3-2-6）。大桥主梁梁高主要受桥梁竖向刚度控制，四线中国客运专线标准活载（ZK活载）较双线中活载作用仅高出约20%，但桥面宽度较宽、主跨跨度较小，因此大桥梁高可选取4.0m。

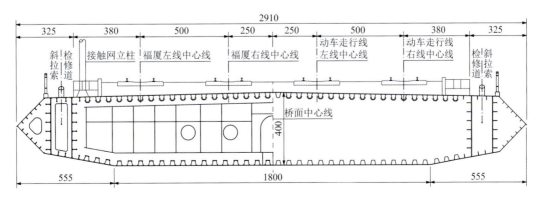

图3-2-6　大桥中跨双主梁钢箱梁截面形式（尺寸单位：cm）

结合大桥孔跨布置特点：大桥高塔侧边跨布置为（72+109）m，梁长181m，边中跨比为0.419；低塔侧边跨布置为（56+56）m，梁长112m，边中跨比仅为0.259；且两侧边跨长度相差较大，具有较大的非对称性。考虑到四线铁路桥梁具有二期恒载、活载作用大的特点，边跨截面选型应尽量采用对中跨锚固作用强、自重大、利于边跨压重的结构。

分别选取钢箱结合梁、钢箱梁、预应力混凝土梁三种边跨截面形式进行了比较分析，如图3-2-7～图3-2-9所示。

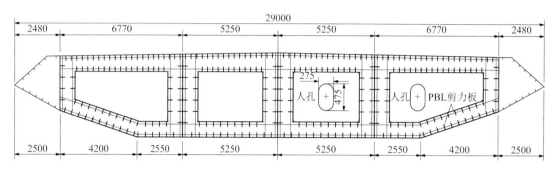

图3-2-7　边跨采用钢-混凝土结合梁截面形式（尺寸单位：cm）

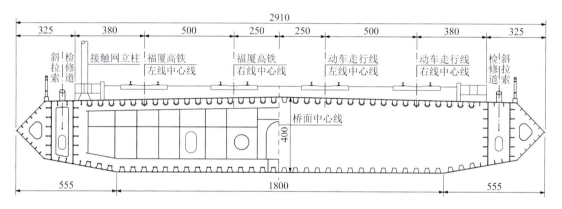

图3-2-8　边跨采用钢箱梁截面形式（尺寸单位：cm）

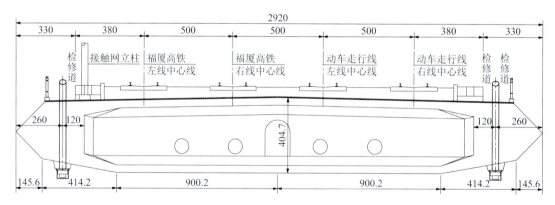

图3-2-9　边跨采用混凝土箱梁截面形式（尺寸单位：cm）

从桥式结构受力合理考虑：当采用钢箱结合梁的边跨主梁截面形式时，低塔侧箱梁过渡段位置设于距边墩73m处，高塔侧箱梁过渡段位置设于距边墩120m处，中间钢箱梁长度为532m；当采用预应力混凝土箱梁的边跨主梁截面形式时，箱梁过渡段位置设于索塔向中跨悬出20m处，中间钢箱梁长度为392m。

计算时钢箱结合梁混凝土部分仅计入横向刚度，不计入纵向刚度。三种边跨主梁截面形式主要计算结果对比见表3-2-10。

不同边跨主梁截面形式计算结果对比表　　　　　　　表 3-2-10

项目		钢箱结合梁	钢箱梁	混凝土箱梁
结构刚度	中跨跨中静活载挠度（mm）	−410	−412	−392
	中跨跨中竖向挠跨比	1/1054	1/1049	1/1102
	中跨跨中水平挠度（mm）	76	79	76
	中跨跨中水平挠跨比	1/5684	1/5468	1/6545
	低塔静活载梁端转角（rad）	0.787‰	0.819‰	0.343‰
	高塔静活载梁端转角（rad）	1.229‰	1.276‰	0.582‰
	低塔塔顶静活载最大位移（mm）	148.7	149.8	129.3
	高塔塔顶静活载最大位移（mm）	167.8	168.9	159.4
结构受力	钢主梁最大正应力（主力，MPa）	−77.8	−80.4	−72.5
	钢主梁最大正应力（主+附，MPa）	−102.0	−101.0	−101.1
	斜拉索最大索力（主+附，kN）	8983	8979	9161
	斜拉索疲劳应力幅（MPa）	93	93.5	86.6
	桥塔最大正应力（主力，MPa）	−17.8	−17.6	−17.9
	桥塔最大正应力（主+附，MPa）	−18.7	−18.6	−18.6
	低塔侧最小支反力（主力）	1099	1240.1	1425.3
主要工程量	斜拉索索体（t）	2281.0	2281.0	2281.0
	钢梁用钢梁（t）	15989.6	15626.2	11617.9
	混凝土主梁（m³）	0	0	15512.1
	混凝土主梁预应力（t）	0	0	554.3
	钢壳内混凝土（m³）	7979.0	0	0
	铁砂混凝土压重（m³）（重度：45kN/m³）	2032	9204	0

边跨三种截面形式受力性能均满足要求。方案 2 边、中跨均采用钢箱梁，无须设置过渡段，但全桥用钢量大，并且两侧边跨均需压重，压重集度达到 1200kN/m，使得边跨配重段钢箱梁必须增加钢材厚度，经济性低。方案 1 采用钢箱结合梁，虽然与钢箱梁过渡段构造设计简单、施工方便快捷，但同样需要压重，全桥用钢量较大、经济性较低。方案 3 结构受力和边跨压重于一体，技术经济性最优，但钢箱梁与混凝土梁的钢筋与混凝土过渡段构造复杂、增加施工难度。

综上所述，推荐采用中跨钢箱梁、边跨混凝土梁的混合梁形式。

7）主梁过渡段位置

混凝土梁与钢箱梁结合处的过渡段是混合梁主梁结构的关键部位，过渡段的位置对全桥结构受力体系影响较大，其位置的合理选取尤为关键。过渡段位置的选取主要考虑以下四个方面：

① 接头位置处的静动力响应

静力方面，结合面应设置于主梁内力（幅）和位移幅均较小的位置，以确保其自身的抗疲劳性和结构耐久性。结合段受力方面，应优先保证运营状态列车活载下结合部弯矩幅值和轴力幅值较小，以确保结合段的抗裂性。动力方面，车桥振动引起的结合点处振动位移及加速度应适中，不能出现刚度差异引起的突变响应。

② 全桥结构整体刚度要求

铁路桥梁对主梁横向水平挠跨比、竖向挠度和梁端转角等整体刚度指标均有严格要求，结合段设置位置方案选择时也应考虑全桥结构整体刚度因素。

③ 锚固跨（边跨）跨度的匹配

设置位置还需考虑能起到平衡锚固跨、使锚固跨受力合理的作用。如伸入中跨过多，将使桥塔横梁顶加劲梁负弯矩区受力不利，若伸入跨度过小，则达不到平衡紧邻的锚固跨跨中正弯矩的作用。

④ 施工方便

从尽量减轻低塔侧边跨压重考虑，低塔侧钢箱梁与混凝土梁过渡段位置宜设在中跨侧。从方便施工考虑，距离低塔中心不宜超过20m距离，以便其可以利用低塔基础水上施工平台进行施工。因此，低塔侧主梁过渡段位置均设置在中跨距低塔中心20m处。

结合桥式受力特点，综合考虑其布置位置能基本抵消支座负反力、结构受力和经济性等因素，拟定以下三个高塔侧过渡段布置方案，考察主梁过渡段位置对大桥结构技术和经济性的影响。

方案1：过渡段设于距高塔中跨侧20m处。

方案2：过渡段设于距高塔边跨侧55m处。

方案3：过渡段设于距高塔边跨侧86m处。

三个方案主要计算结果对比见表3-2-11。

过渡段设置计算结果对比　　　　　　　　　　　　　　表3-2-11

方案			方案1	方案2	方案3
中跨跨中静活载挠度（m）			410	410	411
中跨跨中挠跨比			1/1054	1/1051	1/1051
主力工况最大斜拉索力（kN）			9257	8776	8565
结合点位置内力（主+附）	低塔	最大轴力（kN）	−91347.58	−89681.28	−83000.2
		最大剪力（kN）	3634.2	7012.8	11497.9
		最大弯矩（kN·m）	83653.7	115713.1	66658.3
	高塔	最大轴力（kN）	−91347.6	−115402.2	−102635
		最大剪力（kN）	3634.2	−13909.4	−8410.3
		最大弯矩（kN·m）	83653.7	197726.0	224780.4
静活载下的结合点位置内力幅	低塔	轴力变幅（kN）	21807.4	21893.3	21465.3
		弯矩变幅（kN·m）	69308.3	98360.7	87984.0
	高塔	轴力变幅（kN）	25091.8	25150.6	24850.9
		弯矩变幅（kN·m）	65508.5	82205.5	98620.0
静活载下的结合点位置位移	竖向位移（mm）	低塔	33.4	14.8	14.7
		高塔	35.3	32.9	41.9
	转角（rad）	低塔	1.89‰	0.255‰	0.376‰
		高塔	1.8‰	0.77‰	0.556‰
主要工程量	斜拉索（t）		3637.6	2846.8	2281.0
	钢箱梁（t）		9144.9	10661.4	11617.9
	混凝土梁（m³）		22539.9	17567.4	15512.1

分析结果可知，随着结合段位置远离主跨跨中，主跨刚度变化非常小，静活载下轴力变幅变化较小，弯矩变幅相对较大，三个方案各项力学指标均满足设计要求。依据高塔侧地形条件，方案1和方案2均存在混凝土梁现浇支架高度较高、施工困难的问题；同时由于高塔侧边跨跨度较大（109m），使得斜拉索数量大幅增加；方案3斜拉索索力及结构内力相对较均匀，受力体系较为合理，经济性最优。推荐采用方案3。

8）合理成桥状态

合理成桥状态是指成桥时主梁和塔的线形符合设计状态，而且各计算截面弯矩较小，斜拉桥所受力相对均匀，各斜拉索应力水平大致相同并且拉索规格品种数量尽量减少，边墩和辅助墩顶支座反力应有一定的压力储备。

大跨度铁路斜拉桥的合理成桥状态主要取决于索力的优化，以便较好地平衡铁路活载。本桥全桥合龙后通过合理调整斜拉索力，使中跨钢箱梁适当上拱，即对加劲梁施加预存负弯矩，以平衡铁路活载效应，减小主力工况下中跨钢箱梁上、下缘弯矩差。同时通过加大边跨混凝土加劲梁段的斜拉索力，充分发挥混凝土边跨的锚固作用，以提高结构整体刚度。

结合主桥受力特性、最终成桥线形，设计两侧桥塔塔顶适当向边跨偏移、中跨跨中适当上拱的"塔偏梁拱"成桥状态，如图 3-2-10 所示。

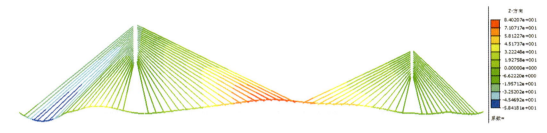

图 3-2-10　成桥状态主梁竖向变形图

成桥状态时，主梁跨中最大上拱值为 84mm，低塔塔顶向其边跨侧水平偏移值 71mm，高塔塔顶向其边跨侧水平偏移值 73mm，如图 3-2-11、图 3-2-12 所示。

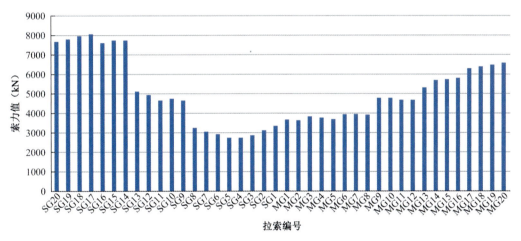

图 3-2-11　高塔侧拉索成桥索力

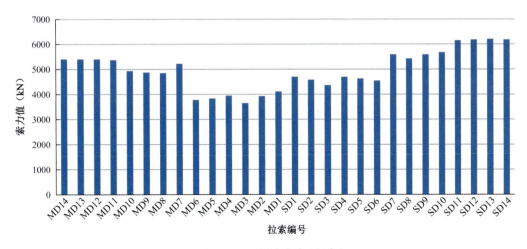

图 3-2-12　低塔侧拉索成桥索力

9）主要结论

（1）大桥采用高塔设固定支座的半漂浮结构支承体系，并与纵向阻尼器组合，以达到较好的桥式结构受力状态。

（2）边跨侧需设置一个辅助墩以满足梁端转角要求，辅助墩位置的改变对高低塔斜拉桥的等效跨度影响不大。

（3）等效跨度变化对高低塔斜拉桥桥塔高度匹配、桥塔刚度、斜拉索间距等参数的变化比较敏感，其中桥塔高度匹配和斜拉索在主跨布置间距对等效跨度的影响更大。但是，高低塔斜拉桥的结构设计不宜盲目追求等效跨度的最优结果，需综合考虑结构受力及经济性能，二者均在合理区间内，大桥结构设计方能达到合理状态。

（4）高低塔的塔高匹配需结合边跨布置、主梁形式、经济性能等因素进行综合考虑，其只有在合理区间内斜拉桥结构体系受力方能达到较优状态。

（5）斜拉索间距、主梁截面形式、过渡段位置等结构设计均需综合考虑受力、经济性能等因素决定，应在保证结构受力性能的前提下尽量优化大桥结构设计，使其具有良好的经济性能。

（6）大跨度四线铁路高低塔混合梁斜拉桥合理成桥状态宜为两侧桥塔塔顶适当向边跨偏移、中跨适当上拱的状态。

2.3　结构设计

1）总体构造

主桥桥面承载四线铁路活载，线间距布置为（5.0＋5.0＋5.0）m，有砟轨道，线路左侧双线为新建福厦铁路正线，右侧双线为动车走行线。边跨采用混凝土箱梁、中跨采用钢箱梁的混合梁形式，截面均为闭合箱形。采用 H 形混凝土桥塔，1770MPa 平行钢丝索斜拉索。基础均为钻孔桩基础。主桥立面布置如图 3-2-13 所示。

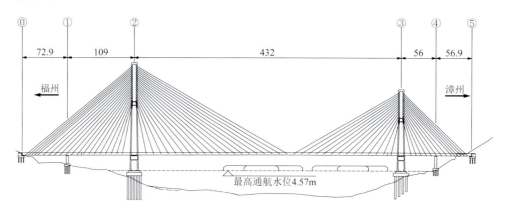

图 3-2-13　主桥立面布置示意图（尺寸单位：m）

大桥的塔、索、梁均为非对称性结构。

（1）高塔塔高 170.0m，其中桥面以上塔高 140.3m；低塔塔高 128.5m，其中桥面以上塔高 98.8m；两侧桥面以上塔高差值为 41.5m。

（2）主梁跨中高塔侧斜拉索布索范围为 228m，共 20 对斜拉索；低塔侧斜拉索布索范围为 156m，共 14 对斜拉索。两侧斜拉索布置对数差值为 6 对，比例为 1∶0.7。

（3）高塔侧边跨孔跨布置（72＋109）m，长度 181m，边中跨比为 0.419；低塔侧边跨孔跨布置为（56＋56）m，长度 112m，边中跨比仅为 0.259。两处钢箱结合段之间采用钢箱梁，长度为 496.0m；两侧边跨采用预应力混凝土箱梁，总长度为 230.6m。

主梁总宽 29.2m，梁面宽 26.0m，挡砟墙内宽 19.4m，梁上两侧斜拉索横向中心距 24.0m。梁面设 2%

的双向排水横坡，两侧栏杆底座下设泄水孔，雨水直排入江。主桥桥面布置如图 3-2-14 所示。

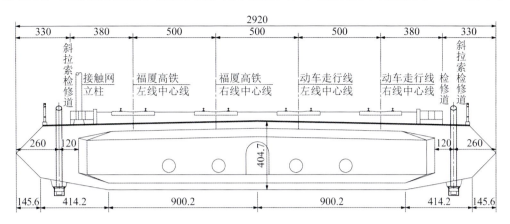

图 3-2-14　主桥桥面布置示意图（尺寸单位：cm）

2）主梁

主梁由混凝土箱梁和钢箱梁两部分组成。小里程钢箱分界点位于 109m 边跨，距离 1 号辅助墩 23.0m 处；大里程钢箱分界点位于 432m 主跨，距离 3 号桥塔 22.0m 处。

（1）混凝土箱梁

混凝土箱梁采用与钢箱梁相同的单箱单室等高截面，截面全宽 29.2m，中心处梁高 4.047m，顶板、底板厚度均为 40cm。标准混凝土箱梁截面图如图 3-2-15 所示。

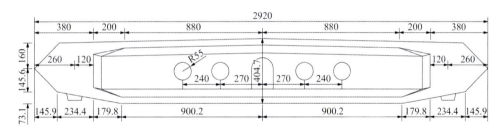

图 3-2-15　标准混凝土箱梁截面示意图（尺寸单位：cm）

混凝土箱梁采用两侧双主梁＋中间密横隔梁结构体系，标准布置间距为 4.0m 一道，部分区域根据受力及结构要求布置，2.5～3.0m 一道，无索横隔梁一般厚 40cm，斜拉索横隔梁厚 70cm，与斜拉索位置对应设置。索塔、辅助墩顶及桥台顶箱梁各设置一道横隔梁，根据结构及受力需要，横隔梁厚度分为 4.0m、8.0m、6.9m 和 7.9m 四种。

（2）钢箱梁

钢箱梁采用带风嘴的闭合双主梁箱形截面，两侧单室为钢锚箱，外侧为外挂风嘴。钢箱梁桥面宽度 26.0m，含风嘴全宽 29.1m，箱梁高度 4.047m。标准钢箱梁截面图如图 3-2-16 所示。

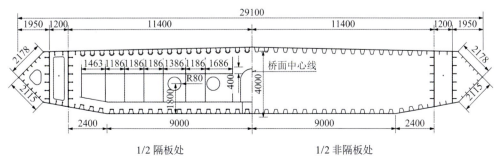

图 3-2-16　标准钢箱梁截面图（尺寸单位：mm）

钢箱梁为正交异性板结构，由顶板、底板、斜底板、纵腹板围封而成。顶板厚19～27mm（结合段及刚度过渡段顶板厚27mm），底板厚14～20mm（结合段及刚度过渡段底板厚20mm），钢箱梁两侧各设两道纵腹板，纵腹板厚32mm；顶、底板纵向设置U形肋。主跨钢箱梁标准节段长12m，中跨合龙段长6m，节段纵向每隔3m设置一道实腹横隔板。全桥共计42个钢箱梁节段（含大节段及合龙段），高塔侧和低塔侧钢箱凝土结合段质量分别为401.5t和481.1t，标准节段最大质量约为268.8t。

（3）钢-混凝土结合段

钢-混凝土结合过渡段结构分为三部分，依次为混凝土梁刚度过渡段（4.9m）、钢-混凝土结合段（4.7m）和钢箱梁刚度过渡段（4.4m），如图3-2-17所示。

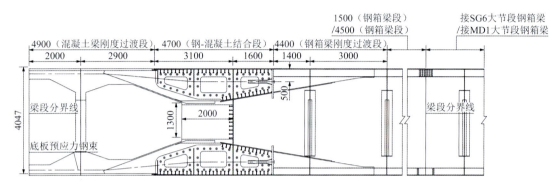

图3-2-17　钢-混凝土结合段构造图（尺寸单位：mm）

3）主塔及基础

采用H形桥塔，塔柱截面为单箱单室截面，塔柱顺桥向壁厚1.5m，上塔柱侧面壁厚1.0m；中塔柱侧面壁厚1.2m；下塔柱侧面壁厚1.5m。在上塔柱钢锚梁下方设上横梁，在中塔柱主梁下方设下横梁；上、下横梁为全预应力混凝土结构，分别配置17-ϕ^s15.2mm和19-ϕ^s15.2mm预应力钢绞线，锚固于索塔外侧壁上。

高塔全高为170m，轨底以上塔高至塔顶为140.507m，轨底以下塔高29.493m，顺桥向宽度由塔顶10m线性加宽至塔底14.5m；两塔柱横向净距为18.0m，塔柱横向宽度为6.0m，在桥面附近开始加宽，在塔柱底部加宽至10.0m；上横梁中心处高5.0m，宽8.8m；下横梁高6.0m，宽12.0m；承台尺寸为25.5m×40.5m×5.0m（顺桥向×横桥向×厚度），塔座为高2.5m的楔形体，基础采用35ϕ2.5m钻孔灌注桩。

低塔全高为128.5m，轨底以上塔高至塔顶为98.907m，轨底以下塔高29.593m，顺桥向宽度由塔顶9m线性加宽至塔底13.0m；两塔柱横向净距为19.0m，塔柱横向宽度为5.0m，在桥面附近开始加宽，在塔柱底部加宽至9.0m；上横梁中心处高5.0m，宽7.8m；下横梁高6.0m，宽10.0m；承台尺寸为22.5m×37.5m×5.0m（顺桥向×横桥向×厚度），塔座为高2.5m的楔形体，基础采用28ϕ2.5m钻孔灌注桩。

全桥索塔锚固梁共60节，钢锚梁与牛腿同时吊装，最大吊重15.2t。桥塔立面构造如图3-2-18所示。

4）斜拉索

斜拉索采用抗拉标准强度1770MPa的环氧涂层平行钢丝拉索，平行双索面体系，扇形布置，全桥共68对斜拉索。索梁锚固于边箱上，锚固点横向间距24.0m，纵向间距钢箱梁上为12.0m，混凝土箱梁上为5.0～9.0m，塔上索距（钢锚梁锚点竖向间距）2.8～3.5m。

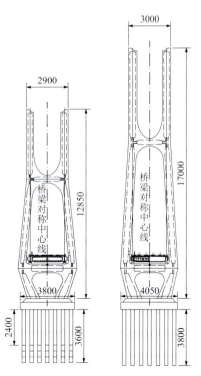

图3-2-18　桥塔立面构造图（尺寸单位：cm）

斜拉索为 PES（C）7-211～PES（C）7-475 共 8 种规格，最长（含锚具）224.711m，最大规格为 PES（C）7-475，单根最大质量约为 43.1t（不含锚具和护套）。

除最底下两层斜拉索采用锚固块锚固外，其余斜拉索与索塔采用内置式钢锚梁的锚固方式，张拉端设置在塔内。斜拉索在梁端设外置式阻尼器以抑制风雨振，并在其下端 2.5m 高的范围内外包不锈钢护管，不锈钢护管采用 0.5mm 厚 304 不锈钢板。

为保证桥梁结构耐久性，斜拉索索体采用"环氧涂层钢丝 + 双层聚乙烯（PE）护套"的防腐措施。

5）结构支承体系

大桥结构支承体系设计需考虑适应小里程侧边跨曲线上桥要求，在小里程侧桥塔（高塔）处设置纵向固定支座以约束纵向位移，减小小里程侧温度跨，满足轨道设置小阻尼构件的受力要求。大桥结构支承体系如下：

（1）所有墩、塔处设置竖向、横向活动及横向约束球形钢支座。

（2）小里程桥塔（高塔）处设置纵向固定支座约束纵向位移，并设纵向阻尼器，在运营及多遇地震作用下不发生纵向位移，只有在罕遇地震作用下才发生纵向位移；大里程桥塔（低塔）处设纵向阻尼器和限位装置，满足温度作用下自由伸缩，同时达到减小地震响应及减小制动力作用下纵向位移的要求。

（3）桥塔与主梁之间设置横向限位支座。

（4）桥台及辅助墩横向设置 E 形钢阻尼器。

2.4 静力计算

1）计算模型

结构计算分别采用 Midas Civil、BSAS 等有限元软件相互校核，按照施工流程分阶段计算结构各截面内力、应力及位移，全桥空间计算模型如图 3-2-19 所示。

图 3-2-19　全桥空间计算模型

计算荷载包括恒载、列车活载、混凝土收缩徐变、预应力、温度变化、风荷载、列车制动力、支座沉降等，同时考虑了斜拉索的非线性影响。桩-土相互作用以刚度矩阵的形式等代考虑。

计算考虑几何非线性因素包括大位移效应、二阶效应和斜拉索垂度非线性效应。通过计算来检算混凝土主梁应力、强度，钢箱主梁强度、疲劳应力幅，斜拉索应力及安全系数，结构在裸塔状态、最大单悬臂状态和运营状态下的稳定性，以及单侧换索工况。

2）主要检算成果

（1）结构刚度

结构刚度计算结果见表 3-2-12。

结构刚度条件表　　　　　　　　　　　　　表 3-2-12

项目	计算结果
中跨跨中静活载挠度（m）	0.58

续上表

项目	计算结果
中跨跨中竖向挠跨比	1/744
混凝土跨跨中静活载挠度（m）	0.049
混凝土跨跨中竖向挠跨比	1/2285
计冲击活载下高塔侧/低塔侧塔顶最大位移（m）	0.208/0.158
高塔/低塔梁端转角（rad）	1.4‰/1.0‰
列车摇摆力（按车桥分析结果）、风力、温度作用下的梁体水平位移（m）	0.048
中跨跨中水平挠跨比	1/9000

在恒载作用下：

主跨上拱：0.084m。

112m 边跨上拱：0.043m。

塔顶水平位移：高塔向边跨侧偏 0.073m，低塔向边跨侧偏 0.071m。

各项刚度指标均满足规范要求。

（2）支反力

大桥各支承点支反力（不含摩阻力）情况见表 3-2-13。

支反力表（两个支座合计）　　　　表 3-2-13

位置	恒载（kN）	主+附最大值（kN）	主+附最小值（kN）
P_0（桥台处支座）	15741	22732	2895
P_1（辅助墩1支座）	56630	76061	27643
P_2（桥塔处支座）	8324	12525	12615
P_3（桥塔处支座）	44844	46253	47487
P_4（辅助墩支座）	42827	60012	22996
P_5（桥台处支座）	18249	25486	6321

（3）混凝土主梁应力验算

① 高塔侧梁段正应力如图 3-2-20～图 3-2-23 所示。

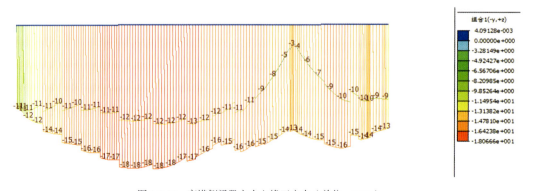

图 3-2-20　高塔侧梁段主力上缘正应力（单位：MPa）

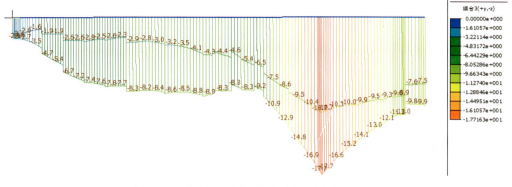

图 3-2-21 高塔侧梁段主力下缘正应力（单位：MPa）

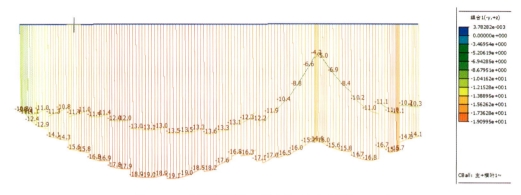

图 3-2-22 高塔侧梁段主+附上缘正应力（单位：MPa）

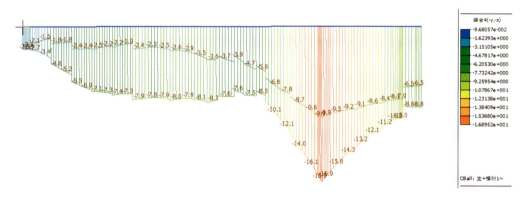

图 3-2-23 高塔侧梁段主+附下缘正应力（单位：MPa）

由图 3-2-20～图 3-2-23 可知：高塔侧梁段主力组合全截面受压，最小正应力 1.6MPa，最大正应力 18.1MPa；主+附组合全截面受压，最小正应力 1.6MPa，最大正应力 19.1MPa。

② 低塔侧梁段正应力如图 3-2-24～图 3-2-27 所示。

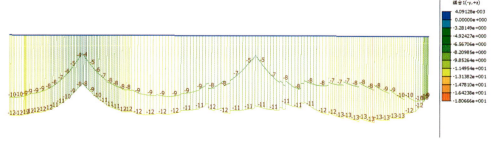

图 3-2-24 低塔侧梁段主力上缘正应力（单位：MPa）

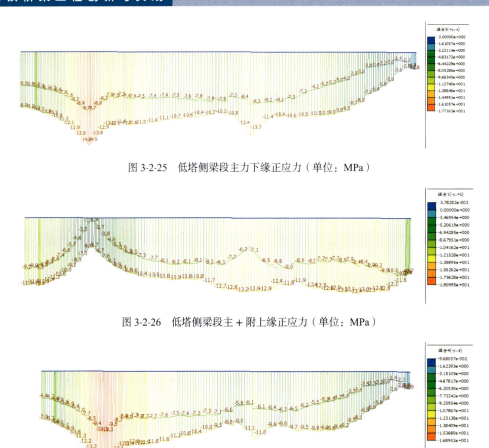

图 3-2-25　低塔侧梁段主力下缘正应力（单位：MPa）

图 3-2-26　低塔侧梁段主+附上缘正应力（单位：MPa）

图 3-2-27　低塔侧梁段主+附下缘正应力（单位：MPa）

由图 3-2-24～图 3-2-27 可知：低塔侧梁段主力组合最小正应力 1.6MPa，最大正应力 18.0MPa；主+附组合最小正应力 0.2MPa，最大正应力 19.0MPa。

（4）钢箱梁整体计算

运营荷载下，钢箱梁主梁正应力（第一体系）如图 3-2-28～图 3-2-31 所示。

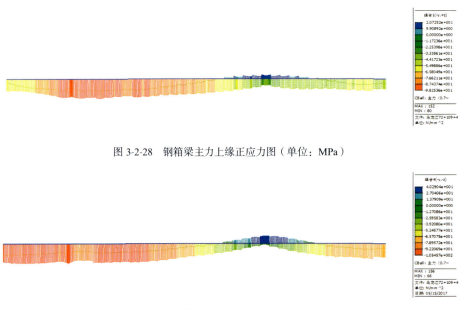

图 3-2-28　钢箱梁主力上缘正应力图（单位：MPa）

图 3-2-29　钢箱梁主力下缘正应力图（单位：MPa）

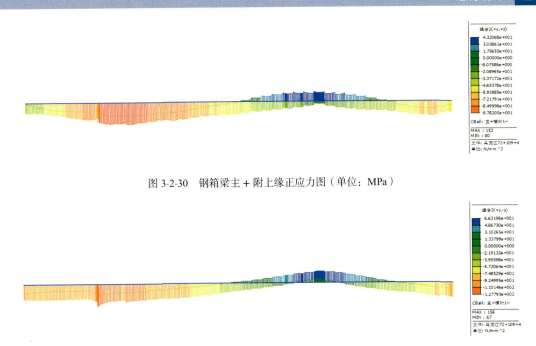

图 3-2-30　钢箱梁主+附上缘正应力图（单位：MPa）

图 3-2-31　钢箱梁主+附下缘正应力图（单位：MPa）

由图 3-2-28~图 3-2-31 可知：钢箱梁主力组合最大正应力为 40.3MPa，最小正应力为-105.5MPa；主+附组合最大正应力 66.3MPa，最小正应力为-127.8.0MPa。

（5）索塔静力分析

索塔钢筋配置规范要求最小配筋率 0.3%，参考《公路斜拉桥设计规范》（JTG/T 3365-01—2020），总配筋率按不小于 1% 进行配筋。桥塔弯矩及应力图如图 3-2-32~图 3-2-35 所示。

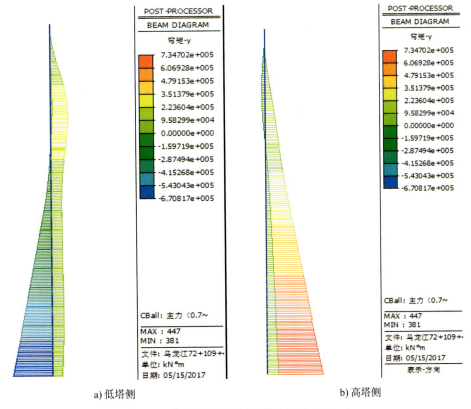

a) 低塔侧　　　　　　　　　　　　　　b) 高塔侧

图 3-2-32　主力组合桥塔纵向弯矩包络图（kN·m）

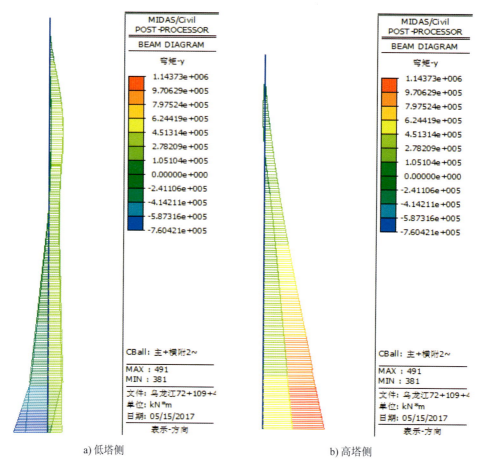

a) 低塔侧　　　　　　　　　　　　　　b) 高塔侧

图 3-2-33　主 + 附组合桥塔纵向弯矩包络图（kN·m）

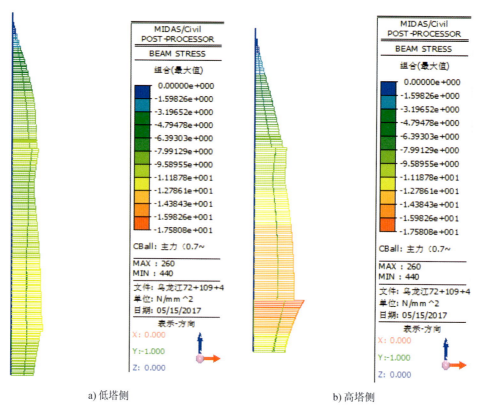

a) 低塔侧　　　　　　　　　　　　　　b) 高塔侧

图 3-2-34　索塔主力正应力图（单位：MPa）

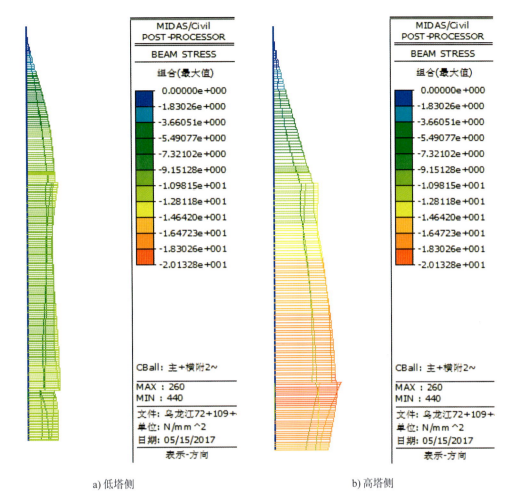

a) 低塔侧　　　　　　　　　　　　　b) 高塔侧

图 3-2-35　索塔主 + 附正应力图（单位：MPa）

索塔主力工况全截面受压，最大压应力为 17.5MPa；索塔主 + 附工况全截面受压，最大压应力为 20.1MPa。

（6）斜拉索检算

① 斜拉索索力检算，结果如图 3-2-36、图 3-2-37 所示。

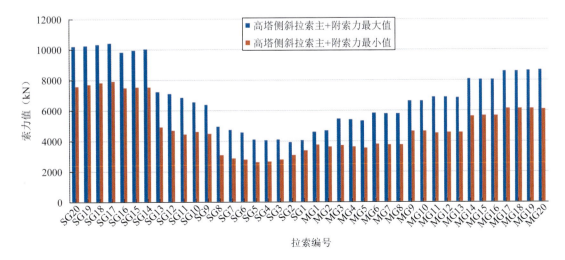

图 3-2-36　高塔侧主 + 附索力

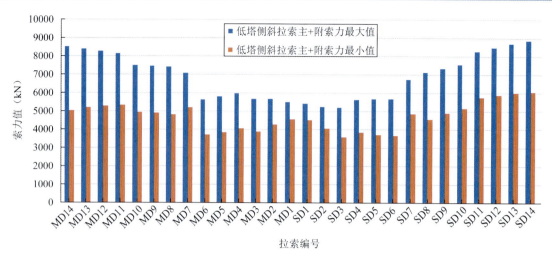

图 3-2-37　低塔侧主 + 附索力

② 斜拉索应力检算，结果如图 3-2-38～图 3-2-41 所示。

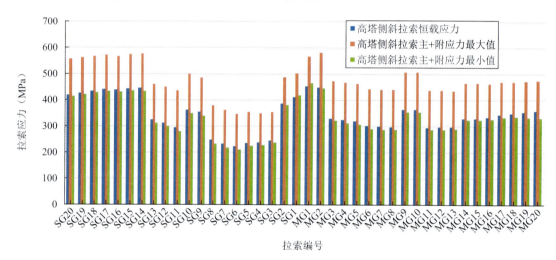

图 3-2-38　高塔侧斜拉索应力

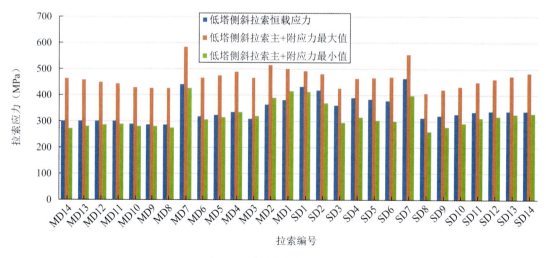

图 3-2-39　低塔侧斜拉索应力

恒载作用下索体最小应力 226MPa；主 + 附索体最大应力 586MPa；主 + 附索体最小应力 212MPa；索体疲劳检算应力幅 156MPa。

综上所述，斜拉索规格选取较为合理，能很好地满足强度、疲劳和有效弹模等要求。

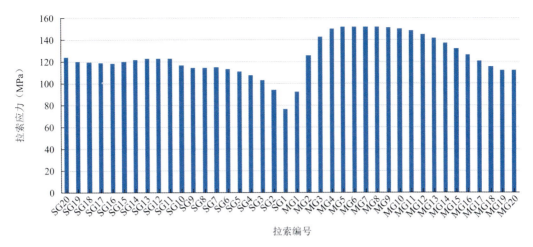

图 3-2-40　高塔侧斜拉索疲劳应力幅

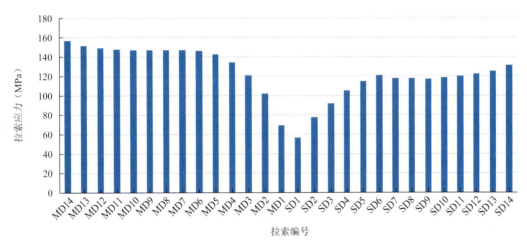

图 3-2-41　低塔侧斜拉索疲劳应力幅（单位：MPa）

2.5　动力分析

1）计算参数

（1）机车车辆类型、速度等级、轨道不平顺的选择

CRH3 动车组：16 节编组，速度分别为 120km/h、140km/h、160km/h、180km/h、200km/h、300km/h、325km/h、350km/h，共 8 种车速。

（2）风速、气动参数

风速按 5 个等级计算，分别为 10m/s、15m/s、20m/s、25m/s、30m/s。

气动参数：桥梁跟车辆气动参数都根据本桥的风洞试验取值。

（3）动力仿真内容

进行车-线-桥、风-车-线-桥耦合振动分析，计算桥梁的自振频率；检算机车车辆的安全性和舒适度指标，包括脱轨系数、轮重减载率、竖横向加速度及 Sperling 舒适度指标等。

2）分析模型

利用 Midas 软件，采用空间梁单元及桁架单元来建立乌龙江大桥空间有限元模型，用空间梁单元来模拟主梁、索塔、桥墩及承台，用桁架单元来模拟斜拉索。箱梁横隔板以节点集中荷载施加于相应位置，桥面二期恒载作为均布质量分配到纵梁单元中。

根据风-车-线-桥耦合振动分析理论，运用风-车-线-桥耦合振动仿真分析软件 WTTBDAS V2.0 对乌龙江大桥的空间自振特性进行了计算，对该桥在 CRH3 动车组作用下的车-线-桥、风-车-线-桥耦合振动进行了分析，评价了该桥的动力性能以及列车在风荷载作用下的运行安全性与舒适性。

3）主要结论

（1）桥梁自振特性分析

本桥的横向、竖向和扭转基频分别为 0.741Hz、0.506Hz 和 1.065Hz。

（2）车-线-桥耦合振动分析

在无风环境下单双线 CRH3 动车组以车速 120～200km/h 运行时桥梁的动力性能均满足要求，列车的运行安全性有保证，乘坐舒适性均达到"优"。

在无风环境下双线 CRH3 动车组以高车速 300～350km/h 运行时桥梁的动力性能均满足要求，列车的运行安全性有保证，乘坐舒适性均达到"优"。

（3）风-车-线-桥耦合振动分析

单线或双线 CRH3 动车组在桥上运行时，当桥面平均风速达到 25m/s 时，CRH3 动车组可按设计车速 200km/h 运行；当桥面平均风速达到 30m/s 时，CRH3 动车组应限速 180km/h 运行。

当桥面平均风速不大于 20m/s 时，双线 CRH3 动车组可以以高车速 300～350km/h 安全舒适地在桥上运行。

当桥面平均风速达到 25m/s 时，双线 CRH3 动车组以高车速 300～350km/h 通过桥梁时，车辆的安全性和舒适性不满足要求。

（4）风速（车速）阈值

当桥面环境瞬时风速不超过 23.2m/s 时，动车组可以 350km/h 车速运行；当桥面环境瞬时风速超过 23.2m/s 时，动车组应予以限速。

综合考虑设计时速及动力仿真结果得到的风速（车速）阈值为：当桥面环境瞬时风速不超过 29m/s 时，动车组可按 200km/h 运行；当桥面环境瞬时风速达到 34.8m/s 时，动车组应限速 180km/h 运行。列车运行的风速（车速）阈值见表 3-2-14。

乌龙江大桥风速（车速）阈值　　　　表 3-2-14

列车位置	平均风速 U（m/s）	瞬时风速 V（m/s）	车速（km/h）
1 线 和谐号 CRH3 动车组行驶	$2U \leqslant 25$	$V \leqslant 29.0$	$\leqslant 200$
	$25 < U \leqslant 30$	$29.0 < V \leqslant 34.8$	$\leqslant 180$
	$U > 30$	$V > 34.8$	封闭
1 线 + 2 线 和谐号 CRH3 动车组对向行驶	$2U \leqslant 25$	$V \leqslant 29.0$	$\leqslant 200$
	$25 < U \leqslant 30$	$29.0 < V \leqslant 34.8$	$\leqslant 180$
	$U > 30$	$V > 34.8$	$\leqslant$ 封闭

2.6　工程应用成果

（1）工程概况

新建湖杭铁路富春江特大桥位于浙江省杭州市桐庐县江南镇。桥址在江南镇窄溪处跨越富春江，在渌渚江入水口处上游约 370m 处、窄溪公路大桥以及上游约 700m 处，与窄溪大桥基本平行，线路与河道的夹角约为 66°。

富春江特大桥主跨采用 300m 四线铁路高低塔双索面斜拉桥，桥跨布置为（30 + 46 + 300 + 97 + 62.395）m，主桥全长 535.395m（含梁缝），如图 3-2-42 所示。主桥立面位于平坡上，平面位于直线上。

主桥采用高低塔非对称边跨布置，小里程侧设置低塔，边跨长 76m，设置一处辅助墩；大里程侧设置高塔，边跨长 159.395m，设置一处辅助墩；低塔两侧各布置 9 对拉索，高塔两侧各布置 15 对拉索，空间双索面，扇形布置。

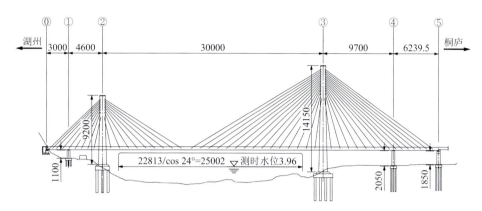

图 3-2-42　桥式布置立面图（尺寸单位：cm；高程单位：m）

（2）主要技术标准

铁路等级：客运专线。

线路情况：四线铁路，线间距（6+5+6）m，中间双线为湖州至杭州西至杭黄高铁连接线工程的正线；两侧为预留的双线。

设计速度：中间两线设计速度 350km/h，2 侧预留设计速度 160km/h。

轨道形式：CRTS-Ⅲ型板无砟轨道。

（3）梁部及桥塔结构

主梁由预应力混凝土箱梁和钢箱结合箱梁两部分组成，小里程钢-混凝土分界点位于中跨距桥塔 9m 处，大里程钢-混凝土分界点位于距离辅助墩 19m 处。钢-混凝土组合箱梁采用槽形钢梁＋混凝土桥面板形式。

钢箱结合梁全长 360m，桥面宽 27.6m，梁高 4.25m，如图 3-2-43 所示。槽形钢梁采用双边主梁箱形截面，两侧设边锚箱及风嘴，中间设 2 道小纵梁，每隔 3.0m 设置一道横隔板。混凝土板厚 35cm，与钢纵梁、横梁的上翼缘通过剪力顶连接。

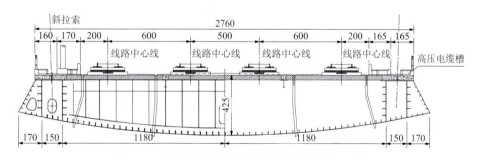

图 3-2-43　钢箱结合梁横截面布置图（尺寸单位：cm）

混凝土箱梁采用单箱单室截面，桥面宽 27.6m，箱梁全宽 30.0m（含风嘴），中心处梁高 4.25m；普通截面顶底板厚度为 45cm，如图 3-2-44 所示。

钢梁和混凝土梁之间设结合段，长 8.5m，包含 4m 钢-混凝土结合段和 4.5m 钢梁刚度过渡段。其中 4m 钢-混凝土结合段采用梯形填充混凝土后承压板式钢-混凝土接头，通过将结合段钢梁的顶板、底板、腹板与隔板和端承压板之间围封组成钢格室，其内填充混凝土，与混凝土箱梁顶板、底板和腹板平顺过渡。

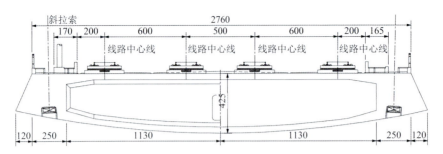

图 3-2-44 混凝土梁横截面布置图（尺寸单位：cm）

索塔采用高、低塔布置，塔形为稍微内倾的 H 形桥塔。索塔材料采用钢-混凝土混合结构，下塔柱、中塔柱、下横梁采用混凝土结构，上塔柱和上横梁采用钢结构。

2 号索塔总高 92m，从下到上分别为 60.0m 混凝土塔柱、3.0m 钢箱结合段和 29.0m 钢塔柱，下横梁为预应力混凝土结构，上横梁为钢结构。

3 号索塔总高 141.5m。从下到上分别为 95.0m 混凝土塔柱、3.0m 钢箱结合段和 43.5m 钢塔柱，下横梁为预应力混凝土结构，上横梁为钢结构。

斜拉索采用抗拉标准强度 1770MPa 锌铝合金镀层平行钢丝拉索，空间双索面体系，扇形布置，全桥共 48 对斜拉索，其中 2 号塔（低塔）侧共设 18 对斜拉索，3 号塔（高塔）侧共设 30 对斜拉索。斜拉索在中跨钢-混凝土结合梁范围拉索纵向间距为 12m，在边跨混凝土主梁范围纵向基本间距为 8.5m。

富春江特大桥实景如图 3-2-45 所示。

图 3-2-45　富春江特大桥实景

第3章 钢箱结合梁斜拉桥

3.1 概述

泉州湾跨海大桥跨海段与既有公路桥对孔布置，主桥桥跨布置为（70＋130＋400＋130＋70）m 斜拉桥。安海湾特大桥位于泉州晋江，跨越安海湾，主桥桥跨布置为（40＋135＋300＋135＋40）m 斜拉桥。两座桥梁部结构和桥塔外观造型等基本一致，主梁均采用钢箱结合梁。本章结合泉州湾跨海大桥主桥，阐述钢箱结合梁斜拉桥设计。

钢箱结合梁斜拉桥是指主梁采用剪力连接件将钢板梁、钢箱梁或钢桁梁等钢结构构件和混凝土桥面板结合在一起，并共同受力的斜拉桥结构形式。结合梁斜拉桥在铁路桥梁上应用较少，1999 年建成的丹麦厄勒海峡大桥为主跨 490m 的钢桁-混凝土结合梁斜拉桥（公铁两用）；国内铁路斜拉桥采用结合梁的桥梁仅数座，2015 年前均为钢桁梁斜拉桥在边跨一定范围采用混凝土桥面板替代正交异性钢桥面，其主要目的是减少或避免边跨压重，而非利用结合梁的技术优势，如武汉天兴洲长江大桥、贵广铁路北江大桥和思贤窖大桥；2019 年建成通车的昌赣客运专线赣州赣江特大桥主跨 300m 混合梁斜拉桥，中跨 260m 采用了箱形结合梁。

福厦高铁之前，国内外铁路桥梁中，主梁全长采用箱形钢箱结合梁的斜拉桥未见工程应用先例。

3.2 结构设计

1）结构受力特点

对于高铁斜拉桥，若主梁全长采用钢箱结合梁，除具备常规斜拉桥的结构体系特点外，还具有以下技术特点。

（1）受力方面

① 与单纯的钢箱梁相比较，主梁自身刚度和恒载重量均有所增加，显著提高了结构整体刚度和阻尼比，有利于确保高速列车的行车平稳性、减小车桥耦合和风致振动的动力响应。

② 相对于钢桥面板，混凝土桥面板刚度大，局部变形小，有利于高速行车。

③ 在混凝土板上铺设无砟轨道，技术成熟，无砟轨道适应性好。

④ 采用混凝土桥面板替代正交异性钢桥面，能更好地承受斜拉桥的轴向压应力，发挥材料优势，节约钢材用量，提高恒载与活载之比，提高桥面抗疲劳性能，改善桥梁的耐久性与全寿命经济性。

⑤ 桥面混凝土板通过分块、提前预制，可大幅降低混凝土收缩、徐变引起的变形及应力重分配。

（2）施工方面

主梁全长采用钢箱结合梁，可充分利用深水区的有利条件，完全采用工厂化制造、船舶运输、起重船和桥面吊机架设，实现快速化施工。

（3）景观方面

当并行公路桥时，景观协调性优，相互气动干扰程度小。

钢箱结合梁斜拉桥对大跨度高铁桥梁具有较强的适应性。

2）主体结构设计

（1）总体布置

泉州湾跨海大桥主桥800（70＋130＋400＋130＋70）m双塔双索面钢箱结合梁斜拉桥，每侧边跨设一个辅助墩。主桥采用聚氨酯固化道床结构有砟轨道，安海湾特大桥主桥采用CRTS双块式无砟轨道。

主桥采用半漂浮体系：主梁在塔上设置耐候双曲面球形钢支座；在连接墩、辅助墩处，以及线路方向左侧设纵向滑动的耐候双曲面球形钢支座，线路方向右侧设双向滑动的耐候双曲面球形钢支座；塔梁之间设置纵向阻尼器，横向与索塔之间置抗风支座。

（2）主梁设计

主梁全长采用混凝土桥面板＋槽形钢箱结合梁结构，为封闭箱形断面，梁宽（不含风嘴）18.5m，主梁含风嘴全宽21m，梁高4.25m，如图3-3-1所示。拉索在梁端锚固采用锚拉板结构。槽形钢箱梁（不含两侧风嘴）采用单箱三室等高截面。结合梁的钢梁部分由平底板、斜底板、中纵腹板及边板围封而成。

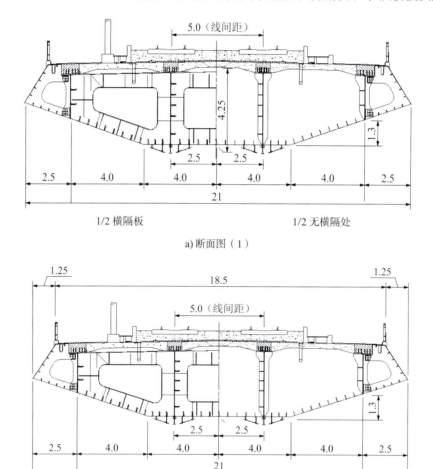

a）断面图（1）

b）断面图（2）

图3-3-1 主梁横截面布置（尺寸单位：m）

标准节段长10.5m，标准节段最大吊重约320t（含混凝土桥面板174t），边跨端部77.9m整孔架设钢梁质量约1180t。

混凝土桥面板采用分块工厂预制，最大尺寸为4.65m（横向）×9.7m，质量约为42t（加厚区约为61t），预制后需存放6个月以上再与钢梁进行结合。

（3）桥塔设计

塔柱采用带曲线造型的H形混凝土索塔，分离式塔柱，索塔全高为160.254m，梁顶（主梁横向中心处梁顶）以上塔高 109.626m，梁顶塔高与主跨比为 1/3.649。索塔纵向宽度在塔顶至高程 111.129m 范围为 7m，高程 111.129m 处至塔底由 7m 线性加宽为 12m。

上、中塔柱采用单箱单室截面，每柱横桥向宽度为 4.5m，顺桥向标准壁厚为 1.0～1.3m，横桥向标准壁厚为 0.8～1.1m。下塔柱采用单箱单室截面，每柱横向宽度由 7.464m 渐变至 5.3m（塔底），考虑船舶撞击，下塔柱底 3m 范围为实体区；采用单箱单室截面，塔柱顺桥向标准壁厚 1.4m，横桥向标准壁厚 1.3m。

索塔在高程 50.379m 处及 145.579m 处分别设下横梁、上横梁，均采用等宽变高的单箱单室截面，横梁与塔柱间设圆弧过渡，横梁为全预应力混凝土结构，横桥向均设有预应力筋，上横梁内布置有 28 束 25-ϕ^s15.2mm 钢绞线，下横梁内布置有 34 束 19-ϕ^s15.2mm 钢绞线。

索塔总体构造如图 3-3-2 所示。

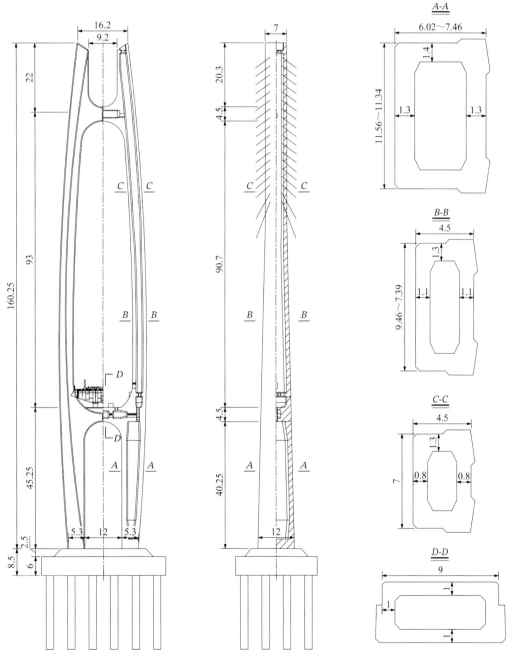

图 3-3-2　索塔总体构造（尺寸单位：m）

斜拉索在塔端采用了两种锚固方式：S/M1～S/M3采用混凝土锚固齿块结构；S/M4～S/M18采用钢锚梁+钢牛腿结构，每套钢锚梁锚固一对拉索。

索塔钢锚梁结构（图3-3-3）位于曲线塔柱，在国内跨海工程首次采用免涂装镍系耐候钢（1%Ni）。钢锚梁由锚垫板、承压板、主板、横隔板、连接板和加劲肋等组成，钢锚梁采用箱形截面，尺寸为700mm（高）×650mm（宽），腹板厚度为40mm，顶板厚度为30mm。钢锚梁端部支承在钢牛腿上，钢牛腿采用剪力钉与塔柱内壁连接。剪力钉规格为$\phi 22mm \times 200mm$。

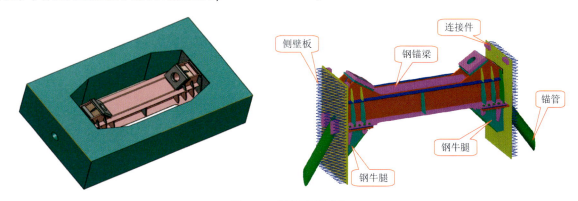

图3-3-3　索塔钢锚梁结构

索塔钢锚梁结构的传力模式和工作原理：①钢锚梁与钢牛腿之间的接触面之间采用不锈钢板和四氟滑板组成滑动副，钢锚梁可沿其纵轴向移动，以确保边跨和中跨斜拉索之间相互平衡的纵桥向水平分力由钢锚梁承担；②不平衡的纵桥向水平分力通过钢锚梁与钢牛腿壁板间的橡胶块传递给塔柱；③斜拉索的横桥向分力通过钢牛腿与钢锚梁间的高强螺栓承剪承压传给钢牛腿座板，竖向分力通过钢锚梁传递给钢牛腿座板，最终通过钢牛腿剪力钉传递到塔柱混凝土。

全桥索塔钢锚梁共60节，钢锚梁与钢牛腿通过高强螺栓连接为一体后整节段吊装，节段最大吊重为13.9t。

为保证索塔锚固区在换索及断索情况下的承载力，提高其抗裂性和耐久性，索塔锚固区适当配置了预应力，采用"#"字形布置1-ϕ^s15.2mm预应力钢绞线，采用单孔双联低回缩锚具，通过二次张拉将锚具变形和钢束回缩量控制在2mm以内，以减少短预应力钢绞线的预应力损失，保证预应力效应。

（4）斜拉索

斜拉索采用抗拉标准强度为1770MPa的环氧涂层平行钢丝拉索，成品索计算弹性模量采用1.97×10^5MPa，空间双索面，扇形布置，全桥共72对斜拉索（144根）斜拉索，张拉端设置在塔内。斜拉索在梁上索距为10.5m，塔上索距（锚点竖向间距）为2.6～3.5m。斜拉索结构构造及布置如图3-3-4所示。

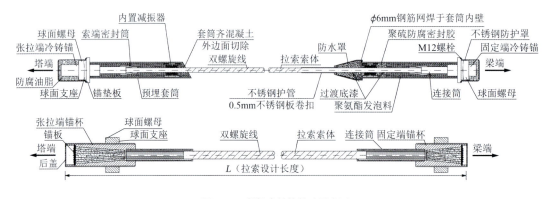

图3-3-4　斜拉索结构构造及布置

（5）墩身及基础

主塔：承台为$R2.5m$圆倒角的矩形截面，尺寸为26.5m×40.5m×6.0m（顺桥向×横桥向×厚度）；

塔座为高2.5m的楔形体，上截面尺寸为16.5m×27.4m（顺桥向×横桥向），下截面尺寸为20.5m×32.4m（顺桥向×横桥向）；基础采用24-ϕ3.0m钻孔灌注桩，横桥向和顺桥向桩中心距均为7.0m，76号、77号索塔桩长分别为51.0m、42.0m。索塔基础布置如图3-3-5所示。

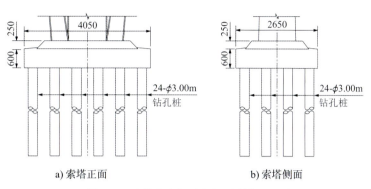

图3-3-5　索塔基础布置图（尺寸单位：mm）

连接墩（74号、79号）及辅助墩（75号、78号）：墩身高度均为50m，下部5m范围采用圆端形实体墩、顶部4m范围采用矩形实体墩，余采用矩形空心墩。连接墩的墩底圆端形截面的尺寸为6m×16m（顺桥向×横桥向），其余矩形截面的尺寸为6m×10m（顺桥向×横桥向），承台为R1.5m圆倒角的矩形截面，尺寸分别为13.6m×22.5m×4.5m（顺桥向×横桥向×厚度）；辅助墩的墩底圆端形截面的尺寸为5m×15m（顺桥向×横桥向），其余矩形截面的尺寸为5m×10m（顺桥向×横桥向）；基础采用钻孔灌注桩，基础均采用10-ϕ2.2m钻孔桩。桥墩三维视图如图3-3-6所示。

图3-3-6　桥墩三维视图

3）主梁耐久性设计

钢箱结合梁位于海洋大气腐蚀环境，平均湿度大于75%，二氧化碳环境作用侵蚀等级为T2、氯盐环境等级为L1。为确保设计使用年限100年要求，结合《铁路混凝土结构耐久性设计规范》（TB 10005—2010）要求和相关跨海桥梁经验，制定了钢箱结合梁的耐久性综合措施。

（1）钢箱梁防腐涂装体系

钢箱梁采用重防腐涂装体系，并在箱内设置除湿系统，控制湿度在50%以下，以实现钢结构海洋大气腐蚀环境下30年及以上的超长寿命防护目标。底漆采用了石墨烯纳米材料改性鳞片型醇溶无机富锌涂料，耐盐雾性可达5000h；钢梁外表面采用三氟氯乙烯单体/乙烯基醚交替共聚物的超耐候氟碳面漆，耐人工加速老化性指标可达"6000h，漆膜无明显变色，粉化0级，无泡，无裂纹，保光率≥80%"；其余涂层按照《铁路钢桥保护涂装及涂料供货技术条件》（Q/CR 730—2019）要求施工。

（2）混凝土桥面板耐久性设计

预制桥面板采用 C55 高性能混凝土，湿接缝采用 C55 补偿收缩高性能纤维混凝土。桥面板钢筋净保护层最小厚度按 45mm 控制，横桥向混凝土容许裂缝宽度限值主力为 0.15mm（主力 + 附加力为 0.18mm），混凝土电通量小于 1000C。

桥面板湿接缝（含拉索锚固区）采用高强高弹合成粗、细纤维混掺的补偿收缩纤维混凝土，作为防裂抗裂纤维的细纤维采用聚乙烯醇（PVA）材料，用以控制混凝土固塑性收缩、干缩、温度变化等因素引起的微裂缝，并对混凝土裂缝起修复作用；作为增韧纤维的粗纤维采用聚丙烯（PP）材料，用以提升混凝土冲击韧性和抗疲劳能力，增强混凝土抗弯与抗拉强度。纤维混凝土的轴心抗拉极限强度、劈裂抗拉强度和抗折强度较预制混凝土桥面板的本体混凝土提高 40% 以上，28d 劈裂抗拉强度可达 5.5MPa 以上。

预应力锚具采用镀锌或者镀氧化膜工艺进行强化防腐处理，预应力管道采用镀锌金属波纹管，管道灌浆掺入除锈剂，防止预应力索锈蚀。

（3）钢-混凝土界面

① 钢梁顶板顶面的梁端 80mm 范围、边腹板上翼板风嘴侧 50mm 范围，喷砂除锈达到 Sa2.5 级后，涂覆环氧玻璃鳞片漆（最小干膜厚度 450μm），以避免水汽等腐蚀介质进入钢-混凝土界面、锈蚀钢顶板。

② 预制桥面板与钢梁顶板间的重合处粘贴宽 50mm、厚 20m（压缩后）的防腐橡胶条，以保证钢-混凝土界面的密封性，密封条最小压缩量要求不小于 5mm，橡胶条采用邵氏硬度为 30 的高弹性、高密度、耐老化的氯丁橡胶条。

③ 主桥在钢梁顶板（上翼板）无剪力钉区域的两侧橡胶条之间浇筑有环氧砂浆，用于填充桥面板与钢梁上翼缘空隙。

4）主要施工步骤

根据主桥全长位于海湾深水区的特点，主桥主要施工流程为钻孔桩基础施工→承台施工→主塔（墩）施工→结合主梁架设→桥面附属工程施工。具体施工步骤如下。

施工步骤一：基础、墩身及索塔施工。

主塔双壁钢吊箱围堰施工，连接墩、辅助墩单壁钢吊箱围堰施工，索塔塔座施工；索塔采用液压爬模节段浇筑，索塔下横梁采用支架现浇施工。

施工步骤二：塔区 0 号段和 1 号段主梁施工，主梁标准节段施工。

驳船运输梁段到位，利用大型起重船提升至塔旁托架并纵向牵引（或顶推）就位；浇筑节段线处湿接缝及张拉纵向预应力筋，安装并张拉对应斜拉索，起重机前移就位准备吊装下一主梁节段。

施工步骤三：邻近梁端的跨度 77.9m 大节段主梁施工。

采用 1600t 大型起重船船大节段整孔提升安装边跨邻近梁端的 77.9m 钢主梁，辅助墩支点处顶升主梁 20cm。

施工步骤四：邻近梁端的跨度 77.9m 大节段混凝土桥面板施工。

安装边跨所有永久压重，70m 端跨的中部 30m 范围临时堆载；辅助墩顶三个梁段的混凝土桥面板与钢梁结合。

施工步骤五：依次安装中跨结合梁节段直至主跨合龙；张拉中跨混凝土桥面板剩余纵向预应力筋。

施工步骤六：桥面工程及附属工程施工。

3.3 静力分析

1）荷载及荷载组合

（1）计算荷载

① 恒载

恒载包括结构自重、二期恒载、预加应力及其次内力、混凝土收缩徐变、永久压重。

二期恒载：塔区为 165.89kN/m，非塔区为 168.4kN/m。

预加应力、混凝土收缩和徐变参照《铁路桥涵混凝土结构设计规范》(TB 10092—2017)规定。其中桥面混凝土板预制龄期按 6 个月考虑。

基础变位：索塔基础不均匀沉降按 4cm 考虑，连接墩及辅助墩的基础按 2cm 考虑。

② 活载

根据《铁路桥涵设计规范》(TB 10002—2017)第 4.3.3 条规定"需要加载的结构（影响线）长度超过运营列车最大编组长度时，可采用列车最大编组长度"，泉州湾及安海湾偏保守地按 CRH380AL 型电力动车组长 403m 加载（中车唐山公司制造、铁科院型式试验的 16 辆编组 CR400BF-A 型"复兴号"中国标准动车组，总长度超过 415m，列车采用 8 动 8 拖配置，总定员 1193 人，成为新时代中国高铁走向世界的"大国重器"）。

$$动力系数：1 + \mu = 1 + \left(\frac{1.44}{\sqrt{L_\varphi} - 0.2} - 0.18\right)$$

钢轨纵向水平力（伸缩力及挠曲力）：根据《铁路无缝线路设计规范》(TB 10015—2012)的相关规定，主桥两端设置了钢轨伸缩调节器，故不计长钢轨纵向水平力（伸缩力及挠曲力）。

横向摇摆力：按 100kN，以最不利位置，水平作用于钢轨顶面。多线桥梁只计算任一线上的横向摇摆力。

③ 附加力

a. 桥上列车制动力或牵引力。

b. 按列车竖向静活载的 10% 计算，当与列车竖向动力作用同时计算时，按列车竖向静活载的 7% 计算。

c. 制动力作用在轨顶以上 2m 处。

d. 温度变化的影响。

a) 体系温度。

根据当地气候条件，取多年平均气温 20.7℃ ± 5℃ 作为合龙温度。

体系温度：混凝土桥塔及桥墩升降温±15℃，钢箱结合梁（含混凝土桥面板）及斜拉索升降温±26℃。

b) 局部温差。

斜拉索与混凝土主梁、索塔间的温差取±15℃。

索塔单侧±5℃，对于横向，中、下塔柱只取一根塔柱设置温差。

结合梁局部温差按照《公路桥涵设计通用规范》(JTG D60—2015)要求：考虑到主梁桥面大部分被道砟覆盖，未覆盖区域也有砂浆层和防水层，故偏保守地，竖向日照正温差参照"100mm 沥青混凝土铺装层"考虑（即 $T_1 = 14℃$），竖向负温差为正温差乘以 −0.5。考虑风嘴的悬臂遮挡效果，忽略横向温差影响[《公路桥涵设计通用规范》(JTG D60—2015)]。

温度组合考虑以下四种（包络）：

温度组合 1：体系升温 + 索、塔（梁）正温差 + 主梁竖向正温差 + 塔一侧（顺桥向）升温。

温度组合 2：体系降温 + 索、塔（梁）负温差 + 主梁竖向负温差 + 塔一侧（顺桥向）降温。

温度组合 3：体系升温 + 索、塔（梁）正温差 + 塔一侧（横桥向）升温。

温度组合 4：体系降温 + 索、塔（梁）负温差 + 塔一侧（横桥向）降温。

e. 风力。

参照《公路桥梁抗风设计规范》(JTG/T 3360-01—2018)，桥位处的基本风速 V_{10}（标准高度 10m、平均时距 10min、重现期 100 年）为 34.0m/s，$V_{s10} = 34.0 \times 1.174 = 39.9$m/s（场地地表类别为 A 类，幂指数 $\alpha = 0.12$），成桥状态主梁桥面高度处设计基准风速按下式计算。

$$V_d = V_{s10}\left(\frac{z}{z_{10}}\right)^\alpha$$

式中：V_{s10}——桥址处的设计风速，即水面以上 10m 高度处 100 年重现期的 10min 的年最大风速（m/s）；

z——桥面高度（m）；

z_{10}——地面以上 10m 高度（m）。

桥面高程为 59.505m，水面高程为 0.58m，故桥面高度处设计基准风速为：

$$V_d = 39.9 \times \left(\frac{59.505 - 0.58}{10}\right)^{0.12} = 49.4 \text{m/s}$$

分别考虑施工风荷载（20年重现期）、运营风载及极限风荷载（100年重现期）。主梁横向风荷载按三分力施加。

④ 特殊荷载

特殊荷载包括列车脱轨荷载、船只撞击力、施工荷载、地震力、长钢轨断轨力等。

（2）荷载组合

对于不同的阶段和荷载组合时，风荷载的取值也不同。

① 施工阶段采用 20 年一遇的风速。

② 考虑到风力大于 6 级时即停止吊梁，因此考虑起重机坠落时的风力为 6 级。

③ 成桥阶段不与列车活载组合时的风速采用 100 年重现期的风速。

④ 成桥阶段与列车活载载组合时，桥面（轨顶）处风速取 $V_d = 25\text{m/s}$（不计阵风系数），静阵风风速（即瞬时风速）$V_g = G_V V_d = 29.6\text{m/s}$（30m/s 时，禁止动车组列车进入），其中 G_V 静阵风系数，取 1.184。

⑤ 鉴于 7 至 9 月为台风频发期，而 12 月至翌年 3 月为季风期，以上时期桥位处风速均较大。而最高月平均气温出现在 7 月，最低月平均气温出现在 1 月，因此：

a. 成桥阶段，行车风速与列车活载组合时，需组合温度荷载，与波流力（20重现期）组合。

b. 成桥阶段，设计风速不与温度荷载组合，与波流力（100年重现期）组合。

c. 施工阶段，考虑温度荷载时，与 6 级风组合。

d. 施工阶段，20 年重现期风荷载不与温度组合。

各阶段的荷载组合见表 3-3-1。

各阶段的荷载组合表 表 3-3-1

受力阶段	荷载组合
裸塔施工阶段	恒载 + 纵风（20年重现期）
	恒载 + 横风（20年重现期）
	恒载 + 纵风（6级风）+ 纵向温度荷载
	恒载 + 横风（6级风）+ 横向温度荷载
结合梁段悬拼施工阶段	恒载 + 施工荷载（如起重机重等）+ 横向风荷载（20年重现期，三分力）对称加载
	恒载 + 施工荷载（如起重机重等）+ 横向风荷载（20年重现期，三分力）不对称加载
	恒载 + 施工荷载（如起重机重等）+ 纵向风荷载（20年重现期，摩擦力）对称加载
	恒载 + 施工荷载（如起重机重等）+ 横向风荷载（6级风，三分力）对称加载 + 横向温度荷载 + 梁段坠落
	恒载 + 施工荷载（如起重机重等）+ 横向风荷载（6级风，三分力）不对称加载 + 横向温度荷载 + 梁段坠落
	恒载 + 施工荷载（如起重机重等）+ 纵向风荷载（6级风，三分力）对称加载 + 纵向温度荷载 + 梁段坠落
成桥运营阶段	主力组合 1：恒载即结构自重 + 二期恒载 + 预加力 + 收缩徐变 + 基础变位
	主力组合 2：主力组合 1 + 活载
	主力 + 纵向附加力 1：主力组合 1 + 纵向风荷载（100年重现期）
	主力 + 纵向附加力 2：主力组合 2 + 纵向运营风载 + 温度组合
	主力 + 纵向附加力 3：主力组合 1 + 船舶撞击力（纵向）
	主力 + 纵向附加力 4：主力组合 1 + 纵向风荷载（100年重现期）+ 波流力（100年重现期，不组合制动力）
	主力 + 纵向附加力 5：主力组合 2 + 纵向运营风载 + 波流力（20年重现期，不组合制动力）

续上表

受力阶段	荷载组合
成桥运营阶段	主力+纵向附加力3：主力组合2+制动力
	主力+横向附加力1：主力组合1+横向风荷载（100年重现期）
	主力+横向附加力2：主力组合1+纵向风荷载（100年重现期）+波流力（100年重现期）
	主力+横向附加力3：主力组合2+横向运营风荷载+温度组合
	主力+横向附加力4：主力组合2+横向运营风荷载+波流力（20年重现期）
	主力+横向附加力3：主力组合1+船舶撞击力（横向）
	恒载+活载（不含动力作用）+地震作用
	恒载+活载（邻近更换拉索的线路，余限速通行）+换索工况
	恒载+活载+断索工况

2）静力计算模式

静力分析采用空间杆系非线性程序，以设计竖曲线为基准进行结构离散，并根据施工过程形成各阶段的计算图式，分析结构各阶段的内力和位移变化情况，建立空间有限元模型如图3-3-7所示。

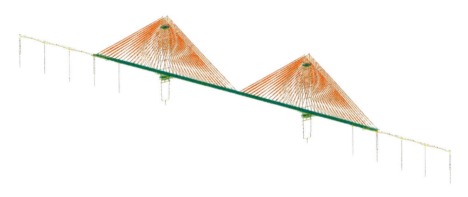

图3-3-7 全桥计算模型

为保证高铁静动态验收和无砟轨道的铺设，高铁斜拉桥宜采用"塔直梁平"的合理成桥状态。为避免支座负反力，端跨桥面板进行了加厚并设置了压重混凝土，70m端跨跨中存在26mm的向下位移，实际通过钢设置预拱度，实现桥面在成桥状态下"零位移"。

成桥状态斜拉索索力如图3-3-8所示，主梁弯矩及竖向位移如图3-3-9、图3-3-10所示。

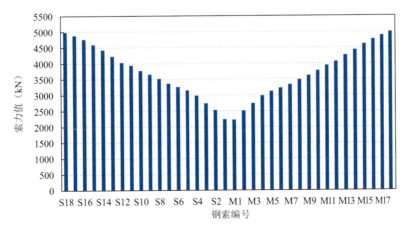

图3-3-8 成桥状态斜拉索索力图（梁端索力）

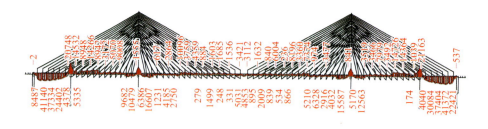

图 3-3-9　成桥状态主梁弯矩图（未计入预应力，单位：kN·m）

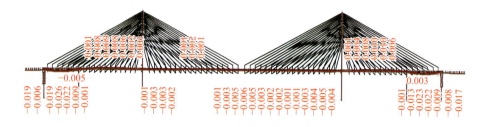

图 3-3-10　成桥状态主梁竖向位移图（单位：m）

3）主要静力结果

（1）支反力

支反力结果见表 3-3-2。

支反力结果（受压为正，单个支座） 表 3-3-2

位置	恒载（kN）	主力		主力+附加力	
		最大值（kN）	最小值（kN）	最大值（kN）	最小值（kN）
连接墩支座	3138	5903	946	6503	262
辅助墩支座	8769	17407	1083	18467	266
索塔竖向支座	6278	14703	2470	18469	339
索塔抗风支座	0	190	0	3562	0

（2）斜拉索

运营阶段，主力+附加力作用下，斜拉索最大索力为 6959kN（对应 M18 拉索，中跨最长索），最小索力为 1837kN（对应 M1 拉索）；斜拉索强度安全系数均大于 2.5，最小值为 2.68，最大值为 3.20。斜拉索疲劳活载应力幅介于 55～114MPa 之间，斜拉索满足疲劳要求。

（3）主梁

① 钢梁应力

运营阶段，主力作用下，主梁钢结构上缘第一体系正应力介于 −70（受压）～0MPa 之间，下缘正应力介于 −111（受压）～102（受拉）MPa 之间；主力+附加力作用下，主梁钢结构上缘第一体系正应力介于 −111（受压）～26（受拉）MPa 之间，下缘正应力（第一体系应力）介于 −153（受压）～139（受拉）MPa 之间。

主力作用下钢结构上、下缘正应力如图 3-3-11、图 3-3-12 所示，主力+附加力作用下钢结构上、下缘正应力如图 3-3-13、图 3-3-14 所示。

② 混凝土桥面板应力

运营阶段，主力作用下的最大名义正压应力为 16.1MPa，主力+附加力作用下的最大名义正压应力为 18.4MPa。

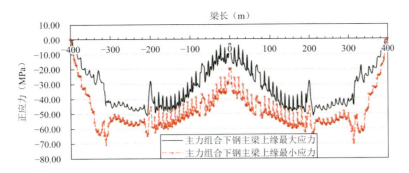

图 3-3-11　主力作用下钢结构上缘正应力包络图

注：横坐标以梁跨中为零点，下同。

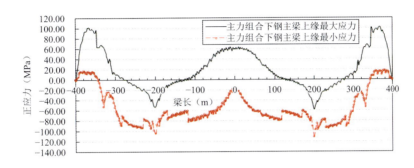

图 3-3-12　主力作用下钢结构下缘正应力包络图

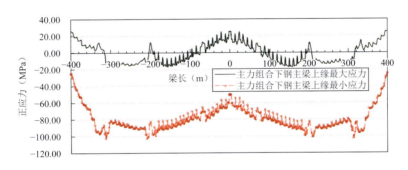

图 3-3-13　主力 + 附加力作用下钢结构上缘正应力包络图

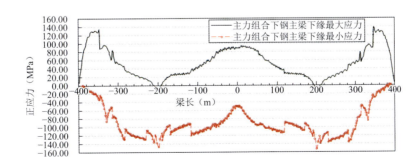

图 3-3-14　主力 + 附加力作用下钢结构下缘正应力包络图

运营阶段混凝土桥面板板总体处于受压状态，索塔及跨中区段混凝土桥面板出现的拉应力通过配置纵向预应力消除，辅助墩区段混凝土桥面板出现的拉应力通过综合采用支座顶落梁（20cm）、预加荷载法、支点处设置后浇加宽湿接缝工艺、混凝土桥面板合理施工顺序选择（边跨自重和压重施加后，辅助墩区混凝土桥面板与钢梁结合）、配置纵向预应力等措施予以完全消除。

在主力作用下混凝土桥面板上、下缘正应力包络如图 3-3-15、图 3-3-16 所示，主力 + 附加力作用下混凝土桥面板上、下缘正应力如图 3-3-17、图 3-3-18 所示。

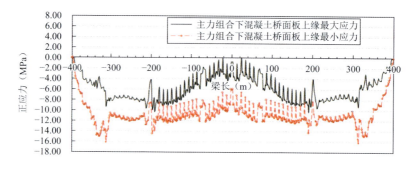

图 3-3-15　主力作用下混凝土桥面板上缘正应力包络图

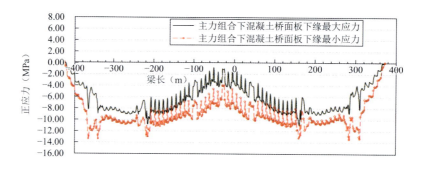

图 3-3-16　主力作用下混凝土桥面板下缘正应力包络图

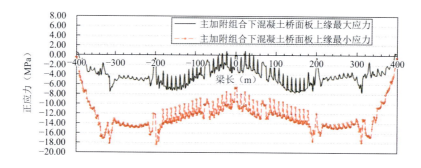

图 3-3-17　主力 + 附加力作用下混凝土桥面板上缘正应力包络图

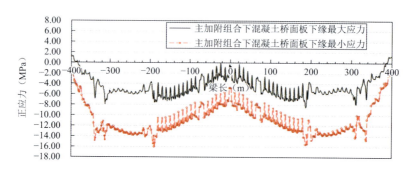

图 3-3-18　主力 + 附加力作用下结合梁桥面板下缘正应力包络图

（4）索塔

主力组合作用下索塔塔柱最大正应力为 10.44MPa，主 + 附组合作用下最大正应力为 10.53MPa，均小于规范容许值，满足规范要求；主力组合作用下，未出现正拉应力，索塔塔柱始终受压；主+附两种组合作用下，除下塔柱底部3m实体段、横梁与塔柱交会实体段出现正拉应力外，其余均未出现正拉应力，索塔塔柱总体处于受压状态。

主力作用下索塔塔柱名义正应力如图3-3-19所示，主+附组合作用下索塔塔柱名义正应力如图3-3-20所示。

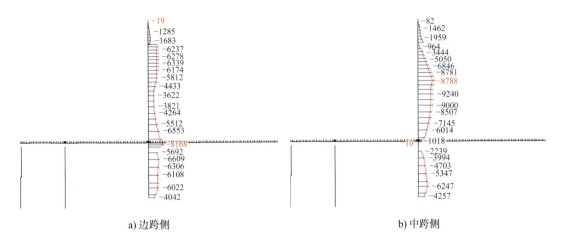

a) 边跨侧　　　　　　　　　　　　b) 中跨侧

图 3-3-19　主力作用下索塔塔柱名义正应力包络图（单位：kPa）

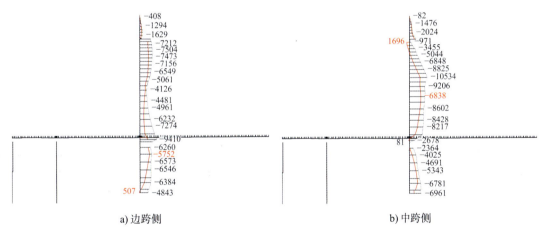

a) 边跨侧　　　　　　　　　　　　b) 中跨侧

图 3-3-20　主+附组合作用下索塔塔柱名义正应力包络图（单位：kPa）

3.4　动力分析

1）结构动力特性计算

对主桥进行动力特性分析，表3-3-3给出了前20阶自由振动以及典型振型（主梁纵漂、横弯、竖弯、扭转）基阶的周期、频率及振型特征。

自振频率表　　　　　　　　　　　　　　　　　表 3-3-3

振型阶数	频率（Hz）	周期（s）	振型特征	振型阶数	频率（Hz）	周期（s）	振型特征
1	0.140	7.138	主梁纵漂	4	0.363	2.754	两桥塔同向侧弯
2	0.240	4.160	主梁一阶正对称横弯	5	0.389	2.573	主梁一阶正对称竖弯
3	0.341	2.931	两桥塔反向侧弯	6	0.502	1.992	主梁反对称竖弯

续上表

振型阶数	频率（Hz）	周期（s）	振型特征	振型阶数	频率（Hz）	周期（s）	振型特征
7	0.553	1.809	小里程连接墩侧弯	15	0.733	1.365	引桥振型
8	0.593	1.685	主梁反对称竖弯	16	0.739	1.354	引桥振型
9	0.633	1.580	大里程桥塔侧弯	17	0.746	1.340	连接墩侧弯
10	0.648	1.542	主梁反对称横弯	18	0.792	1.263	主梁反对称横弯
11	0.660	1.514	引桥振型	19	0.829	1.206	大里程辅助墩纵弯
12	0.687	1.457	主梁反对称竖弯	20	0.845	1.184	大里程桥塔扭转+主梁扭转
13	0.712	1.404	小里程辅助墩纵弯	45	1.664	0.601	主梁扭转
14	0.727	1.375	小里程辅助墩侧弯				

2）车-桥及风-车-桥耦合振动分析

（1）风-车-线-桥耦合动力学理论、模型及工况

① 力学理论及模型

风-列车-线路-桥梁系统是一个相互影响、相互耦合的系统，如图3-3-21所示。一方面，高速运行的列车通过轮轨接触会对轨道结构产生动力作用，轨道结构通过桥轨相互作用将振动传递给桥梁；另一方面，桥梁结构的振动又会反过来改变轨道结构的振动状态，从而影响车辆的运行状态。列车过桥时，由于列车的阻风面积较大，在风荷载作用下结构的气动性能与无车时有较大的变化，导致桥梁在一定的风速下发生明显的抖振响应，同时又影响列车过桥时的车桥动力响应。

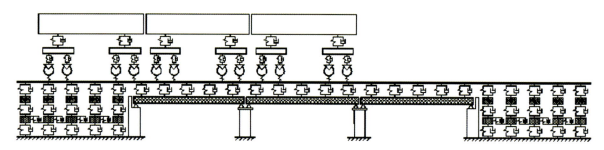

a) 车-线-桥动力模型系统

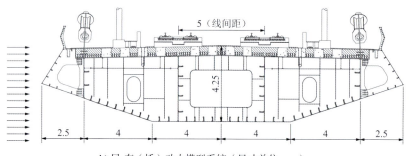

b) 风-车（桥）动力模型系统（尺寸单位：m）

图3-3-21 风-车-线-桥动力模型系统

风-列车-线路-桥梁系统是在轨道不平顺、随机脉动风场、轮对蛇行运动和桥跨布置激励下的时变系统，涉及知识面广，是多学科、多方向的交叉。

② 列车及计算工况

针对不同车辆作用下的车-线-桥及风-车-线-桥耦合振动进行研究，得到福厦铁路泉州湾跨海大桥不

同行车环境下的行车安全性和舒适性。列车型号为CRH3，其编组形式为：2×(动+拖+动+动+动+动+拖+动)，共16节。桥梁为双线铁路，列车可在桥上单、双线运行。列车速度等级取160km/h、180km/h、200km/h、225km/h、250km/h、275km/h、300km/h、325km/h、350km/h、375km/h、400km/h、420km/h。

（2）车-桥耦合振动分析（考虑温度变形等轨道不平顺因素）

对于福厦高铁泉州湾跨海大桥，考虑混凝土徐变及主桥温度变化的情况会改变轨道的不平顺状态，这些附加变形对桥梁的动力性能以及车辆的行车安全性和舒适性都有一定的影响。为探明这些附加变形对行车的影响程度以及规律，分析过程中设置了11种桥面竖向附加变形状态，具体如下。

工况一：徐变。
工况二：徐变+整体升温。
工况三：徐变+整体降温。
工况四：整体升温+拉索升温。
工况五：整体降温+拉索降温。
工况六：徐变+整体升温+拉索升温。
工况七：徐变+整体降温+拉索降温。
工况八：整体升温+拉索升温+顶板升温+桥塔升温。
工况九：整体降温+拉索降温+顶板降温+桥塔降温。
工况十：徐变+整体升温+拉索升温+顶板升温+桥塔升温。
工况十一：徐变+整体降温+拉索降温+顶板降温+桥塔降温。

双线CRH3列车作用下车辆动力响应评价见表3-3-4、表3-3-5。

双线CRH3列车作用下车辆动力响应评价（车速420km/h）　　表3-3-4

附加变形工况			一	二	三	四	五	六	七	八	九	十	十一
动车	安全性	脱轨系数	满足	满足	满足	满足	满足	满足	满足	满足	满足	满足	满足
		轮重减载率	满足	满足	满足	满足	满足	满足	满足	满足	满足	满足	满足
		倾覆系数	满足	满足	满足	满足	满足	满足	满足	满足	满足	满足	满足
		轮轴横向力（kN）	满足	满足	满足	满足	满足	满足	满足	满足	满足	满足	满足
	舒适性	车体加速度（m/s²）横向	满足	满足	满足	满足	满足	满足	满足	满足	满足	满足	满足
		车体加速度（m/s²）竖向	满足	满足	满足	满足	满足	满足	满足	满足	满足	满足	满足
		Sperling指标 横向	优	优	优	优	优	优	优	优	优	优	优
		Sperling指标 竖向	优	优	优	优	优	优	优	优	优	优	优
拖车	安全性	脱轨系数	满足	满足	满足	满足	满足	满足	满足	满足	满足	满足	满足
		轮重减载率	满足	满足	满足	满足	满足	满足	满足	满足	满足	满足	满足
		倾覆系数	满足	满足	满足	满足	满足	满足	满足	满足	满足	满足	满足
		轮轴横向力（kN）	满足	满足	满足	满足	满足	满足	满足	满足	满足	满足	满足
	舒适性	车体加速度（m/s²）横向	满足	满足	满足	满足	满足	满足	满足	满足	满足	满足	满足
		车体加速度（m/s²）竖向	满足	满足	满足	满足	满足	满足	满足	满足	满足	满足	满足
		Sperling指标 横向	优	优	优	优	优	优	优	优	优	优	优
		Sperling指标 竖向	优	优	优	优	优	优	优	优	优	优	优

双线 CRH3 列车作用下车辆动力响应评价　　　　表 3-3-5

				160	180	200	225	250	275	300	325	350	375	400	420
第一列动车	安全性	脱轨系数		满足	满足	满足	满足	满足	满足	满足	满足	满足	满足	满足	满足
		轮重减载率		满足	满足	满足	满足	满足	满足	满足	满足	满足	满足	满足	满足
		倾覆系数		满足	满足	满足	满足	满足	满足	满足	满足	满足	满足	满足	满足
		轮轴横向力（kN）		满足	满足	满足	满足	满足	满足	满足	满足	满足	满足	满足	满足
	舒适性	车体加速度（m/s²）	横向	满足	满足	满足	满足	满足	满足	满足	满足	满足	满足	满足	满足
			竖向	满足	满足	满足	满足	满足	满足	满足	满足	满足	满足	满足	满足
		Sperling 指标	横向	优	优	优	优	优	优	优	优	优	优	优	优
			竖向	优	优	优	优	优	优	优	优	优	优	优	优
第一列拖车	安全性	脱轨系数		满足	满足	满足	满足	满足	满足	满足	满足	满足	满足	满足	满足
		轮重减载率		满足	满足	满足	满足	满足	满足	满足	满足	满足	满足	满足	满足
		倾覆系数		满足	满足	满足	满足	满足	满足	满足	满足	满足	满足	满足	满足
		轮轴横向力（kN）		满足	满足	满足	满足	满足	满足	满足	满足	满足	满足	满足	满足
	舒适性	车体加速度（m/s²）	横向	满足	满足	满足	满足	满足	满足	满足	满足	满足	满足	满足	满足
			竖向	满足	满足	满足	满足	满足	满足	满足	满足	满足	满足	满足	满足
		Sperling 指标	横向	优	优	优	优	优	优	优	优	优	优	优	优
			竖向	优	优	优	优	优	优	优	优	优	优	优	优
第二列动车	安全性	脱轨系数		满足	满足	满足	满足	满足	满足	满足	满足	满足	满足	满足	满足
		轮重减载率		满足	满足	满足	满足	满足	满足	满足	满足	满足	满足	满足	满足
		倾覆系数		满足	满足	满足	满足	满足	满足	满足	满足	满足	满足	满足	满足
第二列动车	安全性	轮轴横向力（kN）		满足	满足	满足	满足	满足	满足	满足	满足	满足	满足	满足	满足
	舒适性	车体加速度（m/s²）	横向	满足	满足	满足	满足	满足	满足	满足	满足	满足	满足	满足	满足
			竖向	满足	满足	满足	满足	满足	满足	满足	满足	满足	满足	满足	满足
		Sperling 指标	横向	优	优	优	优	优	优	优	优	优	优	优	优
			竖向	优	优	优	优	优	优	优	优	优	优	优	优
第二列拖车	安全性	脱轨系数		满足	满足	满足	满足	满足	满足	满足	满足	满足	满足	满足	满足
		轮重减载率		满足	满足	满足	满足	满足	满足	满足	满足	满足	满足	满足	满足
		倾覆系数		满足	满足	满足	满足	满足	满足	满足	满足	满足	满足	满足	满足
		轮轴横向力（kN）		满足	满足	满足	满足	满足	满足	满足	满足	满足	满足	满足	满足
	舒适性	车体加速度（m/s²）	横向	满足	满足	满足	满足	满足	满足	满足	满足	满足	满足	满足	满足
			竖向	满足	满足	满足	满足	满足	满足	满足	满足	满足	满足	满足	满足
		Sperling 指标	横向	优	优	优	优	优	优	优	优	优	优	优	优
			竖向	优	优	优	优	优	优	优	优	优	优	优	优

车-线-桥耦合振动分析表明：

① 在无风环境下，CRH3 动车组以车速 160～420km/h 运行时，桥梁的动力性能均满足要求，列车

的运行安全性有保证，乘坐舒适性均达到"优"。

② 在考虑徐变等9种桥面附加变形工况作用下，列车高速过桥时，桥梁的动力性能均满足要求，列车的运行安全性有保证，乘坐舒适性均达到"优"。且各工况下仿真计算的结果与不考虑桥面附加变形时的结果差异不大，说明桥面附加变形对桥梁的动力响应及列车的行车安全影响较小。

（3）风-车-桥系统进行耦合振动分析

双线CRH3列车作用下桥梁最大位移响应值、最大加速度响应值见表3-3-6、表3-3-7，双线CRH3作用下车辆响应汇总表、车辆动力响应评价见表3-3-8、表3-3-9。

双线CRH3列车作用下桥梁最大位移响应值（环境风速25m/s） 表3-3-6

	车速（km/h）	160	180	200	225	250	275	300	325	350
主梁横向位移（mm）	左边跨跨中	3.48	3.64	3.70	3.65	3.66	3.69	3.79	3.86	3.92
	主跨1/4	10.99	10.54	10.97	8.28	10.14	10.36	10.62	9.56	9.81
	主跨跨中	15.40	14.25	15.06	11.32	13.71	14.42	14.58	13.45	13.16
	主跨3/4	10.69	9.88	10.66	8.35	9.68	10.30	9.96	9.47	9.29
	右边跨跨中	2.34	3.25	2.93	2.79	2.53	2.85	2.59	2.80	2.91
主梁竖向位移（mm）	左边跨跨中	30.16	32.42	32.81	34.90	39.29	43.00	40.28	43.12	43.83
	主跨1/4	101.79	103.03	106.57	108.69	109.87	110.36	111.31	112.28	112.61
	主跨跨中	188.88	189.59	192.26	192.40	194.52	195.82	198.27	199.40	201.65
	主跨3/4	102.74	103.98	107.52	109.64	110.82	111.31	112.26	113.23	113.56
	右边跨跨中	31.16	33.42	33.81	35.90	40.29	44.00	41.28	44.12	44.83

双线CRH3列车作用下桥梁最大加速度响应值（环境风速25m/s） 表3-3-7

	车速（km/h）	160	180	200	225	250	275	300	325	350
主梁横向加速度（cm/s^2）	左边跨跨中	2.13	2.48	2.55	2.79	2.68	2.90	2.89	3.68	3.89
	主跨1/4	3.31	3.38	3.50	3.57	3.93	4.44	4.37	4.54	4.53
	主跨跨中	1.46	1.82	1.76	1.92	1.66	1.87	1.86	1.85	2.07
	主跨3/4	2.99	3.11	3.77	4.20	4.58	4.76	5.16	5.16	5.16
	右边跨跨中	2.22	2.73	2.48	2.58	2.88	3.11	3.18	3.17	3.27
主梁竖向加速度（cm/s^2）	左边跨跨中	13.94	13.83	18.40	15.57	22.91	24.92	27.04	29.93	28.84
	主跨1/4	13.77	17.98	20.58	22.32	32.08	33.44	34.86	36.06	39.25
	主跨跨中	18.37	21.98	24.50	25.93	38.79	40.11	42.92	41.29	51.91
	主跨3/4	11.87	15.91	15.52	19.60	20.43	25.68	27.79	27.72	30.61
	右边跨跨中	12.81	13.45	15.41	15.41	17.41	20.58	23.24	25.66	27.08

双线CRH3作用下车辆响应汇总表（环境风速25m/s） 表3-3-8

		车速（km/h）	160	180	200	225	250	275	300	325	350
第一列动车	安全性	脱轨系数	0.17	0.17	0.19	0.17	0.18	0.20	0.21	0.20	0.20
		轮重减载率	0.31	0.29	0.33	0.34	0.35	0.39	0.42	0.41	0.44
		倾覆系数	0.27	0.24	0.26	0.29	0.29	0.31	0.34	0.35	0.36

167

续上表

第一列动车	安全性	轮轴横向力（kN）		21.87	22.52	25.28	22.24	23.33	26.61	27.39	27.91	27.56
	舒适性	车体加速度（m/s²）	横向	0.75	0.83	0.94	0.90	0.86	0.85	0.87	0.88	1.11
			竖向	0.56	0.83	0.82	0.76	0.83	0.85	0.84	1.05	1.10
		Sperling 指标	横向	2.00	1.99	2.49	2.45	2.44	2.39	2.35	2.34	2.31
			竖向	1.56	1.61	1.89	1.91	1.91	1.93	1.94	1.97	2.00
第一列拖车	安全性	脱轨系数		0.21	0.21	0.23	0.22	0.25	0.25	0.23	0.23	0.33
		轮重减载率		0.35	0.35	0.36	0.36	0.40	0.39	0.44	0.47	0.51
		倾覆系数		0.29	0.29	0.32	0.32	0.33	0.33	0.37	0.38	0.39
		轮轴横向力（kN）		26.28	26.23	27.95	27.23	30.26	31.98	27.33	28.70	40.05
	舒适性	车体加速度（m/s²）	横向	0.85	0.89	0.93	0.98	0.99	1.09	1.10	1.12	1.30
			竖向	0.59	0.66	0.74	0.75	0.81	0.85	0.90	0.94	1.20
		Sperling 指标	横向	2.18	2.35	2.47	2.38	2.38	2.50	2.94	2.84	2.81
			竖向	1.59	1.62	1.90	1.91	1.89	1.86	1.87	1.89	1.90
第二列动车	安全性	脱轨系数		0.07	0.07	0.08	0.08	0.08	0.09	0.10	0.11	0.12
		轮重减载率		0.15	0.15	0.16	0.19	0.21	0.24	0.26	0.29	0.32
		倾覆系数		0.10	0.10	0.11	0.12	0.14	0.16	0.17	0.19	0.21
		轮轴横向力（kN）		5.45	5.45	6.38	7.44	8.58	9.97	10.78	11.79	14.04
	舒适性	车体加速度（m/s²）	横向	0.34	0.38	0.44	0.50	0.53	0.56	0.58	0.60	0.59
			竖向	0.59	0.71	0.77	0.69	0.84	0.80	0.88	1.02	1.33
		Sperling 指标	横向	1.56	1.62	1.94	1.99	1.99	1.97	1.96	1.95	1.95
			竖向	1.56	1.58	1.87	1.89	1.93	1.95	1.97	1.99	2.01
第二列拖车	安全性	脱轨系数		0.09	0.09	0.09	0.09	0.09	0.10	0.10	0.11	0.12
		轮重减载率		0.16	0.16	0.18	0.21	0.23	0.25	0.26	0.30	0.33
		倾覆系数		0.10	0.10	0.11	0.13	0.15	0.16	0.18	0.20	0.23
		轮轴横向力（kN）		7.80	7.77	7.13	8.38	9.61	10.70	11.55	12.68	13.65
	舒适性	车体加速度（m/s²）	横向	0.46	0.51	0.56	0.61	0.57	0.54	0.60	0.61	0.60
			竖向	0.59	0.65	0.76	0.74	0.81	0.85	0.89	0.92	1.11
		Sperling 指标	横向	1.66	1.81	2.24	2.25	2.18	2.10	2.07	2.04	2.02
			竖向	1.51	1.58	1.83	1.84	1.87	1.86	1.89	1.93	1.94

双线 CRH3 列车作用下车辆动力响应评价（环境风速 25m/s）　　表 3-3-9

			车速（km/h）	160	180	200	225	250	275	300	325	350
第一列动车	安全性		脱轨系数	满足	满足	满足	满足	满足	满足	满足	满足	满足
			轮重减载率	满足	满足	满足	满足	满足	满足	满足	满足	满足

续上表

第一列动车	安全性	倾覆系数		满足	满足	满足	满足	满足	满足	满足	满足	满足
		轮轴横向力（kN）		满足	满足	满足	满足	满足	满足	满足	满足	满足
	舒适性	车体加速度（m/s²）	横向	满足	满足	满足	满足	满足	满足	满足	满足	不满足
			竖向	满足	满足	满足	满足	满足	满足	满足	满足	满足
		Sperling 指标	横向	优	优	优	优	优	优	优	优	优
			竖向	优	优	优	优	优	优	优	优	优
第一列拖车	安全性	脱轨系数		满足	满足	满足	满足	满足	满足	满足	满足	满足
		轮重减载率		满足	满足	满足	满足	满足	满足	满足	满足	满足
		倾覆系数		满足	满足	满足	满足	满足	满足	满足	满足	满足
		轮轴横向力（kN）		满足	满足	满足	满足	满足	满足	满足	满足	满足
	舒适性	车体加速度（m/s²）	横向	满足	满足	满足	满足	满足	不满足	不满足	不满足	不满足
			竖向	满足	满足	满足	满足	满足	满足	满足	满足	满足
		Sperling 指标	横向	优	优	优	优	优	优	优	优	优
			竖向	优	优	优	优	优	优	优	优	优
第二列动车	安全性	脱轨系数		满足	满足	满足	满足	满足	满足	满足	满足	满足
		轮重减载率		满足	满足	满足	满足	满足	满足	满足	满足	满足
		倾覆系数		满足	满足	满足	满足	满足	满足	满足	满足	满足
		轮轴横向力（kN）		满足	满足	满足	满足	满足	满足	满足	满足	满足
	舒适性	车体加速度（m/s²）	横向	满足	满足	满足	满足	满足	满足	满足	满足	满足
			竖向	满足	满足	满足	满足	满足	满足	满足	满足	不满足
		Sperling 指标	横向	优	优	优	优	优	优	优	优	优
			竖向	优	优	优	优	优	优	优	优	优
第二列拖车	安全性	脱轨系数		满足	满足	满足	满足	满足	满足	满足	满足	满足
		轮重减载率		满足	满足	满足	满足	满足	满足	满足	满足	满足
		倾覆系数		满足	满足	满足	满足	满足	满足	满足	满足	满足
		轮轴横向力（kN）		满足	满足	满足	满足	满足	满足	满足	满足	满足
	舒适性	车体加速度（m/s²）	横向	满足	满足	满足	满足	满足	满足	满足	满足	满足
			竖向	满足	满足	满足	满足	满足	满足	满足	满足	满足
		Sperling 指标	横向	优	优	优	优	优	优	优	优	优
			竖向	优	优	优	优	优	优	优	优	优

（4）风-车-线-桥耦合振动分析

① 单线及双线 CRH3 动车组列车在桥上运行时，泉州湾跨海大桥满足《铁路技术管理规程》（高铁

部分）第343条关于动车组列车遇大风行车限速的规定。

② 相同环境风速下，大桥可按高于规程运营速度通行；环境风速超过20m/s（8级风），才开始限速；环境风速达到25（10级风）～30m/s（11级风），列车运营速度为200km/h。

③ 根据跨海大桥与陆地引桥的桥面高程进行风速转换，跨海大桥桥面比陆地引桥桥面约高一个风级，陆地引桥按照《铁路技术管理规程》（高铁部分）规定办理，在不设风屏障等防风措施下，跨海大桥桥面可达到与陆地引桥相同的行车条件。

可见，海湾风环境下，泉州湾跨海大桥主桥具有良好的列车行车安全性和旅客乘坐舒适性。

基于风-车-线-桥耦合振动分析结果，确定泉州湾跨海大桥主桥列车运行的风速（车速）预警阈值并与《铁路技术管理规程》（高铁部分）对比，见表3-3-10。

泉州湾跨海大桥车速（风速）预警阈值（未设风屏障等防风措施）　　表3-3-10

环境风速U（括号内为对应风级）	本桥运营车速阈值（限值）	铁路技术管理规程运营车速限值	与规程对比情况
$U \leqslant 10$m/s（5级）	$\leqslant 350$km/h	$\leqslant 350$km/h	相同
10m/s（5级）$< U \leqslant 15$m/s（7级）	$\leqslant 350$km/h	$\leqslant 350$km/h	相同
15m/s（7级）$< U \leqslant 20$m/s（8级）	$\leqslant 350$km/h	$\leqslant 300$km/h	车速高于规程
20m/s（8级）$< U \leqslant 25$m/s（10级）	$\leqslant 250$km/h（单线行车时$\leqslant 275$km/h）	$\leqslant 200$km/h	车速高于规程
25m/s（10级）$< U \leqslant 30$m/s（11级）	$\leqslant 200$km/h	$\leqslant 120$km/h	车速高于规程
$U > 30$m/s（11级）	封闭	严禁动车组列车进入	相同

第 4 章 混凝土斜拉桥

4.1 概述

混凝土斜拉桥在铁路中应用较少，福厦高铁木兰溪特大桥主桥采用(30+145+145+30)m独塔双索面混凝土斜拉桥，桥全长350m。主桥位于上坡、曲线上。桥位与既有福厦铁路1-128m系杆拱桥并行，线路中心相距约22m。立面布置如图3-4-1所示，主桥效果如图3-4-2所示。

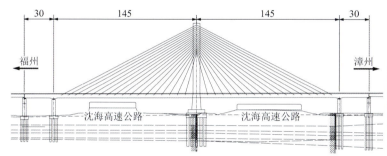

图 3-4-1 主桥立面布置图（尺寸单位：m）

图 3-4-2 主桥效果图

4.2 主要结构参数比选

混凝土独塔斜拉桥结构和受力均对称，设置边跨可提高结构的整体刚度，同时有利于结构受力，使活载作用下的梁端竖向转角不大于1‰rad。因此合理的边跨长度是本结构重要的参数之一。另外，由于本桥邻近既有福厦铁路，桥塔结构及施工方案的选择也是本结构能够顺利实施的控制性因素。

1）合理的边跨长度

经计算可知：不设置边跨时，(145+145)m独塔斜拉桥在静活载作用下梁端转角为4.4‰rad。结合铁路桥梁常用跨度，边跨长度分别选取24m、30m、40m、48m四种跨度方案，分析各方案下结构受力，分析结果见表3-4-1。边跨长度由24m逐渐增加到48m时，边支点反力、梁端转角、边跨跨中弯矩逐渐增大，边跨辅助墩顶弯矩基本不变；主桥边跨长度为30m时边支点反力和梁端转角均满足要求，且跨中弯矩较小，主梁受力性能最优。因此，推荐采用边跨长度30m的方案。

不同边跨长度方案下结构受力   表 3-4-1

边跨跨度 （m）	边支点最小支反力 （kN）	梁端转角 （rad）	辅助墩顶弯矩 （MN·m）	边跨跨中弯矩 （MN·m）
24	−2373	0.34‰	−327	34
30	2930	0.49‰	−323	65
40	9456	0.62‰	−329	130
48	13242	0.75‰	−345	193

2）桥塔结构方案

（1）混凝土桥塔方案

桥塔全截面均采用混凝土结构，桥面以上为倒 Y 形，桥面以下内收为花瓶形，横桥向宽度为 9.5～23.9m，顺桥向宽度为 6.5～8.0m，施工方案采用原位现浇 + 平转施工。

桥塔下塔柱采用支架原位现浇施工（图 3-4-3），下横梁采用预埋型钢作为支架与塔梁固结段一起浇筑，中塔柱及上塔柱分节段采用原位自升高平台现浇施工（图 3-4-4）。

图 3-4-3　下塔柱支架现浇施工示意图　　图 3-4-4　采用自升高平台现浇施工示意图

考虑到桥塔顺桥向尺寸小，为降低桥塔施工邻近既有线施工安全风险，对桥塔增加裸塔平转施工方案，施工时先将桥塔以横桥向平行于既有铁路的方向现浇施工（图 3-4-5），然后再沿桥塔竖向中心线平转约 90°至桥塔设计位置（图 3-4-6），此时桥塔至既有铁路限界最小水平距离由 10.1m 增大到 17.3m，大大降低了桥塔施工邻近既有线施工的风险。

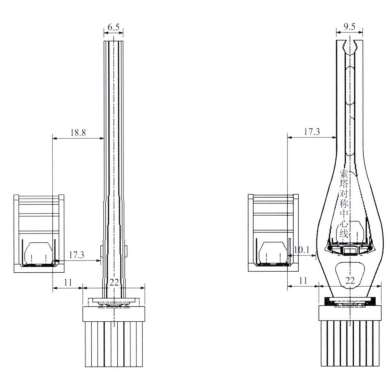

图 3-4-5　桥塔平转前施工示意图（尺寸单位：m）　　图 3-4-6　桥塔平转后施工示意图（尺寸单位：m）

（2）部分钢壳混凝土桥塔方案

桥塔下塔柱及下横梁采用钢筋混凝土结构，中、上塔柱及中、上横梁采用钢壳混凝土结构。为防止灌注混凝土时钢壳发生肿胀，采用环向加劲肋加强，加劲肋长度为600mm、厚度为14mm、竖向间距为300cm；竖向加劲肋宽度为250mm、厚度为12mm。钢壳混凝土桥塔横断面布置如图3-4-7所示。施工方案可采用原位吊装拼接施工。

桥塔下塔柱采用支架现浇施工，中、上桥塔采用吊装拼接施工。其中，外围钢壳结构作为内部混凝土的模板，在天窗时间采用节段吊装就位，然后与上一节段钢壳焊接，最后在钢壳内灌注混凝土。

（3）部分钢结构桥塔方案

桥塔下塔柱及下横梁采用钢筋混凝土结构，中、上塔柱及中、上横梁采用钢结构。上塔柱采用两并行焊接箱形截面，通过横梁连接，顺桥向宽度为650cm，横桥向总宽度为950cm，箱形截面钢板厚度为36mm，竖向加劲肋厚度为24mm，宽度为300mm，横隔板厚度为20mm，竖向间距不大于300cm，与斜拉索锚固位置相对应；中塔柱采用两分离式焊接箱形截面，单柱顺桥向总宽度为650~740cm，横桥向宽度为320cm，箱形截面钢板厚度为40mm，竖向加劲肋厚度为28mm，宽度为300mm，横隔板厚度为20mm，竖向间距 3 为 00cm；具体立面布置如图3-4-8所示。斜拉索锚固采用内置钢锚箱与钢桥塔结合，同一锚固点处的斜拉索水平分力通过钢锚箱内的钢横梁来平衡。为保证钢塔的耐久性要求，以及考虑后期维修养护方便，钢结构材质采用Q345qD-NH钢，即采用耐候钢。

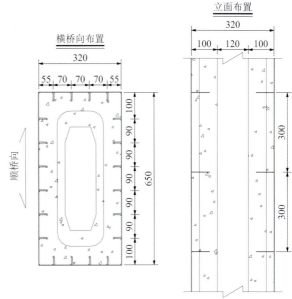

图3-4-7 钢壳混凝土桥塔横断面布置示意图（尺寸单位：cm）

桥塔下塔柱采用钢筋混凝土结构，原位支架现浇施工；中、上桥塔采用钢结构，分段吊装施工，具体是将钢结构塔身分段运至桥位处，利用既有铁路天窗时间吊装就位，然后与上一节段焊接。

（4）桥塔施工方案比选

三种桥塔施工方案中主要风险及工程造价分析比选见表3-4-2。

① 混凝土桥塔方案，采用原位现浇施工＋平转施工时，桥塔至既有铁路建筑限界最小水平距离为17.3m，相对转体前最小水平距离增加7.2m，且平转球铰吨位不大，安全风险可控。

② 部分钢壳混凝土桥塔和部分钢结构桥塔，采用原位吊装拼接施工，高空作业、施工平台安装及拆除、大型机械设备邻近既有线施工等安全风险仍然较大，而且还增加了钢结构吊装、高空焊接等施工风险。

综合以上分析可知：三种不同的桥塔方案均为邻近营业线施工，施工安全风险均较大，但混凝土桥塔造价较低，混凝土结构耐久性较好。综合比选，桥塔结构推荐采用混凝土桥塔方案，施工方案采用原位现浇＋裸塔平转施工。

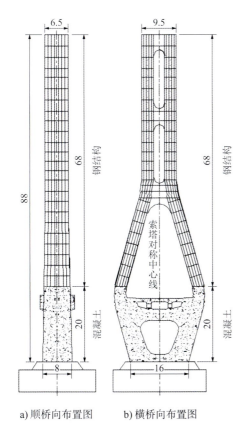

a) 顺桥向布置图　　b) 横桥向布置图

图3-4-8 钢结构桥塔立面布置示意图（尺寸单位：m）

桥塔方案主要施工风险及工程造价汇总表　　表3-4-2

桥塔方案	方案名称	主要施工风险	方案评估	工程造价（万元）
混凝土桥塔	原位现浇+平转施工	（1）邻近既有营业线施工； （2）高空作业； （3）自升高平台施工及拆除； （4）转体安全施工要求较高	施工安全风险较大，但风险可控	2064
部分钢壳混凝土桥塔	原位吊装拼接施工	（1）邻近既有营业线吊装施工； （2）高空中焊接技术要求高； （3）施工平台施工及拆除； （4）高空作业； （5）大型设备临近既有营业线施工	施工安全风险较大但风险可控	2354
部分钢结构桥塔	原位吊装拼接施工	（1）邻近既有营业线吊装施工； （2）高空中焊接技术要求高； （3）施工平台施工及拆除； （4）高空作业； （5）大型设备邻近既有营业线施工	施工安全风险较大	3840

4.3　主要结构设计

（1）主梁

主梁采用预应力混凝土箱梁，单箱三室等高截面，截面全宽为18m，中心处梁高为3.8m，宽跨比、高跨比分别为1/8.1、1/38.2。主梁标准横断面顶板厚度为40cm，底板厚度为36cm，中腹板和边腹板厚度分别为40cm、45cm，在边墩、辅助墩和桥塔墩处主梁截面局部加厚。主梁标准横断面如图3-4-9所示。

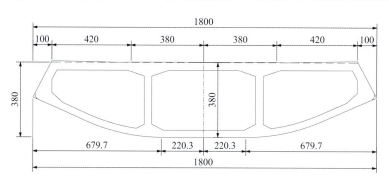

图3-4-9　主梁标准横断面（尺寸单位：cm）

混凝土箱梁每7m、8m设置一道厚60cm斜拉索横隔梁，与斜拉索位置对应设置。桥塔、连接墩及辅助墩支点处各设置一道加厚横隔梁，辅助墩处横隔梁厚2.0m，连接墩处端横隔梁厚1.7m。斜拉索梁端锚固于箱内混凝土锚固块上，锚固块设于顶板、边腹板和横隔梁交会处。

为降低箱梁内外温差，混凝土梁段需设置通风孔，混凝土主梁所有相邻横隔梁之间每个箱室均在底板最低处设置φ10cm排水孔，排水孔采用外径150mm的硬聚氯乙烯（UPVC）管成孔。

（2）主塔

桥塔采用花瓶式混凝土结构，总高度为85.5m，其中桥面以上塔高为70m，桥面以上桥塔高跨比为1/2.07。桥塔顺桥向尺寸为7.0～9.5m，横桥向塔顶宽为6.0m、塔底宽为12.0m，桥塔结构如图3-4-10所示。

上塔柱采用单箱单室截面，顺桥向截面宽为7.0m、壁厚为1.4m，横桥向截面宽为6.0m、壁厚为1.0m。上塔柱为斜拉索锚固区，采用混凝土锚固齿块结构，配置环向预应力钢绞线，如图3-4-11所示。中、下塔柱均为两分离式倾斜塔柱。中塔柱采用单箱单室截面，顺桥向截面宽为7.0m、壁厚为1.6m，横桥向截面宽为 4.2m、壁厚为 1.1m。下塔柱采用矩形实体截面。中塔柱和下塔柱在塔梁交接处设下横梁，下横梁采用矩形截面，截面宽约为 7.0m、高为 6.0m。

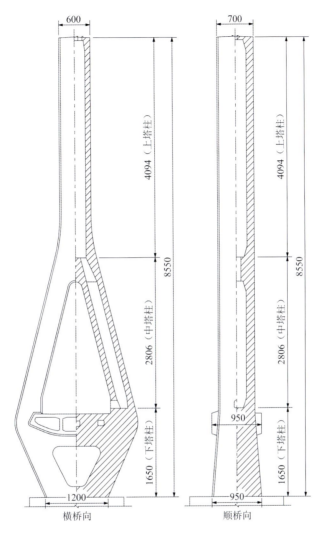

图 3-4-10　桥塔结构图（尺寸单位：cm）

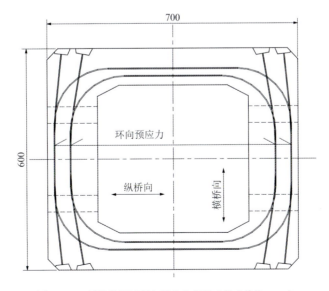

图 3-4-11　桥塔锚固区环向预应力布置（尺寸单位：cm）

（3）斜拉索

斜拉索采用抗拉标准强度1860MPa钢绞线拉索，空间双索面体系，扇形布置，全桥共34对斜拉索。斜拉索在梁上的基本间距7m、8m，斜拉索张拉端设置在塔内，在塔端的锚固采用混凝土锚固齿块结构，斜拉索采用单根张拉。

（4）下部结构

边墩及辅助墩采用矩形实体墩，分别采用11ϕ1.25m、12ϕ1.50m桩基础；桥塔采用14ϕ3.0m桩基础，均为钻孔灌注桩基础。

4.4 结构静力计算

1）计算模型

利用空间有限元程序Midas Civil对整体结构进行建模分析，全桥共划分为343个单元，斜拉索采用桁架单元模拟，主梁、桥塔采用梁单元模拟，塔底桩基采用六自由度弹性支承模拟，其他支座采用刚性铰接支座。独塔斜拉桥有限元计算模型如图3-4-12所示。其中主梁采用C55混凝土，弹性模量为3.60×10^4MPa；桥塔采用C50混凝土，弹性模量为3.55×10^4MPa。

图3-4-12 独塔斜拉桥有限元计算模型

2）主要设计荷载及设计指标

（1）主要设计荷载

① 恒载

a. 结构构件自重：按《铁路桥涵设计规范》（TB 10002—2017）相关条文计算。

b. 二期恒载：二期恒载重量包括钢轨、扣件、轨道板、防水层、保护层、人行道栏杆或声屏障、遮板、防护墙、接触网支柱、电缆槽盖板及竖墙等附属设施重量。二期恒载按160kN/m考虑，在进行横向计算时，按实际位置加载。

c. 基础不均匀沉降：边墩及辅助墩按0.5cm考虑，桥塔处按2.0cm考虑。

d. 混凝土收缩徐变：环境条件按野外一般条件计算，相对湿度取70%。

② 活载

a. 列车竖向静活载：采用ZK活载。

b. 竖向动力系数：按《铁路桥涵设计规范》（TB 10002—2017）第4.3.7条计算。

$1 + \mu = 1 + [1.44/(L_\phi 0.5 - 0.2) - 0.18]$式中，$L_\phi$为加载长度，以m计，其取值按《铁路桥涵设计规范》（TB 10002—2017）第4.3.7条计算。当计算值小于1.0时取1.0。

c. 离心力：桥梁在曲线上时，应考虑列车竖向静活载产生的离心力。离心力应按《铁路桥涵设计规范》（TB 10002—2017）第4.3.9条计算。

d. 横向摇摆力：取100kN，作为一个集中荷载取最不利位置，以水平方向垂直线路中线作用于钢轨顶面。多线桥梁只计算任一线上的横向摇摆力。

e. 作业通道设计时竖向静活载按《铁路桥涵设计规范》（TB 10002—2017）第4.5.1条计算，采用5kN/m²。主梁设计时作业通道的竖向静活载不应与列车活载同时计算。

③附加力

a. 风力：按《铁路桥涵设计规范》（TB 10002—2017）相关条文计算。桥上有声屏障时，受风面积均按实际情况计算，此时列车风力不重叠计算。

b. 温度变化影响力：纵向温度荷载按顶板升温8℃考虑。整体升温20℃，整体降温20℃。横向计算按日照、寒潮两种情况考虑温度变化的影响力。

c. 制动力或牵引力：按竖向静活载的10%计。但当与离心力或列车竖向动力作用同时计算时，制动力或牵引力应按列车竖向静活载的7%计算。双线桥采用一线的制动力或牵引力。

④特殊荷载

a. 列车脱轨荷载：按《铁路桥涵设计规范》（TB 10002—2017）第4.3.13条计算。

b. 施工荷载：施工临时荷载按《铁路桥涵设计规范》（TB 10002—2017）第4.6.1条计算。

c. 地震力：按《铁路工程抗震设计规范》（2009年版）（GB 50111—2006）相关条文计算。

⑤荷载组合

分别以主力、主+附组合，取最不利组合进行设计。

（2）主要设计指标

①设计安全系数及设计指标

设计安全系数及设计指标见表3-4-3。

设计安全系数及设计指标　　　　表3-4-3

序号	项目	检算条件	控制条件	
1	设计安全系数	强度安全系数	主力	$K \geqslant 2.2$
			主+附	$K \geqslant 1.98$
			安装荷载	$K \geqslant 1.8$
		抗裂安全系数	主力、主+附	$K_f \geqslant 1.2$
			安装荷载	$K_f \geqslant 1.1$
2	预应力筋（MPa）	预加应力时的锚下钢绞线控制应力	$\sigma_{con} \leqslant 0.75 f_{pk}$	
		传力锚固时钢绞线控制应力	$\sigma_p \leqslant 0.65 f_{pk}$	
		运营荷载作用下钢绞线应力	$\sigma_p \leqslant 0.60 f_{pk}$	
		钢绞线应力幅值	$\Delta\sigma_p \leqslant 140 \text{MPa}$	
3	斜拉索应力（MPa）	运营荷载作用下斜拉索应力	$\sigma_p \leqslant 0.4 f_{pk}$	
		疲劳荷载作用下斜拉索应力幅	$\Delta\sigma_p \leqslant 200 \text{MPa}$	
4	钢筋应力（MPa）	钢筋应力幅值	$\Delta\sigma_p \leqslant 150 \text{MPa}$	
5	混凝土应力（MPa）	传力锚固时混凝土压应力	$\sigma_c \leqslant \alpha f_c'$	
		传力锚固时混凝土拉应力	$\sigma_{ct} \leqslant 0.70 f_{ct}'$	
		运营荷载作用下混凝土压应力	主力：$\sigma_c \leqslant 0.50 f_c$	
			主+附：$\sigma_c \leqslant 0.55 f_c$	
		运营荷载作用下混凝土拉应力	不容许出现拉应力	
		运营荷载作用下混凝土最大剪应力	$\tau_c \leqslant 0.17 f_c$	
		抗裂荷载作用下混凝土主拉应力	$\sigma_{tp} \leqslant f_{ct}$	
		抗裂荷载作用下混凝土主压应力	$\sigma_{cp} \leqslant 0.60 f_c$	
		运送及安装阶段混凝土最大压应力	$\sigma_c \leqslant 0.80 f_c$	

续上表

序号	项目	检算条件	控制条件
5	混凝土应力（MPa）	运送及安装阶段混凝土最大拉应力	$\sigma_{ct} \leq 0.80 f_{ct}$

注：f_{pk}为预应力钢绞线抗拉强度标准值；f'_c、f'_{ct}分别为预加应力时混凝土的轴向抗压、抗拉极限强度；f_c、f_{ct}分别为混凝土的轴向抗压、抗拉极限强度；α为系数，C50～C60混凝土取0.75。

② 梁体变形限值

a. 在ZK静活载作用下，梁体竖向挠度限值如下：$L > 80$m时，$\Delta \leq 1.1L/1500$，L为计算跨度。除考虑列车竖向静活载作用外，尚应计入温度的影响。

b. 在ZK活载静力作用下，梁端竖向转角不大于1.0‰rad。

c. 轨道铺设完成后，有砟轨道梁竖向残余徐变变形，不应大于20mm。

d. 在列车横向摇摆力、离心力、风力和温度的作用下，梁体的水平挠度小于或等于梁体计算跨度的1/4000。

e. 以一段3m长的线路为基准，ZK静活载作用下，一线两根钢轨的竖向相对变形量不应大于1.5mm。

3）系梁计算结果

（1）主梁应力

主力工况下主梁上缘、下缘正应力如图3-4-13、图3-4-14所示，主附工况下主梁上缘、下缘正应力如图3-4-15、图3-4-16所示。主梁应力结果汇总见表3-4-4。

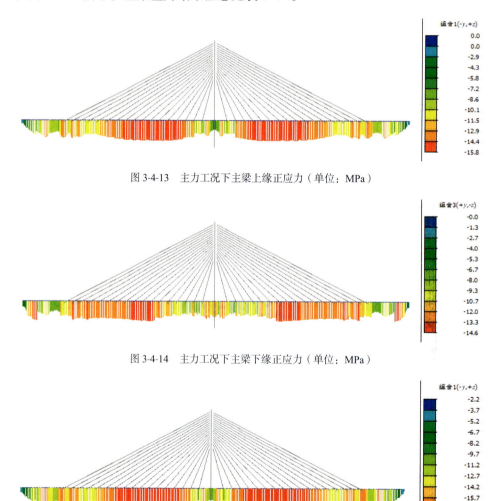

图3-4-13 主力工况下主梁上缘正应力（单位：MPa）

图3-4-14 主力工况下主梁下缘正应力（单位：MPa）

图3-4-15 主附工况下主梁上缘正应力（单位：MPa）

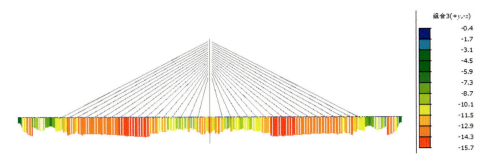

图 3-4-16　主附工况下主梁下缘正应力（单位：MPa）

主梁应力结果汇总表　　　　　　　　　　　　　　　　　　表 3-4-4

工况	上缘正应力（MPa）		下缘正应力（MPa）		剪应力（MPa）	主应力（MPa）	
	最大值	最小值	最大值	最小值		最大值	最小值
主力	15.96	0.88	15.7	2.46	1.82	16.49	−1.57
主附	18.18	1.34	16.55	2.11	1.91	17.05	−2.13

（2）主梁强度及抗裂安全系数

主梁强度及抗裂安全系数检算结果见表 3-4-5。

主梁强度及抗裂安全系数检算结果　　　　　　　　　　　　表 3-4-5

工况	抗裂安全系数		强度安全系数
	上缘	下缘	
主力	1.97	1.7	2.65
主附	1.85	1.45	2.43

（3）主梁竖向挠度及梁端转角

ZK 静活载作用下，结构竖向挠度计算结果见表 3-4-6。

主梁竖向挠度计算结果表　　　　　　　　　　　　　　　　表 3-4-6

名称	项目	边跨	中跨
活载作用下	挠度（mm）	5.52	80.13
	挠跨比	1/5308	1/1810
温度作用下挠度	挠度（mm）	2.19	20.6
活载 + 0.5 × 温度	挠度（mm）	6.62	90.43
	挠跨比	1/4426	1/1603
0.63 × 活载 + 温度	挠度（mm）	5.67	71.08
	挠跨比	1/5168	1/2040

ZK 静活载作用下，梁端转角为 0.52‰rad、−0.22‰rad 满足规范要求。考虑成桥运营 3 年后，边跨、中跨徐变位移分别为 0.25mm、−9.81mm，满足要求。

（4）支座反力

支座反力见表 3-4-7。

支座反力表　　　　　　　　　　　　　　　　表 3-4-7

位置	恒载（kN）	活载（kN）		沉降（kN）		温度（kN）		主力（kN）		主 + 附（kN）	
		最大值	最小值	最大值	最小值	最大值	最小值	最大值	最小值	最大值	最小值
边墩	11373	3695	−5327	442	−919	365	−5	15510	5127	15875	5122
辅助墩	30479	15665	−2862	1762	−772	1151	−43	47906	26845	49057	26802
辅助墩	30479	15665	−2862	1762	−772	1151	−43	47906	26845	49057	26802
边墩	11373	3695	−5327	442	−919	365	−5	15510	5127	15875	5122

4）斜拉索计算结果

斜拉索采用镀锌钢绞线，单根钢绞线规格为ϕ15.24mm，钢绞线标准强度f_{pk} = 1860MPa，符合单丝涂覆环氧涂层预应力钢绞线（GB/T 25823—2010）要求。规格均采用 55 根 7ϕ5mm 钢绞线和 61 根 7ϕ5mm 钢绞线。分别对斜拉索使用阶段应力以及活载应力幅进行检算。斜拉索破断安全系数按 2.5 控制，应力幅按 140MPa 控制。斜拉索索力分布如图 3-4-17 所示，斜拉索强度安全系数分布如图 3-4-18 所示。

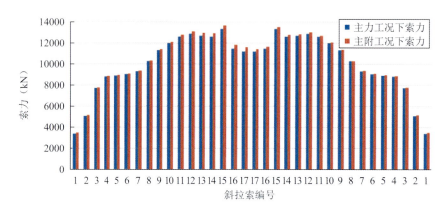

图 3-4-17　斜拉索索力分布图

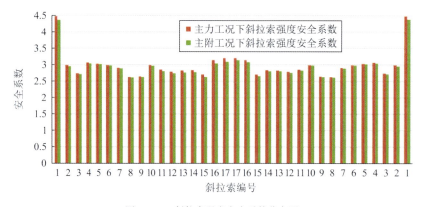

图 3-4-18　斜拉索强度安全系数分布图

斜拉索在主力工况下最大拉应力为 718.2MPa，最小安全系数 2.59；在主力 + 附加力作用下最大拉应力 720.9MPa，最小安全系数 2.58；活载最大应力幅为 84.9MPa。

5）桥塔计算结果

（1）塔身

利用 Midas Civil 程序对桥塔塔身进行检算，计算结果如图 3-4-19、图 3-4-20 所示。

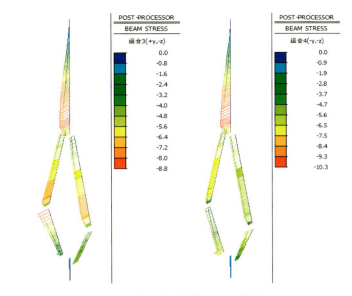

图 3-4-19　主力工况下桥塔正应力（单位：MPa）

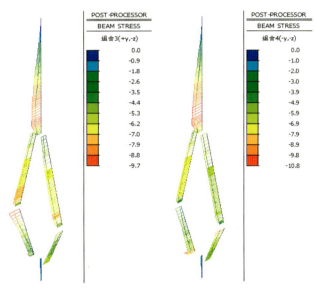

图 3-4-20　主 + 附工况下桥塔正应力（单位：MPa）

由图 3-4-19 和图 3-4-20 可知，桥塔塔身全截面均处于受压状态，最大压应力为 10.8MPa。

（2）上塔柱索塔锚固区

自上而下根据斜拉索力分配进行分段统计，对锚固区各锯齿块所在节段建立桥塔横框模型，选取典型断面对斜拉索横框进行分析，计算结果如图 3-4-21～图 3-4-23 所示。

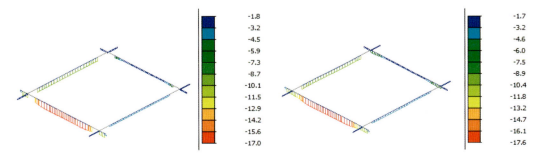

图 3-4-21　施工阶段上塔柱索塔锚固区上缘正应力（单位：MPa）

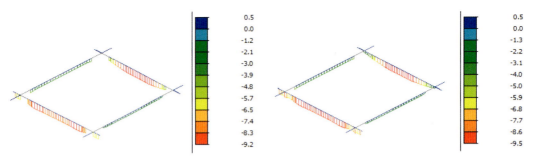

图 3-4-22　主力工况下上塔柱索塔锚固区上缘正应力（单位：MPa）

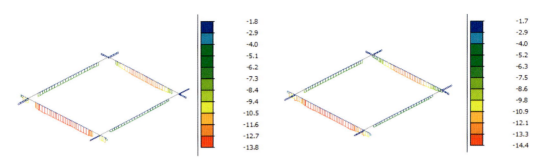

图 3-4-23　主+附工况下上塔柱索塔锚固区上缘正应力（单位：MPa）

由图 3-4-21～图 3-4-23 可知，施工工况下最大压应力为 17.6MPa，最大拉应力为 2.0MPa；主力工况下最大应力为 9.5MPa，最大拉应力为 1.8MPa；主+附工况下最大压应力为 14.4MPa，最大拉应力为 1.9MPa，均满足规范要求。

（3）下横梁

利用 Midas Civil 程序对桥塔下横梁进行检算，计算结果如图 3-4-24～图 3-4-29 所示。

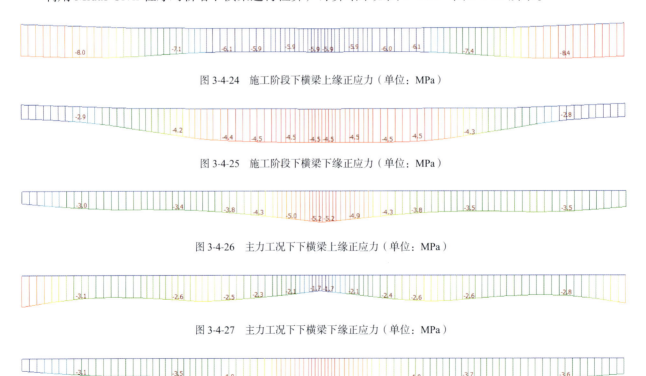

图 3-4-24　施工阶段下横梁上缘正应力（单位：MPa）

图 3-4-25　施工阶段下横梁下缘正应力（单位：MPa）

图 3-4-26　主力工况下下横梁上缘正应力（单位：MPa）

图 3-4-27　主力工况下下横梁下缘正应力（单位：MPa）

图 3-4-28　主附工况下下横梁上缘正应力（单位：MPa）

图 3-4-29　主附工况下下横梁下缘正应力（单位：MPa）

由图 3-4-24～图 3-4-29 可知，施工阶段最大压应力为 8.4MPa，最大拉应力为 0.93MPa；主力工况下最大压应力为 -5.2MPa，最大拉应力为 0.7MPa；主附工况下最大压应力为 5.5MPa，最大拉应力为 0.6MPa，均满足规范要求。

4.5　局部应力分析

1）上塔柱锚固区

（1）计算模型

采用 Midas FEA 软件建立上塔柱斜拉索锚固区有限元模型，对上塔柱锚固区进行实体应力分析。不同区段斜拉索孔道角度按实际尺寸进行模拟，考虑日照与寒潮温度荷载，斜拉索索力均转化为齿块法向面荷载进行施加。

（2）计算结果

计算荷载考虑了自重、环向预应力、斜拉索索力和温度荷载（日照模式和寒潮模式），各计算工况主应力云图分布如图 3-4-30～图 3-4-32 所示。

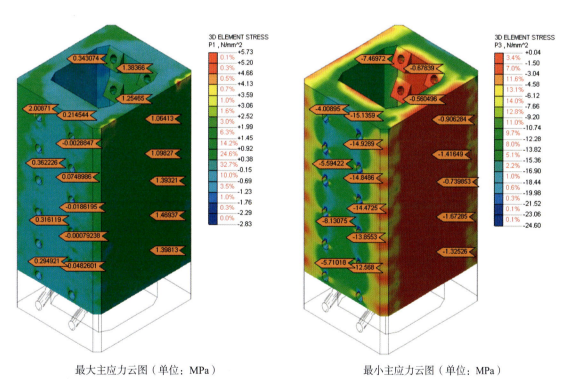

最大主应力云图（单位：MPa）　　　　　　最小主应力云图（单位：MPa）

图 3-4-30　施工阶段主应力云图

从计算结果可知，除了角点处及应力集中处，其余区域主应力数值较小，均能满足规范要求。

2）桥塔下横梁

采用 Midas FEA 软件建立桥塔下横梁有限元模型，其计算结果如图 3-4-33、图 3-4-34 所示。

由图 3-4-33、图 3-4-34 可知，除横向预应力张拉端及应力集中外，其他位置混凝土拉应力均小于 2.0MPa，压应力小于 15MPa，均满足规范要求。

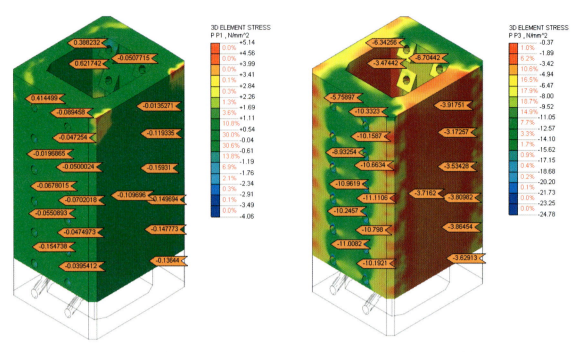

最大主应力云图（单位：MPa）　　　最小主应力云图（单位：MPa）

图 3-4-31　主力工况下主应力云图

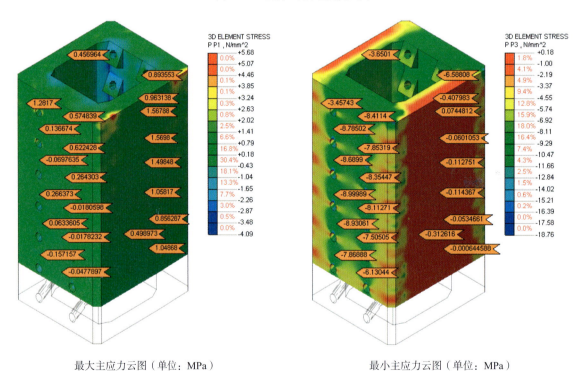

最大主应力云图（单位：MPa）　　　最小主应力云图（单位：MPa）

图 3-4-32　主附工况下主应力云图

3）转体系统

（1）下转盘

采用 Midas FEA 软件建立转体系统下转盘有限元模型，如图 3-4-35、图 3-4-36 所示。

计算荷载考虑了自重、预应力和球铰反力，其中预应力钢束采用 $\phi15.24$ mm 低松弛钢绞线，抗拉强度标准值 $f_{pk}=1860$ MPa，锚下控张应力采用 1250MPa，下转盘球铰最大承受荷载 $F=12000$ t，下转盘球铰

受力面积 $S = (\pi d^2)/4 = 17.34\text{m}^2$，下转盘球铰处应力 $\sigma = F/S = 6.78\text{MPa}$。其计算结果如图 3-4-37～图 3-4-41 所示（图中拉应力为正，压应力为负）。

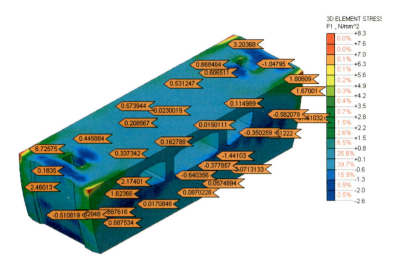

图 3-4-33　下横梁主附最大主应力云图（单位：MPa）

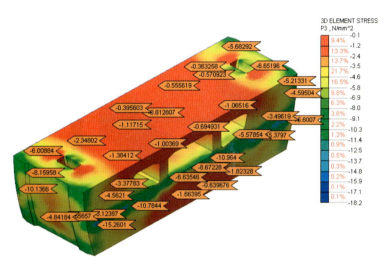

图 3-4-34　下横梁主附最小主应力云图（单位：MPa）

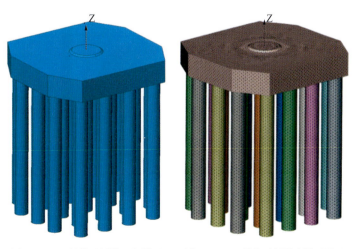

图 3-4-35　0 号块及桥塔几何模型　　图 3-4-36　0 号块及桥塔有限元模型

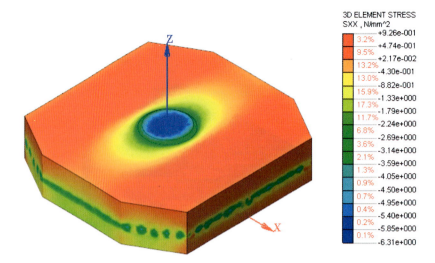

图 3-4-37 顺桥向正应力云图（单位：MPa）

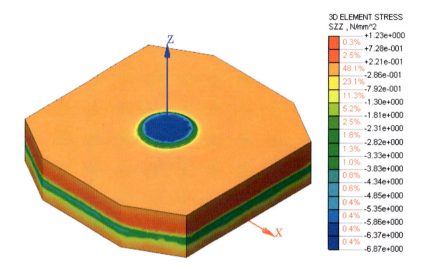

图 3-4-38 竖向正应力云图（单位：MPa）

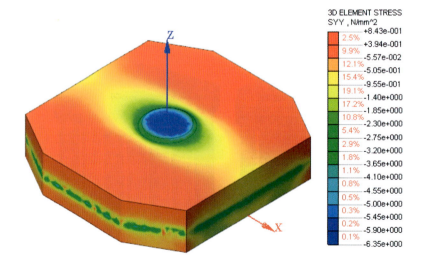

图 3-4-39 横桥向正应力云图（单位：MPa）

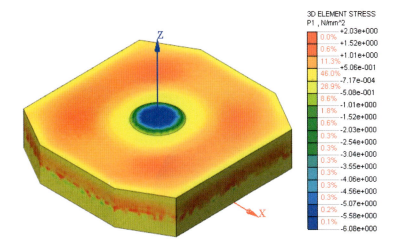

图 3-4-40 主拉应力云图（单位：MPa）

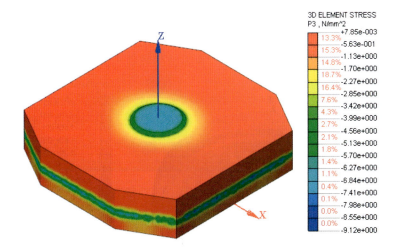

图 3-4-41 主压应力云图（单位：MPa）

由图 3-4-37～图 3-4-41 可知，下转盘的顺桥向压应力、拉应力最大值分别为 6.31MPa、0.92MPa，竖桥向压应力、拉应力最大值分别为 6.88MPa、1.23MPa，主压应力、主拉应力最大值分别为 9.12MPa、2.03MPa，均满足规范要求。

（2）上转盘有限元模型

转体系统上转盘 0 号块及桥塔几何模型如图 3-4-42 所示，采用 Midas FEA 软件建立的有限元模型如图 3-4-43 所示。

图 3-4-42 0 号块及桥塔几何模型

图 3-4-43 0 号块及桥塔有限元模型

采用 Midas FEA 软件建立桥塔下横梁有限元模型，计算荷载考虑了自重、球铰反力和撑脚反力，其中撑脚总共八个支撑，每个支撑底部中心施加 3000kN 的竖直向上集中力，计算结果如图 3-4-44～图 3-4-48 所示。

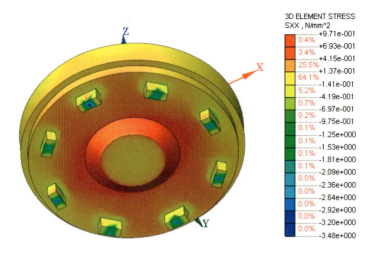

图 3-4-44　顺桥向正应力云图（单位：MPa）

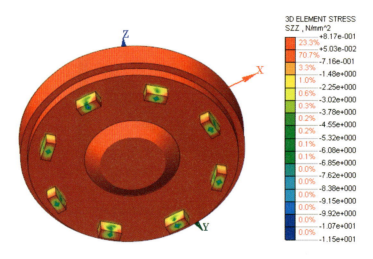

图 3-4-45　竖向正应力云图（单位：MPa）

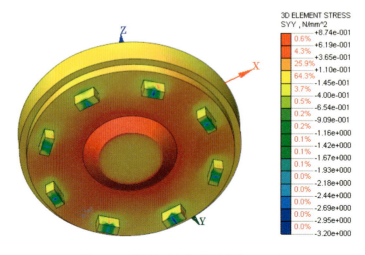

图 3-4-46　横桥向正应力云图（单位：MPa）

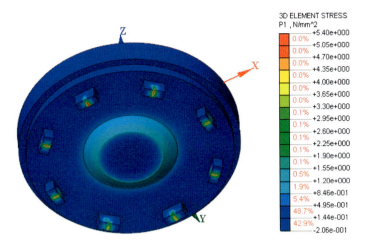

图 3-4-47　主拉应力云图（单位：MPa）

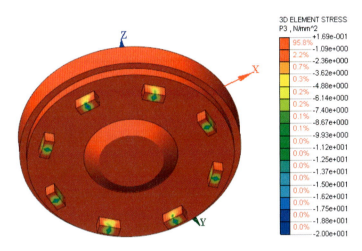

图 3-4-48　主压应力云图（单位：MPa）

由图 3-4-44～图 3-4-48 可知，上转盘的顺桥向压应力、拉应力最大值分别为 3.48MPa、0.97MPa，竖桥向压应力、拉应力最大值分别为 3.00MPa、0.87MPa，主压应力、主拉应力最大值分别为 5.40MPa、1.20MPa，均满足规范要求。

4.6　稳定计算

1）计算原理

结构失稳是指在外力的作用下结构的平衡状态开始丧失稳定性，稍有扰动则变形迅速增大，最后使结构遭到破坏。屈曲分析中荷载工况有两种算法：算法一是将恒载作为不变荷载，活载作为可变荷载（$G+KP$），适用于活载占总荷载比重较小的结构；算法二是将恒载、活载均作为可变荷载 $K(G+P)$，适用于活载占总荷载比重较大的结构。由于铁路活载所占比重较大，故本分析采用算法二，程序中需将移动活载转化成静力活载，才能进行结构稳定计算，分析中采用活载满布工况进行分析。

2）运营阶段稳定性计算分析

所考虑的作用包括恒载、二期恒载、拉索张力（常量）、钢束预应力（常量）、风力、活载、制动力、离心力。成桥状态失稳模态计算结果见表 3-4-8。

通过成桥阶段的弹性稳定计算分析，前 2 阶失稳模态为主塔纵向失稳，3、4、5 阶失稳模态主要为主梁竖向弯曲失稳。独塔斜拉桥稳定性系数满足规范要求。

全桥屈曲分析特征值表　　　　　　　　　　表 3-4-8

模态	特征值	失稳模态描述	模态	特征值	失稳模态描述
1	53.81	桥塔纵向失稳	6	253.58	主梁竖弯失稳
2	108.02	桥塔纵向失稳	7	265.93	主梁竖弯失稳
3	167.18	主梁反对称竖弯失稳	8	331.14	桥塔纵向失稳
4	218.82	主梁反对称竖弯失稳	9	393.02	桥塔纵向失稳
5	229.45	主梁正对称竖弯失稳	10	393.67	桥塔横向失稳

4.7 抗震性能计算

（1）计算模型

本桥采用 Midas 建立有限元模型进行线性动力计算分析，其中总体坐标系以顺桥向为 x 轴，横桥向为 y 轴，竖向为 z 轴，利用梁单元模拟主梁、墩（塔）柱，利用索单元模拟斜拉索。

（2）地震波输入的确定

本桥主要计算多遇地震和罕遇地震。其中，多遇地震采用反应谱法检算，罕遇地震采用非线性时程分析法，取三条地震波验算。地震输入采用两种方式：①纵向＋竖向；②横向＋竖向，竖向地震荷载取水平方向的 65%。地表加速度时程波根据对应的反应谱输入地震波生成器求得，根据地震报告取反应谱参数如图 3-4-49～图 3-4-52 所示。

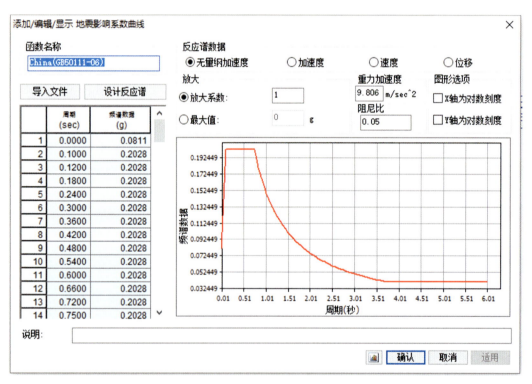

图 3-4-49　多遇地震反应谱函数

（3）多遇地震检算

多遇地震采用反应谱法分有车和无车两种情况分别进行分析，选取地震力下的结构最不利受力情况进行截面验算，典型截面混凝土应力、钢筋应力及混凝土裂缝计算见表 3-4-9。

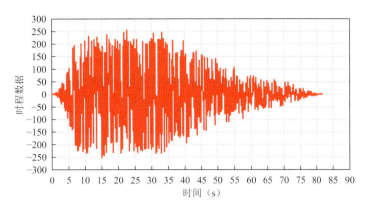

图 3-4-50　罕遇地震加速度时程波 1

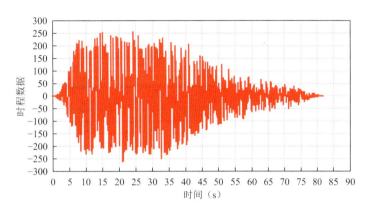

图 3-4-51　罕遇地震加速度时程波 2

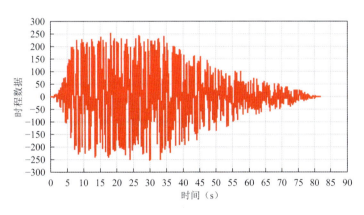

图 3-4-52　罕遇地震加速度时程波 3

截面验算结果一览表　　　　　　　　　　　　　　　表 3-4-9

截面位置	混凝土压应力（MPa）	钢筋拉应力（MPa）	裂缝宽度（mm）
截面 1	10.54	0	0
截面 2	11.05	0	0
截面 3	8.13	10.23	0.01
截面 4	11.67	25.41	0.021

（4）罕遇地震检算

罕遇地震采用纤维单元进行弯矩-曲率计算分析，首先将索塔关键截面划分为纤维单元，在划分纤维

191

单元时，混凝土和钢筋单元分别划分，钢筋和混凝土单元分别采用实际的钢筋和混凝土应力-应变关系，最后采用截面数值积分法进行弯矩-曲率分析（考虑最不利轴力），得到弯矩-曲率曲线。其中，Midas 中索塔纤维截面配筋按外轮廓按双筋ϕ32mm，间距 12.5cm 考虑。

"纵向 + 竖向"输入下的计算结果及"横向 + 竖向"输入下的计算结果见表 3-4-10 和表 3-4-11。

"纵向 + 竖向"输入下的计算结果一览表　　　　表 3-4-10

荷载	截面	验算轴力（kN）	抗弯需求（kN·m）	抗弯能力（kN·m）	抗弯能力/抗弯需求	是/否通过
顺桥向 + 竖向	左索塔 1-1 截面	97375.1	174722.8	822630.6	4.71	是
	左索塔 2-2 截面	117246.1	164454.9	852523.7	5.18	是
	左索塔 3-3 截面	140386.1	466871.9	981954.6	2.10	是
	左索塔 4-4 截面	150033.4	755639.6	1479977.8	1.96	是

"横向 + 竖向"输入下的计算结果一览表　　　　表 3-4-11

荷载	截面	验算轴力（kN）	抗弯需求（kN·m）	抗弯能力（kN·m）	抗弯能力/抗弯需求	是/否通过
横桥向 + 竖向	左索塔 1-1 截面	55633	197200	516515.8	2.62	是
	左索塔 2-2 截面	67529	163190	522906.0	3.20	是
	左索塔 3-3 截面	108251.8	154874.1	707778.8	4.57	是
	左索塔 4-4 截面	118084.1	310842.4	749889.8	2.41	是

第 5 章 部分斜拉桥

5.1 概述

福厦高铁部分斜拉桥共计三座。分别是：太城溪特大桥主桥（95+125）m 非对称独塔部分斜拉桥，塔、梁、墩固结体系；湄洲湾跨海大桥主桥（96+180+96）m 部分斜拉桥，连续刚构体系；雷公山特大桥主跨 224m 部分斜拉桥，塔梁固结体系。三座桥梁桥结构体系完全不同，本节以雷公山特大桥为例，重点讲述部分斜拉桥的结构和受力特点，其余两座桥介绍参见本书相关章节。

雷公山特大桥跨越沈海高速公路，主桥采用双线有砟轨道（120+224+120）m 部分斜拉桥，塔梁固结体系，梁部施工方法采用节段悬臂施工，立面布置如图 3-5-1 所示。

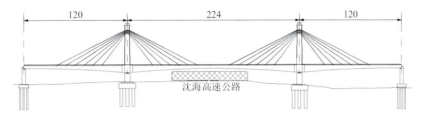

图 3-5-1 雷公山特大桥立面布置图（尺寸单位：m）

5.2 桥式结构比选

雷公山特大桥主跨 224m 部分斜拉桥轨道结构在初步设计阶段按有砟轨道设计，活载作用下梁端竖向转角要求不大于 2.0‰rad，但在施工图审查阶段，按无砟轨道设计，活载作用下梁端竖向转角要求不大于 1.0‰rad。

初步设计阶段，雷公山特大桥主桥孔跨为（120+224+120）m 部分斜拉桥，活载作用下梁端竖向转角为 1.37‰rad，因此在施工图阶段，雷公山特大桥主跨 224m 部分斜拉需调整结构形式，满足无砟轨道对活载作用下梁端竖向转角的要求。由于大跨度混凝土部分斜拉桥斜拉索对主梁刚度影响很小，增加斜拉索后，对边跨挠度和梁端转角改善很小；桥塔塔高增加时，对活载作用下的梁端转角影响有限。因此采用增加小边跨或增加边跨梁高两种方案，均可改善梁端转角。

增加小边跨（35+118+224+118+35）m 部分斜拉桥和增加边跨梁高（120+224+120）m 部分斜拉桥两种方案与原设计方案进行对比分析，其总体结构布置分别如图 3-5-2～图 3-5-4 所示。

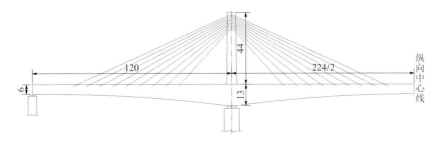

图 3-5-2 （120+224+120）m 部分斜拉桥 1/2 立面布置图（尺寸单位：m）

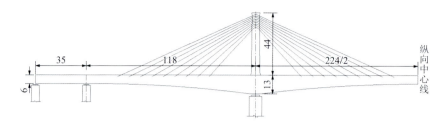

图 3-5-3 （35＋118＋224＋118＋35）m 部分斜拉桥 1/2 立面布置图（尺寸单位：m）

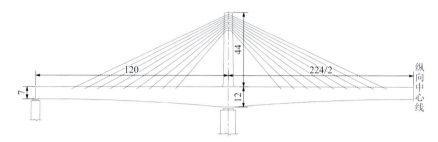

图 3-5-4 （120＋224＋120）m 部分斜拉桥 1/2 立面布置图（尺寸单位：m）

三种部分斜拉桥结构计算结果见表 3-5-1。

三种部分斜拉桥结构计算结果一览表　　　　　　　　　表 3-5-1

孔跨类型		（120＋224＋120）m	（35＋118＋224＋118＋35）m	（120＋224＋120）m
主梁梁高	中支点（m）	13	13	12
	跨中（m）	6	6	7.2
塔高（m）		44	44	44
主梁工程量	混凝土（m³）	18600	19232.5	18908.8
	预应力筋（t）	765.874	785.423	766.903
	普通钢筋（t）	3731.742	3835.966	3710.71
斜拉索数工程量（t）		452.861	452.861	395.759
桥塔工程量	混凝土（m³）	2364.5	2364.5	2355.6
	普通钢筋（t）	407.112	407.112	370.002
梁体刚度	梁端转角（rad）	1.37‰	0.24‰	0.935‰
	跨中挠跨比	1/1464	1/1783	1/1705

由表 3-5-1 可知，（120＋224＋120）m 部分斜拉桥梁端竖向转角为 1.37‰rad，不满足无砟轨道铺设要求，（35＋118＋224＋118＋35）m 部分斜拉桥和（120＋224＋120）m 部分斜拉桥梁端转角均小于 1.0‰rad，满足无砟轨道铺设要求。但相对而言，（35＋118＋224＋118＋35）m 部分斜拉桥主梁长度较长、梁体混凝土和斜拉索等工程量较大、经济性稍差，因此改善梁端转角宜采用增加边跨梁高方案。

5.3　结构设计

（1）桥面布置

标准、拉索、桥塔截面桥面布置如图 3-5-5～图 3-5-7 所示。

（2）主梁

边跨直线段及中跨跨中截面处梁高为 7.2m，中支点处梁高为 12.0m，梁高按圆曲线变化，圆曲线半

径 $R = 1206.176$m；箱梁顶宽为 14.3m，底宽为 11.2m。箱梁横截面为单箱双室直腹板截面，顶板厚为 45cm，腹板厚分别为 45cm、65cm、85cm，底板厚由跨中的 55cm 按圆曲线变化至中支点梁根部的 114.1cm，中墩支点处局部加厚到 220cm；全桥共设 5 道横隔梁，边、中墩支点处分别设置厚 2.0m 及 7.0m 的横隔梁，跨中合龙段设置厚 0.4m 的中横隔梁。隔板设有孔洞，供检查人员通过。另全梁共设 36 道半横梁，高度为 1.8m，宽度为 0.6～1.0m，位置与斜拉索下锚固端位置一一对应。

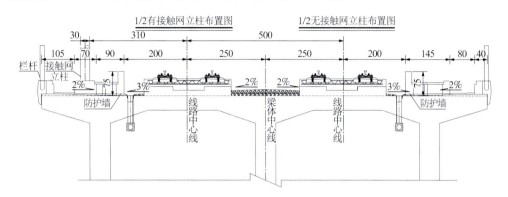

图 3-5-5　标准截面桥面布置图（尺寸单位：cm）

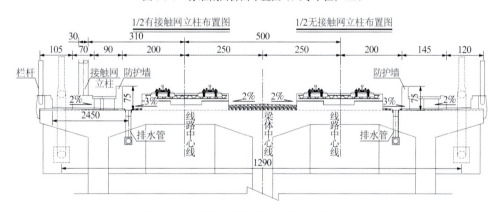

图 3-5-6　拉索截面桥面布置图（尺寸单位：cm）

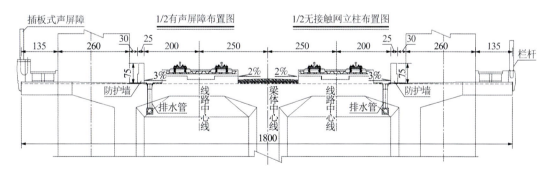

图 3-5-7　桥塔截面桥面布置图（尺寸单位：cm）

全梁共分 96 个梁段，其中 A0 号梁段长 17m，边跨现浇段梁段 7.1m，合龙段长 2.0m；箱梁除 0～3 号梁段和边跨边直段采用满堂支架现浇施工外，其他梁段均采用挂篮悬臂浇筑，跨中、桥塔处横断面如图 3-5-8 和图 3-5-9 所示。

（3）索塔

索塔采用直立式桥塔形式，桥面以上塔高 44.0m，桥面以上塔的高跨比为 1/5.09。为适应分丝管索鞍，塔柱采用矩形实体截面，顺桥向宽度为 5.0～6.0m，横桥向宽度为 2.6m，四周设 10cm 圆倒角，中间设置有宽度为 1.4～2.4m、深度为 0.3m 的槽口。

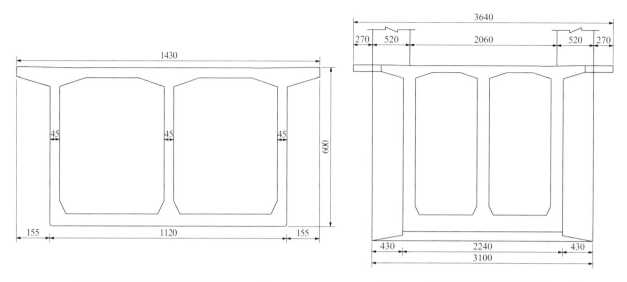

图 3-5-8　跨中横断面图（尺寸单位：cm）　　　　　图 3-5-9　桥塔处横断面图（尺寸单位：cm）

（4）斜拉索

斜拉索采用单丝涂覆环氧涂层钢绞线拉索体系，外套高密度聚乙烯（HDPE），空间双索面体系。斜拉索梁上间距 8.0m，与主梁采用成品梁端锚具形式，主梁内设置锚固梁，张拉端设置在梁上。斜拉索在塔端采用分丝管索鞍贯通，间距为 1.0m。单根钢绞线规格为直径 15.24mm，钢绞线标准强度 f_{pk} = 1860MPa，符合《单丝涂覆环氧涂层预应力钢绞线》（GB/T 25823—2010）要求。斜拉索规格分 73-7ϕ5mm、61-7ϕ5mm 和 55-7ϕ5mm 三种，斜拉索（锚固点至桥塔理论交点）最长 105.777m，最短 49.135m。斜拉索采用单根张拉。

5.4　结构静力计算

采用 BSAS 软件建立有限模型进行施工阶段及运营阶段分析。

1）计算模型

通过 BSAS 程序建立全桥平面模型对各施工阶段、运营阶段和换索工况进行计算分析。计算模型如图 3-5-10 所示。

图 3-5-10　计算模型图

2）设计荷载

（1）恒载

① 结构构件自重：按《铁路桥涵设计规范》（TB 10002—2017）相关条文计算。

② 二期恒载：二期恒载重量包括钢轨、扣件、轨道板、防水层、保护层、人行道栏杆或声屏障、遮板、防护墙、接触网支柱、电缆槽盖板及竖墙等附属设施重量。桥上二期恒载单侧有声屏障重量按 178kN/m 计算，无声屏障重量按 165kN/m 计算。在进行横向计算时，按实际位置加载。

③ 基础不均匀沉降：相邻两支点不均匀沉降 2cm。

④ 混凝土收缩徐变：环境条件按野外一般条件计算，相对湿度取 70%。

⑤横向计算模式下,应考虑预应力索径向力,其值根据所计算截面位置的有效预应力进行计算。

(2)活载

①列车竖向静活载:采用ZK活载。

②竖向动力系数:按《高速铁路设计规范》(TB 10621—2014)第4.3.7条计算。

③离心力:桥梁在曲线上时,应考虑列车竖向静活载产生的离心力。离心力应按《铁路桥涵设计规范》(TB 10002—2017)第4.3.9条计算。

④横向摇摆力:取100kN,作为一个集中荷载取最不利位置,以水平方向垂直线路中线作用于钢轨顶面。多线桥梁只计算任一线上的横向摇摆力。

⑤作业通道设计时竖向静活载按《铁路桥涵设计规范》(TB 10002—2017)第4.5.1条计算,采用5kN/m²。主梁设计时作业通道的竖向静活载不应与列车活载同时计算。

(3)附加力

①风力:按《铁路桥涵设计规范》(TB 10002—2017)计算。桥上有声屏障时,受风面积均按实际情况计算,此时列车风力不重叠计算。

②温度变化影响力:纵向温度荷载按顶板升温8°C考虑。整体升温20°C,整体降温20°C。横向计算按日照、寒潮两种情况考虑温度变化的影响力。

③制动力或牵引力:按竖向静活载的10%计。但当与离心力或列车竖向动力作用同时计算时,制动力或牵引力应按列车竖向静活载的7%计算。双线桥采用一线的制动力或牵引力。

(4)特殊荷载

①列车脱轨荷载:按《铁路桥涵设计规范》(TB 10002—2017)第4.3.13条计算。

②施工荷载:施工临时荷载按《铁路桥涵设计规范》(TB 10002—2017)第4.6.1条计算。当采用的施工荷载大于设计荷载时,应结合具体运架梁方式对运输架设荷载进行检算。

③地震力:按《铁路工程抗震设计规范》[GB 50111—2006(2009年版)]相关条文计算。

(5)荷载组合

分别以主力、主力+附加力进行组合,取最不利组合进行设计。

3)主梁计算结果

按照《铁路桥涵混凝土结构设计规范》(TB 10092—2017)第6.3.10条检算法向压应力、第6.3.11条检算拉应力、6.3.15条检算剪应力、6.3.9条和6.3.12条检算结构主拉、主压应力。按照《高速铁路设计规范》(TB 10621—2014)检算结构竖向挠度。

(1)正应力

主力工况下、主+附工况下主梁上缘、下缘正应力如图3-5-11~图3-5-14所示。

图3-5-11 主力工况下主梁上缘正应力

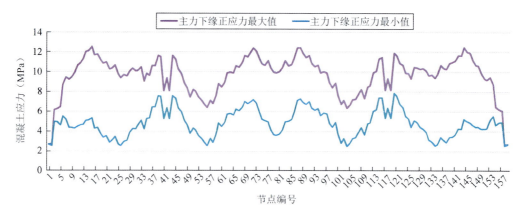

图 3-5-12　主力工况下主梁下缘正应力

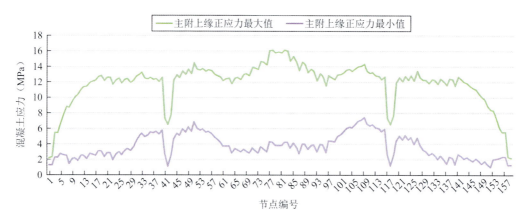

图 3-5-13　主+附工况下主梁上缘正应力

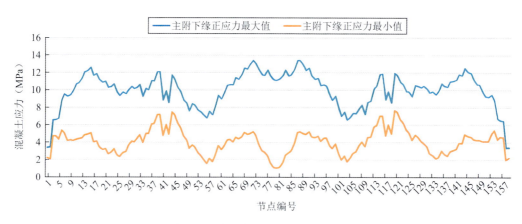

图 3-5-14　主+附工况下主梁下缘正应力

（2）主拉应力

主力工况下、主附工况下主梁主拉应力如图 3-5-15 和图 3-5-16 所示。

（3）剪应力

主梁剪应力如图 3-5-17 所示。

（4）应力结果汇总表

应力结果汇总见表 3-5-2。

（5）主梁强度及抗裂安全系数

主梁强度及抗裂安全系数检算结果见表 3-5-3。

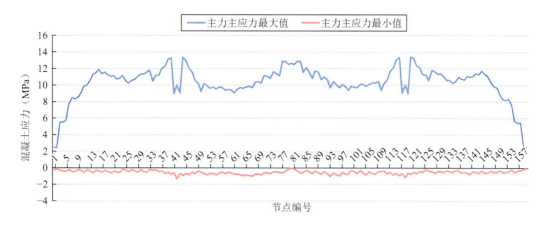

图 3-5-15　主力工况下主梁主拉应力

图 3-5-16　主附工况下主梁主拉应力

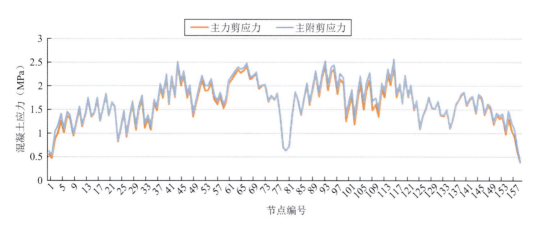

图 3-5-17　主梁剪应力

应力结果汇总表　　　　　　　　　　表 3-5-2

工况	上缘正应力（MPa）		上缘正应力（MPa）		剪应力（MPa）	主应力（MPa）	
	最大值	最小值	最大值	最小值		最大值	最小值
主力	12.24	1.58	12.56	2.36	2.44	13.42	−1.33
主＋附	16.15	0.91	13.38	1.1	2.56	13.65	−1.76

主梁强度及抗裂安全系数检算结果　　　　　　　　　　　表 3-5-3

工况	抗裂安全系数		强度安全系数	斜截面抗剪强度系数
	上缘	下缘		
主力	1.59	1.57	2.61	2.43
主＋附	1.48	1.33	2.17	2.21

（6）主梁竖向挠度及梁端转角

ZK静活载作用下，结构竖向挠度计算结果见表3-5-4。

主梁竖向挠度计算结果表　　　　　　　　　　表 3-5-4

工况	挠度及挠跨比	边跨	中跨
活载作用下	挠度（mm）	33.75	112.6
	挠跨比	1/3477	1/1989
温度作用下	挠度（mm）	9.41	37.87
活载＋0.5×温度	挠度（mm）	38.46	131.54
	挠跨比	1/3051	1/1703
0.63×活载＋温度	挠度（mm）	30.67	108.81
	挠跨比	1/3826	1/2059

ZK静活载作用下，梁端转角为0.936‰rad、−0.936‰rad，满足规范要求。考虑成桥运营后，边跨、中跨徐变位移分别为7.9mm、−13.8mm，满足规范要求。

（7）支座反力

支座反力见表3-5-5。

支座反力表　　　　　　　　　　表 3-5-5

位置	恒载（kN）	活载（kN）		沉降（kN）		温度（kN）		主力（kN）		主＋附（kN）	
		最大值	最小值	最大值	最小值	最大值	最小值	最大值	最小值	最大值	最小值
边墩	11771	7962	−5147	757	−757	1299	−30	20490	5867	21789	5837
中墩	308921	29355	−1441	1694	−1694	30	−1302	339970	305786	340000	304484
中墩	309599	29355	−1441	1694	−1694	30	−1302	340648	306464	340678	305162
边墩	12366	7962	−5147	757	−757	1299	−30	21085	6462	22384	6432

4）桥塔计算结果

桥塔纵向变形结果见表3-5-6，桥塔应力计算结果见表3-5-7。

桥塔纵向变形结果表　　　　　　　　　　表 3-5-6

组合	活载工况纵向水平变形		恒载纵向水平变形	恒载竖向变形
工况	最大值	最小值		
中固定塔（mm）	39.1	−15.9	−70.9	−24.6
中活动塔（mm）	3.3	−30.9	−44.1	−24.6

桥塔应力计算结果表 表 3-5-7

项目	混凝土压应力（MPa）			钢筋应力（MPa）	剪应力（MPa）		混凝土裂缝（mm）
	最大压应力	最小压应力	主拉应力		x向	y向	
计算值	11.47	0.00	0.00	3.75	0.12	0.04	0.00
允许值	16.80	0.00	2.79	210.00	0.96	0.73	0.20

5）斜拉索计算结果

分别对斜拉索使用阶段应力以及活载应力幅进行检算，斜拉索破断安全系数按 2.0 控制，应力幅按 140MPa 控制。斜拉索索力分布及强度安全系数如图 3-5-18 和图 3-5-19 所示。

图 3-5-18　斜拉索索力分布图

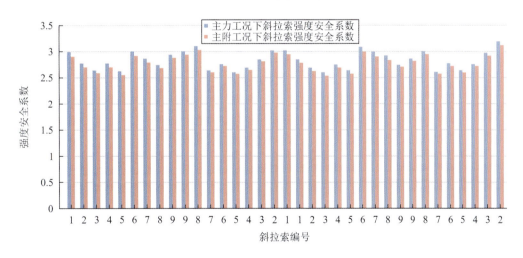

图 3-5-19　斜拉索强度安全系数分布图

各项技术指标满足规范要求。

5.5　局部应力分析

采用 Midas FEA 软件建立实体有限元模型分别对桥梁索鞍区、索梁锚固块及塔梁锚固区分别进行计算分析，实体计算有限元模型如图 3-5-20 所示。

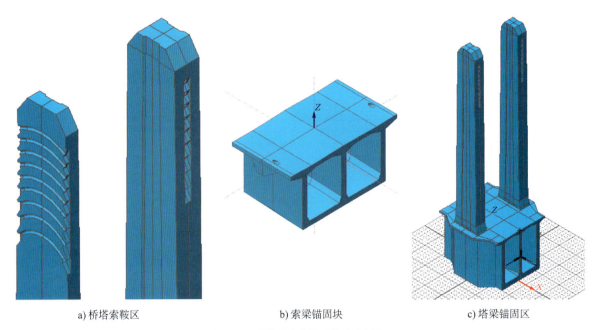

a) 桥塔索鞍区　　　　　　　b) 索梁锚固块　　　　　　　c) 塔梁锚固区

图 3-5-20　实体计算有限元模型示意图

（1）桥塔索鞍区

在进行有限元分析加载时，根据图 3-5-21a）所示计算管内侧法向压力 q，此法向力由主塔两侧斜拉索索力作用于内管，传向混凝土，主塔管内侧法向力分布示意如图 3-5-21b）所示。

在进行于施工阶段及运营阶段分析后求得最大索力，确定三维实体分析所需要的斜拉索索力，加载在桥塔索鞍区，主塔应力分布云图如图 3-5-22 所示（拉为正，压为负，下同）。

由图 3-5-22 可知：桥塔索鞍区主应力在索孔端部应力变化较迅速，最大主压应力出现在孔端下部、约为 4.3MPa；最大拉应力出现在孔的两边，约为 1.89MPa。整个索鞍中部应力变化较平缓且应力值均较小。竖向压应力分布规律基本沿

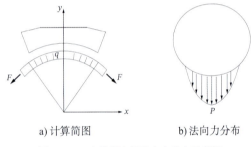

a) 计算简图　　　　b) 法向力分布

图 3-5-21　主塔管内侧法向力分布示意图

管向相同，最大压应力出现在孔的两边，约为 3.6MPa；拉索的挤压面产生较大的劈裂应力，但在规范允许范围内。

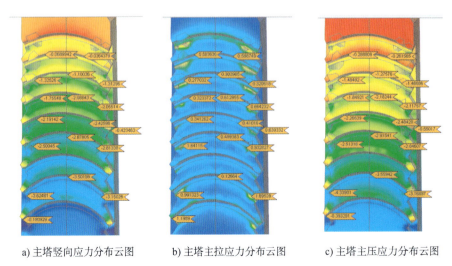

a) 主塔竖向应力分布云图　　　b) 主塔主拉应力分布云图　　　c) 主塔主压应力分布云图

图 3-5-22　主塔应力分布云图（单位：MPa）

(2) 索梁锚固块

在进行于施工阶段及运营阶段分析后求得最大索力，确定三维实体分析所需要的斜拉索索力，加载在锚块的端面上，计算结果如图 3-5-23～图 3-5-25 所示。

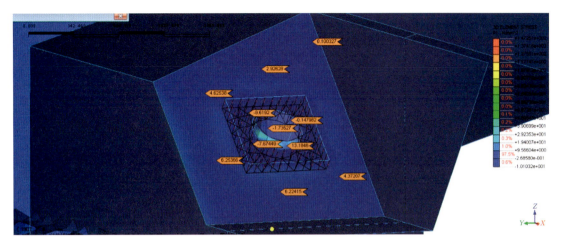

图 3-5-23　索梁锚固块端部主拉应力分布图（单位：MPa）

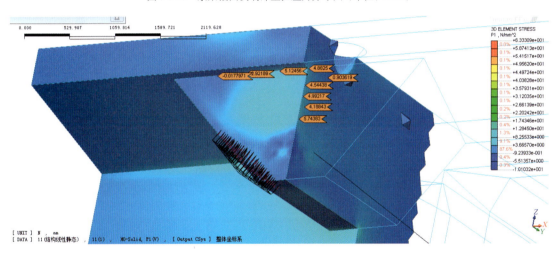

图 3-5-24　索梁锚固块与主梁界面主拉应力分布图（单位：MPa）

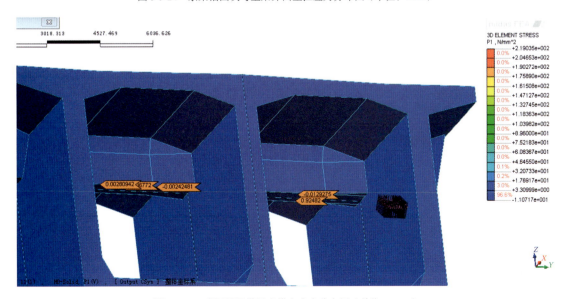

图 3-5-25　索梁锚固横梁底横向应力分布图（单位：MPa）

由图 3-5-23～图 3-5-25 可知，索梁锚固块锚垫板下方混凝土主拉应力值较小，最大值约为 2.5MPa，锚垫板外由于受到变形不一致的影响，主拉应力值较大，需要在锚垫板位置增加局部加强钢筋；索梁锚固块与主梁相交面除个别应力集中力点外，其他位置主拉应力值较小，最大约 0.91MPa；索梁锚固横梁全截面受力比较均匀，基本处于受压状态。

（3）塔梁固结处

主塔处横向应力分布示意如图 3-5-26 所示。

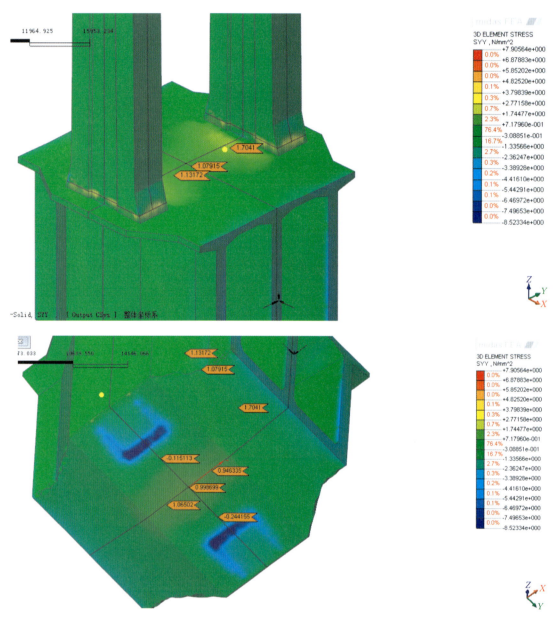

图 3-5-26　主塔处横向应力分布示意图（单位：MPa）

由图 3-5-26 可知，在塔梁固结位置，梁部受到较大的弯矩，并可有效地传递给下部桥墩，由应力云图可知，在荷载作用下，桥墩截面受力比较均匀，横梁由于桥墩的支撑，其横向受力较小，满足规范要求。

5.6　结构动力分析

对主桥进行车桥耦合动力分析，其计算条件如下。

（1）线路情况：双线，直线，正线线间距 5.0m；
（2）设计速度：350km/h；
（3）设计活载：ZK 活载。

1）列车-桥梁时变系统空间振动分析模型

（1）车辆（包括机车）空间振动分析模型假定

① 车体、转向架和轮对均假设为刚体。

② 不考虑机车、车辆纵向振动及其对桥梁振动与行车速度的影响。

③ 轮对、转向架和车体均作微振动。

④ 所有弹簧均为线性，所有阻尼按黏滞阻尼计算，蠕滑力按线性计算。

⑤ 沿铅垂方向，轮对与钢轨密贴，即轮对与钢轨的竖向位移相同；车体空间振动有：侧摆、侧滚、摇头、点头、浮沉 5 个自由度；每个构架有侧摆、侧滚、摇头、点头、浮沉 5 个自由度；每个轮对有侧摆、摇头 2 个自由度。故每辆四轴车辆共有 23 个自由度，每辆六轴机车共有 27 个自由度。

（2）桥梁空间振动分析模型

对全桥所有构件及桩基础均采用空间梁单元建模，桩基础采用 m 法考虑桩土共同作用，采用我院开发的专用软件对全桥进行了精确建模。分析模型确定后，就可由动力学势能驻值原理及形成矩阵的"对号入座"法则，建立桥梁刚度、质量、阻尼等矩阵，梁全桥有限单元划分示意如图 3-5-27 所示。

a）平面布置图

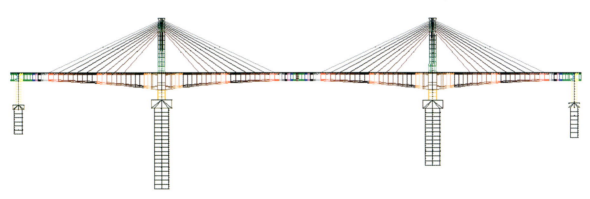

b）立面布置图

图 3-5-27　桥梁全桥有限单元划分示意图

2）列车安全、舒适和平稳运行的评估标准

（1）列车运行安全性与舒适性（客车）评价指标

采用脱轨系数、轮重减载率来判断列车运行安全性，用 Sperling 指标来判断乘坐舒适性（或运行平稳性）。根据《机车车辆动力学性能评定及试验鉴定规范》（GB/T 5599—2019），并参考历次提速试验所采用的评判标准，在车桥动力仿真分析中，列车运行安全性与舒适性（平稳性）的评定指标选取如下：

① 安全性指标

脱轨系数 ≤ 0.8；轮重减载率 ≤ 0.6。

② 乘坐舒适性（对客车车辆）

车体振动加速度：竖向 ≤ 0.25g，横向 ≤ 0.20g（中速：≤ 200km/h）；

　　　　　　　　竖向 ≤ 0.13g，横向 ≤ 0.10g（高速：≥ 200km/h）。

舒适性评价指标：优良 < 2.50；

　　　　　　　　良好 2.50～2.75；

合格 2.75～3.00。

（2）桥梁动力响应限值

① 桥梁竖向振动加速度限值：$0.35g = 3.5\text{m/s}^2$（半幅、有砟轨道）；

$0.50g = 5.0\text{m/s}^2$（半幅、无砟轨道）。

② 桥梁横向振动加速度限值：$0.14g = 1.4\text{m/s}^2$（半幅）。

3）桥梁动力特性计算结果

桥梁自振特性前十阶自振频率见表3-5-8。

桥梁自振特性前十阶自振频率计算结果　　　　　　　　　　　　　　　表3-5-8

振型阶数	自振频率（Hz）	振型主要特点	振型阶数	自振频率（Hz）	振型主要特点
1	0.6334	梁体正对称竖弯	6	0.7487	桥塔横弯
2	0.6829	梁体正对称横弯	7	1.0885	梁体反对称竖弯
3	0.7370	桥塔横弯	8	1.3510	梁体反对称横弯
4	0.7403	桥塔横弯	9	1.5414	梁体反对称竖弯
5	0.7486	桥塔横弯	10	1.5456	梁体正对称横弯

4）列车-桥梁时变系统空间振动响应计算结果与分析

在考虑徐变拱度值和温度变形情况下，对桥梁分析模型计算了和谐号CRH3型电力动车组通过桥梁时的车桥系统空间动力响应，列车编组及计算工况见表3-5-9。

列车编组及计算工况一览表　　　　　　　　　　　　　　　表3-5-9

名称	编组	计算车速（km/h）	轨道不平顺
和谐号CRH3型电力动车组	16辆编组：$4×(2×动+拖+2×动)$	225/250/275/300/325350/375/400/420	德国低干扰谱轨道不平顺

按设计速度段（225～350km/h）和检算速度段（375～420km/h）对计算结果进行汇总并进行评价，动车动力响应计算结果汇总见表3-5-10a)、表3-5-11a)，拖车动力响应计算结果汇总见表3-5-10b)、表3-5-11b)，并依据前述的评定标准，将评判结果汇总见表3-5-10c)、表3-5-11c)。

动车动力响应计算结果汇总表（温度最大和徐变包络）　　　　　　　　　　　　　　　表3-5-10a)

工况	列车类型	车速（km/h）	动车						
			脱轨系数 Q/P	轮重减载率 ΔP/P	横向力（kN）	竖向加速度（m/s²）	横向加速度（m/s²）	Sperling舒适性指标	
								竖向	横向
单线	CRH3	225～350	0.12	0.46	8.86	0.94	0.45	2.65	2.47
		375～420	0.15	0.55	10.73	1.04	0.67	2.75	2.60
双线	CRH3	225～350	0.12	0.46	8.90	0.93	0.45	2.65	2.48
		375～420	0.16	0.55	10.69	1.20	0.67	2.76	2.60

拖车动力响应计算结果汇总表（温度最大和徐变包络）　　　　　　　　　　　　　　　表3-5-10b)

工况	列车类型	车速（km/h）	拖车						
			脱轨系数 Q/P	轮重减载率 ΔP/P	横向力（kN）	竖向加速度（m/s²）	横向加速度（m/s²）	Sperling舒适性指标	
								竖向	横向
单线	CRH3	225～350	0.09	0.48	6.29	0.88	0.42	2.54	2.46

续上表

工况	列车类型	车速 (km/h)	拖车					Sperling 舒适性指标	
			脱轨系数 Q/P	轮重减载率 $\Delta P/P$	横向力 (kN)	竖向加速度 (m/s^2)	横向加速度 (m/s^2)	竖向	横向
单线	CRH3	375～420	0.12	0.56	7.16	1.05	0.46	2.69	2.55
双线	CRH3	225～350	0.09	0.49	6.31	0.94	0.42	2.56	2.46
		375～420	0.12	0.56	7.07	1.22	0.46	2.72	2.57

车-桥系统动力响应评价结果汇总表（温度最大和徐变包络） 表 3-5-10c)

工况	列车类型	车速 (km/h)	桥梁振动 加速度	车体振动 加速度	行车安全性		乘坐舒适性			
							动车		拖车	
					脱轨 系数	减载率	竖向	横向	竖向	横向
单线	CRH3	225～350	满足	满足	满足	满足	良好	优秀	良好	优秀
		375～420	满足	满足	满足	满足	良好	良好	良好	良好
双线	CRH3	225～350	满足	满足	满足	满足	良好	优秀	良好	优秀
		375～420	满足	满足	满足	满足	合格	良好	良好	良好

动车动力响应计算结果汇总表（温度最大和徐变包络） 表 3-5-11a)

工况	列车类型	车速 (km/h)	动车					Sperling 舒适性指标	
			脱轨系数 Q/P	轮重减载率 $\Delta P/P$	横向力 (kN)	竖向加速度 (m/s^2)	横向加速度 (m/s^2)	竖向	横向
单线	CRH3	225～350	0.12	0.46	8.86	0.83	0.45	2.65	2.47
		375～420	0.15	0.55	10.73	0.90	0.67	2.77	2.60
双线	CRH3	225～350	0.12	0.46	8.90	0.83	0.45	2.66	2.48
		375～420	0.15	0.56	10.69	1.01	0.67	2.76	2.60

拖车动力响应计算结果汇总表（温度最小和徐变包络） 表 3-5-11b)

工况	列车类型	车速 (km/h)	拖车					Sperling 舒适性指标	
			脱轨系数 Q/P	轮重减载率 $\Delta P/P$	横向力 (kN)	竖向加速度 (m/s^2)	横向加速度 (m/s^2)	竖向	横向
单线	CRH3	225～350	0.09	0.48	6.29	0.68	0.42	2.54	2.46
		375～420	0.12	0.60	7.16	0.94	0.46	2.66	2.55
双线	CRH3	225～350	0.09	0.49	6.31	0.74	0.42	2.55	2.46
		375～420	0.12	0.61	7.07	1.06	0.46	2.71	2.57

车-桥系统动力响应评价结果汇总表（温度最小和徐变包络） 表3-5-11c)

工况	列车类型	车速（km/h）	桥梁振动加速度	车体振动加速度	行车安全性		乘坐舒适性			
					脱轨系数	减载率	动车		拖车	
							竖向	横向	竖向	横向
单线	CRH3	225～350	满足	满足	满足	满足	良好	优秀	良好	优秀
		375～420	满足	满足	满足	满足	合格	良好	良好	良好
双线	CRH3	225～350	满足	满足	满足	满足	良好	优秀	良好	优秀
		375～420	满足	满足	满足	满足	合格	良好	良好	良好

5）小结

（1）当和谐号CRH3型电力动车组高速列车以225～420km/h（桥梁检算速度）通过该桥时，在上述所有计算工况（考虑了徐变及温度等附加变形）下，桥梁的动力响应均在容许值以内，列车横、竖向振动加速度满足限值要求，列车行车安全性能满足要求。

（2）当和谐号CRH3型电力动车组高速列车以225～350km/h（桥梁设计速度）通过该桥时，在上述所有计算工况（考虑了徐变及温度等附加变形）下，列车的乘坐舒适性能达到规定的"良好"标准，以375～420km/h（桥梁检算速度段）通过该桥时，列车的乘坐舒适性能达到规定的"合格"标准。

综上所述，本桥具有良好的动力特性及列车走行性，在上述运营速度段及检算速度段所有计算工况下，列车通过桥梁时的安全性和乘坐舒适性均满足要求。

5.7 轨道长波不平顺静态分析

1）轨道静态铺设精度标准

（1）300m基线长控制标准

根据《铁路轨道设计规范》（TB 10082—2017）、《高速铁路设计规范》（TB 10621—2014），对 $V \geq 200$km/h 地段的轨道高低静态铺设精度标准为：采用三种基线长度 [10m、30m或者48a（m）、300m或者480a（m）（a为扣件间距）] 进行评价，其中对10m弦长的控制主要为了保证行车安全性，对30m、300m基线长标准控制主要为了保证乘车舒适性。轨道长波不平顺的容许偏差采用"矢距法"检测，容许偏差 $\Delta h = |\Delta_{设计} - \Delta_{实测}|$，$\Delta_{设计}$ 为两点间的设计矢距差，$\Delta_{实测}$ 为两测点间的实测矢距差，控制标准 Δh 的限值见表3-5-12。

铁路轨道静态铺设精度控制限值 表3-5-12

基线长（sg Δh 限值）	250km/h ≤ V ≤ 350km/h	V = 200km/h
10m	2mm	2mm
30m/48a（m）	2mm	3mm
300m/480a（m）	10mm	10mm

当基线长为300m时，相距150m的任意两测点实际矢距差与设计矢距差的偏差不得大于10mm。假定扣件节点间距为0.625m，采用300m弦线，按间距150m设置一对检测点，则扣件节点间距的240倍正好是两检测点的间距150m。300m基线长高低不平顺检测示意如图3-5-28所示。

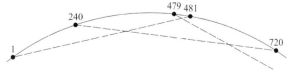

图3-5-28 300m基线长高低不平顺检测示意图

图3-5-28中的点是钢轨支承点的编号，以P1到P481表示。P25与P265间的高低不平顺检测按式(3-5-1)计算：

$$\Delta h = \left|\left(h_{25设计} - h_{265设计}\right) - \left(h_{25实测} - h_{265实测}\right)\right| \leqslant 10\text{mm} \qquad (3-5-1)$$

（2）60m 弦中点弦测法

对于大跨度桥梁，由于轨道铺设精度的测量中包含了桥梁的变形，上述 300m 基线长轨道静态铺设指标难以满足。根据列车敏感波长、不同弦长有效检测波段及不同弦长轨道长波不平顺输出结果与车体动力响应匹配性的研究结果，结合目前国内已建成的高铁中最大跨度的无砟轨道桥梁研究结论，轨道静态铺设精度弦长测量采用 60m 弦中点弦测法。

假设设计线形为直线，以某一弦长 L 拉弦，其中点的实测值 V_i 见式(3-5-2)，高低不平顺检测示意如图 3-5-29 所示。

$$V_i = h_i - \frac{1}{2}(h_{i-L} + h_{i+L}) \tag{3-5-2}$$

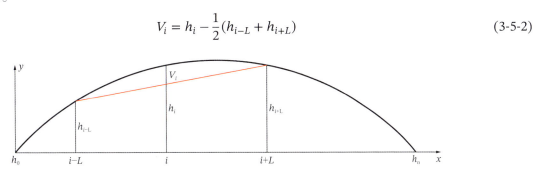

图 3-5-29　60m 中点弦测法高低不平顺检测示意图

根据我国开通运营的设计速度 350km/h 昌赣高铁赣江特大桥（主跨 300m）和商合杭铁路裕溪河特大桥（主跨 324m），大跨度桥梁铺设无砟轨道科研成果和工程经验，轨道静态长波不平顺采用 60m 中点弦测法，验收标准高低为 7mm/60m、轨向为 6mm/60m。

福厦高铁大跨度桥梁轨道静态铺设精度弦长测量也采用 60m 弦中点弦测法，轨道高低不平顺按 7mm 控制，轨向不平顺按 6mm 控制。

2）基于 300m 基线长控制标准的轨道静态平顺性分析

本桥各工况下 300m 基线长高低及轨向不平顺计算结果见表 3-5-13。

高低和轨向不平顺 300m 弦测偏差　　　　表 3-5-13

线型序号	不平顺类型	荷载类型	300m 弦测偏差最大值（mm）
1	高低不平顺	收缩徐变（三年）	3.05
2		收缩徐变（十年）	13.10
3		非均匀升温	38.23
4		非均匀降温	19.29
5		均匀升温	1.51
6		均匀降温	1.51
7	轨向不平顺	横向风	5.97

由表 3-5-13 可见，300m 基线长检测时高低不平顺最大值为 38.23mm，大于规范限值 10mm。轨向不平顺为 5.97mm，满足规范要求。

3）基于 60m 弦中点弦测法的轨道静态平顺性分析

各工况下 60m 弦中点弦测法的高低不平顺计算结果见表 3-5-14。

高低和轨向不平顺 60m 弦测偏差　　　　表 3-5-14

线型序号	不平顺类型	荷载类型	60m 弦测偏差最大值（mm）
1	高低不平顺	收缩徐变（3 年）	2.33

续上表

线型序号	不平顺类型	荷载类型	60m弦测偏差最大值（mm）
2	高低不平顺	收缩徐变（10年）	4.34
3		非均匀升温	4.85
4		非均匀降温	2.47
5		均匀升温	0.28
6		均匀降温	0.28
7	轨向不平顺	横向风	0.98

由表 3-5-14 可见，60m 弦中点弦测法检测时高低不平顺最大值为 4.85mm，轨向不平顺为 0.98mm，均满足标准要求。

4）小结

福厦高铁大跨度桥梁轨道静态铺设精度弦长测量采用 60m 弦中点弦测法，轨道高低不平顺按 7mm 控制，轨向不平顺按 6mm 控制。当采用 60m 弦中点弦测法评估时，本桥高低、轨向不平顺满足建议标准要求，见表 3-5-15。

静态不平顺计算值　　　　　　表 3-5-15

基线长	Δh计算最不利值（mm）	建议Δh限值（mm）	是否满足标准要求
60m（高低不平顺性）	4.85	7	是
60m（轨向不平顺性）	0.95	6	是

第 6 章 连续刚构拱

6.1 概述

福厦高铁泉州湾跨海大桥小里程侧跨越泉州绕城高速公路采用（76 + 160 + 76）m 连续刚构梁拱组合结构，全桥位于 $R = 700$m 曲线上。主桥立面如图 3-6-1 所示。

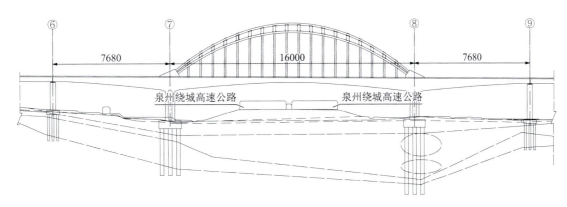

图 3-6-1 主桥立面布置图（尺寸单位：cm）

为降低台风多发期抗风抗台等安全风险，提高梁部施工质量，将泉州湾跨海大桥绕城高速公路和海上引桥整体式刚构之间 26 孔现浇简支梁由移动模架施工改为预制架设施工。（76 + 160 + 76）m 连续刚构拱的拱肋施工方案为先裸梁运架简支梁，运架完毕之后，再进行拱肋安装施工。因此必须对裸梁运梁过孔进行结构安全检算，此时梁上轨道结构及桥面附属结构没上桥，梁部受 YLSS900B 型运梁车运梁过孔和驮运架桥机过孔施工荷载作用。

受运梁车限界影响，拱脚混凝土与主梁 0 号块一同浇筑 20cm 高，其余拱脚混凝土及拱肋、吊杆，待运梁完成后，再行施工。为了保证裸梁上运梁车通行时梁体结构的安全，在梁体合龙后不小于 10d 且不超过一个月时间开始运梁施工，运梁时间控制在 20d 内完成。

6.2 主梁构造

（1）梁部

主梁全长 313.6m，含两侧梁端至边支座中心线各 0.80m，梁拱结合部 0 号梁段长 19m。主梁除 0 号梁段、边孔直线段在支架上施工外，其余梁段均采用挂篮悬臂浇筑。受曲线加宽的影响，梁部加宽 0.6m，防护墙内侧净宽 9.6m，桥梁全宽 14.2m，中支点处（拱脚处）局部加宽为 16.3m。

主梁为预应力混凝土结构，采用单箱双室变高度箱形截面，中跨中及边支点梁高 3.0m，中支点梁高 8.5m；箱梁顶板厚 0.44m，底板厚 0.35～1.4m，腹板厚 0.50～1.0m，边支点及中支点处局部加厚。边支点处底板设 0.8m 检查孔，底板上设泄水孔。梁部典型横断面如图 3-6-2～图 3-6-4 所示。

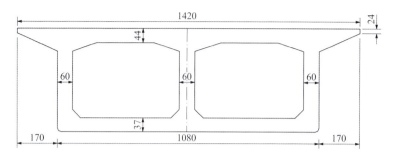

图 3-6-2 箱梁标准截面构造图（尺寸单位：cm）

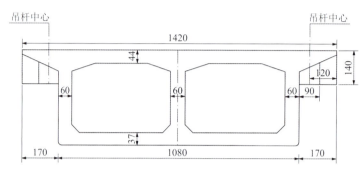

图 3-6-3 桥面吊杆处布置图（尺寸单位：cm）

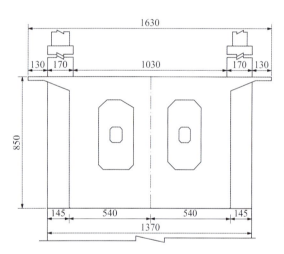

图 3-6-4 桥面拱脚处布置图（尺寸单位：cm）

箱梁共设 6 道支点横隔板，边支点横隔板厚 1.60m，中支点薄壁墩墩顶横隔板厚 1.8m；箱梁于各吊杆处共设 18 道吊点横梁，吊点横梁厚 0.5m，高 1.40m。

主梁设纵向、横向和竖向三向预应力。纵向预应力采用 19-ϕ^j15.24mm、15-ϕ^j15.24mm 两种规格的钢索，配套使用 OVM15-19、OVM15-15 型锚具，钢索管道采用内径 ϕ100mm、ϕ90mm 金属波纹管成孔。纵向钢索均采用两端张拉，钢索锚下张拉控制应力 σ_{con} = 1280MPa，钢索张拉锚固后，对钢索管道均进行压浆。

主梁横向预应力采用 5-ϕ^j15.24mm 钢索，配套使用 BM15-5 型锚具，钢索管道采用内径 90mm × 19mm 金属波纹管成孔。横向钢索采用一端张拉，张拉端和锚固端在主梁两侧交错布置。横向钢索锚下张拉控制应力 σ_{con} = 1302MPa，钢索张拉锚固后，对钢索管道均进行压浆。

主梁竖向预应力采用直径为 32mm 的高强精轧螺纹钢筋，JLM-32 型锚具，内径为 45mm 铁皮管成孔。竖向预应力筋均在梁顶张拉，锚下张拉控制应力 σ_{con} = 747MPa。

（2）拱肋

拱肋为钢管混凝土结构，采用叠合拱截面形式，为月牙形双圆管式，如图 3-6-5 所示。拱肋弦管直径为 1.2m，采用厚度为 28mm、32mm 的钢板卷制而成，两榀拱肋间横向中心距 11.8m。上、下钢管均为钢箱组合结构，钢管及腹腔内填充 C55 自密实补偿收缩混凝土。腹杆采用箱形钢腹杆，腹板间距 0.8m。拱肋及腹板材料采用 Q345qD 钢材。

上、下拱肋计算跨度分别为 L = 160mm，设计矢高分别为 f = 34.5m、29.5m，上下钢管拱轴线均采用抛物线。拱肋预设 6cm 上拱值，上拱肋施工拱轴线 $y = (-67.12/12800)X^2 + (67.12/80)X + 1$；下拱肋施工拱轴线 $y = (-61.12/12800)X^2 + (61.12/80)X - 1$。上下拱肋除拱脚一定范围内采用哑铃形结构，其余均为分离结构，用竖向腹杆连接。

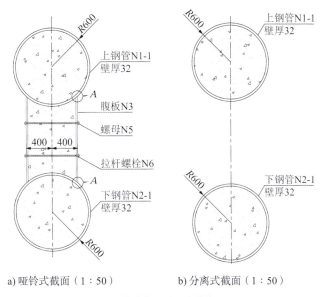

a) 哑铃式截面（1∶50） b) 分离式截面（1∶50）

图 3-6-5 拱肋截面（尺寸单位：mm）

两榀拱肋之间共设 9 道横撑，横撑均采用空间桁架撑，其中拱顶处设"米"字撑，其余均为 K 形撑。钢管内部不填混凝土，其内外表面均需作防腐处理。

（3）吊杆

吊杆顺桥向间距 8m，全桥共设 18 组双吊杆。吊杆采用 PES（FD）7-61 型低应力防腐拉索（平行钢丝束），外套复合不锈钢管，配套使用冷铸镦头锚。吊杆上端穿过拱肋，锚于拱肋上缘张拉底座，下端锚于吊点横梁下缘固定底座。

（4）桥墩及基础

桥墩采用 C45 钢筋混凝土，双薄壁墩；承台采用 C45 钢筋混凝土；桩基采用 C35 钢筋混凝土，12ϕ2.5m 嵌岩柱状，行列式布置。

6.3 结构计算

1）计算参数

（1）恒载

① 梁体自重：钢材重度 78.5kN/m³；主梁结构重度 26kN/m³。

② 混凝土收缩、徐变：环境条件按野外一般条件计算，相对湿度取 70%。按 3 年（1095d）计算徐变值。

③ 基础变位：各墩不均匀沉降按 2cm 计。

（2）运梁车活载

运梁车纵向荷载和横向荷载。

（3）附加力

① 温度变化影响力：按《铁路桥涵混凝土结构设计规范》（TB 10092—2017）计算。合龙温度按 20℃±5℃，结构整体升温 20℃，整体降温 20℃；主梁顶板非线性升温 8℃。横向计算时，按日照顶板升温 10℃、寒潮降温 8℃两种情况考虑考虑温度变化的影响力。

② 风力：按《铁路桥涵设计规范》（TB 10002—2017）第 4.4.1 条计算。

一般风速（工作状态，四级风速）$v = 7.9$m/s；台风风速（非工作状态）$v = 34$m/s。

（4）材料特性

① 主梁：C60 混凝土，$f_c = 40.0$MPa，$f_{ct} = 3.50$MPa，$E_c = 3.65 \times 10^4$MPa。

② 拱肋：C55 自密实补偿收缩混凝土，$f_c = 37.0$MPa，$f_{ct} = 3.30$MPa，$E_c = 3.60 \times 10^4$MPa。
③ 预应力束采用ϕ15.2mm 高强度、低松弛钢绞线，$f_{pk} = 1860$MPa，$E_p = 1.95 \times 10^5$MPa。

（5）荷载组合

分别按主力工况和主力+附加力工况，按最不利荷载组合计算。

（6）设计指标

各项主要设计指标见表 3-6-1。

主要设计指标　　　　　　　　　　　　　　表 3-6-1

顺号	项目	检算条件	控制条件
1	设计安全系数	强度安全系数	$K_{主} \geqslant 1.8$
			$K_{主+附} \geqslant 1.8$
2		抗裂安全系数	$K_{主} \geqslant 1.1$
			$K_{主+附} \geqslant 1.1$
3	预应力钢绞线应力（MPa）	预加应力时的锚下钢绞线控制应力	$\sigma_{con} \leqslant 0.75 f_{pk}$
4		传力锚固时的钢绞线控制应力	$\sigma_p \leqslant 0.65 f_{pk}$
5		运架梁荷载下钢绞线应力	$\sigma_p \leqslant 0.60 f_{pk}$
6		疲劳荷载作用下钢束应力幅	$\Delta\sigma_s \leqslant 140$
7	钢筋应力（MPa）	疲劳荷载作用下带肋钢筋应力幅	$\Delta\sigma_p \leqslant 150$
8	混凝土应力（MPa）	传力锚固时混凝土压应力	$\sigma_c \leqslant 0.75 f'_c$
9		传力锚固时混凝土拉应力	$\sigma_{ct} \leqslant 0.70 f'_{ct}$
10		运架梁荷载下混凝土压应力	$\sigma_c \leqslant 0.80 f_c$
11		运架梁荷载下混凝土拉应力	$\sigma_{ct} \leqslant 0.8 f_{ct}$
12		运营荷载下混凝土最大剪应力	$\tau_c \leqslant 0.17 f_c$
13		抗裂荷载下混凝土主压应力	$\sigma_{cp} \leqslant 0.60 f_c$
14	混凝土应力（MPa）	抗裂荷载下混凝土主拉应力	$\sigma_{tp} \leqslant f_{ct}$
15		恒载作用下	$\sigma_c \leqslant 0.4 f_c$

（7）纵向计算模型

采用 BSAS 5.01 对结构裸刚构进行整体计算，主梁结构整体计算共划分 130 个单元，冲击系数 1.0，主梁结构有限元模型如图 3-6-6 所示。

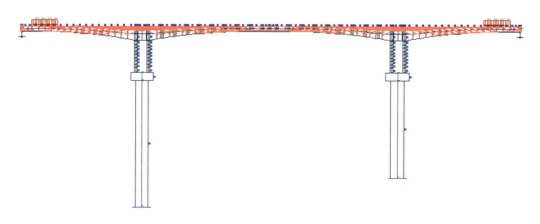

图 3-6-6　主梁结构有限元模型

（8）运梁车荷载工况

运梁车运梁过孔荷载、运梁车驮运架桥机过孔荷载以及各施工工况根据实际施工过程进行模拟，保持边跨12～15号梁段压重400kN/m。

① 工况一：YLSS900B运梁车运梁过孔

工况一下的YLSS900B运梁车运梁荷载如图3-6-7所示。

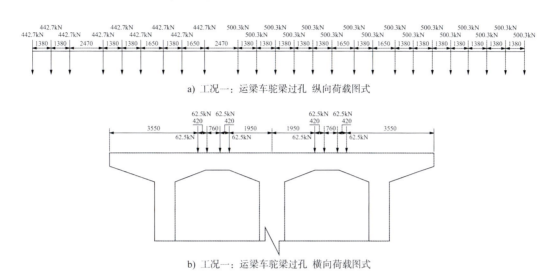

a) 工况一：运梁车驮梁过孔 纵向荷载图式

b) 工况一：运梁车驮梁过孔 横向荷载图式

图3-6-7 工况一下的YLSS900B运梁车运梁荷载图（尺寸单位：mm）

② 工况二：YLSS900B运梁车驮运架桥机过孔

工况二下的YLSS900B运梁车运梁荷载如图3-6-8所示。

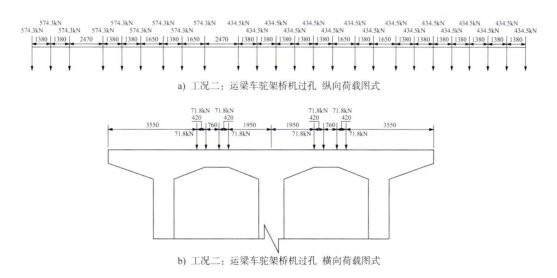

a) 工况二：运梁车驮架桥机过孔 纵向荷载图式

b) 工况二：运梁车驮架桥机过孔 横向荷载图式

图3-6-8 工况二下的YLSS900B运梁车运梁荷载图（尺寸单位：mm）

2）梁部纵向检算结果

（1）施工阶段

在边跨合龙后即全部张拉边跨预应力束；中跨合龙后，分次张拉全部中跨预应力束。各施工阶段梁部应力见表3-6-2。

根据《铁路桥涵混凝土结构设计规范》（TB 10092—2017）第7.4.11条，在运送及安装阶段，对不允许出现拉应力的构件，混凝土应力应满足以下要求：

最大压应力 $\sigma_c \leqslant 0.80 f_c = 29.6\text{MPa}$，最大拉应力 $\sigma_c \leqslant 0.80 f_{ct} = 2.64\text{MPa}$。

根据《铁路桥涵混凝土结构设计规范》（TB 10092—2017）第7.1.3条规定，主梁强度安全系数应不小于1.8，抗裂安全系数应不小于1.1。

各施工阶段梁部应力　　　　　　　　　　　　　　　　　　　　　　　　　　　　　　表3-6-2

施工阶段号	说明	上缘最大应力（MPa）	上缘最小应力（MPa）	下缘最大应力（MPa）	下缘最小应力（MPa）
1	边跨合龙，张拉边跨预应力索，拆除不平衡悬灌配重，拆除临时支墩、托架、支架	11.76	−0.32	12.54	−0.36
2	边跨12~15梁段压重200kN/m	11.25	0	10.41	−0.36
3	悬灌浇筑16′梁段，张拉预应力索，移动挂篮	11.24	0	11.11	−0.38
4	边跨12~15梁段压重400kN/m	10.76	0	10.75	−0.37
5	悬灌浇筑17′梁段，张拉预应力索，拆除挂篮，安装吊架（吊架重不小于600kN）	11.79	0	11.29	−0.43
6	中跨合龙，张拉中跨预应力束，拆除吊架，拆除边挂篮，保持边跨12~15梁段压重400kN/m	12.06	1.69	13.37	4.43

（2）工况一：运梁车运梁过孔

① 主梁

在运梁车运梁过孔荷载工况作用下，主梁计算结果见表3-6-3，各项结果均满足规范要求。

主梁计算结果　　　　　　　　　　　　　　　　　　　　　　　　　　表3-6-3

项目	主力工况一	主＋附工况一
上缘最大（MPa）	17.73	20.0
上缘最小（MPa）	1.59	1.0
下缘最大（MPa）	14.04	14.83
下缘最小（MPa）	1.33	−0.91
最大剪应力（MPa）	4.07	4.07
最大主应力（MPa）	14.05	14.76
最小主应力（MPa）	−2.44	−2.75
抗裂安全系数	1.43	1.23
强度安全系数	2.3	2.01
运梁车荷载引起跨中挠度（mm）	100.8（挠跨比1/1587）	
运梁车荷载引起梁端转角（rad）	1.61‰	

② 桥墩

对两中墩的截面进行检算，各参数项指标控制荷载极值及其容许值汇总见表3-6-4，计算结果均满足规范要求。

中墩截面检算结果　　　　　　　　　　　　　　　　　　　　　　　　　　　　　表3-6-4

参数项	η_x	η_y	σ_{max}（MPa）	σ_{min}（MPa）	σ_s（MPa）	τ_x（MPa）	τ_y（MPa）	σ_{tp}（MPa）	σ_c（MPa）	ω_f（mm）
极值	1.019	1	13.9	0	163.35	0.42	0.08	0.29	3.03	0.16
容许值	2	2	19.5	0	270	0.56	3.42	2.61	15.6	0.24

③ 桩基

7号墩P_{max} = 31243kN < $[P]$ = 32044kN,σ_h = 6.83MPa。

8号墩P_{max} = 32041kN < $[P]$ = 32594kN,σ_h = 6.97MPa。

桩基计算满足要求。

④ 支反力

6号和9号边墩支反力见表3-6-5。

支反力结果(单位:kN) 表3-6-5

墩号	恒载	活载最大	活载最小	沉降	温度	支反力最大	支反力最小
6号墩	6078	7300	−876	±515	±944	14837	3743
9号墩	6053	7341	−954	±510	±915	14819	3674

(3) 工况二:运梁车驮运架桥机过孔荷载

① 主梁

在运梁车驮运架桥机过孔荷载作用下,主梁计算结果见表3-6-6,各项结果均满足规范要求。

主梁计算结果 表3-6-6

项目	主力工况二	主+附工况二
上缘最大(MPa)	17.65	19.92
上缘最小(MPa)	1.59	0.98
下缘最大(MPa)	14.05	14.84
下缘最小(MPa)	1.42	−0.81
最大剪应力(MPa)	4.07	4.08
最大主应力(MPa)	14.06	14.77
最小主应力(MPa)	−2.45	−2.77
抗裂安全系数	1.42	1.24
强度安全系数	2.29	2.02
跨中挠度(mm)	101.3 = L/1579	
梁端转角(rad)	1.6‰	

② 桥墩

对两中墩的截面进行检算,各参数项指标控制荷载极值及其容许值汇总见表3-6-7,计算结果均满足规范要求。

中墩截面检算结果 表3-6-7

参数项	η_x	η_y	σ_{max}(MPa)	σ_{min}(MPa)	σ_s(MPa)	τ_x(MPa)	τ_y(MPa)	σ_{tp}(MPa)	σ_c(MPa)	ω_f(mm)
极值	1.019	1	13.9	0	−163.53	0.42	0.08	0.29	3.03	0.16
容许	2	2	19.5	0	270	0.56	3.42	2.61	15.6	0.24

③ 桩基

7号墩:P_{max} = 31287.7kN < $[P]$ = 32044kN,σ_h = 6.84MPa。

8号墩:P_{max} = 32075.6kN < $[P]$ = 32594kN,σ_h = 6.99MPa。

桩基计算满足要求。

④ 支反力

6 号和 9 号边墩支反力见表 3-6-8。

支反力结果（单位：kN） 表 3-6-8

墩号	恒载	活载最大	活载最小	沉降	温度	支反力最大	支反力最小
6 号墩	6078	7278	−882	±515	±944	14815	3737
9 号墩	6053	7319	−961	±510	±915	14797	3667

3）梁部横向检算

（1）设计荷载

① 恒载

梁体结构自重按 26kN/m³ 计算。

② 运架梁荷载

运梁车横向荷载如图 3-6-9 所示。

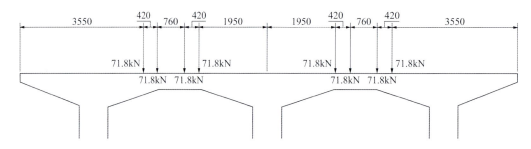

图 3-6-9 运梁车横向荷载示意图（尺寸单位：mm）

③ 温度荷载

日照升温按 5℃考虑，寒潮降温按 8℃考虑。结构整体升温+20℃，整体降温−20℃。

（2）运梁工况横向检算

在 YLSS900B 运梁车横向荷载作用下，顶板钢筋最大拉应力 150.4MPa，裂缝 0.191mm，满足要求。

（3）悬臂根部悬吊压重检算

如图 3-6-10 所示，边跨 12～15 号梁段压重 400kN/m，每侧悬吊压重每延米 200kN/m，因悬吊孔距悬臂根部距离 0.3m，悬吊弯矩 $M = 60$kN·m，因悬吊弯矩引起顶板钢筋应力 $\sigma_g = 26.5$MPa，悬吊剪力在悬臂引起的剪应力 $\tau = V/(BH) = 200/(1 \times 0.9)/$

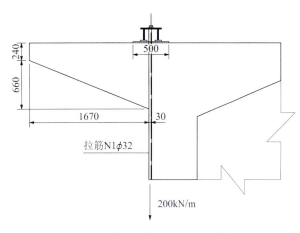

图 3-6-10 配重横向荷载示意图（尺寸单位：cm）

$1000 = 0.23$MPa。剪应力增加甚微，结构满足要求。

6.4 施工顺序调整

施工顺序如下：

（1）浇筑刚构 0 号梁段时，梁顶以上 20cm 高拱脚混凝土与梁体混凝土一同浇筑，预留拱脚钢筋、拱脚预埋定位型钢骨架焊接接头。焊接接头需预留足够的长度、错开焊接位置，拱脚混凝土后浇。张拉 0 号梁段纵、横向预应力束（拱脚竖向预应力筋除外）。

（2）连续施工刚构各梁段混凝土，按顺序合龙边跨、中跨合龙段，待合龙段混凝土达到设计强度，全部张拉纵向预应力钢束。撤除挂篮，撤除悬灌施工时梁段不平衡重配重，对边跨12~15号梁段压重。

（3）进行驮运架桥机及运梁施工。

（4）待区段内运梁完成后，焊接拱脚钢筋骨架及拱脚预埋管型钢定位骨架，安装拱脚预埋件及拱脚连接件，施工拱脚混凝土，待拱脚混凝土强度及弹性模量达到设计值的100%，张拉拱脚竖向预应力钢筋。

（5）安装拱肋及拱肋腹板、横撑等拱上结构。

（6）固结拱脚转动体系，浇筑拱脚二期混凝土，待拱脚二期混凝土达到设计强度，灌注拱肋混凝土。

（7）安装吊杆（初张拉）。

（8）铺设桥面二期恒载。

（9）调整吊杆力。

（10）成桥。

6.5　施工工艺要求

（1）为了保证裸梁上运梁车通行时梁体结构的安全，确保结构体系温差不超过8℃，梁体合龙后不小于10d，开始运梁施工，运梁时间控制在20d内完成，运梁时风速控制在四级风及以下。

（2）运梁车运梁期间，梁顶面需覆盖一层隔热的土工布或其他防晒覆盖层，且在晴天当日温度最高时段10:00—15:00停止运梁，运梁时桥面洒水降温。在温度急剧变化的时段停止运梁。控制梁顶不均匀温差不超过±5℃。

（3）边跨悬吊压重混凝土块的长度有10.86m，施工中应考虑混凝土块起吊及悬吊过程，混凝土块的构造措施及结构安全，确保混凝压重在起吊混凝土块及持荷压重运梁过程中，混凝土块的结构安全，悬吊安全。确保工作人员的人身安全，并保证两侧悬吊对称均衡，确保运梁通行中主梁的结构安全。

（4）拱脚钢筋和拱脚预埋管定位型钢骨架需预留足够的焊接长度，按规范错开焊接接头。

（5）外露的拱脚钢筋和型钢骨架需做好防锈的措施，以免生锈使钢材的力学性能降低。

（6）鉴于主梁0号段与拱脚混凝土龄期不宜相差太大，以及考虑主梁结构安全，运梁施工应尽可能缩短施工工期。

（7）运架梁施工完成后应及时焊接拱脚钢筋及型钢骨架，浇筑拱脚混凝土，张拉拱脚竖向预应力，施工拱肋，安装吊杆。

（8）新老混凝土接触面应清理、凿毛，保证新老混凝土的紧密连接。拱脚混凝土应悉心养护，以免新老混凝土龄期不同导致产生收缩裂纹。

（9）运梁车走行时，应控制车速不超过5km/h，且偏离箱梁中心不超过±10cm。

（10）边跨部分梁段压重，采用箱梁两侧悬吊混凝土块的方式压重，浇筑梁体混凝土时应预埋悬吊钢筋管道ϕ45mm金属波纹管，拆除边跨12~15号梁段压重后，焊接悬吊孔内预留钢筋与设置的"十"字筋，采用与梁体相同等级的砂浆混凝土封实。

（11）梁体压重示意图仅示意压重位置及压重荷载集度用，详细的压重措施，施工单位需做专项方案，确保压重时主梁结构及吊杆的安全。

（12）梁部施工过程中做好线型监控，运梁施工中注意观测梁体挠度变化并与计算对比，如有异常应立即停止施工，并反馈设计单位，共同分析研究。

（13）运梁车过孔时应加强应力检测，观测线形和应力的变化情况，并与理论计算作对比。严格控制运梁车运行速度、走行轨迹、运梁时间以及梁体表面防护等。

（14）施工过程中应加强配重设备及相关构件的检查，确保安全可靠。

6.6 小结

泉州湾跨海大桥（76＋160＋76）m 刚构连续梁拱，在满足以下条件下裸梁通行运梁车。

（1）拱脚混凝土及拱结构暂不施工，主梁边、中跨合龙后，纵向预应力钢束全部张拉，拆除挂篮，边跨压重范围 12～15 号梁段，压重集度 400kN/m。

（2）拱脚高出 0 号段梁面 20cm 的拱脚混凝土与 0 号梁段混凝土一起浇筑，且预留拱脚钢筋和拱脚预埋管定位型钢骨架的焊接长度。

（3）12～15 号梁段范围，顶板横向水平筋适当加强，压重悬吊孔处采用厚 30mm 钢板纵向铺设在工字钢梁下方。

（4）对于大跨度梁拱组合结构，根据施组需要，可以采用裸梁运架过孔，再施工拱肋方案。对运梁工况进行纵、横向检算，满足结构受力和运梁车过孔要求。

鉴于本桥跨度大、荷载重，裸梁状态下运梁车过桥架梁，设计和施工密切配合，运架梁时应做好所有过桥准备及应急预案，最终本桥顺利完成运架梁工作。

第 7 章 整体式连续刚构

7.1 概述

福厦高铁泉州湾跨海大桥与已建成通车的泉州绕城高速公路跨海大桥并行，公路桥主桥两侧深水区引桥采用跨度为（3×70）m 的预应力混凝土连续梁。为了与相邻公路桥对孔布置，铁路引桥采用了多联整体式连续刚构，总布置如图 3-7-1 所示。主桥小里程布置有 9 联（3×70）m 整体式连续刚构，大里程布置有 11 联（3×70）m + 1 联（2×70）m 整体式连续刚构。

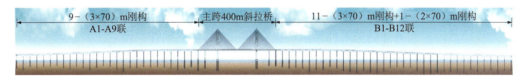

图 3-7-1　泉州湾深水区桥梁总体布置图

7.2 结构设计

整体式刚构边墩与中墩均与主梁固结，主梁采用预应力混凝土箱梁，墩顶梁段均采用悬灌施工；墩高 20~50m，单个桥墩尺寸轻巧，但整体刚度大，桥墩尺寸与相邻公路桥协调，景观效果好。典型整体式连续刚构示意图如图 3-7-2 所示。

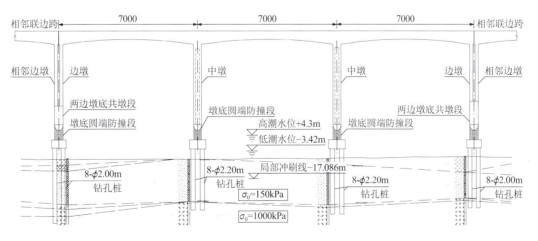

图 3-7-2　典型（3×70）m 无支座整体式刚构示意图（尺寸单位：cm）

1）结构比选
（1）等高梁和变高梁比选
① 等高梁
主梁采用预应力混凝土等高度箱梁方案，梁高 5.0m，如图 3-7-3 所示。墩位处通过加大梗腋来改善

梁体受力。

优点：活载挠度小，线条简洁明快，施工便利，是中小跨度刚构梁的首推梁型。

缺点：恒载挠度大，含索量大，支点处强度系数较小。

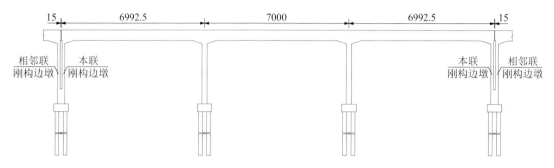

图 3-7-3　等高梁立面图（尺寸单位：cm）

② 变高梁

主梁采用预应力混凝土变高度箱梁方案，如图 3-7-4 所示。墩顶处梁高 6.6m，跨中梁高 4.1m，梁高按圆曲线变化。

优点：梁部受力合理，对于较大跨度梁部工程量较省。

缺点：活载挠度比等高梁大。

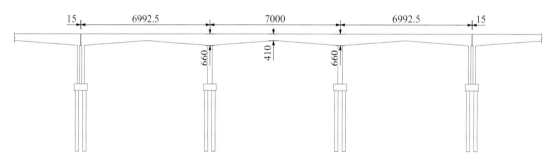

图 3-7-4　变高梁立面图（尺寸单位：cm）

对（3×70）m 等高梁和变高梁整体式刚构方案分别进行计算比较，根据技术指标来确定两种方案的结构尺寸。

根据表 3-7-1 中的计算结果可知，变高梁在跨中梁高小，自重挠度小，梁部受力合理，适合于较大跨度连续刚构。等高梁跨中及梁端梁高相对更大，梁端转角及活载挠跨比小，适合于中小跨度梁。在达到相似的强度指标下，（3×70）m 整体式刚构采用等高梁和变高梁都可行，由于采用悬灌施工方案，最终选用了变高梁。

等高梁与变高梁对比　　　　表 3-7-1

项目	等高梁	变高梁
梁高（m）	5	6.6/4.1（圆曲线变化）
圬工量（m³）	3504.5	3889.2
钢索质量（t）	184.9	174.3
活载挠跨比	1/3804	1/3465
梁端转角	0.614	0.87
工后徐变	11	14

续上表

强度（主+附）	2.09	2.10
适合的施工方法	节段拼装	悬灌施工
梁与墩的衔接	可设大倒角，墩梁受力均匀过渡	倒角设置较小

（2）双壁墩和单柱墩比选

连续刚构多跨墩梁固结，桥墩的刚度必须满足受力要求，且结构整体刚度也必须满足行车的动力要求，因此桥墩尺寸的选择需要在满足桥墩强度、刚度、稳定性和抗震性能要求，轨道对整体刚度要求，以及行车动力性能要求下，合理选择墩身尺寸。多联（3×70）m整体式连续刚构墩高变化范围为25～50m，墩型按中墩为双薄壁墩和单柱墩分别研究。

选取30m、40m和50m墩高分别进行计算分析，主要计算结果见表3-7-2。结果显示单柱墩具有更大的纵向抗推刚度，在纵向制动力、风力等作用下位移较小。当墩高较大时，为控制墩纵向抗推刚度，采用双薄壁墩需要较大的截面尺寸，景观效果欠佳；采用独柱墩纵向抗推刚度提高幅度大，受力更合理，整体效果纤细美观。故桥墩采用单柱墩方案。

双薄壁墩和单柱墩主要计算结果汇总　　　　　　表3-7-2

项目	墩型	墩高		
		30m	40m	52m
边墩纵桥向尺寸（m）	双壁	1.4	1.8	2.2
	单柱	1.3	1.5	1.7
中墩纵桥向尺寸（m）	双壁	1.4	1.8	2.2
	单柱	2.5	3	3.5
抗推刚度（m）	双壁	1234	855	740
	单柱	1543	1142	854
边墩顶收缩纵向位移（mm）	双壁	10.6	10.7	10.7
	单柱	11	10.9	10.8
边墩顶徐变纵向位移（mm）	双壁	19.6	19.3	19.5
	单柱	19.3	19.2	19.1
边墩顶活载纵向位移（mm）	双壁	1.72	2.2	2.49
	单柱	2.02	2.76	3.5
制动力纵向位移（mm）	双壁	11.1	16.3	17.8
	单柱	8.94	12.1	16.2
风力纵向位移（mm）	双壁	4.16	8.79	12
	单柱	3.87	6.93	11.72
体系降温纵向位移（mm）	双壁	20.5	20.5	20.5
	单柱	20.9	20.7	20.7
非均匀温度位移（mm）	双壁	2.36	2.36	2.36
	单柱	2.42	2.37	2.35

续上表

项目	墩型	墩高		
		30m	40m	52m
混凝土应力（MPa）	双壁	14.74	10	9.51
	单柱	15.44	15.3	14.83
钢筋应力（MPa）	双壁	−175.43	127.1	135.68
	单柱	−142.81	−163.83	−127.53
裂缝（mm）	双壁	0.17	0.12	0.12
	单柱	0.14	0.16	0.12

2）结构构造

（1）梁部构造

主梁采用单箱单室变高度箱形截面，一联梁体全长209.85m，梁缝0.15m。箱梁顶宽12.6m、底宽7m；边墩和中墩处梁高6.6m，跨中梁高4.1m，梁高按圆曲线变化，圆曲线半径为201.278m；顶板厚40cm，底板厚由跨中的52cm按圆曲线变化至中支点梁根部的120cm，刚构墩处局部加厚到150cm，主梁截面构造如图3-7-5所示。梁部采用纵向预应力体系，钢绞线采用φ15.24mm的高强度钢绞线，纵向预应力采用19-φ15.24mm、15-φ15.24mm、12-φ15.24mm三种规格的钢索。钢索管道进行抽真空压浆，其中边墩临时固结悬臂浇筑施工的预应力索由于后期跨中合龙后要放张拆除，故不灌浆。边墩隔板处采用预应力螺纹钢筋作为临时锚固。

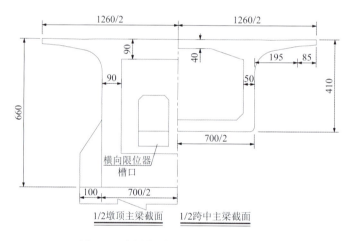

图3-7-5 主梁截面构造（尺寸单位：cm）

（2）下部结构

刚构边墩和中墩均与主梁固结。边墩上部采用带圆角的矩形薄壁墩，如图3-7-6所示。相邻联边墩共用基础，对于墩高大于30m的边墩下部一定高度共有实体桥墩和基础，上部分为两肢。当墩高$H \leqslant 30$m时，边墩纵桥向和横桥向尺寸分别为1.4m、9m；当墩高$H > 30$m时，边墩纵桥向和横桥向尺寸分别为1.6m、10m，分叉高度30m，下部共墩的尺寸为4.35m×10m。

中墩随墩高不同采用矩形实体墩或空心墩。当墩高$H \leqslant 30$m时，中墩为实体墩，纵桥向和横桥向尺寸分别为3.0m、9m；当墩高$30\text{m} < H < 40\text{m}$时，中墩为空心墩，纵桥向和横桥向尺寸分别为3.5m、10m；当墩高$H \geqslant 40$m时，中墩为空心墩，纵桥向横桥向尺寸分别为4.0m、10m。

边墩和中墩下部7.5m范围内采用带圆弧的圆端形截面。

边墩和中墩均采用钻孔灌注嵌岩桩，为减少结构纵向次内力，根据墩高不同，基础均采用8根φ1.5~2.2m的桩，行列式布置。

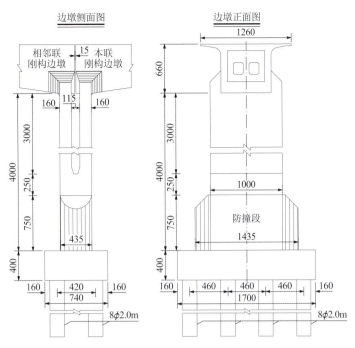

图 3-7-6　边墩构造图（尺寸单位：cm）

（3）相邻边墩临时锁定设计

由于孔跨布置为多联相邻（3×70）m 整体式刚构，且桥位处位于海水中，墩高较高，如果边跨采用支架施工，将耗费较多的钢管桩和支架，且在墩高尺寸较大时使用支架现浇施工风险性较大。因此该桥边墩顶梁段采用临时锁定后进行悬臂浇筑的方法施工，如图 3-7-7 所示。

相邻梁端临时固结：利用预应力钢绞线和精轧螺纹钢筋将两相邻联整体式刚构的边墩及 0 号块进行临时固结，梁缝之间填塞钢垫块等。该处悬臂浇筑施工的预应力索只张拉不灌浆，预应力索锚下张拉控制应力 1280MPa，为了保持预应力的有效性和锚固的可靠性，采用了一种低回缩锚具。边跨合龙后解除临时约束，先解除预应力螺纹钢筋，后拆除预应力筋，拆除过程应从短索至长索分批缓慢释放预应力。在解除预应力索过程中，梁端将发生向跨中方向的纵向位移，钢垫块将自然脱落，施工时设置钢块吊绳防止钢块直接掉落。

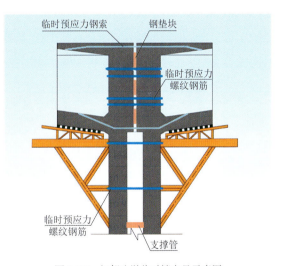

图 3-7-7　相邻边墩临时锁定悬示意图

施工过程中结构共经历中跨合龙、边跨合龙、拆除边墩临时固结三次结构体系转换。悬臂施工过程中每个阶段两梁端交接面均设计为全截面受压状态。加强施工监控，对临时锚固处的应力和位移进行实时的监控预警，保障施工安全。

3）静力计算

采用 BSAS 结构分析有限元软件建立两联模型进行整体计算，考虑土-桩-结构相互作用，主梁与刚臂墩采用主从连接。计算时按实际的施工顺序，模拟施工过程，以墩高 40m 刚构为例给出主要计算结果。

主力+附加力荷载（以下简称"主+附"）组合下，边跨跨中最大弯矩为 150040kN·m，边墩顶最大负弯矩为 18382kN·m，中墩顶最大负弯矩为 96372kN·m。

梁部检算：运营阶段主梁主要应力和强度计算结果见表 3-7-3，截面检算各项指标符合要求；主梁变形验算结果显示，静活载和温度组合下主梁最大竖向变形为 −18.1mm，为跨度的 1/3867，小于限值

$1.1L/1900$；静活载下梁端转角 0.67‰，梁体轨道铺设后，预应力混凝土梁后期徐变值最大为 11mm，小于限值 $L/5000 = 14$mm。

运营阶段主梁主要计算结果 表 3-7-3

工况	正应力（MPa）		主应力（MPa）		最小强度安全系数
	最大	最小	最大	最小	
主力	12.95	0.86	12.09	−1.73	2.26
主 + 附	14.15	0.11	12.44	−2.17	2.08

下部结构检算：一联整体式刚构的纵向刚度为 1825kN/cm，边、中墩顶在恒载下的纵向位移分别为 38mm 和 33mm。边墩纵向恒载位移通过设置纵向预偏量消除，中墩恒载位移较小不设预偏量；在活载 + 制动力 + 风力 + 温度荷载组合下墩顶最大位移为 33mm，发生在边墩，小于允许值 $5\sqrt{L} = 41.8$mm。

由于结构超静定次数较多，边墩受温度次内力附加力的影响较大，以边墩墩顶弯矩为研究对象，活载、温度产生的弯矩分别为 10100kN·m 和 17094kN·m，在主力、主 + 附组合工况下产生的弯矩分别为 24117kN·m 和 41211kN·m。分析可知温度作用下产生的边墩顶的弯矩大于活载产生的弯矩，约占主 + 附组合下总弯矩的 41%。

桥墩截面强度检算结果见表 3-7-4，桥墩各项关键控制指标满足规范要求；边墩控制桥墩设计，边墩截面在主力工况下钢筋拉应力为 85MPa、裂缝为 0.09mm，在主 + 附组合工况下钢筋拉应力提高到了 156MPa，裂缝增长到 0.18mm，中墩受力较为有利。

桥墩截面强度检算结果 表 3-7-4

工况	混凝土压应力（MPa）		钢筋拉应力（MPa）		裂缝（mm）	
	边墩	中墩	边墩	中墩	边墩	中墩
主力	7.65	5.37	85	15.58	0.09	0.02
主 + 附	13.26	7.42	156	74.22	0.18	0.08

边墩采用 8-ϕ2.0m 桩基，中墩采用 8-ϕ2.2m 桩基，桩顶截面轴力均由主力和附加力共同控制，边、中墩桩顶截面最大轴力分别为 213103kN 和 24180kN。桩基混凝土压应力、钢筋拉应力和裂缝检算均满足规范要求。

7.3 受力特点

（1）边墩固结和铰接体系

与普通边墩设置支座的连续刚构比较，整体式刚构的边墩没有支座。固结后边墩顶产生负弯矩，边跨跨中正弯矩比设置支座时减小，具体内力数值见表 3-7-5。

内力对比 表 3-7-5

类别	边墩墩梁固结		边墩设置支座	
工况	主力（kN·m）	主 + 附（kN·m）	主力（kN·m）	主 + 附（kN·m）
边支点负弯矩	19238	30173	1258	1259
边跨跨中弯矩	187824	207773	200008	220119
中跨跨中弯矩	11119	47491	10900	51333

如表3-7-6所示，静活载工况下，在边墩固结时梁端转角0.69‰rad，明显小于边墩设置支座时的0.9‰，边跨和中跨位移也稍小于边墩设置支座的情况。在活载与温度荷载组合下，边跨在墩梁固结时的竖向挠度大于设置支座的情况，中跨在墩梁固结时的竖向挠度小于设置支座的情况。

活载变形对比　　　　　　　　　　　　　　　　表3-7-6

位置	类别	边墩墩梁固结	边墩设置支座
	梁端转角（rad）	0.69‰	0.90‰
边跨	静活载（mm）	15.9	16.4
	静活载 + 0.5温度（mm）	21.8	20.1
	0.63静活载 + 温度（mm）	21.9	17.5
中跨	静活载（mm）	10.4	10.5
	静活载 + 0.5温度（mm）	18.2	19.0
	0.63静活载 + 温度（mm）	22.0	23.7

（2）边墩受力分析

由于（3×70）m整体式连续刚构温度跨度较大，边墩墩梁固结，边墩承受的温度引起的弯矩占比较大，为了减少温度弯矩应减少边墩的刚度，但边墩的壁厚又受稳定性影响。墩高25m时，刚构边墩顶弯矩见表3-7-7。

墩高25m刚构边墩顶弯矩　　　　　　　　　　　表3-7-7

荷载	墩高25m（最大/最小）（kN·m）	效应占比（各荷载效应/主+附组合效应）	荷载	墩高25m最大/最小（kN·m）	效应占比（各荷载效应/主+附组合效应）
自重 + 二期恒载	25287	—	均匀降温	−11737	31.4%
预应力次内力	−28267	—	日照温差	1366	
自重 + 二期恒载 + 预应力	−2980	7.9%	寒潮温差	−1366	3.6%
收缩徐变	−10921	29.2%	制动力	2060/−2060	5.5%
沉降	2965/−4784	12.8%	风力	231/−231	0.6%
活载	9480/−2478	6.6%	主力	−2254/−21962	58.8%
均匀升温	11737	—	主 + 附	12627/−37357	1

注：边墩靠近梁端一侧受拉为正。

刚壁墩墩顶主要为内侧受拉控制，墩底为刚壁墩为外侧受拉控制，截面检算时墩顶钢筋拉应力及裂缝控制，墩底混凝土压应力控制。矮墩（墩高25m）温度次内力引起的边墩墩顶弯矩均占主+附组合弯矩的31%左右，高墩（墩高50m）温度次内力引起的边墩墩顶弯矩均占主+附组合弯矩的28%左右；矮墩和高墩收缩徐变次内力引起的边墩墩顶弯矩分别占主+附组合弯矩的29%和27%左右。预应力次内力引起的边墩的弯矩较大，但考虑自重及二期恒载后合计占主+附组合弯矩的6.5%左右。

降温与收缩徐变、预应力产生的次内力方向相同。这3项次内力的叠加在边墩会产生很大的弯矩，导致无支座刚构下部结构具有"降温不利，升温有利"的特点。

在设计中可以通过降低主梁合龙温度减小降温产生的次内力，可通过采用节段预制拼装的施工方法减小收缩徐变次内力，以及合理的配索及施工方法（支架现浇由于配置通长索，预应力次内力较大）减小预应力次内力。

（3）梁端横向位移

根据《高速铁路设计规范》（TB 10621—2014）规定，无砟轨道相邻梁端两侧的钢轨支点横向位移不应大于1mm。由于整体式刚构相邻联边墩上部一定高度范围边墩分叉，在列车偏载、摇摆力等作用下梁端会发生相对横向位移。以墩高50m的刚构为例，列车在单线偏载（考虑两车交会）＋风力＋摇摆力＋离心力的荷载组合下，相邻梁端相对横向位移为3.6mm，超出了规范容许值。由于该梁端横向位移主要由相邻边墩分离引起，通过加大边墩横向尺寸的方法所起的效果不明显，设计时通过在相邻梁端加装横向限位器（横向限位器的吨位根据边墩位移和横向刚度确定，并保证两倍强度安全系数），从而使两联相邻梁体共同协调横向变形。横向限位器增强了梁体的横向整体性，解决了梁端相对横向变形超限的问题。

7.4 动力分析

1）车-桥耦合动力性能分析

（1）自振特性

采用结构有限元模型对结构进行了动力特性分析，墩高40m整体式连续刚构的自振特性见表3-7-8。

墩高40m自振特性　　　　　　　　　　　　　　　　表3-7-8

阶次	频率（Hz）	周期（s）	振型描述
1	0.586	1.707	桥墩纵弯
2	0.756	1.322	桥墩横弯、主梁横向弯曲
3	0.959	1.043	桥墩横弯、主梁横向反对称弯曲
4	1.249	0.800	桥墩横弯、主梁对称弯曲
5	1.523	0.657	边墩纵弯

（2）车桥动力分析

对（3×70）m整体式刚构进行了车-桥耦合振动仿真计算与分析。计算结果表明：当CRH3高速列车以250～350km/h通过该桥时，桥梁的动力响应均在容许值以内，列车竖、横向振动加速度满足限值要求，列车的乘坐舒适性达到"良好"标准以上。表明该刚构具有非常良好的动力特性及列车走行性。

2）抗震性能

桥址区处于7度地震区，根据地震区划图设计地震加速度为0.15g，为Ⅲ类场地，表3-7-9为安全评估报告中的地震参数。

一般冲刷线位置水平加速度设计地震动参数（阻尼比5%）　　　表3-7-9

超越概率		A_m（gal）	Sa_m（gal）	T_1（s）	T_g（s）
50年	63%	80	200.0	0.10	0.65
	10%	215	537.5	0.10	0.75
100年	10%	280	700.0	0.10	0.85
	4%	380	950.0	0.10	1.05

多遇地震和设计地震采用反应谱法进行计算。罕遇地震进行非线性时程法计算，通过对（3×70）m整体式连续刚构进行抗震计算和分析，主要得出以下结论：

（1）（3×70）m整体式刚构在沿海高地震烈度下满足铁路抗震规范三水准设防要求。

（2）相比横桥向地震作用，结构在顺桥向地震下更容易进入塑性状态，更容易发生不可修复的损伤。

（3）顺桥向地震下，边墩墩顶控制设计。由多遇地震和罕遇地震桥墩内力状态判断，边墩比中墩更早进入塑性状态，边墩墩顶比墩底更容易进入弹塑性状态。

（4）横桥向地震下，中墩墩底控制设计。边墩与中墩墩顶在罕遇地震下均处于弹性状态，墩底均截面钢筋均屈服进入塑性状态，中墩比边墩墩底延性系数更大。

7.5 施工过程受力分析

1）施工步骤

（3×70）m连续刚构墩梁全部固结，边墩梁段与相邻边跨梁段利用相邻边墩顶的临时固结进行悬臂灌注施工。设三个合龙段，合龙顺序为"先中跨、后边跨"。

施工步骤简述如下：

（1）下部结构及梁部0号块施工。

（2）边墩临时固结悬臂施工。

边墩采用桥墩及由承台支撑的钢管混凝土柱作临时施工架支撑，浇筑墩顶梁段混凝土。相邻边墩利用临时固结措施，即张拉纵向临时预应力束形成一稳定的T形结构，采用挂篮向两侧依次进行悬臂灌施工。边墩临时固结共采用48φ25mm预应力螺纹钢筋和19束φ15.2mm临时预应力束。

（3）中墩顶梁段悬臂施工。

中墩顶0号梁段采用桥墩及由承台支撑的钢管混凝土柱作临时施工架支撑，浇筑墩顶梁段混凝土，安装挂篮对称悬臂灌注，张拉纵向预应力束。

（4）中跨及边跨合龙。

合龙顺序为先中跨、后边跨。中跨合龙后，结构完成第一次体系转换，形成双悬臂的单跨3次超静定刚构，如图3-7-8所示。结构状态稳定。边跨合龙后，张拉部分顶、底板永久预应力束，结构完成第二次体系转换。

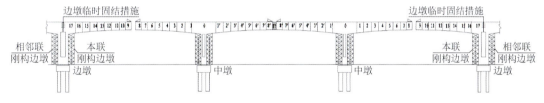

图3-7-8　中跨合龙

（5）拆除边跨相邻墩临时固结约束。

先拆除预应力螺纹钢筋，再分批释放预应力束，每次释放预应力不超过200MPa，每次释放顺序均为LB-LT0-LT8索（先短索后长索）。直至全部拆除边跨与相邻边跨临时锁定约束。结构完成第三次体系转换，形成一联独立的（3×70）m整体式连续刚构。

（6）张拉余下的边跨预应力束，拆除挂篮、临时支架，成桥。

对施工过程中主梁和桥墩的应力进行计算，以墩高50m刚构为例计算结果见表3-7-10。施工阶段主梁和桥墩各项应力指标满足规范要求。

施工过程主梁和桥墩最大应力　　　　表3-7-10

施工步骤	主梁正应力（MPa）				桥墩最大正应力（MPa）		裂缝（mm）
	上缘最大应力	上缘最小应力	下缘最大应力	下缘最小应力	混凝土最大压应力	钢筋最大拉应力	
挂篮	0.89	0.21	0.71	−0.19	2.3	0	0
浇筑1号段	0.66	−0.02	0.94	−0.1			
张拉索移动挂篮	2.05	0.59	0.76	−0.19			
浇筑2号段	1.67	0.23	1.16	−0.1			

续上表

施工步骤	主梁正应力（MPa）				桥墩最大正应力（MPa）		裂缝（mm）
	上缘最大应力	上缘最小应力	下缘最大应力	下缘最小应力	混凝土最大压应力	钢筋最大拉应力	
张拉索移动挂篮	3.29	0.61	0.97	−0.25	2.3	0	0
浇筑3号段	2.78	0.41	1.45	−0.09			
张拉索移动挂篮	4.49	0.67	1.23	−0.29			
浇筑4号段	3.8	0.41	1.88	−0.04			
张拉索移动挂篮	5.35	0.71	1.66	−0.21			
浇筑5号段	4.53	0.35	2.39	−0.07			
张拉索移动挂篮	6.5	0.76	2.17	−0.34			
浇筑6号段	5.42	0.31	3.06	−0.13			
张拉索移动挂篮	6.92	0.81	2.85	−0.48			
浇筑7号段	5.72	0.04	3.86	−0.13			
张拉索移动挂篮	7.19	0.67	3.65	−0.45			
浇筑8号段	5.92	−0.36	4.78	−0.11			
张拉索移动挂篮	7.22	0.12	4.74	−0.56			
中跨合龙	7.01	0.1	4.75	−1.08	2.62	0	0
张拉中跨合龙索	8.7	0.1	8.47	−0.53			
边跨合龙	8.66	−0.13	8.25	−0.79	6.46	58	0.06
张拉边跨合龙索	9.41	1.78	8.72	−1.02			
张拉剩余边跨合龙索	8.87	−1.09	8.99	−0.99			
拆除两联临时固结	8.6	1.98	9.26	−0.84	9.96	139	0.14
拆除合龙撑架，张拉剩余边跨索	10.32	1.28	12.03	−0.36	6.68	66	0.07
放置60d	9.04	1.24	9.35	1.91	4.78	11.5	0.01
上二期恒载	9.01	1.24	9.34	1.95			
收缩徐变	8.66	1.22	9.03	1.67	7.02	46	0.05

2）稳定性分析

（1）线性稳定性有限元分析

桥墩的稳定性与墩顶竖向荷载值的大小有直接关系，故列车荷载根据桥墩墩顶轴向力的最不利影响线进行加载。在有限元软件Midas中首先得到各墩最不利位置的影响线，然后按中墩处于最不利位置的影响线进行布载，计算特征值。

线性稳定性分析过程即求解最小极限荷载的过程，利用ANSYS有限元分析软件中的屈曲分析模块。模型的前4阶稳定系数列于表3-7-11中。

ANSYS梁单元模型的稳定系数　　　　表3-7-11

模态	稳定系数λ	失稳模态	模态	稳定系数λ	失稳模态
1	88.97	桥墩纵桥向失稳	3	183.21	桥墩纵桥向失稳
2	142.71	桥墩横桥向失稳	4	220.98	桥墩纵桥向失稳

通过线性稳定分析结果可知，ANSYS梁单元模型的第一阶稳定系数为88.97；其次第一阶屈曲模态为桥墩纵弯，即整桥纵桥向倾斜，第二阶屈曲模态主梁平面外横弯屈曲。表明该模型的纵向刚度弱于横向刚度，全桥更倾向于发生纵向失稳破坏。该工况下模型的前4阶屈曲模态如图3-7-9~图3-7-12所示。

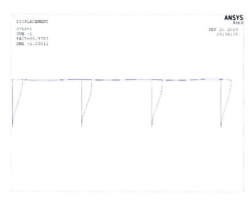
图 3-7-9　第一阶屈曲模态

图 3-7-10　第二阶屈曲模态

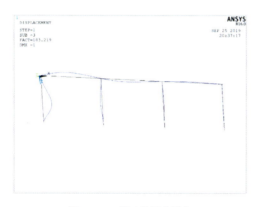
图 3-7-11　第三阶屈曲模态

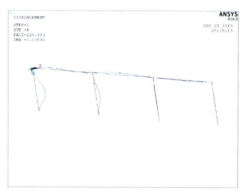
图 3-7-12　第四阶屈曲模态

（2）几何非线性稳定性有限元分析

考虑几何非线性影响就是在计算每一荷载步的刚度矩阵时，考虑由于大变形引起结构刚度矩阵的变化，即 P-Δ 效应的影响。在计算过程中，结构刚度不断发生变化，当外荷载产生的应力使结构切线刚度矩阵趋于奇异时，稳定性平衡状态开始丧失。以屈曲分析第一阶模态作为初始缺陷来进行几何非线性稳定分析，计算几何非线性时以该工况下的边墩墩顶轴力与相应的稳定特征值之乘积作为施加的荷载。分析计算方法采用修正的牛顿·拉普森和弧长法。模型的前 4 阶稳定系数列见表 3-7-12。

ANSYS 梁单元模型的稳定系数　　　表 3-7-12

模态	稳定系数λ	模态	稳定系数λ
1	62.73	3	169.13
2	121.23	4	202.32

考虑几何非线性以后边墩的极限荷载为 2.17×10^9N，由前面的线性稳定性分析得到墩顶的 3.46×10^7N，计算出稳定系数为 62.73。

通过对全桥的线性和几何非线性稳定性对比结果（表 3-7-13）可知：

仅考虑线性时，模型的稳定安全系数为 88.98；仅考虑几何非线性时，模型的稳定安全系数为 62.73。模型在考虑几何非线性时的稳定安全系数比仅考虑线性时的稳定安全系数下降了 29.5%。由此可见：模型在考虑几何非线性后计算的稳定系数较线性时有很大程度下降，说明几何非线性对本桥结构的影响较大。

线性和几何非线性稳定性对比结果　　　表 3-7-13

稳定系数		影响比例
线性	几何非线性	
88.98	62.73	29.5%

（3）双重非线性稳定性有限元分析

当结构被施加比较大的荷载时，会产生较大的应力，这时应力应变关系变为非线性，结构呈现非线性特性，即为材料非线性。桥墩在外荷载作用下，钢筋混凝土材料会进入弹塑性阶段，因而对高墩材料进入弹塑性阶段的稳定性问题尤其重要。结合桥墩几何非线性的分析结果，考虑几何非线性和材料非线性的双重非线性作用下，研究其对桥墩的稳定性影响，从而确定桥墩的稳定安全系数。

考虑双重非线性以后边墩的极限荷载为 $1.56 \times 10^9 N$，由前文线性稳定性分析得到墩顶的轴力为 $3.46 \times 10^7 N$，计算得稳定系数为 45.10。

通过对全桥的双重非线性分析结果及对比几何非线性结果可知，考虑几何非线性时，模型的稳定安全系数为 62.73；考虑双重非线性时，模型的稳定安全系数为 45.10。模型在考虑双重非线性时的稳定安全系数比仅考虑几何非线性时的稳定安全系数下降了 28.11%，比线性稳定安全系数下降了 49.3%。由此可见：模型在考虑双重非线性后计算的稳定系数较仅考虑几何非线性和线性时有很大程度下降。

（4）施工过程的稳定性

以 50m 墩高为例，对相邻边墩临时固结最大悬臂状态采用空间模型进行线性稳定性分析。前四阶计算结果见表 3-7-14，失稳模态如图 3-7-13、图 3-7-14 所示。

失稳模态及稳定安全系数　　表 3-7-14

模态	特征值	失稳模态	模态	特征值	失稳模态
1	19.2	桥墩纵桥向失稳	3	134.4	桥墩纵桥向失稳
2	100.7	桥墩纵桥向失稳	4	285.7	桥墩横桥向失稳

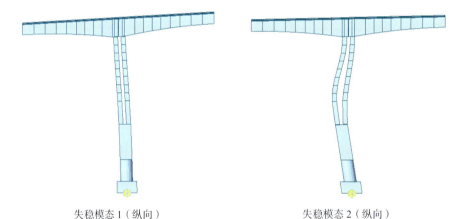

失稳模态 1（纵向）　　　　失稳模态 2（纵向）

图 3-7-13　50m 高墩第 1、2 阶失稳模态

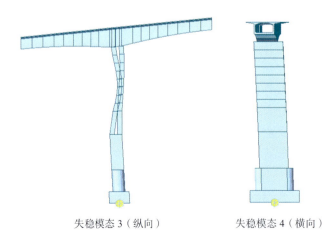

失稳模态 3（纵向）　　　　失稳模态 4（横向）

图 3-7-14　50m 高墩第 3、4 阶失稳模态

50m高墩最大悬臂状态下最小稳定安全系数为19.2，满足稳定性要求。考虑材料非线性和几何非线性后，稳定安全系数一般会折减一半，尤其是（3×70）m刚构刚壁墩尺寸较小，受大风、波浪影响较大，因此施工过程中应加强安全控制，在墩旁加设钢管支撑或边墩两臂之间增设临时支撑。

3）临时锁定

边墩的临时固结须在相邻孔的边跨均合龙后，相邻两联结构体系均处于超静定状态下时，才可以拆除。拆除临时固结约束的过程是结构体系发生第三次体系转换的过程，结构体系转换引起的内力变化，一部分由结构体系本身承担，另一部分由未拆除的临时索承担。在拆除边墩临时约束之前，中跨预应力束已经张拉完成，边跨张拉了部分预应力束，结构具有足够的强度、刚度承受第三次体系转换的内力变化。

（1）预应力临时钢束拆除

拆除过程应缓缓释放预拉力，以免对结构产生冲击，造成不必要的动力效应。当预应力临时钢束，释放至最后一束时，是否会因为此束承受过大的张力而发生突然崩断，对结构产生很大的冲击力，造成安全隐患。具体计算分析如下：

在临时固结拆除之前，边墩顶在临时预应力螺纹钢筋和预应力临时钢束作用下，墩顶固结；假定施工拆除过程平缓安全地拆除完最后一束预应力临时钢束LT8，第三次体系转换，边墩墩顶由于体系转换向结构跨中方产生变位，由BSAS软件计算所得，此时墩顶位移约为1cm。由此可以推算预应力临时钢束在最后一根LT8钢束拆除前，钢束最大变形$\delta = 2$cm。此时对钢束的最大应力进行以下计算。

LT8预应力临时钢束张拉应力为1280MPa，由结构第三次体系转换产生的应力$\Delta\sigma$：

$$\delta = PL/(EA)（变形\delta = 0.02\text{m}，LT8预应力钢束长L = 67.2\text{m}）$$

$$\Delta\sigma = P/A = \delta E/L = 2.0 \times 10^{-2} \times 1.95 \times 10^{5}/67.2 = 58\text{MPa}$$

$$\sigma = 1280 + \Delta\sigma = 1338\text{MPa} = 0.72f_{pk}$$

由此可见，结构在拆除预应力临时钢束过程中，及拆除完预应力临时钢束之后，结构处于安全状态。

（2）施工过程的最大不平衡弯矩

纵向不平衡弯矩计算见表3-7-15。

纵向不平衡弯矩计算　　　　表3-7-15

序号	分项	纵向不平衡弯矩（kN·m）
1	梁段质量偏差5%引起的不平衡弯矩	5140
2	一侧施工线荷载为6.432kN/m，另一侧为3.216kN/m引起的不平衡弯矩	1970
3	70t重的挂篮动力系数不一致（一侧1.2，另一侧0.8）引起的不平衡弯矩	9800
4	节段浇筑不同步引起的偏差，控制在15t以下	6395
5	一端竖向风载100%，另一端无风引起的不平衡弯矩	7453
6	由于有无砟截面差异产生的不平衡弯矩	9371
	合计	37101

由于悬臂浇筑的梁段质量差异、风力、挂篮等产生的纵向不平衡弯矩37107kN·m，不平衡弯矩对应的竖向力36694kN。横向风力产生的最大弯矩3409kN·m，通过墩旁刚构支架和桥墩共同承担不平衡弯矩。

7.6　推广应用情况

整体式刚构桥为一种新桥型，全桥不设支座，边墩与中墩均与主梁固结形成连续刚构，上、下部结构协同作用，各部分抗力得到均匀充分的发挥，实现长联结构体系整体协同受力，最大限度提高结构效率，材料用量大幅降低，结构轻盈美观、抗震性能好、维修养护量少，经济性及耐久性好。目前整体式刚构已应用到了多个高铁、城际铁路和市域铁路项目的建设中，包括珠海市区至珠海机场城际轨道交通工程、宜昌至郑万铁路联络线和合肥机场 S1 线市域铁路等，均取得了良好的经济效益和社会效益。

第8章 大跨度混凝土T构桥

8.1 概述

T构桥主梁和桥墩固结，两侧梁端支承于桥墩上，它是一种较为独特的桥梁结构体系。近年来，随着我国铁路建设的快速发展，预应力混凝土T构桥梁方案在跨越既有公路、铁路、沟谷等得到了广泛应用。宜万铁路马水河大桥（116+116）m双线T构桥，跨越陡峭山谷，高墩采用爬模方法施工、梁体挂篮悬臂施工；武咸城际铁路余家湾上行线特大桥（115+115）m单线T构桥，采用转体施工跨越京广铁路；太中银铁路前王家山2号大桥主桥（100+100）m T构桥，跨越陡峭山谷。T构桥跨越陡峭山谷时避免了在山体上设置桥墩，施工困难且对环境影响较大，跨越铁路、高速公路时，采用转体施工可以大大减少施工对其运行的影响。因此采用T构桥可以较好地适应地形环境，具有外形美观、结构简洁、施工快捷等特点。

福厦高铁跨越既有铁路、高等级公路和河流众多，根据其上跨建筑物特点和施工场地条件，结合孔跨布置要求，分别采用了40～100m跨度不等的T构桥梁，见表3-8-1。

T构桥梁工点表   表3-8-1

跨径（m）	全长（m）	墩高（m）	桩基	跨越结构物	施工方法
100+100	201.6	11	12φ2.5m	铁路	悬臂浇筑、转体
80+80	161.5	25	12φ2.2m	铁路	悬臂浇筑、转体
72+72	143.05	22.5	12φ2.0m	省道	悬臂浇筑
64+64	129.5	30	10φ2.0m	铁路	悬臂浇筑、转体
50+50	99.9	16～22	8φ2.0m	海上引桥，对孔	悬臂浇筑
44+44	89.6	36.5	8φ2.0m	海上引桥，调跨	悬臂浇筑
40+40	81.6	29.5	8φ2.0m	高速公路	悬臂浇筑

从表3-8-1中可以看出，本线T构桥墩普遍不高，小跨T构主要是调跨或对孔需要，便于悬臂浇筑施工，大跨度T构主要是跨越铁路或高速公路，采用转体施工。

8.2 结构特点

（1）结构尺寸

梁部采用预应力混凝土箱梁，单箱单室结构，各跨度T构梁部结构尺寸见表3-8-2。中支点梁高高跨比为1/8～1/10，边支点梁高高跨比为1/15～1/18，墩身有独柱墩或双薄壁墩，根据其墩高不同，独柱墩又分空心墩和实体墩。

梁部结构尺寸表 表3-8-2

跨径（m）	梁高（m）				墩身类型	墩身尺寸（m）	
	中支点	高跨比	边支点	高跨比		横向	纵向
100+100	11	1/9.09	5.5	1/18.18	双臂墩	7.5	2.0
80+80	9	1/8.89	4.5	1/17.78	空心墩	8.0	7.0
72+72	8	1/9.00	4.5	1/16.00	实体墩	7.5	4.0
64+64	7.2	1/8.89	3.7	1/17.30	双臂墩	7.5	1.5
50+50	5.4	1/9.11	3.0	1/16.29	实体墩	8.0	4.0
44+44	5.2	1/8.47	3.0	1/14.59	空心墩	8.0	4.0
40+40	5.0	1/8.00	3.0	1/13.26	空心墩	7.0	4.0

（2）结构受力

T构的梁部与桥墩固结，结构整体性好；两侧孔跨基本对称布置，支承于边墩。相对于多孔连续刚构，减小了温度跨度，较同等跨度的连续刚构竖向刚度显著提高。由于该体系超静定次数较低，受温度影响较小，可以较好地控制梁体应力和变形。

（3）施工适应性

T构梁部可以采用悬臂施工或大节段支架现浇施工，跨越铁路时通常采用旁位现浇或悬浇再水平转体施工。T构梁部可以通过设置合龙段成桥，也可以采用一次转体成桥的施工方案。一次转体成桥时，在梁端施加上顶力，然后安装支座，上顶力转化为支座反力，实现了无边跨现浇段及合龙段，施工方案大大简化。

8.3 结构分析

（1）静力计算

采用 BSAS 软件对梁部应力、强度以及刚度进静力计算，在主力荷载工况下梁部主要计算结果见表3-8-3、表3-8-4。

梁部应力及强度主要计算结果 表3-8-3

跨径（m）	最大正应力（MPa）	最小正应力（MPa）	剪应力（MPa）	主拉应力（MPa）	主压应力（MPa）	最小强度安全系数	最小抗裂安全系数
100+100	10.21	1.57	2.84	−1.72	13.73	2.30	1.38
80+80	11.07	1.11	2.71	−1.54	10.32	2.45	1.50
72+72	11.66	1.46	3.16	−1.83	12.41	2.56	1.60
64+64	9.45	1.56	2.93	−1.71	11.58	2.60	1.71
50+50	10.05	0.85	3.03	−1.75	11.59	2.48	1.48
44+44	12.87	1.76	2.86	−1.62	10.83	2.54	1.55
40+40	11.57	0.88	2.67	−1.23	9.77	2.76	1.66

梁部结构刚度主要计算结果 表3-8-4

跨径（mm）	静活载竖向挠度（mm）	竖向刚度	梁端竖向转角（rad）	徐变变形（mm）
100+100	20.50	1/4878	0.921‰	−8.23
80+80	16.32	1/4902	0.881‰	−7.27

续上表

跨径（mm）	静活载竖向挠度（mm）	竖向刚度	梁端竖向转角（rad）	徐变变形（mm）
72＋72	13.70	1/5255	0.777‰	2.50
64＋64	13.10	1/4885	0.860‰	4.10
50＋50	9.63	1/5192	0.786‰	2.80
44＋44	6.43	1/6843	0.567‰	4.96
40＋40	4.30	1/9302	0.432‰	4.70

由表 3-8-3、表 3-8-4 可以看出，梁体静力计算结果满足规范要求，其中强度和应力计算结果较好，梁部静活载竖向挠度亦远小于规范值，但随着跨度的增大，梁端竖向转角逐步增大，（100＋100）m T 构梁端竖向转角已接近 1‰rad 的规范限值要求，说明 T 构随着跨度的增大，梁端竖向转角是控制大跨度 T 构梁部结构设计的主要因素。

（2）合理梁体高度

将上述不同跨度梁体高度进行相关分析，得出 T 构跨度与梁部合理高度的函数关系，如图 3-8-1 所示。

在梁体静力计算结果满足设计规范要求的条件下，梁部高度与跨度基本呈线性关系，中支点梁高跨比选用 1/17（≈0.0585），支点梁高跨比采用 1/9（≈0.112）较为合理。受客运专线 32m 常用跨度简支梁梁高的影响，对于跨度≤50m 小跨度 T 构，端支点梁高与之等高，最小采用 3.0m，因此小跨度梁还有一定的优化空间，对于≥80m 的大跨度梁，梁体高度控制梁部结构设计。

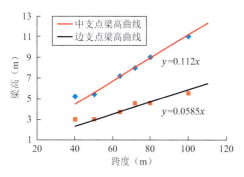

图 3-8-1　梁体跨度与梁部高度关系图

（3）梁体刚度

以（100＋100）m T 构为研究对象，计算结构简图如图 3-8-2 所示，双薄壁墩壁厚 $B=2m$，间距 $L=5.5m$，横向宽 10m；以中支点梁高 11.0m，边支点梁高 5.5m 为基本参数，在墩身及基础保持不变的情况下，研究梁高变化对梁体刚度的影响。①全截面梁高同步变化；②中支点梁高不变，仅边支点梁高变化（梁底高度仍按二次抛物线关系变化）。计算结果见表 3-8-5、表 3-8-6。

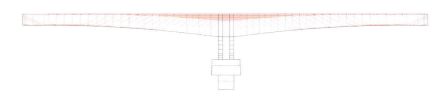

图 3-8-2　结构计算简图

梁高整体变化对刚度的影响　　　　　　　　　　　　　　　　　　表 3-8-5

梁高（m）		梁端竖向转角		跨中竖向挠度	
中支点	边支点	转角（rad）	百分比（%）	挠度（mm）	百分比（%）
10.6	5.1	1.058‰	14.9	−23.3	13.6
10.8	5.3	0.9868‰	7.1	−21.8	6.5
11.0	5.5	0.9218‰	0.0	−20.5	0.0
11.2	5.7	0.8618‰	−6.4	−19.3	−5.9
11.4	5.9	0.8078‰	−12.3	−18.2	−11.3

边支点梁高变化对刚度的影响　　　　　　　　　　　表 3-8-6

梁高（m）		梁端竖向转角		跨中竖向挠度	
中支点	边支点	转角（rad）	百分比（%）	挠度（mm）	百分比（%）
11.0	5.1	1.040‰	13.0	−22.7	11.0
	5.3	0.978‰	6.2	−21.6	5.3
	5.5	0.921‰	—	−20.5	—
	5.7	0.868‰	−5.7	−19.5	−4.9
	5.9	0.820‰	−10.9	−18.6	−9.3

计算表明随着梁高的增加，梁端竖向转角和跨中竖向挠度逐步降低且效果显著；中支点梁高不变，仅边支点梁高增加时，梁端竖向转角明显降低，说明边支点梁高是梁端竖向转角的敏感因素。因此对梁端竖向转角改善最为明显的措施是提高边支点梁高。

8.4　墩身结构对梁部刚度的影响

受桥址地形条件和线路高程影响，T 构墩身高度变化较大，墩身结构类型可以选择空心墩、实体墩和双薄壁墩。仍以（100+100）m T 构为研究对象，对比分析双薄壁墩、实体墩和空心墩结构对梁部刚度的影响。

在梁部结构尺寸不变的情况下，双薄壁墩墩身壁厚 2m，分别对纵向墩间距 3.5m、4.5m、5.5m、6.5m 进行计算，并与等厚的实体墩（纵向尺寸 4m），以及空心墩（纵向 7.5m，壁厚 1.2m）进行对比。梁端转角和跨中活载挠度计算结果如图 3-8-3、图 3-8-4 所示。

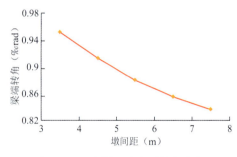
图 3-8-3　双壁墩间距与梁端转角关系图

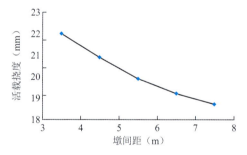
图 3-8-4　双壁墩间距与活载竖向挠度关系图

上图表明，随着双壁墩纵向墩间距的增大，梁端转角和跨中活载挠度逐步降低，且两者变化的趋势基本一致，说明增大双薄壁墩纵向间距可以显著提高梁体竖向刚度和降低梁端转角。

计算表明，墩身纵向尺寸一致的条件下，双薄壁墩和空心墩计算结果基本一致；随着双薄壁墩间距或空心墩纵向尺寸的增加，梁体受力明显改善，梁体竖向刚度显著增大。由于空心墩显著提高墩身纵向抗推刚度，双壁墩施工方便，因此，对于墩高不高时，在纵向刚度不受控制的条件下，推荐采用双薄壁墩结构，墩高较高时（>30m），建议采用空心墩。在跨度不大、墩身不高时（跨度≤64m，墩高≤30m），也可以采用实体墩。

因此，对于桥墩应结合 T 构跨度、墩身高度和施工条件等，合理选择墩身结构类型，并做好墩身与梁部结构衔接过渡，以避免墩梁固结处应力集中。

8.5　梁部经济性分析

T 构梁部与同等跨度的常用跨度连续梁（3 孔，主跨一致）圬工量指标对比如图 3-8-5 所示。跨度 40～

100m不同跨度的T构，梁部圬工指标为（14~25）m³/m，随着跨度的增加，梁部圬工经济指标逐步增加，特别是（100+100）mT构相对（80+80）mT构大幅度提高。预应力钢绞线含筋率一般为45kg/m³左右，普通钢筋含筋率可以控制在180kg/m³以内。

从图3-8-5可以看出，同等跨度的T构梁部混凝土指标显著大于连续梁指标，随着跨度的增大，梁部混凝土指标增长均较快，特别是80m以上T构跨度混凝土指标显著提升。因此，无论从结构上还是从经济上考虑，T构跨度不宜太大，单侧跨度在80m及以下梁部混凝土技术指标较为合理，结构经济性较好，最大跨度不宜超过120m。

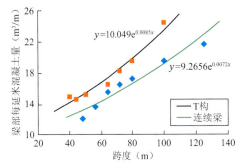

图3-8-5 梁部经济指标对比图

8.6 T构通用图

根据福厦高铁T构桥梁设计特点，总结时速350km高铁T构桥梁工程实践经验，吸纳相关科研成果，国铁集团2020年铁路工程建设标准编制计划《时速350公里高速铁路无砟轨道预应力混凝土双线T构双壁墩》[通桥（2021）2388]，跨度为（64+64）m、（72+72）m、（80+80）m、（100+100）m。为完善铁路T构桥梁设计序列，中铁第四设计院集团有限公司2022年编制了（48+48）m、（56+56）m、（115+115）m院级参考图。适用时速350km高铁，无砟轨道直、曲线，梁宽12.6m的双线高速铁路实体墩预应力混凝土T构。以（80+80）mT构为例，典型结构设计图如图3-8-6、图3-8-7所示。

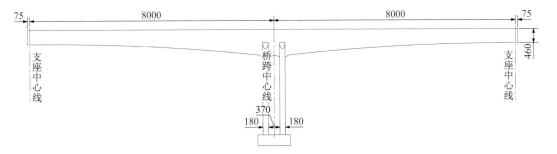

图3-8-6 T构立面示意图（尺寸单位：cm）

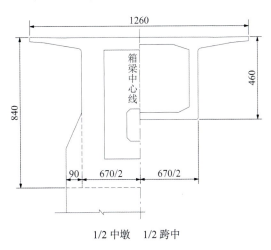

图3-8-7 T构典型断面图（尺寸单位：cm）

对目前铁路工程T构墩高、墩型、各类型墩高范围及对应的跨度统计如表3-8-7~表3-8-9、图3-8-8~图3-8-11所示。对墩高25m和50m双臂墩方案结构特征和经济性分析，见表3-8-10~表3-8-13。

梁高表

表 3-8-7

桥跨（m）	梁缝（m）	边支点距梁端（m）	刚壁墩梁高（m）	高跨比	边支点梁高（m）	高跨比
48＋48	0.1	0.75	5.0	1/9.60	3.02（与简支梁等高）	1/15.89
56＋56	0.1	0.75	5.9	1/9.49	3.02（与简支梁等高）	1/17.5
64＋64	0.1	0.75	6.7	1/9.55	3.7	1/17.3
72＋72	0.1	0.75	7.5	1/9.6	4.1	1/17.56
80＋80	0.15	0.75	8.4	1/9.52	4.6	1/17.39
100＋100	0.15	0.75	10.5	1/9.52	5.7	1/17.54
115＋115	0.15	0.75	10.5	1/9.52	5.7	1/17.54

截面尺寸表（一）

表 3-8-8

桥跨（m）	截面类型	顶宽（m）	底宽（m）	单侧悬臂长（m）	悬臂端厚（m）	悬臂根厚（m）
48＋48、56＋56	单箱单室，直腹板	12.6	6.7	2.95	0.234	0.62
64＋64	单箱单室，直腹板	12.6	6.7	2.95	0.234	0.62
72＋72	单箱单室，直腹板	12.6	6.7	2.95	0.234	0.62
80＋80	单箱单室，直腹板	12.6	6.7	2.95	0.234	0.62
100＋100	单箱单室，直腹板	12.6	6.7	2.95	0.234	0.62
115＋115	单箱单室，直腹板	12.6	6.7	2.95	0.234	0.62

截面尺寸表（二）

表 3-8-9

桥跨（m）	顶板厚（m）	腹板厚（m）	底板厚（m）	边支座横向距离（m）	边横梁厚度（m）	中横梁厚度（m）
48＋48	0.4	0.5～0.80	0.4～0.8	5.3	1.3	3.2～2.8（实体墩）
56＋56	0.4	0.5～0.85	0.4～0.9	5.3	1.3	3.6～3.2（实体墩）
64＋64	0.4	0.5～0.85	0.4～1.0	5.3	1.3	1.9＋1.9
72＋72	0.4	0.5～0.7～0.9	0.4～1.2	5.3	1.5	1.9＋1.9
80＋80	0.4	0.5～0.7～0.9～1.0	0.4～1.3	5.3	1.5	1.9＋1.9
100＋100	0.4	0.5～0.7～1.0～1.2	0.4～1.5	5.1	1.6	2.1＋2.1
115＋115	0.4	0.5～0.7～1.0～1.2	0.4～1.5	5.1	1.6	2.1＋2.1

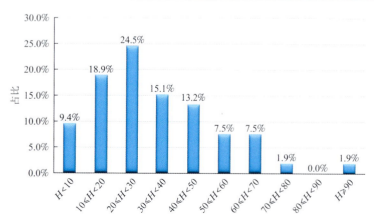

图 3-8-8　T 构刚臂墩墩高范围统计图

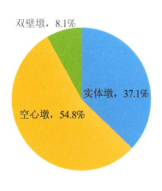

图 3-8-9　刚臂墩类型比例统计图

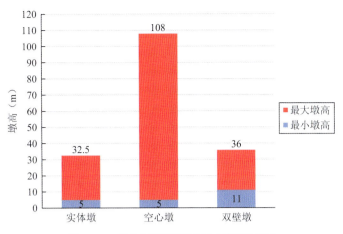

图 3-8-10　各类型刚臂墩最大最小墩高统计图

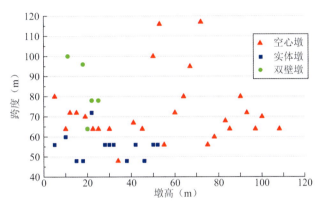

图 3-8-11　各类型刚臂墩跨度应用统计图

墩身类型优缺点对比表　　　　　　　　　　　　　　　　　　　　　　　　　　表 3-8-10

墩身形式	优点	缺点
实体墩	（1）刚度大； （2）抗弯抗剪能力强； （3）构造简单，施工便利	（1）圬工方量大； （2）仅适用于矮墩
箱形空心墩	（1）较实体墩节省圬工； （2）可减少基础尺寸； （3）抗弯、抗推、抗扭刚度大	适应结构体系纵向变形差，需要较大的纵向尺寸
双薄壁墩	（1）较箱形空心墩节省圬工； （2）纵桥向抗弯刚度大，可减小主墩负弯矩； （3）横桥向抗扭刚度大； （4）抗推刚度小	（1）基础尺寸较大； （2）墩高较大时需考虑薄壁间系梁加强措施

墩高 25m 双壁墩方案　　　　　　　　　　　　　　　　　　　　　　　　　　表 3-8-11

跨度（m）	墩高（m）	壁厚（纵向）（m）	壁宽（横向）（m）	壁间距（m）	墩顶纵向线刚度（kN/cm）	混凝土体积（m³）	钢筋（t）	造价（万元）	差价（万元）		费用节省率	
									双壁墩-空心墩	双壁墩-实体墩	比空心墩	比实体墩
64	25	1.8	8.5	5	9928	382.51	88.37	72.15	2.17	−41.88	3.1%	−36.7%
72	25	1.9	8.6	5	10628	408.51	94.38	77.05	3.36	−44.10	4.6%	−36.4%
80	25	1.9	8.6	5.2	11457	408.51	94.38	77.05	−1.20	−51.23	−1.5%	−39.9%

续上表

跨度（m）	墩高（m）	壁厚（纵向）（m）	壁宽（横向）（m）	壁间距（m）	墩顶纵向线刚度（kN/cm）	混凝土体积（m³）	钢筋（t）	造价（万元）	差价（万元）		费用节省率	
									双壁墩-空心墩	双壁墩-实体墩	比空心墩	比实体墩
100	25	2	8.7	5.5	13615	435.01	100.50	82.05	−3.80	−60.48	−4.4%	−42.4%

注：1. 混凝土单价 500 元/m³，钢筋单价 6000 元/t 计。
  2. 差价、费用节省率为正值表示增加，负值表示减少。

墩高 50m 双壁墩结构   表 3-8-12

跨度（m）	墩高（m）	单支墩顶（m）		壁间距（m）	单支墩底（m）	
		壁厚（纵向）	壁宽（横向）		壁厚（纵向）	壁宽（横向）
64	50	1.8	8.5	5	4.02	11.36
72	50	1.9	8.6	5	4.12	11.46
80	50	1.9	8.6	5.2	4.12	11.46
100	50	2	8.7	5.5	4.22	11.56

注：双壁墩纵、横向均沿墩高方向设 35∶1 放坡。

墩高 50m 双壁墩造价   表 3-8-13

跨度（m）	墩高（m）	墩顶纵向线刚度（kN/cm）	混凝土体积（m³）	钢筋（t）	造价（万元）	差价（双壁墩-空心墩）（万元）	费用节省率（比空心墩）
64	50	3162	1445.16	147.36	160.68	−38.04	−19.1%
72	50	3307	1509.86	153.96	167.87	−38.29	−18.6%
80	50	3531	1509.86	153.96	167.87	−46.73	−21.8%
100	50	4054	1575.56	160.66	175.17	−63.59	−26.6%

注：1. 混凝土单价 500 元/m³，钢筋单价 6000 元/t 计。
  2. 差价、费用节省率为正值表示增加，负值表示减少。

图 3-8-8 表明，铁路工程预应力混凝土 T 构桥刚臂墩墩高主要集中在 10～50m 区间，占比达 81.1%。

图 3-8-9 表明，铁路工程预应力混凝土 T 构桥主要以空心墩为主，其次为实体墩，双壁墩占比最小，不足 10%。

图 3-8-10 表明三种墩型应用最小墩高差异不大，均为 10m 及以下；实体墩和双壁墩应用最大墩高差异不大，均为 35m 左右，空心墩应用最大墩高达 108m。

图 3-8-11 表明空心墩工程应用跨度为 48～120m，实体墩工程应用跨度为 48～72m，双壁墩工程应用跨度为 64～100m。

分析表明，实体墩、双臂墩和空心墩三种墩型方案，墩高 25m 时，双壁墩的造价与空心墩差异在±5% 以内，比实体墩造价平均低 38.9%。墩高 50m 时，双壁墩造价比空心墩平均低 21.5%。可见双壁墩方案相比经济性明显。

8.7 小结

福厦高铁采用了 40～100m 不同跨度的 T 构桥梁方案，经济合理技术可行，满足高铁无砟轨道技术要求。

（1）T构梁部高度与跨度基本呈线性关系，中支点梁高高跨比选用1/17、边支点梁高高跨比采用1/9较对合理。

（2）梁端竖向转角控制无砟轨道大跨度T构设计，通过采用增加梁高特别是边支点梁高可有效降低梁端竖向转角。

（3）墩身结构形式对梁部结构受力有一定影响，应结合建设条件合理选择墩身结构形式。采用双壁墩并适当加大纵向墩中心距可改善结构受力，有效提高结构竖向刚度。墩高30m及以下时空心墩、双壁墩、实体墩均沿墩高方向不设放坡，墩高30～50m范围空心墩、双壁墩沿墩横桥向设35∶1放坡。

（4）（100＋100）m T构为目前时速350km同类桥梁最大跨度，近年来已逐步建设（108＋108）m和（115＋115）m大跨度T构。最大跨度不宜超过120m，80m以下跨度技术经济性较好。

第 9 章　大跨度预制架设简支梁

9.1　概述

福厦高铁湄洲湾跨海特大桥全长 14.7km，其中 10km 位于湄洲湾海域内。目前我国高铁常用跨度简支箱梁为 24m、32m，为减少海上桥墩数量、提高施工效率，湄洲湾跨海特大桥引桥全部采用 40m 大跨度预应力混凝土简支梁结构，其中小里程侧 298 孔 40m 简支箱梁采用预制架设施工。

为此研发了千吨级架桥机——昆仑号运架一体机进行运架梁施工，也是大跨度 40m 预制简支梁首次在沿海高铁中应用推广（图 3-9-1）。

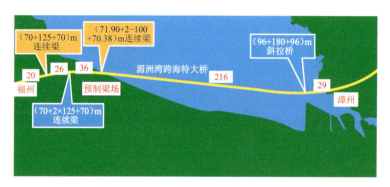

图 3-9-1　简支梁孔跨分布示意图

9.2　结构计算

（1）结构形式

40m 双线无砟轨道后张法预应力混凝土双线简支整孔箱梁，整孔预制架设施工；单箱单室截面；梁全长 40.6m，计算跨度 39.3m。防护墙内侧净宽 9.0m，桥面宽 12.6m，桥梁建筑总宽 12.9m。横桥向支座中心距 4.4m，箱梁梁体中心线处高度为 3.235m。箱梁跨中截面如图 3-9-2 所示。

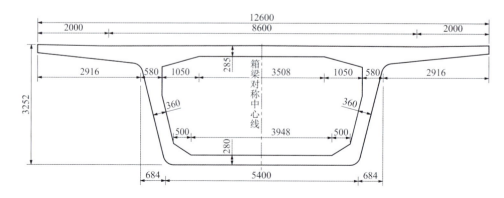

图 3-9-2　箱梁跨中截面图（尺寸单位：mm）

梁部采用 C50 混凝土，顶板厚 0.285~0.685m，底板厚 0.28~0.7m，腹板厚 0.36~0.95m。箱梁体积为 370.86m³，梁重为 9768kN。支座采用 TJQZ7000kN 耐候钢支座。

（2）梁部计算

梁体的计算荷载主要考虑恒载、活载、离心力、摇摆力、列车气动力、风力等。其中，二期恒载重量包括钢轨、扣件、无砟轨道结构、防水层、保护层以及防护墙、遮板等附属设施重量。本线二期恒载根据栏杆或声屏障、直线或曲线分为表 3-9-1 中的四种工况，取最不利组合进行设计。

二期恒载工况表 表 3-9-1

二期恒载	适用桥梁属性（CRTSI型双块式无砟轨道）
133kN/m	直线无声屏障
143kN/m	直线有声屏障
146kN/m	曲线无声屏障
156kN/m	曲线有声屏障

运营阶段 40m 简支梁的主要受力指标见表 3-9-2。从计算结果可以看出，梁体的跨中强度安全系数、抗裂性安全系数、跨中下缘混凝土正应力、静活载竖向挠度比、静活载梁端转角、残余徐变变形、竖向自振频率等受力和变形指标均满足规范要求。

40m 梁主要力学指标 表 3-9-2

项目	强度安全系数	抗裂安全系数	下缘压应力（MPa）	静活载挠跨比	梁端转角（rad）	徐变变形（mm）	竖向自振频率（Hz）
直线无声屏障	2.07	1.4	1.61	1/3338	0.943‰	6.91	3.52
直线有声屏障	2.07	1.4	1.68	1/3338	0.943‰	6.63	3.47
曲线无声屏障	2.06	1.39	1.58	1/3338	0.943‰	6.29	3.46
曲线有声屏障	2.05	1.38	1.59	1/3338	0.943‰	5.86	3.41
限值	≥2.0	≥1.2	不出现拉应力	≤L/1600	≤1.0‰	≤10	≥2.69

（3）裂缝控制

湄洲湾跨海大桥全桥梁部所处海洋环境等级为 L1。氯盐侵蚀导致的钢筋锈蚀是影响海洋环境中桥梁结构耐久性和结构安全的重要因素。为满足海洋耐久性要求，结合规范和该线路设计原则，40m 预制简支箱梁裂缝宽度在主力作用下容许值为 0.15mm，在主力+附加力作用下容许值为 0.18mm。

采用有限元软件桥梁博士建立杆系单元模型，进行箱梁截面在运营工况下的横向环框计算。横向环框计算时，考虑温度变化的影响，按日照温差、降温温差两种情况计算，其中顶板按升温 10℃、降温 8℃。初步计算时，顶板上缘采用钢筋直径 18mm、间距 125mm 和钢筋直径 20mm、间距 200mm；顶板下缘采用钢筋直径 16mm、间距 125mm 和钢筋直径 20mm、间距 200mm。计算得到裂缝宽度不满足主力作用下 0.15mm 和主力+附加力组合作用下 0.18mm 的限值要求。为保证结构在海洋环境下的耐久性要求，需适当增强顶板上、下缘的钢筋布置。因此，将顶板上缘直径 18mm 的钢筋调整为 20mm，顶板下缘直径 16mm 的钢筋调整为 18mm，钢筋间距均为 125mm，加强后的箱梁跨中截面配筋及横向环框计算结果见表 3-9-3，在主力和主力+附加力组合作用下，箱梁钢筋应力和裂缝宽度均满足要求。

箱梁跨中截面横向环框计算　　　　　　　　　表 3-9-3

位置	钢筋直径（mm）	钢筋间距（mm）	主力		主力 + 附加力	
			钢筋应力（MPa）	裂缝宽度（mm）	钢筋应力（MPa）	裂缝宽度（mm）
悬臂板上缘	16	125	−104.7	0.105	−104.7	0.105
悬臂板下缘	12	125	−21.8	0.023	−21.8	0.023
顶板上缘	20	125	−155.2	0.147	−188.5	0.165
顶板下缘	18	125	−154.7	0.143	−203.7	0.179
腹板外侧	18	125	−79.1	0.083	−109.4	0.109
腹板内侧	16	125	−127.0	0.144	−151.6	0.156
底板上缘	16	125	−143.2	0.152	−179.5	0.180
底板下缘	18	125	−138.7	0.139	−190.1	0.180

注：应力正号表示拉应力，负号表示压应力。

9.3 运架梁计算

40m 预制简支梁采用"昆仑号"运架一体机进行运架施工。"昆仑号"运架一体机包括前走行系统、后走行系统、动力系统、起吊系统、主支腿和中支腿等。运架一体机的运架梁施工流程为：运送梁片至架梁工位→第 1 次喂梁（倒腿）→第 2 次喂梁→落梁→架设就位。

因此，采用桥梁结构分析软件 BSAS 程序建立杆系单元模型，分析"昆仑号"运架一体机运架梁时 40m 预制简支箱梁结构受力。

1）计算荷载及工况

根据运架梁过程，按以下 4 种计算工况对运架梁荷载进行检算：

（1）工况 1：前走行系统运梁荷载工况；

（2）工况 2：后走行系统运梁荷载工况；

（3）工况 3：后走行系统最大轴重荷载工况；

（4）工况 4：架梁工况。

各工况荷载图示如图 3-9-3 所示。

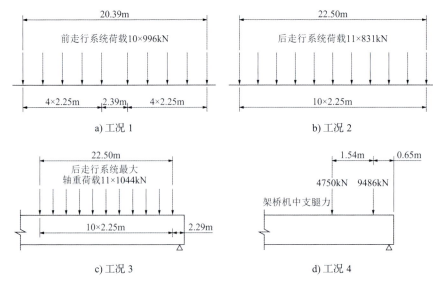

图 3-9-3　各工况荷载图示

后走行系统最大轴重荷载工况出现在第二次喂梁,安装好主支腿并收缩中支腿时。该工况只出现在某一特定位置,此时后车荷载的轴重由工况 2 中的 831kN 增大为 1044kN。之后随着架桥机前进,后车轴重逐渐减小。架梁工况下梁端支反力最大,此时支撑中支腿,梁体临时落下,主支腿倒腿时梁上承受架梁荷载最大。

根据上述 4 种计算工况对 40m 梁运架一体机进行纵向检算,其中工况 1 和工况 2 按活载加载,动力系数取 1.05;工况三和工况 4 按静载加载,工况 3 的具体位置为前轮距梁端 2.29m。

2)计算结果

计算运架梁阶段 4 种工况下箱梁结构受力,结果见表 3-9-4。由表可知:在各工况下,梁体的强度安全系数、抗裂安全系数、混凝土正应力等受力指标均满足规范要求;工况 1 为整体受力最不利工况;工况 4 时梁端支反力最大,此时最大支座反力为 9670kN,为支座吨位的 1.4 倍,在支座所能承受临时荷载的超载范围内,满足要求。

运架梁阶段箱梁结构计算结果　　　表 3-9-4

工况	混凝土正应力(MPa)		强度安全系数	抗裂安全系数	最大支反力(kN)
	最大值	最小值			
1	16.11	0.53	1.80	1.29	6571.5
2	16.09	1.79	1.92	1.38	6155
3	12.9	0.87	1.87	1.32	6504
4	15.48	5.74	4.29	3.36	9670
限值	≤26.8	≥−2.48	≥1.8	≥1.1	7000

9.4 与 32m 通用图梁部的主要参数对比

通用图 40m 和 32m 预制简支箱梁的主要参数对比见表 3-9-5、表 3-9-6。

40m 与 32m 预制简支箱梁参数对比表(一)　　　表 3-9-5

梁型	梁高(m)	桥面宽度(m)	支点距梁端距离(m)	顶板厚(mm)(跨中/梁端)	底板厚(mm)(跨中/梁端)	腹板厚(mm)(跨中/梁端)
32m 预制简支箱梁	3.035	12.6	0.55	285/595	280/700	450/1050
40m 预制简支箱梁	3.235	12.6	0.65	285/685	280/700	360/950

40m 与 32m 预制简支箱梁参数对比表(二)　　　表 3-9-6

梁型	梁体自重(kN)	支座吨位(kN)	钢绞线(t)	普通钢筋(t)
32m 预制简支箱梁	7698	5500	9.4	53.0
40m 预制简支箱梁	9768	7000	15.5	71.3

各参数主要区别如下:

(1)梁高:40m 预制简支箱梁梁高为 3.235m,与 32m 预制简支箱梁相比增大 0.2m。

(2)腹板索布置与腹板厚度:32m 预制简支箱梁腹板索采用 9~12 根一束钢绞线双排布置形式,为满足构造要求,腹板厚度最少需 450mm。40m 预制简支箱梁为尽量减小梁体自重,优化箱梁截面,腹板钢索采用每束 22 根钢绞线单排布置形式。按单排布置腹板索后,在保证梁体不出现裂缝的前提下,腹板尺寸优化至 360mm。

(3)自重、支座吨位:40m 预制简支箱梁与 32m 预制简支箱梁相比自重增加 21%,支座吨位由 5500kN 提高至 7000kN。

（4）钢绞线和钢筋用量：40m 预制简支箱梁与 32m 预制简支箱梁相比钢绞线用量增加 39%，普通钢筋用量增加 26%。

可以看出，40m 预制简支箱梁由于跨度和梁高的增加，梁体自重和钢绞线、钢筋用量等均有所增加。为尽量减少梁体自重，提高梁体经济性，40m 预制简支箱梁腹板索采用大型号索单排布置形式，腹板厚度与 32m 预制简支箱梁相比有所减小。

9.5 梁端局部应力简支分析

为分析 40m 预制简支箱梁梁端在架梁和吊梁工况下的局部应力情况，采用空间有限元软件 FEA 建立 40m 梁全梁的实体模型。混凝土和预应力钢束分别用实体单元和钢筋单元模拟，计算模型如图 3-9-4 所示。

图 3-9-4 实体计算模型简支

40m 预制简支箱梁梁端在架梁和吊梁工况下的横桥向拉应力云图分别如图 3-9-5、图 3-9-6 所示。在运架一体机架梁工况下，梁端横桥向拉应力主要出现在顶板上缘支腿附近位置和箱室内侧的上梗胁处，最大拉应力为 2.44MPa。在吊梁工况下，梁端最大横桥向拉应力主要出现在梁端箱内上梗胁处和顶板上缘吊孔附近位置，最大拉应力为 2.42MPa。40m 预制简支箱梁梁端局部应力在架梁和吊梁工况下均满足受力要求。

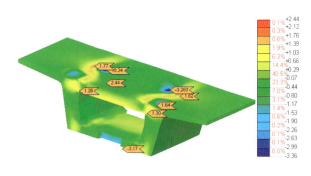

图 3-9-5 梁端架梁工况横桥向拉应力云图（单位：MPa）

注：应力云图正号表示拉应力，负号表示压应力。

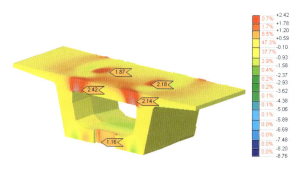

图 3-9-6 吊梁工况横桥向拉应力云图（单位：MPa）

注：应力云图正号表示拉应力，负号表示压应力。

9.6 车桥耦合振动分析

分别选取陆地高墩区段和海域高墩区段内的 40m 预制简支箱梁桥进行车-桥耦合振动分析。桥梁立面图如图 3-9-7、图 3-9-8 所示。

（1）车-桥系统空间耦合振动分析模型

全桥构件采用空间梁单元建模，桩基础采用 m 法考虑桩土共同作用。采用中南大学专用软件进行建模分析，计算了 CRH3 通过桥梁时的车桥系统空间动力响应。

（2）计算分析

对桥梁分析模型计算了 CRH3 通过桥梁时的车桥系统空间动力响应，其列车编组及计算区段见表 3-9-7。

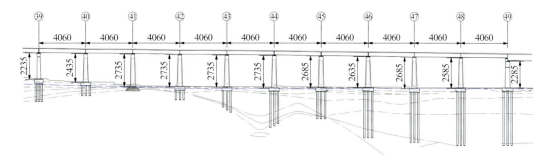

图 3-9-7 陆地高墩区段桥梁立面图（尺寸单位：cm）

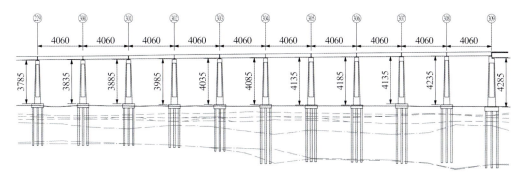

图 3-9-8 海地高墩区段桥梁立面图（尺寸单位：cm）

列车编组及计算高墩区段览表   表 3-9-7

名称	编组	计算车速（km/h）	轨道不平顺
CRH3	CRH3：采用 16 辆编组（4M4T）	250，275，300，325 350，375，400，420	德国低干扰谱轨道不平顺

按设计速度段（250～350km/h）和检算速度段（375～420km/h）对陆地高墩区段和海域高墩区段的计算结果进行汇总与评价。考虑到矢高为 6.91mm 的预拱圆曲线的影响，桥梁动力响应计算结果汇总见表 3-9-8，列车运行安全性和舒适性指标最大值汇总见表 3-9-9，并依据前述的评定标准，评判结果汇总见表 3-9-10。

桥梁振动位移最大值计算结果汇总表（陆地高墩区段）   表 3-9-8

区段	线路	列车速度（km/h）	冲击系数	振动位移（mm）			梁端转角（10^{-4}Rad）		振动加速度（m/s²）		
				主梁横向	主梁竖向	墩顶横向	横向	竖向	主梁横向	主梁竖向	墩顶横向
陆地高墩区段	单线	250～350	1.94	1.04	4.18	1.01	0.26	3.11	0.17	0.86	0.17
		375～420	1.09	1.13	2.34	1.18	0.33	1.71	0.18	0.26	0.15
	双线	250～350	1.55	1.19	6.65	1.20	0.30	4.93	0.21	1.16	0.16
		375～420	1.05	1.28	4.51	1.46	0.40	3.34	0.25	0.38	0.22
海域高墩区段	单线	250～350	2.41	0.73	5.15	0.69	0.17	3.81	0.16	1.28	0.11
		375～420	1.09	0.82	2.33	0.87	0.23	1.74	0.20	0.27	0.15
	双线	250～350	1.72	0.76	7.37	0.68	0.21	5.51	0.17	1.46	0.12
		375～420	1.05	0.86	4.48	0.94	0.32	3.36	0.24	0.39	0.22

列车动力响应最大值计算结果汇总表（陆地高墩区段） 表 3-9-9

区段	线路	车速（km/h）	动车 脱轨系数 Q/P	动车 轮重减载率 ΔP/P	动车 横向力（kN）	动车 竖向加速度（m/s²）	动车 横向加速度（m/s²）	动车 Sperling舒适性指标 竖向	动车 Sperling舒适性指标 横向	拖车 脱轨系数 Q/P	拖车 轮重减载率 ΔP/P	拖车 横向力（kN）	拖车 竖向加速度（m/s²）	拖车 横向加速度（m/s²）	拖车 Sperling舒适性指标 竖向	拖车 Sperling舒适性指标 横向
陆地高墩区段	单线	250～350	0.12	0.44	8.82	0.83	0.46	2.67	2.53	0.09	0.47	6.10	0.73	0.44	2.54	2.49
陆地高墩区段	单线	375～420	0.15	0.55	10.76	1.09	0.66	2.76	2.66	0.12	0.56	7.07	0.79	0.48	2.64	2.58
陆地高墩区段	双线	250～350	0.12	0.45	8.78	0.83	0.46	2.68	2.52	0.09	0.49	6.07	0.73	0.44	2.55	2.47
陆地高墩区段	双线	375～420	0.15	0.55	10.73	1.09	0.66	2.78	2.66	0.12	0.57	7.46	0.79	0.48	2.67	2.59
海域高墩区段	单线	250～350	0.12	0.44	8.85	0.83	0.46	2.66	2.51	0.09	0.48	6.39	0.74	0.44	2.54	2.49
海域高墩区段	单线	375～420	0.15	0.55	10.83	1.09	0.66	2.76	2.65	0.12	0.56	7.32	0.79	0.47	2.64	2.57
海域高墩区段	双线	250～350	0.12	0.45	8.84	0.83	0.46	2.68	2.53	0.09	0.49	6.31	0.73	0.44	2.55	2.48
海域高墩区段	双线	375～420	0.15	0.55	10.93	1.09	0.66	2.78	2.66	0.12	0.57	7.43	0.79	0.47	2.67	2.57

车—桥系统动力响应评价结果汇总表（陆地高墩区段） 表 3-9-10

区段	线路	车速（km/h）	桥梁振动加速度	车体振动加速度（超标速度）	行车安全性 脱轨系数	行车安全性 减载率	乘坐舒适性 动车 竖向	乘坐舒适性 动车 横向	乘坐舒适性 拖车 竖向	乘坐舒适性 拖车 横向
陆地高墩区段	单线	250～350	满足	满足	满足	满足	良好	良好	良好	优秀
陆地高墩区段	单线	375～420	满足	满足	满足	满足	合格	良好	良好	良好
陆地高墩区段	双线	250～350	满足	满足	满足	满足	良好	良好	良好	优秀
陆地高墩区段	双线	375～420	满足	满足	满足	满足	合格	良好	良好	良好
海域高墩区段	单线	250～350	满足	满足	满足	满足	良好	良好	良好	优秀
海域高墩区段	单线	375～420	满足	满足	满足	满足	合格	良好	良好	良好
海域高墩区段	双线	250～350	满足	满足	满足	满足	良好	良好	良好	优秀
海域高墩区段	双线	375～420	满足	满足	满足	满足	合格	良好	良好	良好

（3）结论及建议

① 在所有计算区段下，桥梁动力响应均满足要求；各车的车体竖、横向振动加速度满足限值要求；列车行车安全性均满足要求。

② 在运营速度段所有计算区段（高速客车 250～350km/h）下，高速客车的乘坐舒适度均达到"良好"标准以上。

③ 在检算速度段所有计算区段（高速客车 375～420km/h）下，高速客车的乘坐舒适度均达到"合格"标准以上。

综上所述，湄洲湾跨海大桥典型区段 40m 简支梁桥设计方案具有良好的动力特性及列车走行性，高速客车通过桥梁时的行车安全性和乘坐舒适性或运行平稳性均满足要求。

9.7 小结

湄洲湾跨海大桥引桥采用 40m 预应力混凝土简支箱梁结构，预制架设施工，降低了梁部现浇施工中的质量控制风险和受恶劣天气影响的施工安全风险，极大地缩短了海上施工工期。同时，通过提高简支梁的跨越能力，有效减少了海上桥墩数量，提高了高铁工程建设的经济效益和生产效能。

（1）针对首次采用的千吨级运架一体机"昆仑号"，运架梁过程中的各工况对箱梁受力情况进行分析计算，对箱梁局部构造进行了加强。

（2）为保证结构在海洋环境下的耐久性，严格控制梁体裂缝宽度，主力作用下为 0.15mm，主力 + 附加力作用下为 0.18mm，需对顶板钢筋适当加强。

（3）在架梁、吊梁工况下，梁端横桥向最大拉应力主要出现在顶板上缘及箱内上梗肋位置，梁端应力均满足受力要求。

通过 40m 预制简支箱梁在福厦高铁湄洲湾跨海大桥中的应用，针对工程所处的海洋腐蚀环境、千吨级运架一体机施工荷载以及 40m 梁动力性能等，对 40m 预制简支箱梁设计及车桥耦合作用进行分析研究，基于预制架设模式，在高铁建设中实现跨度 40m 简支梁的规模化工程应用，是高铁建造技术的重大提升和突破，极大推动我国高铁大跨预制简支梁建造技术的发展。

福厦高铁桥梁工程
创新与实践
PART 4

第**4**篇
桥梁施工

福厦高铁桥梁工程
创 新 与 实 践

INNOVATIONS AND PRACTICES
IN THE BRIDGE ENGINEERING OF
THE FUZHOU-XIAMEN HIGH-SPEED RAILWAY

第1章　乌龙江特大桥主桥施工

1.1 概述

福厦高铁乌龙江特大桥主桥为四线高低塔双索面混合梁斜拉桥，桥长725m，主梁中跨采用钢箱梁，边跨及次边跨采用混凝土箱梁和部分钢箱梁的不对称混合梁形式，高塔塔高170.0m，矮塔塔高128.5m；桥塔基础采用桩径2.5m不等长嵌岩钻孔灌注桩。

桥址处于乌龙江瓶颈处，属强潮河口，水流复杂，最大流速为2.5m/s，最大潮差为4.5m。主墩地质层依次为块石、强风化凝灰岩、弱风化凝灰岩、花岗岩、辉绿岩，岩层倾斜严重，倾斜度达37.6°。

主墩基础施工针对大潮差、高流速、无覆盖层大坡度河床面条件，采用基岩面管桩稳定锚固技术和整体框架式栈桥平台辅助基础施工；钻孔桩施工采用特制冲击气举反循环钻机、冲击钻机两种设备成孔；为解决坚硬岩层及岩层倾斜、硬度不均所致的成孔难题，采用气动潜孔钻机进行预处理；主墩承台围堰采用拆装式双壁钢吊箱围堰，方便水中围堰拆除和倒用。

桥塔采用6m节段液压爬模法施工，下横梁采用落地支架法与塔肢同步施工方案，上横梁采用整体大跨度拱形托架施工，塔柱斜拉索锚固区钢锚梁采用塔式起重机整体吊装。

边跨及次边跨预应力混凝土梁同时作为锚跨压重梁，重量大，采用支架现浇；福州侧次边跨钢梁采用组拼式大型起重船分段吊装并利用支架滑道拖拉滑移就位，中跨钢梁采用桥面起重机单悬臂分段安装。

钢箱梁桥面铺装层采用了超高性能混凝土（UHPC）桥面防水铺装体系，超高性能混凝土设计抗压强度要求不低于100MPa。

1.2 钻孔桩基础施工

1）总体施工方案

水上钻孔桩施工采用"先平台后桩基"施工工艺，钻孔平台两侧设置支栈桥，与主栈桥相连。平台分材料堆放区、主栈桥、钻孔平台区三个区域，其中主栈桥通过桥台与路基相接。钻孔平台区布置40m跨的80t门式起重机，用于钻孔桩施工。

2号主墩布置6台冲击钻机、3台反循环冲击钻，3号主墩布置7台冲击钻机，共计4个循环完成主墩钻孔桩施工。钢护筒直径2.8m，壁厚16mm。采用80t门式起重机配合DZ200打桩锤插打。根据工程地质条件，陆地钻孔桩施工采用冲击钻机成孔。

水上钻孔桩施工工艺流程如图4-1-1所示。

2）栈桥平台搭建

2号、3号主墩河床面倾斜且覆盖层浅，栈桥平台搭建困难难以保证稳定性，施工中采用基岩面管桩稳定锚固技术和整体框架式结构，保证栈桥平台顺利搭建和使用。施工中钢管桩振动无法继续下沉时，在钢管桩内采用取芯钻机或潜孔钻机套管辅助钻ϕ130mm小孔至较完整岩层，下放3束钢筋锚杆插入小孔内并在小孔内注入压浆料锚固，最后清理钢管内后浇筑的约3m高C30混凝土，将钢筋锚杆的上半段与钢管桩锚固，形成钢管桩与基础岩层的锚固。将栈桥平台钢管桩及分配梁、贝雷梁利用连接系形成整体框架式结构，保证施工平台稳定。桩底锚固平台结构如图 4-1-2 所示。

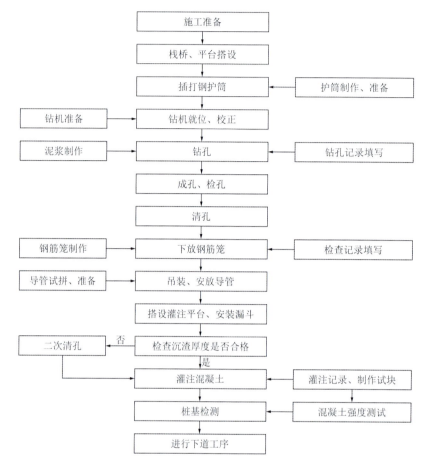

图 4-1-1 水上钻孔桩施工工艺流程图

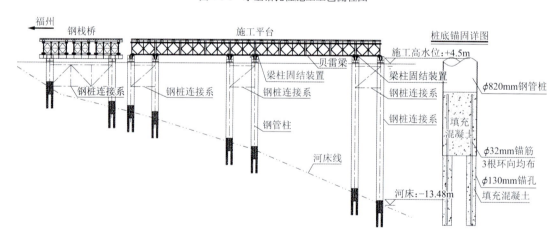

图 4-1-2 桩底锚固平台结构示意图

3）大冲击气举反循环钻孔

主墩桩基采用桩径 2.5m 大直径钻孔灌注桩，桩长约 40m。由于墩位河床为岩层或大块石，钢护筒底口封闭需持续冲砸跟进并水下填充缝隙。钻孔桩成孔采用冲击钻机，利用钢制泥浆箱、泥浆船、泥浆分离器及泥浆管路形成泥浆循环系统。在先期普通冲击钻机钻进成孔效率较低的情况下，针对具体地质情况，引入大冲击气举反循环钻机施工，如图 4-1-3 所示。

a) 大冲击气举反循环钻机

b) 冲击钻头

图 4-1-3　大冲击气举反循环钻机及冲击钻头

大冲击气举反循环钻机采用 20t 以上冲击合金钢钻头高频低冲程钻进，冲击频率为普通冲击钻机的 2 倍以上；钻机钻头按四级分层，多个层次破碎面分级跟进，破岩效果好；采用气举反循环出渣效率高；采用双钢丝绳提升钻头，提高了成孔垂直度，减少了斜孔、梅花孔等成孔质量问题。大冲击气举反循环钻机钻进工效大大优于普通冲击钻机。

利用大冲击气举反循环钻进工艺，结合气动潜孔钻机辅助成孔工艺形成的组合成孔工法，充分发挥了冲击气举反循环钻机钻进工效高的优势，同时也规避了其笼式钻头在高强岩层中磨损速度快的劣势。

4）高强度斜面岩钻孔辅助施工

墩位处地层岩石强度高达 130MPa，岩层倾斜严重且岩体硬度不均。钻孔桩采用潜孔钻机，预钻出蜂窝状 ϕ110mm 小孔，辅助大冲击钻钻进。利用导向管套笼作为潜孔钻导向设施，采用气动潜孔钻机作为预钻引孔设备，在斜岩面处按照岩面倾斜走向相应非对称地钻出蜂窝状小孔，降低了岩层整体强度，增加了岩石破裂临空面，提高了后续冲击钻进效率，同时利用预钻蜂窝孔的密度差异达到了在倾斜岩面及软硬不均岩层钻进纠偏的效果。图 4-1-4 为导向管套笼辅助预钻孔。

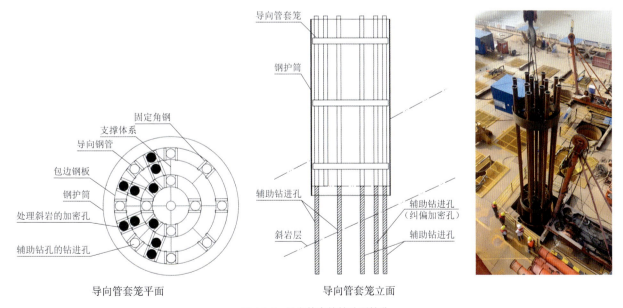

图 4-1-4　导向管套笼辅助预钻孔

冲击钻机钻进至弱风化凝灰岩地质层附近位置，下放导向管套笼，调整位置并进行固定。以潜孔钻为动力，对套笼外围的 4 个孔进行钻孔并判断岩层顶情况以及岩石斜面的走势，然后根据情况调整预钻蜂窝孔布置及深度，完成辅助小孔钻孔后换冲击钻机继续钻进。

5）水中大体积承台施工

2号墩承台为矩形，结构尺寸为40.5m（横桥向）×25.5m（顺桥向）×5.0m（高），混凝土量5163m³。主墩承台施工采用少支撑拆装式双壁钢吊箱围堰。在承台大体积混凝土施工中，为保证混凝土耐久性及防裂要求，采取的措施如下：

①重点优化混凝土配合比设计，合理选择原材；

②采用自动测温及内部循环冷却水控制的信息化技术进行温控；

③承台表面采取内部循环系统的温水蓄水保温养护等。

这些措施的有效实施，保证了内表温差在20℃以下，承台混凝土未出现有害裂纹。

（1）双壁钢吊箱围堰施工

为方便围堰侧板完全拆除回收，且不影响承台防腐及防撞设施安装，主墩双壁钢吊箱围堰采用了少支撑的拆装式结构，如图4-1-5所示。双壁钢吊箱围堰平面尺寸为43.5m×28.5m，高度为11.5m，侧板壁厚为1.5m。围堰工厂分块加工，现场分块拼装（图4-1-6），侧板与底板及侧板之间均采用方便水中拆除的连接装置。各侧板之间采用螺栓连接，拼缝之间采用橡胶止水带加玻璃胶止水，防水效果良好。围堰侧板与底板之间采用方便水下拆除的"侧向挡块限位＋竖向拉杆拉结"的连接方式。围堰装拆方便，满足了大潮差地区承台防腐的要求。

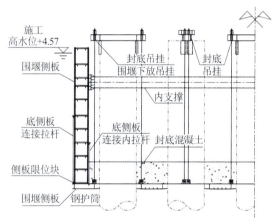

a) 围堰组装示意图

b) 围堰构造实体

图4-1-5 双壁钢吊箱围堰结构（高程单位：m）

由于受桥位空间限制，大型起重船无法进场。因此，主墩双壁钢吊箱围堰采用墩位拼装、集群千斤顶系统整体下放。围堰侧板拆除时，先在侧板双壁内排水，人工在无水状态下拆除围堰侧板壁内侧的连接螺栓，再水下拆除侧板外侧的部分螺栓；然后拆除底板与侧板拉结的内外竖向拉杆；最后通过围堰内侧注水加压使围堰侧板顶部外倾，侧板底部与底板间的侧向限位挡块会自动脱落，从而达到分块拆除围堰侧板的条件。

双壁钢吊箱围堰侧板采用刚度大的双壁结构，承台范围不设置内支撑，并充分利用四角角撑减少与塔座预埋结构的冲突；围堰封底状态底板采用精轧螺纹钢筋吊挂支承于护筒，以保证承台质量和防腐耐久性。

（2）承台大体积混凝土施工

在主墩承台大体积混凝土施工中，为防止开裂，应从降低混凝土温度应力和提高混凝土本身的抗拉强度两方面综合考虑，采取的技术措施如下：

①优化设计配合比，合理选择原材料。掺加粉煤灰等外加料，降低水泥用量；选择中热水泥；充分利用混凝土的后期强度；合理选择集料。

图4-1-6 钢吊箱围堰现场拼装

②优化施工工艺，加强施工管理。混凝土分两次浇筑，增加散热面，降低水化热温升；采取制拌水加冰、冷水机组、粉罐喷淋降温设施、料仓喷淋降温系统等措施控制混凝土浇筑温度。

③安装冷却水管和测温元件。冷却水管通水降低芯部温度；安装测温元件，实时监控芯部温度。

④采取降热、保温措施。昼夜温差大时，混凝土表面覆盖保温，控制混凝土芯部温度与表面温度之差，且保证表面温度与环境温度之差不大于20℃。

⑤混凝土养护。承台表面蓄水覆盖土工布养护。

⑥温度控制。采用大体积混凝土无线测温仪进行监控，控制冷却水流量和大体积混凝土温差。

图4-1-7为承台大体积混凝土温控及冷却循环系统布置情况。

图4-1-7 承台大体积混凝土温控及冷却循环系统布置

1.3 桥塔施工

1）总体施工方案

主塔塔柱采用爬模施工。塔座与主塔底节（起始段）一次性浇筑，塔柱采用标准节段6m液压爬模施工，下横梁采用钢管支架施工，上横梁与主塔塔柱同步施工，高度方向分层浇筑。中塔柱施工过程中，设置塔柱横撑，以增加塔柱施工过程中的整体刚度，控制塔柱线形。2号主塔施工分节如图4-1-8所示，图中数字为主塔分节编号。

2）塔柱施工

桥塔塔肢采用液压自爬模施工，塔座与桥塔底节（起始1m段）一次性浇筑，塔肢采用标准节段6m的多卡SKE100plus液压自爬模，爬模上配置自动喷淋养护系统及爬升监控系统。以2号主塔为例，塔柱施工过程中部署了2台MC480塔式起重机和2部专用施工电梯。MC480塔式起重机最大起重半径为50m，最大起重量均为25t，满足塔柱钢筋模板支架、劲性骨架塔柱横撑等结构安装以及钢锚梁的整体吊装、斜拉索安装等要求。塔柱的下塔柱1~3节段施工采用汽车泵泵送混凝土入模，其余节段及横梁施工利用2台HBT-80型地泵将混凝土泵送至各个灌注点下料。为满足主塔施工需要，每个塔肢分别布置一套输送泵管，并在中上塔柱利用固定于劲性骨架顶部的小型布料机布料浇筑混凝土。

塔肢钢筋固定、定位采用型钢劲性骨架。型钢劲性骨架采用角钢焊接形成的具有一定强度和刚度桁架结构，主要起到固定及定位塔柱钢筋，同时为下塔柱大倾角的塔肢节段施工不平衡的侧向力提供支撑，劲性骨架进行专门设计，根据变形计算设置预偏量，保证塔肢线形。劲性骨架在场内采用短线法分段匹配制造、螺栓定位连接；现场分段装配安装。

桥塔采用C55高强度混凝土，掺加新型TK-MP黏度改性材料改善混凝土性能，能显著降低新拌混凝土的塑性黏度，提高混凝土的流动性、保水性，改善混凝土的可泵性，延缓水泥水化放热速率，降低混凝土的绝热温升，提高混凝土抗裂性能。通过试配对比优化，确定采用配合比为水泥：粉煤灰：黏度改性材料：细集料：粗集料：水：外加剂＝345：69：46：735：1067：142：5.5。通过混凝土配合比优化、自动喷淋养护等措施保证了混凝土施工质量，大大降低了开裂风险。

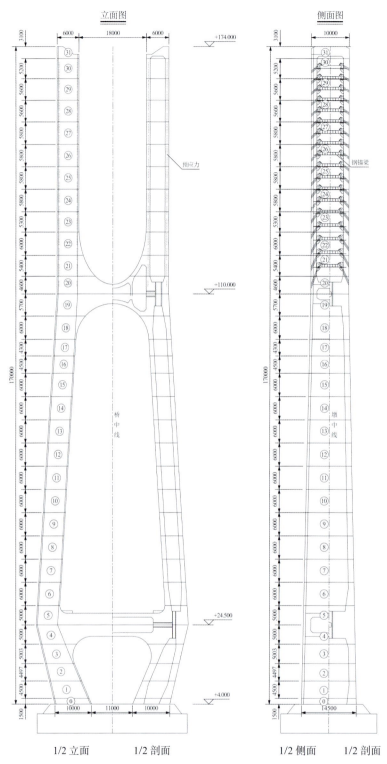

图 4-1-8　2 号主塔墩施工分节图（尺寸单位：mm；高程单位：m）

（1）下塔柱为大倾角塔肢段，倾角达 66°，为满足 6m 大节段大倾角爬模法施工过程顶部悬臂端变形要求，采用加强型爬模架体支撑梁，并将爬模仰模与劲性骨架连接，两塔肢的劲性骨架也与下横梁支架拉杆连接以增加自身刚度，利用劲性骨架刚度控制侧模顶部变形，如图 4-1-9 所示。下塔柱底节（起始 1m 段）与塔座一次性浇筑，可有效避免混凝土结构截面突变界面分次浇筑龄期差可能引起的混凝土开裂现象。

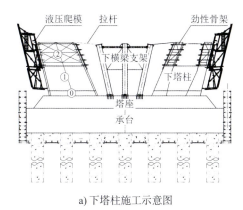
a) 下塔柱施工示意图

b) 下塔柱施工现场

图 4-1-9 下塔柱施工

（2）施工中塔柱时，设置塔柱横撑，以增加塔柱的整体刚度，控制塔柱线形。每层横撑的顶推力以塔柱浇筑过程中的线形控制为主、内力控制为辅。上横梁施工完成且混凝土强度达到设计值后，拆除横撑。

（3）桥塔下横梁采用落地支架法与塔肢同步施工方案，下横梁沿高度方向分两次浇筑，每次浇筑高度3m。下横梁施工支架系统由钢管立柱、分配梁、底模系统及预埋件组成。钢管立柱采用ϕ1000mm×10mm钢管，共9根；分配梁采用钢箱梁和2HM588mm×300mm型钢；下横梁支架在塔柱上设置了边支点，支撑在塔肢钢牛腿上。为克服支架变形、混凝土收缩及第二次浇筑混凝土时可能对底面产生裂缝的影响，第一次浇筑混凝土后需张拉第一批预应力束，下横梁施工完毕后，再张拉第二批预应力束，完成下横梁施工。

下横梁、中塔柱施工如图 4-1-10 所示。

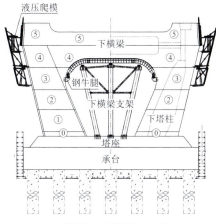
a) 下横梁、中塔柱施工示意图

b) 下横梁、中塔柱 施工现场

图 4-1-10 下横梁、中塔柱施工

（4）上塔柱斜拉索锚固区采用"钢锚梁+U形环向预应力结构"设计。钢锚梁及其两端钢牛腿通过480t·m塔式起重机采用专用吊具进行整体吊装，最大吊重15.2t。钢锚梁选用免涂装的Q345qDNH耐候钢材料，其高强螺栓同样为耐候钢材质，且摩擦面预先进行机加工处理，确保其在形成氧化锈膜后满足摩擦系数要求。

上塔柱锚固区施工时利用 BIM 技术建立结构模型进行碰撞检查，提前采取应对钢筋、预应力束、索道管钢锚梁碰撞的对策，将索塔锚固区构件尽量在地面组装集成，秉承了装配化施工理念。钢锚梁及钢牛腿通过工厂水平试拼及现场立式组拼，在塔柱上直接匹配定位安装，减少高空调整，保证安装精度。中跨侧锚梁与钢牛腿的接触面之间采用连接板、不锈钢与四氟板构成的滑动摩擦副，整体组拼前四氟板面涂硅脂。钢锚梁及钢牛腿完成拼装后，拧紧边跨侧高强螺栓，中跨侧高强螺栓初拧至设计值的20%；钢锚梁、钢牛腿整体吊装完成后，在张拉对应斜拉索前，释放中跨侧临时连接的高强螺栓至预紧力为0；在全桥斜拉索张拉完成、二期施工完毕后，拧紧中跨侧钢锚梁与钢牛腿间高强螺栓，完全锁死锚梁与牛腿间的相对滑动。U形环向预应力束安装，采用两组分片劲性骨架在地面定位临时固定，整体安装就位并调整，大大提高了安装效率。塔柱预应力张拉环节采用深埋锚工艺，简化了预应力张拉、压浆、封锚工序。

（5）上塔柱锚固区的钢锚梁与索道管的定位精度要求严格。首节钢锚梁的精确定位及合理的测量和调整方法是精度控制的关键。此外，还要对温度、风荷载及其他作用于塔柱的外部因素进行修正。

① 在安装首节钢锚梁前，对索塔进行监测，通过控制分析确定首节钢锚梁安装的准确平面位置；同时，计算确定首节钢锚梁安装的预抬高值。

② 钢锚梁的安装定位采取全站仪进行三维坐标测量。对于钢锚梁及钢牛腿的底面和顶面高程、平整度，则采用精密水准仪进行精确测量。钢牛腿的安装精度直接影响第一节钢锚梁的安装精度，而索导管的安装定位精度则取决于钢锚梁安装定位精度。

③ 在安装钢锚梁时，使用钢垫板进行纠偏。在制造钢锚梁时，每个垫片上方钢锚梁的高度相应减小，使垫片厚度与减小后钢锚梁高度的总和与原设计钢锚梁的高度相等。

钢锚梁上下节段匹配安装如图 4-1-11 所示。

3）桥塔上横梁施工

高塔上横梁底面采用 $R9.75m$ 圆弧面，顶面采用椭圆弧面，中心最小高度为 5m，高程为 +110.0m，上横梁造型美观，结构较复杂，最大高度超过 20m，低塔上横梁造型与高塔基本一致。桥塔上横梁施工采用整体拱形托架法，与塔梁同步施工，如图 4-1-12 所示，高度方向分为 3 次或 4 次分层浇筑施工，一次浇筑高度为 4.5～6.0m。上横梁拱形托架采用钢牛腿 + 弧形拱架结构，跨度超过 20m。钢牛腿预埋爬锥固定于塔壁，弧形拱架支撑于钢牛腿并在拱架底部设置横拉杆，通过充分利用弧形拱架承力的优点，并结合上横梁混凝土分层浇筑等方式对拱架结构进行优化。在第一次浇筑上横梁（分肢段⑱）时，拱架主要承受混凝土浇筑产生的侧压力；在第二次浇筑上横梁（拱顶段⑲）时，拱架承受的荷载考虑了下层分肢段的支承及约束作用，拱架结构受力小，安全性更高；而在第三和第四次浇筑

图 4-1-11　钢锚梁上下节段匹配安装

上横梁时，则可考虑直接利用下层的上横梁结构来承受荷载。拱架结构采用型钢焊接，分片制作，并在塔下进行两片拼装成组，满足了轻型化及方便装拆的要求，节省了成本，并实现了塔式起重机对整跨的分组安装。

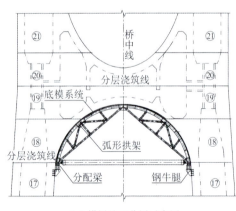

a）上横梁施工分层示意图

b）上横梁施工现场

图 4-1-12　桥塔上横梁施工

1.4　锚跨混凝土现浇梁及钢-混凝土结合段施工

斜拉桥的主梁为混合梁结构，钢梁与混凝土梁间设置钢-混凝土结合段。福州侧混凝土梁长度为95.9m，分 3 段浇筑；漳州侧混凝土梁长度为 134.9m，分 4 段浇筑。混凝土箱梁截面全宽 29.2m，桥中线处梁高 4.047m，顶、底板厚度均为 40cm。混凝土箱梁采用"两侧双主梁 + 中间密横隔梁"结构体系，如图 4-1-13

所示，标准布置间距 4.0m 一道，部分区域根据受力及结构要求布置 2.5~3.0m 一道，无索横隔梁一般厚 40cm，斜拉索横隔梁厚 70cm，与斜拉索位置对应设置。斜拉索锚固块采用梁下外置式混凝土结构。

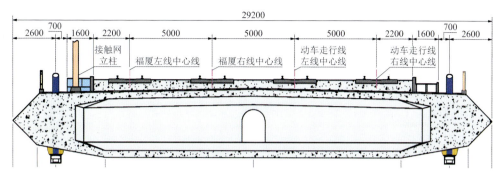

图 4-1-13 混凝土箱梁结构示意图（尺寸单位：mm）

福州侧锚跨 0～1 号墩跨越既有 G324，采用 72m 跨度的现浇混凝土箱梁，国道与线路方向夹角为 46.5°。锚跨混凝土梁自重大，采用梁柱式支架纵向分段现浇施工支架基础采用挖孔桩或扩大基础，立柱采用 ϕ1000 mm × 10mm 钢管柱，纵梁采用贝雷梁和焊接 1500mm × 600mm 工字形钢梁。漳州侧桥塔区支架结构采用墩旁托架，顶部利用纵向预应力筋对拉锚固于塔柱下横梁上，对拉筋采用 7ϕ5～15.2mm 钢绞线，为减小支架变形，拉筋安装时，根据计算单根施加 1000kN 预拉力。

锚跨混凝土梁支架布置如图 4-1-14 所示。

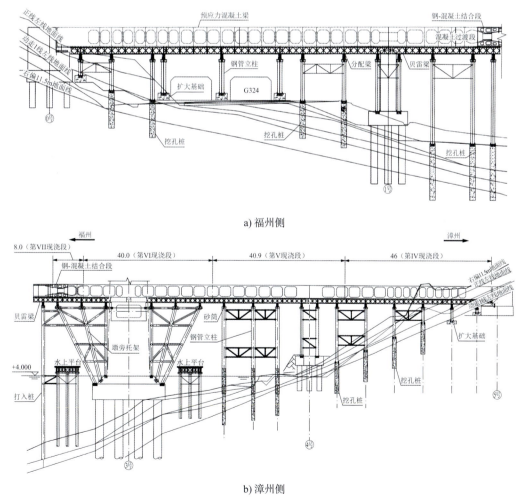

图 4-1-14 锚跨混凝土梁支架布置示意图（尺寸单位：m；高程单位：m）

由于锚跨混凝土梁自重大，支架现浇完成后待所有的斜拉索挂设张拉完成才能脱架，且斜拉索梁端安装区域底模需先行拆除（斜拉索梁端锚固齿块设于梁底两侧），同时考虑到宽幅梁横向预应力张拉后的支架受力重分配情况，现浇梁支架采用了横向分离式设计。两侧分离式的支架满足横向预应力张拉后的支撑力重分配作用，且能满足斜拉索安装时锚固齿块区域局部拆模后的受力要求，并能满足斜拉索安装梁底牵引空间需求。对于跨国道支架，为满足纵梁大跨度受力要求，以型钢纵梁代替密集的贝雷梁作为混凝土梁两侧纵主梁的支架受力体系，保证受力安全，也为斜拉索安装和梁下压锚工序提供作业通道和作业空间。

跨国道支架模板体系如图4-1-15所示。

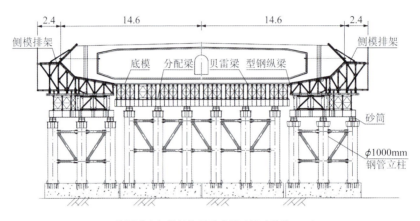

a) 跨国道支架模板体系示意图（尺寸单位：m）

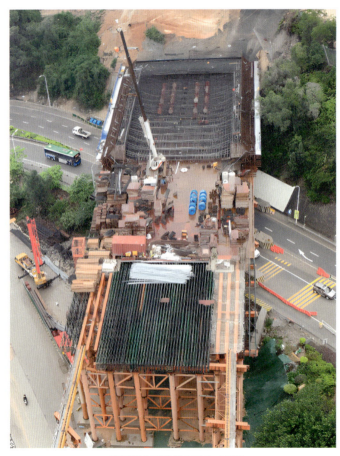

b) 跨国道支架模板体系施工现场

图4-1-15　跨国道支架模板体系

混凝土梁采用分段浇筑施工，模板与支撑体系组合形成侧模排架。侧模排架系统采用整体可滑移结构，前一段混凝土梁浇筑完成后，利用螺纹杆脱侧模并下降侧模排架，纵向横移至下一段混凝土梁位置并调整模板就位，减少对跨既有国道的影响。待所有的梁体浇筑及预应力张拉完成，在梁端斜拉索挂设作业前，拆除混凝土梁下斜拉索锚固块区域内的局部底模排架和模板，设置操作平台，进行斜拉索安装和梁下压锚工序。

箱梁侧模排架施工示意图如图 4-1-16 所示。

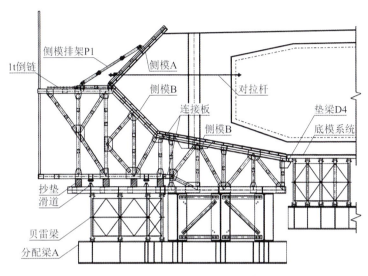

图 4-1-16　箱梁侧模排架施工示意图

钢-混凝土结合段是梁体结构受力的关键部位，采用梯形填充混凝土前、后承压板式钢-混凝土接头，通过将结合段钢箱梁的顶板、底板、腹板与隔板和端承压板之间围封组成钢格室，其内填充混凝土，与混凝土箱梁顶板、底板和腹板平顺过渡；剪力键（PBL）、纵向预应力索以及钢格室顶底板布置的剪力钉，共同保证了力的可靠传递和扩散。钢-混凝土结合段钢梁分段吊装的质量约为 400t，结合段钢梁节段水上起吊并纵向滑移至设计位置后，精确调整并利用支架临时固定，然后进行结合段混凝土填充浇筑。填充混凝土采用补偿收缩防裂高性能混凝土。为方便混凝土浇筑、振捣及混凝土自由流动，在钢-混凝土结合段的钢格室顶板上开设浇筑孔，隔板上设置连通孔，并在钢格室上角点及适当位置设置出气孔，在下角点预留压浆孔。填充混凝土振捣采用插入式与附着式振捣相结合的工艺，附着式振动器固定在钢箱梁壳体上，辅助振捣。混凝土浇筑完成后，采取无损检测技术等措施确保钢-混凝土结合关键部位的施工质量。

1.5　大节段钢箱梁安装施工

12m 标准节段的钢箱梁质量约为 300t。福州侧次边跨及桥塔区钢梁采用组拼式大型水上起重船分段吊装，并通过支架滑道进行拖拉滑移，以实现精准就位；中跨钢梁采用大吨位桥面起重机以单悬臂的方式进行分段安装。

（1）福州侧次边跨及桥塔区钢梁安装技术

福州侧次边跨及桥塔区钢梁位于岸侧或邻近江岸，无法原位吊装；同时，由于桥位处于多座既有桥梁中间，航道狭窄，水文条件复杂，并受既有桥梁净空限制。因此，次边跨及桥塔区钢梁安装采用 500t 拼装式起重船吊装，并利用支架纵向滑移就位的安装方案，如图 4-1-17 所示。滑移支架采用"挖孔桩（钻孔桩、承台预埋件）+ 钢管立柱 + 滑道梁 + 滑移系统 + 滑移调整系统"技术方案。为满足边跨钢梁通过主塔区从塔肢间纵向滑移就位，边跨节段钢梁的风嘴部分在滑移就位后安装。

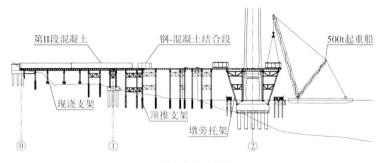

a) 纵向布置示意图

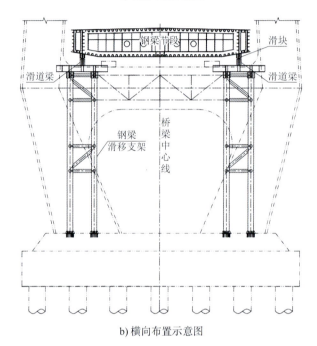

b) 横向布置示意图

c) 施工现场

图 4-1-17　福州侧次边跨及桥塔区钢梁施工布置

钢梁在滑移支架上的纵向滑移采用钢轨轨道配合夹轨器顶推系统。该夹轨器顶推系统可在钢轨上的任意位置提供纵向滑移的支撑点，经济实用，能够满足多节段钢梁独立纵向移动或多段整体纵向移动的需求。通过将钢箱梁顶推系统所用的滑靴与用于将钢箱梁精准定位的落梁垫块一体化设计，简化了施工流程，降低了成本。

图 4-1-18 为钢梁节段滑移示意图。

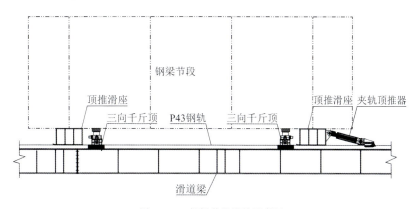

图 4-1-18 钢梁节段滑移示意图

针对桥位空间、航道等限制因素，以及深水急流、大潮差的复杂条件，专门开展了起重船水上锚缆系统的研究和设计工作。利用 50t 大吨位混凝土蛙锚系统、适应限制空间的锚缆布置及灵活的锚缆转换调整系统，有效利用高平潮时间窗口，确保了在复杂水况下大型起重船横水流方向吊装的安全性及定位精度。仅用约 1 个月的时间，便顺利完成了次边跨及桥塔区钢梁的吊装作业，同时保证了航道安全。

（2）中跨钢梁安装技术

中跨钢梁采用 350t 桥面架梁起重机单悬臂吊装，如图 4-1-19 所示，运梁船临时占用航道抛锚定位。350t 桥面架梁起重机根据该桥钢梁的结构采用了微调短吊距，并具备单双吊点转换功能。

图 4-1-19 钢梁节段中跨单悬臂吊装

中跨钢梁单悬臂架设时，漳州侧锚跨全部为混凝土梁，中跨钢箱梁悬臂拼装时 3 号塔处设塔梁临时纵向锁定。塔梁采用型钢构件进行临时纵向锁定，并利用 3 号塔原有的纵向阻尼器座销接安装。福州侧锚跨包括 95.9m 混凝土梁及 86m 钢箱梁，如采用常规桥塔处塔梁临时纵向锁定方式，在斜拉索的拉力及温度应力的共同作用下，锚跨混凝土梁及钢梁需以桥塔墩的锁定点为固定点进行纵向伸缩。然而，混凝土梁无法完全脱架，纵向约束难以解除，会对梁体产生大的纵向应力，进而损害梁体结构特别是钢-混凝土结合段，出现安全隐患。因此，福州侧中跨钢梁悬臂拼装时临时纵向锁定设置于 1 号辅助墩阻尼器处，如图 4-1-20 所示。

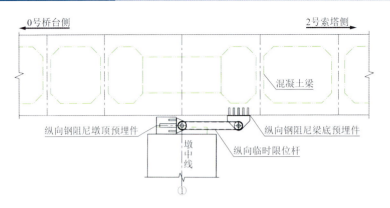

图 4-1-20 福州侧主梁施工临时纵向锁定示意图

由于该桥体系不对称以及 2 号桥塔侧钢梁悬臂拼装阶段临时纵向锁定设置在 1 号辅助墩处，对于悬臂施工阶段主桥应力线形的控制要求更高。通过施工全过程精确模拟分析计算，系统监测分析温度、约束条件、加载偏差等影响因素并总结修正，主梁实现精准合龙并顺利转换了约束条件，应力线形控制效果良好。

（3）中跨钢梁被动合龙施工技术

主梁中跨合龙段长 6.0m，节段吊装质量为 136t。3 号塔侧钢梁悬臂较 2 号塔短，架梁起重机荷载对线形影响较小，因此合龙时采用 3 号塔侧架梁起重机吊装。由于钢梁中跨合龙时，锚跨混凝土梁仍不满足脱架条件，难以采用梁体主动纵移调整进行合龙方案。结合桥位的环境条件，通过精确测量及合龙敏感性分析，确定利用温差效应进行中跨被动合龙（图 4-1-21）。

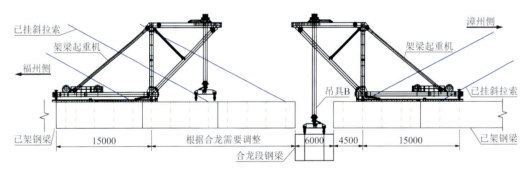

图 4-1-21 中跨合龙段钢梁吊装示意图（尺寸单位：mm）

合龙前实时持续测量温度等条件对钢梁变形的影响，并采用三维激光断面扫描仪精确测量合龙前的合龙口状态，为合龙段配切提供数据参数指导。

在合龙段安装快速锁定装置（图 4-1-22），确保合龙段吊装到位后，能够通过临时锁定来阻止合龙间隙的进一步变化，以便于进行焊接作业。临时锁定装置需满足温度变化等条件引起的荷载，并能快速完成体系的转换。合龙口临时锁定装置利用钢梁拼装临时匹配件进行了改制，在钢梁顶板及竖腹板各设置 4 组匹配锁定装置，使其满足临时锁定状态纵向拉压及剪切受力要求。

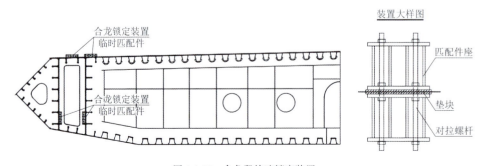

图 4-1-22 合龙段快速锁定装置

1.6 超高性能混凝土（UHPC）结合桥面应用

图 4-1-23 为乌龙江特大桥桥面铺装横断面图。钢桥面板表面焊有高 37mm、φ19mm 剪力钉，剪力钉纵、横向布置标准间距为 300mm×300mm，在边界处进行局部加密，横向布置于 U 肋开口正上方以及相邻 U 肋之间，剪力钉的布置应避开加劲板腹板顶面。UHPC 内布置钢筋网，间距为 100mm×100mm，均采用 φ10mm 的 HRB400 钢筋，横向钢筋布置于纵向钢筋上方，钢筋保护层厚度为 14mm。

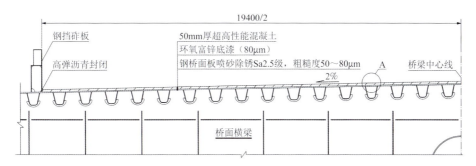

图 4-1-23　乌龙江特大桥桥面铺装横断面图（尺寸单位：cm）

UHPC 是一种新型水泥基复合材料，其原材料由核心料、石英砂、镀铜钢纤维等多种组分组成，立方体抗压强度要求不低于 100MPa，抗折强度不低于 20MPa。UHPC 的性能指标要求见表 4-1-1。

UHPC 性能指标要求　　　　表 4-1-1

性能指标	技术要求
初始扩展度（mm）	≥450
初始坍落度（mm）	≥220
28d 抗折强度（MPa）	≥20
28d 立方体抗压强度（MPa）	≥100
28d 弹性模量（GPa）	≥40

（1）施工流程

UHPC 桥面防水铺装体系施工流程：钢桥面抛丸除锈→焊接焊钉→防腐层涂装→绑扎钢筋网→浇筑 UHPC 层→UHPC 层养护。施工现场如图 4-1-24 所示。

a）焊接焊钉　　　　b）绑扎钢筋网

图　4-1-24

c) 浇筑 UHPC 层　　　　　　　　　　　d) UHPC 层养护

图 4-1-24　现场施工

（2）UHPC 摊铺

UHPC 的摊铺作业由泵车、摊铺机和收光平台三台设备协同完成。泵车主要负责提升混凝土布料的均匀度，随后由摊铺机进行整平。在整平振捣前，需对摊铺机的线形进行复查，确保 UHPC 层的厚度与横坡符合要求，其中 UHPC 的初始布料厚度控制在 51～53mm。摊铺作业开始时，摊铺机以 0.5～1.0m/min 的速度匀速前进。在摊铺机轨道下方及其他无法作业的局部区域，则采用人工方式修平。在混凝土整平振捣过程中，每 5m 进行一次厚度检测，不足部分及时补平，超高部分铲平，并采用人工收平。摊铺机上备有水箱和喷雾器，以应对施工过程中可能遇到的高温及大风天气。若混凝土表面出现失水现象，可使用喷雾器向其表面喷洒水雾，防止因大量失水产生塑性收缩裂纹。最后，利用收光平台对混凝土表面进行人工收光处理，并随即覆盖薄膜和土工布进行养护，以确保混凝土的质量和性能。

（3）UHPC 养护

在完成 UHPC 摊铺作业后，应及时覆盖保湿养生薄膜进行养护。薄膜宽 2m，相邻两片薄膜的搭接宽度约为 20cm。在薄膜上再加盖一层土工布，并用水将土工布浇透，防止大风将其吹起。在 UHPC 浇筑完毕 24h 后开始进行保湿养护，在桥面中间最高处，每隔 5m 将薄膜划开一个小口，通过这个小口向 UHPC 表面喷洒养护水，之后重新覆盖土工布。UHPC 的保湿养护时间为 7d。同时，需及时对桥面混凝土表面的纵横坡度、桥面平整度进行测量，以确保工程质量。

（4）施工接缝处理

在施工分段区域，使用塑料板作为临时模板，局部采用泡沫胶进行密封处理。待 UHPC 终凝后，拆除模板和泡沫胶，并对接缝的断面进行人工凿毛处理，凿毛断面应竖直，确保钢纤维露出 3～5mm。凿毛作业完成后，清除残渣。

UHPC 的终凝时间为 15～16h，模板拆除时间为浇筑完成后的 24～36h。拆除模板时，应同时掀起接缝处的土工布及薄膜，迅速完成模板的拆除作业。模板拆除后，应立即喷水养护，并及时将薄膜和土工布覆盖到位，以确保养护效果。

1.7　线形及应力控制

本桥结构为半漂浮体系大跨度高低塔混合梁斜拉桥，主梁结构不对称，钢梁范围二期恒载占恒载比重大，而锚跨混凝土梁一期恒载大，支架系统对混凝土梁的约束影响大，主梁施工应力、线形控制难度较大。

1）计算分析原则及方法

（1）主桥施工控制

① 在主梁中跨悬臂架设、调索及二期恒载施工阶段均遵循"线形控制为主、索力控制为辅"的原则。

② 注重对边跨混凝土梁内力、主塔塔顶偏位及斜拉索索力的控制；中跨钢梁刚度小，结构变形大，

注重对主梁线形的控制。

③施工过程中恒、活载以实际情况进行修正,避免理论重量差异影响控制目标。钢梁节段重量通过制造厂家实际称重确定,架梁起重机重量通过制造厂家计件重量累加确定。

以 Midas Civil 软件建立本桥的正装计算分析模型,其中斜拉索的主塔、桥墩和主梁采用梁单元模拟,而斜拉索则采用仅受拉的索单元模拟。主梁考虑设计纵坡,主桥施工过程计算模型如图 4-1-25 所示。采用无应力状态法进行施工控制,通过主桥结构正装计算分析,并运用抛物线法进行计算校核。同时,采用悬链线法计算斜拉索的无应力索长,实现斜拉索无应力长度与正装分析所得的索力互换。

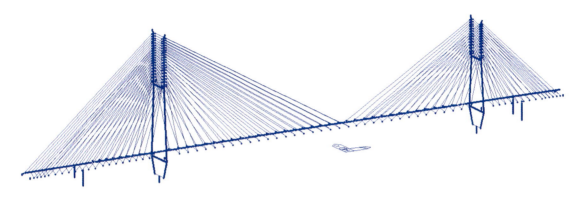

图 4-1-25 主桥施工过程计算模型

(2)中跨悬臂架设阶段理论高程确定

在边跨安装到位后,使用架梁起重机进行中跨悬臂端吊装作业。起重机行走、主梁节段安装及斜拉索张拉过程中,桥面高程的变化较为复杂。在主梁节段、架梁起重机重量均已确定的情况下,需要计算斜拉索的初始安装索力。在斜拉索的初始安装索力确定以后,便可以计算出起重机行走前后、主梁节段吊装前后及斜拉索张拉前后的理论桥面高程。斜拉索初始安装索力值采用影响矩阵法及试算法相结合的方法进行计算,具体过程如下:

通过计算分析确定斜拉索初始安装索力值,在正装分析模型中即可确定关键施工阶段的桥面理论高程,如起重机行走两个节间后的桥面高程变化值及行走到位的绝对值、主梁节段吊装前后的桥面高程变化值及安装完成的绝对值、斜拉索张拉前后的桥面高程变化值及张拉完成的绝对值。

在中跨悬臂架设阶段,理论高程被设定为现场实际施工控制的阶段性目标值。通过控制斜拉索的张拉力,确保张拉完成后的桥面高程达到阶段性目标值。

(3)二次调索计算分析措施

待二期恒载加载完成,斜拉索索力有被动索力增量ΔT,索力达到的成桥目标索力T_C,二次调索目标值可取"$T_C - \Delta T$"。二次调索通过调整塔端锚杯的拔出量来控制索力变化,以达到二次调索与二期恒载同步作业的目的。采用无应力状态控制法,需要掌握二次调索前后斜拉索索力的变化及其相应的结构状态变化情况。

(4)二期恒载、成桥索力修正计算分析措施

斜拉桥的成桥索力与一期、二期恒载相互匹配的情况下,成桥线形才能达到设计线形。如果一期、二期恒载的实际加载量与理论计算值差异过大,则会导致成桥索力产生偏差,最终造成成桥线形异常。本桥二期恒载道砟实际重度达不到设计取值的 $21kN/m^3$,根据施工标准要求,道砟重度取值修正为 $18kN/m^3$,避免二次调索中按"偏大"值提前将桥梁拉起相应高度。通过二期恒载加载无法将主梁压低至预期的设计状态,是已建成的一些大跨度桥梁普遍遇到的问题。

斜拉索修正计算分为两部分:第一部分计算成桥索力修正后的斜拉索无应力长度;第二部分计算斜拉索初始安装索力对应的塔端锚杯拔出量。

混凝土桥塔设计时考虑收缩徐变、竖向压缩等变形,需要对斜拉索的塔端锚点进行预抛高处理。塔

端锚点高程的调整会影响斜拉索在梁端、塔端的切线水平倾角。

为确定设计成桥状态下的斜拉索无应力索长，可采用抛物线法和悬链线法两种计算方法。这两种方法能够得出斜拉索初始安装状态下的无应力索长。利用这一数据的目的：一是计算初始安装状态下的斜拉索塔端锚杯拔出量，为斜拉索初次张拉提供参考；二是验证所计算的初始安装索力是否可以确保斜拉索的正常安装。

2）施工过程控制措施

基于理论研究，结合计算分析成果，对施工阶段全过程实施监控测量，分阶段、按计划采取控制措施，以确保桥梁线形符合设计要求。该桥的施工控制主要聚焦于中跨合龙线形和成桥线形，主墩、主塔的施工，钢梁节段的拼装以及索力的调整均围绕这两个目标展开。在斜拉索初张拉阶段，通过调整斜拉索索力控制桥面绝对高程；在钢梁节段拼装过程中，通过控制相对高程实现主梁无应力曲率对接安装，在第二、三次调索阶段，通过控制锚杯拔出量进行调索。

（1）主墩、桥塔施工控制措施

混凝土主墩、桥塔下横梁及上塔柱在收缩徐变、荷载作用下产生竖向压缩、下挠，会导致主梁成桥线形偏低，因此对正式支座安装高程和上塔柱斜拉索塔端锚点进行预抛高。考虑到主梁存在制造误差，边跨梁体完成后对正式支座的实际安装高程实行"双控"，以正式支座竖向对应的桥面测点高程进行控制定位，以正式支座下支座板底面的安装高程进行复核定位。高塔上塔柱斜拉索塔端锚点预抛高范围为 $-33 \sim -40$m，低塔上塔柱斜拉索塔端锚点预抛高范围为 $-24 \sim -28$m。斜拉索塔端锚点高程改变后，对斜拉索梁端、塔端水平倾角进行相应的修正计算。

在主塔左右塔柱的顶部及上横梁的左、中、右位置共布置了 5 个测点，以监测斜拉索张拉、节段吊装工况下主塔顺桥向的偏位情况。主塔偏位测量的控制目的：一是保证主塔施工期间的结构安全，避免塔偏过大导致塔柱混凝土开裂；二是保证下横梁临时约束措施的结构安全，塔偏过大，说明斜拉索边中跨侧不平衡水平分力大，可能超过临时约束措施的结构承载能力；三是对比分析实测塔偏与理论值，验证主塔结构在当前工况下是否安全。

（2）主梁安装施工控制措施

本桥为混合梁，边跨混凝土梁作为主跨的锚跨，可提高主跨在活载作用下的刚度，是全桥受力的关键。混凝土主梁刚度大，在主跨单悬臂施工阶段，应重点关注控制混凝土主梁的应力水平和结构的安全性。考虑温度变化、收缩徐变、体系转换、斜拉索张拉、支架脱架等因素，在混凝土主梁在边跨支架的长期支承下，带来的梁体开裂风险。

钢梁施工控制分为两部分：一是在钢梁制造厂内测量复核结构尺寸，发现问题及时纠正；二是施工现场通过桥面相对坐标系完成主梁无应力曲率对接和轴线纠偏。采用相对坐标法安装钢梁节段，一方面可消除桥面临时荷载和环境因素影响，另一方面可防止安装误差同向累积。

（3）斜拉索张拉施工控制措施

斜拉索初始安装索力影响中跨合龙线形，二次主动调索索力决定成桥线形。斜拉索初始安装以索力控制，第二、三次调索以塔端锚杯拔出量控制。主桥合龙后，线形控制即进入第二阶段，在架梁起重机自重等临时荷载移除后以成桥线形为目标进行施工控制。由于桥梁二期恒载占比大，加载后总体荷载量显著增加，且本桥结构复杂，如合龙后直接进行二恒加载或索力一次调整至该工况设计理论值，两侧的不平衡力会对塔柱产生较大影响。因此，本桥第二次调索以设计调整量的 1/2 来控制。待道砟等二恒荷载完成后进行第三次调索至设计线形。

1.8 关键施工要点

（1）斜面硬岩基础施工

主墩基础施工采用基岩面管桩稳定锚固技术和整体框架式栈桥平台辅助基础施工，利用锚杆和混凝土形成基岩-锚杆-立柱稳定系统。气动潜孔钻硬岩辅助预处理与大冲击气举反循环钻机组合,形成高效的组合成孔工法。

(2)少支撑可拆卸式双壁钢吊箱围堰施工

主墩承台围堰采用拆装式双壁钢吊箱围堰,方便水中围堰安装、拆除和倒用,满足了大潮差地区承台防腐的要求。

(3)桥塔施工

桥塔采用大节段大倾角液压爬模法施工;下横梁采用落地支架法与塔肢同步施工方案,上横梁采用整体大跨度拱形托架施工,塔柱斜拉索锚固区钢锚梁采用塔式起重机整体吊装,劲性骨架与环向预应力筋分块整体安装工艺,施工效率高。主塔高强混凝土添加新型 TK-MP 黏度改性材料改善混凝土性能,提高了混凝土的抗裂性能。

(4)免涂装 Q345qDNH 耐候钢钢锚梁应用

主塔斜拉索锚固端应用了 Q345qDNH 耐候钢材质钢锚梁,加工制造采用配套焊材焊接,连接采用与耐候钢匹配的 35VB 材质高强螺栓,耐候钢摩擦面预先进行机加工处理以使其在形成氧化锈膜后满足摩擦系数要求。

(5)复杂环境下岸侧大块段钢箱梁安装

在狭窄空间、急流大潮差水域,钢梁利用大型拼装式起重船进行吊装,并通过滑移支架纵移就位安装。设计了由大吨位混凝土蛙锚及可转换调整的锚缆系统,钢梁节段采用起重船集中时段吊装并在支架上各自滑移就位的方案,节省了起重船吊装时间,同时保证了航道安全。

(6)中跨钢梁被动合龙

由于钢梁中跨合龙时锚跨混凝土梁不满足脱架条件,中跨难以采用梁体主动纵移调整进行合龙方案,而改为利用温差效应进行中跨被动合龙的方案。根据监测及合龙敏感分析,在稳定低温时段进行合龙段钢梁就位并快速临时锁定,在临时锁定状态完成接缝焊接。

(7)不对称混合梁斜拉桥施工阶段特殊临时锁定方式及线形控制技术

对主桥钢梁架设全过程进行监控测量,在斜拉索初张拉工况下通过斜拉索索力控制桥面绝对高程,在钢梁节段拼装工序内以相对高程进行控制实现主梁无应力曲率对接安装,在第二、三次调索阶段通过控制锚杯拔出量进行调索。结果表明二次调索采用无应力状态法的施工控制效果良好。

(8)钢箱梁桥面铺装 UHPC

钢箱梁桥面铺装层采用了新型 UHPC 桥面防水铺装体系,UHPC 设计抗压强度要求不低于 100MPa。施工采用自动化程度高的专用摊铺整平装备及覆膜养护工艺,效果良好。

第 2 章　太城溪特大桥主桥施工

2.1　概述

太城溪特大桥主桥上跨 G324 及沈海（沈阳—海口）高速公路，与高速公路交叉斜交 40°，采用（95＋125）m 部分斜拉桥转体施工，如图 4-2-1 所示。

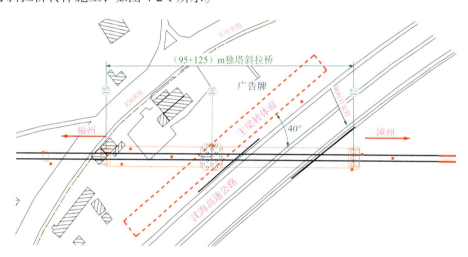

图 4-2-1　（95＋125）m 部分斜拉桥转体施工示意图

主梁全长 221.3m，桥面宽度 17.2m，采用支架法大节段整体现浇。塔柱为双柱钢筋混凝土结构，塔高 60m，塔截面为箱形；塔柱底部顺桥向宽 6.0m、横桥向宽 3.0m，顶部顺桥向宽 5.0m、横桥向宽 3.0m；采用翻模法施工。主墩基础采用 17 根 ϕ2.5m 的钻孔灌注桩，桩长 25m，梅花形布置。

深基坑邻高速公路侧防护、超大吨位转体施工、斜拉桥塔梁同步施工、大跨度斜拉桥大节段支架现浇施工，为该工程施工控制的重点和难点。

2.2　基坑防护及冠梁施工

（1）岩性与地质构造

桥址区地形起伏较大，桥址区表层为第四系人工填土层（Q_4^{ml}）杂填土、素填土；第四系冲洪积层（Q_4^{al+pl}）碎石土；第四系残破积层（Q^{el+dl}）粉质黏土；下伏基岩为（J3n）侏罗系上统南园组晶屑凝灰岩。

孔隙潜水主要受大气降雨地表水渗入及地下水补给，水量较丰富，流量和水位变动大，受季节或降水影响显著。基岩裂隙水主要受地下径流及上层孔隙水渗透补给，受季节变化影响大，地下水不丰富。

（2）人工挖孔桩流沙地层施工

基础防护平面位置及立面结构如图 4-2-2、图 4-2-3 所示。沿高速公路侧承台基坑深 7m，受高速公路单侧水平荷载的影响，必须采用密布 ϕ1.25m 人工挖孔桩单边防护，无支撑仅在桩顶设置冠梁。桩长 23m，人工挖孔桩原地面至 4m 为杂填土，4~17.6m 为全风化晶屑凝灰岩，17.6~19.7m 为强风化晶屑凝灰岩，19.7m 至桩底为弱风化晶屑凝灰岩，桩底嵌入 W2 岩层。

基础防护防护桩由于靠近沈海高速公路，采用冲击钻及旋挖钻等施工对高速公路振动及机械倾覆对高速公路影响巨大；同时由于现场条件位于高速公路边坡上，无施工作业空间，施工采用人工挖孔进行成孔（图 4-2-4）。防护桩施工采用跳桩开挖。

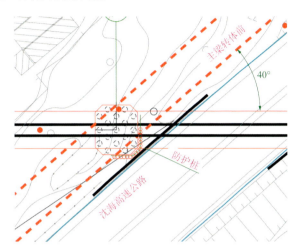

图 4-2-2　基础防护平面位置示意图

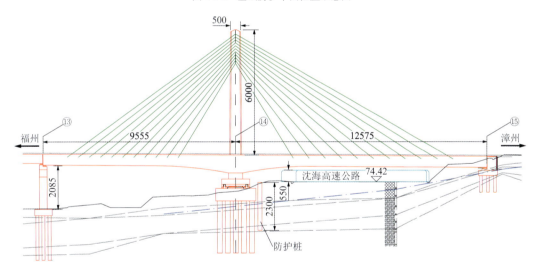

图 4-2-3　基础防护立面结构示意图（尺寸单位：cm；高程单位：m）

图 4-2-4　现场基坑开挖

① 主要作业流程是：测量定位→混凝土锁口施工（$H \geqslant 300mm$）→开孔挖取→抽排水（如需）修整护壁→钢筋绑扎→支模→校正中心→浇护壁混凝土→养护→拆模→循环往复→到达设计深度→终孔验孔→钢筋笼制作→钢筋笼验收→钢筋笼安装→浇筑桩身混凝土。

② 开挖方法：土层挖孔作业采用人工逐层开挖，由人工逐层用镐、锹进行挖掘，遇坚硬土层用锤、钎或空压机风镐破碎，若遇坚石（弱风化层）则采用水磨钻施工。

主要施工难点：在防护桩施工过程中开挖至17m突遇流沙层，人工挖孔受阻，塌孔严重，无法成孔，存在巨大的安全隐患。针对此处流沙层，采用短模护壁法施工。短模护壁法就是在孔桩进入流沙层后，缩短开挖进尺，将原来既定的护壁高度缩短至50cm，增加护壁厚度至25cm；在护壁混凝土中加入早强剂，采用早强混凝土，并设置钢筋增加护壁的受力性能，主筋采用$\phi 16mm$的HRB335钢筋、间距20cm，分布筋采用$\phi 10mm$的HPB235钢筋；开挖后用棉絮等填塞，同时，在基坑底部设置水泵排水，减小护壁承受的水压力，保证护壁的稳固。

挖孔桩施作完成后开挖冠梁，绑扎钢筋立模浇筑混凝土。

2.3 超大球铰结构及安装技术

转体结构由下转盘、球铰、上转盘、撑脚、转体牵引系统、助推系统、轴线微调系统组成。转体结构的竖向重量为3.8万t。

转盘采用环道与球铰中心支撑相结合的平转结构。转动体系由球铰，上、下转盘，环形滑道、撑脚、牵引反力座构成。球铰采用钢球铰，分上下两片，球面投影直径7000mm，中心设定位轴套管。下转盘利用桩基承台，承台纵向尺寸20m、横向尺寸22.9m，平面形状为四边形，切3.45m×3.45m倒角；下转盘锚固于第一层承台上，上转盘埋设撑脚，支撑于下转盘承台顶面预埋的环道上，撑脚下设走形板，走形板与预埋环道间隙40mm。转动体系采用牵引方案，转体施工设备采用全液压、自动、连续运行牵引系统。该系统具有同步性高、牵引力均衡等优点，整个转体过程平稳、无冲击颤动，同时转体设备泵站采用可调节流量的柱塞泵头，可实现无级调速。

转盘系统的球铰上下球面板采用5cm厚钢板压制而成的球面，背部设置加筋肋条，防止在加工、运输中变形，并便于球铰的定位，加强与周围混凝土的连接。

1）球铰结构

转体装置外形直径7m，高度570mm，总质量150t。转体装置由上球铰、下球铰（含滑板）、锚固组件、撑脚、滑道以及砂箱等零部件组成，结构如图4-2-5所示。

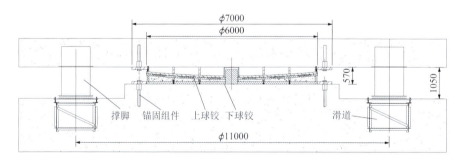

图4-2-5 转体装置结构示意图（尺寸单位：mm）

上球铰和下球铰采用钢板拼焊而成。其中上、下球铰的转动球面板采用钢板，按照《固定式压力容器安全技术监察规程》的要求，制造成特种设备球封头的形式；再与环形加强筋以及径向加强筋焊接组成上球铰或下球铰。下球铰内部填充C60高强度无收缩灌浆料，基于上、下球铰具有足够的强度和刚度，以及转体装置运输便捷等因素，将上球铰连接板，即锚固组件与上球铰连接处，与上球铰设计为螺栓连接的形式；下球铰连接板，即锚固组件与下球铰连接处，与下球铰设计为"「"和"」"扣接的活性连接形式，此种连接形式既能承受水平剪力，又能承受抗拔力。

滑板采用压应力高达 180MPa 的改性超高分子量聚乙烯材质，分四个环形布置在下球铰的上表面，如图 4-2-6 所示，并综合考虑承压状况，将滑板布置在下球铰环形加强筋的上部，改性超高分子量聚乙烯滑板的许用应力为 45MPa，计算滑板的承压应为 28.8MPa，小于其容许应力。

砂箱数量 8 个。砂箱内筒外径 1420mm，外筒外径 1550mm，砂箱填充石英砂后的高度按施工图中上转盘与下转盘间的间隙确定，其高度为 1050mm。砂箱立面图如图 4-2-7 所示。

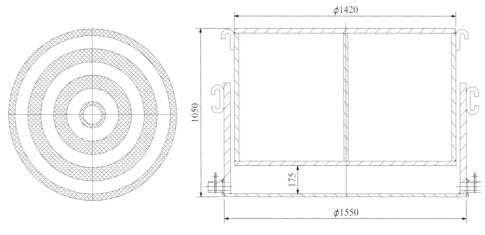

图 4-2-6　滑板平面布置图　　　　图 4-2-7　砂箱立面图（尺寸单位：mm）

2）滑道安装

（1）滑道下方预埋件的安装

预埋角钢布置图测量定位出转体中心，进而确定角钢布置位置，测量出钢筋网的高程，保证角钢的露出高度。

（2）滑道的安装

预先在平台或空地上组装好滑道，连接固定，拼缝焊接打磨，整体吊装。根据滑道的实际高度，加上露出 1cm，计算出平台的高程，根据结构测量出预埋角钢上平台的高程水平线，使用记号笔标出，焊接角钢，搭设平台。

（3）测量出转体的中心坐标，并标记。在中心坐标旁边焊接一根竖直的长钢筋高出承台顶面，需稳定牢固，在其顶端焊接一根水平钢筋，穿过转体中心。再使用线悬挂铅锤指向中心坐标。

（4）整体吊装滑道至搭设好的平台，选取滑道的两个外圆直径牵线，搭出十字线，利用起重机承担一部分滑道的重量，人力或使用手拉葫芦调整十字线交点与铅锤的垂线相交，碍事的角钢使用气割割掉，滑道中心调节完毕。

（5）掀开滑道的保护镀锌板，内外环分别选取 12 个点作为测量点，在测量队的配合下，调高调节高螺母，使得滑道的高程达到要求。要求为：任意 3m 弧长内滑道的高差不大于 1mm，顶面局部平面度 0.5mm。

（6）焊接固定滑道，绑定钢筋，预埋 8 根工字钢，预留 16 个锚固组件预留孔，浇筑混凝土。浇筑过程中，应注意振捣，保证下转盘混凝土密实，因滑道板较宽，尤其注意滑道下方混凝土振捣密实。

3）安装下球铰

下承台浇筑完毕后，开始浇筑球铰垫石，其高度尺寸为 48cm，长×宽尺寸为 7.8m×7.8m。

（1）浇筑垫石前，在直径 6.5m 的圆周均布预留出下球铰锚固组件的 16 个预留孔 $\phi 22 \text{cm} \times 90 \text{cm}$（锚固组件尺寸 $\phi 15.5 \text{cm} \times 75 \text{cm}$），墩顶面以上预留孔深度，即要浇筑的垫石高度为 45cm。可提前组装好下球铰环形连接板，吊装到预留孔处，检验预留孔的位置是否准确无误。

（2）先浇筑 45cm 高的垫石，预留 3cm 用于调整完毕后灌注高强无收缩灌浆料，施工时确保支座底面混凝土密实、平整。球铰垫石混凝土面应保证平整无杂物，无钢筋露出，四周立筋影响下球铰安装的需调整。

（3）浇筑垫石、等强的时间内，组装下球铰连接板，首先因连接板变形，使用千斤顶及反力座将半圆环连接板拉伸到设计位置，再用已有工装限位固定。支撑到一定高度，安装下锚固组件。吊装组装好的连接板安装到下球铰上，并焊接完成一圈焊缝。

（4）垫石混凝土强度达标后，按照预留的锚固组件预留孔位置，吊装下球铰放于球铰垫石上，此时需要测量人员配合，实时测量下球铰的位置数据。可使用起重机承担下球铰的大部分重量，再利用横向千斤顶、提前预埋的工字钢与反力座调整下球铰的中心位置，要求下球铰定位准确，球铰中线纵、横向误差不大于1mm，完成中心定位。

在下球铰上方，连接准备好的工字钢、钢丝绳，利用千斤顶微调下球铰的高程，达到下球铰周围顶面处各点相对误差不大于1mm。调整完毕后，如中心坐标移动，还需再次调整中心。对球铰采取"边测边调、先松后紧、对角抄平、先内后外、步步紧跟"的原则和方法。

（5）下球铰完成定位后，支模板，灌注灌浆料，灌浆料采用C55无收缩水泥基灌浆料，采用重力灌浆，灌浆过程中预留PVC排气孔，保证垫石与球铰之间空隙密实，无空洞，完成球铰垫石的整体浇筑。

4）安装上球铰

（1）垫石灌浆料达到强度后，撤掉千斤顶、工字钢，清理下球铰表面，安装滑板，拧紧螺栓，在下球铰上均匀涂抹黄油四氟粉。

（2）安装上球铰，试转后，利用千斤顶调整上球铰的顶面平整度在1mm以内，上下球铰之间的缝隙用黄油填满，并使用胶带密封。

5）临时支撑和限位装置施工

为消除施工期间各种荷载不平衡造成的偏心影响，避免转体结构滑移转动甚至倾斜，对撑脚进行固定，增设临时砂箱和限位型钢，型钢采用I40b工字钢。

6）安装撑脚、砂箱

上转盘在对应下转盘滑道位置处共设有8对ϕ1000mm×25mm的双圆柱钢箱体撑脚，撑脚内灌注C55微膨胀混凝土。撑脚对称分布于下转盘滑道顶面，撑脚上部深入上转盘内。撑脚与滑道之间的孔隙为35mm，每个撑脚在空隙处塞入8个楔形钢板做垫板，其余部位用泡沫板垫塞，防止杂物进入撑脚底部。上转盘施工完成后抽掉垫板和泡沫板。转动前在接触下滑道的撑脚下面铺装四氟滑板，并在转动过程中及时添加，以减小转动时的摩擦力。

为便于转体前拆除撑脚与滑道间楔形钢板和保证施工过程安全，在撑脚间滑道顶面位置安放8个ϕ1000mm×15mm的砂箱作为临时支撑，砂箱内设石英砂，石英砂水洗干净并烘干后使用，砂箱使用前预压密实。

2.4 塔梁同步施工技术

（1）总体方案

主梁中支点梁高8.6m，边支点梁高5.3m，中支点等高平段长7.0m，边支点等高平段长56.55m（福州侧）、86.75m（厦门侧），中间35.5m，梁高按圆曲线变化，采用塔-梁-墩固结体系。

先平行于高速公路方向制梁，后顺时针转体40°到线路设计位置，转体部分全长216.8m，边线段8.95m。两侧节段长度分别为125.75m和95.55m，其中大里程浇筑节段共划分为13段，分8次浇筑。塔梁固结段主梁A0节段长12m；两侧节段长度分别为110.8m和89.55m，大跨侧分7段，长度分别为12m、16m、3×20m、22.8m，转体后大里程合龙段8.95m；小跨侧分5段，长度分别为12m、17m、23.5m、23m、14.05m；施工时，首先浇筑0号段，即塔梁固结段，然后同步施工大、小跨侧1号段，接着施工大、小跨侧2号段、3号段、4号段、5号段，单独施工大跨侧6号段，转体完成后再浇筑大里程边线段。

如图 4-2-8 所示，全梁共分 13 个梁段。各梁段均采用满堂盘扣式支架法现浇施工，先施工 A0～A5 梁段、B1～B6 梁段，转体完成后浇筑 B7 梁段混凝土，短边跨梁端顶梁，斜拉索终张拉。

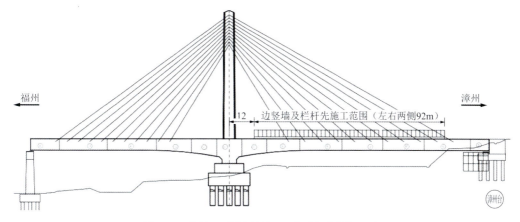

图 4-2-8　主梁立面图主梁施工工艺（尺寸单位：m）

主梁现浇施工顺序：地基处理→测量放线→铺设方木→安装支架→铺设底模，压载→测量检查、校正、放线→立 0 号块腹板侧模→绑扎 0 号块底、腹板钢筋，安装预应力孔道→绑扎顶板钢筋→检查签证→浇筑 0 号块混凝土→养生、拆侧模→预应力张拉→压浆封锚→按此顺序施工其他节段梁体。

图 4-2-9 为现场施工梁体照片。

图 4-2-9　现场施工梁体照片

（2）桥塔及斜拉索施工

索塔为钢筋混凝土结构，设置于桥面两侧，塔柱桥面以上高 60m。塔柱按施工顺序共划分 8 个节段，浇筑高度顺序为 7 个 8m 节段、1 个 4m 节段，划分为有索区及无索区，采用翻模施工工艺，变截面段采用倒角可变模板进行施工，两个塔身共用一套模板循环使用，模板采用定型钢模板。每个塔柱从 A0 号块开始施工，与梁体同步，塔柱施工完成后开始从小里程侧梁段 A2 块开始安装斜拉索到 A5 号块结束，从大里程侧梁段 B2 号块开始安装斜拉索到 B6 号块结束。

每个塔柱共安装 11 对斜拉索，拉索采用单丝涂覆环氧涂层钢绞线拉索体系，外套 HDPE，空间双索面体系。斜拉索梁上间距 5.5m、8m，与主梁采用成品梁端锚具形式，主梁内设置锚固梁，张拉端设置在梁上。斜拉索在塔端采用分丝管贯通，间距 1.4m，斜拉索规格为 55-7ϕ5mm，端索水平夹角为 28.89°，斜拉索（锚固点至桥塔理论交点）最长约 226.085m、最短约 107.04m，斜拉索采用单根张拉。

2.5 大吨位转体技术

（95+125）m 连续梁水平转体部分斜拉桥，制梁位置与沈海高速公路夹角为 40°，顺时针转体至设计位置，转体总重量 W = 380000kN，转体段长度 212.35m，转台直径 12.6m，球铰平面半径为 3m，转体装置由转体下盘、球铰、上转盘、转体牵引系统等组成。

转体桥施工的关键：两套连续顶推千斤顶等力、连续施加平衡力，依球铰中轴为圆心转动至设计位置，施工中实时测量梁体数据反馈给转体指挥人员，指挥人员依据测量数据反馈精准指挥转动全桥至合龙。

1）牵引动力系统

转体系统由 2 台 ZLD1000 型自动连续转体千斤顶、2 台 ZLDB 液压泵站和 1 台主控台组成。每套连续顶推千斤顶公称牵引力 10000kN，额定油压 31.5MPa，由前后 2 台千斤顶串联组成，每台千斤顶（前、后顶）前端均配有夹持装置。电脑监控整套系统同步转体，分别具有手动与一键自动完成连续顶推转体功能，还具有报警实时监控紧急停机功能。每个转体上转盘埋设两束索引索，每束由 27 根 1860MPa 级的 ϕ15.2mm 钢绞线组成。每束分别左、右旋 360° 以上至预埋的锚固点，牵引索的预埋端采用 P 型锚具，同一对索的锚固端在同一直线上并对称于圆心，每根牵引索的预埋高度和牵引方向应一致。每根索埋入转盘长度大于 3.0m，每根索的出口点对称于转盘中心。牵引索外露部分圆顺的缠绕在转盘周围，互不干扰的搁置于预埋钢筋上，并做好保护措施。

2）转体结构的索引力、安全系数

（1）转体索引力计算

① 摩擦力计算

$$F = W\mu \tag{4-2-1}$$

式中：W——转体总重量（kN），$W = 380000$kN；

μ——摩擦系数。

启动时静摩擦系数按 $\mu_{静} = 0.06$，静摩擦力：$F = W\mu_{静} = 22800$kN

转动过程中的动摩擦系数按 $\mu_{动} = 0.03$，动摩擦力：$F = W\mu_{动} = 11400$kN

② 转体牵引力计算

$$T = \frac{2}{3} \times \frac{RW\mu}{D} + \frac{N\mu R_{撑}}{D} \tag{4-2-2}$$

式中：R——球铰平面半径（m），$R = 3$m；

D——转台直径（m），$D = 12.6$m；

N——转体时支撑腿最大支撑力（kN），$N = 2000$kN；

$R_{撑}$——支撑腿半径（m），$R_{撑} = 5.5$m；

计算结果：

启动时所需最大索引力：$T = 2 \times 1835$kN

转动过程中所需牵引力：$T = 2 \times 918$kN

（2）钢绞线安全系数计算

1860MPa 级 ϕ15.2mm 钢绞线的标准破断力为 260kN，每台顶配置 27 根钢绞线，单组钢绞线的承载为 $27 \times 260 = 7020$kN，计算表明千斤顶动力储备和钢绞线的安全系数均达到了本类型工程施工的要求。智能液压 ZLD1000 自动连续顶推系统，满载时，正常运行可顶推 10000kN，两点合计总顶推力为 20000kN。只要受力点与反力墩能承受此力，可不考虑助力顶推。

3）转体施工

（1）施工准备

① 转体施工前上报施工计划及施工方案，并得到批准。

② 现场转体相关设备安装调试完成。
③ 清理滑道，铺装 3mm 厚四氟乙烯板并涂黄油，检查滑道周围是否存在有碍转动的因素。
④ 现场检查确认各部位的受力情况。
⑤ 检查转体范围内的障碍物并及时清除，主要有梁端钢筋、滑道上方钢筋与反力座冲突，上转台接茬钢筋与钢绞线冲突等。
⑥ 防超转、辅助顶推应急措施准备完成。
⑦ 转台刻度已布置完成。

（2）试转体

① 试转角度为 5°。
② 试转时应做好以下重要数据的测试及采集工作：
a. 每分钟转角，一般控制在 1°/min。
b. 点动方式操作状态下，每点动一次悬臂端所转过弧长数据，分别采集时间 50s、30s、10s、5s、3s、2s 等状态下的数据，为正式转体后期精准定位提供依据。
c. 转动过程中牵引力数值，计算静摩擦系数和动摩擦系数，并与设计值进行比对。

通过测试，启动牵引力为 2400kN，匀速转动牵引力为 1600kN，实际静摩擦系数为 0.02，动摩擦系数为 0.01。

（3）姿态调整

转体结束后进行复测 T 构梁端高程及中线，中线偏差采用点动转体方式进行调整，高程偏差采用千斤顶顶转盘对转台预加力的方式进行调整。

（4）封锚

经过转体和精确定位阶段并测量平面位置、高程均符合设计要求后，立即在 6 对撑脚两侧焊接钢楔块，保证转体结构稳定，然后在撑脚与滑道间隙填塞钢板并将撑脚与滑道满焊。清洗底盘上表面，焊接预埋钢筋，立模浇筑封固混凝土（C50 微膨胀混凝土），混凝土浇筑时振捣密实，同时浇筑前预埋注浆孔，后期进行回填注浆，以保证上、下转盘混凝土密实。

2.6 关键施工要点

（1）邻近高速公路基坑防护

邻近高速公路深基坑采用"人工挖孔桩 + 冠梁"施工技术，解决了邻近高速公路机械施工倾覆安全隐患及机械施工振动对边坡稳定影响、复杂地质孤石、流沙等技术难题。

（2）大吨位转体施工

通过对 3.8 万 t 球铰的制造优化、预埋定位螺栓调整球铰水平技术、超大球铰不平衡重量梁端顶梁称重技术、连续式千斤顶智能张拉转体技术、压密式球铰封铰防空洞监测技术等的应用，确保了转体安全，实现了顺利转体。转体后封铰混凝土密实，确保了转体桥施工质量。

（3）大节段梁段施工

采用盘扣式支架整体搭设，通过合理分节，改变了以往连续钢构需要周期长的缺点，优化了工期；同时索塔在施工过程采用了翻模工艺，左右塔共用一套模板，节约资源，并提高了模板利用效率。在梁部施工过程中，由于梁部靠支架受力，不用待塔柱斜拉索完成后再进行施工，避免了交叉作业，塔柱和梁部实现平行作业，极大地节约了工期成本。

第 3 章　福清西站咽喉区高架桥施工

3.1　概述

福清西站特大桥 7×32m 预应力混凝土渡线连续梁，位于福清西站特大桥福州台至 7 号墩，由一条到发线＋两条正线＋一条到发线组成。福州台至 7 号墩集中预制 32m 简支箱梁，采用预制架设，先简支后连续方式形成四幅单线连续梁，然后通过纵、横向湿接缝方式，形成两幅双线渡线道岔连续梁。图 4-3-1 为跨中梁体横断面图。

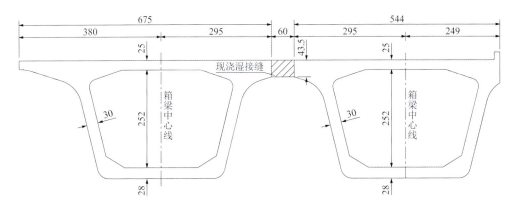

图 4-3-1　跨中梁体横断面图（尺寸单位：cm）

1）工程特点

本道岔连续梁施工顺序为下部结构施工完成后中墩设置临时支座（边支点设置永久支座），临时支座采用板式橡胶支座；安装好支座后逐孔架设箱梁，置于临时支座上，梁体为简支状态；待全部简支梁运架结束后，再进行剩余工序施工，先横向形成整体、再纵向张拉，形成连续结构；中支点附近纵向湿接缝先连接，跨中部分张拉后再连接。

2）施工重难点

（1）梁体预制过程预埋件众多，需事前理清锚具、支座板、防落梁、泄水管、接触网基础、预埋轨道板套筒等梁体预埋件。

（2）每片梁箱内构造不同，施工过程严格按架梁顺序逐孔梁预制，内模拼装过程中技术人员需全程跟班作业。

（3）体系转换过程中同步问题，施工过程确保同一墩上临时支座同时同步完成体系转换。

（4）跨石竹路架梁施工、连续段施工、附属工程施工的安全防护。

3.2　预制梁施工

1）箱梁预制工艺流程图

利用福清西站制梁场进行集中预制，箱梁预制施工工艺流程如图 4-3-2 所示。

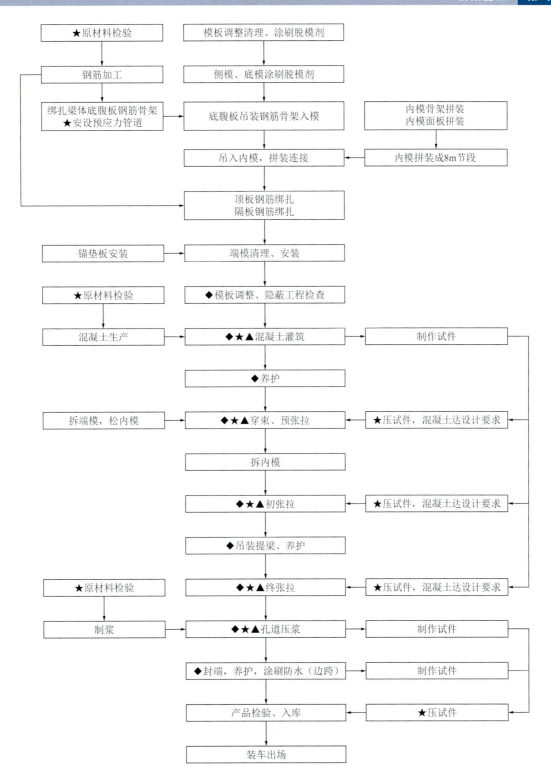

图 4-3-2 施工工艺流程图

注："◆"为关键工序，"★"为质量控制点，"▲"为特殊过程。

2）工艺总体要求

为了使预制箱梁达到设计要求的 100 年使用寿命，从以下几个方面进行控制。

（1）选用满足耐久性要求的混凝土

为了达到混凝土的耐久性要求，严格控制原材料质量，认真选择混凝土配合比，合理控制拌合物性能。

(2) 加强施工工艺控制

从混凝土施工工艺方面(如搅拌、泵送、布料、振捣等)保证混凝土的匀质性和密实度。

(3) 制定耐久性混凝土验收标准

对于耐久性混凝土的检验,严格按照《铁路混凝土工程施工质量验收标准》(TB 10424—2018)、《高速铁路预制后张法预应力混凝土简支梁》(GB/T 37439—2019)对混凝土入模温度、含气量、泌水率、电通量、与邻介质温差,以及拆模温度等检验方法、频次等的规定执行。

(4) 严格控制预应力张拉施工

严格按照设计图纸对预应力张拉顺序、时间进行控制,孔道摩阻、喇叭口摩阻等参数在预应力张拉前进行测试并与设计所采用的参数进行对照,根据实际测试数据进行预应力张拉控制,保证预施应力准确。

(5) 高度重视后张梁的孔道压浆施工

采用真空辅助压浆工艺,对于浆体性能指标、压浆设备、压浆工艺操作流程进行了明确的规定要求,确保预应力管道密实,保证箱梁混凝土的耐久性。

3) 混凝土灌注

混凝土模板温度为5~35℃(每孔梁灌注开盘前检测);混凝土入模温度为5~30℃。首盘混凝土必须测试含气量、混凝土坍落度(坍落扩展度)及混凝土温度,各参数正常以后每灌注 $50m^3$ 重新测一次。

混凝土输送泵每小时泵送混凝土 $60m^3$,布料机布料半径19m。混凝土灌注采用两套独立的搅拌、灌注系统配置,采用分层连续推移的方式连续灌注,一次成型。灌注时间控制在6h以内,并不得超过混凝土配合比初凝时间。混凝土浇筑过程中的中断时间不得超过40min。

灌注混凝土总的原则:水平分层、斜向分段,从一端向另一端进行连续灌注。灌注方式:从两端向中间,其坡度不宜过大,坡度过大易造成水泥浆流失。由于水泥浆集中到低处,容易造成在该位置翻浆。灌注梁体混凝土时,须防止混凝土离析,混凝土下落高度不得超过2.0m。

4) 预应力张拉

(1) 预张拉

为防止梁体混凝土开裂,当梁体混凝土强度达到33.5MPa时,松开内模,拆除端模,对梁体进行预张拉。张拉位置及张拉值应符合设计要求。

(2) 初张拉

当梁体混凝土强度达到43.5MPa时,进行初张拉。初张拉后梁体方可移出台座。张拉位置及张拉值应符合设计要求。

(3) 终张拉

(4) 终张拉前实施"混凝土强度、弹性模量、混凝土龄期"三控:即张拉前梁体混凝土强度达到53.5MPa、弹性模量达到35.5GPa、混凝土龄期不少于10d。达到三控要求后方可进行终张拉。张拉中实施"张拉应力、应变、时间"三控:即张拉时以张拉力为主、以钢绞线的伸长值作校核,在σ_K作用下持荷120s。

5) 箱梁移运与存放

预制梁为后张法预应力混凝土箱梁结构,为减少梁体占用制梁台座时间,梁体在进行初张拉后即可移出制梁台座,到存梁场存放。终张拉完成并且管道内浆体强度达到设计强度后方可进行架梁施工。

梁场设置32m道岔梁存梁台座5个,32m存梁台座13个,制梁区临时存梁台座5个,32m单线喂梁台座2个。存梁台座皆满足双层存梁条件,每个存梁台座可存道岔梁4片,梁场可存满全部28孔道岔梁。存梁台座基础结构采用"2层扩大基础+小支墩"结构。存梁台座如图4-3-3、图4-3-4所示,制梁区临时存梁台座如图4-3-5所示。

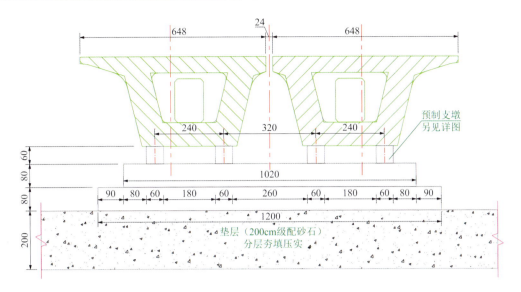

图 4-3-3 存梁台座立面图（尺寸单位：cm）

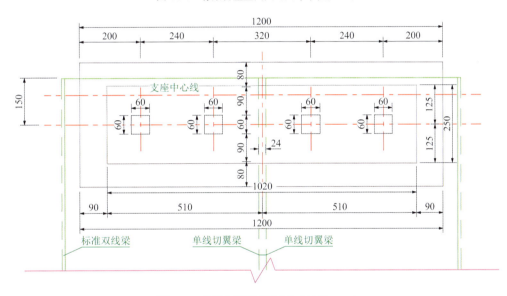

图 4-3-4 存梁台座平面图（尺寸单位：cm）

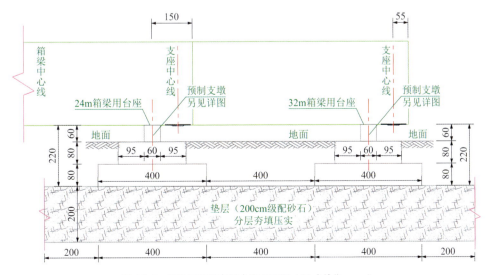

图 4-3-5 制梁区临时存梁台座立面图（尺寸单位：cm）

梁体在进行初张拉后即可移出制梁台座，终张拉完成并且管道内浆体强度达到设计强度后方可进行运架梁施工。存梁支点应设置在梁腹板下，距离梁端 1.5m。运输支点应设置在梁腹板下，距离梁端不大于 3.0m。压浆后浆体强度达到设计强度的 80%可以移梁，达到设计强度的 100%方可叠梁、架梁。

1）移梁施工工艺流程

梁场通过采用 900t 轮胎式提梁机起吊、运输来完成箱梁从制梁台座到存梁台座的移动，并利用液压驱动使轮组由纵向转为横向，实现箱梁纵横向移动的转换，利用轮胎式提梁机的起吊高度（可达 12m），完成箱梁的双层存梁。在箱梁起吊与运输过程中，提梁机的两个吊具采用不同的单吊点吊具和刚性双吊点吊具，从而实现"四点起吊，三点受力"，保证了在任何情况下箱梁均处于三支点平衡状态。移梁工艺流程如图 4-3-6 所示。

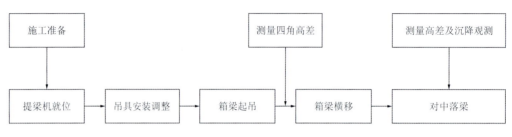

图 4-3-6　移梁施工工艺流程图

2）箱梁存梁要点

（1）为减少箱梁占用存梁台座，扩大梁场存梁规模，需对进行完终张拉、压浆、封端及防水作业的成品箱梁进行双层存梁。

（2）在存梁、移运及运输过程中，应保证各吊点或支点受力均匀，各种工况下梁体四支点应位于同一平面，误差不应大于 2mm。

3.3　架梁施工

1）总体架梁方案

正线 17 孔双线 32m 简支梁，采用 WE-SC900H 运架一体机架设；到发线 34 孔单线 32m 简支梁、28 孔 32m 单线道岔连续梁采用 1 套 550t 运梁车与 550t 单导梁架桥机配合架设完成。单线梁架设顺序如图 4-3-7 所示。

（1）自大里程桥台（24 号桥台）开始，依次架设 24 号台~7 号墩间Ⅲ号到发线单线梁及 7 号墩~0 号台间Ⅲ号线单线道岔梁（边梁）。

（2）运梁车驮运架桥机至 24 号桥台台背后方站场路基进行调头，调头后驮运至 0 号台台背位置，并与Ⅳ号线单线道岔梁（边梁）中心线对中。

（3）自小里程桥台（0 号桥台）开始，依次架设 0 号台~7 号墩间Ⅳ号单线道岔梁（边梁）。

（4）运梁车驮运架桥机回退至 0 号桥台台背，并与Ⅱ号线单线道岔梁（中梁）中心线对中。

（5）自小里程桥台（0 号桥台）开始，依次架设 0 号台~7 号墩间Ⅱ号线单线道岔梁（中梁）。

（6）运梁车驮运架桥机回退至 0 号桥台台背，并与Ⅰ号线单线道岔梁（中梁）中心线对中。

（7）自小里程桥台（0 号桥台）开始，依次架设 0 号台~7 号墩间Ⅰ号线单线道岔梁（中梁）；道岔梁架设完成进行下道工序。

（8）运梁车驮运架桥机至 24 号桥台台背后方站场路基进行调头，调头后驮运至 24 号台台背位置，架设 24 号台~7 号墩间Ⅳ号到发线单线梁。

（9）至此该桥所有单线梁架设完成。

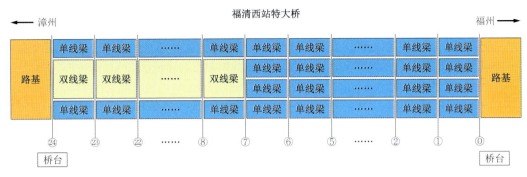

图 4-3-7 架设顺序示意图

2）运架设备配置

根据施工需要投入主要机械设备见表 4-3-1。

主要机械设备表 表 4-3-1

序号	机械设备名称	规格及型号	数	技术状况	计划进场日期	使用部位
1	架桥机	JQXD550	1台	良好	2021.02	单线箱梁架设
2	运梁车	LYC550	1台	良好	2021.02	单线箱梁运输
3	运架一体机	WE-SC900H	1台	良好	2020.10	双线箱梁运架
4	轮胎式提梁机	TLMELA900	1台	良好	2020.09	单、双线梁提装

（1）JQXD550t 单导梁架桥机如图 4-3-8 所示，主要技术参数见表 4-3-2。

图 4-3-8 JQXD550t 单导梁架桥机

JQXD550t 单导梁架桥机主要技术参数表 表 4-3-2

序号	项目名称	单位	参数值
1	额定起重量	t	550
2	主机总重量	t	350
3	架设梁型		32m 及以下等跨及变跨
4	适宜纵坡	‰	±30
5	左右横移量	mm	±500
6	吊梁纵移速度	m/min	0～5（重载），0～10（空载）

续上表

序号	项目名称		单位	参数值
7	吊梁起落速度		m/min	0~0.5（重载），0~1（空载）
8	机臂纵移速度		m/min	0~5
9	起升高度		m	7.2
10	架梁曲线半径		m	≥1000
11	作业效率			5km内2孔/8h
12	外形尺寸	工作状态（长×宽×高）	m	81.5×12.9×11.14
		驮运过隧道状态（长×宽×高）	m	81.5×5.9×7.6

（2）LYC550t 单线运梁车如图 4-3-9 所示，主要技术参数见表 4-3-3。

图 4-3-9　LYC550t 单线运梁车

LYC550t 单线运梁车主要技术参数表　　　　　表 4-3-3

序号	项目	规格
1	额定承载量	550t
2	设备自重	70t
3	轮胎规格	14.00R20
4	轮胎数量	前车32个＋后车32个
5	适应坡度	横坡：2%；纵坡：3%
6	转弯半径（运输32m梁）	60m
7	主车外形	13.590m×3.727m×2.170m
8	副车外形	10.835m×3.727m×2.070m
9	行驶速度	重载：5km/h；空载12km/h
10	轮胎间距	外侧：3.727m；内侧：2.115m；轴中心：2.921m

（3）WE-SC900H 运架一体机如图 4-3-10 所示，主要技术参数见表 4-3-4。

图 4-3-10 WE-SC900H 运架一体机

WE-SC900H 运架一体机主要技术参数表 表 4-3-4

序号	项目	参数
1	额定起吊能力	900t
2	满载吊梁装置调位行程	±200mm
3	走行速度	重载 3km/h，空载 8km/h
4	线路纵向坡度	≤3%
5	整机高度调节	±300mm
6	线路横向坡度	≤4%
7	最小曲线半径	2000m
8	环境温度	−20～50℃
9	工作状态最大风力	≤8 级
10	爬坡能力	3%
11	最小转弯半径	132m
12	起吊高度（地面到主梁底面）	6.1m
13	工作状态最大风力	≤8 级
14	走行轮组轴数	16 轴，轮胎数量 64 个，轮胎规格 26.5R25
15	接地比压	≤0.6MPa
16	主机外形尺寸（长×宽×高）	69.8m×7.9m×8.6m
17	导梁尺寸（长×宽×高）	70.9m×2.2m×2.2m
18	主机质量	480t
19	导梁机质量	310t

（4）TLMELA900 轮胎式提梁机如图 4-3-11 所示，主要技术参数见表 4-3-5。

图 4-3-11 TLMELA900 轮胎式提梁

TLMELA900 轮胎式提梁机主要技术参数表　　　　表 4-3-5

序号	项目	参数	备注
1	起重量	900t	不含吊具重量
2	跨度/净跨度	40.6m/36m	
3	吊点位置	3.66m/1.8m	满足单、双线梁提装
4	起升高度	13m	
5	大车运行速度	0～17m/min（重载）；0～35m/min（空载）	
6	起升速度	0～0.7m/min（重载）；0～1.5m/min（空载）	
7	接地比压	0.665MPa	
8	转向模式	直行、横行、斜行	
9	适应坡度	2%	
10	工作环境风力	工作状态 ≤ 6 级；非工作状态 ≤ 11 级	
11	走行轮轴轴数	16 轴	轮胎规格：26.5R25
12	外形尺寸	45.2m × 28.05m × 19.86m	
13	自重	530t	

3）箱梁架设施工工艺

（1）运梁（Ⅲ线单线梁）

在场内采用 900t 轮胎提梁机将单线箱梁装至 550t 单线运梁车上，运梁车驮梁通过运梁便道上桥，运梁至架桥机尾部。

（2）架桥机过孔

架桥机架设完成Ⅲ号到发线 8 号至 7 号墩间单线梁后，运梁车返回梁场装梁，架桥机过孔架设 7 号至 6 号墩间单线道岔连续梁。

① 两行车运行至 1 号柱后侧，架桥机准备过孔，如图 4-3-12 所示。

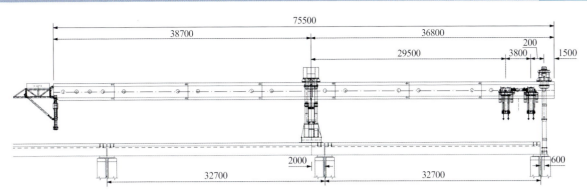

图 4-3-12 架桥机准备过孔（尺寸单位：mm）

② 前后吊挂驱动机臂向前运行 32.7m，吊梁行车返回至桥机尾部，如图 4-3-13 所示。

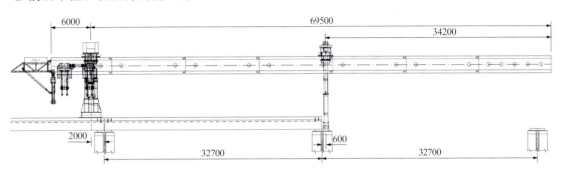

图 4-3-13 吊梁行车返回至桥机尾部（尺寸单位：mm）

③ 支垫好 3 号柱，收起 3 号柱，后吊挂驱动 2 号柱前移 32.7m，2 号柱中心在桥台中心后方 2m，如图 4-3-14 所示。

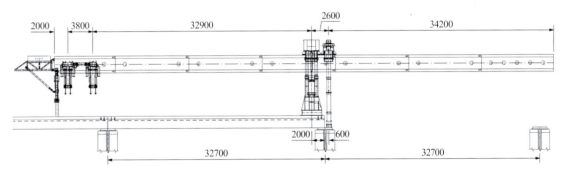

图 4-3-14 2 号柱中心在桥台中心后方 2m（尺寸单位：mm）

④ 支垫好 2 号柱，收起 2 号柱，前吊挂驱动 2 号柱前移 32.7m，1 号柱中心在桥台中心前方 0.6m。固定好 1 号柱底部横梁上放置的枕木、工具等，防止高空坠物，如图 4-3-15 所示。

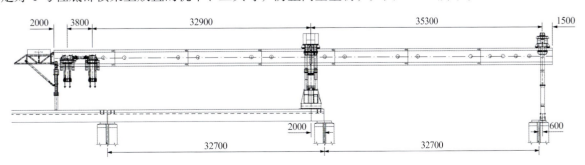

图 4-3-15 1 号柱中心在桥台中心前方 0.6m（尺寸单位：mm）

⑤支垫好1号柱，两行车运行至1号柱位置，收3号柱向后翻起，如图4-3-16所示。

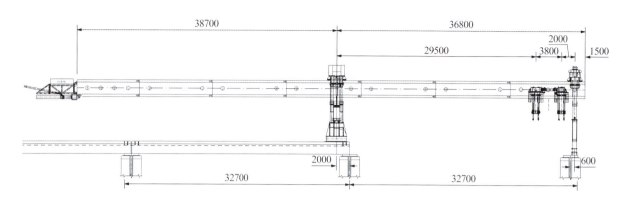

图4-3-16 过孔完毕准备喂梁（尺寸单位：mm）

（3）架梁

①架设7号至6号墩间Ⅲ线单线道岔梁，运梁车运梁至桥机尾部，翻下3号柱并支垫在运梁车上，支撑好运梁车两侧，两行车返回至提梁位置，如图4-3-17所示。

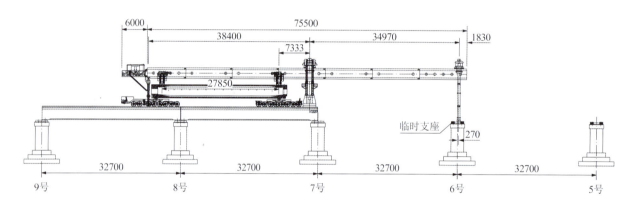

图4-3-17 两行车返回至提梁位置（尺寸单位：mm）

②固定好吊杆和梁体，两行车同步吊梁前移，箱梁到达落梁位置上方。此步骤应注意箱梁即将到位时，放缓吊梁行车速度，前行车不得冲撞1号柱，如图4-3-18所示。

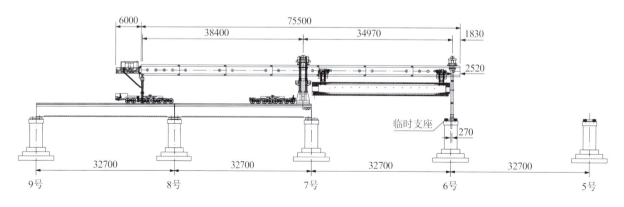

图4-3-18 箱梁到达落梁位置上方（尺寸单位：mm）

③收3号柱，运梁车返回梁场装运梁，行车落梁就位，如图4-3-19所示。

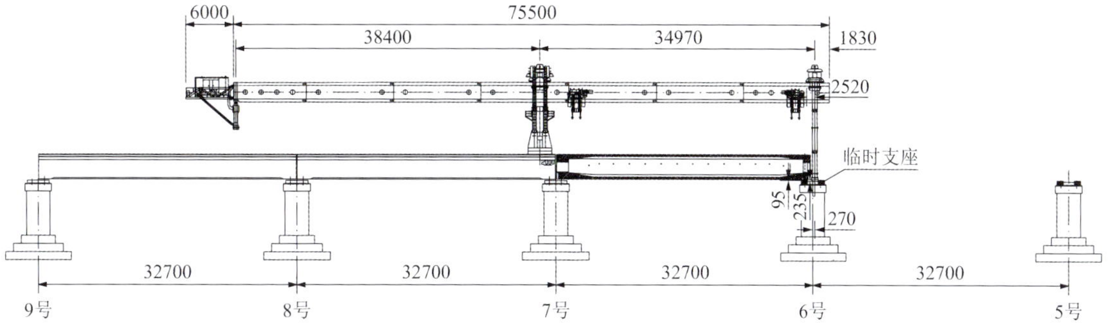

图 4-3-19 行车落梁就位（尺寸单位：mm）

④ 继续按上面流程架设后续 6 号至 1 号墩间 5 孔单线梁。

⑤ 架设末孔单线梁（1 号墩至 0 号台）时，液压伸缩调整 1 号柱高度，支撑于桥台上即可，进行单梁架设。行车提梁如图 4-3-20 所示，落梁就位如图 4-3-21 所示。

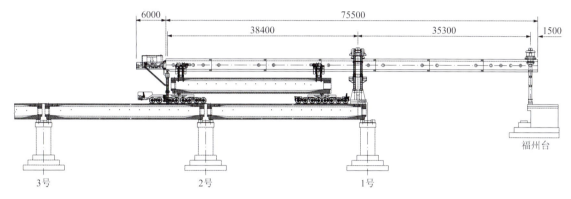

图 4-3-20 行车提梁（尺寸单位：mm）

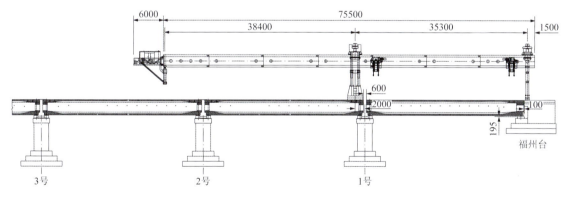

图 4-3-21 落梁就位（尺寸单位：mm）

（4）单线梁运输

梁体架设后，在梁端有 60cm 后浇筑湿接缝，为保证后续运梁车运梁在湿接缝轮胎走行平稳，在接缝处左右侧各支垫一块尺寸为 2m×1.5m×0.03m（长×宽×厚）钢板，经检算满足运梁车重载通行。

（5）高程控制

在施工过程中根据设计高程严格控制垫石高程及临时支座高程，标出临时支座及永久支座对位十字线（图 4-3-22）。边跨梁端无须设临时支座（7 号墩和 0 号台），直接安装永久支座。临时支座采用板式橡胶垫块与梁底连接固定，梁底采用落梁千斤顶进行高程调整控制，顶梁时缓慢匀速进行，临时支座高程与永久支座高程相齐平，梁底高程调整好后，在临时橡胶垫块下部灌注高强度自流平砂浆，砂浆强度达到 20MPa 时拆除临时千斤顶，架桥机过孔准备下一孔单线梁架设工作。

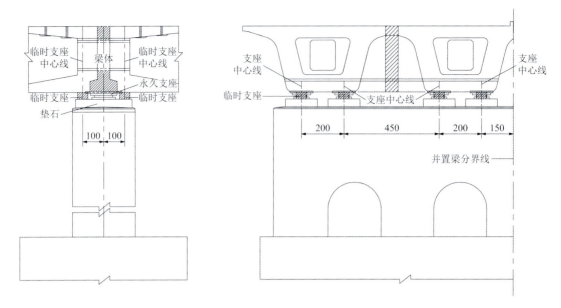

图 4-3-22　临时支座设置示意图（尺寸单位：cm）

（6）架桥机调头

架桥机调头时通过运梁车驮运架桥机来实现，主副运梁车在 2 号柱前后两侧，架桥机降低到转运高度，机臂坐在运梁车转运托架上，1 号柱下层导柱导套向前方折起，2 号柱水平旋转紧贴机臂，3 号柱向尾部翻起。一般转运状态外形尺寸为 83.3m×5.94m×8.32m（长×宽×高），调头需场地宽 60m、长 90m。

（7）剩余单线道岔梁架设

架桥机在福清西站场路基调头完成后运梁车驮运架桥机至 0 号桥台处，架桥机进行支垫过孔达到架梁状态，依次架设完成 0～7 号墩间Ⅳ线、Ⅱ线、Ⅰ线，架设步骤与Ⅲ线单线梁架设方式一样，至此该桥 28 孔单线道岔梁架设完成，进行下道工序施工（永久支座安装、湿接缝连接等），实现由简支到连续的体系转换。

（8）后续桥架设箱梁运输

在架设后续桥双线梁时，运架一体机运梁横跨两幅单线道岔连续梁，运梁前应完成单线道岔梁的永久支座转换及湿接缝连接。梁体已经设计检算满足运梁通行，通行时控制好走行线路。用油漆在运架一体机轮胎走行位置的左右两侧标识出参考线，走行偏差小于 10cm，人员监控到位，防止走偏。

3.4　连续梁施工

1）连续梁施工

（1）工艺原理

"先简支、后连续"施工与常规连续梁施工最主要的区别，在于其施工过程中结构受力体系的转换，即这种结构体系转换前属于简支梁，待结构体系转换后变为连续梁。从受力方面分析可知，连续梁比简支梁各部分受力更为均匀合理；由简支转换为连续体系，是通过在箱梁的端顶部负弯矩区内增设负弯矩预应力束来实现的；而为配合梁体结构体系转换，在转换过程中需在箱梁端部布设相应临时支座并适时拆除来实现其体系的转换。负弯矩区预应力束的张拉及临时支座的安装拆除，是能否实现体系顺利转换的重要环节，也是"先简支、后连续"施工的难点工序之一。

（2）工艺流程

在梁体吊装后，以一联为单位进行体系转换及横隔板、湿接缝施工。其施工顺序如下：

① 设置临时支座。临时支座采用板式橡胶支座（联端无须设置临时支座），安装好临时支座后逐孔架设箱梁，使置于临时支座上的箱梁成为简支状态。

② 安装永久支座。凿毛支座就位部位的支撑垫石表面，清除预留锚栓孔中的杂物，安装支座下座板，安装灌浆用的模板，在混凝土强度达到要求后安装上支座板并进行支座预偏量调整。

③ 连接接头段钢筋，绑扎横梁钢筋，设置接头段顶板波纹管并穿束（浇筑中横梁前，应按准确位置预埋支座预埋钢板，核查整联梁体中线的线形，高程与设计一致后再浇筑混凝土）。在日温最低时，浇筑连续接头、中横梁及其两侧与顶板负弯矩束同长度范围内的桥面板湿接缝混凝土。

④ 待混凝土强度达到设计强度的100%后，且龄期不小于10d时，张拉顶板负弯矩预应力钢束及剩余底板钢束，并压注水泥浆。张拉顺序为先两侧中支点，后中间中支点。

⑤ 先横向形成整体，再纵向张拉，形成连续结构。中支点附近纵向湿接缝先连接，跨中部分张拉后再连接。

⑥ 一联内所有负弯矩钢束及剩余底板束张拉完成，且管道压浆强度达到40MPa后，拆除一联内临时支座，完成体系转换。

⑦ 由跨中向支点浇筑剩余部分桥面板湿接缝混凝土及预留槽处顶板混凝土。

（3）施工方法

混凝土浇筑顺序：先浇筑横梁及其两侧与顶板负弯矩束同长度范围内的湿接缝。浇筑时，首先对称浇筑两边的湿接头，再顺序浇筑中间四道湿接头；如图4-3-23所示，先浇筑左幅1号墩横隔梁，再浇筑6号墩横隔梁，然后依次浇筑2~5号墩横隔梁。桥面板湿接缝浇筑时，按照1~6号墩顶的顺序依次浇筑，该部分浇筑时由跨中开始向两端对称进行。待横隔梁及与顶板负弯矩束同长度范围内的湿接缝全部浇筑完成，且混凝土强度、弹模达到100%后，可以进行支点处预应力施工。

混凝土浇筑以尽可能缩小温度变化对混凝土凝结的影响为原则，混凝土的浇筑选在一天中温度最低的时间进行。

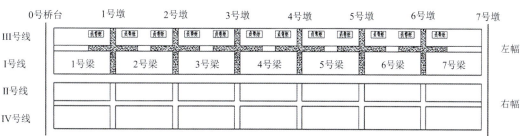

图4-3-23　连续梁湿接头、湿接缝示意图

左幅梁施工完成后接着进行右幅施工，施工顺序与左幅一致，待最终体系转换完成后浇筑剩余湿接缝混凝土。

中横梁及其两侧与顶板负弯矩束同长度范围内的湿接缝浇筑时，为控制混凝土拌合物的倾落高度、离析，采用人工水平分层下料、插入式振捣器振捣密实、连续浇筑的方法。先浇筑低的一端，再台阶式向高的一端推进，最后完成混凝土浇筑。混凝土表面要进行二次收浆抹平以消除裂纹，最后进行表面拉毛处理以利与未来桥面铺装混凝土的连接。

2）负弯矩预应力钢束施工

（1）在浇筑横隔梁连续接头前将两片预制箱梁相对应的扁波纹管相连接，连接时波纹管应顺直，并用胶带纸缠好接头，防止混凝土浇筑时进入水泥浆。

（2）设备检验：预应力施工前，要对钢绞线及张拉设备进行校验。对钢绞线进行强度、外形尺寸、物理及力学性能试验，对锚具、夹片进行硬度试验。钢绞线性能及各张拉设备性能满足要求后，才允许进行预应力张拉施工。同时，应对张拉设备进行对应式标定，以确定张拉时张拉力与压力表读数的对应关系。

（3）张拉时间：在接头混凝土达到设计强度的100%后，且龄期不小于10d，张拉顶板负弯矩预应力束，然后封锚。

（4）张拉顺序：负弯矩钢束采用两端对称张拉，张拉采用双控。张拉顺序为先两侧中支点，后中间中支点；每一联张拉顺序为先顶板负弯矩预应力钢束，后剩余底板钢束，由外到内左右对称张拉。

3）体系转换

一联内所有负弯矩钢束及剩余底板钢束张拉完成后，且管道压浆强度达到40MPa时，拆除一联内所有临时支座，使各永久支座充分受力，完成由桥梁简支向连续的体系转换，临时支座解除应由一联的两端向中部对称进行。

连续梁边墩不设置临时支座，中墩1~6号每个墩顶半幅设置8个临时支座。临时支座高度见表4-3-6。各墩临时支座和永久支座至墩顶高度相同，无落梁高差。

支座高度表　　　　　　　　　　　　　　　　表4-3-6

墩号	垫石顶面距离墩顶（cm）	临时垫石顶面距离墩顶（cm）	永久支座高度（cm）	临时支座厚（cm）	支座砂浆垫层厚度（cm）	支座顶面至墩顶高度（cm）
1、3、4、5、6	35	51.5	20.5	7	3	58.5
2	35	53	22	7	3	60

（1）临时支座拆除

临时支座解除顺序：1号墩→6号墩→2号墩→5号墩→3号墩→4号墩。切割时先切割1号墩、6号墩左幅，再切割2号墩、5号墩左幅，由一联的两端向中部依次对称进行，直至左幅临时垫石全部切割完成，再解除右幅临时支座，右幅临时支座解除顺序与左幅相同。待左、右两幅临时支座完全拆除，使梁体平稳下落于永久支座上，永久支座完全受力，完成体系转换。

拆除临时支座前，对永久支座安装进行全面检查，包括永久支座型号、安装方向、砂浆垫层是否密实、强度是否达到要求等，待各项检查无误后，方可解除临时支座。拆除时，采用绳锯切割的方式，整体切除临时垫石。

拆除临时支座时，使用8副绳锯同时切割单幅对称2个墩大小里程的16个临时支座，每一副绳锯切割1个桥墩一端的2个临时垫石。切割完成后，上部分垫石沿切割线掉落，使得梁体下落至永久支座上。

在体系转换过程中，绳锯切割角度需要严格控制，保证切割完成后，上部垫石能够沿切割线自动滑落，且底部剩余部分不会太多。体系转换完成后，凿除切割完剩余部分临时垫石。4号墩临时支座解除完成后，整联临时支座完全解除。整个道岔连续梁梁体完全下落至永久支座上，使各永久支座充分受力，即完成由桥梁简支向连续的体系转换。

（2）落梁

为保证临时垫石切除后，梁体能够平稳下落，且不会造成受力不均的情况，在切割临时垫石之前，先在每片梁临时垫石外侧支撑千斤顶托住梁体，使梁体在临时垫石切割时不会因为切除频率不一致而造成不均匀受力的情况。

先在临时垫石外侧支撑千斤顶，再开始切割。临时垫石切割完成后，由于有千斤顶支撑，不会突然下落。等临时垫石切割部分落下后，再同时缓慢落下千斤顶，使梁体缓慢下落至永久支座上。梁体下落后，检查梁体是否平稳、永久支座是否充分受力，检查无误后拆除千斤顶。

① 工装设备

共配置150t液压千斤顶16台，泵站4台。落梁支撑千斤顶布置如图4-3-24所示。

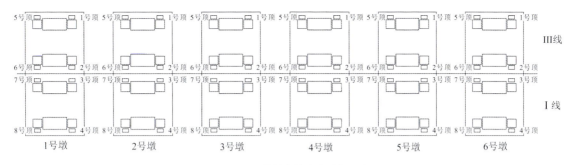

图 4-3-24 落梁支撑千斤顶布置图

道岔连续梁Ⅲ线、Ⅳ线每片梁质量 520t，Ⅰ线、Ⅱ线梁每片梁质量 490t。每次同时下落 2 片梁，合计质量 1010t，采用 8 台 150t 液压千斤顶支撑，每个墩大小里程侧各安装 4 台千斤顶。大小里程各设 1 台泵站，每台泵站连接操控 4 台千斤顶。

②施工步骤

第一步：安装千斤顶。在每个千斤顶下方支垫 7cm 厚的橡胶垫。同时操控 4 台油泵送油，使 16 台千斤顶行程均为 13cm，支撑住梁体，并使所有千斤顶能够受力。

第二步：切除临时垫石。按照临时垫石切割顺序及工艺进行操作。临时垫石切割完后，由于绳具切割线有 2cm 左右缝隙，切割线上部临时垫石会下落，届时临时支座将不再受力，梁体重量由千斤顶和永久支座共同支撑。

第三步：检查支座受力，千斤顶调整。用尺量每个永久支座四边梁底到垫石顶面高度是否一致，如果高度一致，说明梁体平稳，永久支座均匀受力；如果四周高度不一致，说明梁体有侧倾，永久支座偏压，此时，控制泵站对偏压支座旁的千斤顶逐个进行微调，使梁体达到平稳状态，永久支座均匀受力。

第四步：同时松脱千斤顶。待梁体完全平稳，8 个永久支座都均匀受力后，调整 4 台油泵平衡阀，使 4 台油泵同步。同时操作大小里程 4 台油泵，控制 16 台千斤顶同时松脱，不再支撑梁体，梁体完全落于永久支座上，使永久支座完全受力，即完成该桥墩临时支座解除。

第五步：按顺序逐墩解除各墩临时支座，待整联梁临时支座完全解除，梁体完全落于永久支座上，使得永久支座完全受力，即完成体系转换。

2 号墩由于是固定支座，永久支座高度与其余永久支座高度不同，比其余永久支座高 1.5cm，所以 2 号墩临时支座解除时千斤顶支撑高度为 60cm，垫上橡胶垫后需要控制千斤顶行走行程为 14.5cm。

4）浇筑剩余部分湿接缝混凝土

体系转换完成后浇筑剩余部分的湿接缝混凝土，完成各梁体之间的连接。

3.5 关键施工要点

福清西站特大桥道岔连续梁施工采用"先简支、后连续"的施工工艺，下部结构施工完成后中墩顶设置临时支座，安装好支座后逐孔架设箱梁，置于临时支座上成为简支状态，待全部简支梁运架结束后，先浇筑横隔梁，横向形成整体，再纵向张拉，形成连续结构，中支点附近纵向湿接缝先连接，跨中部分待预应力张拉完毕后再进行顶板连接。该施工工艺极大地提高了施工效率，节省了时间和管理成本。

第 4 章　木兰溪特大桥主桥施工

4.1 概述

1）工程概况

福厦高铁木兰溪特大桥斜拉桥为塔梁墩固结体系，全桥长 350m，主桥位于上坡、曲线上。该斜拉桥 294~298 号墩跨越沈海高速公路双幅路面，路面宽分别为 22m 和 28m，与高速公路交叉角度分别为 30°、33°，梁底距离沈海高速公路路面最小距离为 9.6m。斜拉桥紧邻既有杭深线（钢拱桥），主梁施工为邻近既有线施工，主梁最外边缘距离既有杭深线钢拱桥边缘最小距离为 6.08m，与高速公路和既有福厦铁路的关系如图 4-4-1~图 4-4-3 所示。

图 4-4-1　斜拉桥与高速公路和既有福厦铁路关系

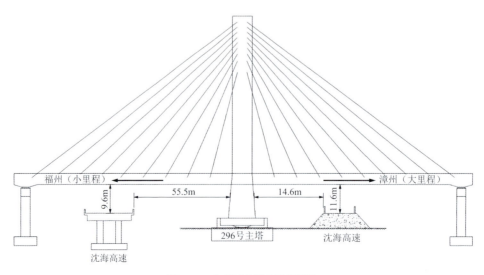

图 4-4-2　与高速公路立面关系图

2）技术难点

本桥毗邻既有营业线，主梁施工不能对既有营业线运营造成任何影响，因此对主梁施工防护要求高、安全风险大。

（1）将斜拉索作为挂篮悬浇中临时前支点，减轻了挂篮的自重；一次悬浇长度可达一个索距，缩短悬浇工期。

（2）复合式牵索挂篮自重达295t，挂篮行走时安全风险大，各部位的受力监控难以实施。由于主梁单个号块重量大，止推件位置受力复杂，传统矩形止推件不能满足混凝土压应力的要求。

（3）斜拉索施工过程中需要多次张拉，体系转换频繁，桥梁结构受力复杂。

3）关键技术

（1）混凝土箱梁悬灌施工挂篮技术

复合式牵索挂篮自重大，挂篮行走时安全风险大，各部位的受力监控难以实施。止推件位置受力复杂，止推件的构造创新以满足混凝土压应力的要求。

（2）主梁悬臂施工防护技术

主桥毗邻既有杭深线，悬臂浇筑施工时横跨既有沈海高速公路，高空作业风险大，主梁构件众多，不慎脱落或跌落会严重影响既有线路的运营安全，因此对施工防护等级要求高，防护难度大。

（3）斜拉索施工技术

本桥斜拉索空间呈扇形布置，索套管定位精度要求高；斜拉索为钢绞线斜拉索，采用先单丝张拉后整体张拉施工工艺，且施工过程中需要经过三次索力调整，施工难度大。

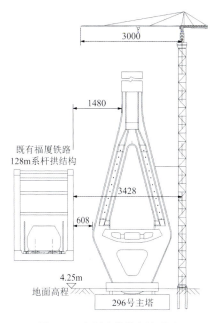

图4-4-3　与既有线横向关系图
（尺寸单位：cm）

4.2　复合式牵索挂篮设计

1）复合式牵索挂篮结构

挂篮悬浇节段长度8m，桥面宽18m，悬浇节段最重500t。由挂篮承载平台（底平台）、张拉装置、止推装置、后锚装置、走行系统、前吊装置、操作平台、挂篮防护设施等组成。牵索式挂篮组装三维示意图如图4-4-4所示。前支点挂篮纵向立面如图4-4-5所示。

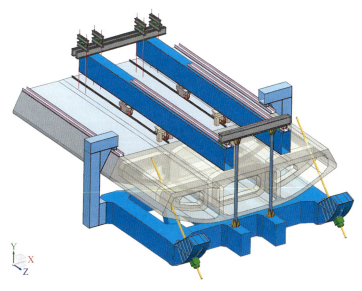

图4-4-4　牵索式挂篮组装三维示意图

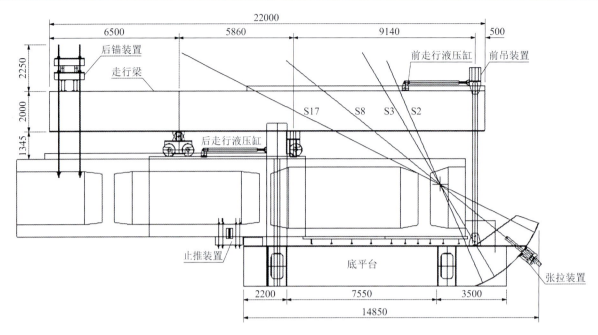

图 4-4-5　前支点挂篮纵向立面图（尺寸单位：mm）

牵索挂篮结构组成及特点如下：

（1）挂篮底平台

底平台是挂篮的主体结构，由边纵梁、前横梁、斜纵梁、中纵梁、悬挑梁（弧形首）、后横梁组成平面板架结构。两侧边纵梁前端设弧形首，以适应各节段斜拉索不同角度的变化。为减小前横梁挠度，前横梁设置了加劲桁架。底平台各构件采用钢板组焊件而成，各梁之间均采用拼接板及高强螺栓连接。

（2）张拉装置

张拉装置的作用是将斜拉索接长并临时锚固在挂篮前端（边纵梁前端弧形首位置），以降低施工过程中主梁内力峰值，并在主梁施工过程中分次施加预拉力，调整挂篮内力和挠度。在梁段预应力张拉完成后，将斜拉索锚固点转换至主梁梁段的锚固块上。

张拉机构由张拉螺母、千斤顶、转换撑脚、张拉螺母、球形压板、球形垫板、接长拉杆等组成。张拉杆与索力转换装置连接。垫梁采用钢板焊接成组拼件，可沿弧形首滑动。

张拉千斤顶采用 YCW500 型千斤顶。其作用是每节梁端施工完成后将索力从挂篮转换至梁上。

（3）止推系统

止推系统用以克服斜拉索水平分力，限制挂篮纵桥向位移，并将水平力传到箱梁底板。其由锚杆、止推键、锚杆、止推盒、楔垫块、液压缸组成（图4-4-6）。

止推键设于箱梁底板，采用 15mm 钢板焊接锥形圆柱体，以抵抗拉索张拉时候产生的水平力。止推盒通过 8 根φ32mm 的精轧螺纹钢穿过底板锚固。止推盒与中纵梁之间为楔形块和液压缸。

（4）锚固系统

锚固系统由前锚杆和后锚杆组成。

前吊杆锚固在走行梁前端，由 2 根前吊杆采用钢板焊接

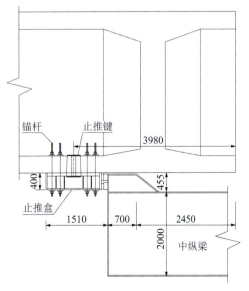

图 4-4-6　止推系统纵断面图（尺寸单位：mm）

而成的组拼件，吊杆与底平台的中纵梁相连，其作用是将力通过走行梁传递到已成梁段的顶板上。

后锚杆锚固在后横梁上，其作用是平衡斜拉索分次张拉产生的竖向分力。后锚杆共 2 组，每组由 2 根ϕ50mm 精轧螺纹钢筋、扁担梁、分配梁和千斤顶组成。

（5）行走系统

行走系统的作用是实现挂篮空载前移。由牵引设备、挂腿、轨道、滚轮组等组成。

牵引设备采用附着在钢轨轨道上的 2 台液压千斤顶，通过前从动轮、后驱动轮走行，从而带动挂篮前移。挂腿是挂篮走行过程中主要承力构件，采用钢板焊接成箱梁结构，并与主纵梁通过高强螺栓连接。挂腿在牵引设备牵引下直接在轨道上移动。

（6）模板系统

整个外模板系统为钢模板组成，面板厚度 5mm，肋板采用[10 槽钢，模板总长为 8.3m，模板外侧采用[10 槽钢组成桁架系统并支撑在底平台上。

模板采用整体升降式，升降前需拆除外侧模板，采用前后吊点上的液压设备进行升降，模板与底平台同时升降，挂篮前移到位后，再拧紧前后吊杆螺母。

（7）防护系统

挂篮防护系统采用"型钢 + 冲孔钢板和钢管 + 防护网（钢）"组合而成。人员可在全封闭防护内进行操作施工，以满足内外模板及对拉螺栓拆装、锚固系统拆装、拉索施工和挂篮调整等工作的需要，以确保施工人员的安全；同时对既有线和高速公路的防坠起到了关键的防护作用。

2）复合式牵索挂篮结构计算

采用 Midas Fea Nx 软件进行三维非线性分析，按允许应力法计算构件强度和刚度。箱梁混凝土采用实体单元；底平台、挂腿、上纵梁采用壳单元；上横梁、前吊杆、后锚横梁、后锚扁担梁后锚杆、后吊杆、底模桁架采用梁单元；拉索采用桁架单元。箱梁按湿混凝土选用恰当的本构关系，其重力通过连接单元传递至底模桁架上。拉索索力调整采用降温法。施工荷载和风荷载按面荷载施加在底平台上。

3）主要构件计算

根据悬臂浇筑节段重量和斜拉索索力情况，选择如下三种主要工况对挂篮进行的结构强度、刚度校核。有限元分析模型如图 4-4-7～图 4-4-9 所示。

工况一：2 号段混凝土灌注（图 4-4-7）。

工况二：17 号段混凝土灌注（图 4-4-8）。

工况三：挂篮走行就位，钢筋和模板安装完成（图 4-4-9）。

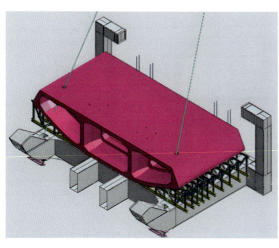

图 4-4-7　工况一模型

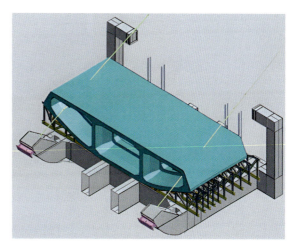

图 4-4-8　工况二模型

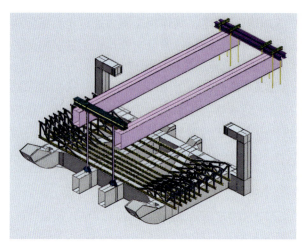

图 4-4-9　工况三模型

经计算，底平台的强度和刚度由工况二控制，挂钩、上纵梁等构件的强度、刚度由工况三控制，部分计算结果如图 4-4-10～图 4-4-17 所示。

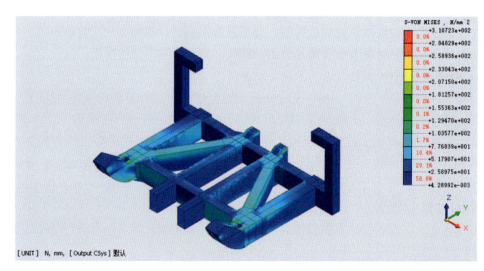

图 4-4-10　底平台强度应力云图

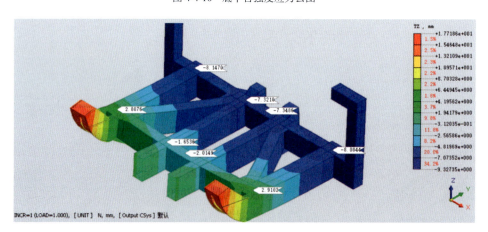

图 4-4-11　底平台竖向位移图

底平台最大应力：$\sigma_{\max} = 155.0 \text{MPa} < [\sigma] = 175 \text{MPa}$

前横梁相对刚度：$f = \frac{2+2}{14700} = \frac{1}{3675} < [f] = \frac{1}{400}$

后横梁相对刚度：$f = \frac{8-7.3}{14700} = \frac{1}{21000} < [f] = \frac{1}{400}$

纵梁相对刚度：$f = \frac{7.3-1.6}{8550} = \frac{1}{1553} < [f] = \frac{1}{400}$

后吊杆轴力最大值：$T_{max} = 468.8\text{kN}$

采用直径 50mm 的 PSB830 级精轧螺纹钢。破断力 $T_p = \frac{\pi \times 50^2}{4 \times 1000} \times 830 = 1630\text{kN}$，安全系数 $K = \frac{1630}{468.8} = 3.5$。

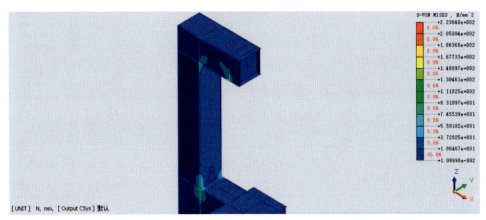

图 4-4-12　挂腿等效应力图

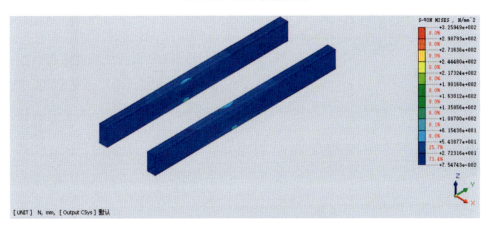

图 4-4-13　上纵梁等效应力图

挂腿等效应力：$\sigma_{max} = 135.0\text{MPa} < [\sigma] = 175\text{MPa}$

上纵梁等效应力：$\sigma_{max} = 110.0\text{MPa} < [\sigma] = 175\text{MPa}$

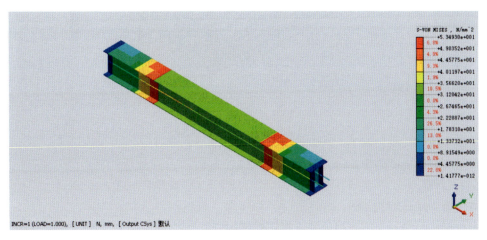

图 4-4-14　上横梁等效应力图

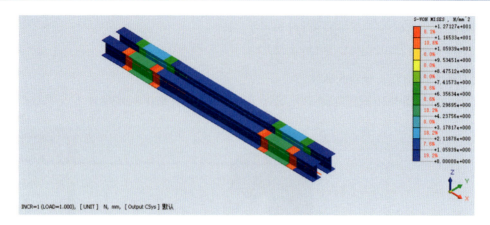

图 4-4-15 后锚横梁等效应力图

上横梁等效应力：$\sigma_{max} = 53.5\text{MPa} < [\sigma] = 175\text{MPa}$
后锚横梁等效应力：$\sigma_{max} = 12.7\text{MPa} < [\sigma] = 175\text{MPa}$

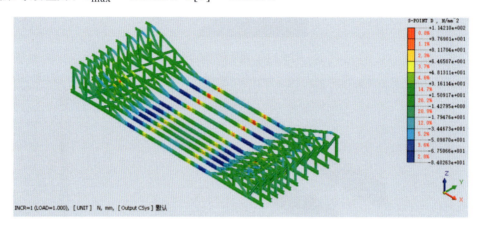

图 4-4-16 底模桁架组合应力图

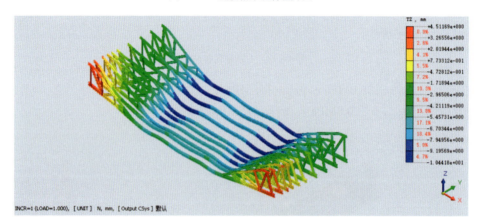

图 4-4-17 底模桁架竖向位移图

底模桁架组合应力：$\sigma_{max} = 114.2\text{MPa} < [\sigma] = 175\text{MPa}$
底模桁架竖向最大挠度为 7.2mm。

4）止推装置计算

止推力最大值：$N = 2737.4\text{kN}$

止推力由止推盒与混凝土的摩擦力和止推键共同承受。

$$\sigma_{hmax} = 15.36\text{MPa} < [\sigma] = 20\text{MPa}$$

止推键处混凝土局部承压强度满足要求。

1）底平台在 17 号段混凝土灌注状态屈曲稳定检算

挂篮结构的稳定是保证挂篮安全工作的重中之重，故对挂篮的稳定性进行检算。

（1）底平台稳定性校核

第一弹性屈曲稳定系数如图 4-4-18 所示；第七弹性屈曲稳定系数如图 4-4-19 所示。

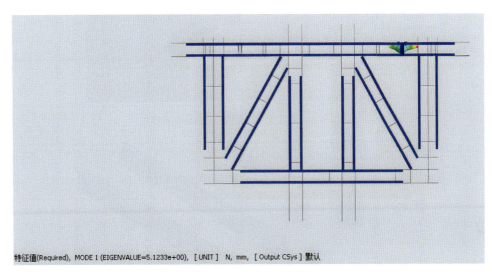

图 4-4-18　第一阶线弹性屈曲稳定系数

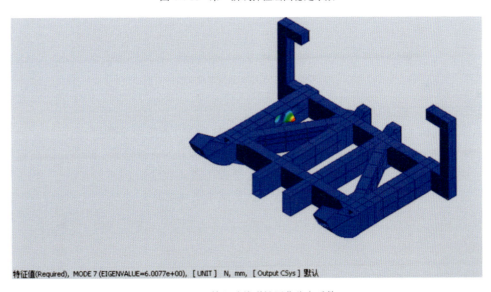

图 4-4-19　第七阶线弹性屈曲稳定系数

第一至第六阶线弹性屈曲均为后吊杆附近的隔板失稳，最小屈曲稳定系数 $\varphi = 5.1 > 5$。
第七至第十阶线弹性屈曲均为边纵梁内侧腹板失稳，最小屈曲稳定系数 $\varphi = 6.0 > 5$。
底平台屈曲稳定满足要求。

（2）走行状态挂腿屈曲稳定

挂腿第一阶线弹性屈曲稳定系数如图 4-4-20 所示。

挂腿第一阶线弹性屈曲为腹板失稳，最小屈曲稳定系数 $\varphi = 14.1 > 5$，挂腿屈曲稳定满足。

（3）钢筋和内模安装工况上纵梁屈曲稳定

钢筋和内模安装工况上纵梁屈曲稳定系数如图 4-4-21 所示。

上纵梁第一阶线弹性屈曲为腹板失稳，最小屈曲稳定系数 $\varphi = 5.6 > 5$，上纵梁稳定性满足要求。

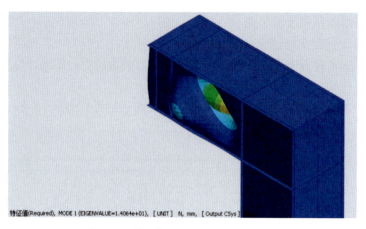

图 4-4-20　挂腿第一阶线弹性屈曲稳定系数

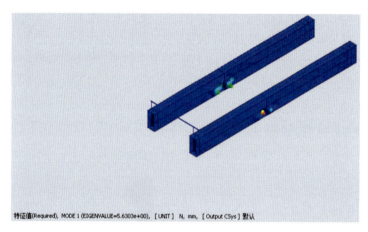

图 4-4-21　上纵梁屈曲稳定系数

2）复合式牵索挂篮施工仿真

根据木兰溪特大桥主桥施工步骤图，主桥一个节段施工分以下三个步骤进行。

步骤一：挂篮走行就位后，安装第 $N+2$ 号索，并第一次张拉 $N+2$ 号索，调整立模高程（图 4-4-22）。

步骤二：浇筑一半混凝土，并第二次张拉 $N+2$ 号索（图 4-4-23）。

步骤三：浇筑全部混凝土，并第三次张拉 $N+2$ 号索（图 4-4-24）。

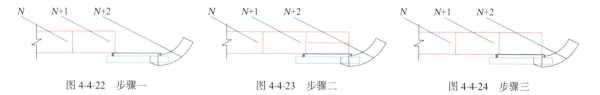

图 4-4-22　步骤一　　　　　图 4-4-23　步骤二　　　　　图 4-4-24　步骤三

为确保施工安全，需对挂篮施工进行全过程仿真分析，仿真共分 7 种工况：

（1）工况 1：挂篮、模板及防护设施自重（计算得到的索力为第一次张拉力）。

（2）工况 2：挂篮、模板及防护设施自重 + 第一次张拉力。

（3）工况 3：自重 + 浇筑一半混凝土的重量 + 施工及机具荷载（确定第二次张拉力）。

（4）工况 4：自重 + 浇筑一半混凝土的重量 + 施工及机具荷载 + 第二次张拉力。

（5）工况 5：自重 + 浇筑全部混凝土的重量 + 施工及机具荷载（确定第三次张拉力）。

（6）工况 6：自重 + 浇筑全部混凝土的重量 + 施工及机具荷载 + 第三次张拉力。

（7）工况 7：自重 + 浇筑全部混凝土的重量 + 施工及机具荷载 + 设计索力。

基于 MIDAS 分析软件进行仿真分析，有限元分析模型如图 4-4-25 所示。

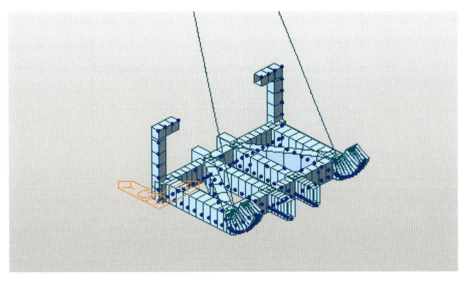

图 4-4-25 挂篮施工仿真分析有限元模型

以 2 号段为例，给出计算结果，见表 4-4-1。

索力位移一览表　　　　　　　　　　表 4-4-1

工况	索在桥台一端处拉力（kN）	索在挂篮一端处拉力（kN）	平均索力（kN）	最大位移（mm）	挂索处位移（mm）
工况 1：自重	522.7	481.7	502.2	−35.4	−26.82
工况 2：自重 + 初拉力	—	—	502.2	1.46	0.104
工况 3：自重 + 一半混凝土	1606.5	1557.3	1581.9	−109.17	−84.38
工况 4：自重 + 一半混凝土 + 第二次张拉力	—	—	1581.9	4.71	0.43
工况 5：自重 + 全混凝土	2472.6	2423.4	2448	−169.8	−130.54
工况 6：自重 + 全混凝土 + 第三次张拉力	—	—	2448	7.31	0.73
工况 7：自重 + 全混凝土 + 设计索力	—	—	2792	25.4	18.6

4.3　主梁施工技术

1）复合式挂篮的安装与预压

（1）挂篮安装

① 1 号段混凝土浇筑完成、钢绞线及其 S1、M1 斜拉索张拉完成后，开始拼装挂篮。

② A1 段模板和钢管支架全部拆除完成，在地面 2 号段位置拼装底平台。

③ 地面平台清理并在平台上放出承载平台各构件的轮廓线。

④ 用 100t 起重机组装挂篮承载平台（底平台）。

底平台拼装顺序为：前后横梁→中纵梁→斜纵梁→边纵梁→弧形首→挂腿。

各构件就位后安装拼接板和 10.9S 高强度螺栓。然后精确调整构件位置，拧紧螺栓。

⑤ 将场外拼装好的模板用塔式起重机再次安放在底平台上。

⑥ 梁面同时通过塔式起重机安装前支点挂篮轨道系统、后锚系统、走行梁，在前后吊杆位置安放锚杆组液压缸并下放ϕ32mm 精轧螺纹钢直地面，穿过底平台前后横梁并用螺栓拧紧。

⑦ 同时启动前后吊杆位置锚杆组顶升液压缸，将承载平台和模板提升至适当位置（图 4-4-26）。

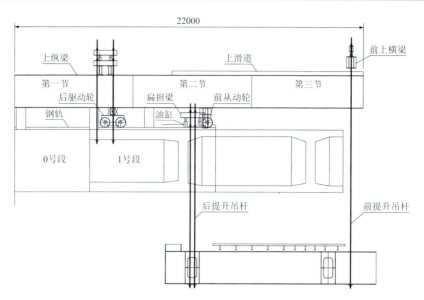

图 4-4-26 底平台整体提升示意图（尺寸单位：mm）

⑧ 按设计安装前后吊杆，并启动调整液压缸，挂篮提升就位后，拆除临时提升精轧钢，并安装挂腿。

⑨ 安装止推系统，并启动纵、横向调液压缸，精确调整挂篮纵横向位置后安装止推盒使止推块和止推键与底平台中纵梁顶紧。

⑩ 挂篮精确就位后再次检查全部锚杆组和止推，并安装全封闭防护，兜底平台地面拼装整体提升并固定在挂篮底平台上，平台安装完成后进行防护网安装。

⑪ 安装 2 号节段索道管，挂设拉索，通过接长杆将斜拉索固定在牵索纵梁前端的张拉垫板上，并初次张拉至设计索力。

⑫ 测量各控制点的高程，在主纵梁前端、前横梁和中箱顶模上建立若干个高程控制点，在挂篮安装调整完毕后测量其实际高程，并作详细记录和保存。

整个拆安装过程采用塔式起重机及其 100t 起重机进行施工，主要以 100t 起重机为主，塔式起重机只进行小型工具和模板安装。起重机安装挂篮质量较大的弧形首，质量为 16t，吊装过程距离既有线最近为 9.68m，100t 起重机站位距离既有线 17.7m，大臂旋转半径为 20m。

（2）复合式牵索挂篮的压载试验

挂篮的压载试验是为检验挂篮在悬灌及走行过程中的安全性，检查挂篮主梁、后锚的承载力及斜拉索、精轧螺纹钢筋等的受力情况，消除挂篮非弹性变形，为主梁线形控制提供相关数据。在挂篮安装完毕后，2 号节段进行节段施工前，模拟主梁标准节段的实际悬浇施工过程进行的试验。试验选用的最大荷载为标准节段荷载的 1.2 倍（A17 段，混凝土重力 5000kN），共计预压 6000kN。通过加载试验测出挂篮的弹性变形和非弹性变形，用于挂篮悬浇时调整高程及线型控制。

按照挂篮使用过程中实际荷载分布，模拟施工工况和走行工况下挂篮的受力状况对挂篮进行加载。挂篮加载分四级进行，分别为试验荷载的 20%、80%、100%、120%，每一级加载完成后，按 20min 观测一次的频率连续观测，测点间相对间隔 2h。如有不断发展的变形，则立即卸载，查明原因，并采取措施加固挂篮构件；如变形没有变化，继续加载。加载到最大吨位后，连续观测 4h，如变形没有变化，可以分级卸载。整理预压数据并编制预压成果，梁底高程 = 设计梁底高程 + 挂篮弹性变形值，最终立模高程调节采用拉索及前吊杆调节。

2）主梁混凝土浇筑

斜拉桥主梁采用在牵索挂篮上悬臂浇筑施工方法。将挂篮后端锚固在已浇筑梁段上，并将待浇段的斜拉索锚固在挂篮前端，充分发挥斜拉索的作用，由斜拉索和已浇梁段共同承担待浇节段的混凝土重力，降低施工中主梁的临时内力峰值。待混凝土强度达到要求后，张拉预应力筋、进行索力转换（将斜拉索对挂篮前支点的拉力转换到预应力混凝土主梁的斜拉索锚垫板上），前移挂篮，使普通挂篮中的悬臂梁受力变成简支梁受力，使节段悬浇长度及承重能力均大为提高，加快了施工进度。

主梁 A2～A17 悬浇段混凝土浇筑采用两端对称一次浇筑成型的施工方法，其工艺流程如图 4-4-27 所示。为了减少两侧的不平衡，防止发生危险，悬臂施工要求在任何情况下都要尽可能保持两端平衡。因此，混凝土浇筑时必须对称施工，最大不平衡重不得大于 20t。

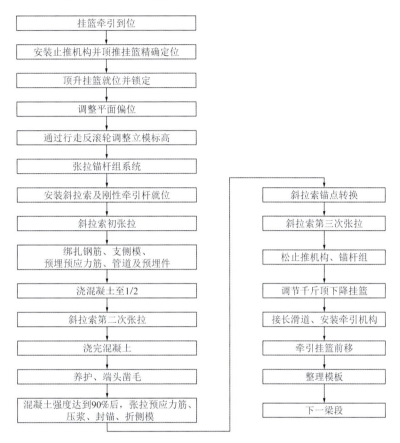

图 4-4-27　挂篮悬臂浇筑施工流程图

混凝土浇筑顺序：底板→腹板→顶板，从悬臂端向墩身方向浇筑。根据不平衡施工的重量要求和腹板厚度，计算腹板一次浇筑的最大高度，考虑两端悬臂的不平衡施工临时荷载，折减后得出腹板浇筑的最大控制高度，施工中按此高度严格控制。均匀分层浇筑，分层厚度为 30cm。

腹板混凝土浇筑时不仅考虑两个悬臂端的对称浇筑，同时考虑同一悬臂端左右腹板的对称分层浇筑，两侧腹板混凝土高差不大于 20cm。顶板混凝土浇筑遵循由两侧向中央的顺序进行。顶板厚度虽然较小，但宽度较宽，因此，浇筑顶板混凝土时仍需考虑两端对称平衡浇筑。

3）主梁混凝土养生

混凝土灌注完成后，顶面立即用土工布盖好，混凝土终凝后在土工布上浇水进行自然养护，箱内壁采用喷淋洒水养生，养护浇水次数以能保持混凝土湿润为准。浇水时间一般情况下为 7～14d。为提高养护效率，开发了一种喷淋养护设备。

4.4　斜拉索施工技术

1）斜拉索构造

斜拉索由锚固段 + 过渡段 + 自由段 + 过渡段 + 锚固段构成，且在高密度聚乙烯（HDPE）护套管内的钢绞线具有四层防护：①钢丝环氧涂层；②防腐油脂；③单根钢绞线聚乙烯（PE）护套层；④HDPE外护套管，如图4-4-28所示。斜拉索索体示意图如图4-4-29所示。

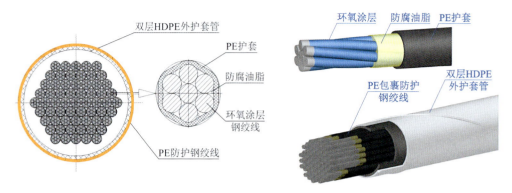

图4-4-28　斜拉索结构示意图

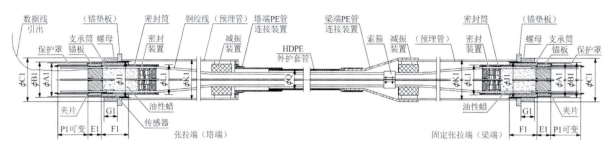

图4-4-29　斜拉索索体示意图

（1）锚固段

主要由保护罩、锚板、夹片、连接板、钢导管、螺母（张拉端）、密封装置、油性蜡及PE导管组成。

（2）过渡段

主要由预埋管及钢垫板、减振器组成。

（3）自由段

主要由带HDPE护套的环氧涂层钢绞线、索箍、HDPE外套管、梁端防水罩、塔端连接装置、PE导管及热缩套等构成。

2）斜拉索安装工艺

采用从上向下穿索工艺，在塔顶布置穿索机。利用塔顶穿索机提供动力进行单根钢绞线穿索。穿索系统主要由穿索机，连接器，塑料软管等组成。

钢绞线下好料之后，逐根用连接器连接好并存盘。在塔顶上布置穿索机，根据塔高及索盘存放位置等计算穿索机预存钢绞线长度。穿索机下放预存钢绞线与存盘钢绞线连接后，将事先存盘的钢绞线牵引至塔顶并下穿入PE管直至锚固位置。

为了单根张拉需要，挂索张拉前，先安装张拉顶压支座，该支座底通过立柱与锚板螺纹连接，调整张拉分丝板孔位与锚孔对应后，拧紧螺母，张拉支座安装完成。

（1）利用塔式起重机及塔顶起吊设备将钢绞线（钢绞线吊点前预留一定长度，用以穿入塔上锚具）和HDPE管一起吊起，起吊最大重量约为200kg，到达预定高度后将钢绞线穿入塔上锚具并固定，利用千斤绳和葫芦将护管吊挂在塔外管口相应位置。

（2）护管下端牵引至下端预埋管口，先将钢绞线穿入下端锚具并固定。

（3）通过张拉钢绞线使外护管挺直抬起达到设计的角度，以方便下一步挂索工作的进行。

在挂索过程中整根钢绞线从梁面到塔顶再到HDPE管口入孔为一个循环过程，为防止钢绞线刮蹭和在空中摆动，所有钢绞线从PE管内进行上穿和下放，1～10号段PE管在塔顶、塔身、梁顶均进行适当固定，10号段施工完成后已挂设拉索已形成了屏障保护，保证长钢绞线在PE管里自由穿梭，可适当接触塔身约束。

3）斜拉索张拉

（1）单根张拉

① 张拉力计算原理

在桥梁结构模型中，第1根钢绞线张拉至预定荷载，将导致桥面与连接的构件间出现新的平衡状态，相应于施加的力，将产生桥梁结构变形，钢绞线和HDPE外套管垂度减小。当张拉完第2根钢绞线后，由于索力的增加，塔梁结构变形增大，导致第1根钢绞线上的索力减小。正是由于钢绞线张拉先后顺序的影响，安装张拉时，钢绞线的张拉力是不同的，第1根钢绞线的张拉力最大，随着安装更多的钢绞线，其他钢绞线的张拉力也逐渐减小。实际施工时，采用如前所述的等值张拉（图4-4-30）兼分级张拉的方法，使索力均衡且索力逐级提高。

② 单根张拉力的确定

第一根安装传感器的钢绞线张拉力按设计索力的平均值乘以计算的超张系数来确定：

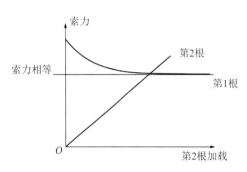

图4-4-30 等值张拉示意图

$$T = \frac{N}{n} + E_c A h \sin\frac{\alpha}{L} \tag{4-4-1}$$

式中：N——整体索力（N）；

n——整数索钢绞线根数；

E_c——钢绞线弹性模量（MPa）；

A——钢绞线横截面积（mm^2）；

h——监控单位给的斜拉索挂索前后斜拉索锚固点抬升量（m）；

α——斜拉索与主梁夹角（°）；

L——斜拉索锚点间距（m）。

单根钢绞线索力均匀性（索力离散性）控制是平行钢绞线拉索制作安装的关键，本工程控制上采用等张拉力法，也就是将压力传感器安装在张拉端第1根钢绞线上，以后每根钢绞线的张拉力按压力传感器变化情况进行控制。

（2）整体张拉

拉索需要多次分段、分级整体张拉。一般来说，由于单根张拉过程索力均匀性控制的要求，以及大桥结构在张拉过程中的变化，很难通过单根张拉一次性将斜拉索索力张拉到位。因此，在单根张拉完成后，需采用大型千斤顶进行整体张拉，通过拉索锚具的螺母来调整以保证整索索力的精度。结合本桥施工工艺，单根钢绞线安装结束后，拉索索力和高程的调整，则通过张拉梁端千斤顶对索力进行补张或放张。

采用YCDS5500型千斤顶配套张拉连接筒、张拉螺母和张拉螺纹变径衬套在塔端进行斜拉索的整体张拉。

4）斜拉索减振

（1）利用专用紧索器按正六边形截面将整束紧固成形使其形成正六边形截面。

（2）索箍和减振装置按设计位置进行安装，拧紧索箍紧固螺栓，减振装置不做最后固定，待整体张拉、全桥调索结束后再进行固定。

（3）减振装置及索箍安装前，必须用专用紧索装置紧索成设定形状并放置假索成六边形。减振装置和索箍内壁均须与索外表密贴，减振装置外缘不能超出预埋管口。

5）斜拉索防腐

（1）索体防腐

斜拉索是斜拉桥的生命线，索体、锚头、夹片防腐需高度重视，按国家有关标准和OVM250平行钢绞线拉索体系技术标准进行，且在防腐前需对夹片进行顶压，顶压力为160kN，可用手摇泵或电动油泵连接超薄千斤顶RCS-502进行单根顶压。

（2）拉索锚具内防腐

拉索锚具内钢绞线由于挂索、张拉需要，两端的PE套需剥除，剥除段钢绞线必须进行有效防护，方法是在锚具内灌注油性蜡，灌注设备采用注浆机。待调索完成后，用油性蜡将油性蜡注入锚具内，锚头外露钢绞线及夹片部分用注浆机在其表面喷一层约为5mm厚度的油性蜡。灌注前应先将注浆机内的空气排空，在保压过程中检查是否有漏油现象。

（3）锚头端面、夹片、外露钢绞线的防腐

张拉后，锚板外露部分、锚板、夹片等都涂上防腐油脂，而且外露部分锚板用封箱带缠绕密封。调索结束后，锚具外安装保护罩，罩内抹油对裸露钢绞线、夹片、锚板等进行防护。上、下锚箱内必须采取防水、防潮措施，下端锚垫板应设有排水槽。

4.5　小结

（1）根据桥梁鱼腹式结构及悬臂浇筑节段的重量分布，因地制宜的设计了一套复合式短平台牵索挂篮；创新设计了由锚杆、止推键等组成的止推系统，有效克服了斜拉索水平分力，保证了挂篮的施工安全，并且采用全自动液压行走系统，确保了挂篮行走安全，同时方便拆卸，有效地提高了挂篮功效。

（2）创新地采用"型钢＋冲孔钢板和钢管＋防护网（钢）"组合而成挂篮防护系统，可同时用于施工平台和施工防护。不但能保证施工人员的作业安全，还对既有线和高速公路的防坠起到了关键的防护作用。

木兰溪特大桥主桥（30＋145＋145＋30）m斜拉桥施工历时两年，于2022年4月全部施工完成。积累了毗邻既有运营线路、横跨高速公路斜拉桥主梁施工的大量经验，形成了良好的经济、环保和社会效益，对今后类似工程可起到很好的指导和借鉴作用。

第 5 章　湄洲湾跨海大桥施工

5.1　概述

福厦高铁湄洲湾跨海大桥全长14.7km，首次采用跨度40m箱梁预制架设施工，全桥共298孔。与传统的32m箱梁相比，40m箱梁不仅在结构尺寸、重量有所变化，而且对施工工艺、施工装备及质量控制提出了更高的要求。为此，开展了40m箱梁梁建造技术创新，研制智能化钢筋加工设备、一体式智能变频压浆台车等用于40m箱梁预制施工；研制千吨级轮胎式搬梁机、轮轨式提梁机及千吨级运架一体机用于40m箱梁提运架施工（图4-5-1）。

图 4-5-1　40m 箱梁提运架施工

5.2　主栈桥交通维护方案

1）主栈桥及平台设计
（1）栈桥技术标准
① 桥面宽度 8m，按两车道考虑，两侧防护栏宽度各 0.1m，线路右侧路灯柱宽度 0.2m，桥面有效行车宽度 7.7m。
② 设计行车速度 15km/h。
③ 设计荷载：QUY85t 履带式起重机；12t 混凝土罐车；泵车；各类汽车起重机、小型运输车等。
④ 跨度 12m，六跨一联，部分地段采用四跨一联，用于调整曲线，联与联之间设置伸缩缝。在伸缩缝位置设置制动墩，为双排桩；其余为非制动墩。
⑤ 纵坡 ≤ 1%。
⑥ 栈桥桥面高程 7.5m。
⑦ 栈桥桥面板采用钢筋混凝土结构。

（2）钻孔平台

①普通墩钻孔平台施工荷载：最大1000kN（考虑2台冲击钻同时施工）。

②主墩（310号墩、311号墩）钻孔平台施工荷载：最大荷载2000kN（考虑4台冲击钻同时施工）。

③普通墩钻孔平台旁支栈桥按单侧设置，宽9m，长18.1m；主墩钻孔平台旁支栈桥按双侧布置，两侧均宽12m。

④钻孔平台侧的支栈桥桥面板和钻孔平台桥面板采用钢结构桥面板。

2）栈桥交通分析

超长栈桥上合理的交通组织是施工组织的关键环节。对各种施工情况下的栈桥交通情况分析如下：

（1）支栈桥及钻孔平台安装与拆除

安装及拆除支栈桥及钻孔平台采用80t履带式起重机，履带式起重机落地尺寸为6m×4.8m，占道工作最大旋转宽度8m。

①支栈桥安装

安装第一跨支栈桥时履带式起重机需要占道施工，持续时间约1.5d，插打螺旋管施工约20min每根，最不利工况为履带式起重机旋转与主栈桥垂直后道路完全封闭，无法通行。第一跨支栈桥安装完成后履带式起重机可以在第一跨上安装第二跨支栈桥，不需要占道施工。

②钻孔平台安装及拆除

钻孔平台安装及拆除时履带式起重机可以停放在支栈桥上，不会造成交通拥堵。

③支栈桥拆除

支栈桥拆除与安装顺序相反，拆除第二跨时不需要占道施工，拆除第二跨时履带式起重机需要占用主栈桥，持续时间1.5d。最不利工况为履带式起重机旋转与主栈桥垂直后道路完全封闭，无法通行。

图4-5-2为栈桥及平台安装现场。

图4-5-2 栈桥及平台安装现场

（2）钢板桩围堰安装与拆除

①钢板围堰插打主要在支栈桥上完成，在围堰小里程靠近右侧的一角需占用主栈桥进行插打，持续时间0.5d，会造成交通拥堵。

②钢板桩围堰拆除

钢板围堰拆除部分在支栈桥上完成，在围堰小里程靠近右侧的一角及靠近大里程方向一排需占用主栈桥进行插打，持续时间1d，会造成交通拥堵。

图 4-5-3 为钢板桩围堰安装现场。

图 4-5-3 钢板桩围堰安装现场

（3）桩基钢筋笼安装

吊装钢筋笼采用 25t 汽车起重机。支全腿，占道宽度为 6.3m；支半腿，占道宽度为 4.34m。利用支栈桥，主栈桥预留通道宽度为 3.11m，满足平板车、罐车、小车等通行。

但是由于钢筋笼体积和重量较大，汽车起重机卸放钢筋笼时会旋转横跨主栈桥，临时占道，对通行车辆有轻微影响。

（4）清基与封底

清基采用长臂挖机，履带占地面尺寸为 2.6m×3.5m，占道工作最大旋转宽度 4m；清基时不占用主栈桥通道；封底为退水位时，利用天泵干封，与灌注桩类似，不占用通道。由于长臂挖机及出渣车存在不按规定停车的情况，仍有堵车风险。

（5）承台及墩身施工

承台和墩身施工利用 25t 汽车起重机，停在支栈桥上，进行钢筋和模板的吊装作业；钢筋及模板堆放，需要靠边占用主栈桥，主栈桥预留通道宽度为 3.27m，满足平板车、罐车、小车等车辆的通行。

（6）材料进场及转场

钢模板及用于支栈桥及平台、围堰施工的贝雷片、工字钢、钢板、钢板桩以及大型设备等体积计重量较大，占用空间较大，在进场及转场时由履带式起重机或汽车起重机配合施工，会造成交通拥堵。

图 4-5-4 为现场交通状况。

图 4-5-4 现场交通状况

综合分析：以上施工第（1）～（3）步会造成严重交通拥堵，需要重点制定应对方案。

3）主栈桥交通维护实施方案

（1）交通管理

① 设置紧急通道

紧急通道设置在线路右侧，净宽 2.8m，考虑防护栏杆占用 0.1m，紧急通道距离桥面板边缘距离 2.9m。紧急通道参考交通标志进行标识，采用黄色实线标识。紧急通道为红线通道，任何车辆、设备以及材料机具不得占用，当需要紧急通行时必须申请，得到批复后在规定的时间和规定的动作内进行作业。

② 优化桥面布置

严禁相关设备占用车道，避免造成行车道的有效宽度减小。将路灯和管线等设备统一移除至桥面板以外，采用悬挑支撑。

③ 材料合理堆放

使用的材料（包括钢板桩、钢筋笼、模板、小型材料等）统一放置在线路左侧，严禁在右侧红线通道处摆放材料。材料堆码要整齐，大型材料长边方向与线路平行，占道宽度不得大于 3m。

④ 合理选择机械设备和材料的进场时间

机械设备和材料进出场避开高峰时间，大型机械设备、钢板桩、贝雷梁、大型模板等进出场及装卸实行报批制度。

⑤ 车辆数量及停车限制

所有车辆临时停车严禁在主栈桥上临时停车，可就近寻找错车平台、支栈桥作业平台等位置停车。所有班组限定使用 2 辆小型车。

⑥ 门禁管理

所有进入工地车辆均实行准入制度，所有施工车辆提前到安全部门备案，通过门禁系统自动扫描牌照进入主栈桥。对经过识别的车辆自动放行，对未经过识别的车辆不允许进入或经过栈桥交通维护小组组长批准后方可进入。当主栈桥发生拥堵时，各管段安全员在微信群里发布具体拥堵段落，并预计限行时间。

（2）交通组织

在进行螺旋管插打、钢板桩插打、大型材料吊装、机械设备拼装时，由于履带式起重机的作业空间需要，会造成交通封闭，此时每一段的报告安全员要合理进行交通组织。在履带式起重机作业时妥善安排好两侧的来往车辆临时在错车道上停车；合理安排履带式起重机的作业时间；适当安排履带式起重机将起吊臂旋转至与线路平行位置，留出通行空间方便两侧车辆通行。待交通封闭解除后，再组织履带式起重机作业。如此循环确保在规定时间内按规定动作完成作业。

5.3 40m 箱梁预制施工

1）40m 箱梁构造特点

相对于 32m 箱梁，40m 箱梁在梁长、梁高、腹板厚度、支座位置、材料用量上均有所变化，其中 40m 箱梁腹板厚度相比 32m 减少了 9cm，腹板预应力孔道由 2 列变为 1 列，对混凝土灌注工艺、预应力张拉工艺影响较大。此外，由于 40m 箱梁质量增加了约 137t，在箱梁提运架施工中对设备提出了更高的要求。

40m 箱梁与 32m 箱梁外形结构尺寸及质量比较见表 4-5-1。

40m 箱梁与 32m 箱梁外形结构尺寸及质量比较　　　表 4-5-1

梁型	跨度（m）	梁长（m）	梁高（m）	腹板厚度（cm）	底板宽度（m）	腹板预应力孔道	梁质量（t）
40m	39.3	40.6	3.235	36	5.4	1 列	927.2
32m	31.5	32.6	3.035	45	5.5	2 列	790.3

2）40m 箱梁预制施工工艺

40m 箱梁预制采用的工装、工艺、设备与 32m 箱梁预制基本相同，在常规箱梁预制施工工艺的基础上，结合 40m 箱梁的构造特点，对预制施工的各个工艺环节进行深入研究，通过工艺创新及引进智能化工装设备，有效保障了 40m 箱梁的成品质量，提高了施工工效及信息化水平。

（1）钢筋工程

①智能化钢筋加工设备的应用

钢筋加工厂配备了成套的智能钢筋加工设备（图 4-5-5），实现了钢筋配料、上料、切断、加工流水化作业。钢筋自动化加工率达到 90% 以上，减少人工量 40%，不仅提高了钢筋加工精度及作业效率，而且降低了劳动作业强度。此外，加工系统可实现尾料的智能化管理，减少尾料浪费约 3%。

图 4-5-5　智能化钢筋加工设备

②BIM 技术的应用

利用 BIM 技术建立 40m 箱梁精细化模型（图 4-5-6），对梁体钢筋进行碰撞模拟分析，最终形成钢筋加工及绑扎的最优方案。通过专业软件的数据联通技术，实现了 BIM 信息与智能钢筋加工设备系统的顺利对接，提高了半成品物料的管理效率及信息化水平。

图 4-5-6　梁部钢筋 BIM 建模

（2）模板工程

采用自驱式液压内模，代替了传统卷扬机拖拽安装的方式。其使用特点如下：

①施工过程中无须使用门式起重机及卷扬机，施工效率高。

②通过固定牵引架和过渡牵引架实现内模自动行走，对位精准，安装偏差小。

③内模遥控自驱动安装（图 4-5-7），有效降低了施工安全风险。

（3）混凝土工程

①混凝土浇筑

结合 40m 箱梁的构造特点，探索了一套 40m 箱梁混凝土

图 4-5-7　内模自驱安装

浇筑施工工艺，从混凝土性能调整、梁体各区域坍落度控制、布料顺序优化以及配套工装的应用四个方面进行了创新改进。

② 混凝土养护

采用多种养护形式对箱梁进行全方位覆盖养护，桥面采用围堰蓄水、腹板采用自动摇摆喷淋、底板和内腔采用工装封堵雾化保湿、梁端采用工装进行覆盖保湿，确保箱梁养护质量满足要求。其中，智能化喷淋养护系统可实现手机 App 远程控制，可根据梁体结构尺寸特点对喷淋养护方式进行选择。

（4）预应力工程

① 梁体穿束拔管

采用穿束拔管台车（图 4-5-8）进行钢绞线穿束及预应力管道拔管作业，有效降低了施工安全风险，提高了作业效率。其使用特点如下：

a. 可利用遥控器进行操作，自动化程度高。

b. 实现了钢绞线整孔穿束，有效解决了钢绞线缠绕问题。

c. 适用于 6~22 束钢绞线的整孔穿束和 70~120mm 橡胶管拔出。

② 预应力张拉

传统预应力张拉使用的张拉架存在结构笨重，移动和对位不易控制等缺陷，为此研制了一体式智能变频压浆台车（图 4-5-9），该台车集多种功能于一体，可实现压浆全过程的智能监控，提高了管道压浆质量控制水平。其功能特点如下：

a. 自带安全防护罩和作业平台，提高了安全水平及施工工效。

b. 机动性强，可利用遥控器控制操作平台连同张拉千斤顶进行三维方向调整，实现预应力孔道的精准确对位。

图 4-5-8　穿束拔管台车

图 4-5-9　自动张拉台车

③ 梁体孔道压浆

a. 集水泥和压浆剂仓储、制浆、压浆于一体，减少袋装水泥使用量，环保经济性好。

b. 真空度联动锁定压浆操作，真空不达标时自动锁定，不能压浆，保证了浆液充盈度。

c. 利用双泵对两个孔道同时压浆，3h 内可完成单片 40m 箱梁的压浆作业，作业效率高。

d. 采用电磁流量计，对压浆量进行自动计量，判断管道密实度，保证压浆质量。

e. 数据存储、数据管理功能强，数据可传输至铁路工程管理平台。

f. 只需 3 名工人即可完成压浆作业，有效节省人工。

3）成品梁检测

研发了二维激光智能扫描台车，可实现对箱梁的全面扫描，将获得的点云数据生成实测模型（图 4-5-10），与标准模型进行比对即可快速，准确获知被检测箱梁外形尺寸是否合格，投入人员少，测量效率高。

图 4-5-10 点云数据形成实测模型

5.4 关键施工要点

（1）湄洲湾跨海大桥超长栈桥上合理的交通组织是确保施工顺利实施的关键环节。结合分项工程的施工方案，科学地进行交通组织，合理地分配交通资源，保障了工程的顺利进行。

（2）超长海域 298 孔 40m 箱梁首次采用预制架设施工，40m 简支箱梁对施工工艺、施工装备及质量控制提出了更高的要求。研制智能化钢筋加工设备、一体式智能变频压浆台车等，用于 40m 箱梁预制施工，确保了施工质量；采用智能温控系统进行 360°全覆盖喷淋养护，保证了养护效果；研制三维激光智能扫描台车，实现了对成品梁的全面扫描检测。

第6章 泉州湾跨海大桥施工

6.1 工程概况

泉州湾跨海大桥位于泉州湾海域，两岸冲海积平原，大桥全长20.288km，其中泉州湾跨海大桥主桥采用（70＋130＋400＋130＋70）m 钢-混凝土结合梁半漂浮体系斜拉桥，是全线重点及关键控制性工程。海上引桥采用3×70m多跨无支座整体式刚构，其中福州侧为9联3×70m刚构，厦门侧为11联3×70m刚构＋2×70m刚构。墩身高度21~50m。泉州湾跨海大桥如图4-6-1所示。

泉州湾平均高潮位时的最大水深在2~10m之间，福州侧已接近海岸，水深较厦门侧浅。平均低潮位时，部分海床露出水面，大部分承台底露出泥面，少部分在泥面以下；平均高潮位时，承台顶被水淹没。承台顶高程基本一致，大部分为高桩承台。

图4-6-1 泉州湾跨海大桥

6.2 主桥基础施工

1）桩基施工

（1）桩基参数

主桥包含74~79号墩，其中主墩为76号、77号墩，过渡墩为75号、78号墩，辅助墩为74号、79号墩。主桥基础均采用钻孔灌注桩，桩基共计88个。主桥桩基参数见表4-6-1。

主桥桩基参数表　　　　表4-6-1

墩号	泥面高程（m）	桩径（m）	根数	桩基长度（m）	单根桩混凝土设计方量（m³）	单根桩钢筋笼质量（t）	覆盖层厚度（m）	岩层厚度（m）
74号	−6.50	2	10	52.5	164.94	27.38	30.2	16.5

续上表

墩号	泥面高程（m）	桩径（m）	根数	桩基长度（m）	单根桩混凝土设计方量（m³）	单根桩钢筋笼质量（t）	覆盖层厚度（m）	岩层厚度（m）
75号	−6.20	2	10	39.5	124.09	20.59	25	8.5
76号	−6.20	3	24	51	360.5	52.09	27	17.625
77号	−6.90	3	24	42	296.88	43.93	28.5	6.925
78号	−6.40	2	10	26	81.68	13.56	11	7.7
79号	−5.50	2	10	23.5	73.83	12.25	14	5.3

（2）桩基施工特点

主桥桩基施工作业条件恶劣，安全质量风险等级高，具体体现在季风风力大、时间长，且全年台风影响范围大，这些气象、水文条件直接导致施工有效作业时间明显缩短。同时桥址区处于海洋镁盐、氯盐腐蚀环境，施工过程中浪溅区、潮差区对钢栈桥、临时钢结构等腐蚀严重。

（3）钻孔桩施工

① 总体施工工艺

根据地质、水文情况，泉州湾跨海大桥主桥74～79号墩桩基础采用冲击钻冲击成孔的总体施工工艺。桩基施工前，采用打桩船、起重船搭设主桥区域的钢栈桥及施工平台，并完成钢护筒的沉放；76～77号墩采用门式起重机吊装下放钢筋笼，74号、75号、78号、79号墩均采用履带式起重机吊装下放钢筋笼；导管法浇筑水下混凝土成桩。

钻孔灌注桩具体施工工艺流程如图4-6-2所示。

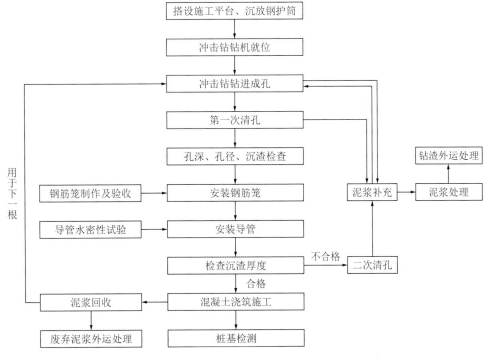

图4-6-2 灌注桩施工工艺流程图

② 钻孔施工

a. 钻孔顺序

根据施工组织要求，每个主墩配备6台冲击钻进行施工，钻孔采取隔孔钻进原则进行设置，分4个循环完成。每个过渡墩、辅助墩配备3台钻机,分4个循环完成。

b. 泥浆制备及泥浆循环

将黄黏土、水按比例制成原浆。钻进过程中在钻头出护筒前将适量黄黏土投入护筒内,钻头低锤密集造浆。泥浆性能控制指标应符合下列规定。

泥浆相对密度:冲击钻机使用管形钻头钻孔时,入孔泥浆相对密度为1.1~1.3;冲击钻机使用实心钻头钻孔时,孔底泥浆相对密度:黏土、粉土不大于1.3,大漂石、卵石层不大于1.4,岩石不大于1.2。

黏度:一般地层16~22s,松散易坍地层19~28s。

含砂率:新制泥浆不大于4%。

胶体率:不小于95%。

pH值:应大于6.5。一般地层和易坍塌地层为8~11。

冲击钻冲孔采取正循环的工艺进行清孔除渣(图4-6-3)。在冲孔过程中,钻渣上浮,通过泥浆泵将含有钻渣的泥浆抽进振动筛内,经过振动筛完成泥浆和钻渣的分离,可利用的泥浆进入泥浆池内,通过泥浆管送入孔底循环利用。

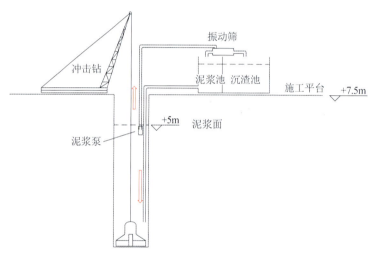

图4-6-3 泥浆正循环示意图

c. 钻进成孔

钻进过程中要随时观察涨落潮情况,当涨潮时,护筒内的泥浆面根据涨潮高度进行相应地提高,泥浆比重也相应地进行提高,反之进行相应地降低,防止出现坍孔等情况发生。

嵌岩后,技术人员必须检查确认,以便判断嵌岩深度。如达不到设计要求的嵌岩深度,或持力层与设计存在较大出入,及时上报监理工程师,申请变更桩长或其他补救措施。

d. 一次清孔

清孔采用气举反循环清孔(图4-6-4)。开始清孔时,利用空压机向孔底送风,送风量约为20m³/min,风压可按公式$H/100 + 0.05$计算,H为风管口入水深度(m),一般孔深70m以内采用0.5~0.7MPa的风压可满足要求。

在清孔过程中,及时向孔内注水保持孔内水头。由于桩径较大,清孔时可摇动导管,改变导管在孔底的位置进行清孔。经检测,孔底沉渣厚度满足设计及规范要求,以及孔内泥浆指标符合要求后,及时拆除导管,开始进行钢筋笼下放。

(4)成桩质量检测

桩基质量检测应按规范要求,浇筑完成14d后进行。桩身混凝土强度不低于设计强度的70%且不低于 15MPa 时，采用超声波透射法进行无损检测。

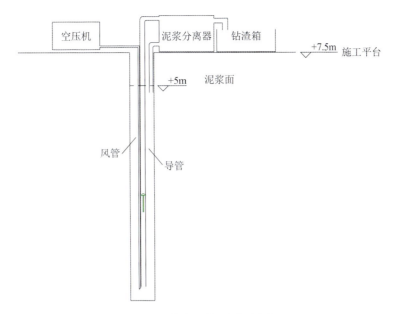

图 4-6-4　气举反循环清孔示意图

2）钢吊箱施工

（1）钢吊箱结构

主桥 2 个桥塔墩承台采用单壁钢吊箱围堰施工。吊箱内尺寸为承台外轮廓尺寸外扩 5cm，为 26.6m×40.6m，壁高 10.1m，吊箱顶面高程+7.475m、底面高程−2.625m。钢吊箱由壁体、钢底板、内支撑、拉压杆、吊杆、封孔板、连通器、封底混凝土等组成。钢吊箱壁体共分 20 块拼装，壁体各单元块间、壁体与底板均采用可拆卸的螺栓连接，壁体由面板环向主梁、环向次梁构成。吊箱内设置两层钢管撑，两层之间采用桁架支撑。钢吊箱底板为钢底板，由厚 8mm 底板面板、底板主梁、底板次梁、封边槽钢构成，并在钢护筒位置处预留孔洞。单壁钢吊箱结构平面、立面如图 4-6-5、图 4-6-6 所示。

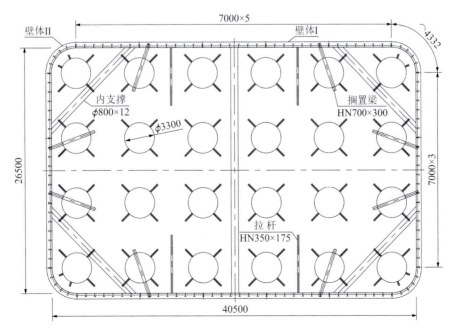

图 4-6-5　钢吊箱平面图（尺寸单位：mm）

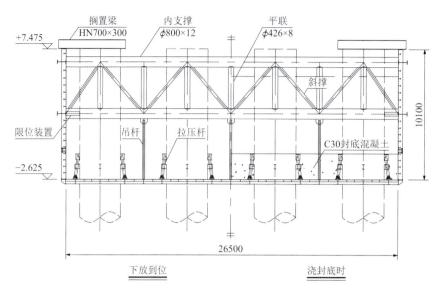

图 4-6-6 钢吊箱立面图（尺寸单位：mm；高程单位：m）

（2）施工难点

潮汐深水特殊环境下，桥塔墩单壁钢吊箱围堰施工主要存在以下难点。

① 单壁钢吊箱制作精度要求高，吊箱重量大，安装定位精度要求高；受风浪影响，安装定位难度大。

② 吊箱壁体之间采用螺栓连接，壁体防渗漏控制难度大。

③ 受潮汐影响，吊箱封底施工困难，封底混凝土质量难以控制。

④ 钢护筒采用了高质量的厂内涂装，导致封底混凝土与钢护筒之间不能形成有效的握裹力，需要采取一定的辅助措施。

（3）总体施工步骤

主塔钢吊箱围堰的总体施工步骤为：钢吊箱分块制作及总拼→起重船整体起吊，驳船运输至现场→起重船整体吊装就位，安装吊挂系统→安装封孔板，浇筑封底混凝土→围堰内抽水，拆除吊挂系统→承台、塔座施工→拆除钢吊箱。

（4）钢吊箱加工制作

钢吊箱底板拼装完成后，进行吊箱壁体拼装，每拼装一壁体单元块，应将其与上一壁体单元块用螺栓连接，然后与底板螺栓连接。钢吊箱底板及壁体拼装完成后，安装内部钢管撑，再安装拉压杆及下端连接耳板。

钢吊箱壁体之间采用螺栓连接。为了保证连接质量及密实性，保证后期不渗水，采取在壁体连续处增设膨胀性止水条方式，结果表明止水效果良好。

（5）钢吊箱现场吊装及精确定位

钢吊箱的安装下放应选择在天气情况较好，风浪、流速均较小的低平潮时段进行。对钢吊箱下放过程进行测量监控，在下放到搁置梁上之前，精确调整钢吊箱的水平位置，将钢吊箱放置在搁置梁上并安装长拉压杆，而后撤离起重船，最后选择低水位期安装钢吊箱内的短拉压杆。

（6）封底混凝土浇筑

① 封底混凝土厚度确定

综合考虑结构自重、静水压力、水流力、风荷载、波浪力荷载，通过最不利工况计算分析，确定封底混凝土厚度。封底混凝土厚度计算主要考虑两种工况：一是设计高潮位条件下抽水达到封底混凝土顶面高程时的工况，以及设计低潮位条件下浇筑第一层承台（2.0m 厚）的工况；二是以设计低潮位条件下浇筑第一层承台（2.0m 厚）的工况为控制工况。计算封底混凝土厚度为 2m 的情况下，封底混凝土与钢护筒之间的握裹力均小于 150kPa，受力满足要求。

② 封底混凝土浇筑次数确定

桥塔墩桥位处平均低潮位为-1.9m，考虑潮汐影响，将封底混凝土分两次浇筑。第一次水下浇筑1.5m，第一次封底后顶高程为-1.125m；第二次利用低潮位浇筑0.5m，从而确保封底混凝土浇筑质量。

③ 封底混凝土与钢护筒之间握裹力提高措施

为了保证封底混凝土质量以及封底混凝土与钢护筒之间的握裹力，在封堵钢吊箱底板与钢护筒之间的缝隙之前用钢丝刷和高压水枪对钢吊箱及钢护筒进行清理，同时应将封底混凝土2m范围内钢护筒外壁加强型单层环氧粉末涂层刮除。另外，在低潮位时每个钢护筒安装两个反压牛腿，并在钢护筒外壁焊接3道环向钢筋及加强剪力键以增强握裹力，如图4-6-7所示。

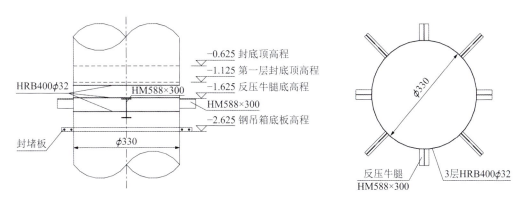

图 4-6-7 反压牛腿及环向钢筋（尺寸单位：cm；高程单位：m）

④ 底板封堵

底板与钢护筒之间采用哈弗板＋麻袋混凝土（装干拌砂浆的麻包袋）进行封堵。低潮位时，将4块哈弗板放置在钢护筒周围，并拧紧抱箍螺栓，对钢护筒与哈弗板之间的缝隙进行水下封堵，采用装干拌砂浆的麻包袋逐个进行封堵。

⑤ 封底混凝土浇筑

首先对潮位变化情况进行统计分析，结合混凝土浇筑时间，最终选在第一个低潮位开始浇筑，经历一个潮位变化后，第一层浇筑完成时为低潮位，由内海侧开始依次向外海侧进行首封施工。

封底混凝土浇筑施工要经历一次涨落潮，钢吊箱内外水头差变动易导致钢护筒周围混凝土受水压影响产生毛细水，使得封底效果不佳。为保证质量，封底混凝土浇筑时，采用在封底混凝土不同高度布置多个连通器进行调节，尽量减小钢吊箱内外水头差，同时增设水泵向吊箱内抽水或注水的方式有效控制水头差。

⑥ 钢吊箱底部排水系统

在浇筑第二层封底混凝土时，在底板四周设置盲沟及集水井，钢吊箱外侧设置集水钢护筒，钢护筒与集水井之间通过钢管联通，钢护筒中设置水泵抽水，从而实现了钢吊箱底部积水的及时排除，保证了吊箱内部的干环境。

3）承台施工

主墩承台采用C50混凝土。承台尺寸为40.5m（横桥向）×26.5m（纵桥向）×6m（厚度）（图4-6-8）；承台顶高程为+5.375m，底高程为-0.625m。平均高潮位时主墩处的最大水深达到10m，在平均低潮位时承台底露出水面，主墩承台为高桩承台，承台底距离海床6m。

（1）总体施工工艺及主要施工步骤

① 钢吊箱安装完成后，开始施工主墩承台，分两层浇筑承台混凝土，随着承台的施工逐渐拆除钢吊箱内支撑，利用钢模板施工塔座，最后拆除

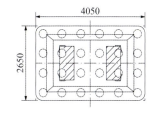

图 4-6-8 主墩承台、塔座平面图（尺寸单位：cm）

钢吊箱。

②尽量选择在高水位浇筑第一层承台（2.0m）混凝土。待第一层承台达到设计强度后，拆除底层钢管撑及桁架，安装精轧螺纹钢筋拉杆时，拧紧端部螺母，且预紧力不应大于10kN。绑扎钢筋，浇筑第二层承台（4.0m）混凝土。

③承台施工完成后，拆除吊箱顶部的对拉拉杆与内支撑，支模施工塔座。

（2）桩头处理

①钢吊箱抽水完成，检查无漏水情况后即可开始承台的施工，为防止钢护筒影响桩头破除，将钢护筒割除至与封底混凝土顶面齐平，割除前在护筒上画出切割线，采用气割对桩头范围的钢护筒进行切割分离。

②桩头处理采用双缝环切工艺。主要步骤：测量放线、环向切割、剥离桩头钢筋、桩头切断、吊离桩头、桩头修整。

（3）混凝土工程

①6m高承台施工时的模板为钢吊箱封底及壁体，承台首层浇筑2m混凝土，第二层浇筑4m混凝土。承台混凝土浇筑采用分层布料、分层振捣，每层厚度30cm，振捣间距按50~60cm控制。混凝土浇筑按照从一个方向（中间）向另外一个方向（两端）推进。

②为减少收缩裂缝，混凝土浇筑完毕后，在顶部混凝土初凝前，对其进行二次振捣，并压实抹平。承台混凝土的浇筑时间不宜过长，应在下层混凝土初凝前完成上层混凝土的浇筑。

③承台施工期间，为有效控制承台混凝土内外温差，必须加强混凝土外表面的养护。即在混凝土的初凝后，立即用土工布、油布对承台周边和顶面进行全面覆盖。混凝土养护时间根据水胶比、大气潮湿度及温度确定养护天数，养护时间不少于14d。冷却水管的承台混凝土自浇筑开始，须立即通入冷水，通水时间由计算与实测温度确定。

④在停止承台冷却水管的通水后，用空压机将水管内的残余水吹干，对冷却管进行注浆，采用M35水泥砂浆灌注封孔，并将伸出承台顶面的管道截除。

⑤冷却水管通水是降低混凝土浇筑时内部温度的有效措施，根据承台混凝土的水化热规律，设计冷却水管的布置形式及通水时间，并通过内外部的温度监测控制混凝土的最高温度及内外温差在允许范围内，进而保证混凝土的施工质量，避免出现开裂。

6.3 主塔施工

智能式液压爬模系统从安全的角度出发，系统地集成了传统液压爬模设计、混凝土自动喷淋养生系统、爬模施工现场滞留人员监控、爬模施工现场表观可视化监测、平台姿态及爬升过程监控、环境监测、火灾报警监控、施工过程监控等功能。

智能液压爬模主要由爬升液压系统、模板控制系统、爬升电气控制系统、混凝土自动喷淋养生系统、智能化控制系统等系统组成。单节浇筑高度为6m。

1）总体施工工艺

（1）起始浇筑段中，按照设计位置埋设锚锥，并保证其位置准确。

（2）混凝土达到强度要求后拆模，以起始段中预埋的锚锥为支点拼装系统。

（3）调整模板位置，保证定位精度，进行浇筑工作并埋设锚锥。

（4）拆模。操作动力装置控制器爬升轨道，使其上部与挂在预埋锚锥上的悬挂件固接，形成爬升轨道。

（5）操作动力装置控制器爬升爬架，带动系统爬升至下一工作节段。

（6）支模。重复上述工作流程。

2）智能化控制爬升系统

智能化控制系统采用数控闭环控制，通过中央数控屏幕输入相关指令，设置报警阈值。连接各个传感元件，通过传感元件反馈的数据施工，运行反馈的参数进行综合分析。若出现超出阈值范围的数值，则会立即发出报警信号，并停止爬模运行。若没有出现警报信息，智能液压爬模在数控系统的自动调节下进行稳步爬升，直至精准达到下一工作循环。

3）智能液压爬模模板控制系统

智能液压爬模模板控制系统采用中央主控制台进行系统的控制，所有分控的位置信号、压力信号、反馈信号等均传递到主控，在主控 PLC 中按照一定的算法程序进行判断处理，并将计算得到的指令返回给动力单元。以此实现各个动作的同步。

4）智能液压爬模标准节段施工

（1）爬架各分段构件在现场进行试拼；工程、质检、安全部门按设计要求对焊缝、外形尺寸、配件等逐一进行检查验收，合格后方可使用。

（2）模板：按大模板制作要求进行验收，复核螺栓孔位置是否准确，吊点是否符合要求。特别检查吊环焊接是否符合要求。

（3）检查提升设备、节点板拼接螺栓等配件是否配齐，混凝土墙体上的预留孔位置是否与爬架孔位一致。

6.4 主桥钢-混凝土结合梁施工

全桥主梁划分为 13 种梁段类型，77 个梁段。其中标准节段长 10.5m，塔区 A 类梁段长 12m，中跨合龙段 F 类梁段长 10m。塔区及墩顶梁段采用大型起重船吊装，其余采用桥面吊机悬臂吊装。

1）总体施工步骤

主梁安装分四个类别：塔区及辅助墩连接墩梁段（存梁梁段）、标准梁段、边跨合龙段以及中跨合龙梁段。

先利用起重船完成塔区及辅助墩连接墩共 18 榀梁段的存梁施工。待塔区梁段完成调位及湿接缝施工后安装桥面吊机，后续梁段利用桥面吊机对称悬臂拼装并完成相应的湿接缝及预应力施工。若主梁（含桥面板）质量不超过 290t，则整体一次吊装完成；若主梁（含桥面板）质量超过 290t，则分两个步骤完成吊装，先吊装钢梁 + 2 块边桥面板，待钢梁栓焊及斜拉索一张后桥面吊机变幅吊装中桥面板，最后施工湿接缝。

悬臂吊装至合龙段，先边跨合龙，随后中跨顶推辅助合龙。主桥合龙后进行附属设施的安装施工。

2）存梁施工

主桥施工共需存梁 20 榀，其中索塔区各 5 榀 SG2、SG1、G0、MG1、MG2，辅助墩各 3 榀 SG11、SG12、SG13，连接墩各 2 榀 SG18、SG19。均采用大型起重船吊装，其中 SG1、G0、MG1 梁段需要进行滑移，存梁布置如图 4-6-9 所示。

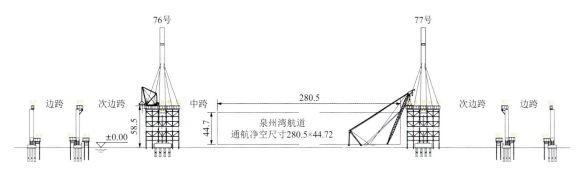

图 4-6-9 存梁梁段布置图（尺寸单位：m）

（1）存梁支架结构设计

存梁支架计算荷载主要包括结构自重、钢箱梁重量及拖拽摩擦力、压重、施工人员及设备、水流力、波浪力、风荷载。

① 结构自重由有限元软件自行计入。

② 钢箱梁重量及拖拽摩擦力：G0梁段（12m长）：4546020N；MG1/SG1梁段（10.5m长）：3693080N；MG2/SG2梁段（10.5m长）：3666910N。

③ 压重：一期压重C45钢筋混凝土，重度按25kN/m³计算。

④ 施工人员及设备荷载按25kN/m²计算。

⑤ 水流力：根据《港口工程荷载规范》（JTS 144-1—2010），按下式进行计算。

$$F_w = C_w \frac{\rho}{2} v^2 A \tag{4-6-1}$$

式中：F_w——水流力标准值（kN）；
C_w——水流阻力系数；
ρ——水密度（t/m²），海水取1.025；
v——水流设计流速（m/s）；
A——计算构件在与流向垂直平面上的投影面积（m²）。

⑥ 波浪力：根据《港口与航道水文规范》（JTS 145—2015），按下式进行计算。

$$P_{Dmax} = C_D \frac{\gamma D H^2}{2} K_1 \tag{4-6-2}$$

$$P_{Imax} = C_M \frac{\gamma A H}{2} K_2 \tag{4-6-3}$$

$$M_{Dmax} = C_D \frac{\gamma D H^2 L}{2\pi} K_3 \tag{4-6-4}$$

$$M_{Imax} = C_M \frac{\gamma A H L}{4\pi} K_4 \tag{4-6-5}$$

上述式中：P_{Dmax}——作用于柱体计算高度上的最大速度力（kN）；
P_{Imax}——作用于柱体计算高度上的最大惯性力（kN）；
M_{Dmax}——作用于柱体计算高度上的最大速度力矩（kN·m）；
M_{Imax}——作用于柱体计算高度上的最大惯性力矩（kN·m）；
H——建筑物所在处进行波波高（m）；
L——波长（m）；
C_D——速度力系数，对圆形断面取1.2，对方形或长度/宽度≤1.5的矩形断面取2.0；
C_M——惯性力系数，对圆形断面取2.0，对方形或长度/宽度≤1.5的矩形断面取2.2；
γ——水的重度（kN/m³）；
D——柱体的直径（m），当为矩形断面时，D改用b，b为短形柱体断面垂直于波向的宽度（m）；
A——柱体的横断面面积（m²）；
K_1、K_2、K_3、K_4——系数，按公式计算或查图。

⑦ 风荷载：正常工作时风速为13.8m/s，支架空载时取为34m/s。支架上的风荷载根据《建筑结构荷载规范》（GB 50009—2012）进行计算：

$$F_{w_k} = \beta_z \mu_s \mu_z W_0 \tag{4-6-6}$$

式中：F_{w_k}——风荷载标准值（kN/m²）；
β_z——高度Z处的风振系数；

μ_s——风荷载体型系数；

μ_z——风荷载高度变化系数；

W_0——基本风压（kN/m^2）。

（2）结构布置形式

主桥塔区存梁支架采用ϕ1000 mm×14mm 及与下横梁支架共用的ϕ1200mm×14mm 钢管作为直立柱，支架两侧各有一排ϕ800mm×12mm 辅助桩与ϕ1000mm×14mm 钢管桩相连。钢管桩为边跨侧 2 排 8 根钢管桩，中跨侧 2 排 8 根钢管桩，外排钢管桩形成稳定框架，提高支架稳定性。立柱间采用ϕ630mm×8mm 钢管、ϕ426mm×6mm 钢管、2I32a 工字钢作为平联及斜撑。立柱顶部设卸荷块，卸荷块上设置 3HN900mm×300mm 型钢主横梁，主横梁顶部设置 3HN900mm×300mm 型钢主纵梁。通过三道扶墙将钢立柱与主塔铰接。

（3）计算工况分析

采用 Midas Civil 有限元分析软件进行结构模拟计算，根据不同施工阶段和受力情况的不同，按以下三种计算工况分析。

工况 1：主桥 0 号块存梁支架搭设完成。考虑纵横桥向最大风速、水流、波浪，取不利作用组合。

工况 2：G0 梁段吊装及滑移阶段。考虑纵横桥向工作风速、水流、波浪，取不利作用组合，梁重不考虑湿接缝重量，考虑钢箱梁支反力不均匀系数 1.3 和钢箱梁冲击系数 1.1。

工况 3：塔区梁段安装到位。考虑纵横桥向最大风速、水流、波浪，取不利作用组合，考虑钢箱梁支反力不均匀系数 1.3。

塔区存梁支架计算模型如图 4-6-10 所示。

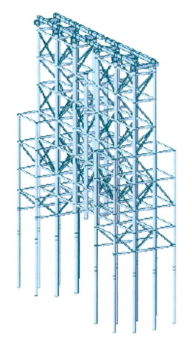

图 4-6-10 塔区存梁支架计算模型

荷载组合考虑标准组合和基本组合；其中，标准组合计算结果用来评价刚度指标，基本组合计算结果用来评价结构强度及稳定性指标。各计算工况荷载组合见表 4-6-2。

塔区存梁支架各工况荷载组合　　　表 4-6-2

工况	组合	自重	钢箱梁重	拖拽摩擦力	压重	施工人员及设备	水流力	波浪力	风荷载
工况 1	标准	1.2	—	—	—	—	1.5	1.5	1.4
	基本	1	—	—	—	—	1	1	1
工况 2	标准	1.2	1.2	1.2	—	1.4	1.5	1.5	1.4
	基本	1	1	1	—	1	1	1	1
工况 3	标准	1.2	1.2	—	1.2	1.4	1.5	1.5	1.4
	基本	1	1	—	1	1	1	1	1

通过对各最不利工况进行施工计算分析，塔区存梁支架在各工况下：

最大剪应力：$\tau_{max} = 97MPa < f_v = 125MPa$

最大组合应力：$\sigma_{max} = 148MPa < f = 215MPa$

主横梁最大变形：$\delta = 3mm < \frac{L}{400} = 15mm$

主纵梁最大变形：$\delta = 10mm < \frac{L}{400} = 13mm$

综上所述，主桥塔区存梁直接主要结构杆件的强度及刚度满足受力要求。

（4）塔梁约束施工

塔区 5 榀钢箱梁精调到位后，安装两滑道中间 4 个 G0 竖向约束及横向约束。竖向约束由混凝土支墩+型钢支垫组成，型钢支垫采用φ32mm精轧螺纹钢及连接器与混凝土支墩预埋φ32mm精轧螺纹钢连接成整体，型钢支垫与钢箱梁底板采用螺栓连接。所有螺栓及精轧螺纹钢连接完成后，采用支座灌浆料对型钢支垫于混凝土支墩之间的空隙进行灌浆。横向约束采用φ800mm×12mm钢管，将钢箱梁侧面与塔柱表面埋件焊接成整体。

3）主梁悬臂施工

（1）钢箱梁起吊

预制板放置在钢梁上后，运输至桥面吊机下方，桥面吊机将吊具下放至运梁船上方5m左右，运梁船根据吊具位置抛锚定位。

运梁船初步定位完成后，桥面吊机吊具继续下放至钢梁上，吊具与钢梁临时吊点连接，微调船位，使桥面吊机钢丝绳基本垂直。确认各连接点无误后边、中跨同时起吊。

单个主塔边、中跨桥面吊机钢丝绳均带力后，边、中跨桥面吊机同时起吊，按单片梁重的20%→50%→90%→100%分级起吊，分级起吊过程中检查桥面吊机前支点及后锚点有无异常。钢梁调离船体20cm后，稳定1min，观察桥面吊机前支点、后锚点，无异常后继续平稳起吊。起吊接近桥面位置时，应缓慢减速起吊。钢梁吊至高于运梁船后，运梁船可起锚驶离。图4-6-11为标准梁段悬臂吊装。

（2）钢箱梁定位与栓焊

钢箱梁吊装至设计位置50mm左右时，先进行粗匹配，粗匹配根据上一梁段位置采用10t手拉葫芦进行轴线调整并限位，高程由桥面吊机进行粗调，使高程、里程及轴线误差均在10mm以下，待当日夜间温度稳定时进行精匹配。

钢箱梁精匹配前对高程、轴线及里程进行测量，根据监控指令确定调整量。在底板位置布置千斤顶辅助调整高程误差至3mm以内，高程调整完成后依旧采用10t手拉葫芦对里程及轴线进行精调。

图4-6-12为钢箱梁定位示意图。

钢箱梁精调完成后经过复测，满足精度控制要求当夜立即焊接码板对钢箱梁进行固定限位。

图4-6-11 标准梁段悬臂吊装

钢梁工地连接采用栓焊组合形式，钢梁顶板、边腹板及边腹板加劲肋、中腹板及中腹板加劲肋采用高强螺栓连接，底板及底板加劲肋采用焊接。所有焊缝焊接、高强螺栓施拧均沿钢梁横截面对称施工。

（3）斜拉索展索及张拉

S/M1~S/M4号索长度较短、且重量较轻，可直接用塔式起重机提升离开桥面展开。提升前，按要求安装索夹，展开的斜拉索下放时，使其落到放索小车上。由塔内卷扬机下放牵引头，连接斜拉索塔端锚头，随着塔式起重机提升一同收紧钢丝绳，直至斜拉索完全离开索盘。

S/M5~S/M18号索长度相对较长、且重量较重，展索需梁面放置卷扬机进行辅助展索。S/M5~S/M14号索由塔区向梁段展索，S/M15~S/M18号索由梁端向塔区展索。用桥面主塔处的卷扬机牵引斜拉索锚头，同时转动索盘，进行展索，展开斜拉索，缓慢放至放索小车上。当索完全展开后，用25t汽车起重机将锚头从索盘卸下，利用塔式起重机提升索盘上未展开斜拉索，直至斜拉索完全展开。

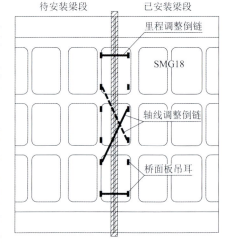

图4-6-12 钢箱梁定位示意图

斜拉索张拉统一在塔端进行，张拉过程中索塔顺桥向两侧的拉索和横桥向对称的拉索须对称同步张拉。斜拉索张拉采用张拉丝杆按监控指令进行张拉，完成后拆除千斤顶、张拉丝杆、撑脚、连接头等。

（4）湿接缝施工

湿接缝采用补充收缩 C55 纤维混凝土，C55 纤维混凝土轴心抗拉极限强度、劈裂抗拉强度和抗折强度较预制混凝土桥面板 C55 本体混凝土提高 40% 以上，28d 劈裂抗拉强度不低于 5.5MPa。混凝土在项目部拌和站集中进行拌制，利用混凝土罐车运输至主墩施工现场进行泵送浇筑。

（5）特殊梁段施工技术

① S/M15～S/M18 号斜拉索展索

S/M15～S/M18 号斜拉索重量均超过塔式起重机的吊装能力，因此 S/M15～S/M18 号斜拉索由桥面吊机进行吊装至桥面。具体施工流程如下：

a. 斜拉索进场，临时存放于 76 号主墩。

b. 回转起重机吊装斜拉索至钢梁运输船。

c. 钢梁运输船停泊于桥面吊机的下方。

d. 桥面吊机吊装斜拉索至桥面。

从起重船起吊斜拉索时，桥面吊机吊幅 18m，吊高 58m。待索盘底部提升至梁面以上时，桥面吊机起重臂调整角度，将吊幅调整 8m 左右，将索盘放置于梁面。桥面吊机吊具底部距离索盘底部高度控制在 6m 以内，以便吊装至桥面时索盘与梁面之间有足够的空间。

由于桥面吊机前方空间有限，斜拉索展索由梁端向塔区展索，无法沿直线展索，需绕开桥面吊机。需加工斜拉索导向装置，保证了斜拉索展索时的安全性，同时避免了展索时对斜拉索造成二次损伤。

② 边跨桥面板吊装

桥面吊机最大起吊能力为 290t，边跨 SG11～SG18 梁段钢箱梁＋桥面板总质量超过 290t，分两个步骤完成主梁吊装。第一步先起吊钢主梁及两块边侧桥面板（质量不超过 290t），钢梁栓焊及斜拉索一张完成后将桥面吊机松钩；第二步为桥面吊机在原位变幅至 18～20m，跨过 1 节钢梁，吊装运输船上的桥面板中板。待桥面板提升至梁面以上时，桥面吊机提升吊臂将吊幅调整至 7～9m，现场采用手拉葫芦对桥面板中板进行调位，安装至设计位置。

图 4-6-13 为边跨钢箱梁桥面板吊装施工现场。

图 4-6-13　边跨钢箱梁桥面板吊装

4）中跨合龙施工

（1）合龙口监测

合龙口监测前需对梁面的所有不必要临时荷载进行清理，以便对合龙口两侧梁段相对位置进行调整。合龙口两侧梁段相对位置包括相对高差、上下合龙口宽度差及轴线差，相对高差与上下合龙口宽度差需同步调整。

针对合龙工况下对合龙口两端已安装梁段在不同温度条件下对合龙口间距、高程及轴线进行连续监测，得出在各温度条件下合龙口两端已安装钢箱梁总长，再根据以上测量值推算出合龙口两端已安装钢箱梁在设计温度下的总长。由此计算出合龙段钢箱梁在设计温度下的长度值，对合龙梁段进行配切。

① 合龙口梁段高程

合龙口监测点布置如图 4-6-14 所示，图中 T_1～T_4 为监测点。76 塔侧 18 号梁高程连续监测结果如

图 4-6-15 所示。77 塔侧 18 号梁高程连续监测结果如图 4-6-16 所示。

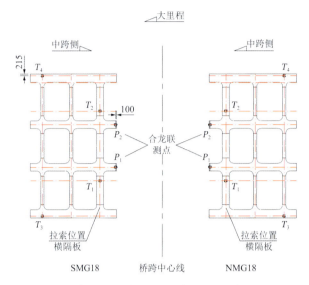

图 4-6-14 合龙口梁段高程测点示意图（尺寸单位：mm）

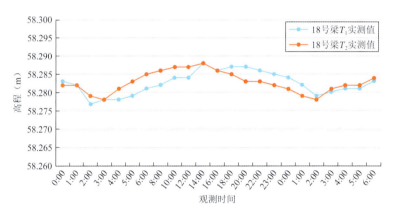

图 4-6-15 76 塔侧 18 号梁高程测试曲线图

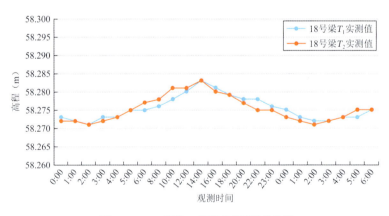

图 4-6-16 77 塔侧 18 号梁高程测试曲线图

根据监测数据，合龙口两侧存在相对高差，合龙前通过调整索力方式，将合龙口两侧梁段高程调整至一致。

② 合龙口梁段轴线

梁段悬臂拼装过程中，对每个梁段的轴线偏差进行控制在 5mm 以内。两侧梁段轴线存在异向偏差时，通过在前端的轴线调整系统对了合龙口轴线进行局部调整。轴线调整系统由焊接于梁段边腹板的反力座，连接反力座的 ϕ50mm 精轧螺纹钢及千斤顶组成。

③ 温度监测

合龙口温度监测曲线如图4-6-17、图4-6-18所示。

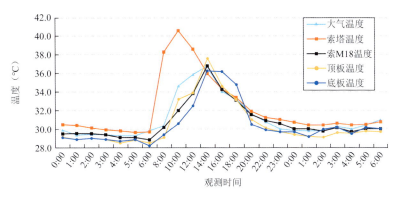

图4-6-17　76号塔侧梁段温度监测曲线图

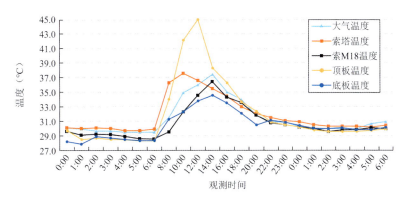

图4-6-18　77号塔侧梁段温度监测曲线图

④ 合龙口间距

合龙口间距测点布置如图4-6-19所示。顶板、底板间距连续监测结果如图4-6-20、图4-6-21所示。

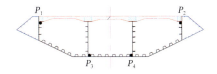

图4-6-19　合龙口宽度测点布置图

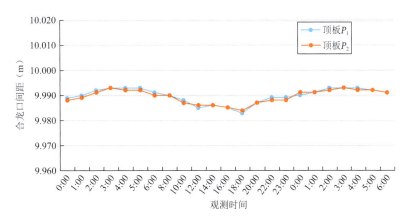

图4-6-20　合龙口顶板间距连续监测曲线图

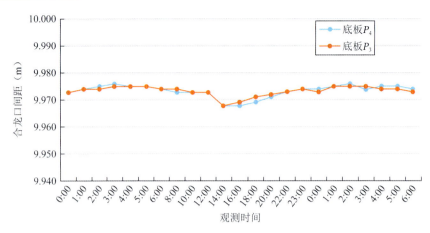

图 4-6-21　合龙口底板间距连续监测曲线图

合龙段的精确长度与现场的温度条件、主梁梁长拼装误差、横桥向扭转及竖向高程等有关,根据连续监测结果分析,吊装当天梁段温度为 30.5℃,以此温度影响情况下,合龙梁段依照设计梁长预留 20cm,根据预测合龙当日温度进行修正长度,最终确定配切长度。

(2)南主桥梁段纵向顶推

南主桥梁段整体移动通过纵向顶推装置实施,通过 550t 千斤顶的顶推和撑脚支垫实现钢箱梁整体的前移和后移。利用纵向顶推将南主桥梁段整体顶推移位,达到改变合龙口长度的目的,以利合龙梁段的吊入和精确匹配。

施工监控方案及模型计算分析中,按照一端 10cm 操作空间,温度变化 12℃,合龙口宽度减小约 60mm,合计 26cm 的工况进行逐级计算顶推力及顶推力关系。

合龙段吊装前完成北主桥向边跨侧的整体移动,操作空间暂时按照一端 5cm 控制,顶推量合计 16cm,若该状态能满足合龙操作要求后,不再进行多余顶推施工。整体移动过程中,单个顶推装置的顶推力见表 4-6-3。边跨侧顶推装置进行顶推,中跨侧顶推装置不受力,同步进行支垫钢板的拆除,如图 4-6-22 所示。

主桥边跨侧纵向顶推力汇总表　　表 4-6-3

工况	不平衡力(kN)	不平衡力方向	摩擦力(kN)	总顶推力(kN)	顶推力方向
解除临时固结	570	指向中跨	840	1410	指向边跨
向边跨顶推 10cm	2320	指向中跨	840	3160	指向边跨
向边跨顶推 15cm	3540	指向中跨	840	4380	指向边跨
向边跨顶推 20cm	5100	指向中跨	840	5940	指向边跨
向边跨顶推 25cm	6380	指向中跨	840	5940	指向边跨
向边跨顶推 26cm	6630	指向中跨	840	7470	指向边跨
向边跨顶推 30cm	7640	指向中跨	840	8480	指向边跨

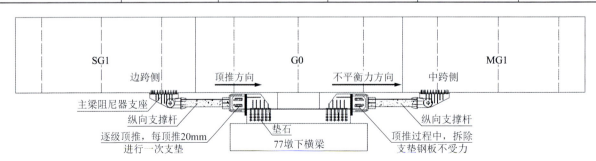

图 4-6-22　纵向顶推装置布置示意图

（3）合龙段匹配施工

① 中跨合龙段与北岸 NMG18 梁段匹配

中跨合龙段 MG19 吊装至合龙口后，先与北岸 18 梁段进行匹配。首先进行轴线调整，吊装至距离设计位置 20cm 左右时，在 NMG18 梁段前端桥面板吊耳上安装 3t 手拉葫芦与 MG19 梁段钢梁桥面板上的吊耳进行连接，通过调整手拉葫芦长度，对钢梁轴线进行初步调整。MG19 梁段吊装至设计高程后，钢梁两侧边腹板位置同样设置手拉葫芦，对钢梁轴线及上翼缘板梁缝宽度进行调整。

NMG18 + MG19 梁段梁缝宽度、轴线调整到位后，在边腹板焊接码板，通过桥面吊机轻微点动松钩或点起对 MG19 梁段最前端高程及钢梁底板焊缝宽度进行调整。手拉葫芦及码板布置如图 4-6-23 所示。

通过上述措施反复调整 MG19 梁段姿态，将轴线、梁缝、高程调整至允许规范偏差的同时，保证 NMG18 + MG19 梁段梁缝钢梁眼位与拼接板顺利匹配。

NMG18 梁段与 MG19 梁段匹配完成后，边腹板顶板采用焊接码板进行锁定，底板采用安装临时匹配件同时焊接码板进行锁定。锁定完成后，安装连接板及连接板上的冲钉高强螺栓施工。

② 中跨合龙段与南岸 SMG18 梁段匹配

晚上气温稳定后先采用手拉葫芦对拉调整 MG19 梁段与 SMG18 梁段轴线后，当手拉葫芦无法将轴线调整到位时，采用千斤顶及 ϕ50mm 精轧螺纹钢对拉 NMG18 梁段与 SMG18 梁段，将 MG19 梁段轴线进行微调至满足监控指令要求。轴线调整到位后，上紧反力座两侧精轧螺纹钢螺母，轴线调整施工平面示意如图 4-6-24 所示。

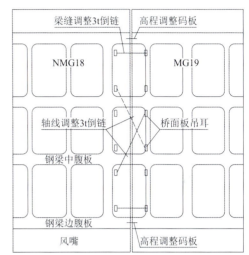

图 4-6-23 MG19 梁段与 NMG18 梁段匹配设施平面布置图

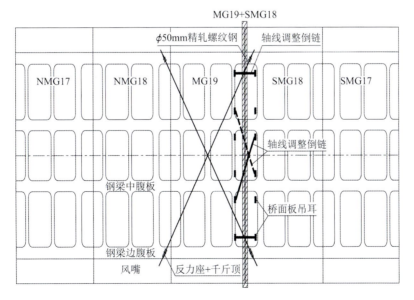

图 4-6-24 MG19 梁段与 SMG18 梁段轴线调整施工示意图

轴线调整完成后，通过调整索力将 SMG18 梁段前端高程与 MG19 梁段高程精调至满足监控指令要求。

高程调整完成后，由钢箱梁现场焊接施工人员对顶、底板缝宽进行检查，若出现缝宽异常需进行调整时，通过纵向顶推及索力调整等手段对 MG19 梁段与 NMG18 梁段、SMG18 梁段的缝宽进行初调。由于不平衡力指向中跨侧，通过边跨侧顶推装置缓慢卸载，使南主桥整体向中跨侧移动，根据需要中跨侧顶推装置辅助进行顶推。

（4）合龙锁定施工

经上述调整后，进行相关测量和确认，确认无误后迅速进行合龙锁定施工。合龙锁定采用连接板现场对钢梁腹板顶板进行配孔，并采用冲钉及高强螺栓进行锁定。

合龙锁定焊接完成，检查验收符合要求后，立即开始南主塔纵向顶推装置的约束解除，约束解除后纵向顶推装置中跨、边跨侧各预留 30cm 以上的自由空间。解除顶推装置时先同步解除中跨塔梁纵向顶推装置及约束结构，再同步解除边跨侧塔梁纵向顶推装置及约束结构。

6.5　引桥高桩承台施工

引桥高桩承台基础全部采用钢-混凝土组合吊箱底板结构。钢-混凝土组合吊箱底板由 8 块厚度 25cm 的 C50 混凝土板组成，根据底板不同部位的受力特点，设有环向主梁、环向圈梁及底板次梁。环向主梁主要支承壁体结构，设有止推块及吊杆下吊点埋件。环向圈梁为主要传力结构，设有拉压杆、扁担梁预埋钢板。

钢吊箱底板在后场分块制作好后通过平板车运送至施工现场，利用 90t 履带式起重机起吊、安装。按对应位置将预制混凝土底板分块吊装到位。块与块之间设 40cm 宽湿接缝，湿接缝浇筑前需精确复核预制底板的平面位置及相对高程，调位后安装湿接缝下的兜底模板，焊接各分块之间的外露连接钢筋，最后浇筑湿接缝。

待混凝土强度达到设计要求后，在预制底板环向主梁与壁体连接部位浇筑一层 30mm 厚的砂浆找平层，并在找平层上铺设 10mm 厚的橡胶垫层，找平层能保证壁体与底板具有良好的接触，橡胶垫层能有效防止连接处的渗水问题。

调整壁体的位置进行精确定位、并调整垂直度满足要求。将壁体与钢护筒之间通过临时支撑焊接固定、安装止推钢板将壁体底部与止推块固定、安装连接壁体与底板的对拉杆并锁紧，如图 4-6-25 和图 4-6-26 所示。

图 4-6-25　壁体安装

图 4-6-26　精轧螺纹钢连接

吊装相邻壁体，将壁体之间的锁口工字钢插入锁口，张紧锁口拉杆，并在锁口内填充黏土与棉絮的混合物，充分振捣密实。依次安装壁体直至合龙后，焊接上下两层围檩及内支撑。

6.6　引桥梁部施工

1）工艺原理

（1）无支座连续刚构桥是一种新的桥型，全桥不设支座（不采用支座作为传力构件），边墩与中墩均与主梁固结形成刚性结构，上、下部结构协同作用，各部分抗力得到均匀充分地发挥，实现长连接构体系整体协同受力，最大限度地提高结构效率，使得材料用量大幅度降低。

（2）通过在每联交接墩处设置螺纹钢及临时预应力实现交接墩0号块的锚固。通过在每个悬臂节段设置临时预应力索、利用临时辅助钢索进行边跨悬臂段的分阶段悬臂施工、张拉永久腹板钢索和永久底板钢索，使得边跨悬臂段和中墩悬臂边跨段合龙。

（3）为提高现场安装及后期梁缝支撑物拆除施工工效，尽可能减小施工难度，经综合考虑，采用10mm厚钢板作为平面模板，采用2块21mm厚维萨板作为梁缝支撑。在交接墩0号块混凝土浇筑完成后，待具备模板拆除条件时拆除梁缝模板。

（4）运用有限元软件确定最佳合龙顺序，施工过程应在同一联内保证"先中跨合龙、再边跨合龙"。相邻联的相邻边跨可不同时合龙，但需要在相邻边跨均合龙后解除临时索，拆除临时固结，张拉剩余边跨底板索和顶板索。

（5）运用Midas Civil、TDV软件以及自动化采集系统对施工全过程进行智能化控制。根据工程的具体情况及监控计算初步结果，与理论值比较，做出合理评价，进行相应调整，完成智能化施工监控全过程。

2）工程特点

（1）采用交接墩挂篮悬臂施工方法，解决了深水、强风急浪条件下的支架搭设难度大、施工质量及安全风险高的难题。

（2）运用合龙施工关键技术，解决了合龙顺序问题，提高了合龙精度。

（3）采用无支架整体式多联连续刚构桥施工，有效节约了边跨现浇段施工费用，降低了施工安全风险。

（4）运用全过程智能化施工控制成套关键技术，以及有限元、自适应技术系统地监控了施工过程，保证了施工质量安全。

3）施工工艺流程

施工工艺流程如图4-6-27所示。

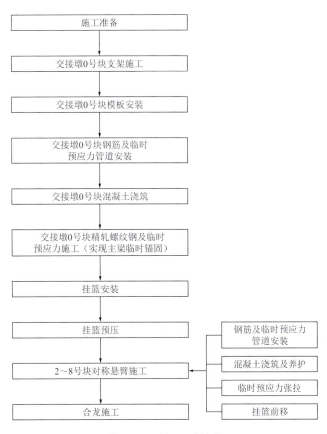

图4-6-27 施工工艺流程

（1）交接墩 0 号块支架施工

0 号支架为三角托架，托架横梁采用 2HM588 mm×300mm 型钢，斜撑采用 I40a 工字钢，局部以劲板加强，双支墩中间设置型钢顶紧。托架上布置卸荷块，卸荷块上横向放置分配梁 HM588 mm×300mm 型钢，主横梁上方纵向布置排架。支架设计如图 4-6-28 所示。

托架首次使用时，应对其进行加载预压，模拟箱梁施工加载过程，验证托架的承载能力和安全性能。通过分级加载、预压试验，得出荷载-挠度曲线，为预拱度设置提供数据支持。通过测量分析得出支架弹性变形和非弹性变形，为模板高程设置提供依据。

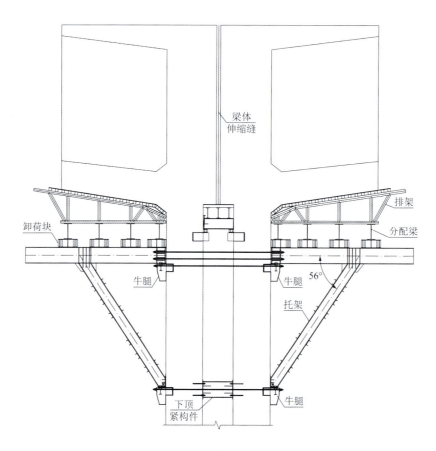

图 4-6-28　交接墩 0 号支架设计图

（2）交接墩 0 号块模板安装

为了避免交接墩 0 号块在临时预应力张拉时产生位移，在临时预应力施工前对梁缝进行支撑，梁缝平面模板选用厚度 10mm 的钢板进行加工，加工时应预留预应力孔道，梁缝模板安装完成后采用 2 块厚度为 21mm 维萨板进行支撑，维萨板大小及分块同平面模板。

（3）交接墩 0 号块钢筋及临时预应力管道安装

预应力孔道安装与箱梁钢筋施工同步进行。预应力管道成型采用金属波纹管，采用"井"字形钢筋定位，间距 50cm。顶板、底板束波纹管采用 U 形钢筋定位，钢筋间距 50cm。

（4）交接墩 0 号块混凝土浇筑

采用平层浇筑法，浇筑应按照对称、均衡、分段分层布料与振捣及连续浇筑的原则，每层浇筑厚度控制为 30cm，层层推进，水平分层浇筑。

（5）交接墩 0 号块临时锚固施工

为保证悬浇施工顺利实施，在交接墩设置精轧螺纹钢及临时预应力。受墩顶节段梁缝影响，为确保悬臂节段施工安全，0 号块进行临时锚固，使 0 号块梁缝两侧的节段形成整体结构。

0 号块临时锚固包括横隔板锚固（采用）和顶、底板锚固。横隔板临时锚固采用 PSB830 ϕ25mm 精轧螺纹钢，水平纵向锚固于梁缝两侧的横隔板，共 48 根，锚下张拉控制应力为 740MPa。顶板和底板临时锚固各采用 2 束 19ϕj15.24 钢绞线，对称锚固于顶、底板齿块，锚下控制应力 1280MPa，如图 4-6-29 所示。混凝土养护到设计要求后，张拉横隔板精轧螺纹钢筋、顶板和底板临时锚固预应力钢筋，孔道不压浆，外露的预应力筋也不得截断，用于后期预应力束拆除。

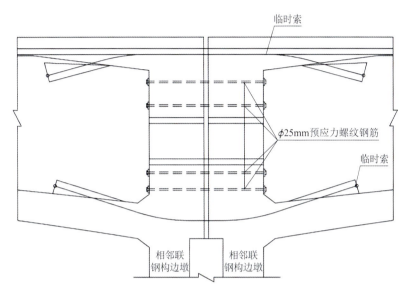

图 4-6-29 交接墩临时锚固结构示意图

（6）挂篮安装及预压施工

挂篮安装的主要顺序为：走行系统→主桁架→后锚系统→横梁及平联→悬吊系统→底篮及模板→侧模→内模。

挂篮预压采用混凝土预制块堆载，按最大施工荷载的 120%加载的方法进行荷载试验，预压在挂篮安装完毕后进行。预压采用分级加载方式加载，荷载共分 4 级施加，即 0→60%→80%→100%→120%。

（7）2~8 号块对称悬臂施工

悬浇节段 M1~M8 相应顶板各设置 2 束顶板临时预应力，通过设置顶板齿块进行锚固。交接墩与悬浇节段预应力钢束布置如图 4-6-30 所示。对称悬臂施工工序为：梁段钢筋及临时预应力管道安装→梁段混凝土浇筑及等强→梁段对应顶板临时预应力张拉施工→挂篮前移→施工下一悬臂节段。

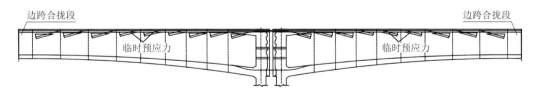

图 4-6-30 交接墩与悬浇节段预应力钢束布置

（8）合龙施工

采用吊架合龙，每联 3×70m 连续刚构按"先中跨、后边跨"的顺序合龙。同一联内保证先中跨合龙，再边跨合龙；相邻联的相邻边跨可不同时合龙，但需要在相邻边跨均合龙后解除临时索，拆除临时固结，张拉剩余边跨底板索和顶板索。

合龙段混凝土浇筑时间，一般选择在当天温度最低的时候进行，浇筑时间宜控制在 2h 内，按新浇筑混凝土的重量同步卸去合龙段两侧的平衡重（即分级放水），保证合龙段混凝土处于平衡施工状态。

（9）临时预应力解除

永久预应力束张拉、压浆完成后拆除交接墩临时预应力束。

临时预应力解除步骤：

①安装千斤顶。安装千斤顶于孔道中线对位；安装千斤顶时，不推拉油管及接头，油管顺畅，不得扭结成团。

②千斤顶伸长一段距离。千斤顶伸长距离应根据预应力张拉伸长量计算，每次释放预应力不超过 200MPa 控制。

③拆除交接墩的临时固结。拆除时，先由上而下解除精轧螺纹钢，然后拆除临时预应力钢绞线；每次释放预应力不超过 200MPa，释放顺序均为"先短索、后长索"。

（10）梁缝模板解除

根据模拟计算分析，在交接墩临时预应力解除后，拆除精轧螺纹钢筋、钢绞线，梁缝将产生一定的纵向位移，具体数值见表4-6-4。梁缝宽度在纵向位移作用下增大，采用绳锯对预应力管道进行割除，最后取出梁缝模板。

交接墩纵向位移统计表　　　　　　　　　　　　　　　　　　　　　　表 4-6-4

墩号	小里程侧纵向位移值（mm）	大里程侧纵向位移值（mm）	合计位移（mm）	墩号	小里程侧纵向位移值（mm）	大里程侧纵向位移值（mm）	合计位移（mm）
50 号	16.2	26.6	42.8	88 号	26.5	36.7	63.2
53 号	19.7	26.8	46.5	91 号	27.5	37.7	65.2
56 号	21.2	28.6	49.8	94 号	28.4	39	67.4
59 号	18.6	31.1	49.7	97 号	38.3	28.3	66.6
62 号	31.8	18.2	50	100 号	36	27.9	63.9
65 号	31.3	19.1	50.4	103 号	33.2	26.6	59.8
68 号	30.5	18.8	49.3	106 号	33	25.1	58.1
71 号	29.7	16.1	45.8	109 号	31.9	23.5	55.4
82 号	21.6	34.9	56.5	112 号	17.7	27.8	45.5
85 号	25.5	35.7	61.2				

交接墩 0 号块在临时预应力解除后大小里程合计产生的纵向位移最大 67.4mm，最小为 42.8mm，在纵向位移的影响下梁缝宽度将随之加大，便于梁缝支撑的顺利取出。

6.7　关键施工要点

（1）强潮海区钢吊箱围堰施工

为有效解决潮汐地区钢吊箱围堰施工难题，钢吊箱采用场内预拼成整体、平板起重船运至现场、大型起重船整体吊装下放的施工工艺。同时设置搁置梁及限位装置，保证了钢吊箱的精准下放。

（2）曲线 H 形桥塔液压爬模施工

贝壳造型曲线 H 形桥塔结构形式新颖而复杂，桥塔施工创新性地采用了塔梁三向临时约束的结构装置，充分考虑了桥位处不利风荷载的影响，梁段安装和现场施工都得到了极大的质量与安全保障。

（3）主桥钢-混凝土结合梁施工

主桥钢-混凝土结合梁施工采用悬臂拼装、温度配切＋顶推辅助合龙施工工艺，有效保证了中跨合龙施工精度。中跨合龙施工时，将悬臂拼装期的纵向临时约束装置通过体系转换为中跨合龙的纵向主动顶推辅助装置，极大地提高了中跨合龙的施工效率，并有效降低了温度荷载变化对中跨合龙精度的影响，确保了合龙施工精度满足设计及规范要求。

（4）引桥多联钢-混凝土组合吊箱围堰施工

组合吊箱围堰混凝土底板采用后场集中分块预制，现场拼装完成后整体下放，较常规钢吊箱施工工艺便捷；充分利用预制混凝土底板和拉压杆抗浮抗压，减少了常规吊箱需要封底混凝土压重抗浮的工序；有效地保证底板平整度，控制承台底高程。

（5）边跨无支架梁部悬臂浇筑施工。

解决了传统支架现浇施工方法中支架搭设难度大且工程量大的施工难题，实现了跨海高铁无支座连续刚构桥全挂篮悬臂浇筑施工，提高了施工的安全性及工效。

第7章 安海湾特大桥主桥施工

7.1 概述

安海湾特大桥主桥采用（40＋135＋300＋135＋40）m 双塔双索面组合梁斜拉桥，半漂浮体系，主桥全长 650m，主墩基础为 20×φ2.8m 钻孔桩，高桩承台，采用带曲线造型的 H 形混凝土索塔，分离式塔柱，塔底以上索塔全高 126.9m，梁顶以上塔高 86.01m，主梁采用"混凝土桥面板＋槽型钢箱梁"的结合梁结构，为封闭箱形断面形式。

安海湾特大桥施工作业条件恶劣、安全质量风险等级高、工期压力大、质量标准及信息智能要求高，具体体现在：一是受潮汐影响，施工条件复杂；二是征海手续复杂、征地工作量大；三是邻近在建公路跨海桥，施工干扰大；四是主桥技术含量高，对桥线型要求高，线型控制难；五是桥址区处于海洋镁盐、氯盐环境，腐蚀严重。六是质量标准、信息化、智能化要求高。

7.2 无封底混凝土钢-混凝土组合吊箱施工

1）承台结构

两索塔承台尺寸为 25m×34m×6m（顺桥向×横桥向×厚度），承台四个角为半径 250cm 的圆弧倒角，塔座为高 2.5m 的楔形体，如图 4-7-1 所示。

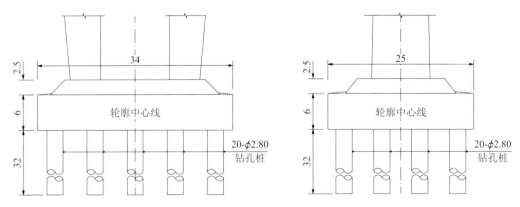

图 4-7-1 主塔承台结构图（尺寸单位：m）

2）工程特点

桥址区位于河流入海口，具有内河及外海双重特征，大潮差、海床起伏明显、海床淤泥淤积较严重，承台施工无法采用常规吊箱施工方法。安海湾特大桥 176 号、177 号墩位于主航道两侧，水深受潮汐影响较大，大型船舶仅在高潮位时可乘潮靠近该区域，由于各类施工船舶吃水深度不足，易造成搁浅，尤其是吊装船舶的抛锚长度和行走距离远远不足，并且由于项目位于东南沿海核心经济区，无满足整体拼装的场地及下水码头，故无法采用常规的钢吊箱整体下放工艺。

3）无封底钢-混凝土组合吊箱结构设计

（1）总体结构设计

钢吊箱围堰方案采用可拆装式结构，除混凝土预制底板和部分临时构件不能拆除外，壁板、围檩等主要部件均能拆除，各模块之间采用 CIC 型锁扣、止推块、拉压杆等方式连接。钢吊箱围堰尺寸为 35.012m × 26.012m，壁板高 7.7m，设计顶高程为 +5.928m，设计高水位为 +4.530m，设计低水位为 −1.530m。

（2）混凝土底板设计

混凝土底板采用"C50混凝土 + 绑扎钢筋"结构。按构件部位分别编号为 A、B-1、B-2、B-3、C、D。底板 A 共 4 块，底板 B 共 6 块，底板 C 共 4 块，底板 D 共 6 块。各底板构件间及底板与护筒、壁板接缝处设置混凝土湿接缝。底板结构混凝土预制厚度为 25cm，底板预留孔直径较钢护筒直径大 40cm，周边预留 20cm。底板环向主梁尺寸为 500mm × 650mm，钢护筒四周环向圈梁尺寸为 40mm × 700mm，底板次梁尺寸为 400mm × 700mm。

底板钢筋根据底板结构位置分为板体、梁板连接处、壁板处、环向圈梁、环向次梁、底板间湿接缝等几种钢筋布置形式。板的钢筋保护层厚度为 30mm，梁的钢筋保护层厚度为 40mm。底板钢筋采用"上下两层 18mm 横向受力筋 + 18mm 纵向受力筋"形式布置。

（3）壁板设计

壁板面板采用厚度 6mm 钢板；竖向背楞采用 HN350mm × 175mm 型钢，间距 80cm 布置；环向梁采用 HN150mm × 75mm 型钢，间距 60cm 布置；壁板上下两端分别采用 [36b 槽钢作为堵边槽钢，壁板间采用 ϕ108mm 锁扣钢管、[40c 槽钢锁扣封边。

壁板间使用锁扣连接，锁扣在所有壁板安装就位后，在锁扣内用黏土和棉絮混合物填充。锁扣由 ϕ108mm×8mm 钢管、[40c 槽钢、I14 工字钢及厚度 10mm 钢板组成。

（4）围檩及内支撑

围檩采用 HN350mm × 175mm 型钢，围檩采用厚度 10mm 钢板焊接组成。内支撑、倒角撑钢管采用 ϕ820mm 钢管，钢管焊接管帽法兰盘，管帽法兰盘与卡板使用焊接。

4）主要施工工艺

（1）施工工艺流程

施工工艺流程如图 4-7-2 所示。

（2）底板施工

底板安装平台根据最高潮位确定设计高程，通过测量放样在护筒上设计高程处开孔，安装拼装平台支撑梁，将预制底板分块吊装到位后，绑扎湿接缝钢筋，并将底板钢筋与湿接缝钢筋焊接后，浇筑湿接缝混凝土。在预制底板环向主梁上分别设置厚 30mm 的砂浆找平层及厚度 10mm 的橡胶垫层，而后进行壁体安装。

① 底板预制

预制底板制作在加工场地内进行。顶面及接缝侧端进行拉毛处理，环向圈梁的开孔直径结合实测钢护筒的直径及偏差值确定。吊箱底板比钢护筒外半径加大 15cm。

② 预制底板下放及拼装

根据设计底板高程及支撑梁布置方向，在钢护筒对称开设小方孔，将支撑梁插入各护筒上方小方孔内，对所有支撑梁进行调整以保证其水平，通过 100t 履带式起重机逐块下放预制底板。下放完成后绑扎湿接缝钢筋，并将底板钢筋与湿接缝钢筋焊接后，浇筑湿接缝混凝土。

在预制底板环向主梁上分别设置厚度 30mm 的砂浆找平层及厚度 10mm 的橡胶垫层。

（3）壁板施工

侧壁为矩形结构，钢板厚度 6mm，采用 Q235B 钢材，侧板上设置连通器。侧壁分片制作，制作完成后通过运输车分块运至主墩平台。

通过履带式起重机对壁板进行安装，拼装过程中采用全站仪对壁板的平面位置进行控制。

壁板间连接采用 CIC 型锁口，安装锁口工字钢后安装锁口拉杆，采用黏土与棉絮混合物填充，保证密实度。壁板安装如图 4-7-3 所示。

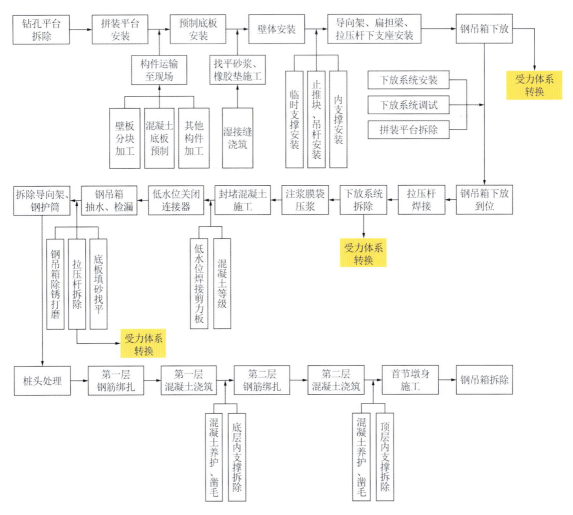

图 4-7-2　施工工艺流程图

图 4-7-3　壁板安装

（4）吊箱内支撑安装

吊箱内支撑及围檩共设立两道，为了便于壁板现场安装，内围檩首先安装到位，同时也可作为壁板安装的限位固定，壁板安装完成后外围檩进行对称安装，各方向焊接型钢牛腿进行围檩支撑，角部围檩利用钢板焊接连接成整体使吊箱成为刚性整体。内支撑钢管预先焊接成型，整体吊装就位，过程中利用型钢临时支立固定，而后将内支撑各支撑点与围檩焊接牢固（图 4-7-4）。

（5）吊箱下放

底板共设置 20 处下放吊点，每个吊点采用 250t 连续同步作用千斤顶进行钢吊箱下放。钢吊箱在下放前（图 4-7-5），拆除临时固定措施，安装导向装置。吊箱下放到位后，根据测量的复核结果对吊箱姿态进行微调，保证吊箱空间位置符合设计及规范要求。

图 4-7-4　内支撑安装

图 4-7-5　吊箱下放前

吊箱下放过程中，保持连通器打开，并在刻度尺上进行下放高程控制。钢吊箱下放至设计高程后锁死千斤顶。下放到位后，将拉压杆上端与对应的钢护筒通过加劲钢板焊接，受力体系由钢绞线受力转换为拉压杆受力，拆除千斤顶与钢绞线，完成受力体系转换。

（6）封堵施工及最终受力体系转换

下放完成后，依次拆除千斤顶及操控系统、挑梁、扁担梁。

① 用环形水泥袋对搭板对钢护筒与壁板间缝隙进行封堵，而后浇筑封堵混凝土。封堵混凝土采用水下 C35 不离析混凝土。

② 待封堵混凝土强度达到 80%。低水位时，关闭连通器，抽干钢吊箱内残余海水。抽水完成后，焊接剪力板，拆除拉压杆，将钢吊箱与钢护筒连接成整体。完成受力系由拉压杆到剪力板的转换。

7.3　主塔施工

1）总体施工方案

塔座在第二层主墩承台施工时预埋塔座及塔柱底部钢筋，绑扎塔座钢筋、冷却水管以及不锈钢防裂网片等，最后进行塔座混凝土浇筑、养护以及防腐涂装。

（1）塔柱节段划分

根据索塔结构特点、中下塔柱、中上塔柱交接位置，以及钢锚梁、索导管安装的合理性，按照最大节段 6m 的要求，将索塔划分为 23 个施工节段。其中下塔柱 5 个节段，下横梁及中下塔柱连接段 3 个节段，中塔柱 9 个节段，上横梁及中上塔柱连接段 3 个节段，上塔柱 3 个节段，如图 4-7-6 所示，图中标号为施工节段编号。

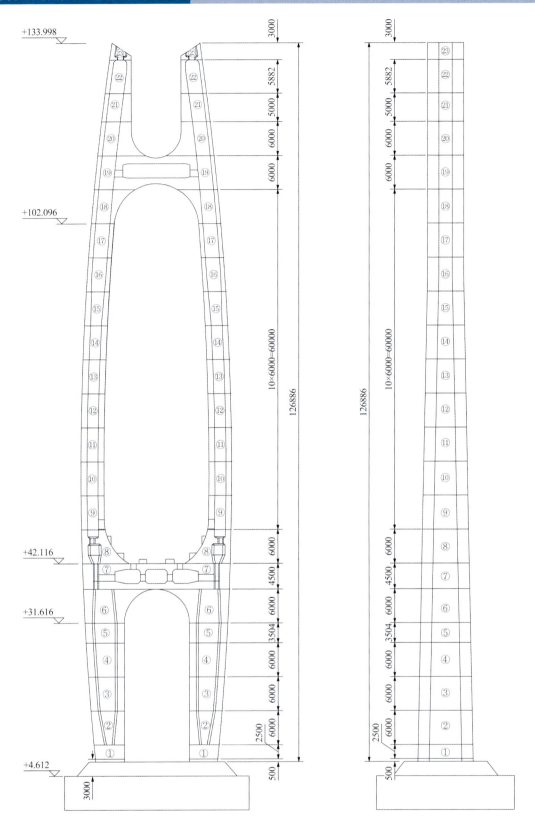

图 4-7-6 桥塔节段施工（尺寸单位：mm；高程单位：m）

（2）施工流程

采用提升模板法施工下塔柱，下横梁采用拱形支架与塔柱同步施工；中上塔柱采用 2 套液压爬模同步施工，上横梁与塔柱同步施工，上横梁采用拱形支架施工。

① 下塔柱 0.5m 与塔座一同浇筑，下塔柱 1~3 节段利用爬模模板及部分爬架采用提升模板法施工，塔柱实心段按照大体积混凝土施工进行组织。

② 下塔柱 6~8 节段与下横梁同步施工，下横梁采用拱形支架施工。6~8 节段除横桥向内侧外的其他三个面均采用爬模施工。

③ 中塔柱 9~17 标准节段采用液压爬模施工。

④ 上横梁采用拱形支架施工，与对应塔柱（18~20 节段）同步施工。

⑤ 上横梁施工完毕后，采用液压爬模施工上塔柱 21~23 节段。

⑥ 钢锚梁采用倒拼法预拼，利用塔式起重机进行整体吊装。

2) 无落地支架法横梁施工方案

将下横梁支架受力支撑位置设置在塔身上，通过塔身预留孔，安装支架受力横梁，上部拱架坐落于横梁上，最终将受力传递给塔身，从而完成下横梁混凝土施工。

下横梁为大体积混凝土，重量大，需对下横梁浇筑分界线高度进行合理划分。划分后，一方面可保证无落地支架受力可靠，另一方面可简化下横梁施工工艺、保证下横梁混凝土的施工质量。

（1）塔身支架横梁预留支撑孔施工

根据主塔下横梁支架设计高度，确定支架横梁预留支撑孔高程及位置，在相应节段浇筑混凝土前预留下横梁支架支撑孔（图 4-7-7），节段施工完成后，拆除内侧爬模，安装下横梁支架。预留孔采用与塔身同强度等级的微膨胀混凝土进行封堵，保证封堵密实。

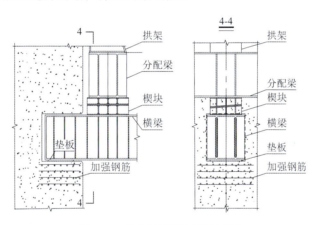

图 4-7-7 塔身预留横梁支撑示意图

（2）支架横梁安装

横梁采用双拼 HN700mm×300mm 型钢，共 4 根，每根横梁由三小节拼接而成，节段之间采用高强螺栓连接。安装时采用塔式起重机先将两头两个小节段吊装至预留支撑孔处，插入支撑孔内并调平固定，再吊装中间一节至两头节段之间，拼装对接后，先用高强螺栓初步固定，再将剩余高强螺栓全部安装拧紧（图 4-7-8）。

（3）钢楔块安装

为方便支架卸落，在横梁与纵向分配梁之间安装钢楔块。钢楔块采用厚度 12mm 钢板焊接而成，共设置 8 套。钢楔块安装好后，为防止楔块滑移，在上下两楔块端头设置防滑移装置。

（4）纵向分配梁安装

纵向分配梁采用双拼 HN700mm×300mm 型钢，共 2 根。纵向分配梁顺桥向大小里程各外伸 2m，安装贝雷梁作为走道梁，用于施

图 4-7-8 横梁施工

工通道与操作平台。

（5）拱架安装

拱架主拱采用厚度20mm钢板弯制而成，每榀拱架由对称两节栓接组成。拱架内侧由槽钢做连接系，形成支撑架构体系，连接系接头节点为背靠背槽钢内加钢板焊接。拱架共六榀，每榀之间采用角钢进行连接。

（6）模板安装

拱架上部安装定型钢模板，模板弧度与拱架一致。模板安装时由左右两侧拱脚同步往拱顶安装，保证拱架受力平衡。

（7）测量复核

无落地支架全部安装完成后，对支架进行测量复核，存在误差时进行微调，直到达到设计允许偏差范围。

（8）支架预压

支架采用沙袋与预制混凝土预制块进行预压，观测变形情况，测出弹性变形，消除非弹性变形，并检验支架的安全性。

7.4 钢-混凝土结合梁施工

1）总体施工方案

主塔与辅助墩之间设置两个临时墩，钢箱梁前端不设导梁，边跨侧钢梁不带预制桥面板顶推，顶推到位后安装桥面板。

主塔与辅助墩之间设置两个临时墩，顶推梁段从SG16开始直至MG1安装就位。顶推距离为170m，最大跨度42m。SG16～SG14通过600t起重船提升至塔区顶推平台上，利用塔式起重机在钢梁上拼装桥面吊机，其余钢梁通过运输船运至桥面吊机下方，通过桥面吊机安装就位。钢梁吊装到位后与已完成的钢梁进行栓焊接连接后顶推一个节段，如此往复完成边跨钢箱梁的架设及顶推施工。

2）钢箱梁顶推主要施工工艺

（1）钢梁节段滑移施工

箱梁节段滑移系统由2条滑道、4个滑块、2组1根ϕ28mm精轧螺纹钢、2台1000kN中空千斤顶、2个反力座组成。

①纵移滑道

纵移滑道采用双拼HM588mm×300mm型钢，上铺12mm厚滑道钢板+4mm厚不锈钢板。滑道钢板及不锈钢板宽40cm，为保证滑道平顺，需对不锈钢板接头处进行打磨处理。

②纵移滑块

滑块：由钢构件+MGB板组成。MGB板厚3cm，采用6个高强沉头螺栓与钢构件连接，为避免干扰，减小摩阻力，滑块两头向上翘起；滑块纵向开长圆孔1个，供精轧螺纹钢通过并在端部安装锚具固定。滑块底面承压面尺寸为400mm×560mm。

滑块与钢梁腹板之间接触局部压应力为63MPa，满足要求。

③纵移千斤顶

钢箱梁节段滑移采用2台1000kN中空千斤顶进行拖拉。

单个滑移节段最大重量1480kN，设定摩擦力系数$\mu=0.1$，计算可得节段滑移所需最不利牵引力为1480kN×0.1=148kN，共使用2台1000kN中空千斤顶，合计顶力2000kN，满足要求。

④三维调整千斤顶

三维调整千斤顶由底座和2000kN竖向千斤顶、300kN薄型千斤顶组成，其主要用于精确调整钢箱梁节段的高程和平面位置。竖向千斤顶用于调整梁段竖向位置；薄型千斤顶用于调整梁段平面位置。三维调整千斤顶在使用前,需在底座滑移面上均匀涂抹黄油,使他们之间充分润滑,减少摩阻力。

(2)钢箱梁步履式顶推施工

① 顶推支架施工

顶推支架包含墩旁支架及临时墩,每个主塔设置2个墩旁支架分别位于主塔大小里程侧,每侧边跨设2个临时墩,置于主塔与辅助墩之间(图4-7-9)。

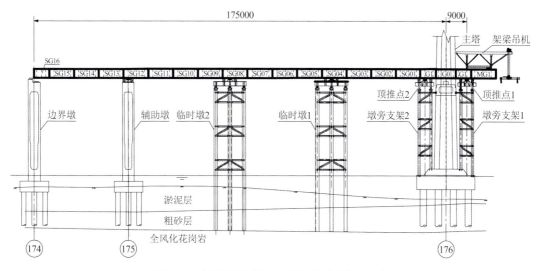

图 4-7-9 边跨侧顶托支架立面图(尺寸单位:mm)

② 顶推设备

顶推施工时最大竖向承载力为6200kN且需具竖向调节能力(不小于20cm)及水平纠偏能力(不小于10cm)。结合本桥结构形式,施工时采用10000kNt步履式顶推设备进行施工。负责钢梁的起顶、纵移顶推,同时带有横向纠偏功能。在顶推设备与钢箱梁梁底之间设2.0m长钢垫梁,以分散钢箱梁梁底应力。

在顶推设备的墩顶对称布置2个步履式千斤顶,顶推设备利用支架安装施工时起吊设备安装,利用电动葫芦下放拆除。步履式自动化顶推系统设备由机械系统、液压系统、电控系统组成。

步履式千斤顶其水平方向的顶推力为800kN,行程1000mm;竖向起顶力为2×5000kN,起顶行程为200mm;横向纠偏顶的顶力为2×500kN,行程为75mm。步履式顶推设备通过计算机控制和液压驱动来实现智能化顶推,以满足施工要求。

③ 顶推施工步骤

顶推施工步骤见表4-7-1。

顶推施工步骤　　　　　　　　　　　　　　　　　　　　　　表 4-7-1

步骤	图示	说明
步骤1 顶升		开启支撑顶升液压缸,使得支撑顶升液压缸同步上升,直到钢梁脱离落梁调节支座

续上表

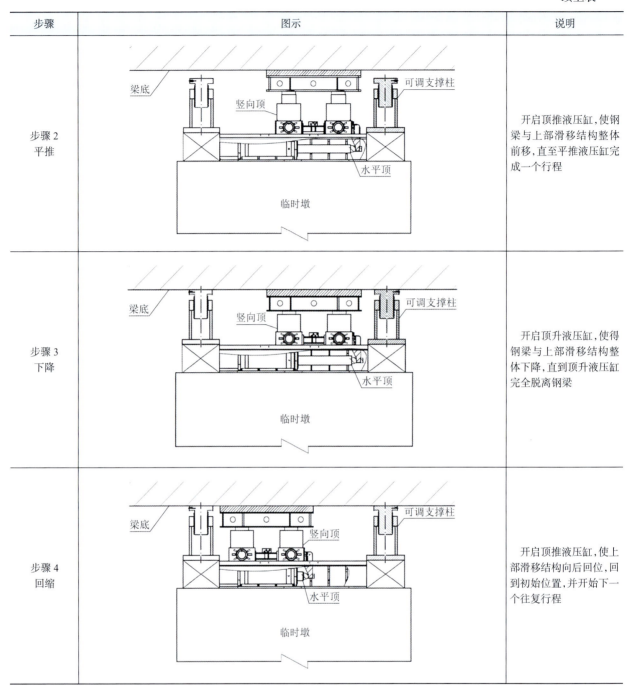

步骤	图示	说明
步骤2 平推		开启顶推液压缸，使钢梁与上部滑移结构整体前移，直至平推液压缸完成一个行程
步骤3 下降		开启顶升液压缸，使得钢梁与上部滑移结构整体下降，直到顶升液压缸完全脱离钢梁
步骤4 回缩		开启顶推液压缸，使上部滑移结构向后回位，回到初始位置，并开始下一个往复行程

④ 主梁过墩施工步骤

在顶推过程中因钢梁自重使钢梁前端下挠，经过计算分析，最大值将达325.1mm。故当钢梁前端邻近顶推设备时，此时需顶起钢梁，采取钢梁过墩措施；待钢梁平稳落顶就位于顶推设备上，再开始正式顶推。钢梁临时起顶用的千斤顶采用2000kN竖向千斤顶，因千斤顶行程较小而起顶高度可能较大，故在实施竖向起顶时需多次支垫和倒顶。

（3）钢箱梁顶落梁施工

钢箱梁顶推到设计位置后在永久墩及临时墩墩顶各布置4台5000kN落梁千斤顶（由步履式千斤顶拆出）进行落梁。

落梁施工步骤：

① 拆除步履式顶推系统，布置落梁千斤顶及落梁垫块。

② 千斤顶起使钢箱梁与临时支撑处钢垫块脱空；将支撑处钢垫块抽取一层。

③ 千斤顶回油，使千斤顶柱塞与梁底脱空；将千斤顶下方钢垫块抽取一层后，柱塞重新与梁底顶紧。

④ 重复步骤②～③，逐层抽取支座处与千斤顶下方的钢垫块；直至完全将钢箱梁下落到临时支座上。

（4）边跨侧顶推完成

落梁完成后边跨侧箱梁顶推施工完成，开始下一阶段单悬臂标准梁段施工。

3）合龙段施工

中跨合龙段主梁节段梁段编号为 MG14，理论设计梁长为 5.0m，实际梁长根据现场测量结果确定。合龙段在设计尺寸基础上在合龙段 177 号侧预留 20cm 加工余量（梁长 520cm），吊装前按照监控指令在现场进行精确切割。

中跨合龙段 3 块桥面板安装完成后，与钢主梁一同进行吊装。

（1）中跨合龙段施工方案

根据施工进度安排，实际合龙温度为 18℃，为减少温度对结构产生的影响，中跨合龙施工采用顶推辅助合龙。

顶推辅助合龙施工关键：177 号墩塔梁纵向临时约束兼顾作为纵向顶推装置，调整合龙口两侧梁段姿态。合龙段由 176 号墩桥面吊机单侧起吊，起吊后与 176 号墩 MG13 梁段进行匹配锁定，177 号墩侧顶推主桥进行合龙并锁定，最后同步进行底板焊缝施工及腹板栓接，解除塔梁临时约束。

综合温度配切合龙和顶推合龙，合龙梁段两侧接缝在温度稳定的夜间同步焊接，温度变幅小，要求的顶推量小，合龙段现场配切，对成桥结构受力与线形影响小。

（2）中跨合龙总体施工工艺

主桥中跨合龙段采用 176 号墩中跨桥面吊机进行单侧吊装，177 号墩单侧顶推，主桥中跨合龙施工从 MG13 梁段施工完成至中跨合龙，具体步骤如下：

步骤一：MG13 梁段施工。

步骤二：桥面吊机就位及合龙口高程调整。

步骤三：根据监控指令，通过索力调整或配重，调整合龙段。

步骤四：塔梁横、竖向临时约束解除及合龙口监测。

步骤五：MG14 梁段配重拆除。

步骤六：177 号墩侧主桥向边跨侧纵向顶推，保证 MG14 梁段吊装空间。

步骤七：176 号墩侧桥面吊机起吊合龙段。

步骤八：合龙梁段与 176 号墩侧 MG13 梁段匹配及栓接锁定。

步骤九：合龙梁段初调位。

步骤十：桥面吊机松钩，顶推装置解除。

步骤十一：中跨合龙完成，主桥边跨压重、湿接缝、预应力施工。

（3）主要施工方法

为抵抗钢梁在单悬臂安装施工过程中的纵向、侧向不平衡力，增强梁段的抗风稳定性，塔区梁段需进行临时锚固，临时锚固包括横向临时锚固及纵向临时锚固。

塔区 G0 梁底及梁段两侧分别设置竖向及横向临时约束，MG1/SG1 梁段梁底与主塔下横梁之间安装纵向临时约束。纵向约束结合中跨顶推合龙工艺进行设计，主要利用塔梁阻尼器的安装位置及支座的预留螺栓孔进行设置，其中 176 号墩纵向临时约束采用铰接形式（图 4-7-10），177 号墩具备中跨顶推功能。

钢箱梁双悬臂施工过程中，纵向约束的撑脚内布置支撑钢管，主要作用是限制梁体的纵向位移。中跨合龙施工时，通过在纵向约束撑脚内安装 5000kN 千斤顶转换为纵向顶推装置，用于梁体的纵向整体位移。

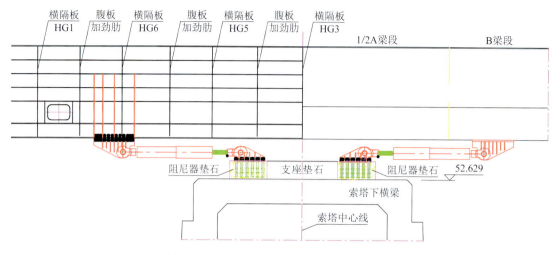

图 4-7-10　176 号墩主塔纵向约束立面布置示意图

① 顶推量的确定

顶推装置顶推量由两部分组成：合龙段起吊需要的操作间隙和合龙温度偏离设计温度时产生的梁段变形量。主桥设计基准温度为 18.5℃，大气最高平均温度为 24℃，最低平均温度为 9℃，合龙温度为 18℃，低于设计基准温度，合龙口宽度将大于合龙段吊装的空间需求，需通过梁体的纵向顶推调整合龙口的宽度。

温度变化 10℃，合龙口宽度减小约 36mm。为满足顶推施工的要求，顶推装置的顶推量按 8cm 设计。

② 顶推力的确定

177 号墩向边跨侧顶推 8cm，单侧顶推力合计 750kN，摩擦力 1300kN，合计 2050kN，见表 4-7-2，单个纵向顶推装置的顶推力按 2000kN 考虑。

177 号墩主桥边跨侧纵向顶推力汇总表　　表 4-7-2

工况	不平衡力（kN）	不平衡力方向	摩擦力（kN）	总顶推力（kN）	顶推力方向
向边跨顶推 10cm	750	指向中跨	1300	2050	指向边跨
向边跨顶推 15cm	880	指向中跨	1300	2180	指向边跨
向边跨顶推 20cm	1480	指向中跨	1300	2780	指向边跨
向边跨顶推 25cm	2210	指向中跨	1300	3510	指向边跨
向边跨顶推 30cm	2950	指向中跨	1300	4250	指向边跨

③ 顶推施工流程

梁段整体移动采用分级顶推的方法，即每次千斤顶顶推量约 20mm，多级顶推到位。

每级拉移完成后，测量检查轴线变化情况，经确认无异常后，再进行下一级拉移，如此循环至拉移完成。

4）桥面板施工

混凝土桥面板在桥位处后场预制，由平板车运输至主墩平台，SG16—SG5 号段钢梁桥面板在施工平台上由桥面板提升站提升至桥面，通过运板小车及铺板门式起重机进行铺设，其余部分钢梁桥面板由 200t 起重船吊装在运输船与钢梁固定，但不结合。

在混凝土桥面板自重作用下，橡胶条完全压密封闭，环氧砂浆与上下接触面充分接触，从而实现结合面的密封性。

合龙段施工如图 4-7-11 所示，桥面板安装如图 4-7-12 所示。

 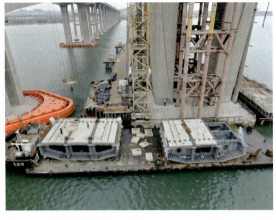

图 4-7-11　合龙段施工　　　　　　　　　图 4-7-12　桥面板安装

钢梁精定位并栓焊完成后，进行湿接缝施工。采用 C55 收缩补偿混凝土，先安装湿接缝部位金属波纹管，然后安装纵横向水平钢筋。横向湿接缝在纵湿接缝的位置采用机械接头，其余位置采用焊接接头。

7.5　关键施工要点

（1）安海湾特大桥位于河流入海口，具有内河及外海双重特征，即具有大潮差、海床起伏明显、海床淤泥较严重等特征，通过采用无封底钢-混凝土组合吊箱施工方法，简化了施工操作流程，同时避免了大型水上设备的投入，从而克服了桥位区的不良地质与水文条件，节省材料用量，缩短工期。

（2）曲线 H 形桥塔结构形式复杂，施工难度大。上下横梁采用拱形无落地支架法，与塔柱同步施工；支架受力支撑在塔身上，将受力传递给塔身，一方面保证了无落地支架受力可靠，另一方面简化了横梁施工工艺，保证了下横梁混凝土施工质量。

（3）通过对主梁采用边跨顶推、中跨悬拼的施工方法，有效解决了桥址区不良海况环境对工程的影响，通过智能化工厂化梁体制造，保证梁体制造精度和质量。

（4）通过多场耦合数值模拟技术的施工全过程线形分析控制，保证桥梁线形满足无砟轨道铺设要求。

第8章 西溪特大桥168m刚构转体施工

8.1 概述

西溪特大桥上跨既有福厦铁路，对应桥墩为67~70号，斜交角度为20.5°，孔跨布置采用（94＋168＋94）m连续刚构，68号、69号为连续刚构主墩（图4-8-1、图4-8-2）。跨越既有福厦铁路采用转体施工，先沿平行于既有铁路的方向施工，梁部挂篮悬浇至最大悬臂状态，然后平面转体至设计线位，转件质量为17500t。

68号墩位于杭深下行线南侧，承台边距下行线最近水平距离为12.4m，桩基边缘距下行线最近水平距离为14.1m；69号墩位于既有福厦铁路上行线北侧，承台边距上行线最近水平距离为20.1m，桩基边缘距上行线最近水平距离为21.8m。

挂篮悬浇完成后，68号墩T构两梁端距下行线水平距离分别为20.44m，20.27m；69号墩T构两梁端距上行线水平距离分别为26.30m，27.19m。转体完成后，梁底距既有福厦铁路界限最近垂直距离为11.69m。

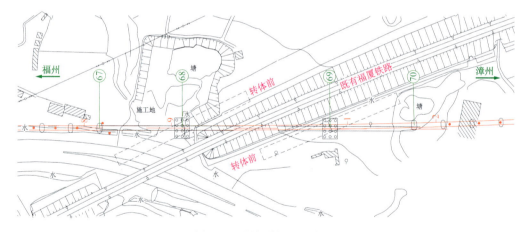

图4-8-1　连续刚构平面示意图

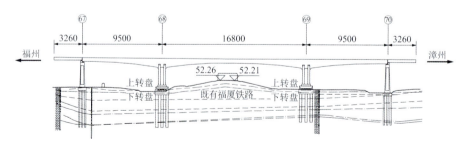

图4-8-2　连续刚构立面布置图（尺寸单位：cm；高程单位：m）

（1）下部结构

本联连续刚构梁主墩68号、69号墩为双肢薄壁墩，墩高均为20m，下设上、下两级承台。其中下承台为22.8m×16.8m×5.6m矩形承台，上承台为15.0m×15.0m×3.5m矩形承台；桩基础均采用12根ϕ2.8m的钻孔灌注桩。

边墩 67 号、70 号墩为 35：1 圆端形空心墩，墩高分别为 29m、33m，承台分别为 14.6m×9.6m×3.0m、14.6m×10.6m×3.0m 矩形承台；桩基础均采用 11 根 ϕ1.5m 的钻孔灌注桩。

（2）上部结构

连续刚构梁全长 357.6m，计算跨度为（94＋168＋94）m，设计为单箱单室直腹板截面，边跨直线段及中跨跨中截面最低点处梁高为 4.52m，刚壁墩处截面最低点处梁高为 10.52m，梁高按圆曲线变化，圆曲线半径 R = 517.83m；顶板厚度为 47cm，腹板厚分别为 50cm、70cm、100cm、120cm，底板厚由跨中的 50cm 按圆曲线变化至刚壁墩根部的 148.2cm。全桥共设 7 道横隔梁，分别设于刚壁墩墩顶、端支点和中跨跨中截面，刚壁墩处设置两道厚度 2.2m 的横隔梁，边支点处设置厚 1.6m 的端隔梁，跨中合龙段设置厚 0.6m 的中横隔梁。横隔板设有孔洞，可供检查人员通过。

① 桥面宽度：防护墙内侧净宽度 9.0m，桥梁顶宽度 12.6m，底宽度 8.5m，桥梁建筑总宽度 12.9m。

② 纵、横向预应力体系：预应力钢绞线采用抗拉强度标准值 f_{pk} = 1860MPa、弹性模量 E_p = 195GPa，公称直径为 15.20mm 的高强度钢绞线。

③ 竖向预应力体系：采用 ϕ21.8mm 缓黏结预应力筋。预应力筋符合《预应力混凝土用钢绞线》(GB/T 5224—2014)（当时标准，现行标准为 GB/T 5224—2024）的规定，f_{pk} = 1860MPa、公称直径为 21.8mm，公称截面积为 313mm^2，E_p = 195GPa，锚下张拉控制应力为 1300MPa。

梁部边墩支座采用铁路桥梁球形耐候钢支座（TJQZ），每个支点设两个支座，为 10000kN 级。支座中心距离梁端 0.8m，支座横桥向中心距 7.5m，横向固定支座放在曲线内侧。

单个"T 构"除 0 号块外，其余 21 对梁段，其纵向长度为 11×4.0m＋5×3.5m＋5×3.0m。0 号块总长 13.0m，中跨、边跨合龙段长度均为 2m，边跨现浇段为 9.8m。悬臂现浇段最大质量为 307.736t。

8.2 梁部施工

（1）0 号块施工

墩顶支座安装完毕后，进入梁部施工。主要包括模板施工、钢筋施工、预应力施工、预埋件施工、混凝土施工等。0 号块施工流程如图 4-8-3 所示，施工现场如图 4-8-4 所示。

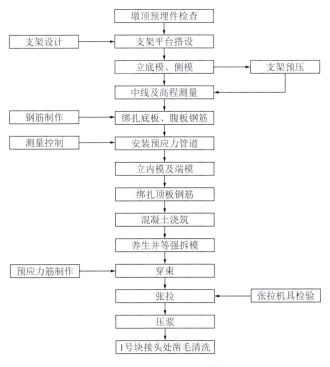

图 4-8-3　0 号块施工流程图

图 4-8-4　0 号块施工现场

（2）悬臂段施工

0号块施工完毕且混凝土强度达到设计强度后，及时在0号块上安装挂篮，试压后进行1号和1′号块悬灌施工。主要包括挂篮拼装、挂篮悬臂灌注施工，本桥悬灌段共计82个节段，每个挂篮悬臂浇筑21个节段。调整底模、侧模高程，锁定底侧模前后吊杆，一次对称灌注节段混凝土，预应力张拉等为关键工序。悬臂段施工流程如图4-8-5所示。

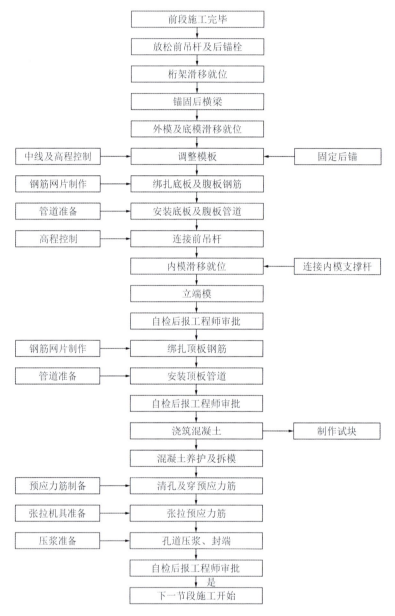

图4-8-5　悬臂段施工流程图

（3）合龙段施工

T构转体后中跨合龙段位于既有福厦铁路上方，采用常规方法进行合龙，施工时间长，安全风险较大。为降低施工安全风险，减小对既有铁路运营的影响，选用钢壳法合龙技术进行合龙段的施工。

合龙段钢壳分为预埋段和吊装段两部分。预埋段在箱梁转体前分别预埋安装在悬臂梁段端头位置，吊装段分成块，在转体前分别通过起重机吊放至需合龙的T构箱室中并固定牢固。转体结束，确认梁体高程、平面位置无误后，再申请施工天窗，并在天窗时间内使用手拉葫芦将吊装段分块从两端的箱室中拉出并将吊装段分块焊接成整体。随后在当天气温最低时锁定劲性骨架，将合龙钢壳吊装段与两端的预埋段焊接牢固，并绑扎钢筋。待底板、腹板钢筋绑扎，预应力管道预埋结束后，搭设内顶模板，绑扎顶板钢筋、安装预应力管道及各类预埋件，最后灌注混凝土。中跨合龙段的钢筋绑扎、混凝土浇筑、预应力施工等作业工序均在钢壳范围内进行，减少了施工过程对营业线的影响。中跨合龙段钢壳结构示意如图 4-8-6 所示。

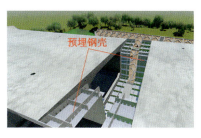

图 4-8-6　钢壳结构示意图

合龙段长均为 2m，合龙前调整中线和高程，使两悬臂端临时连接，保持相对固定，以防止合龙混凝土在早期因为梁体混凝土的热胀冷缩开裂。同时选择在一天中温度较低、变化较小时进行混凝土施工，保证混凝土处于温升、在受压的情况下达到终凝，避免受拉开裂。合龙段临时连接采用刚性连接，采取既撑又拉的方法，将两端连成整体。即先在合龙段两侧箱梁的顶底板预埋钢板，通过设置承受压力及拉力的装置使合龙段混凝土得到保护。

（4）体系转换

体系转换是悬浇施工中的一个重要环节，其施工质量对成桥的质量有较大影响。体系转换步骤为：边跨临时锁定→边跨合龙段施工→边跨预应力施工→中跨临时锁定→中跨合龙段施工→中跨预应力施工→完成连续刚构梁体系转换。

在一天中最低温度时，对中跨合龙段两侧梁体的顶板和底板上均匀地施加 4000kN 的对顶力，并焊接固定合龙段锁定型钢支撑。在中跨合龙混凝土灌注过程中，同步排放配重水箱里的水，保证混凝土的灌注重量等于水的排放重量，中跨合龙段混凝土灌注结束时配重完全拆除。待合龙段达到设计强度后按顺序张拉中跨各预应力束。

8.3　转体施工

1）转体构造

转体体系由下转盘、球铰、上转盘、转体牵引系统组成，主要结构如图 4-8-7 所示。

转动体系采用 175000kN 钢球铰，分上下两片，球体半径 8000mm，球面投影直径 4000mm，在下承台顶面设置下转盘，下转盘是转动体系的重要支撑，布置有转体系统的下球铰、撑脚的环形滑道、转体牵引系统的反力座、助推系统、轴线微调系统等。

下转盘利用桩基承台顶预留直径 12.1m，厚 1.0m 的混凝土后浇带，同时布置了受力钢筋网及球铰下方局部加强钢筋。下承台设置 1.1m 宽环形滑道，滑道中心半径 4.50m；上承台为 15m×15m×3.5m 矩形承台（封铰后尺寸），底部设置直径 12.4m 转盘，转盘内部安装上转盘撑脚，撑脚主要作用是保证转体时结构平稳，上转盘周围对称设置 6 个撑脚，每个撑脚为双圆柱形，下设 30mm 厚撑脚钢板，双圆柱为两段 $\phi800mm \times 24mm$ 的钢管，撑脚内灌注 C60 微膨胀混凝土，安装时在撑脚钢板下垫 20mm 楔形钢板作为转体结构与滑道的间隙，转体时支撑脚可在滑道内滑动。为保证转体的顺利实施，要求整个滑道面在一个水平面上，其相对高差不大于 0.5mm。

转体下转盘是支撑转体结构全部重量的基础，本桥采用平转法施工的转动体系（图 4-8-8），转动球铰是整个转体的核心，制作和安装要求精度较高。上下球铰安装要保证球面的光洁及椭圆度，球铰安装顶口务必水平；上下球铰间涂抹黄油和四氟粉，上下球铰中线穿定位钢销，精确定位。最后上下球铰吻合面外周用胶带缠绕密实，以做到防尘、防水、防锈。

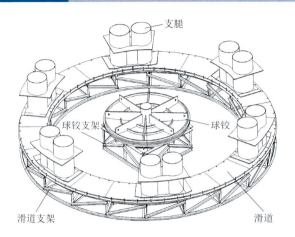

图 4-8-7 转动体系结构示意图

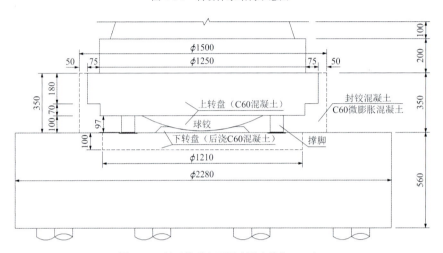

图 4-8-8 转动体系立面图（尺寸单位：cm）

2）转体体系安装工艺

下转盘采用 C40 混凝土，其上设置转体系统的下球铰、撑脚的环形环道及转体牵引与助推千斤顶反力座等。下转盘分两次浇筑施工：第一次在绑扎底层钢筋、侧面钢筋、内竖向钢筋、各种预埋钢筋和预埋件后，立模浇筑 5.6m 高混凝土；第二次在下球铰和环道安装固定后，绑扎其余钢筋，浇筑第二层 1.0m 高混凝土及过转反力座。

上转盘（上承台）一次浇筑完成。在上球铰和钢撑脚安装完成后，绑扎上球铰钢筋网片及转台钢筋，精确放置好上承台各预埋件及主牵引索，同时注意预埋墩身钢筋，之后浇筑上转盘混凝土。

转体体系总体施工工艺流程如图 4-8-9 所示。

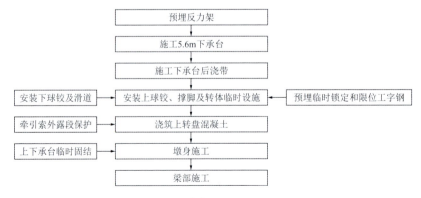

图 4-8-9 转体体系施工工艺流程图

358

3) 转体施工

(1) 梁体称重

转体前进行转体称重，测试转动体的不平衡力矩、偏心距、摩阻力矩及静摩擦系数，并按转体的要求进行平衡配重。偏心距和不平衡力矩用来决定配重是在中跨还是边跨，即配重的方向和选取配重位置后的配重荷载大小。摩阻力矩和静摩擦系数用来计算启动时和匀速转动时的牵引力大小。

称重采用在边、中跨侧分别布置 3 个千斤顶及对应的压力环传感器，如图 4-8-10 所示，顶力位置距离上转盘纵向边缘 50cm。另外沿转盘圆周的 6 个过转混凝土挡块上布置百分表，调整百分表初始读数在量程中段。

单侧每个千斤顶同步逐级加载，每次加载后记录百分表位移大小和压力传感器的实际顶力，并即时绘制荷载-位移（P-S）曲线。在该曲线斜率出现突变时停止加载，并逐步卸载至零。单侧加载完成后，在纵向对称安装相同流程加载试验，取得相应数据。

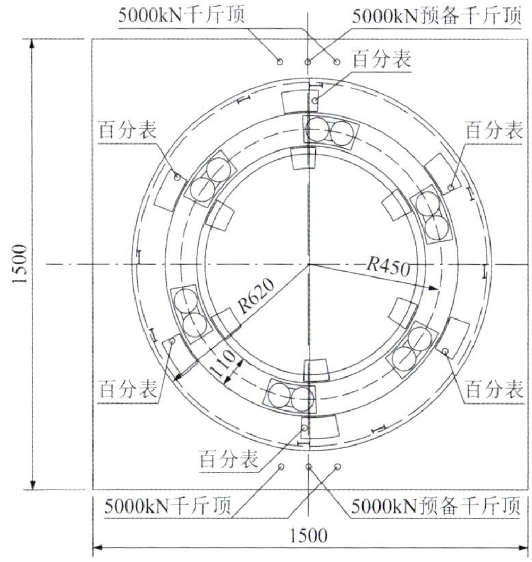

(2) 转体施工

① 试转

称重试验及相关准备工作完成后，正式转动前两天，进行结构转体试转，全面检查一遍牵引动力系统状态是否良好。试转时应做好以下重要数据的测试和采集工作：

a. 牵引力测试

记录实际启动牵引力大小以及转动启动后匀速转动时千斤顶的牵引力大小，这些数据和理论计算值对照检查确认。

图 4-8-10　千斤顶及百分表布置示意图（尺寸单位：cm）

b. 转动速度及线位移

试转可以得到球铰正常转动的角速度、线速度和梁端的线位移，测试千斤顶停止工作后又重新启动时的控制数据，假如出现问题，需在正式转体之前逐一解决。试转时按连续转动及定距模式多次转动两个阶段，采集修正转体参数。

② 实转

转体动力系统由 2 台 ZLD450 型千斤顶，2 台 ZLDB 型液压泵站，1 台 ZLDK 主控台组成；割除Ⅰ45b 工字钢临时锁定，6 组砂箱同时放砂，取出砂箱，使上下球铰吻合受力。

在上转盘贴上刻度尺，分别标记转体弦长及转体角度，另外安排专门的测量队伍在梁体上进行轴线测量。启动转体后的前段按照匀速转动进行控制，然后减速，在最后 5°内停止，进入点动转动阶段。采用多次点动和单次点动配合，即时测量剩余弦长和角度，并同步进行梁上轴线测量，最终以梁上轴线测量数据为准，判断转动是否到位，防止过转。精确就位后，撑脚与滑道间打入钢楔，转体结束后按程序解除营业线封锁。

8.4　孤石钻孔桩施工

厦门地区周边地层土体中夹杂大量孤石，为此，钻孔施工采用了特殊的钻孔工艺。首先用小型履带式油压钻进设备（地质钻机）引孔，即先对钻孔桩孔位范围内孤石按照不同桩径分别钻取不同数量小直径孔洞，将钻孔桩桩位存在的孤石提前分解，再使用钻机正常钻进施工，使钻孔桩施工过程中能够快速打穿孤石地层，提高成孔效率，减少卡钻、斜孔、掉钻头、塌孔等问题的发生。具体操作要点如下：

(1) 测孔定位

采用全站仪或 GPS 对地勘揭露存在孤石或钻进过程中发现孤石的桩位进行放样。桩位放样完成后在桩基孔位范围内按照不同桩径对引孔位置进行确定，不同桩径引孔数量及引孔位置如下：

ϕ1.0m 钻孔桩采用 4 孔引孔，即分别在孔位中心 1 个引孔及桩径向内偏移 0.2m 处平均分布的 3 个引孔，达到分解整块孤石的目的，如图 4-8-11 所示。

ϕ1.25m 钻孔桩采用 5 孔引孔，即分别在孔位中心 1 个引孔及桩径向内偏移 0.25m 处平均分布的 4 个引孔，达到分解整块孤石的目的，如图 4-8-12 所示。

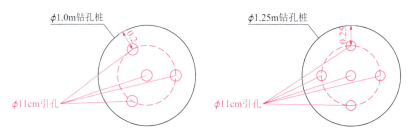

图 4-8-11　桩基ϕ1.0m 引孔布置示意图　　图 4-8-12　桩基ϕ1.25m 引孔布置示意图

同样，ϕ1.5m 钻孔桩采用 6 孔引孔，ϕ1.8m 钻孔桩采用 7 孔引孔，ϕ2.0m 钻孔桩采用 8 孔引孔，ϕ2.2m 钻孔桩采用 9 孔引孔，ϕ2.5m 钻孔桩采用 10 孔引孔。即分别在孔位中心布置 1 个引孔，桩径向内移 0.3～0.45m 处平均布置的 5～9 个引孔，达到分解整块孤石的目的。

（2）引孔施工

采用 BZ-50SL 型履带式小型地质钻孔机根据放样出来的孔位进行对中，使用外径 11cm，内径 8.3cm 的钻头进行引孔钻进施工，按岩石可钻性进行分级控制进尺深度，在黏性土、松软土和较完整的岩层中，每次进尺 ≤1.5～2.0m，在松散地层和破碎的岩层中钻进时每次进尺 ≤0.5～1.0m。

当进行嵌岩桩引孔施工时，引孔深度为设计桩底高程以上 0.2m 处；当进行摩擦桩引孔时，引孔深度为揭露孤石位置以下 1m 或根据实际施工完成并经过地质核查确认的桩基进行深度调整。当引孔全部完成后，小型地质钻孔机撤离施工现场，冲击钻进场按照传统施工工艺进行施工。

（3）应用效果

采用小钻引孔的方法处理孤石相较其他各种方法具有施工成本相对较小、场地占用率不高、不需要其他机械或物资进行辅助施工的优势。同时，可以减少钻机钻头的消耗，减少钻头反复提升补强焊头的次数，减少实际在孤石处钻进消耗的时间，减少遇到斜岩类孤石时碎石回填的用量、次数，降低钻孔桩成孔时间；并可有效减少塌孔、卡钻、掉钻等问题发生的概率。

8.5　关键施工要点

（1）主跨 168m 连续刚构主梁施工，跨既有福厦铁路，采用转体施工，中跨合龙段采用钢壳结构，安全风险大大降低；精准安装转体球铰和精确控制牵引系统的，确保合龙的精确对位。

（2）采用小钻引孔工艺处理孤石地质，具有施工方便，减少钻机钻头消耗，减少遇到孤石时碎石回填用量的优势，有效提升了钻孔工效，适用于穿越微风化孤石地层施工，具有较高的推广价值。

第 9 章 装配式桥面施工

9.1 概述

在铁路桥面附属设施施工过程中，传统的混凝土防护墙、竖墙、边墙等采用现浇法施工，工作效率较低，施工周期长。采用预制装配式桥面系施工技术，施工效率显著提高，施工质量更好保证。福厦高铁部分桥面采用了预制装配式桥面，与"通桥（2016）2322A 系列梁图"配套使用，采用场内集中预制，在桥面进行装配安装。

9.2 设计概况

1）工程材料

（1）混凝土：防护墙、竖墙等预制构件混凝土强度等级为 C50，盖板采用 C40 混凝土。混凝土的各项性能指标应符合《铁路桥涵混凝土结构设计规范》（TB 10092—2017）及《铁路混凝土结构耐久性设计规范》（TB 10005—2010）的要求。

（2）钢筋：采用 HPB300、HRB400 钢筋。HPB300 钢筋应符合《钢筋混凝土用钢 第 1 部分：热扎光圆钢筋》（GB/T 1499.1—2008/XG1—2012）相关规定，HRB400 级钢筋应符合《钢筋混凝土用钢 第 2 部分：热扎带肋钢筋》（GB 1499.2—2018）相关规定。

（3）砂浆：坐浆法时采用 M35 补偿收缩砂浆。灌浆法时采用 M35 自流平砂浆，应保证浆体的初始流动度不小于 300mm，1h 流动度不小于 260mm。

（4）连接螺栓：螺栓应满足《钢结构用高强度大六角头螺栓、大六角螺母、垫圈技术条件》（GB/T 1231—2006）中 8.8 级螺栓的相关要求，抗拉强度 830MPa。

2）结构设计

整体预制构件由防护墙、竖墙、边墙及底板组成，分为栏杆型与声屏障型，栏杆、声屏障通过预埋件安装在边墙上。桥面水沟、电缆槽盖板采用混凝土预制。预制构件标准段宽 1.77m，长度 1.98m。防护墙内侧距离桥梁中心线为 4530mm。底板外边缘与箱梁桥面板外边缘一致。

桥面栏杆采用纤维混凝土预制，由立柱、扶手、栏片、柱帽及伸缩缝立柱组成。桥面栏杆安装：桥台全部采用 logo 型栏片，与桥台相邻跨采用 logo 型栏片，与"海丝"型交错安装，其余孔跨采用直板型与"海丝"型交错安装。

栏杆段平面、立面安装示意分别如图 4-9-1、图 4-9-2 所示，声屏障段平面、立面安装分别如图 4-9-3、图 4-9-4 所示。

3）工程数量及二期恒载对比

（1）工程数量对比

单孔 32m 箱梁桥面系工程数量见表 4-9-1。

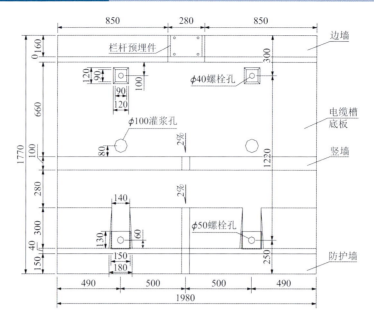

图 4-9-1　栏杆段平面安装示意图（尺寸单位：mm）

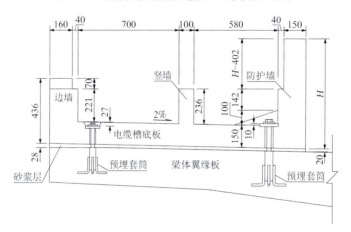

图 4-9-2　栏杆段立面安装示意图（尺寸单位：mm）

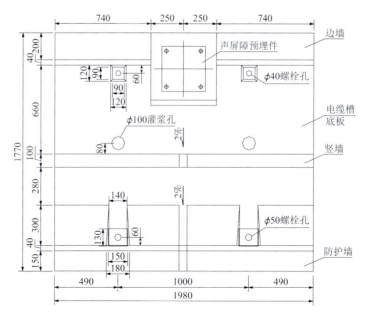

图 4-9-3　声屏障段平面安装示意图（尺寸单位：mm）

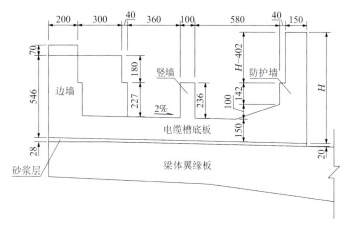

图 4-9-4 声屏障段立面安装示意图（尺寸单位：mm）

单孔 32m 箱梁桥面系工程数量表　　　　　　　　　　　　　　表 4-9-1

项目	安装栏杆		安装插板式声屏障	
	预制桥面	现浇桥面	预制桥面	现浇桥面
钢筋（kg）	4512.29	8558.91	6136.77	11950.70
混凝土（m³）	30.41	28.46	35.35	35.95
连接装置 M27（套）	64	—	64	—
连接装置 M24（套）	—	—	64	—
连接装置 M18（套）	64	—	—	—
栏杆支柱预埋件（不包括螺母）(kg)	159.84	194.04	1074.60	
聚氨酯防水涂料（m²）	9.06	155.96	8.93	155.96
M35 砂浆（m³）	3.75	—	3.75	—
内侧封锚 C50 补偿收缩混凝土（m³）	0.15	—	0.15	—
外侧封锚 M40 环氧砂浆（m³）	0.07	—	0.07	—
保护层 C40 纤维混凝土（m³）	1	2.74	—	2.74

（2）二期恒载对比

二期恒载对比见表 4-9-2。

二期恒载对比表（单位：kN/m）　　　　　　　　　　　　　表 4-9-2

类别	栏杆		插板式声屏障	
	预制桥面	现浇桥面	预制桥面	现浇桥面
遮板+竖墙+防护墙+防水保护层	—	24.8	—	30.8
构件+砂浆+连接装置	26.6	—	30.5	—

栏杆段装配桥面系比现浇桥面系重 1.8kN/m，声屏障段装配桥面系比现浇桥面系轻 0.3kN/m。采用装配桥面系后二期恒载变化不大。

9.3 预制及安装施工

1）梁内预埋套筒安装工艺

（1）预埋套筒安装施工工艺流程如图 4-9-5 所示。

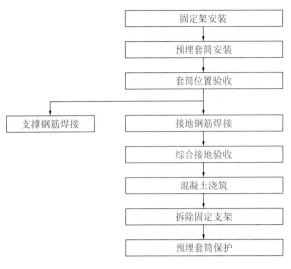

图 4-9-5 预埋套筒安装施工工艺流程图

（2）固定架安装

①固定架试拼：节块式固定架，固定架由加工厂加工，完成后运至现场试拼，试拼在平整的地面进行，试拼完成后按照试拼的顺序对各节块进行编号，以便使用。

②固定架梁面摆放：将固定架运至待施工箱梁顶板，按照试拼时编号将固定架顺序摆放。

③固定架安装：用卷尺量出外侧纵向套筒位置，从梁中复测横向位置，水准仪确定内侧套筒高度。沿模板跨中位置向两侧依次安装固定架。

④复测固定架位置：安装完成后挂线复测两侧套筒横向、纵向位置，确认卡具对齐，无变形，套筒位置准确。

（3）预埋套筒安装

预埋套筒固定架安装完成后，采用定制螺栓穿过固定架上预留孔位固定预埋套筒，定制螺栓上口为六角形，安装时可配套使用电动扳手紧固，保证螺栓旋拧到位，以使套筒与固定架底面密贴，防止混凝土浆流入套筒。

（4）接地钢筋焊接

预埋套筒安装完毕后，进行接地钢筋的焊接，防护墙侧套筒按照设计要求每个预制块需与纵向通长接地钢筋连接。连接次序为小里程向大里程：第一板块为小里程侧，其余均为大里程侧。接地钢筋采用$\phi 16mm$圆钢。L形钢筋与预埋套筒焊接，焊缝长度应满足单面焊不小于100mm、双面搭接焊不小于55mm的接地要求。

（5）套筒尺寸验收

预埋套筒安装完毕后，对套筒横向间距、纵向间距、高度进行复测。复测合格的点位依次在防护墙侧非接预埋套筒底面增加2根$\phi 12mm$锥形钢筋，增加稳定性。

（6）混凝土浇筑

混凝土浇筑过程随时查看预埋横向、纵向、高度有无变化。混凝土浇筑过程中严禁人员踩踏定位工装，严禁振捣棒触碰套筒，避免预埋套筒位置改变。同时加强定位工装范围内收面控制，尤其注意定位工装方钢下方收面，严禁收面后留槽。

（7）预埋套筒防护

混凝土浇筑完成后拆除定位工装，安装防护帽，防止杂物掉入套筒内影响后续预制构件的安装。

2）预制块预制工艺

（1）工艺流程

装配式桥面系预制块预制工艺流程如图4-9-6所示。

（2）模具制作、安装、清理及脱模油喷涂

①模具制作

装配式桥面系采用工厂化预制，模具采用定型模板（图4-9-7）。模板面板采用厚5mm钢板，模板设计

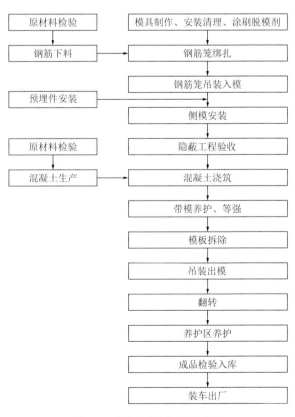

图 4-9-6 预制块预制工艺流程图

时，混凝土采用倒向预制（即防护墙底部与梁面接触部位朝上）。共分为2块端模、2块侧模、1块底模5部分。

图4-9-7　装配式桥面系模板

②模板安装

模板在固定台座上一次拼装好，拆模时仅拆除端模和侧模。防护墙过水孔模具与模板同时安装，过水孔采用6mm厚的钢板做成楔形。安装时用双面胶粘贴后与防撞墙模板密贴，拆模后可反复周转使用。

③模板清理及脱模剂喷涂

为保证预制构件外观质量、强度和耐久性，在每次脱模完成应及时对模板进行清理，采用角磨机打磨模板，需打磨至用土工布擦拭无污渍为止，并及时清理模板拼接处缝隙内漏浆残留的混凝土。模板打磨完成后采用喷壶均匀喷涂脱模剂，待脱模剂干后模板表面均匀形成一层薄膜后才可使用。

④模具优化改造

为了保证构件在脱模过程中不易损坏，对模具进行改进优化。首先对模具进行切割、焊接及打磨抛光，增大声屏障基础位置处的脱模斜度；随后对模具倒角进行改造，通过在模具倒角处填充玻璃胶将直倒角改为圆倒角，最后对模具拼缝位置进行改造，通过厚3mm的三元乙丙发泡橡胶条对模具拼缝处进行密封处理。

（3）钢筋加工

钢筋加工在钢筋加工区进行，半成品钢筋验收合格后，统一分型号存放在托架上。预制构件钢筋笼在绑扎胎具上进行焊接，钢筋笼验收合格后运至半成品存放区待用，钢筋笼存放采用支撑架倒置存放，防止钢筋笼变形。

（4）预埋件定位安装

构件预埋垫板应采用定位工装固定，构件预埋垫板下部的横向井字钢筋应与垫板底部焊接固定，确保井字钢筋位于垫板下方。接地端子与接地钢筋焊接，接地钢筋与构件预埋垫板焊接。

（5）钢筋骨架入模

经监理检查验收合格后，将加工好的钢筋骨架用门式起重机放入钢模，注意安放位置正确，检查预埋件位置是否与钢筋骨架冲突，如有冲突应进行适当调整，并绑扎保护层垫块固定。

（6）模具固定

模板清理完成后于模板拼接处贴发泡橡胶进行密封，钢筋骨架放入模具后预埋聚氯乙烯（PVC）管，安装模具套筒。然后将模板端模及侧模关上，使用手持电动扳手对模板螺栓进行加固，防止漏浆。模板尺寸检查合格后进行混凝土的浇筑。

（7）混凝土灌注

（8）构件预制时宜采用底板在上、墙体在下的倒置方案，混凝土应连续灌注、一次成型；灌注时，模板及钢筋温度宜为 5~35℃，混凝土入模温度宜为 5~30℃。振动至混凝土表面无明显塌陷、有水泥浆出现、不再冒气泡后停止振动。振捣完成后进行刮平，底板下表面宜在混凝土初凝前拉毛处理。

（9）预制构件养护

混凝土初凝后及时取出成孔杆，并对底板混凝土表面进行拉毛处理，拉毛完成后覆盖塑料薄膜保湿，防止早期裂纹产生，并及时覆盖土工布、洒水养护，直至规定养护时间。带模养护 2d，达到脱模强度后进行脱模，脱模完成后运输至喷淋养护期进行喷淋养护 5d，喷淋养护完成之后运输至成品存放区进行自然养护。

（10）预制构件脱模、翻转

构件脱模前，混凝土强度不宜小于 25MPa，构件脱模时，应避免模板磕碰构件，确保防护墙、竖墙、边墙边缘完整无破损。在灌注混凝土初凝后要将成型空杆旋出。凝固 10h 左右将端模板拆开。当混凝土达到脱模强度后松开边模，收紧活动底模调节杆，对称调节杆必须同时收紧和张开，不然将造成活动底模旋转不一致，模具变形无法修复；最后把预制构件从底板上吊起，构件脱模后，缓慢翻转构件，使底板在下、墙体在上，防止翻转过程中构件与地面或其他物体磕碰破损，随后转入产品存放区进行后期养护，如图 4-9-8、图 4-9-9 所示。

图 4-9-8　脱模

图 4-9-9　翻转

（11）成品检验入库

对预制块外观、结构尺寸、预埋件预留情况、接地焊接进行逐项验收，验收合格后搬至存放区。存放区旋转喷淋白天每 2h 养护一次、夜晚每 4h 养护一次。

3）预制构件现场安装施工工艺

（1）预制构件现场安装施工工艺流程

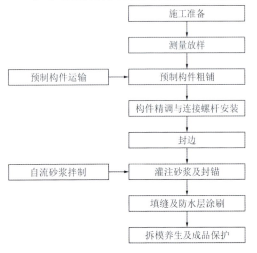

图 4-9-10　预制构件现场安装施工工艺流程图

预制构件现场安装施工工艺流程如图 4-9-10 所示。

（2）施工准备

①复测桥面预埋套筒孔位及梁面高程，偏差过大时及时进行处理，构件安装就位前，采用移动式护栏对梁面实施临边防护，后组织凿毛处理，露出新鲜的混凝土面，凿毛后对梁面进行冲洗，灌浆前对梁面洒水湿润，不积水，并至少保湿 2h。

②清洗完成后取出预埋套筒内的保护塞，清理堵塞的预埋套筒。

（3）测量放样

为保证防护墙线形，单孔梁线形按曲线直做控制，预制构件安装前，安排测量放样，直线段放样控制点按 10m/个、曲线段放样控制点按 5m/个，由测量人员放出防护墙边线，根据放样点弹墨线。

（4）预制构件运输

预制构件采用随车吊配合专用吊具进行运输，运输及吊装过程中注意避免对构件磕碰，缺棱掉角；构件运输及存放过程中必须在下方铺垫方木，吊装采用5t尼龙带配合专用吊具吊装，吊装方式为通过构件预埋吊装套筒4点起吊安装。

（5）预制构件粗铺

构件安装前确认灌浆区域凿毛到位，露出新鲜混凝土面，用洁净水冲洗干净。构件运输至现场后按放样墨线粗铺（图4-9-11）；粗铺过程中要注意不同构件的类型并摆放至正确的位置上，并避免对构件产生磕碰。

（6）构件精调与连接螺杆安装

根据测量放样弹出的墨线对构件进行定位，通过精调工装对构件进行精调，调整到设计高度且连接孔与预埋套筒对齐，精调完成后在构件四角放置不同厚度的钢板进行支撑，支撑钢板应置放在螺栓孔附近，避免施加预紧力后构件发生较大沉降，螺杆旋入预埋套筒深度不小于10扣，清除垫板接触面上的浮浆和杂物后对连接螺杆施加预紧力，确保M30、M27螺栓施加预紧力矩不小于600N·m；M24螺栓施加预紧力矩不小于400N·m，M20、M18螺栓施加预紧力矩不小于200N·m。

图4-9-11　粗铺效果

（7）封边

采用灌浆法封边，铝合金钢尺作为模板，在铝合金尺侧面开1个5cm的观察孔，用于观察灌浆是否饱满，同时起到排气的作用。植入短钢筋进行固定。每次模板安装前，对模板面进行清理并涂刷脱模剂。封边完成后，应仔细检查封边是否严密，必要时在接缝处采用泡沫胶封闭，确保灌注时不漏浆。外侧采用M35砂浆进行封边，封边分两次进行，确保封边密实平整。

（8）灌注砂浆及封锚

预制桥面系安装采用灌浆法，砂浆采用M35自流平砂浆，由拌和站集中拌和并运送至施工现场，实时检查砂浆的流动度，流动度不应小于320mm。为保证灌浆密实，可采用60cm高的灌浆漏斗提供灌浆压力，并采用敲击法检查灌浆密实度，控制灌浆速度，直至从螺栓孔全部溢浆为止。依次逐块灌浆直至整跨全部完成。灌浆完成后应及时清理溢出的砂浆。采用C50收缩补偿混凝土对内侧螺栓槽进行封堵；采用M40环氧砂浆对外侧螺栓凹槽进行封锚。

（9）填缝及防水层涂刷

待封锚砂浆强度达到设计要求后，对接缝表面进行打磨，清理灰尘。在预制构件内部的底板顶面及底板顶面以上接缝处10cm范围内涂刷聚氨酯防水层，厚度不小于2mm。

（10）拆模养护与成品保护

①拆除封边模板时砂浆强度不小于5MPa。

②拆模后对防护墙和边墙底部接缝处砂浆进行表面处理，保证整齐美观。

③拆模后及时对砂浆缝进行养护。

④现场安装完成后，应做好成品保护，在梁面栏杆与声屏障安装期间，应避免硬物碰撞边角，在无砟轨道施工期间，应采取土工布或其他可靠的隔离保护措施，避免污染破坏。

9.4　质量控制及检验

1）材料质量控制

（1）钢筋

①普通钢筋技术条件应符合国家标准《钢筋混凝土用钢　第1部分：热轧光圆钢筋》（GB 1499.1—

2017)（当时标准，现行标准为 GB 1499.1—2024）和《钢筋混凝土用钢 第 1 部分：热轧带肋钢筋》（GB 1499.2—2018）(当时标准，现行标准为 GB 1499.2—2024）的要求。

②钢筋材料进场后，首先要检验材料的牌号、等级、规格、生产厂家是否与合同相符，产品外观是否受损；检查无误后再检验其出厂质量合格证书和质量检验报告单。无合格证书和质量检验报告单的应不予验收。

（2）混凝土及水泥砂浆强度

①构件混凝土强度等级应满足设计要求。

②填充层砂浆应满足设计要求。

（3）外加剂

根据混凝土数量和混凝土配合比确定，其标准严格执行相关规范要求。

（4）砂石料

砂石料根据施工进度要求，严格控制配合比，其含泥量、颗粒大小等指标严格执行相关规范要求。

（5）其他

①进场材料验收后，应按材料的不同种类、型号、规格、等级及生产厂家分别堆存，不得混杂，并设立识别标志，材料宜堆存在仓库（棚）内，露天堆置时，应垫高并加遮盖，以防淋雨锈蚀和其他污染，影响钢筋质量。

②材料入库存放后，应及时对进场材料按规定抽检频率进行验证试验，并将试验结果填写在材料标识牌上，以告知使用人员此材料的取舍。

2）装配式桥面系安装质量控制及检验

装配式桥面系安装质量检验参数及方法见表 4-9-3。

构件安装允许偏差及和检验方法 表 4-9-3

序号	项目	质量要求	检查要求
1	平面位置	±3mm	抽检梁端及跨中各两处
2	顶面高程	±10mm	抽检梁端及跨中各两处
3	垂直度	3mm/m	抽检梁端及跨中各两处
4	相邻构件安装完成后错台	3mm	抽检梁端及跨中各两处

材料的发放应由钢筋制作班组根据现场技术交底规定的构件部位、品牌、规格、数量填写领料单，经现场技术负责人核签后向料库管理人员领取。

3）装配式桥面系预制质量控制及检验

装配式桥面系预制质量检验参数及方法见表 4-9-4～表 4-9-8。

模板加工、安装允许偏差和检验方法 表 4-9-4

序号	项目	允许偏差	检验方法
1	纵向尺寸	±2mm	尺量
2	横向外边界尺寸	+2mm，0	尺量
3	平整度	2mm/m	1m 靠尺、塞尺
4	预留孔中心位置	10	尺量
5	对角线相互差值	±3mm	尺量
6	底板与防护墙的角度偏差	±0.1°	尺量
7	竖墙与防护墙/边墙距离偏差	±2mm	尺量
8	连接螺栓孔纵、横向位置偏差	±2mm	尺量

续上表

序号	项目	允许偏差	检验方法
9	防护墙、竖墙、边墙、底板厚度	+2mm，0	尺量
10	竖墙、边墙高度	±2mm	尺量
11	防护墙高度	±2mm	尺量
12	竖墙顶面和边墙、防护墙盖板台阶相对高差	1mm/m	尺量

钢筋加工允许偏差和检验方法　　　　　　　　　　　　　　　表 4-9-5

序号	项目	允许偏差（mm）	检验方法
1	受力钢筋全长	±10	尺量
2	弯起钢筋的弯折位置	±10	尺量
3	箍筋内净尺寸	±3	尺量

钢筋安装及保护层厚度允许偏差和检验方法　　　　　　　　表 4-9-6

序号	项目	允许偏差（mm）	检验方法
1	横向和竖向钢筋排距	±5	尺量
2	横向和竖向同一排间距	±10	尺量
3	纵向钢筋间距	±10	尺量
4	箍筋间距	±10	尺量
5	保护层厚度	0，+5	尺量

构件预埋垫板定位偏差　　　　　　　　　　　　　　　　　表 4-9-7

序号	项目	允许偏差（mm）	检验方法
1	纵向水平位置偏差	±3	尺量
2	横向水平位置偏差	±3	尺量
3	竖向位置偏差	0，+2	尺量

构件外观、尺寸偏差及检查要求　　　　　　　　　　　　　表 4-9-8

序号	项目		质量要求	检查要求
1	尺寸外观		平整密实，整洁，不露筋，无空洞，无石子堆垒。对空洞、蜂窝、漏浆、硬伤掉角等缺陷，需修整并养护到规定强度。蜂窝深度不大于 5mm，长度不大于 10mm，不多于 5 个/m²	目测，仪器测量
2	表面裂纹		防护墙、竖墙、边墙、电缆槽底板等，不允许有宽度大于 0.2mm 的表面裂纹	目测，仪器测量
3	外形尺寸	构件纵向长	±5mm	检查防护墙、边墙顶部和底部
		构件横向宽	±3mm	检查两端
		防护墙宽度	±3mm	检查两端
		底板厚度	±3mm	检查通信信号槽两端
		防护墙表面平整度	≤2mm/m	检查表面
		防护墙、边墙、竖墙高度	±3mm	检查两端
		边墙、竖墙厚度	±3mm	检查两端
		竖墙与防护墙/边墙距离	±3mm	检查两端
		连接螺栓孔水平位置	±3mm	检查两端

9.5 结语

装配式桥面系是实现工程装配化施工和绿色建造的重要体现,福厦高铁全线应用了约 87km 的装配式桥面系,提高了施工效率,确保了桥面系"三墙"的施工质量,取得了显著社会和经济效益,达到了预期的效果。

福厦高铁桥梁工程
创 新 与 实 践
PART 5

第 5 篇
数字化建造技术

福厦高铁桥梁工程
创 新 与 实 践

INNOVATIONS AND PRACTICES
IN THE BRIDGE ENGINEERING OF
THE FUZHOU-XIAMEN HIGH-SPEED RAILWAY

第1章　BIM技术

1.1　概述

相较于人类历史上的蒸汽时代、电气化时代与信息化时代所引领的三次工业革命相比，当前正在进行中的第四次工业革命，其核心动力源自人工智能、互联网、物联网、机器人等尖端技术的颠覆性创新。这些创新将促成物理空间、环境空间和网络空间的多重交互，工业化与信息化、智能化的深度融合。在全球范围内，新一轮科技革命和产业变革正在孕育兴起。"工业4.0""中国制造2025"等国内外战略纷纷明确了智能制造的发展目标，传统建造业也将迎来深刻变革。为此，亟待围绕桥梁智能设计、智能施工、智能管养等方面，全面开展桥梁数字化、智能化建造技术研发与实战应用，以进一步提升我国在桥梁建设领域的综合实力与水平。

福厦高铁建设初期就制定了"精品工程、智能福厦"的建设目标，为此，开展了一系列科技研发和技术探索，将诸多新理念、新结构、新技术应用于福厦高铁，保障桥梁结构精细化施工和高铁安全运营。为了更好地解决工程设计、施工以及运营维护期间遇到的重点、难点问题，开展了全线桥梁建筑信息模型（Building Information Modeling，BIM）综合应用，建立了一整套高铁桥梁构件库，实现了基于BIM的桥梁三维设计建模，并基于BIM设计成果，进行施工以及运营维护阶段的延伸应用。针对乌龙江特大桥、泉州湾跨海大桥及安海湾特大桥等大跨度桥梁结构，基于全线桥梁建筑信息模型（BIM）、地理信息系统（Geographic Information System，GIS）等技术，通过运用现代化传感采集设备、光电通信及网关边缘计算设备，进行了施工监控和健康监测，在桥梁数智化建养技术探索上迈出了重要一步。

BIM是以建筑工程项目的各项相关信息数据作为模型的基础，进行建筑模型的建立，通过数字信息仿真模拟建筑物所具有的真实信息。它具有可视化、协调性、模拟性、优化性等优点，利用包含建设项目物理特性与功能特性的数字模型，服务于建设项目的全生命周期的决策与分析。

从应用领域上看，国外已经将BIM技术应用在建筑工程设计、施工及运维阶段，相应的应用软件也日趋成熟，其应用价值和应用潜力都得到了验证。从"十五"规划起，我国为了推进BIM技术的综合应用，启动了信息化标准化的研究，以方便建筑业各相关产业的各环节共享和协同。同时利用BIM技术开展信息集成化管理，为建筑企业的管理带来了新的思路和方法。

我国相关行业主管部门正在积极推动发展BIM技术，相继出台政策鼓励BIM应用。国内学者及工程人员采用多种设计软件对BIM技术在设计阶段的应用进行了不同桥型的尝试，通过Revit、CATIA、Solidworks等软件和平台进行设计和建立桥梁模型，同时应用于桥梁结构的受力分析、二维出图、工程量统计等方面。在设计阶段，多专业、多人员协同设计平台，各专业并行设计，沟通及时准确，避免了大量的重复性返工，提高了设计效率。

在施工阶段，通过构建全桥4D施工进度模型进行施工过程模拟，并利用BIM技术实现可视化交底、碰撞检测、施工材料统计、施工场地布置、施工模拟、施工可视化管控等多元化应用。这一系列举措对促进桥梁工程施工的安全、有序、高效起到了积极作用，为工程的顺利进行奠定了坚实基础。

桥梁工程的结构安全至关重要，后期的养护维修、运营管理、档案管理都可以利用BIM技术强大的信息化和可视化特性来实现。可以通过对桥梁进行三维建模，将设计信息添加到模型中，并对桥梁的施工阶段误差进行控制。在运维阶段，设计、施工阶段的信息通过BIM模型无损地传递至运管部门，分析结构使用过程中发现的风险因素成因；制定维修整改实施方案并记录在 BIM 模型信息中，可以方便后期查询；对于易出现问题的部位进行分析处理，按期检查维修，保障后期桥梁运营的安全性。

福厦高铁桥梁体量巨大、特殊桥跨多、建设环境复杂。为推进 BIM 技术在铁路桥梁工程中的应用，选取全线桥梁进行 BIM 综合应用。基于参数化、模块化、结构化设计思路，运用 Revit 进行桥梁 BIM 精细化建模，建立一整套高铁桥梁构件库，特殊复杂桥梁进行特殊工点 BIM 设计，从而实现基于 BIM 三维设计建模的桥梁工程应用。同时，将 BIM 设计成果用于指导施工以及运营维护阶段的延伸应用，实现了福厦高铁全线桥梁工程 BIM 综合应用。

1.2 技术路线

针对福厦高铁全线 181.1km 正线桥梁特点，以梁部结构、桥墩、基础、附属结构为对象分别建立模型构件库，对复杂大跨工点单独设计建模，最后完成全桥结构的拼装，分别开展设计及施工阶段 BIM 应用。福厦高铁 BIM 技术应用工作主要包含 7 个方面：

（1）制定项目 BIM 设计标准、原则。
（2）创建通用桥梁标准构件族库。
（3）特殊桥型工点建模。
（4）参数化模型装配。
（5）全线结构拼装与编码。
（6）设计阶段 BIM 应用。
（7）施工阶段 BIM 应用。

BIM 平台选择 Autodesks 平台，采用 Dynamo for Revit，调用 Revit 的建模 API，在 Revit 中实现参数化设计、快速建模及模型信息的批量处理，提高工作效率。软件配置情况见表 5-1-1。

BIM 设计软件配置表　　　　　　　　　　　　表 5-1-1

软件名称	功能及用途	版本
Revit	BIM 模型数据读取、深化设计建模，数据导入、导出等	2018
Navisworks	BIM 模型整合查看、碰撞检测等	2018
Infraworks	BIM 模型整合，方案设计、景观设计	2018

执行铁路 BIM 技术标准，是实现 BIM 全生命周期应用的根本保障。项目将铁路 BIM 技术标准中的 IFD（International Framework for Dictionaries）V1.0 标准进一步结构化后，存储在公共数据库中，面向各专业提供标准编码查询服务。同时，结合福厦高铁 BIM 设计应用需求，遵照 IFD V1.0 的标准框架，增加信息分类和编码，在 IFD V1.0 的基础上，对桥梁专业对象进行扩充，并同步到"铁路工程建设管理平台"。

BIM 建模遵照下列铁路 BIM 联盟的有关标准：
《铁路工程信息模型分类与编码标准（1.0 版）》（T/CRBIM 002—2014）；
《铁路工程信息模型交付精度标准（1.0 版）》（T/CRBIM 007—2017）；
《铁路工程信息模型表达标准（1.0 版）》（T/CRBIM 005—2017）；
《面向铁路工程信息模型应用的地理信息交付标准（1.0 版）》（T/CRBIM 1005—2017）；
《铁路基础设施元数据标准（1.0 版）》（T/CRBIM 014—2019 ）；
《建筑信息模型设计交付标准》（GB/T 51301—2018）。

1.3 BIM 模型创建

全线桥梁种类多样复杂，包含：①大跨度复杂斜拉桥、拱桥、钢桁梁、连续刚构、T 构、常规三跨连续梁；②道岔、渡线、多跨等特殊连续梁；③标准以及非标准简支梁；④桥墩、桥台、承台、桩基础等。

桥梁专业特殊结构多位于曲线线路上，曲线造型结构较多。

基于参数化、模块化设计思路，运用 Revit 进行桥涵 BIM 精细化建模，建立高铁桥梁构件库以及各种特殊结构桥梁；基于线路模型，进行参数化装配集成。从而实现 BIM 技术在桥梁设计、施工、运维阶段的完整应用。

1）参数化建模

采用通用图选型的设计思路进行模块化设计，前期建立一套自适应族库，包含标准梁、桥墩、桥台、基础、涵洞等，设计建模过程中仅需调用并修改参数，再进行基于线路模型的装配，可大大提高建模效率。

项目围绕 Dynamo For Revit 可视化编程技术，研发了一系列建模工具插件，充分利用桥梁设计软件的成果数据，进行参数化 BIM 设计，大幅度提高了福厦高铁桥梁 BIM 设计建模的效率和质量，尤其是在拱桥、斜拉桥等复杂桥梁以及曲线结构桥梁的设计建模过程中发挥了较大的作用。

（1）墩台及基础

福厦高铁区间正线，墩高小于 20m 的桥墩采用流线行圆端形实体桥墩，墩高 20～26m 的采用斜坡实体桥墩，墩高大于 26m 的，采用圆端形空心墩。正线、联络线及动走线均采用矩形空心桥台。

圆端形桥墩分为垫石、顶帽、托盘、墩身四部分，模型如图 5-1-1、图 5-1-2 所示。桥台分为桥台台顶、桥台背墙和锥坡，模型见图 5-1-3。基础包含桩基础和明挖基础，模型见图 5-1-4。

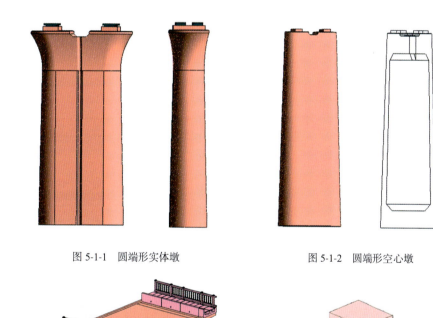

图 5-1-1　圆端形实体墩　　　　　　　　图 5-1-2　圆端形空心墩

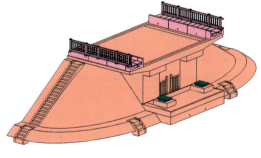 

图 5-1-3　正线矩形空心桥台及锥坡　　　　图 5-1-4　基础

建模过程中，采用公制体量标准构件族，设置实例参数对模型进行参数化设计，以满足不同桥墩的要求，桥墩参数化设计如图 5-1-5 所示。

a) 实体桥墩参数

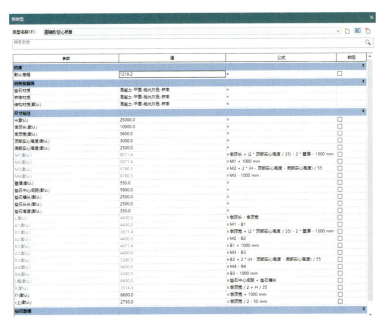

b) 空心桥墩参数

图 5-1-5 桥墩参数化设计

（2）梁部及桥面附属设施

简支梁建模，利用公制结构框架-梁和支撑标准构件族样板创建简支梁的构件族。具体步骤为：新建一个族，选择公制结构框架-梁和支撑，定义有助于控制对象可见性的族的子类别；布局有助于绘制构件几何图形的参照平面，添加尺寸标注以指定参数化构件几何图形；绘制不同梁段位置横截面形状，拉伸或融合创建实体单元，最后添加材质。32.6m 简支梁模型如图 5-1-6 所示。

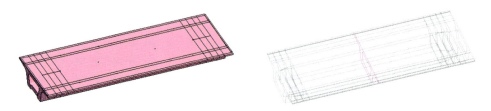

图 5-1-6 32.6m 简支梁模型

福厦高铁连续梁桥的常见跨径布置有（32＋48＋32）m、（40＋56＋40）m、（40＋64＋40）m、

（48＋80＋40）m、（60＋100＋60）m、（70＋125＋70）m 等。建模步骤为：依节段划分，分别创建公制结构框架-梁和支撑构件族；在结构样板项目文件中按照线路走向依次生成各节段。以（70＋125＋70）m 连续梁为例建模，模型如图 5-1-7 所示。

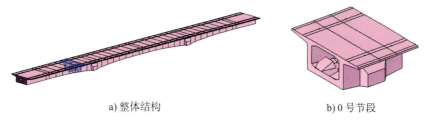

a) 整体结构　　　　　　　　　b) 0 号节段

图 5-1-7 （70＋125＋70）m 连续梁模型

正线桥面布置、桥面附属等构造，分别按照《客运专线铁路常用跨度梁桥面附属设施》[通桥（2016）8388A]、《新建铁路福州至厦门铁路预制装配桥面设施施工图》[福厦施（桥）变-B3]设置。桥面附属设施模型如图 5-1-8 所示。

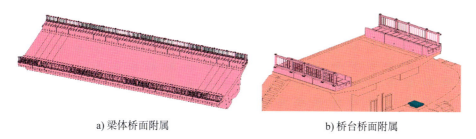

a) 梁体桥面附属　　　　　　　b) 桥台桥面附属

图 5-1-8　桥面附属模型

（3）拱桥

以梅山特大桥的钢管混凝土系杆拱桥为例。拱圈主要构造线为空间曲线，采用 Dynamo For Revit 可视化编程技术进行 BIM 设计。

首先建立主梁空间轴线，详细过程如图 5-1-9 所示。先获取线路平面，通过偏移高程值以获得实际线路空间曲线，此曲线即为主梁空间轴线。

图 5-1-9　Dynamo 建立主梁空间轴线

建立拱肋模型时，首先获取线路空间曲线的局部坐标系，根据信息偏移空间坐标获得拱肋的拱轴线；然后建立垂直于拱轴线的平面并赋予拱肋截面以形成拱肋实体模型，见图 5-1-10。

建立横撑模型时，采用拱肋轴线与横撑在主梁上纵向坐标确定的垂直于主梁轴线的平面交点，确定空间坐标，横撑之间的杆件通过相对坐标定位并赋予截面，然后通过放样各点的连线生成实体模型，如图 5-1-11 所示。

建立拱桥吊杆时，采用拱肋轴线与吊杆在主梁上纵向坐标确定的垂直于主梁轴线的平面交点，确定吊杆空间坐标，再通过相对坐标定位并赋予截面，然后通过放样各点的连线生成实体模型，见图 5-1-12。

建立拱脚模型时，通过节点形成闭合多边形，然后放样形成实体模型。建立主梁模型时，由梁节段沿主梁轴线装配而成。所有拱桥构件装配可生成完整的拱桥实体模型，如图 5-1-13 所示。

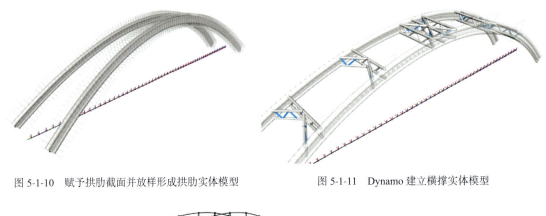

图 5-1-10　赋予拱肋截面并放样形成拱肋实体模型　　　图 5-1-11　Dynamo 建立横撑实体模型

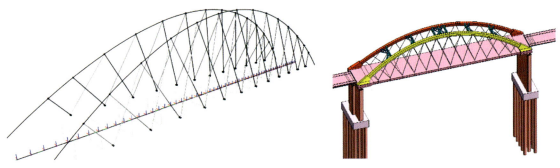

图 5-1-12　Dynamo 建立吊杆实体模型　　　图 5-1-13　钢管混凝土系杆拱桥实体模型

（4）钢-混凝土组合梁斜拉桥

以安海湾特大桥主桥为例。该桥为跨径（40 + 135 + 300 + 135 + 40）m 的双塔双索面钢-混凝土结合梁斜拉桥。基于钢-混凝土组合梁斜拉桥的结构特点，制定"参数化、族库化、快速化"的 BIM 实施策略，通过参数化的技术手段实现精准、高效的 BIM 设计。技术路线如图 5-1-14 所示。

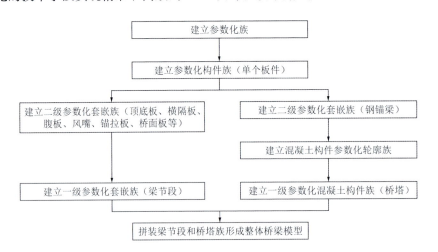

图 5-1-14　钢-混凝土组合梁斜拉桥 BIM 设计技术路线

斜拉桥主要由主梁、桥塔、拉索及墩台基础组成。建立梁节段时，以参数化加劲肋板件族为例，首先在 Revit 公制常规模型中参数化建立板件轮廓，再通过拉伸、融合、旋转、放样等操作建立参数化模型。将各个参数化构件族导入一个公制常规模型嵌套族中，并进行参数化定位，形成二级参数化横隔板嵌套族。将各个二级参数化嵌套族导入一个公制常规模型嵌套族中，并进行参数化定位，生成一级参数化主梁节段嵌套族。钢梁节段嵌套族建模过程详见图 5-1-15。

　　　　　　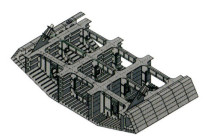

a) 参数化加劲肋板件族　　　b) 二级参数化横隔板嵌套族　　　c) 一级参数化主梁节段嵌套族

图 5-1-15　钢梁节段嵌套族建模

建立桥塔模型时，根据桥塔造型划分桥塔节段，并使用公制常规模型样板来建立桥塔构件族，同时拼装成桥塔整体模型，如图 5-1-16 所示。

建立桥墩和基础时，采用公制体量标准构件族，建模过程中对模型进行参数化设计，以满足不同类型桥墩的要求。安海湾特大桥主桥桥墩和基础模型如图 5-1-17 所示。

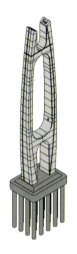　　　　　　　　

图 5-1-16　安海湾特大桥桥塔模型　　　　图 5-1-17　安海湾特大主桥小里程侧边墩模型

桥梁整体拼装时，根据桥梁平纵面线形，在考虑桥梁纵坡的情况下，拼装各个构件族形成主桥模型，主桥模型与引桥模型装配成完整的安海湾特大桥模型，如图 5-1-18 所示。

a) 钢梁节段细部构造　　　　　　b) 锚固构造及栏杆细部结构

c) 安海湾主桥模型　　　　　　d) 安海湾特大桥全桥模型

图 5-1-18　安海湾特大桥模型

（5）预应力混凝土斜拉桥

太城溪、雷公山、木兰溪、湄洲湾等桥的主桥均为预应力混凝土斜拉桥，以该桥型为研究对象，制定了构件参数化族库的技术路线。

以参数化梁段族为例，首先在 Revit 中建立轮廓族，根据混凝土箱梁断面的几何元素特点以及截面变化规律，定义轮廓族约束条件，形成以参数为驱动的主梁断面族库。通过制定桥梁构件的轮廓族，并以参数化图元为基础，通过驱动参数化引擎实现构件形状和尺寸的动态更新，并通过嵌套族的方式扩展了建模能力，也为桥梁构建参数化模型提供了一种更具灵活性的功能方法，实现了多座预应力混凝土斜拉桥的快速化建模，建模过程如图 5-1-19 所示。

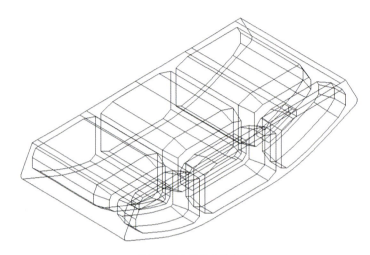

a) 箱梁混凝土节段参数化族

b) 梁段参数文件

图 5-1-19　混凝土梁节段建模

根据桥塔造型划分桥塔节段，并使用公制常规模型样板来建立桥塔构件族，同时拼装成桥塔整体模型。墩台和基础均采用公制体量标准构件族，建模过程中对模型进行参数化设计，以满足不同类型墩台的要求。根据桥梁平纵面线形，在考虑桥梁纵坡的情况下，拼装各个构件族形成斜拉桥整体模型，如

图 5-1-20 所示。

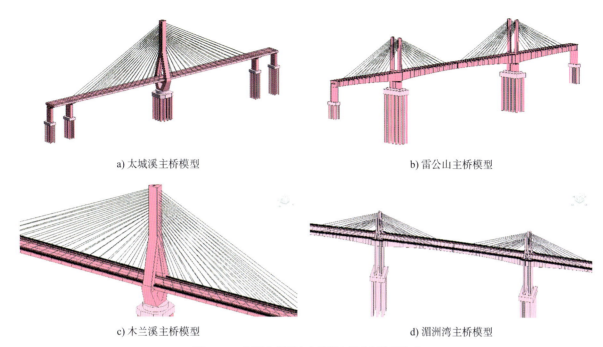

a) 太城溪主桥模型　　　　　　　　b) 雷公山主桥模型

c) 木兰溪主桥模型　　　　　　　　d) 湄洲湾主桥模型

图 5-1-20　福厦高铁预应力混凝土部分斜拉桥模型

2）编码与集成

（1）自动化编码

针对斜拉桥和拱桥，铁路 IFD V1.0 编码类型比较宽泛，停留在第三、第四层级，无法全面概括斜拉桥和拱桥的所有构件类型，尤其是主梁构件，缺乏齿块、隔板等编码。本项目细化大类构件的编码分类，进一步补充梁段、索塔下一层级编码，进而完善桥梁专业构件 IFD 编码体系。福厦高铁工程桥梁专业构件 BIM 设计新增的桥梁 IFD（53 表）编码见表 5-1-2。

铁路工程桥梁专业构件 BIM 设计新增 53 表编码　　　　表 5-1-2

编码	第一级	第二级	第三级	第四级	第五级	说明
53-12 00 00	桥梁					
53-12 10 00		上部结构				
53-12 10 08			梁			
53-12 10 08 10				梁节段		新增
53-12 10 08 10 10					顶板	新增
53-12 10 08 10 20					底板	新增
53-12 10 08 10 30					腹板	新增
53-12 10 08 10 40					锚拉板	新增
53-12 10 08 10 50					桥面板	新增
53-12 10 08 10 60					风嘴	新增
53-12 10 53			索塔			
53-12 10 53 10				索塔钢锚箱		新增
53-12 10 46			横撑			新增

项目开发了基于 BIM 元数据的自动化建树、编码和赋值的工具软件，实现了元数据编码准确赋值不遗漏，提升了"铁路工程管理平台"的易用性，拓展了元数据的应用价值。核心思想是通过内部协同分析构件的空间位置及 IFD 标准（53 表）自动组织构件结构树，再与"铁路工程管理平台"协同工作，生成元数据编码，实现自动将元数据编码绑定到模型构件的功能，工作流程如图 5-1-21 所示。

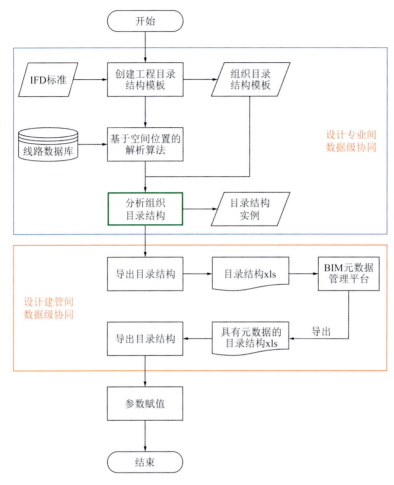

图 5-1-21　自动编码插件工作流程

开发的软件产品作为 Revit 的插件在 Revit 2018 中运行，用户界面参见 Revit 菜单中的"BIM 元数据"子菜单（图 5-1-22）。

图 5-1-22　Revit 菜单中的"BIM 元数据"子菜单

本项目开发的基于 BIM 的全自动协同工作插件，基于 IFD 标准的数据库、线路专业的 BIM 设计成果，与"铁路工程管理平台"协作，实现了自动创建 BIM 构件树、自动生成实例化编码、自动绑定实例化编码到 Revit 模型文件等工作，桥梁编码界面见图 5-1-23。

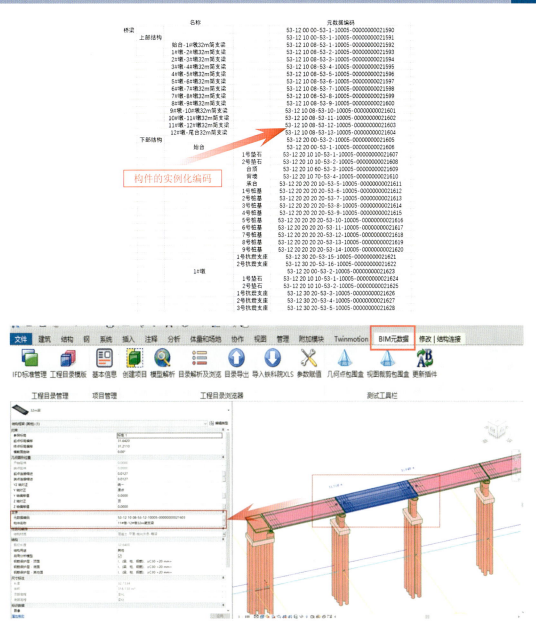

图 5-1-23 桥梁属性编码添加界面

（2）全线装配集成

桥梁专业沿线模型建立后，与轨道、接触网、声屏障、勘察等专业模型在 Navisworks、Infraworks 软件中进行整合，形成福厦高铁全线 BIM 模型，如图 5-1-24～图 5-1-26 所示。

图 5-1-24

图 5-1-24 Navisworks 软件整合模型展示

图 5-1-25 Infraworks 软件整合模型展示

图 5-1-26 福厦高铁 BIM + GIS 整合

1.4 设计阶段 BIM 应用

（1）精细化分析设计

在福厦高铁泉州湾跨海大桥设计中，针对斜拉桥工点，将 BIM 与有限元结合，计算了结构的整体受力，同时对复杂节点进行局部应力分析，见图 5-1-27。

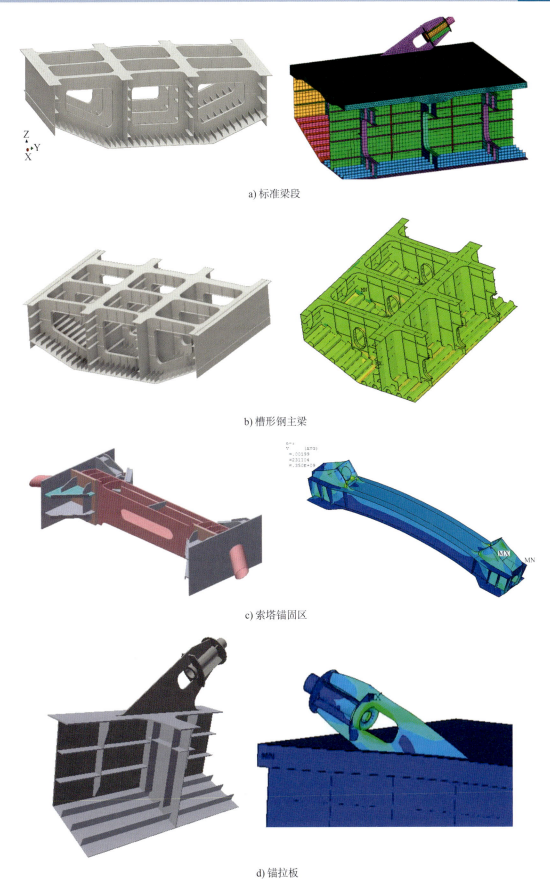

a) 标准梁段

b) 槽形钢主梁

c) 索塔锚固区

d) 锚拉板

图 5-1-27 结构分析

（2）结构景观优化

针对福厦高铁大跨度斜拉桥，结合 BIM 进行了景观设计。索塔是斜拉桥的灵魂支柱，不仅起到支撑和传力的作用，也是决定大桥景观效果的重要因素。以泉州湾主桥索塔为例，运用 BIM 技术对比各索塔方案，更直观地展示不同类型索塔的外观效果，如图 5-1-28 所示。经比选，最终采用贝壳形索塔。贝壳形混凝土桥塔造型新颖、美观，蕴含海洋元素。塔柱和横梁的圆弧元素的融入，克服了索塔高宽比较大所致比例不协调的问题。

图 5-1-28　索塔设计

栏杆造型，考虑到与索塔造型呼应，反映海洋与地域文化，功能上考虑福建沿海气候特点，减少栏杆的风阻。造型上，提取了波浪、帆船、水、贝壳等元素，进行艺术化的加工，通过 BIM 设计建模比选，泉州湾主桥选定了波浪形栏杆造型，见图 5-1-29。

图 5-1-29　栏杆设计

通过 BIM 建模，可将首次采用的连续刚构叠合拱体系进行直观展示。上下两层拱肋组成"月牙形"结构，线条更明朗，外形更加简洁美观，见图 5-1-30。

图 5-1-30　拱桥景观设计

从海洋文化、古谯楼和莆田荔枝中汲取灵感。系列桥梁整体使用白色，与海洋文化的大背景相呼应；局部使用红色，红色既是中国的象征，又是福建省著名景点古谯楼的主体色，还是福建特产莆田荔枝的主体色。除钢桁架桥外，红色应用于栏杆扶手并贯穿于整条铁路线始终。以红、白两种颜色串联起铁路的各种元素，浑然一体，见图 5-1-31。

图 5-1-31 斜拉桥景观设计

1.5 施工阶段 BIM 应用

（1）可视化交底

基于斜拉桥 BIM 设计成果，进行了施工进度及工序的动态模拟。进入施工阶段后，在 BIM 设计成果的基础上开展更为全面的施工组织设计深化模拟。以桥塔施工为例，进行了下塔柱翻模法施工模拟、中塔柱和上塔柱液压爬模施工模拟、下横梁和上横梁附塔支架分层浇筑施工模拟。开展可视化交底，可缩短设计到施工的周期，并便利指导现场施工，见图 5-1-32。

图 5-1-32 采用 BIM 技术指导桥塔施工

（2）工艺仿真模拟

结合地形数据文件，建立了梁场范围内的真实地形场景；融合制存梁台座、简支梁及整桥模型，以及梁场边坡防护模型，建立了梁场综合 BIM 模型。

将梁场三维模型导入 Navisworks，导入项目施工进度计划，利用内置 Timeliner 模块进行制运架梁施工仿真模拟，见图 5-1-33。

图 5-1-33　梁场施工仿真模拟

1.6　典型工程实施效果

1）乌龙江特大桥 BIM 施工管理应用

（1）BIM 实施内容

运用三维数字化技术，对构筑物的设计、建造及运维方案进行可视化展示，并通过分析进行优化。在施工之前，在三维数字化模型中预先发现并解决设计图纸的部分疏漏，基于模型的可视性、协调性、模拟性、优化性，为施工的有序、安全、高效开展提供支撑。

通过建立新云居山隧道群及乌龙江特大桥的精细化模型，配以扫描式三维地形，运用成熟的 BIM 管理平台，并接入现场施工视频监控，全方位管理现场施工，提前为现场施工做好物料准备。在 BIM 平台上可随时查看图纸，对施工节点进行严格把控，助力建造"精品工程"。

基于 BIM 模型在大临工程选址、可视化交底、碰撞检测、重大方案比选方面的深化应用，优化施工组织，有效降低施工作业成本，提高施工生产效率。典型应用场景如下：

① 大临工程：建设前期采用 BIM 技术进行模型搭建，提前模拟基地各项使用功能，使分区更加合理，场地布置规程。

② 可视化交底：通过对工序的模拟演示来制作三维作业指导书，以此作为施工人员学习与培训教材，以提高施工人员作业水平，确保施工过程的安全与质量。如，针对混凝土浇筑及振捣施工工艺，制作动画对施工作业人员进行可视化技术交底，增强现场作业人员对工艺要求的理解与认识，保证技术交底的可实施性和易操作性。

③ 碰撞检测：针对钢筋与预应力管道、预应力管道与钢筋定位网片、钢筋与预埋件、预应力管道与通风口、泄水孔等容易产生交叉的位置，进行碰撞模型试验，进一步优化箱梁的钢筋布置。

④ 施工重大方案比选：采用 BIM 技术对通过施工工艺的推演、进度模拟、图纸分析等，对相关专项方案进行合理化分析，比选出相对高效、经济的最优施工方案。

针对乌龙江大桥管理需求，建立了主塔、钢梁、混凝土梁及斜拉索等的 BIM 模型（图 5-1-34），并在建模期间综合考虑施工过程模拟和管理需求，对模型进行了进一步划分和处理。

图 5-1-34　乌龙江特大桥整体模型

（2）BIM 实施效果

① 在乌龙江特大桥施工中，BIM 技术应用于施工管理、设计管理、碰撞模拟、技术管理、质量管理、智能制造、安全管理、进度管理、资源管理、三维技术文档、数据分析等方面，在提质增效方面显示出了较好应用效果，同时，在工程创优方面也起到积极作用。

② 在乌龙江特大桥工程建设中，完成发明专利授权 3 项、实用新型授权 10 项、工法总结 4 项，获得科技进步奖 3 项，申报了中国钢结构金奖。

2）木兰溪特大桥 BIM 施工管理应用

（1）BIM 实施内容

① 木兰溪特大桥梁场、连续梁、空心墩：通过对连续梁、空心墩的精细化建模，可实现对任意剖面位置的混凝土体积计算，通过轻量化的 BIM 模型向现场施工技术人员交底，减少错漏，为后期的施工模拟、计算提供基础数据支撑。

② 主塔施工方案模拟：基于 BIM 技术的虚拟建造，可准确预测施工过程进度、施工质量等。通过施工动画模拟，可直观了解详细施工方案情况，包括施工进度、施工质量、施工时间等。识别可能存在的风险、分析施工各个环节，可以更准确地预判施工结果不符合要求的概率，找出有风险的施工工序或节点风险点，从而更精准地组织施工。

（2）BIM 实施效果

木兰溪特大桥梁场、连续梁、空心墩为例。

① 项目构件完成建模后，可以通过软件快速提取模型中任意部分的工程量，节约计量员工作时间，大幅度提高工程量统计计算的效率。

② 将 BIM 模型导入 Navisworks 进行碰撞检查，通过软件计算检查连续梁中波纹管与钢筋碰撞位置，提前优化穿束方案。

③ 加强了整个工程的可预见性，提高了整个项目的施工效率和准确度，实现了可视化技术交底，通过对关键节点把控，实现了降本增效，同时控制好质量安全的节点、防微杜渐，提高精细化管理水平，实现过程优化。

④ 利用虚拟施工，将空间信息与时间信息整合在一个可视的 4D 模型中，更直观、精确地反映各个部位的施工工序流程，有效地协调各专业的交叉施工，保证了流水作业进展顺利。

⑤ 将施工进度计划导入 Navisworks，录入实际施工进度后，进行计划进度模拟、实际进度模拟、计划与实际进度对比模拟。

⑥ 此外，加入相关工程信息还可以进行人、材、机等模拟，有效地指导施工，大大降低了返工成本和管理成本。

木兰溪特大桥整体模型如图 5-1-35 所示。

a) 整体模型　　　　　　　　　　　　　　b) 主桥效果

图 5-1-35　木兰溪特大桥整体模型

3）泉州湾跨海大桥 BIM 施工管理应用

（1）BIM 实施内容

桥梁工程施工 BIM 技术管理的主要目的是确保施工方案的可行性，提高施工效率，减少资源浪费，提升管理水平。泉州湾跨海大桥施工中主要应用的 BIM 技术如下。

① 碰撞检查：在复杂结构区域，运用 BIM 碰撞检查技术对各构件间的空间关系进行检查，提前发现碰撞问题，及时提出调整方案，减少返工率，降低成本，节约工期。

② 三维漫游检测：通过 BIM 技术开展动态的三维漫游监测，模拟施工仿真环境。相关管理人员及施工人员可根据漫游检测结果提前发现问题，及时提出解决方案。

③ 施工图纸核查：在项目施工前，通过全息模型的可视化功能，快速查找施工图纸中存在的错、漏、碰问题，提高图纸审核质量，避免施工过程中因图纸信息不明确造成的错误施工与工期延误。

④ 施工方案模拟：在施工作业模型的基础上附加施工方法、施工工艺和施工顺序等信息，进行施工过程的可视化模拟，并充分利用建筑信息模型对方案进行分析和优化，提高方案审核的准确性，实现施工方案的可视化交底。图 5-1-36 所示为钢锚梁吊装施工模拟。

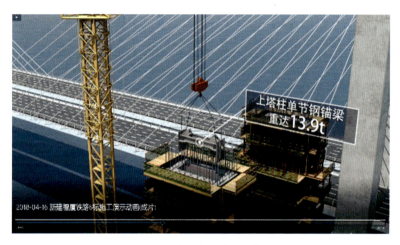

图 5-1-36　钢锚梁吊装施工模拟

⑤ 优化与整合：对模型进行优化，再将模型整合，加入时间周期，形成 4D BIM 进度管理模型。

⑥ 基于 E-BIM 平台的协同管理：主要在协同办公、共享、进度管理等方面展开应用。可以模拟项目的施工机械配置规划、材料供应计划、构件安装工序、材料的运输堆放安排等，可视化的场地模拟对前期大临建设的规划具有重要的意义。

（2）BIM 实施效果

① BIM 技术的应用，对数据信息进行统一分类管理，满足施工不同的管理需求，对施工过程中的信息进行收集，能及时、有效地掌握及跟进项目动态，及时发现问题并解决问题。

② BIM 技术的应用也是将各种资源整合的一个过程，极大地提高了各种资源的利用效率，显著提升了安全质量管理能力。

1.7　小结

在福厦高铁桥梁建设中，系统性地完成了 BIM 建模及设计、施工及运营维护阶段的延伸应用工作，建立了成套模型资源库，在任务划分、标准制定、技术路线选择到重难点桥梁工程的实施等方面，积累了较为完整和丰富的实践经验。

（1）运用 Revit 进行桥涵 BIM 精细化建模，基于参数化、模块化设计思路，建立了一套完善的高铁桥梁构件库。

（2）基于Dynamo For Revit可视化编程技术，研发了快速建模工具。充分利用设计成果数据，进行参数化BIM设计，大幅度提高了福厦高铁BIM设计的效率和质量。

（3）基于BIM模型成果系统，开展了桥梁结构分析、景观设计、健康监测、施工模拟等BIM应用。

（4）开发了数据编码自动赋值插件，打通了建设管理平台数据接口，实现了设计与建设阶段之间的数字化交付。为满足BIM设计成果与"铁路工程管理平台"之间的设计建造协同要求，通过研发软件，为每一个BIM构件均设置了唯一标识，即实例化编码，每一个实例化编码都由公共的IFD编码（类码）+福厦高铁项目特有编码组成。

（5）基于BIM开展施工管理应用，提高了整个工程的可预见性和精细化管理水平，实现了过程优化。通过对关键节点的可视化模拟，把控施工安全和质量，提高了整个项目的施工效率和管理精细度。

第 2 章　施工控制技术

2.1　概述

为确保主桥施工的质量与安全，并为后续运营监测打下坚实基础，需严格实施施工控制措施。桥梁施工控制贯穿于全桥整个施工过程，涵盖计算分析、加工制造、现场安装控制等各个环节。其核心目标在于通过对桥梁施工状态进行实时预测、识别（监测）、调整（纠偏），使桥梁的实际状态朝着理想状态发展，确保结构状态处于有效控制之中，桥梁成桥后的线形和内力最大限度地符合设计成桥状态。设计成桥状态包括设计结构成桥线形和设计结构成桥内力。对于大跨度斜拉桥和悬索桥来说，成桥线形是指成桥的主梁线形、主塔偏位、主缆线形等，成桥内力除了主梁、主塔内力外，还包括拉索和吊杆的索力等。

随着桥梁建设的快速发展，桥梁施工控制的重要性日益凸显，桥梁施工控制理论也在不断地成熟完善。桥梁施工控制方法经历了开环控制→闭环控制→自适应控制的发展历程。早期混凝土桥梁的控制多采用开环控制的思路及方法，20 世纪中后期闭环控制法在工程实践中也得到了广泛应用。20 世纪 90 年代初期，日本和韩国的学者在钢斜拉桥施工监控中运用了自适应控制理论。我国在 20 世纪 90 年代初期开始在大跨度斜拉桥的建造过程中应用闭环控制法，闭环控制法在南浦大桥、杨浦大桥的施工控制中均有应用。与此同时，我国也开展了自适应控制理论的相关研究，并陆续在宁波甬江大桥、广东三水斜拉桥、上海徐浦大桥等斜拉桥的建造过程中采用了自适应控制法。

近年来，随着我国经济的发展，交通基础设施建设迅猛发展，开工建设的大型桥梁越来越多。在大跨度连续梁桥、连续刚构桥、拱桥、斜拉桥、悬索桥的施工过程中，我国都采用了现代施工控制理论，并尝试使用智能化施工监控手段，桥梁施工监控水平逐渐提高并达到世界先进水平。

福厦高铁桥梁工程中的大跨度结构应用较多，自然环境及气候条件恶劣，施工难度大，施工过程中的不确定性因素多。采用数字化施工控制技术对于保证结构安全，确保施工顺利实施具有重要作用。

2.2　技术准备

在制定施工控制总体方案和实施细则时，充分考虑了桥梁的结构特点和施工组织方案，以主梁线形控制为主、兼顾结构内力，对制造、安装的全过程实施控制。采用基于几何控制法的大跨度斜拉桥自适应控制体系，尽量使成桥结构线形、内力状态与设计目标相吻合。南京长江三桥、苏通长江大桥、鄂东长江大桥、江津观音岩桥、嘉绍大桥施工控制均采用类似的控制思路和施工控制体系。实践证明，这一方法应用于柔度大、位移响应敏感、结构体系复杂的大跨度斜拉桥能够取得较好的控制效果。

为保证控制目标的实现，首先根据桥梁结构和施工方案的特点，进行了准确的模拟计算，提出主梁无应力制造线形和拉索的无应力索长，严格控制主跨钢梁节段的制造尺寸和索塔钢锚梁的定位精度，以及各主要构件安装阶段的几何目标线形，及时纠正施工误差，保证实际结构在逐段施工过程中的受力和变形始终处于可控、安全及合理的范围内，并且由这些施工状态逐步演化到成桥后，结构内力和线形均符合设计要求且与理论期望值的误差最小。

1）分析监控对象

以泉州湾跨海大桥为例，选取下列参数作为施工控制的主要控制对象：

（1）索塔几何位置。

（2）索塔索套管定位。

（3）主梁无应力线形。

（4）斜拉索无应力长度。

（5）拉索塔端锚点和梁端锚点的位置。

（6）施工阶段及竣工时的主梁线形。

（7）施工阶段及竣工时的斜拉索索力。

（8）施工阶段及竣工时的索塔应力。

（9）施工阶段及竣工的主梁应力。

（10）预应力张拉控制。

2）确定监控流程

施工控制内容主要分为准备阶段、制造阶段、安装阶段三个阶段。三个阶段施工控制的总体流程如图 5-2-1 所示。

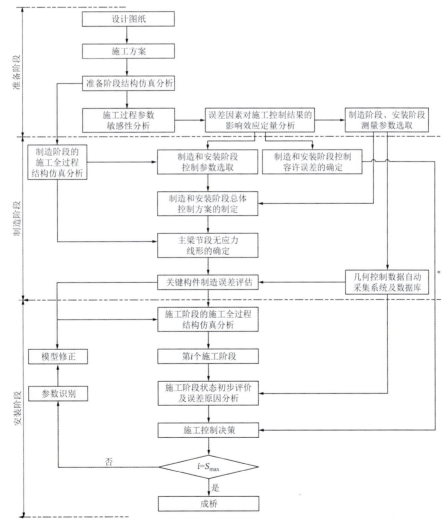

图 5-2-1　基于几何控制法的自适应控制系统总体流程图

S_{max}-施工最大阶段数

（1）计划阶段

进行全桥施工过程模拟分析，确定钢主梁、斜拉索等构件的无应力尺寸，提供各节段的加工尺寸；进行各施工阶段安装分析，确定各阶段理想目标线形，确保最不利状态下的结构安全性；进行参数敏感性分析，确定主要施工误差因素，从而确定施工监控的主要参数。

（2）制造阶段

评估和确认制造过程的可靠性和正确性；检查和验收预制节段，分批进行误差分析，及时更新和纠正后续节段加工尺寸。

（3）安装阶段

建立现场几何监测系统；对索塔安装过程中的施工控制提出建议；对主梁标准梁段及特殊梁段安装进行施工控制；对斜拉索安装过程进行施工控制。

3）建立监控组织

为保质、保量、高效地完成施工控制工作，必须明确施工控制实施过程中的工作制度和组织制度。

以泉州湾跨海大桥主桥施工为例，结合实际情况和施工控制工作的具体技术内容，成立"泉州湾跨海大桥主桥施工控制工作领导组"，领导组由大桥的现场设计单位、监理单位、制造商、监控单位和施工单位的负责人组成。领导组负责施工控制工作实施过程中的总体协调工作。同时建立"泉州湾跨海大桥主桥施工控制组"。施工控制组负责施工控制具体任务的实施。监控组织机构如图5-2-2所示。

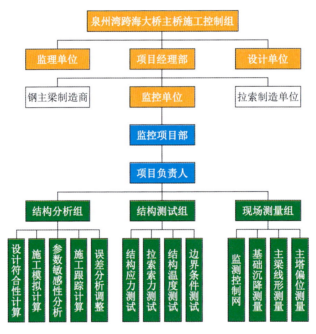

图 5-2-2　监控组织机构

2.3　施工控制过程

1）施工仿真分析

（1）结构计算方法

采用空间有限元程序 Midas Civil 进行施工模拟计算，建立全桥三维空间有限元计算模型，如图 5-2-3 所示。考虑斜拉索垂度和大位移几何非线性效应的影响，以及墩旁临时支架作用，塔、梁临时固结等施工边界条件。

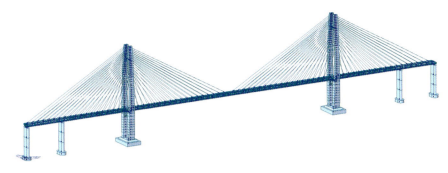

图 5-2-3　泉州湾跨海大桥有限元模型

（2）校核合理成桥状态

由于桥梁的设计和施工中存在着两种既不相同又相互联系的计算过程，并且在实际工作中这两类计算可能采用不同的计算模型，由不同的单位来完成，因此，为使施工控制指导的施工状态能与设计结果相一致，首先要校核设计计算与施工控制计算的闭合性。

在桥梁的监控计算中，确定成桥目标状态和施工阶段目标状态是两项至关重要的工作，通常先确定合理成桥目标状态，然后以成桥目标状态为基础根据施工工序确定各施工阶段目标状态。

（3）确定理想施工状态

理想施工状态确定包含以下计算工作：

① 结构下料长度计算。

② 结构预拱度计算。

③ 拉索初始张拉力计算。

④ 结构安装线形计算。

（4）参数敏感性分析

在施工过程中，影响结构状态的参数众多，且各参数对于结构状态的影响程度不尽相同。因此，需要对各个参数的敏感性进行分析，根据各个参数对结构状态影响的敏感程度，将设计参数分为主要影响参数和次要影响参数。参数敏感性分析是进行参数识别与修正的前期工作，步骤如下：

① 根据理论与经验确定出可能对结构行为影响较大的一些参数。在泉州湾跨海大桥主桥参数敏感性分析中，确定的参数有主要材料自重、主要材料弹性模量、外荷载重量及位置、环境温度和收缩徐变影响。

② 分别改变这些参数，代入计算模型，得出在某一参数单独改变的情况下结构的反应。

③ 对比各参数对结构的影响，确定出主要影响参数。

敏感性分析的目的，主要是确定最大容许误差，评价计算参数对线形和安全度的影响程度，以及施工控制应采取的措施，同时也对构件制造提出要求。

2）施工过程监测

（1）结构变形监测

结构几何监测是施工监控中最重要的反馈指标之一，包括桥塔偏位和主梁空间线形等监测内容。结构变形主要采用全站仪+棱镜进行监测，根据现场具体情况辅助采用倾角仪、水准仪等进行监测。

① 桥塔偏位监测

索塔偏位监测主要为施工监控的误差分析、参数识别等提供实测参数，保证索塔的安全，确保成桥塔偏满足设计要求。斜拉索张拉采用索长控制时，准确的锚点位置是索长控制的基础数据之一，通过塔偏监测及斜拉索塔端锚点与塔偏监测点之间的相对位置关系即可获得塔端锚点位置数据。索塔偏位可采用棱镜追踪法和倾角仪共同监测。

② 主梁线形监测

主梁在制造阶段与安装阶段采用相同的几何控制点系统。主梁线形测量分为制造线形测量、放样测量以及施工过程线形测量等。制造线形测量数据是全过程几何控制的基础数据，因此应测量全部几何控制点。放样测量分为支架梁段的放样测量和悬拼梁段的匹配测量。支架梁段放样时的高程测量至少包括梁段上的 4 个几何控制点，轴线测量至少包括梁段上的 2 个几何控制点。悬拼梁段是利用相对关系匹配，因此匹配测量至少包括悬拼前端 3 个梁段的几何控制点。施工过程中的线形测量根据测量的目的不同，可以选择特定的部分梁段或全部梁段的指定几何控制点进行测量。因为制造、安装共用相同的几何控制点，点位使用时间长，因此要求对点位采取适当的保护措施。主梁安装过程可采用全站仪和水准仪监测其线形。

（2）结构应变监测

结构应变监测是反映结构是否处于安全状态的最直观的指标，因此，在索塔及主梁的关键部位布置应变监测断面，监测结构的应力状态。

① 索塔应力监测

索塔应力监测的主要目的是确保索塔在施工过程中的安全性，是施工阶段安全预警的重要指标之一。根据受力特点，在索塔的下塔柱、中塔柱及上、下横梁布置应力监测断面，每个监测断面的 4 个角点均布置应力测点。

② 主梁应力监测

主梁应力监测的主要目的是确保主梁在斜拉桥施工过程中的安全性，是施工阶段安全预警的重要指标之一。主梁应力监测断面一般布置在应力较大且应力变化相对平顺、应力分布相对简单的区域。测断面上的测点布置应考虑截面应力分布，尽可能采集到应力峰值点，一般设置于腹板或纵隔板与顶底板的交界处。

根据宽幅钢箱梁斜拉桥主梁的受力特点，泉州湾跨海大桥主梁应力监测断面布置在边跨、次边化跨的 1/2 跨径，中跨的 1/4 跨径、1/2 跨径，以及主墩、辅助墩支座处。应力监测断面与典型断面测点布置如图 5-2-4、图 5-2-5 所示。

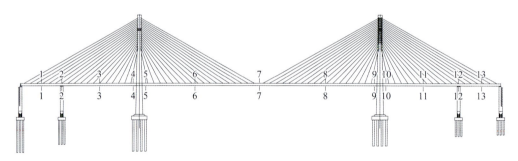

图 5-2-4　主梁应力测量断面

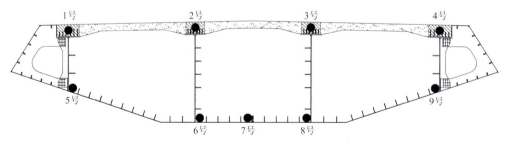

图 5-2-5　一般结合梁应力测试点布置

（3）斜拉索索力监测

斜拉索的张拉控制采用索长控制，但为了克服斜拉索索长测量误差及钢索打盘过程中扭绞等因素的影响，保证结构安全，将斜拉索索力测试作为张拉控制的辅助控制手段。斜拉索索力也是斜拉桥施工过程中的重要监测指标之一。

泉州湾跨海大桥采用锚索计配合弦振式索力仪对张拉过程及张拉后斜拉索的索力进行测量。在悬臂施工阶段对悬臂端前 5 对拉索进行测量，在斜拉索张拉阶段对张拉索进行索力测量，在调索前后均对影响敏感区域的斜拉索进行索力测量，如图 5-2-6 所示。此外，在全桥合龙前后、铺装完成后等阶段均进行全桥索力测量。

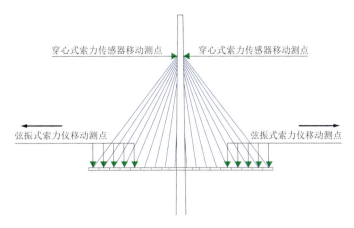

图 5-2-6　悬臂阶段测试控制工况悬臂端前 5 对斜拉索索力

（4）结构温度与环境监测

桥梁施工过程中，环境温度变化及日照温差会影响结构的内力分布，同时结构的温度变形还影响到施工过程中构件的架设精度及测量精度。对日照温差影响较大的情况，要求线形测量在日落后 3~4h 至清晨日出前进行，即使这样也不能完全消除温度的影响。桥梁施工多为跨季节施工，体系温度改变也较大，因此建立温度监测体系对于修正温度给施工带来的误差非常必要。

① 结构温度场监测

结构设计时的成桥状态及施工过程中的结构理想状态均指结构在基准温度条件下的状态。结构状态监测时的实际温度条件一般很难满足基准状态的要求，因此需要将非基准温度状态下的监测结果转换至基准温度状态下。

结构温度场包括索塔、主梁及斜拉索的温度场，其中索塔和主梁的温度场监测固定测点位置与应力测点位置相同，即在应力测点位置同时布设温度传感器。另外在两个中塔柱各布置一个温度场监测断面，断面测点布置如图 5-2-7 所示。除了固定温度测点外，监测过程中还应根据监控需要利用便携式激光测温仪测试并记录结构物表面的温度数据。

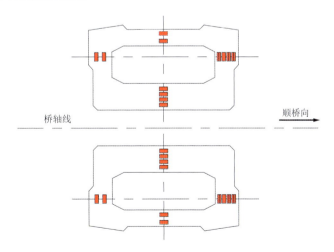

图 5-2-7　索塔温度场测试布置示意图

② 环境温度监测

环境温度监测采用水银温度计，所有施工阶段监测数据采集过程中都需要记录当时的环境温度。监测位置可根据实际需要决定。

③ 风速风向监测

在上部结构施工阶段进行风速风向监测。在主梁悬臂拼装过程中，始终将风速风向仪安装在悬臂前端，随着悬臂的伸展向前移动，并在每个测试工况下查看风速风向，以便了解风对桥梁施工状态的影响。

泉州湾跨海大桥风力测试控制点共有 4 个，1 号点位于小里程边墩处桥面，2 号点位于小里程主塔塔顶，3 号点、4 号点分别位于上、下游悬臂节段最前端，如图 5-2-8 所示。在这 4 个控制点各安装一个风速风向仪（图 5-2-9），其中 3 号点、4 号点随主梁悬臂拼装而前移。

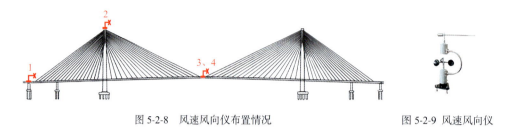

图 5-2-8　风速风向仪布置情况　　　　　图 5-2-9　风速风向仪

3）数据采集及传输

数据采集与传输系统负责传感器信号的采集、调理、预处理与传输等。系统集成方案如图 5-2-10 所示。

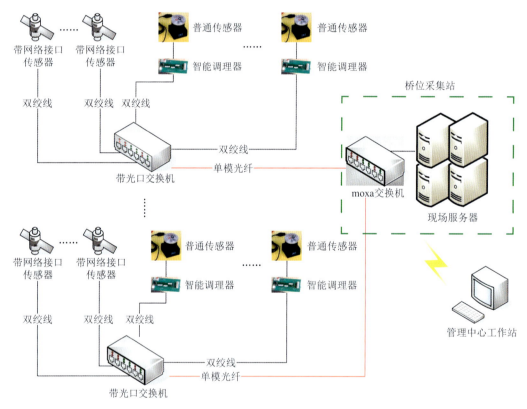

图 5-2-10　数据采集与传输系统集成方案

桥位组网采用"桥位设采集站，后场设控制中心"的模式，通过光纤传输现场数据，依托互联网和云平台实现数据的共享和分析。从图中可以看出，由于安装了网络智能调理器，实际上将各个传感器转换成了网络智能传感器，采集站所需要处理的是相同类型的信号，可以采用相同的命令格式向不同的传感器发送采集或传感器维护命令，这极大降低了采集站配置的难度，同时也极大降低了采集系统的费用。另外，由于智能化调理器和传感器具有一一对应的特点，因此，调理器和传感器间安装距离非常近，调理器到传感器的模拟电缆非常短，这大大降低了模拟电缆抗电磁保护的难度，并且由于网络调理器的使用使得整个系统线缆几乎都是数字信号，极大地提高了抗干扰能力。

4）分析预警与处理

各类施工控制理论的实质都是基于对误差的分析，确定调整方法，控制误差积累。施工误差的出现是不可避免的，但各类施工误差会出现不同的分布形态。常见的误差形态有白噪声形态、连续单向分布形态和大峰值误差形态三类。

白噪声形态分布误差，由于其单个误差峰值较小，且正负误差分布均匀，类似于白噪声干扰，它对结构的影响很小，是施工控制所追求的理想状态。连续单向分布形态误差，虽然其单个误差的峰值较小，但整体误差分布出现连续的正向或负向分布，特殊时会呈现积累放大现象；有积累的连续分布误差会对结构线形及内力产生严重的不利影响。大峰值误差，虽然其整体误差均值较小，但出现单个误差峰值较大的情况，会对结构的内力和线形产生严重影响，必须对其加以控制和调整。

施工控制中应根据施工反馈的数据与施工控制预测计算的理论目标值及施工控制的实时计算结果的修正目标值的比较，确定误差的实际分布状态，对连续单向分布误差和大峰值误差进行分析，并进行参数识别与参数修正。

根据相关规范对结构内力、变形等监测参数建立明确的误差容许指标，系统根据告警事件的严重程度，建立包括提示、警告、报警的三级预警与处理体系。

5）监控效果评价

泉州湾跨海大桥和乌龙江特大桥的施工监控实践表明，本项目的施工监控是成功的，达到了大桥建设的标准要求，对我国今后同类桥梁建设具有借鉴意义。项目主要施工监控成果如下。

（1）根据设计理念，结合施工组织设计，优化施工阶段计算成果，给出合理的结构施工过程指导意见，兼顾安全、经济、方便施工的原则，贯穿于桥梁建设施工全过程。大桥的施工监控任务圆满完成，为大桥的顺利建成提供了强有力的技术保障。

（2）根据主塔的结构特点，结合整体结构计算及局部实体模型计算结果，采用临时撑杆等措施，实施塔柱线形、内力的控制，优化撑杆的参数，以满足施工需要，保证主塔施工过程的安全。测试结果表明塔柱底部压应力与理论值吻合，受力安全。

（3）根据整体结构施工过程计算结果，给出各个边跨梁段的预拱度。对钢-混凝土结合段安装参数进行识别，据此进行相关修正计算，标准节段钢箱梁架设以线形控制为主。测试结果表明：主梁线形误差在规范允许范围之内，主梁主要节段应力水平与理论值基本吻合，满足受力要求，达到了施工监控的目的。

（4）根据整体结构施工过程计算结果，给出斜拉索下料长度值，并考虑施工可行性和经济性，给出优化计算后的锚头索长调整值。根据每节段误差情况，及时调整斜拉索初张力，保障悬臂施工顺利进行，实现快速高精度合龙，确保了施工连续性。测试结果表明：成桥索力基本符合理论索力要求，索力最大偏差 6.1%，结构整体状态逼近设计成桥目标状态。

桥梁建设是一个系统工程，桥梁施工监控在这个系统中虽然"小"，但却扮演了举足轻重的角色。我国桥梁施工监控起步较国外发达国家偏晚，与国外先进水平相比，我国早期在桥梁监控理论、监控管理、监控仪器设备等方面与国外先进水平相比均存在一定的差距，但近年来，随着我国大规模的桥梁建设实践，这一差距正在逐步缩小。本项目施工监控的成功实践将对国内桥梁施工监控技术的发展起到一定的推动作用。

2.4 智能控制技术探索

大跨度桥梁施工建造过程控制内容繁杂，现场作业受气候条件、周边环境、人员素质等因素干扰大，对建造过程控制的精度要求高。福厦高铁桥梁施工监控在自动化数据采集与传输方面做了大量的探索工作，如通过分布式采集系统实现光纤传输现场数据，依托互联网和云平台实现数据的共享与分析，并通过布置智能调理器提高信号的抗干扰能力。

当前，随着云计算、物联网、大数据、人工智能等技术的飞速发展，桥梁施工监控从只关注主要受力构件和关键截面的内力变形，到多元化复杂构件（如异形桥塔结构等）的全方位控制。从只关注施工阶段向关注结构全寿命周期的过程转变。从只注重桥梁整体结构的受力安全性控制到更注重各个施工细节的方案优化控制。从传统的以现场人工量测为主的技术手段向远程化、智能化、无人化的大数据管理理念转变。桥梁施工监控的发展趋势如图 5-2-11 所示。

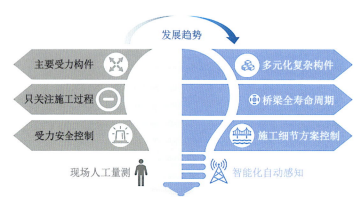

图 5-2-11　桥梁施工监控的发展趋势

立足当下桥梁施工监控的现状，展望未来的发展趋势，智能化建造控制技术将是未来桥梁行业发展的重要方向之一。这是桥梁工程高质量发展的必然要求，是工程安全提升的需要，是实现"零距离"管控工程项目的利器，也是实现"降本、提质、增效、减碳、可追溯"的不二法宝。

（1）总体技术框架

针对大跨度桥梁传统建造方式存在的施工过程关键控制指标获取不及时、现场监测数据传输不流畅、生产管理效能低等问题，提出大跨度桥梁智能建造总体技术思路，科学合理地指导大跨度桥梁施工建造，通过应用智能化设备系统及物联网技术，提高建造过程的智能化水平，减少对人的依赖，提高对资源要素的管控效能，达到提高安全性、品质和工效的目的。系统贯穿于大跨度桥梁建造全过程，其总体技术框架如图 5-2-12 所示。

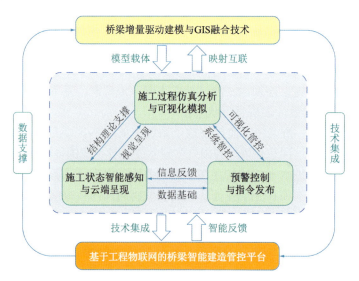

图 5-2-12　系统总体技术框架

由图 5-2-12 可以看出，五大核心部分相互关联，互为依托。①大跨度桥梁增量驱动建模与 GIS 融合技术，为桥梁施工建造提供模型载体；②仿真分析与施工模拟，为施工状态智能感知提供理论支撑和可视化呈现；③复杂环境下大跨度桥梁施工状态智能感知与云端呈现；④预警控制与指令发布，形成集信息采集与智能反馈于一体的智能在线施工管控系统，通过对结构力学性能演变过程的控制，为大跨度桥梁施工过程的质量、安全与可溯性提供保障；⑤智能建造管控平台，为桥梁工程数字孪生构建与施工建造过程控制提供服务集成平台。

（2）桥梁增量驱动建模与 GIS 融合技术

桥梁 BIM 模型及环境 GIS 模型是施工建造可视化的基础，也是施工建造过程信息数据的核心载体。因此桥梁 BIM 建模及 GIS 融合技术（图 5-2-13）至关重要。以三维参数化协同设计为核心，研究桥梁建设过程数据增量驱动的参数化建模技术，形成 BIM + GIS 一站式建模平台。实现主梁、桥塔、拉索、桥墩、基础等桥梁构件参数化建模。将数字地面模型、地面影像、规划成果、地质钻孔等信息整合，形成 GIS 资源成果，研究三维空间场景模数一体与互联共生技术，实现三维空间模型与桥梁多维信息的动态关联。

a) 拱桥

b) 斜拉桥

c) 悬索桥

d) 协作体系桥

图 5-2-13　满足各种桥型参数化建模与 GIS 融合

（3）施工过程仿真分析与可视化模拟

对于桥梁施工监控，结构分析是基础性工作，其分析结果是评估桥梁施工过程的安全性、稳定性以及确定合理施工参数的直接依据。相较于设计阶段分析，施工监控分析更追求精细化，以尽量减小理论预测的误差。现阶段施工过程分析技术相对成熟，大跨度桥梁多采用 Midas Civil 或 TDV 等软件相互校核分析。

基于仿真分析结果和 BIM + GIS 多维时空信息模型融合处理技术，研究施工状态可视化对比技术。根据工序参数自动进行 WBS 分解，排布施工计划，关联构件与工序进度，计划横道图与模型联动，对施工进度进行可视化排布，实现施工工序仿真；模拟现场各种施工设备作业路径，基于大场景数字地模、小场景实景模型构建数字沙盘，动态、直观演示各项工艺细节，实现工艺工法仿真；组建适用于工程现场的物联感知网络，自动化采集现场真实环境信息，实时呈现气象、光照及晴、雨等状态，实现环境边界仿真；打通与 Midas Civil 等主流有限元分析软件的接口，解决"实体-模型-仿真"多维空间的精准映射与实时联动更新难题，可视化呈现施工各阶段桥梁结构的应力、位移云图，实现力学性能仿真。复杂场景多元仿真融合与模拟技术如图 5-2-14 所示。

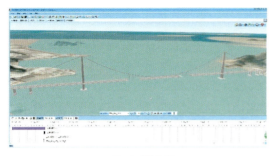
a) 施工工序仿真

b) 工艺工法仿真

c) 环境边界仿真

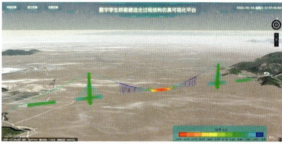
d) 力学性能仿真

图 5-2-14　复杂场景多元仿真融合与模拟技术

研究利用 VR、裸眼 3D 大屏等虚拟现实技术，开展桥梁虚拟建造技术研究，实现桥梁 BIM + GIS 系统与 VR 系统的无缝衔接。

（4）施工状态智能感知与云端呈现

智能感知是实现智能建造的核心。利用智能感知设备与智能感知技术，实现对施工过程中结构位移、应变、斜拉索索力、风力及温度等数据的远程化、无人化、自动化采集，实现施工状态数据快速获取、实时传输、分析处理与智能诊断等功能。并基于 BIM 技术实现对监测结果的实时展示与可视化误差对比。

施工状态智能感知主要包括主梁空间位置的感知、主塔偏移量的感知、结构应力应变的感知、拉索索力的感知以及其他环境参数的感知。智能感知系统以服务器为核心，通过建立与边缘采集感知设备的网络连接，并监听来自客户端的网络请求，来实现客户端对采集设备的远程操控，以及设备采集数据对客户端的实时传输。智能感知综合解决方案如图 5-2-15 所示；智能感知设备如图 5-2-16 所示。

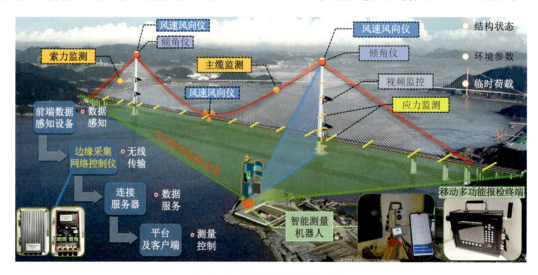

图 5-2-15　智能感知综合解决方案

a) 高精度智能测控仪　　　　　b) 边缘采集控制仪

c) 移动多功能报检终端

图 5-2-16　智能感知设备

（5）预警控制与指令发布

施工监控预警处理系统首先根据规范对结构内力、变形等监测参数建立明确的预警指标；系统根据告警事件的严重程度，将预警指标分为"提示""警告""报警"三级，如图 5-2-17 所示。

图 5-2-17　预警级别和预警机制

预警机制和预警级别确定之后，将其融入智能化施工监控管理系统。当结构实测参数超过预警值时，系统自动发出相应警示，提醒项目管理人员采取相应处理措施。系统应根据当前施工阶段的信息，自动发布相对应的施工指令。

（6）基于工程物联网的桥梁智能建造过程管控平台

面向复杂桥梁智能建造技术发展的实际需求，满足桥梁施工调度指挥需要，以轻量化桥梁 BIM 模型为载体，利用物联网技术，实现对人、材、机等资源的动态管理与灵活调配。围绕安全、质量、进度、成本等目标，以标准化、规范化的管理方式，建立互联协同、智能生产、科学管理的智能建造管控平台

（图5-2-18）。实现建造可视化与管理智能化的结合，提升施工组织智能化水平和智能建造管理精细化水平，实现资源节约和工程质量提升。

图5-2-18 桥梁智能建造管控平台

融合BIM模型、数字地模、实景模型等多源、全要素信息，构建桥梁建造BIM + GIS多维时空信息模型。以基于WBS分解的轻量化桥梁BIM模型为载体，实现桥梁建造过程的信息化管理，包括施工进度管理、质量管理、安全管理、监测管理、档案管理、用户权限管理、人机料管理等。满足进度计划模拟与偏差统计，可追溯、可检测、可量化的质量与安全管控，设计建造过程的数据档案管理，实现对大跨度桥梁建造过程的精准管控。

2.5 小结

福厦高铁桥梁大跨度结构多，采用数字化施工控制技术对于保证结构安全，确保施工顺利实施具有重要作用。

（1）根据桥梁的结构特点和施工组织，以主梁线形控制为主、兼顾结构内力，对制造、安装的全过程实施控制，尽量使成桥结构线形、内力状态与设计目标相吻合。

（2）桥梁施工控制贯穿于全桥整个施工过程，通过对桥梁施工状态进行实时预测、识别（监测）、调整（纠偏），使桥梁的实际状态朝着理想状态发展，确保结构状态处于有效控制之中。

（3）福厦高铁桥梁施工监控在自动化数据采集与传输方面做了大量的探索工作，通过分布式采集系统实现光纤传输现场数据，依托互联网和云平台实现数据的共享与分析。

泉州湾跨海大桥提出主梁无应力制造线形和拉索的无应力索长，严格控制主跨钢梁节段的制造尺寸和索塔钢锚梁的定位精度，在逐段施工过程中的受力和变形始终处于可控、安全及合理的范围内，全桥施工控制取得较好的效果，为大桥的顺利建成提供了强有力的技术保障。

第 3 章　健康监测技术

3.1　概述

桥梁健康监测是在传统桥梁监测技术的基础上，综合运用智能传感设备、光电通信及边缘网关计算设备，借助大数据、云计算、人工智能等现代信息技术实时分析监测数据，掌握桥梁结构的受力、变形等关键性能指标，识别桥梁结构的潜在风险及隐患，为桥梁在特殊气候环境、突发事件或桥梁运营状况异常时发出预警信号，研判各类突发情况对桥梁结构造成的影响，为桥梁维养和管理决策提供依据。同时，为了实现运营阶段对桥梁结构状态的可知性、可测性，及时了解和掌握桥梁的受力状态与健康动态，验证设计理论并指导后续同类型桥梁的设计，对其建立一个科学的运营期健康监测系统显得尤为重要。

通过桥梁结构健康监测系统的建设及运行，可准确、全面地掌握桥梁运营期的环境参数及结构响应参数，并通过数据分析对桥梁的使用状态和力学行为进行预警和初步评估，为桥梁的安全运营提供有力的保障。桥梁健康监测系统是一套集监测、分析、预警、评估于一体的自动化、智能化系统，是专门针对桥梁健康状态和安全评估而建立的安全风险防控体系。随着桥梁健康监测系统的创新性发展，信息化、智能化、标准化监测与研判技术水平逐步提高，逐步实现桥梁健康综治管理体系现代化，桥梁平均服役寿命将大幅提升。

福厦高铁泉州湾跨海大桥主桥采用（70 + 130 + 400 + 130 + 70）m 双塔双索面钢-混凝土结合梁斜拉桥，需研究桥梁在长期运营状态下的力学性能及物理性能的变化，在建设阶段便设计建立了相对完善的健康监测系统。通过对运营中的桥梁结构进行动态跟踪监测，及时查明结构现存缺陷与质量衰变，并评估分析其在所处环境条件下的发展势态及其对结构安全运营造成的可能潜在威胁，为养护决策提供科学依据，以达到运用有限的养护资金获得最佳养护效果，确保结构安全运营的目的。通过设定桥梁结构多级安全预警阈值。对大桥结构的健康状况、结构安全可靠性进行评估，进而给大桥运营者提供等级预警信息。在复杂运营荷载作用下，当桥梁性能变化超过预警阈值时，能及时预警，提醒管理者对桥梁结构及时进行必要的细致检查及维修。同时验证设计、施工阶段的各种假设和参数的有效性，为大型桥梁的健康监测与安全评估积累宝贵的数据及经验。

3.2　监测目标与方案

桥梁建成后，由于受到气候、腐蚀、氧化或老化等因素影响以及在长期静载和活载的作用下易于受到损伤，相应其强度和刚度会随时间的增加而降低。这不仅会影响行车的安全，亦会使桥梁的使用寿命缩短。通过建立大桥结构健康监测系统，利用收集到的特定信息对大桥运营状态和安全性能进行评估，科学地指导工程决策，实施有效的保养、维修与加固工作，可达到提高桥梁结构可靠性、使用性、耐久性的根本目标。

确定监测目标和内容，首先应考虑桥梁结构形式的特点，针对不同桥型有所侧重地选取监测内容。其次应从运营期养护维修和运营管理的角度出发，为养护需求、养护决策制定提供科学依据，确保结构安全运营，真正做到预防性养护维修。另外，受测试手段的可行性、分析方法的可靠性等因素影响，还需根据监测系统的自身要求来选择适合的监测项目。

以泉州湾跨海大桥健康监测系统为例，其监测目标的确定需要综合考虑以下四方面的因素。

（1）桥梁结构方面：泉州湾跨海大桥为（70+130+400+130+70）m双塔双索面钢-混凝土结合梁斜拉桥，主桥结构在各种荷载的长期作用下，桥梁的构件疲劳、结构振动、受力、变形是否与设计目标相吻合需要关注。主桥结构体量大，结构复杂，许多结构部位很难到达，对于大桥的检测和结构状态评价，传统的以目检为主、辅以某些无损检测技术的检测方法很难快速有效地实施。

（2）桥址环境方面：风是大跨度桥梁的主要荷载源之一，其风力大小和方向对桥梁结构的受力状况有很大的影响，同时也会影响桥梁的正常运营。温度对混凝土及钢结构都有着不可忽视的作用，也是桥梁的重要荷载源，特别对大跨度桥梁，有时其影响甚至超过正常使用时列车荷载的作用。因此风和温度是必须考虑的监测内容。

（3）桥梁养护管理方面：桥跨结构构件内力状况是养护部门十分关心的桥梁管养内容，为了与养护管理系统有机结合并使大桥的健康监测系统发挥作用，监测系统应根据桥梁养护管理的需求，综合结构健康监测，为桥梁运营管理提供支撑信息。

（4）桥梁科研方面：每一座桥梁所处的地理位置、环境不同，建立结构健康监测系统，可定时、定量收集桥梁的结构演变信息，把握桥梁的结构特性，建立桥梁的结构特征数据库，为桥梁维修、加固及结构设计提供研究数据。

1）总体监测方案

（1）监测项目

根据监测目标确定总体监测方案，一般需要设计以下几个方面的监测项目。

① 通过环境监测，对大桥所处环境的风速风向、大气温湿度进行监测，实时掌握大桥工作环境状况，并为分析环境因素对桥梁结构运营状态的影响提供基础资料。

② 通过桥梁静力响应监测，对其运营状态下的结构变形、应力等状态参量进行监测，掌握大桥的实际应力状态和使用状况。

③ 通过桥梁特征监测，掌握桥梁的静态特征（如静力影响系数及影响线、温度效应等）和动态特征（如振动模态、模态频率、模态阻尼比及模态质量参与系数等）。

④ 通过桥梁响应监测，实现对大桥运营状态下变形、应力、索力以及疲劳等参数进行实时监测，掌握大桥的实际受力状态和使用工作状况，评估不同应力和变形变位水准下结构的安全可靠程度，预报可能存在的隐患或性能退化。

⑤ 对大桥的振动响应进行监测分析，掌握其动力性能，判断是否存在对大桥有害的振动，并为损伤和抗风抗震性能评估提供依据。

⑥ 记录大桥可能经历的重大荷载及事故历程，如：地震、台风，以及被物体、船等撞击情况下的状况，事后判断大桥是否因此而出现损伤。

⑦ 建立科学有效的自动化结构状态预警及安全评估机制，根据监测数据及时对异常结构响应实施预警，并对结构安全和正常使用状况进行评估，为桥梁管养决策提供参考。

⑧ 在系统投入使用初期，重点结合监测系统测得的信息，建立精确可靠的预测模式，为长期稳定的检查维护计划做准备。

⑨ 在大桥整个设计使用寿命内，确保大桥安全可靠运营，使维护管理费用保持在相对较低的稳定水平。

（2）测点布置

根据结构监测分析结果、设计目标以及监测内容，泉州湾跨海大桥健康监测系统监测测点数量及选型见表5-3-1。测点总体布置图如图5-3-1所示。

监测内容一览表　　　　　表5-3-1

监测类型	监测项目	传感器类型	测点数量	监测截面
桥址环境监测	风速风向	风速风向仪	1	主跨跨中
		微型气象站	1	主跨跨中
	大气温湿度	温湿度计	2	主跨梁端
	结构局部温湿度	温湿度计	8	索塔锚固区、主跨4分点、次边跨跨中

续上表

监测类型	监测项目		传感器类型	测点数量	监测截面
外部作用监测	地震船撞		地震仪	3	桥塔塔底
	列车信息	行车速度	测速雷达	2	梁端
	结构温度	桥塔温度	温度传感器	16	中塔柱
		钢箱梁温度	温度传感器	72	主跨4分点、辅助墩墩顶
结构安全性能监测	结构应变	桥塔应变	振弦应变传感器	12	上-中塔柱结合部、中-下塔柱结合部、桥塔塔底
		主梁静应变	振弦应变传感器	40	辅助墩墩顶、桥塔支点、主跨跨中、主跨4分点
		主梁动应变	动应变传感器	32	辅助墩墩顶、桥塔支点、主跨跨中、主跨4分点
	变形监测	桥塔偏位	倾角仪	8	上塔柱、中塔柱
		主梁静挠度	静力水准仪	28	边跨跨中、次边跨跨中、主跨8分点、主跨4分点、主跨跨中、基准站
		主梁动挠度	光电挠度仪	4	桥塔支点
			动挠度标靶	24	基准点、主跨跨中、4分点、8分点、次边跨跨中、辅助墩墩顶
		梁端倾角	倾角仪	6	梁端
	结构振动	桥塔振动	振动传感器	6	上塔柱
		主梁振动	振动传感器	28	梁端、边跨跨中、次边跨跨中、主跨8分点、主跨跨中
	支座及伸缩缝工作状态		位移传感器	12	梁端、主塔支座
			竖向位移计	4	梁端
结构安全性能监测	拉索索力		索力传感器	144	全部斜拉索（利用既有压力环传感器）
			索力振动传感器	8	两侧边索
	耐久性监测		耐久性传感器	4	桥塔干湿交替区
	视频监测		高清摄像机	6	次边跨跨中、桥塔支点、主跨4分点
合计				471	

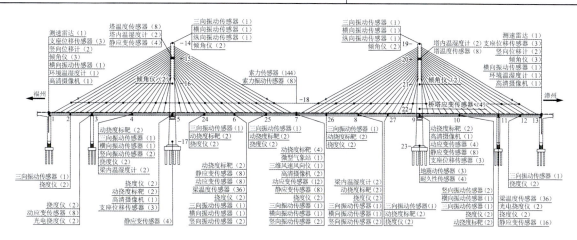

图 5-3-1 测点总体布置图

（3）系统拓扑

结构健康监测系统的硬件系统负责完成自动化的数据采集，主要包括传感器及其相应的数据采集传输设备、综合布线、测站设备、监控中心设备和相关的辅助设备等。大桥结构健康监测是个长时间、连续的观测活动，所有监测点布置的传感器应精准、耐久性好，测点保护措施应可靠，采集线路应规整并有可靠保护措施，不易损坏。健康监测系统的拓扑图如图5-3-2所示。

图 5-3-2 健康监测系统拓扑图

2）桥址环境监测

根据监测系统需求和总体设计要求，桥址环境监测包括风速风向监测、空气温度与相对湿度监测等内容。

（1）风速风向监测

风荷载的强度直接影响桥梁的正常运营和安全性能。在风荷载作用下，桥梁的主要构件——索、梁和塔都将产生振动，引起疲劳损伤累积，导致桥梁抗力衰减。为了解整个桥梁的风场特性，需对桥址区域的环境风荷载进行监测，为大桥的相关力学行为分析提供荷载输入依据，并为恶劣天气前后结构状态的评定提供数据参考。

为全面掌握桥区内风速风向的变化规律，在主梁7号主跨跨中桥面布设风速风向测点对大桥区域的风速风向进行监测。监测策略为连续监测、连续存储，采样频率为1Hz。

风速风向监测采用超声波风速风向仪，其主要技术参数见表5-3-2。

超声波风速风向仪技术参数　　　　表 5-3-2

项目	技术要求	图示
风速		
测量范围	0～60m/s	
测量误差	±0.3m/s±0.03v	
分辨率	0.1m/s	
风向		
测量范围	1°～359.9°全方位	
测量误差	±3°	
分辨率	0.1°	

注：v表示风速。

（2）温湿度监测

桥梁周围的工作环境是影响结构受力、变形、耐久性的重要指标，通过环境湿度的监测可以为管养人员提供桥梁当前的工作环境，通过对环境温度的监测可建立结构状态与环境因素之间的联系，预测和修正可能出现的极限环境温度荷载，为评估结构的发展态势及安全运营提供基础性数据。

为掌握主桥环境温、湿度和重要构件的局部湿度情况，除需要监测大气温、湿度外，还需对主梁的局部温、湿度进行监测。除在主梁7号断面跨中布置微型气象站监测环境温、湿度外，在主梁4号、8号箱梁内及桥塔15号、20号塔内安装温、湿度计以监测主梁内部及桥塔内部的温、湿度。监测策略为连续监测、连续存储，采样频率为0.00167Hz（10min采样一次）。

温、湿度监测采用温、湿度传感器，其主要技术参数见表5-3-3。

环境温、湿度传感器技术参数　　　　表5-3-3

项目	技术要求	图示
相对湿度		
测量范围	0%～100%RH	
精度	±5%RH	
分辨率	1%RH	
温度		
测量范围	−40～60℃	
精度	±0.5℃	

3）外部作用监测

外部作用监测包括列车信息监测、结构温度监测、地震/船撞监测等内容。

（1）列车信息监测

列车长期在桥上运行将会使得钢主梁及拉索产生疲劳，降低桥梁的整体使用寿命。为能够在大桥运营过程中及时采取交通控制、维修养护措施，应在桥梁建成初期对过往列车信息进行采集，实现桥梁病害根源的主动控制。

测速雷达适用于高铁、动车等运行速度的监测。测速雷达采用8mm波段多普勒效应原理，用于连续测量各类高速移动目标的实际速度，测速稳定精确。为掌握列车运行速度情况，在大桥的1号、13号两侧梁端设置监测点识别列车并记录行驶数据，监测策略为即时监测、即时存储。

测速雷达主要技术参数见表5-3-4。

测速雷达技术参数　　　　表5-3-4

名称	技术参数	图示
工作频率	24.15GHz	
频率偏离误差	≤±45MHz	
测速范围	2～400km/h	
测速精度	±1km/h	

（2）结构温度监测

在复杂应力场的作用下，温度对桥塔偏位、塔梁应力、主梁变形以及斜拉索力影响显著。通过对桥梁温度场以及桥梁各部分的温度分布状态进行监测，分析不同温度状态下桥梁工作状态，对桥梁在实际温度作用下的安全性做出评价。桥塔结构温度采用埋入式温度传感器，埋入式温度传感器由不锈钢外壳、半导体热敏电阻和专用电缆组成，通过实时监测大桥主要构件温度数据，为分析结构的受力和变形、分析状态参数相关性提供依据。

为全面掌握结构温度场的分布情况，进而准确分析结构在温度作用下的力学响应，对桥塔及主梁的控制截面进行结构温度的监测，要求温度测点应能反映截面的横向及竖向温差。监测策略为连续监测、连续存储，采样频率为0.00167Hz（10min采样一次）。

埋入式温度传感器主要技术参数见表5-3-5。

埋入式温度传感器技术参数　　　　　　　　　　　　　　　　　表5-3-5

名称	技术参数	图示
量程	−55～+125℃	
精度	±0.5℃	
分辨率	0.2℃	
稳定性	≤0.1%/a	

注：表中温度传感器稳定性为每年变化不超过0.1℃。

（3）地震/船撞监测

地震对桥梁而言属于偶然作用，但瞬间产生的能量和作用力巨大，往往可对结构造成较大的损伤甚至破坏，直接危及结构正常的安全运营。鉴于大桥的重要性，地震响应监测也不容忽视。为了捕捉地震作用及船舶撞击桥梁时的振动响应，布设地震仪对地震及船撞进行监测。

地震活动采用强震仪进行监测，强震仪基于力平衡伺服加速度计原理设计，核心部件是一个集成的悬挂式可动线圈系统，可以避免对任何噪声的拾取，进行传感器测试或校准，确保准确的加速度测量值。在大桥的23号右塔底部布设强震仪，监测策略为连续监测、连续存储，采样频率为0.00167Hz（10min采样一次），强震仪主要技术参数见表5-3-6。

强震仪技术参数　　　　　　　　　　　　　　　　　表5-3-6

名称	技术参数	图示
测量范围	±2g	
灵敏度	2.5V/g	
动态范围	>120dB	
线性度误差	<1%	

4）结构响应监测

结构响应监测包括结构应变监测、主梁线形监测、动挠度监测、空间变形监测、主梁振动监测、梁端转角监测、支座及伸缩缝位移监测、索力监测、耐久性监测等内容。

（1）结构应变监测

结构应力是判断结构安全最直接的指标，结构亚健康状态将导致应力超限或应力异常重分布，所以对于应力的异常变化应给予足够的重视，并结合环境、变形等其他监测结果来综合判定结构状态是否处在安全及可控的范围。

应变传感器广泛运用于监测结构表面及内部应力变化，应变计专门用于钢结构、钢筋混凝土或可塑性材料内部应变测量,以便长期观测其结构应力应变的变化,进行状态分析,达到示警以及故障诊断的目的。考虑耐久性和稳定性,桥塔、主梁结构采用振弦应变计和电阻应变计。

振弦式应变计和动应变计主要技术参数融见表 5-3-7、表 5-3-8。

振弦应变计技术参数　　　　　　　　　　　表 5-3-7

项目	技术指标	图示
标准量程	3000με	
精度	0.1% F·S	
分辨率	1με	
温度范围	−20~+80℃	

电阻应变计技术参数　　　　　　　　　　　表 5-3-8

项目	技术指标	图示
量程	±3000με	
非线性误差	≤±2% F·S	
灵敏度	500με/mV/V	
桥路电阻	350Ω	
标距	78mm	

为全面掌握结构的受力状态,需要对主梁受力控制截面等安全敏感点进行应力监测,结构应力监测测点布置如图 5-3-3 和图 5-3-4 所示。

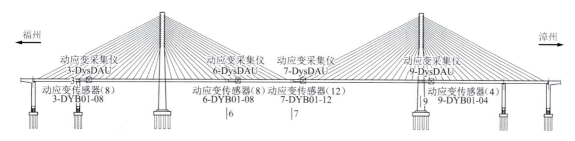

图 5-3-3　结构动应力监测测点立面布置图

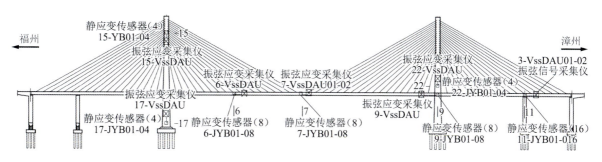

图 5-3-4　结构静应力监测测点立面布置图

(2)主梁线形监测

桥梁在恒载作用下的主梁线形是桥梁整体安全状态的重要标志。在活载作用下,主梁的挠度是评价主桥使用功能和安全性的重要指标之一,是桥梁整体刚度的重要标志。通过对桥梁梁部挠度的监测,可以从整体上把握桥梁运营安全状态。

主梁线形监测采用静力水准仪，其技术性能参数见表 5-3-9。

静力水准仪技术参数　　　　　　　　　　表 5-3-9

项目	技术参数	图示
量程范围	0～10m	
测量精度	±0.055%	
稳定性	±0.1%	
响应时间	80ms	
防护等级	IP67	

主梁的挠度值不仅反映了梁体刚度的大小，也是桥梁结构整体工作性能的最直观表现。此外，主梁线形直接影响轨道的平顺度，增加车-线-桥耦合振动对于桥梁结构的附加效应，影响列车的行车安全性和舒适性。为掌握主梁线形变化情况，在主梁各跨 1/2 点及墩顶截面等位置布设静力水准仪对主梁典型截面的挠度进行监测。监测策略为连续监测，连续存储，采样频率为 0.0167Hz（1min 采样一次）。

主梁线形监测测点布置如图 5-3-5 所示。

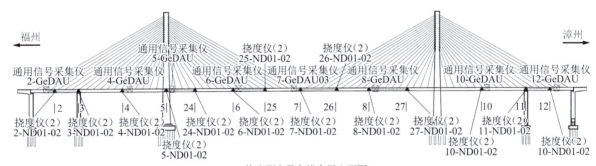

a) 挠度测点及布线布置立面图

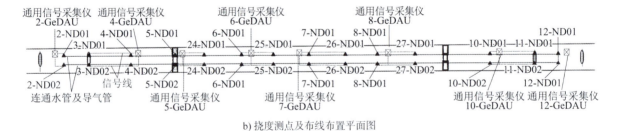

b) 挠度测点及布线布置平面图

图 5-3-5　主梁线形监测测点布置图

（3）动挠度监测

① 监测目的

主梁动挠度包含结构的时变信息。通过对桥梁梁部动挠度的监测，可实时观察桥梁的整体刚度，获取结构冲击系数及桥梁挠度周期性变化规律，进行结构基频识别，及时准确地把握桥梁的实际承载能力，判断桥梁是否处于安全运营状态。

② 选型指标

动挠度传感器技术性能参数见表 5-3-10。

动挠度传感器技术参数　　　　　　　　　　　表 5-3-10

名称	技术参数	图示
测量距离	0～400m	
观测点数量	>8点	
测量精度	0.1mm	
测量频率	30Hz	
工作电压	10～16V	

③ 测点布置

为掌握结构在动力荷载作用下的位移状态，对主梁各关键截面进行动位移监测，如图 5-3-6 所示。监测策略为连续监测，连续存储，采样频率为 30Hz。

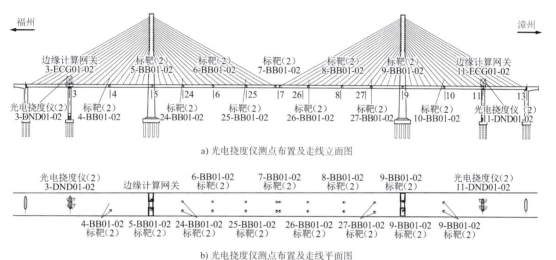

图 5-3-6 动挠度监测测点立面布置图

（4）空间变形监测

① 监测目的

观测泉州湾跨海大桥在荷载作用下的空间姿态，从宏观上把握桥跨结构的力学性能情况，为总体评估大桥承载能力营运状态提供数据基础，并在特殊荷载、桥梁状态严重异常时进行预警。

② 选型指标

本桥采用超高精度数字输出倾角仪对桥塔的空间变形进行监测，其基本原理是利用在结构物表面安装倾斜仪传感器，以测量结构的倾斜状态。超高精度数字输出倾角仪技术性能参数见表 5-3-11。

超高精度数字输出倾角仪技术参数　　　　　　表 5-3-11

项目	技术指标	图示
测量范围	±15°	
精度	0.001°	
分辨率	0.0001°	
防护等级	IP67	
输出方式	RS485/232	

③ 测点布置

为掌握结构的空间姿态，从宏观上把握桥塔及主梁结构的形位变化情况，在大桥主塔上、中塔柱截面内侧布设倾角仪对桥塔偏位进行监测，在主梁梁端布置倾角仪监测梁端转角情况，如图5-3-7所示。

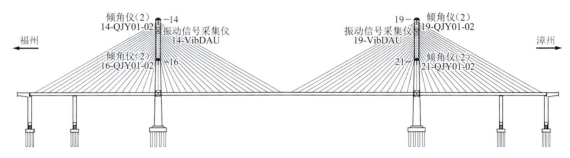

图 5-3-7　桥塔偏位监测测点立面布置图

监测策略：连续监测，连续存储，根据工程需要和数据可靠性要求，采样频率为1Hz。

（5）主梁振动监测

① 监测目的

结构振动反映了大桥的宏观动力特征和安全状况。实时监测主梁在风、车辆、地震等作用下的桥面加速度响应，研究桥梁动力特性变化，可以掌握桥梁整体性能，还可以检验桥梁性能退化，评价桥梁振动强度变化和舒适度变化，为日常运营养护提供依据。

② 选型指标

结构振动监测采用加速度计（图5-3-8）进行监测。其主要技术参数见表5-3-12。

图 5-3-8　加速度计

加速度计技术参数　　　　　　　　　　　　　　　　　　　　表 5-3-12

技术指标		档位参量			
		1	2	3	4
		加速度	低速度	中速度	高速度
灵敏度（V·s/m）		0.3	23	2.4	0.8
最大量程	加速度（m/s²）	20			
	速度（m/s）		0.125	0.3	0.6
	位移（mm）		20	200	500

续上表

技术指标		档位参量			
		1	2	3	4
		加速度	低速度	中速度	高速度
通频带（Hz，dB）		0.25～80	1～100	0.2～100	0.07～100
输出负荷电阻（kΩ）		1000	1000	1000	1000
分辨率	加速度（m/s²）	5×10^{-6}			
	速度（m/s）		4×10^{-8}	4×10^{-7}	1.6×10^{-6}
	位移（m）		4×10^{-8}	4×10^{-7}	1.6×10^{-6}

③ 测点布置

对桥梁动力特性及振动响应的监测能够实现对桥梁结构健康状态监测的宏观把握。桥梁结构动力特性采用加速度传感器进行测量，在2号、7号、9号、11号、13号、15号、20号、24号、26号、28号断面布设振动监测点，对结构的横向和竖向加速度进行监测，如图5-3-9所示。

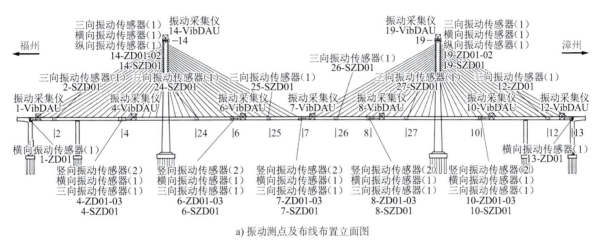

a) 振动测点及布线布置立面图

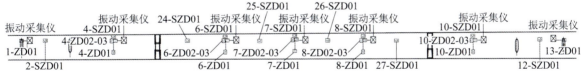

b) 振动测点及布线布置平面图

图5-3-9 结构振动监测测点立面布置图

监测策略：不间断持续运行，定时存储或阈值触发存储，采样频率为20Hz。

（6）梁端转角监测

① 监测目的

主梁在梁体、车辆、温度等荷载长时间作用下，会发生扭转翘曲变形，在铁路桥梁中会影响梁端轨道衔接的平顺，对该位置扭转翘曲情况进行监测，分析梁端倾角变化，是运营期安全性预警的重要信息，也可以间接判断钢轨伸缩调节装置的工作状况和工作性能。

② 选型指标

本桥采用超高精度数字输出倾角仪对桥塔的空间变形进行监测，其基本原理是利用在结构物表面安装倾斜仪传感器，以测量结构的倾斜状态。超高精度数字输出倾角仪技术性能参数见表5-3-13。

超高精度数字输出倾角仪技术参数　　　表 5-3-13

项目	技术指标	图示
测量范围	±15°	
精度	0.001°	
分辨率	0.0001°	
防护等级	IP67	
输出方式	RS485/232	

监测策略：连续监测，连续存储，采样频率为 1Hz。

梁端转角监测测点立面布置如图 5-3-10 所示。

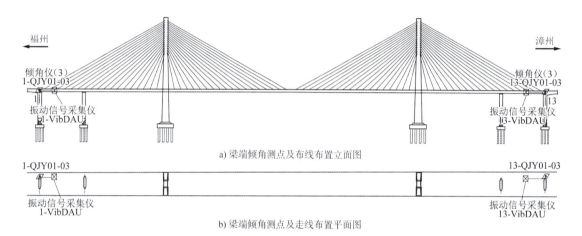

图 5-3-10　梁端转角监测测点立面布置图

（7）支座及伸缩缝位移监测

① 监测目的

大跨度桥梁受温度影响较大，温度变化会引起主梁产生显著的纵向变形。支座及伸缩缝正常工作与否关系到桥梁的正常运营，同时可能改变桥梁的受力状态。因此，要对支座及伸缩缝活动状态进行长期监测和评估，以准确地发现支座及伸缩缝使用性能的退化，并及时进行修复或者更换。

② 选型指标

支座、伸缩缝监测采用磁致伸缩线性位移传感器进行监测，该设备具有测量精度高、重复性高、使用寿命长、性能稳定等特点，在桥梁、边坡、大坝上具有广泛的运用。

磁致伸缩线性位移传感器技术性能参数见表 5-3-14。

磁致伸缩线性位移传感器技术参数　　　表 5-3-14

项目	技术指标	图示
量程	0～1000mm	
非线性误差	±0.05%F·S	
分辨率	<4μm	
输出方式	电压信号	
工作电压	12～24V	

③ 测点布置

为准确掌握支座的变形情况和工作性能，应对支座的纵向位移进行监测，同时对梁端的竖向位移进行监测，与梁端转角进行结果比对。支座位移监测测点立面布置如图 5-3-11 所示。

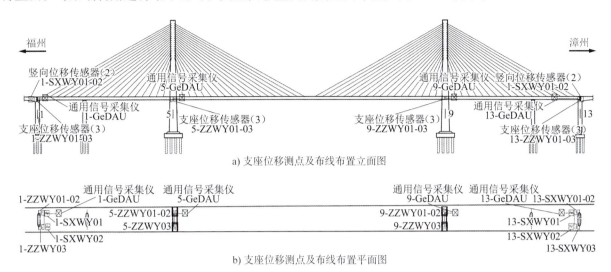

图 5-3-11　支座位移监测测点立面布置图

监测策略：连续监测，连续存储，采样频率为 1Hz。

（8）索力监测

① 监测目的

斜拉索是斜拉桥的主要承力和传力构件。成桥后的拉索是容易产生疲劳和腐蚀损伤的构件，其寿命往往比桥梁其他构件的寿命都短。因此，准确及时掌握拉索的内力及其变化特征对于判断结构安全、确定换索时机等都至关重要。另外通过对索力及索力分布的监测，也可间接反映主梁结构的内力变化情况，同时与挠度、振动等监测项目建立联系，并分析其相关特性。

② 选型指标

采用加速度索力传感器进行索力的监测，加速度传感器具有自动识别拉索主频与阶次、实时监测与数据传输、采样的优点，全桥隔根拉索进行单根索力及索力分布的长期监测，通过频谱法对拉索振动频率进行解算。

加速度计技术性能参数见表 5-3-15。

无线加速度计技术参数　　　表 5-3-15

项目	技术指标	图示
量程	±2g	
灵敏度	400mV/g	
测量频率	0～200Hz	

③ 测点布置

为掌握塔梁纵向拉索的工作性能，为掌握斜拉索索力的变化情况，需实时对拉索索力进行监测。索力监测测点立面布置如图 5-3-12 所示。

监测策略：对索力振动传感器信号连续采集，采样频率为 50Hz；压力环采样频率为 1Hz。

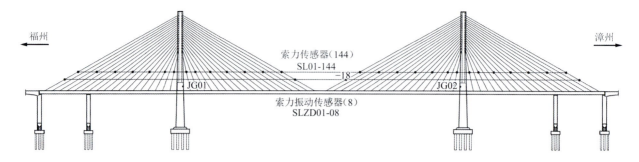

图 5-3-12 索力监测测点立面布置图

（9）耐久性监测

① 监测目的

桥梁在运营状态下，遭受碳化、氯离子侵蚀及冻融作用等，导致混凝土结构开裂、钢筋锈蚀、混凝土结构顺筋胀裂和剥落等破坏，特别是桥塔、桥墩、桥台等长期处在水位变化或与含有害离子的土壤接触部位，其耐久性破坏现象尤为严重。因此，要对桥塔耐久性状态进行长期监测和评估，保证桥梁的安全可靠性。

② 选型指标

采用预埋式阳极梯监测系统对桥塔耐久性进行长期监测评估，并对其工作原理进行研究；通过长期监测环境对电化学参数产生的影响，分析所测电化学参数与钢筋锈蚀状况之间的关系，对其混凝土耐久性进行评估。耐久性传感器技术性能参数见表 5-3-16。

耐久性传感器技术参数　　　　　表 5-3-16

名称	技术参数	图示
电压测量范围	±2000.0mV	
电压测量精度	±2.0mV	
电流测量范围	±2000.0μA	
电流测量精度	±2.0μA	
电阻测量范围	1.0Ω～20.0MΩ	

③ 测点布置

因泉州湾大桥为跨海大桥，水质环境复杂，故需要对结构抗腐蚀能力即耐久性进行监测。耐久性监测测点立面布置图如图 5-3-13 所示。

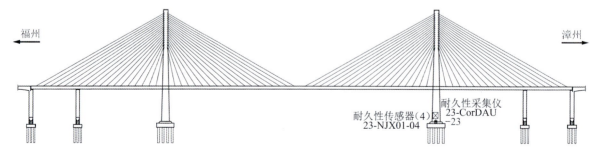

图 5-3-13 耐久性监测测点立面布置图

监测策略：连续监测，连续存储，采样频率为 0.00167Hz（10min 采样一次）。

5）结构表观监测

采用高清摄像机实时监控桥面表观情况、行车状况、是否出现异物入侵等情况，为封闭行车时间段内的桥上人工监测提供了辅助手段，同时可为突发事件以及相应的原因分析和追责等提供现场影像资料。

通过设置视频监控，可对桥梁表观状况、桥上交通状况及桥下航道通行情况进行实时监控。降低繁重的人工巡检作业，同时为可能发生的事故的记录及后续责任的认定提供依据。

高清摄像机技术性能参数见表 5-3-17。

高清摄像机技术参数　　　　表 5-3-17

名称	技术参数	图示
最大像素	1920×1080	
分辨率	300 万	
调整角度	水平：0°~360°；垂直：0°~90°	
输出方式	RS485	

采用高清摄像机实时监测桥面表观情况、行车状况、是否出现异物入侵情况等，为封闭行车时间段内的桥上人工监测提供了辅助手段，同时可为突发事件以及相应的原因分析和追责等提供现场影像资料。视频监测测点立面布置如图 5-3-14 所示。

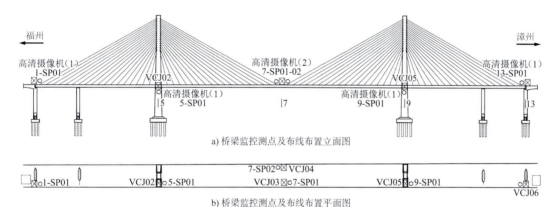

图 5-3-14　视频监测测点立面布置图

监测策略：实时监测。

3.3　硬件设备安装与集成

硬件系统结构由传感器、采集设备、采集服务器、工控机、个人计算机（Personal Computer，PC 机）等组成。每个节点往下由工控机、采集设备、传感器等构成微型网络，以保证系统的可维护性和扩充性，以便系统的进一步开发和监测规模的扩大。

传感器系统：根据对泉州湾跨海大桥整体结构模型的优化分析，在桥梁安装传感器及有关附件，包括风速风向仪、温湿度仪、地震仪、测速雷达、温度计、应变计、挠度传感器、倾角仪、动位移传感器、振动传感器、支座位移传感器、索力传感器、高清摄像机等。

数据采集传输系统包括安装在桥梁上的由微电脑控制的数据采集站。每个采集站是基于 PC 机的数据采集和分站。主要功能是收集由传感器传来的数据，进行读数的信号调理、采集数据的初步处理和储存，然后通过光缆传到监测中心的数据处理和分析系统。包括振弦采集仪、综合数据采集仪、振动采集仪、索力采集仪等。

1）设备安装

（1）预留预埋

设备安装如图 5-3-15～图 5-3-20 所示。

图 5-3-15　动应变传感器安装

图 5-3-16　拉绳传感器安装

图 5-3-17　温湿度计安装

图 5-3-18　静应变计安装

图 5-3-19　采集仪及就地箱安装

图 5-3-20　光电挠度仪安装

为使传感器等安装对主体结构不造成受力影响，同时根据具体设备安装要求，必须在前期进行必要的预留预埋，确保后期设备安装顺利进行。

① 泉州湾跨海大桥结构健康监测系统布设在钢梁上的监测设备有风速风向仪、环境温湿度计、结构温度传感器、结构应变传感器、静力水准仪、动挠度仪、倾角仪、加速度计等，以上设备需要在钢梁加工阶段预焊底座，以便后期在现场安装传感器。

② 预焊底座是重要的传力构件，其制作、埋设应严格按照设计和有关规范执行。预埋钢板采用与主体结构材质一致的钢板，严格保证焊接质量，所有预留件均要进行防腐处理。

③ 各传感器设备分布于全桥各个部位，传感器与后端管理控制设备采用有线连接，因此需要预留敷设线缆保护管槽的安装固定件。

④ 桥区设备与系统采集站管理设备通过网络传输，需要为系统预留从桥区至系统采集站的通信管道及传输主干光缆。

⑤ 本系统为长期在线连续运行系统，需要永久供电，监测系统采用集中供电，因此需要在主桥两侧桥塔支点处及梁端部位预留供电点及防雷接地点。

（2）实测与调整

图纸中所标注的尺寸为理论计算尺寸，与土建施工后的实际尺寸存在误差，因此要求待主体结构施工完毕后，总体挂线实测和复核，与图纸中相关的几何尺寸进行详细复核，一旦发现问题，按有关程序向设计部门反馈。

（3）测试与试验

对于设备指标，仅是依据理论计算和以往工程推定，需要进行实地安装测试，必要时进行长期试验。检查要求符合指标的设备在安装后：一是符合本工程结构特性，二是其性能指标是否发生变化或发生变化的程度。判断经安装后的设备是否满足系统要求。

（4）传感器安装及保护

① 传感器为精密测量元件，安装时必须轻拿轻放，严禁敲打击拍。

② 安装于钢构件的传感器元件，需要预留传感器安装底座，施工时严格按照施工图进行施工；安装于结构构件的传感器设备，除埋入混凝土的传感器设备安装施工在混凝土浇筑时埋入外，混凝土及钢构件表面安装的传感器设备采用螺栓固定安装。

③ 部分监测传感器具有监测方向性，安装前须参阅传感器设备说明及其安装方法，如加速度计、应变计等。

④ 用于安装风速风向仪的安装支架或立杆，固定时要求牢固可靠，并保证其垂直、水平度。

⑤ 用于监测桥梁结构响应的传感器，安装完成时，必需采集原始读数并记录保存。

⑥ 健康监测系统的各类传感器，除必须布置在桥面的风速风向、环境温湿度、监控摄像机等，其余均布置在大桥箱梁内及桥塔内部，传感器外面统一安装保护罩对传感器进行保护。既可以减少外界环境对传感器的影响，延长传感器的使用寿命，又可以避免因传感器或线缆等脱落问题对铁路运营造成安全风险。

（5）采集设备安装

本系统采集设备安放于控制机柜内，机柜的选用与安装质量将直接影响设备是否能够长期稳定工作，需要关注机柜的密封及温湿度控制，必要时需先期进行测试和试验。

2）综合布线

布线安装如图 5-3-21 所示，就地箱布置如图 5-3-22 所示。

为保证大桥结构健康监测系统网络工作的正常进行，必须将各类信息精确、迅速地传输于各种通信设备、数据处理设备和显示设备之间。由于近年来信息处理系统发展迅速，对信息传输的快速、便捷、安全性和稳定可靠性要求高，所建网络要求对内适应不同的网络设备、主机、终端、PC 机及外部设备，可构成灵活的拓扑结构，有足够的系统扩展能力，对外通过公网与外部信息源相连，组成全方位多通道的信息访问系统。总之，既要适应当前信息处理的需要，又充分考虑到信息系统未来的发展趋势。所以要建立一套高效、安全的计算机网络，必须建立一套可以支持高速网络传输、安全性与保密性好的布线系统，来支持目前和将来的计算机网络系统。

图 5-3-21　布线安装　　　　　　　　　　　　图 5-3-22　就地箱布置

（1）桥塔内传感器

主要通过人行梯侧往下引线，通过检修孔等连接至横梁户外安装箱或网络机柜处。箱梁内部传感器，主要通过在箱梁内布置桥梁走线，后通过排水孔和通风孔连接至箱梁内户外安装箱或户外机柜处。桥面设备，就近牵引至箱梁内走线。

（2）线缆保护

采用热镀锌钢管、不锈钢软管和热镀锌桥架，桥面采用热镀锌桥架和不锈钢软管，桥塔处采用热镀锌钢管，箱梁内部采用热镀锌桥架和不锈钢软管。

（3）综合布线的设计原则

①标准化：综合布线的设计按国际、国家以及行业标准，这样才能广泛支持不同厂商的设备和系统以及适应各种应用。

②先进性：在遵循标准的前提下，选择采用先进的设计思想和产品，既要反映当前科技的先进水平又要具有发展潜力。

③实用性：结构化布线系统是在一定的投资下，在规定时间内必须投入使用的一项实际工程。因此，在设计时，不能盲目地追求先进性，要结合实际条件，注重系统的实用性。

④灵活性：布线系统本身已具有一定的灵活性，在设计时，应充分考虑信息点分布的设定、传输介质的选择、接插件和配线架的选型等方面，充分发挥其灵活性，以满足应用系统的变更、信息点应用的变更和系统的管理要求。

⑤安全可靠性：布线系统是大桥结构监测信息传递的高速通道，是大桥的"中枢神经"。要保证信息可靠的传递，必须要有安全可靠的布线系统。在设计时必须选用高品质的产品，在施工时必须严格督导，以确保系统的可靠性。

⑥经济性：在设计时，在满足为业主节省投资的基础上，应选用性能价格比高的产品，使有限的投资发挥最大的效用。

3）供电、防雷与接地

（1）供电

根据现场条件，该桥梁监测系统采用现场供电。现场引电位置为通过桥梁配电位置接入（靠近桥塔处配置两个配电箱），与大桥交通工程标配套供电系统相连接。同时做好防雷和接地等。

接入现场桥梁的配电箱进行电源引出，后分别连接到各采集箱和机柜位置。由于大部分设备为弱电，故将220V电源接入采集箱位置后，经过内置在采集箱的开关电源，转换成12V直流电，对相应设备进行供电。同时采集箱和户外机柜处，配置有插座（机柜位置为防雷插座），方便设备供电。

现场服务器等位置配置UPS电源，防止意外断电，从而保证系统运营。当市电供电正常时，UPS将市电稳压后供给负载使用，同时向机内电池充电；当市电因故中断时，UPS立即将直流电能切换成220V的交流电，为机柜处各用电设备提供电力。

（2）防雷与接地

本系统工程属弱电类，防雷和接地对系统的安全和稳定运行影响较大，有时甚至是直接导致系统不可靠和失准的关键影响因素，因此，应严格按照规范进行施工，并进行检测。

① 系统防雷要求

a. 多重防雷措施并举，包括防直击雷、防感应雷。防直击雷主要采用预放电避雷针及有效接地来实现；防感应雷包括电源防雷和信号防雷，其中电源防雷主要通过交直流隔离、电源防雷器以及有效接地来实现，而信号防雷则主要通过信号光电隔离及信号防雷器来实现。

b. 所有监测点其主机均安装保护箱并设置防直击雷避雷针（视现场情况）。

c. 所有监测点主机信号线路设置信号防雷保护器。

d. 所有设备及其保护箱都严格接地，接地电阻应满足相应要求。

e. 同一横断面上多个防雷接地点在距离较近时可考虑连接成防雷网。

② 供电系统的防雷

在系统中，应尽量避免架空线路供电，在电缆接入系统时，应将电缆金属保护层与地网连接；同时布置断路器和直流电源防雷器，从而保证系统的供电。

③ 传感器的防雷

传感器都有较长的传输电缆，容易感应雷电流。故需防止设备感应雷对系统产生影响，尤其是数字信号设备，在接入采集设备前，需布置信号防雷器，消除感应雷对系统的影响。

④ 系统接地网结构

现场设备站应按均压、等电位的原理，将工作地、保护地、防雷地组成地网。

⑤ 直击雷防护

直击雷的防护主要是保护接收机与天线、布置在比较空旷位置的采集箱等。拟采用避雷针作为接闪器，就近安装避雷针，然后通过良好的接地装置迅速、安全地把雷电送回大地。桥梁防雷，则把系统的防雷地线接入桥梁自身的防雷接地网中。

3.4 软件平台设计与研发

1）平台建设内容

桥梁健康监测系统（BHMS）是一种集传感、数据采集传输、结构状态参数识别、性能评估于一体的自动化、信息化监测系统，通过对桥梁结构运营期的性能参数进行长期、连续性的监测，实现结构的安全报警与评估。

根据福厦高铁跨海桥梁监测需求，综合当前桥梁长期监测的最新研究成果和技术，建设一套桥梁长期监测与预警系统对福厦桥梁进行实时长期监测。系统构成包括传感器系统、数据采集与传输系统、数据存储与管理系统、分析与预警评估系统、用户界面系统、人工巡检与养护系统等主要功能模块。

2）系统设计原则

桥梁长期监测系统设计宜采用如下原则。

（1）模块化：系统软件均采用模块化设计，每个模块完成一个特定的子功能；各功能模块之间既相互独立又相互关联，以降低程序复杂度，使程序设计、调试和维护等操作简单化。

（2）开放性：具有直观、友好的可视化人机交互界面，能实现网络共享和通过因特网传输数据和图形。系统宜选用 B/S 模式，用户通过客户端可以方便地登录和查看。

（3）可扩充性：设计时考虑系统的可扩充性，预留软件接口，方便扩容。

（4）可靠性和容错性：系统设计和开发应选用国内外通用、技术成熟、兼容性好的产品和中间件技术，保证系统各项功能和指标的实现，同时保证系统的长期可靠性。

（5）安全性：系统安全设计不宜低于《信息安全技术 网络安全等级保护基本要求》(GB/T 22239—2019)规定的第二级安全通用要求，传输的数据文本应进行加密，应通过身份认证和访问控制技术，实行分等级、分权限的访问控制。

（6）与桥梁养护管理系统相结合：紧密结合现行铁路检定及养护的需求和相关规范规程，将长期监测系统和桥梁养护管理系统结合起来，为养护需求、养护措施采用决策提供科学依据，以达到运用有限的养护资金获得最佳养护效果，确保结构安全运营的目的。

3）总体功能架构

桥梁长期监测系统是集结构、环境监测、系统辨识和结构评估于一体的综合监测系统。系统采用监测仪器设备对桥梁在外界各种激励（包括列车荷载、环境荷载等）下的各种响应进行监测，通过数据采集和传输系统进行现场信息的采集，将获取的数据做一定的处理后，统一存储在数据存储与管理系统中，并进行相应的统计分析，结合桥梁性能参数的安全阈值实现系统安全预警和状态评估功能，并通过用户界面完成人机交互工作。

桥梁长期监测系统由多个子系统组成，根据每个子系统承担功能的不同，一般可划分为自动化监测子系统、数据存储与管理子系统、预警评估子系统、用户界面子系统以及巡检养护子系统，如图 5-3-23 所示。

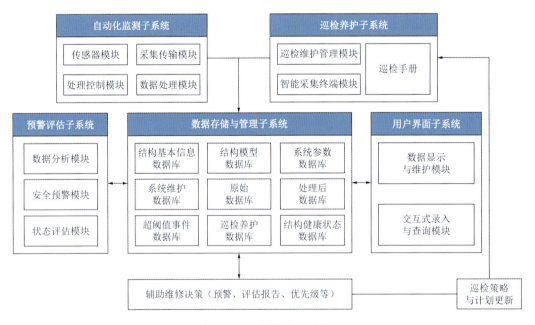

图 5-3-23　系统构成示意图

（1）自动化监测子系统

自动化监测子系统（图 5-3-24）是数据获取的前端，用于获取满足结构安全预警与状态评估分析所需要的数据，并将数据传入数据存储与管理子系统。该子系统通过传感器模块来感知被测物理量，以模拟信号或数字信号反馈给数据采集和传输模块，数据采集与传输模块对各传感器信号进行采集、信号调理，并把数据实时传输到数据中心。数据采集软件直接驱动传感器、信号调理子系统实现模拟信号 A/D 转换或数字信号的读取。不同的传感器其驱动方式和信号类型不同，与之相匹配的信号调理和接口方式也各不相同，数据采集软件必须根据不同传感器通道对采集方式、采集工况的具体要求实现数据采集。

图 5-3-24　自动化监测子系统

（2）数据存储与管理子系统

数据存储与管理子系统（图 5-3-25）为联系各子系统的纽带和中心，该子系统主要管理系统运营后的所有动静态数据（包括前期大桥的设计资料、施工期资料、实时监测数据、报警评估数据、桥梁基本信息、系统管理信息等），并完成数据的归档、查询、存储，是桥梁长期监测系统的核心，承担着记录和管理桥梁结构长期监测系统信息和全寿命过程数据的作用。建立本桥长期监测系统的中心数据库及数据存储仓库，向其他子系统提供有效的信息源，其具体功能要求如下：

① 提供各类数据存储的工具和场所，建立与各种监测数据的数据类型、数据规模相匹配，与其采集、预处理、后处理功能要求相适应的分布式数据存储结构，以及相应的数据交换模式，构建系统数据库。

② 支持特殊事件数据单独存储及分析与处理。

③ 提供数据安全性及用户管理的工具。

④ 提供数据分布式快速查询的工具。

⑤ 提供数据备份和恢复的策略与工具。

⑥ 提供与异构数据库存储、查询等接口工具。

⑦ 具有相应的软硬件安全机制和自诊断功能。当数据无法传输时能向大桥管理人员报警，及时采取措施加以处理。

⑧ 具有对数据及设备异常报警功能。当系统网络通信失败时，数据可以暂时存储在采集站计算机内；当网络正常后再传输至数据库服务器。

对获取的海量监测数据进行深度分析和挖掘，利用频域方法、频域方法或时频域混合的方法对自动化在线监测系统获取的信号完成异常数据的分类和预处理，按照既定的判别准则，判断数据质量好坏，并进行异常分析处理，并针对异常数据的不同表现形式，采取纠正不一致数据、消除异常数据、修补遗漏数据、平滑噪声数据等相应措施，为后续的分析处理准备干净准确的数据。

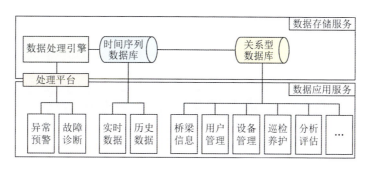

图 5-3-25　数据存储与管理总体结构

（3）预警评估子系统

预警评估子系统为整个系统的功能核心，用于对海量监测数据进行分析并向业主方提供预警和结构评估服务，并由用户界面子系统完成人机交互工作（包括监测结果、评估结论的图表显示，人工信息的录入，指令的输入等）。该子系统应具备以下功能：

① 能够对自动化监测数据和定期测量结果进行统计、对比分析、趋势分析和相关性分析。

② 具备明确的预警指标及分级预警体系，能够通过设置明确的阈值，对实时监测结构状态参数信号进行判断和分级预警，并对报警情况进行记录。

③ 能够综合各种监测数据、定期测量信息和分析结果，对结构异常状态进行识别和诊断，对结构安全和使用状态进行总体评估。

将高铁斜拉桥进行层次指标体系划分，通过对在线监测数据基于安全阈值建立定量指标评估模型；对人工巡检指标内容，结合管养规范、规定建立定性指标评估模型。融合监、检测数据、桥梁与轨道监测数据建立高铁大跨度桥梁桥轨一体化结构安全综合评估模型（图5-3-26）。

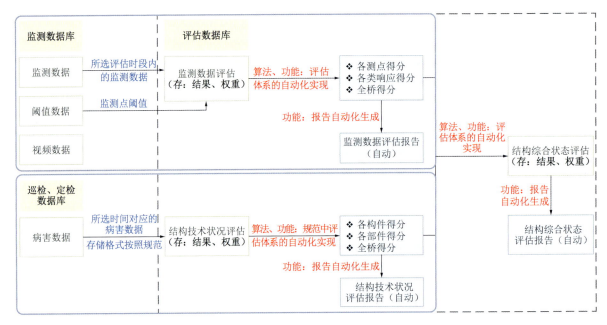

图 5-3-26　桥梁安全状况综合评估模型

（4）用户界面子系统

通过该子系统实现将各种数据实时向用户展示，并且接受用户对系统的控制与输入，能够根据结构类型以及业主需要进行个性化定制。通过建立在服务器上的基于 B/S 或 C/S 架构的一系列可视化软件组件，向监控中心现场操作人员以及授权的远程客户端用户提供友好的人机交互界面，实现便捷的系统控制、监测数据立体查询和在线分析。该子系统具备以下具体功能：

① 应具有简洁易用的用户界面，提供丰富的图形化显示界面，人机交互界面友好，展示效果简明，直观宜选用 B/S 模式。

② 数据采集、传输、存储和管理设备信息应具备实时在线显示功能，并可对各模块功能参数进行在线设置和修改。

③ 用户端子系统应具备监测数据、预警信息及各类评估结果的在线显示功能、数据查询统计功能、报表自动化生成功能，并可将预警信息及时报送运维单位。

④ 具备远程信息发布与共享，远程授权操控能力。

⑤ 具有自动化报告、报表生成功能。

系统基于 B/S 架构设计，采用前后端分离的开发模式，基于 GIS + BIM 技术，实现多项目浏览、查询、集群式监测管理。

监测系统通过 GIS 技术对所有桥梁监测项目进行集中管理，满足路网级、集群式桥梁综合监养的需要。

构件化桥梁 BIM 模型，将桥梁按照部位层、部件层、构件层等层次进行划分，建立构件化的 3D 监测模型。在 BIM 空间中绑定传感器、病害信息、报警信息，具备视角切换、漫游、模型定位等功能，实现监测结果的智能化显示，病害报警信息精准化定位（图 5-3-27、图 5-3-28）。系统通过衔接 BIM 数据模型，为后期 BIM 监测模型的数据更新提供扩展条件。

图 5-3-27　基于 BIM 的可视化监测与病害定位

图 5-3-28　桥梁健康状况监控面板

（5）巡检养护子系统

为满足大桥不同时期、不同构件、不同程度的维修和养护需求，不仅需要依靠在线监测系统，而且要建立专门针对大桥结构表观损伤进行检查和评估的管理子系统。

巡检养护子系统（图 5-3-29）包括各级别的检查（日常检查、主要检查、重点检查、全面检查）的内容、手段、检查表格、评分标准、时间间隔等，并通过该模块制定大桥的巡检养护手册。管养机构人员可以根据手册设定的结构巡检任务，进行针对性的全桥巡检，同时将巡检结果通过智能移动采集终端录入系统，由系统对其进行分类存储、显示调用以及结合自动化采集的状态数据进行综合评估，进而在此基础上生成相应的管养维修计划和决策建议。该子系统具备以下具体功能：
① 包括各种层次和频度的巡检（日常巡检、主要检查、重点检查、全面检查）。
② 自动化制定巡检计划，并按照规范提供电子化巡检内容表格、评分标准。
③ 提供便捷的巡检信息数据库录入手段和接口。

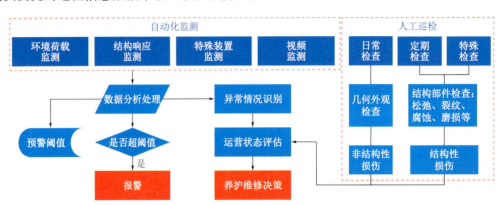

图 5-3-29　巡检养护子系统

各系统间通过光纤网络联系而进行运作，网络结构由网络服务器、PC 机、专用工控机以及各种放大器、传感器等组成。每个网络节点往下由工控机、信号调理器、传感器等构成微型网络，以保证系统的可维护性和扩充性，以便适应系统的进一步开发和监测规模的扩大。整个系统采用环状网络结构，以提高系统正常运行的可靠性。

3.5　小结

本章通过应用智能传感、物联网、云计算等现代信息技术，建立了集自动化监测、数据存储与管理、数据处理与分析、数据预警与评估、用户界面于一体的泉州湾跨海大桥主桥健康监测系统，对桥梁结构在运营期的环境、荷载、结构力学状态指标等进行实时、连续监测，并对监测数据进行存储、分析，进而对桥梁整体运营状况进行判断，指导桥梁的运维决策。

（1）创新采用了双向对侧 + 跨中区域重叠的方式获得大跨度铁路桥梁动态形变曲线，解决了大跨度桥梁高频率、高精度、连续性测量动态变形的技术难题。基于高精度摄影测量算法，通过在桥塔位置箱梁内部布设新型非接触式位移测量设备，在主梁跨度的 1/8、1/4、1/2 等控制截面布设红外靶标，采用具有强大边缘计算能力的嵌入式硬件系统平台对高频图像进行视觉数据处理，实现 24h 全天候自动化的高精度桥梁瞬时形变监测，位移监测精度可达 0.1mm，最高采样频率可达 60Hz，精准监测高速列车作用下大跨度桥梁横竖向动态位移响应情况。

（2）深入研究了大跨度铁路桥梁不同类型的海量监测数据异常数据预处理方法，对关键监测数据（桥址环境、荷载作用、结构响应）进行精细化的处理分析。在此基础上，结合相关理论对实测数据开展桥梁模态参数识别、疲劳分析、损伤识别和列车车速识别等多维度研究，从而更加全面、深入地了解桥梁运营状态和列车运行情况。

（3）根据桥梁评估检定规范，采用层次分析法、变权综合法、灰色关联分析法等，建立了大跨度铁路桥梁安全综合评估模型。将大桥安全综合评估模型分为定量指标评估模型和定性指标评估模型两部分，分别计算两个评估模型的桥梁评分，再通过变权综合原理计算大桥整体安全综合评估评分，定量评定桥梁运营安全状态。

福厦高铁桥梁工程
创 新 与 实 践
PART 6

第 6 篇
创新技术研究

福厦高铁桥梁工程
创 新 与 实 践

INNOVATIONS AND PRACTICES
IN THE BRIDGE ENGINEERING OF
THE FUZHOU-XIAMEN HIGH-SPEED RAILWAY

第1章 大跨度高低塔钢箱混合梁斜拉桥性能研究

结合乌龙江特大桥主桥结构特点,重点开展四线荷载钢-混凝土结合过渡段关键构造技术、固定约束体系下结构和轨道受力,以及高低塔斜拉桥抗震性能模拟试验等关键技术研究。

1.1 四线荷载钢-混凝土结合过渡段关键构造技术

钢-混凝土结合过渡段是钢箱混合梁斜拉桥的关键构造之一,也是钢箱混合梁斜拉桥设计的主要技术难题和关键技术。

1)有限元模型

(1)模型结构

采用大型有限元分析软件 ANSYS 建立有限元模型,包含 9m 标准钢箱梁段 + 4.4m 刚度过渡段 + 4.7m 钢-混凝土结合段 + 12.9m 混凝土梁段。有限元模型如图 6-1-1 所示。

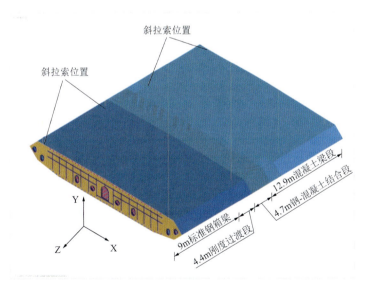

图 6-1-1　有限元模型

斜拉索按竖直方向进行模拟,不考虑纵横向倾斜角度,将 MIDAS 计算得到的第一体系应力作为边界条件施加在梁端。钢箱梁的横隔板标准间距设定为 3.0m,该间距能充分确保钢箱梁的横向刚度、抗扭刚度,满足支承其上的正交异性板的局部变形要求。

有限元模型各部位详细构造如图 6-1-2 所示。

(2)单元类型

① 预应力钢筋:采用杆轴方向拉压的三维杆单元 LINK8 模拟。

② 混凝土：采用具有 8 个节点的 SOLID45 单元模拟。
③ 钢箱梁板件：采用 SHELL63 单元模拟钢箱梁板件。

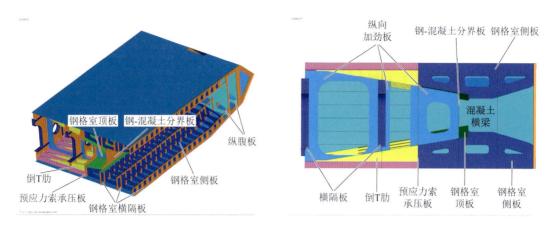

图 6-1-2 刚度过渡段 + 钢-混凝土结合段构造

（3）边界条件

整体坐标系 X 方向代表横桥向，Y 方向代表竖向，Z 方向代表纵桥向。

① 沿桥梁顺桥向约束混凝土端的纵向位移 U_Z 和横向位移 U_X；钢箱梁端建立刚性域，并施加第一体系内力。

② 斜拉索非梁端约束 U_X、U_Y、U_Z、ROT_X、ROT_Y 和 ROT_Z 六个方向自由度。

③ 不同类型单元连接

实桥中采用了大量的剪力钉和剪力键保证钢板与混凝土之间的连接，模型中假定预应力筋与混凝土之间，钢板与混凝土之间没有滑移，协调受力，变形协调。

预应力钢筋节点与混凝土节点之间采用约束方程法连接，分别建立实体和力筋的几何模型，单元划分后在力筋节点和实体单元间建立多组约束方程。

钢板节点与混凝土节点之间采用约束方程法进行连接，分别建立几何模型和单元划分后，选择钢板节点与混凝土单元建立约束方程，通过多组约束方程，将钢板节点和混凝土单元连接为整体。

（4）荷载标准

① 结构荷载

结构自重：计入材料密度和重力加速度，以结构实际自重施加一期恒载，钢结构材料密度按 $\gamma = 78.5 \text{kN/m}^3$，混凝土材料密度按 26kN/m^3。

二期恒载：四线有砟轨道 254.67kN/m。

第一体系内力：由 MIDAS 全桥模型"恒载 + 活载"工况提取。

轴向压力：156623800N；横桥向剪力：682655N；竖向剪力：6972673N（向下）。

横桥向弯矩：15933587N·m；竖向弯矩：141365879kN·m。

活载：采用 ZK 活载，集中荷载等效为活载 A，均布荷载等效为活载 B，考虑道砟层的扩散，冲击系数取 1.3。

活载 A：$200 \times 4/6.4 \times 1.3 \text{kN/m} = 162.5 \text{kN/m}$。

活载 B：$64 \times 1.3 \text{kN/m} = 83.2 \text{kN/m}$。

考虑轨枕和道砟的扩散作用，集中荷载作用于钢-混凝土结合段以及部分刚度过渡段。

② 加载工况

工况一：按四线在最不利位置承受 75% 的 ZK 活载，如图 6-1-3 所示；工况二：按双线最不利位置 ZK 活载进行加载。

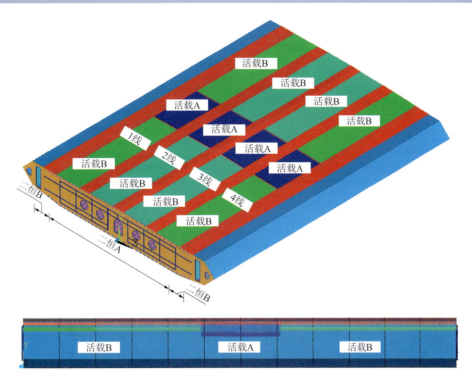

图 6-1-3 四线加载加载示意图

2）主要检算结果

限于篇幅，应力分析仅列出四线加载应力分析云图。

（1）钢桥面板（顶板）

桥面板横桥向X方向应力如图 6-1-4 所示。

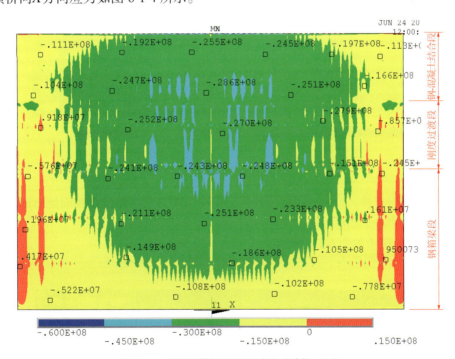

图 6-1-4 桥面板横桥向X方向应力（单位：Pa）

钢桥面板横桥向应力以受压为主，在横隔板位置、纵腹板位置、边界条件处出现部分拉应力，一般位置应力介于-52~15MPa 之间，在钢板边缘连接混凝土的位置处出现应力集中，最大应力为

85.2/−110MPa。

桥面板顺桥向Z方向应力如图6-1-5所示。

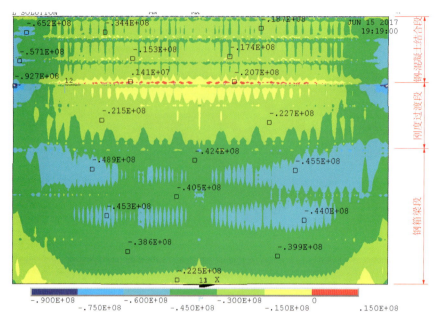

图6-1-5 桥面板顺桥向Z方向应力（单位：Pa）

钢桥面板顺桥向应力以受压为主，在钢-混凝土结合面处出现部分拉应力；钢-混凝土结合段一般位置应力介于−45~−15MPa之间，在钢板边缘连接混凝土的位置处出现应力集中，最大应力为12/−102MPa。

（2）内纵腹板

内纵腹板竖向Y方向应力如图6-1-6所示。

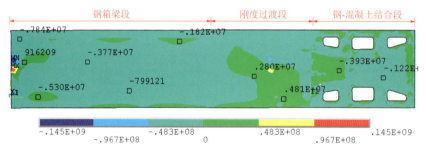

图6-1-6 内纵腹板竖向Y方向应力（单位：Pa）

内纵腹板在竖向拉压交替，拉索锚固处出现应力集中，应力水平由拉索锚固处向四周快速衰减，一般位置应力介于−50~50MPa之间。

内纵腹板纵向Z方向应力如图6-1-7所示。

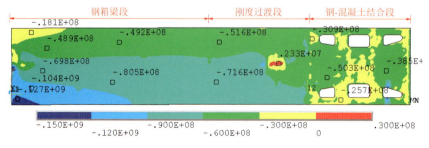

图6-1-7 内纵腹板纵向Z方向应力（单位：Pa）

内纵腹板在纵向以受压为主，在拉索锚固处出现应力集中，应力水平由拉索锚固处向四周快速衰减，一般位置应力介于–150～30MPa之间。

（3）底板

底板横桥向X方向应力如图6-1-8所示。

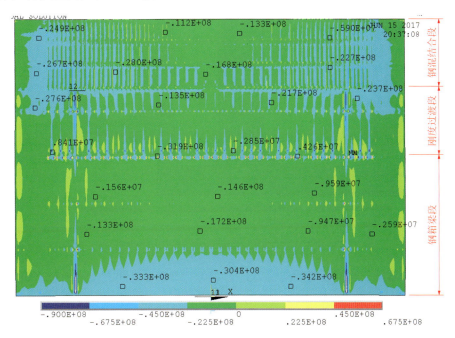

图6-1-8　底板横桥向X方向应力（单位：Pa）

底板横桥向应力以受压为主，底板弯折线位置出现应力集中，一般位置应力介于–50～10MPa之间。底板顺桥向Z方向应力如图6-1-9所示。

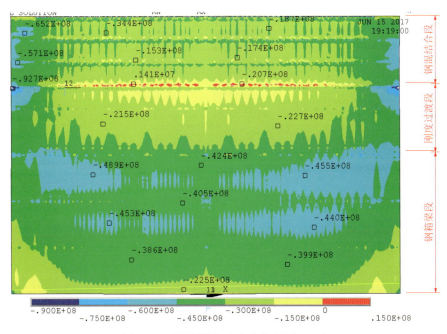

图6-1-9　底板顺桥向Z方向应力（单位：Pa）

顺桥向钢箱梁底板应力以受压为主，钢-混凝土结合段一般位置应力介于–50～–30MPa之间；刚度过渡段一般位置应力介于–100～–50MPa之间；钢箱梁段一般位置应力介于–150～–75MPa之间。

（4）刚度过渡段纵向加劲板

刚度过渡段纵向加劲板竖向Y方向应力如图6-1-10所示。

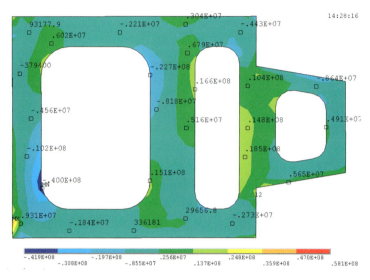

图6-1-10　刚度过渡段纵向加劲板竖向Y方向应力（单位：Pa）

刚度过渡段纵向加劲板一般位置的竖向应力介于–30～25MPa之间，拉应力最大值为58.1MPa，压应力最大值为41.9MPa。

刚度过渡段纵向加劲板顺桥向Z方向应力如图6-1-11所示。

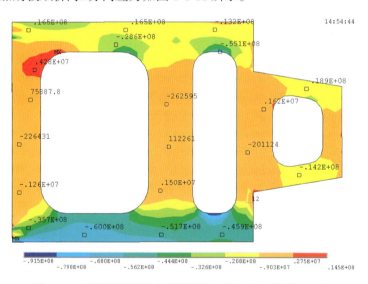

图6-1-11　刚度过渡段纵向加劲板顺桥向Z方向应力（单位：Pa）

刚度过渡段纵向加劲板顺桥向受力以受压为主，与底板连接位置应力水平较高，介于–92～–45MPa之间，一般位置的竖向应力介于–40～15MPa之间。

（5）刚度过渡段横隔板

刚度过渡段横隔板1距离预应力索承压板1.4m，刚度过渡段横隔板2距离预应力索承压板4.4m。

刚度过渡段横隔板1横桥向X方向应力和竖向Y方向应力如图6-1-12、图6-1-13所示。

刚度过渡段横隔板1横桥向应力以受压为主，一般位置应力介于–20～18MPa之间，最大拉/压应力为38MPa/–52MPa；竖向应力以受拉为主，一般位置应力介于–22～48MPa之间，最大拉/压应力为77MPa/–51MPa；一般位置VON MISES等效应力介于0～52MPa之间，横隔板两侧应力水平较高，并在拉索锚固处出现应力集中，最大应力值为78MPa。

刚度过渡段横隔板 2 受力与横隔板 1 受力差异不大，一般位置 VON MISES 等效应力介于 0～64MPa 之间，横隔板两侧应力水平较高，最大应力值为 95.4MPa。

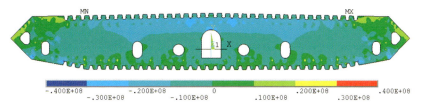

图 6-1-12　刚度过渡段横隔板 1 横桥向X方向应力（单位：Pa）

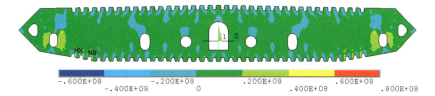

图 6-1-13　刚度过渡段横隔板 1 竖向Y方向应力（单位：Pa）

（6）刚度过渡段混凝土

刚度过渡段混凝土横桥向X方向应力如图 6-1-14 所示。

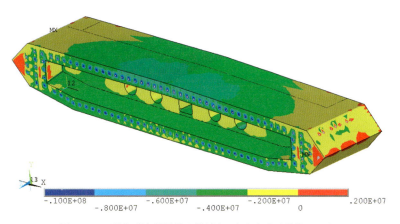

图 6-1-14　刚度过渡段混凝土横桥向X方向应力（单位：Pa）

刚度过渡段混凝土顺桥向Z方向应力如图 6-1-15 所示。

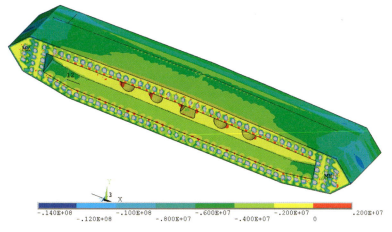

图 6-1-15　刚度过渡段混凝土顺桥向Z方向应力（单位：Pa）

从图 6-1-14 和图 6-1-15 可以看出，顶底板一般位置最大压应力不超过−8MPa，由于未模拟混凝土内钢筋的作用，在风嘴位置出现部分拉应力，拉应力值在 2MPa 以内，小于 C55 混凝土的抗拉极限强度，满足规范要求。

（7）计算结果汇总

钢-混凝土结合段钢结构要求局部应力集中值不大于屈服强度 370MPa，弯曲应力 220MPa，轴向应力 210MPa；C55 混凝土有箍筋及斜筋时主拉应力容许值取 2.97MPa，正应力容许值取 18.5MPa，轴心抗压极限强度 37.0MPa，轴心抗拉极限强度 3.3MPa。

对于四线加载和双线加载两种工况下钢-混凝土结合段应力验算结果汇总见表 6-1-1、表 6-1-2。

钢-混凝土结合段应力验算（单位：MPa）　　表 6-1-1

位置	应力类型	4 线加载		2 线加载		应力限值		判别	附注
		一般位置	应力集中	一般位置	应力集中	一般位置	应力集中		
顶板	横桥向	−52～15	85.2/−110	−35～15	84.7/−118	210	370	通过	钢-混凝土结合面处出现应力集中
	顺桥向	−75～0	12/−102	−50～0	35.7/−117	210	370	通过	
	Von Mises 应力	0～77	112	0～64.3	111	231	370	通过	
纵腹板	竖向	−50～50	—	−42～50	—	210	370	通过	由于模型中未模拟钢锚箱，拉索锚固处计算结果失真，不予采用
	顺桥向	−120～30	—	−150～30	—	210	370	通过	
	Von Mises 应力	0～150	—	0～130	—	231	370	通过	
底板	横桥向	−50～10	—	−35～10	—	210	370	通过	底板弯折线位置出现应力集中，由于模型未考虑底板弯折点加劲，计算结果失真，不予采用
	顺桥向	−150～−75	—	−135～−80	—	210	370	通过	
	Von Mises 应力	25～150	—	30～150	—	231	370	通过	钢箱梁端边界条件施加位置应力集中，结果失真，不予采用
顶板 U 肋	顺桥向	−100～20	—	−80～20	—	210	370	通过	钢箱梁端边界条件施加位置应力集中，结果失真，不予采用
	Von Mises 应力	0～100	—	0～100	—	231	370	通过	
底板 U 肋	顺桥向	−130～−25	−221	−130～−30	−224	210	370	通过	刚度过渡段倒 T 肋端部与底板 U 肋相交位置应力集中
	Von Mises 应力	0～130	211	0～130	194	231	370	通过	
纵腹板加劲肋	顺桥向	−110～−10	—	−105～−10	—	210	370	通过	钢箱梁端边界条件施加位置应力集中，结果失真，不予采用
	Von Mises 应力	0～122	—	0～110	—	231	370	通过	
钢格室侧板 Von Mises 应力		0～45	67	0～45	68	210	370	通过	钢-混凝土结合段钢格室侧板、顶板、横隔板相交位置出现应力集中
钢格室顶板 Von Mises 应力		0～45	104	0～45	112	210	370	通过	
钢格室横隔板 Von Mises 应力		0～45	100	0～45	107	210	370	通过	
预应力索承压板 Von Mises 应力		0～150	—	0～150	—	210	370	通过	由于未模拟预应力索锚垫板，锚固点出现应力集中，应力水平由拉索锚固处向四周快速衰减，计算结果失真，不予采用

续上表

位置	应力类型	4线加载		2线加载		应力限值		判别	附注
		一般位置	应力集中	一般位置	应力集中	一般位置	应力集中		
刚度过渡段倒T肋Von Mises应力		0~80	106	0~79	108	210	370	通过	底板倒T肋翼缘与承压板连接处出现应力集中
刚度过渡段纵向加劲板	竖向	−30~25	58/−42	−31~24	56.3/41.9	210	370	通过	与底板连接位置应力水平较高
	顺桥向	−92~15	15/−92	−80~15	15/−92	210	370	通过	
	Von Mises应力	0~63	125	0~60	125	231	370	通过	
刚度过渡段横隔板1	横桥向	−20~18	38/−52	−30~16	35/−49	210	370	通过	与斜底板对应位置应力水平较高,并在拉索锚固处出现应力集中
	竖向	−22~48	77/−51	−22~46	73/−49	210	370	通过	
	Von Mises应力	0~52	78	0~52	78	231	370	通过	
刚度过渡段横隔板2	横桥向	−15~30	57.5/−53.6	−28~20	57/−52	210	370	通过	与斜底板对应位置应力水平较高
	竖向	−18~30	89.3/−54.3	−18~27	87/−48	210	370	通过	
	Von Mises应力	0~64	95.4	0~63	93.7	231	370	通过	

注:横桥向、顺桥向以及竖向应力受压为负,受拉为正。

钢-混凝土结合段应力验算(单位:MPa) 表6-1-2

位置	应力类型	4线加载	2线加载	应力限值	判别	附注
刚度过渡段混凝土	横桥向	−8~2	−8~2	−18.5~2.97	通过	由于计算时未计入普通钢筋和未真实模拟预应力锚垫板分散传力,该区域实际拉应力远低于计算值,结果失真
	顺桥向	−13.6~2	−12.7~2	−18.5~2.97	通过	
	主拉应力	<1	<1	2.97	通过	
	主压应力	<13.6	<13.8	18.5	通过	

3)钢-混凝土结合段传力途径分析

图6-1-16、图6-1-17所示分别为四线和双线加载两种工况下,结合段钢结构和混凝土的轴力传递规律,以及顶板、底板、腹板、各加劲板的纵向轴力分配比例及变化规律。图中横坐标z为各截面距刚度过渡段起点的距离,纵坐标为各构件轴力分配比例。图中顶板、底板、腹板包含各自加劲肋,钢结构不包含风嘴及承压板。

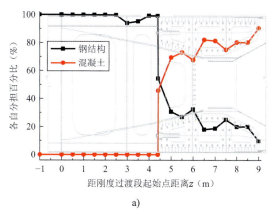

a)

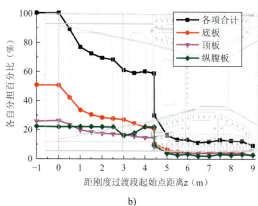

b)

图 6-1-16

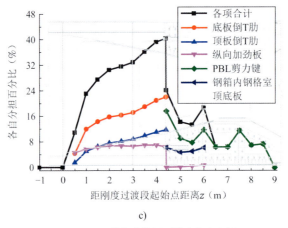

c)

图 6-1-16　四线加载作用下轴力分配比例

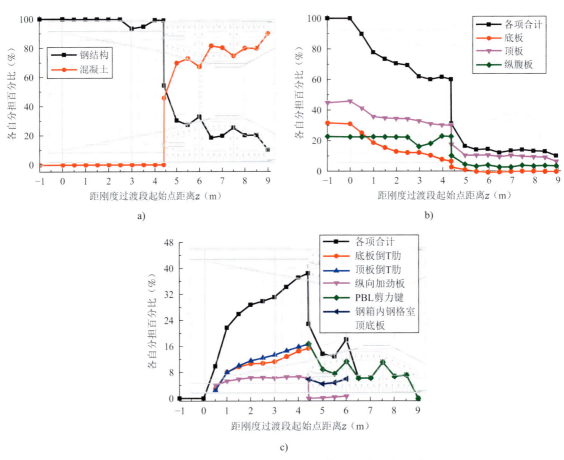

图 6-1-17　双线加载作用下混凝土和钢结构各部分轴力分配比例

由图 6-1-16 和图 6-1-17 可知：

① 在 $z=-1\sim2.5m$ 范围内轴力完全由钢结构承担，在 $z=2.5\sim4.4m$ 范围内轴力由钢结构及风嘴共同承担，$z=3m$ 时，风嘴最多承担 6.2% 的轴力，这是因为该处腹板间与拉索锚固，构造复杂，局部应力较大，风嘴受纵腹板影响，应力增大，承担了部分轴力传递工作。刚度过渡段风嘴钢板加厚至 20mm，在最不利工况中，最大应力小于 20MPa，结构设计合理。

② 在承压板处（$z=4.4m$）钢结构和混凝土轴力分配比例发生突变，钢结构轴力承担比例由 100% 下降至 54.2%，说明承压板承担了 45.8% 的荷载并直接通过轴向压力传递给混凝土，而钢结构剩余轴力则通过 PBL 剪力键、剪力钉及界面黏结以剪力形式逐步传递给混凝土。

③ 钢-混凝土结合段中（$z = 4.4 \sim 9\text{m}$）轴力呈波浪状逐步由钢结构全部传递至混凝土，这是因为钢格室侧板开孔削弱了与混凝土的黏结作用，受计算条件限制，未精确模拟剪力钉及 PBL 剪力键钢筋，因此，实际传力曲线较该曲线更加平滑。

图 6-1-17b）和图 6-1-17c）所示为钢结构传力曲线细化分解后的结果。从图中可以看出，刚度过渡段（$z = 0 \sim 4.4\text{m}$）中，由顶板、底板和纵腹板构成的钢壳体的轴力传递比例平缓下降，由倒 T 肋和纵向加劲板构成的刚度过渡构造的轴力传递比例逐渐上升，整体变化趋势表明钢壳体承担的轴力逐渐向刚度过渡构造转移，表明刚度过渡段构造合理，传力均匀明确。

对比分析图 6-1-16 和图 6-1-17 可知：

① 四线加载中底板传力比例大于顶板，相应底板倒 T 肋传力比例大于顶板 T 肋，双线加载与之相反，说明钢壳体顶板、底板以及倒 T 肋的轴力传递比例随外荷载的变化而不同，但钢壳体的轴力总量变化规律则保持不变，说明该结合段中钢结构的整体传力规律与构造相关性大，与外荷载相关性较小。

② 刚度过渡段（$z = 0 \sim 4.4\text{m}$）中，纵腹板的轴力传递比例保持在 22% 左右，仅在拉索作用处出现波动，纵向加劲板的轴力传递比例保持在 6.5% 左右，并未随外荷载的变化而变化。这是因为过渡段中纵腹板和纵向加劲板更多作为抗剪板件存在，纵向面积及其加劲肋保持不变，刚度不变，因此轴力传递比例不变。

③ 在承压板（$z = 4.4\text{m}$）处，顶板、底板、纵腹板、倒 T 肋以及纵向加劲板的轴力分配比例发生突变。最大轴力工况下，45.8% 的轴力传递给承压板，再由承压板以压力方式传递至混凝土；18.2% 的轴力传递给钢格室侧板（PBL 键），再由 PBL 键以剪力方式传递给混凝土；剩余 36% 的轴力由钢壳体上剪力钉和界面黏结力传递给混凝土，该部分内力在钢-混凝土结合段中（$z = 4.4 \sim 9\text{m}$）传递速率逐渐放缓，最终剩余 5%～9% 的轴力在结合段结束位置突变为 0，导致混凝土纵向应力增大。

1.2 固定约束体系下结构和轨道受力研究

1）概述

受福州南站站位及地形条件等因素影响，福厦高铁正线位于直线地段可铺设钢轨伸缩调节器，两条动车走行线平面曲线进入主桥小里程侧边跨范围 41.3m，小里程侧梁端轨道无法设置钢轨伸缩调节器。小里程边跨曲线上桥平面如图 6-1-18 所示。

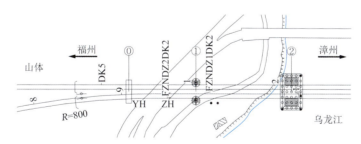

图 6-1-18 小里程边跨曲线上桥平面示意图（尺寸单位：m）

采用在高塔处塔梁间设置固定支座，低塔处塔梁间设置单向活动支座的支承体系，减小了主桥小里程侧温度跨，适应轨道温度变形受力需求。在结构支承体系下，对桥梁结构与轨道协同受力进行分析。

2）主要设计参数

（1）挠曲力及制动力计算采用 ZK 活载，制动力计算摩擦系数取 0.164。

（2）有砟轨道设计锁定轨温取 35℃ ± 5℃；最大升温幅度 31.7℃，最大降温幅度 41.7℃。

（3）U71MnG 钢轨的屈服强度取 457MPa，安全系数取 1.3，钢轨允许应力为 351.5MPa。

（4）线路纵向阻力：有砟轨道线路阻力为道床阻力，取双线性阻力，在位移 2mm 时的纵向阻力为 15kN/(m·轨)。铺设小阻力扣件地段为扣件阻力，取双线性阻力，在位移 0.5mm 时的纵向阻力取 8kN/(m·轨)。

3）无缝线路检算

（1）钢轨强度检算

钢轨强度检算 $\sum\sigma = 335.1\text{MPa} < [\sigma] = 351.5\text{MPa}$，钢轨强度满足要求。

（2）无缝线路稳定性检算

钢轨的实际升温幅度 $\Delta T = 31.7℃$，小于允许温升 $\Delta T_C = 45.65℃$，稳定性检算满足要求。

（3）桥上无缝线路断缝检算

本线无缝线路最大温降幅度为 41.7℃，铺设小阻力扣件地段，扣件阻力取 8km/(m·轨)，断缝值为 49.7mm，小于断缝容许值 70mm，断缝检算满足要求。

4）小结

固定支座至漳州台温度跨度为 544m，位于直线地段，通过铺设钢轨伸缩调节器以释放无缝线路温度力和纵向附加力，轨道结构检算均满足要求。

固定支座至福州台温度跨度为 181m，动车走行线位于缓和曲线地段，在梁端铺设 181m（即 72m + 109m 边跨）小阻力扣件时，钢轨强度、无缝线路稳定性、钢轨无缝线路断缝检算可以满足要求。

1.3　高低塔斜拉桥抗震模拟试验研究

1）动力特性分析

基于 Midas Civil 进行实桥模拟分析，混凝土主梁和桥塔采用空间梁单元模型，斜拉索采用只受拉桁架单元进行模拟，采用 Ernst 公式考虑斜拉索的垂度效应。

（1）主桥面内振动模态

基准形式下新建乌龙江特大桥主塔同侧振动模态见表 6-1-3。

基准形式下新建乌龙江特大桥主塔同侧振动模态　　表 6-1-3

模态号	周期（s）	频率（Hz）	振动模态	说明
4	1.662	0.602		一阶纵飘、主跨主梁一阶反对称竖弯、主塔同侧纵弯（方向：低塔侧）
6	1.356	0.737		二阶纵飘、主跨主梁一阶反对称竖弯、主塔同侧纵弯（方向：高塔侧）
10	0.910	1.098		主跨主梁二阶反对称竖弯、主塔同侧纵弯（方向：高塔侧）

面内振动模态多为主梁-主塔耦合振动，与常规主梁对称布置的等高斜拉桥模态有所不同。高塔和低塔同侧振动相关模态：模态 4、6 分别为纵飘振型，两模态主要区别为高塔和低塔的振动方向不同，其原因可能是主塔高度不一致，桥跨不对称所导致，并与大桥采用半漂浮体系有关，这是等高塔斜拉桥所不具有特性。

基准形式下新建乌龙江特大桥主塔异侧振动模态见表 6-1-4。

基准形式下新建乌龙江特大桥主塔异侧振动模态　　表 6-1-4

模态号	周期（s）	频率（Hz）	振动模态	说明
2	2.320	0.431		主跨主梁一阶对称竖弯、主塔异侧纵弯（方向：边跨）
9	1.136	0.880		主跨主梁二阶对称竖弯、主塔同侧纵弯（方向：主跨）

高塔和低塔异侧振动相关模态：模态 2 为面内一阶竖弯，是斜拉桥经典的振动模态，出现较早，自振周期为 2.320s，说明新建乌龙江大桥主跨主梁刚度较小，所需要的激励能量较小。

（2）主桥面外振动模态

基准形式（空载）下新建乌龙江特大桥面外振动模态见表 6-1-5。高塔、低塔振动模态：第 1 阶模态为高塔一阶横弯，伴随主梁横弯，周期为 2.358s，说明高塔一阶横弯所需要激励最低，该振动模态对于横向地震动作用下的结构响应可能有较大贡献；第 5 阶模态为低塔一阶横弯，周期为 1.524s。

基准形式（空载）下新建乌龙江特大桥面外振动模态　　表 6-1-5

模态号	周期（s）	频率（Hz）	俯视图	说明
1	2.358	0.424		高塔一阶同侧横弯
5	1.524	0.656		低塔一阶同侧横弯
7	1.262	0.792		高塔一阶异侧横弯
8	1.253	0.798		高塔一阶扭转

基准形式（空载）下新建乌龙江特大桥面外振动模态见表 6-1-6。主梁振动模态：第 3 阶模态主梁横弯振型，横弯独立振型出现得较早，且频率较低。除了主梁一阶对称横弯以外，其周期为 2.220s，说明主梁横向刚度适中；此外，主梁横弯振型多为独立振型，耦合振型也几乎为横向振型，竖向与横向耦合振型较少。

基准形式（空载）下新建乌龙江特大桥面外振动模态　　表 6-1-6

模态号	周期（s）	频率（Hz）	振动模态图	说明
3	2.220	0.454		主跨主梁面外 1 阶

2）地震响应分析

首先基于乌龙江大桥桥址所在场地的设计加速度反应谱，拟合得到了 E1 多遇地震和 E2 罕遇地震下加速度时程，基于 MIDAS Civil 软件，采用时程分析方法针对空载状态和不同高铁列车荷载布载形式下的高低塔混合梁斜拉桥地震响应进行分析。

（1）主梁时程响应分析

① 主梁内力

主梁面内弯矩响应极值：E2 罕遇地震作用较 E1 多遇地震作用增加幅度为 69.4%，面内弯矩的响应极值仅有面外弯矩的 1/10 左右，说明地震作用下该处主梁受力以面外弯矩为主。

主梁面外弯矩响应极值：E2 罕遇地震作用较 E1 多遇地震作用增加幅度为 110.1%，面外弯矩响应极值大约为面内弯矩响应极值 6 倍。

② 主梁位移

在 E1 多遇地震和 E2 罕遇地震作用下，高塔侧主梁端部纵向位移峰值分别为 52.6mm 和 63.2mm；低塔侧主梁端部纵向位移响应极值分别为 –12.5mm 和 –16.1mm。

在 E1 多遇地震和 E2 罕遇地震作用下，跨中主梁横向位移响应极值分别为 76.4mm 和 –126.7mm，跨中主梁竖向位移响应极值分别为 –45.1mm 和 –65.0mm。

（2）主塔时程响应分析

① 主塔内力

通过比较高塔和低塔塔底面内弯矩响应极值发现，仅考虑地震作用而言，高塔塔底面内弯矩响应约为低塔的 2 倍，说明地震作用下高塔受力较为不利。其原因是高塔侧主梁受到固定支座的约束无法自由变形，而低塔侧主梁受到约束较小，高塔塔柱两侧拉索索力相较于低塔侧更加不均匀，且两塔塔高相差 41.5m，因此高塔塔底面内弯矩响应更大。

② 主塔位移

在 E1 多遇地震和 E2 罕遇地震作用下，高塔塔顶纵向位移响应极值分别为 53.2mm 和 82.6mm，低塔塔顶纵向位移响应极值分别为 –73.6mm 和 –105.0mm。低塔塔顶纵向位移峰值响应大于高塔塔顶，高塔增幅幅度略大。其原因是低塔与低塔侧主梁协调变形，通过协调变形减小地震作用下的内力响应，低塔塔底面内弯矩响应小于高塔。

3）地震模拟振动台试验

（1）振动台缩尺模型

受到振动台试验装置长度的限制，桥梁跨径、主塔高度按 1∶50 的比例缩尺，缩尺后模型的跨径布置为 1.44 m + 2.18 m + 8.64 m + 1.12 m + 1.12m，如图 6-1-19 所示。

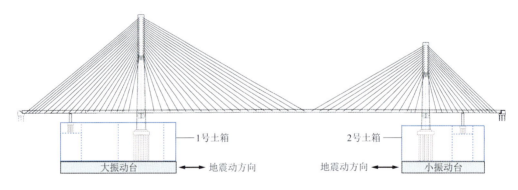

图 6-1-19　乌龙江特大桥主桥振动台缩尺模型加载示意图（尺寸单位：cm）

（2）试验结果与分析

比较了地震强度 0.30g 的 Landers 地震波作用下缩尺模型的试验测试数据与实桥原型有限元模型的计算结果，包括高、低塔的纵桥向与横桥向位移时程曲线，以及中跨主梁的竖向位移时程曲线。缩尺模型的试验测试结果与实桥原型有限元计算结果基本符合 1∶50 的几何缩尺比例，说明本项目设计的地震模拟振动台缩尺模型可以反映实桥的地震响应特性。

4）墩梁约束体系方案研究

（1）阻尼布置方案对比

乌龙江大桥结构为半漂浮体系，高塔采用纵向固定球形钢支座，低塔采用纵向活动球形钢支座。桥台、辅助墩分别采用双曲面摩擦摆纵向活动支座，如图 6-1-20 所示。

经对在高、低塔和辅助墩处设置不同个数的黏滞阻尼器方案，通过有限元模型计算控制截面位置的内力、位移，比较墩顶设置不同阻尼器方案的差异性。

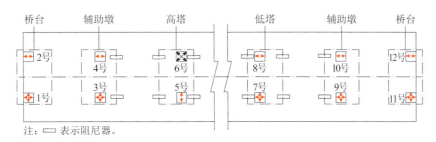

图 6-1-20　支座阻尼布置方案

在相同阻尼系数 2000kN/(m·s)、速度指数 0.3 的条件下，两桥塔处分别设置 4 个、两辅助墩处分别设置 2 个阻尼器方案时，梁端纵向位移最小，高低塔塔顶位移最小，高低塔塔底截面弯矩也最小。

（2）阻尼参数分析

阻尼系数采用 2000kN/(m·s)变化到 4000kN/(m·s)，速度指数分别从 0.2 变化到 0.4，罕遇地震工况，高塔底端弯矩和塔顶位移如图 6-1-21 所示。

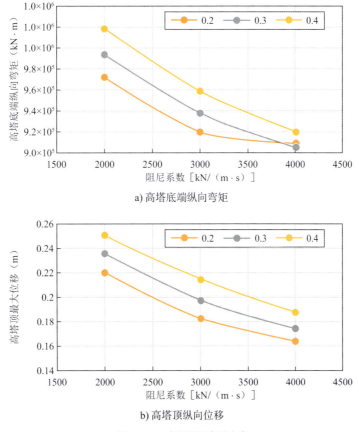

a) 高塔底端纵向弯矩

b) 高塔顶纵向位移

图 6-1-21　支座阻尼布置方案

随着黏滞阻尼器阻尼系数的增大，高塔底纵向弯矩均呈现减小的趋势，高塔顶纵向位移均呈现减小的趋势，趋势均逐渐变缓。

随着黏滞阻尼器速度指数的增大，高塔底纵向弯矩均呈现增大的趋势，高塔塔顶纵向位移呈现增大的趋势。

综合以上分析，同时考虑到造价成本，黏滞阻尼器与主梁连接构造等因素，若采用高阻尼系数的黏滞阻尼器,阻尼器与主梁的连接构造措施较为复杂,且不经济。因此黏滞阻尼器阻尼系数采用 2000kN/(m·s),速度指数采用 0.2,布置形式采用辅助墩 2 个 + 高塔 4 个 + 低塔 4 个 + 辅助墩 2 个阻尼器的布置形式。

1.4　结论

1)钢-混凝土结合过渡段关键构造研究

(1)钢箱梁标准段应力水平较高,过渡至钢-混凝土结合段时,各板件应力水平逐步下降,表明刚度过渡段构造合理,传力均匀明确。

(2)钢-混凝土结合段约 46% 的轴力由承压板以压力方式传递至混凝土,约 18% 的轴力由 PBL 剪力键以剪力方式传递给混凝土,剩余约 36% 的轴力由钢壳体上剪力钉和界面黏结力传递给混凝土。

2)轨道受力研究

动车走行线位于缓和曲线地段,在梁端铺设 181m 小阻力扣件时,钢轨强度、无缝线路稳定性、钢轨无缝线路断缝检算可以满足要求。

3)地震响应分析

(1)地震作用下高塔受力较为不利;对于主梁面内弯矩,地震荷载所引起的面内弯矩响应占总面内弯矩比例很小;对于高塔塔底面内弯矩和主塔面外弯矩而言,地震荷载影响最大。

(2)阻尼器布置形式采用辅助墩 2 个 + 高塔 4 个 + 低塔 4 个 + 辅助墩 2 个阻尼器的布置形式。

第 2 章　大跨度结合梁斜拉桥设计研究

2.1　结合梁结构形式及受力行为研究

1）概述

结合梁斜拉桥的主梁全长采用混凝土桥面板 + 钢主梁的结合梁结构，正弯矩区主梁的上缘混凝土桥面板处于受压状态，钢结构大部分处于受拉状态，能充分发挥两者的各自力学性能。本章将结合泉州湾跨海大桥主桥开展结合梁的结构受力、抗风性能和主梁建造等关键技术进行研究。

2）结合梁结构形式及构件系统设计研究

（1）结合梁结构形式

主梁采用流线型封闭箱形断面，梁宽（不含风嘴）17.03m，含风嘴全宽 21m，梁高 4.25m。拉索在梁端锚固采用锚拉板结构。槽形钢箱梁（不含两侧风嘴）采用单箱三室等高截面。钢梁部分由平底板、斜底板、中纵腹板及边腹板围封而成。边板、中纵腹板、底板均采用直板加劲肋。标准节段长 10.5m。结合梁的槽形钢主梁系统如图 6-2-1 所示。

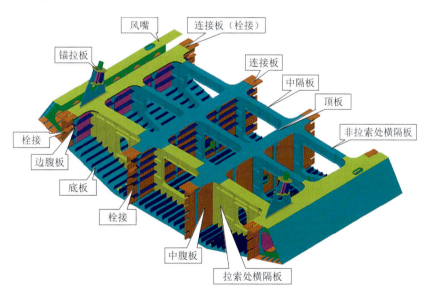

图 6-2-1　结合梁的槽形钢主梁系统

（2）横隔板

横隔板标准间距为 3.5m。根据横隔板顶板与混凝土桥面板的结合关系将横隔板分为两类：一类是横隔梁上翼缘与混凝土桥面板结合；另一类为横隔板上翼缘不与混凝土桥面板结合。根据受力的需求和经济性又将横隔板分为空腹框架式、混合式（边室采用空腹框架式、中室采用实腹式）、实腹式三种形式。

①支点处及端横隔板采用实腹式横隔板，对应位置的顶板均与混凝土桥面板通过剪力钉结合。

②拉索处横隔板采用混合式，对应顶板与混凝土桥面板通过设置预留槽并通过槽内集束式剪力钉群与桥面板连接。

③压重（双结合）区横隔板采用实腹式横隔板，对应位置的顶板不与混凝土桥面板结合。
④非拉索处横隔板采用空腹框架式，对应位置的顶板不与混凝土桥面板结合。

（3）顶板

纵腹板上翼缘、横隔板上翼缘分别设置宽度和厚度不等的钢板。

（4）底板及其加劲肋

底板包括平底板和斜底板，根据受力需要在顺桥向不同区段采用不同板厚，底板变厚处均采用顶面对齐、向下变厚的方式。底板加劲肋采用板加劲肋。

（5）纵腹板及其加劲肋

边腹板标准段厚 30mm，与锚拉板连接范围加厚至 40mm，边腹板变厚处均采用内侧面对齐，向外变厚的方式。边腹板上设置两道纵向加劲肋。

中腹板纵向采用板式加劲肋加劲，高度方向共设置 5 道加劲肋，在横隔板之间于中腹板两侧设置厚 20mm 横向加劲肋。

（6）索梁锚固结构

斜拉索与结合梁之间锚固采用新型锚拉板结构——剪压承载式锚拉板结构，通过增设承压板和锚拉板支承板并加大锚拉板与锚拉管间过渡圆弧段半径（按 75mm），显著提高了承载能力和抗疲劳性能，适应了大跨度铁路斜拉桥大吨位斜拉索力受力需求以及箱形结合梁结构形式特点。主梁锚拉板结构如图 6-2-2 所示。

图 6-2-2　主梁锚拉板结构

（7）钢梁节段间工地连接构造

钢梁节段间的工地连接采用栓焊组合连接；钢梁顶板、边腹板、边腹板加劲肋、中腹板及中腹板加劲肋采用高强度螺栓连接；底板及底板加劲肋采用焊接。避免高腹板及厚板的熔透焊接，减少海上施工难度及作业时间，保证工程的经济性及箱体的密封性和美观性。

（8）双结合段设计及压重布置

为克服边跨支座负反力并改善钢梁底板受力，梁端支点横隔板起 13.3m 范围压重为 375kN/m，辅助墩 28m（每侧 14m）范围压重 500kN/m，塔区 15m（每侧 7.5m）范围压重 150kN/m。

压重通过主梁双结合段底板混凝土和上部现浇素混凝土实现。主梁双结合段的底板混凝土（兼做压重）采用重度不小于 25kN/m³ 的 C45 钢筋混凝土；二期压重（现浇素混凝土）采用重度不小 23kN/m³ 的 C35 混凝土。

压重区主梁双结合段的底板设置剪力钉，底板纵向肋开孔，供底层钢筋网穿过，在钢梁横隔板或腹板处，钢筋断掉，焊于钢板上。主梁双结合段设计如图 6-2-3 所示。

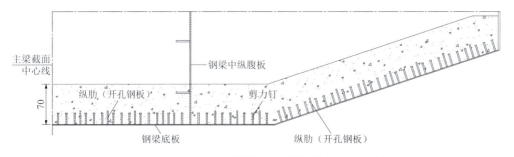

图 6-2-3　主梁双结合段设计（底板混凝土与钢梁的结合）（尺寸单位：cm）

（9）混凝土桥面板

混凝土桥面板全宽 17.03m，全桥长 798.8m。标准段桥面板标准厚度 30cm，在钢梁腹板上翼缘和拉索横梁上翼缘附近区域加厚至 48cm，中间设置倒角过渡。

混凝土桥面板纵向按全预应力结构设计，悬拼过程中采用 5-ϕ^s15.2mm 钢绞线，根据受力需要，辅助墩区、索塔区和中跨中部适当配置了 15-ϕ^s15.2mm 规格的钢绞线。

（10）剪力钉

边腹板上翼缘、中腹板上翼缘、锚拉板与桥面板结合面两侧均布置 6 列ϕ22mm×250mm 焊钉，顺桥向基本间距 12.5cm；上翼缘拼接板上方布置ϕ16mm×200mm 焊钉，间距根据高强度螺栓的布置调整，剪力焊钉的材质为 ML15。

3）边跨加厚混凝土桥面板的效果分析

为评判边跨加厚混凝土桥面板对结构受力和压重量的效果显著性，主桥拟定了两种方案作对比分析，以评判加厚措施的必要性。

方案一：边跨不加厚，标准厚度为 30cm，采用标准横截面；

方案二：边跨加厚，端部 80.4m 范围主梁采用 48cm 的等厚桥面板。

边跨端跨加厚混凝土桥面板效果分析见表 6-2-1。

边跨端跨加厚混凝土桥面板效果分析　　　　　　表 6-2-1

项目		方案一：边跨不加厚（采用标准截面）	方案二：边跨加厚（采用48cm等厚桥面板）
	孔跨布置	（70+130+400+130+70）m	
结构整体刚度条件	主跨竖向刚度	1/778	1/786
	梁端转角	0.925‰rad	0.842‰rad
	主跨横向刚度	1/4831	1/4837
	优劣	—	略优
主梁受力	主梁钢结构第一体系应力	最大压应力 145.3MPa；最大拉应力 94.9MPa	最大压应力 147.8MPa；最大拉应力 94.7MPa
	混凝土桥面板名义正应力（未计预应力等措施）	最大压应力 13.0Pa；最大拉应力 8.20MPa（辅助墩顶）	最大压应力 12.9Pa；最大拉应力 6.96MPa（辅助墩顶）
	优劣	—	较优
压重量	总压重量（含底板结合混凝土）	50230kN	42480kN
	优劣	—	减少 6890kN，优势显著
经济性	主要材料差异	增加压重用铸铁 775t	增加混凝土桥面板混凝土 317m³
	优劣	—	优势显著
综合推荐意见		不推荐	推荐

两方案计算分析可知：

（1）结构刚度条件方面，边跨加厚后，可小幅减小梁端转角，但对主梁竖向、横向刚度变化甚微。

（2）结构受力方面，边跨加厚可改善辅助墩区域的混凝土桥面受力。

（3）压重量方面，边跨加厚，可减少边跨压重量 18%，达 7750kN。

（4）经济性方面，边跨加厚，虽然增加混凝土 317m³，但减少压重用铸铁重量达 7750kN，可节省投资 310 万元以上。

因此，推荐边跨 80.4m 范围主梁全部采用 48cm 的等厚桥面板。

4）结合梁混凝土桥面板受力特点分析

辅助墩区的主梁如图 6-2-4 所示。

主力+附加力作用下结合梁混凝土桥面板上缘正应力包络如图 6-2-5 所示。在不采取任何技术措施情况下，运营阶段主力+附加力作用下，主梁混凝土桥面板大多表现为受压状态，最大名义正压应力为 12.9MPa；受拉区位于中跨跨中 114m（最值 2.69MPa）、辅助墩顶 40m（最值 6.96MPa，未考虑削峰效应）、塔区 12m（最值 3.17MPa，未考虑削峰效应）等范围，除辅助墩顶 20m 范围、塔区 6m 范围、中跨跨中 40m 的混凝土桥面板名义正拉应力大于 2MPa，其余均小于 2MPa。

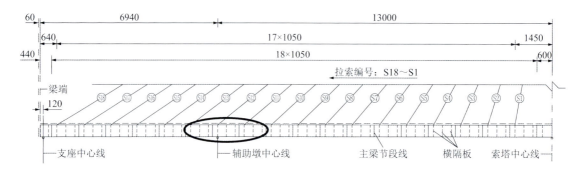

图 6-2-4 辅助墩区的主梁示意图（尺寸单位：cm）

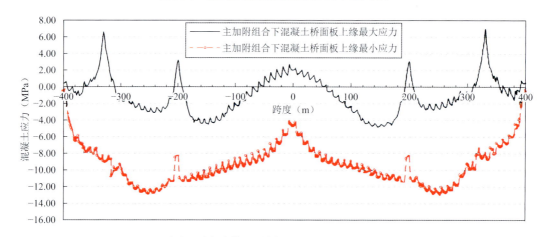

图 6-2-5 主力+附加力作用下结合梁混凝土桥面板上缘正应力包络

结合梁混凝土桥面板上缘应力结果见表 6-2-2。

结合梁混凝土桥面板上缘应力结果　　　　　　　　　　　　　　　表 6-2-2

结构位置	受拉区分布范围	混凝土桥面上缘名义应力（MPa）				说明
		成桥	列车活载	主力	主加附	
辅助墩区	墩顶 50m 范围	−1.22	4.96	1.72	6.96	支点位置
索塔区	塔区 12m 范围	−3.94	3.57	−0.37	3.17	支点位置
中跨	跨中 114m	0.51	1.42	2.08	2.69	中跨中

注：混凝土桥面上缘名义应力：受拉为正，受压为负。

5）支点负弯矩结合梁的设计技术措施

对于大跨度钢箱结合梁斜拉桥，混凝土桥面板一般设计为全预应力结构，即不容许出现拉应力。目前工程实践中，消除结合梁（特别是支点负弯矩区）混凝土桥面拉应力的设计方法和技术措施主要有以下几种。

（1）配置纵向预应力措施：这个最为传统的方法，但针对支点负弯矩区，单纯采用该措施是不经济的，需配置大量预应力束。

（2）支座顶落梁法：这是大跨度组合结构桥梁常用的方法，原理为支点负弯矩区混凝土桥面板与钢梁结合前，先在支点处将主梁顶升，待支点负弯矩区混凝土桥面板与钢梁结合后，再回落至原位，从而实现在负弯矩区混凝土桥面板的预压效应。

450

（3）混凝土桥面板合理施工顺序选择：这也是切实有效的方法，混凝土桥面板的安装和结合按照至支点负弯矩的距离由远往近的顺序进行。

（4）预加荷载法：在端跨跨中设置临时堆载（泉州湾湾跨海大桥借用中跨主梁的预制混凝土桥面板作临时堆载），支点负弯矩区混凝土桥面板与钢梁结合后，卸除临时堆载，实现对负弯矩区混凝土桥面的压应力导入。

（5）支点处设置后浇加宽湿接缝工艺：桥塔及辅助墩顶均设置了1.1m的后浇加宽湿接缝，湿接缝滞后浇筑并设置高抗裂高韧性合成纤维混凝土。

（6）支点处湿接缝采用高抗裂高韧性合成纤维混凝土，用以提升混凝土冲击韧性和抗疲劳能力，增强混凝土抗弯抗拉强度。

（7）群钉技术：纵腹板顶部剪力钉采用群钉技术，即剪力钉采用群钉间隔布置，群钉对应设置预留槽，待预应力张拉后再浇筑槽内混凝土，从而保证预应力对混凝土桥面板的高导入度。

（8）抗拔不抗剪连接新技术：清华大学聂建国院士团队提出了该技术和理念，抗拔不抗剪新型连接件保留了传统连接件的抗拔作用并取消其抗剪作用，使钢-混凝土凝土截面在不发生分离的条件下产生自由滑动从而释放混凝土板拉应力。设置抗拔不抗剪连接件，混凝土桥面板若配置纵向预应力，预应力导入度将大大提高。

主桥设计综合采用了前6种技术措施，主梁不同区段的实施方案如下：

（1）塔区和中跨中部主梁区段

因塔区和中跨中主梁的混凝土桥面板的拉应力不大（最大名义正拉应力为索塔处的3.17MPa），适当配置纵向预应力束即可消除混凝土桥面板拉应力，设计采用的预应力筋规格为15ϕ_j15.24mm钢绞线。

（2）辅助墩顶主梁区段

辅助墩顶20m范围出现大于2MPa的名义正拉应力，最大值为6.96MPa。若仅配置纵向预应力，因槽形钢箱梁的分担和收缩徐变效应引起的预应力损失，预应力效率较低，需配置大量纵向预应力。

根据斜拉桥的结构特点和施工方法，辅助墩区结合梁的抗弯抗裂措施提出了以下技术方案：

步骤一：待主梁双悬臂对称完成11号梁段（含混凝土桥面板）后，整孔架设边跨端部77.9m长的钢主梁并完成边跨钢梁合龙，辅助墩支点处顶升主梁20cm。

步骤二：自梁端往辅助墩方向吊装预制混凝土桥面板（工厂分块预制），并与钢梁结合（辅助墩顶3节梁段的混凝土桥面板暂不与钢梁结合）。

步骤三：安装边跨所有永久压重，70m端跨的中部30m范围临时堆载。

步骤四：辅助墩顶三个梁段的混凝土桥面板与钢梁结合。

步骤五：卸除70m端跨的中部30m范围临时堆载。

步骤六：辅助墩处钢梁回落20cm。

步骤七：张拉边跨剩余纵向预应力。

效果分析见表6-2-3。

效果分析 表6-2-3

技术措施	压应力效应（辅助墩支点处，MPa）
混凝土桥面板合理施工顺序选择 （边跨自重和压重施加后，辅助墩区混凝土桥面板与钢梁结合）	1.95
辅助墩处支座提升回落	4.17
预加荷载法（70m端跨的中部30m范围临时堆载）	1.45
配置纵向预应力	1.05

采用上述技术措施后，运营阶段，主力+附加力作用下，主梁混凝土桥面板均表现为受压状态，最大名义正压应力为12.9MPa，辅助墩处、索塔处和中跨中部的最小名义正压应力分别为 1.66MPa、

0.72MPa、−0.4MPa（局部单点，预应力锚固处）。

2.2 主桥抗风性能及风洞试验研究

1）设计风参数研究

桥址区基本风速（标准高度 10m、平均时距 10min、重现期 100 年）为 34.0m/s。设计风速 = 34.0 × 1.174 = 39.916m/s（场地地表类别为 A 类，地表状况为海面、开阔水面，幂指数 $\alpha = 0.12$），成桥状态主梁桥面高度处设计基准风速为 51.9m/s。主梁桥面高度处成桥状态及施工阶段风速参数见表 6-2-4。

主梁桥面高度处成桥状态及施工阶段风速参数　　表 6-2-4

风速参数类型		成桥状态	施工阶段
设计基准风速（m/s）		51.9	45.7
颤振检验风速（m/s）	±3°、0°风攻角	74.0	65.2
	±5°风攻角	51.8	45.6
静风失稳检验风速（m/s）		83.0	73.1

2）主梁节模型静力风洞试验

通过主梁节段模型静力试验，测试主梁在不同攻角下的三分力系数，为静风响应计算、抖振响应计算、静风稳定性计算及施工监控分析等提供计算参数，并可初步评价主梁发生驰振的可能性。

主梁节段模型采用 1 : 30 的几何缩尺比，模型长 $L = 2.095$m，宽 $B = 0.7$m，高 $H = 0.142$m/0.16m（分别对应施工状态和成桥状态），长宽比 $L/B = 3$。体轴坐标系和风轴坐标系静力三分力如图 6-2-6 所示。施工状态、成桥状态主梁断面三分力系数曲线如图 6-2-7、图 6-2-8 所示。

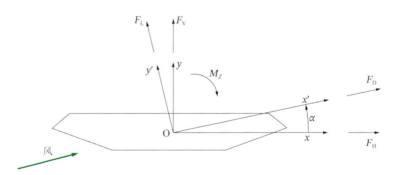

图 6-2-6　体轴坐标系和风轴坐标系静力三分力示意图

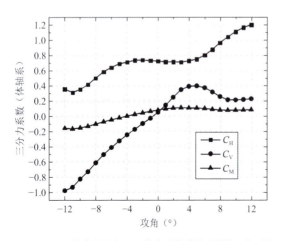 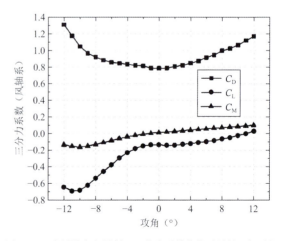

图 6-2-7　施工状态主梁断面三分力系数曲线（体轴坐标系）　　图 6-2-8　成桥状态主梁断面三分力系数曲线（风轴坐标系）

通过风洞模型试验得到了大桥施工状态及成桥状态的三分力系数,升力系数曲线和力矩系数曲线的斜率在较大的攻角范围内均为正,说明泉州湾跨海大桥主梁断面在较大的风攻角范围内均具备气动力稳定的必要条件。

3)主梁节段模型颤振稳定性风洞试验

本项试验是通过主梁动力节段模型风洞试验,直接测试主梁在不同攻角下发生颤振的临界风速,从而对该桥的动力抗风稳定性进行初步评估,避免桥梁在、结构在颤振检验风速范围内出现发散性的颤振及驰振失稳,提出改善气动性能措施的建议。

(1)试验模型

试验在西南交通大学 XNJD-1 工业风洞第二试验段中进行,试验采用的节段模型几何缩尺比为 1∶50,模型长 $L=2.095m$、宽 $B=0.42m$、高 $H=0.085m/0.096m$(对应施工态和成桥态),长宽比 $L/B=5$。

(2)颤振临界风速的测定/评定

考虑到断面的颤振临界风速对风攻角的敏感性,节段模型动力试验分别在风攻角为 0°、+3°、+5°、−3°、−5°五种(来流风指向主梁下底面时的 α 定义为正攻角)情况下进行。试验在均匀流场中进行,泉州湾跨海大桥施工状态和成桥状态各种攻角下均未观察到明显风致振动现象,所以实际临界风速要大于最大试验风速。泉州湾跨海大桥成桥状态颤振临界风速试验结果见表 6-2-5。

泉州湾跨海大桥成桥状态颤振临界风速试验结果　　　　表 6-2-5

风攻角(°)	模型颤振临界风速(m/s)	风速比	实桥颤振临界风速(m/s)	颤振检验风速(m/s)	安全评价
−5	>18.3	6.33	>115.7	51.8	安全
−3	>18.3	6.33	>115.7	74.0	安全
0	>18.3	6.33	>115.7	74.0	安全
+3	>18.3	6.33	>115.7	74.0	安全
+5	>18.3	6.33	>115.7	51.8	安全

4)主梁节段模型涡激振动风洞试验

(1)概述

大跨度桥梁结构由于质量轻、阻尼小,主梁断面为钝体断面,极易发生涡激共振现象。涡振虽不具有很强的破坏性质,但其发生风速较低,会造成结构疲劳,并严重影响行车的舒适性。本试验的目的是考察泉州湾跨海大桥成桥状态和施工状态主梁的涡激振动性能,以获得实桥的涡振锁定风速和振幅,并据此对主梁的涡激共振特性做出评价。

我国《公路桥梁抗风设计规范》(JTG/T 3360-01—2018)中建议的桥梁结构阻尼比 1%。为得到安全的试验结果,在试验中偏安全地将成桥态模型系统的竖弯和扭转阻尼比控制在 1% 水平以下。

(2)试验结果及结论

泉州湾跨海大桥成桥态竖向涡振振幅如图 6-2-9 所示。

根据我国《公路桥梁抗风设计规范》(JTG/T 3360-01—2018)中规定,泉州湾跨海大桥主桥在成桥状态时的一阶对称竖弯、扭转涡激振动的振幅容许值分别为:

竖向 $[h_a]=0.04/f_h=0.04/0.416=0.096m=96mm$;

扭转 $[\theta_a]=4.56/f_aB=4.56/(1.403\times21)=0.15°$。

阻尼比 0.4% 时,成桥态主梁在风攻角 +3°、+5°、0°、−3°、−5° 情况下未出现涡振现象。当阻尼比降低到 0.1% 时,成桥态主梁在风攻角 +3°、+5°、−3° 情况下出现竖向涡振现象;主梁在风攻角 +5°、+3°、−3° 情况下,主梁竖向涡振最大振幅分别为 172.9mm、141.2mm、80.8mm。大桥最大单悬臂状态时,主梁在风攻角 +3°、+5°、−3° 情况下出现竖向涡振现象,竖向涡振最大振幅分别为 49.4mm、69.5mm、24.2mm,但均较规范允许值小。最长双悬臂状态时,主梁在风攻角 +3°、+5° 情况下主梁竖向涡振最大振幅小于 20mm,远小于规范允许值。

试验表明该桥的涡激振动不会影响成桥运营阶段的正常运行和施工阶段的安全。

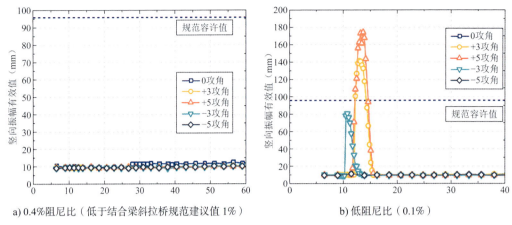

图 6-2-9　泉州湾跨海大桥成桥态竖向涡振振幅

2.3　主梁建造关键技术研究

1) 合龙关键技术

(1) 辅助跨合龙

辅助跨合龙采用墩顶 SG12 梁段通过千斤顶精调高程及轴线偏位，预留里程偏差，SG11 通过斜拉索超张拉调整高程与 SG12 梁段匹配，再通过 SG12 梁段滑移与 SG11 梁段匹配精定位的方式进行合龙。

(2) 边跨合龙

边跨合龙工艺和辅助墩合龙工艺相同。在温度稳定时段，调整 S18 拉索索力，以达到边跨合龙口姿态调整；达到预定高程后，SG19 梁段向中跨回移，完成匹配；SG19 与 SG18 钢梁段栓焊接。

(3) 中跨合龙

中跨合龙设计基准温度为 20.7℃，在该温度状态下进行中跨合龙，对永久结构不会产生不利影响，但在实际施工中，受合龙时机及其自然条件的影响，合龙时的环境和结构温度均将与基准温度存在差异，根据施工进度安排，主桥中跨合龙温度预计约为 26℃，为减少温度对结构产生的影响，中跨合龙施工采用顶推辅助合龙。

(4) 合龙计算分析

① 合龙口误差计算

合龙口竖向挠度见表 6-2-6，竖向变形云图如图 6-2-10 所示。合龙口竖向挠度 76 号塔侧和 77 号塔侧均为 0.222m，合龙口两侧高差为 0mm。合龙口两侧高差为 0mm。

合龙口竖向挠度（单位：m）　　表 6-2-6

合龙口状态	76 号塔侧	77 号塔侧
合龙口挠度	0.222	0.222

图 6-2-10　竖向变形云图（单位：mm）

合龙口纵向误差结果见表 6-2-7，纵向变形云图如图 6-2-11 所示。从合龙口纵向误差结果可知，76 号塔侧和 77 号塔侧梁段纵向误差顶面为 1mm，底面为 1mm，合龙口转角误差为 0°。

合龙口纵向误差结果（单位：m） 表 6-2-7

合龙口状态	76 号塔侧	77 号塔侧
合龙口顶面位移	0.012	0.011
合龙口底面位移	0.012	0.011

图 6-2-11　纵向变形云图（单位：m）

合龙口各墩反力计算结果见表 6-2-8。

合龙时各墩反力表（单位：kN） 表 6-2-8

福州侧墩编号	反力	厦门侧墩编号	反力
74 号	2547	77 号	4862
75 号	4266	78 号	5030
76 号	4888	79 号	1946
小计	11701		11838

② 合龙时应力结果

合龙时桥面板全截面受压，最大压应力为 −14.7MPa，最小压应力为 −0.5MPa。钢梁最大压应力为 −111.0MPa，最大拉应力为 41MPa。

③ 合龙口临时锁定计算

主桥采用顶推法合龙，合龙前锁定塔梁固结处，确保主桥双悬臂架设时梁段的结构安全。竖向上，每墩采用 8 个临时锚固支座，每个支座用 8 根 ϕ32mm 精轧螺纹钢，单根抗拉力为 667kN，承载力共计为 5330kN。纵向上采用 2 根 ϕ426 mm × 16mm 钢管，钢管内灌注混凝土，单根承载力为 7500kN，采用 5000kN 千斤顶，承载力安全系数为 1.5。

合龙前 76 号塔侧支座临时固结，77 号塔侧解除竖向约束，纵向顶推钢管限位。合龙后吊装 MG19 梁段，完成匹配焊接；随后解除 77 号塔侧纵向顶推钢管约束，解除 76 号塔侧临时锚固约束。经计算，合龙前后塔梁固结处支反力和钢管顶推力见表 6-2-9。

中跨合龙前后顶推力表（单位：kN） 表 6-2-9

工况	76 号墩		77 号墩	
	竖向反力（受压）	纵向力（+表示指向边跨，−表示指向跨中）	竖向反力（受压）	纵向力（+表示指向边跨，−表示指向跨中）
合龙前（梁段未吊装）	4496	193	862	436
吊装梁段焊接匹配	4888	1536	4464	−964
合龙后释放顶推装置	4458	125	4506	82

从表 6-2-9 可看出：合龙前后，竖向反力 76 号墩和 77 号墩侧均在 4500kN 左右，变化不大；合龙匹配焊接时，76 号塔侧纵向限位力为 1536kN，77 号塔侧纵向限位力为 964kN，远小于顶推限位钢管承载力。

④ 合龙口临时压载计算结果

合龙时，在 76 号塔侧进行梁段吊装，先匹配连接 76 号塔侧 18～19 号接缝口。此时 76 号和 77 号梁段两侧吊装重量存在差异，导致合龙口两侧高程和转角将存在误差，为此需对合龙口 77 号侧梁段前端进行压重。对合龙口压重量进行敏感性分析，表明每压载 134kN，77 号塔侧高程降低 1cm。压重方法为在 77 号塔侧最前端梁段 8.5m 处纵向均布压重荷载。

⑤ 合龙口临时锁定力升降温分析

合龙时，76 号塔侧将合龙段吊装，和 76 号塔侧匹配连接。再调整合龙口误差，满足要求后，匹配连接合龙段与 77 号塔侧梁段，匹配时，先释放 77 号塔侧主墩处主梁和支座间的纵向约束和竖向约束，采用型钢将合龙段与 77 号塔侧 MG18 焊接连接。此时主梁与 76 号塔侧为临时约束。用型钢焊接合龙段和 77 号梁段进行临时锁定，按 10℃升降温计算临时锁定力。

升温 10℃时，临时锁定力为：1740（纵向限位力）− 840（摩擦力）= 900kN。

降温 10℃时，纵向限位力为 630kN，小于摩擦力 840kN，故降温时锁定力为 630kN。

2）合龙监测

针对合龙工况下对合龙口两端已安装梁段在不同温度条件下对合龙口间距、高程及轴线进行连续监测，得出在各温度条件下合龙口两端已安装钢箱梁总长，再根据以上测量值推算出合龙口两端已安装钢箱梁在设计温度下的总长，由此计算出合龙段钢箱梁在设计温度下的长度值，对合龙梁段进行配切。

（1）合龙口梁段高程

合龙口间距测点布置如图 6-2-12 所示，76 号塔侧 18 号梁高程测试曲线如图 6-2-13 所示，77 号塔侧 18 号梁高程测试曲线如图 6-2-14 所示。

根据监测数据，合龙口两侧存在相对高差，合龙前通过调整索力方式，将合龙口两侧梁段高程调整至一致。

（2）合龙口梁段轴线

梁段悬臂拼装过程中，对每个梁段的轴线偏差进行控制在 5mm 以内。两侧梁段轴线存在异向偏差时，通过在前端的轴线调整系统对合龙口轴线进行局部调整。轴线调整系统由焊接于梁段边腹板的反力座，连接反力座的 ϕ50mm 精轧螺纹钢及千斤顶组成。

（3）温度监测

76 号、77 号塔侧梁段温度测试曲线如图 6-2-15、图 6-2-16 所示。

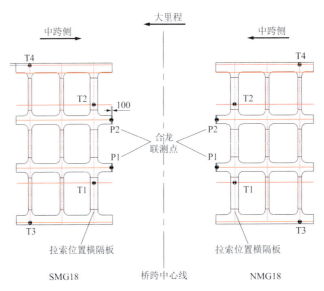

图 6-2-12 合龙口梁段高程测点图

图 6-2-13　76 号塔侧 18 号梁高程测试曲线图

图 6-2-14　77 号塔侧 18 号梁高程测试曲线图

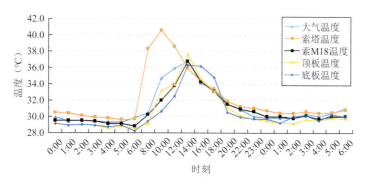

图 6-2-15　76 号塔侧梁段温度测试曲线图

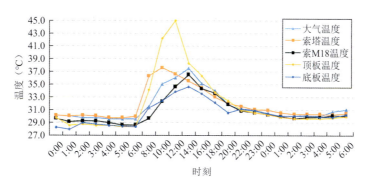

图 6-2-16　77 号塔侧梁段温度测试曲线图

（4）合龙口间距

合龙口间距测点布置如图 6-2-17 所示，顶板、底板间距连续监测结果如图 6-2-18、图 6-2-19 所示。

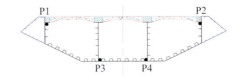

图 6-2-17　合龙口宽度测点布置图

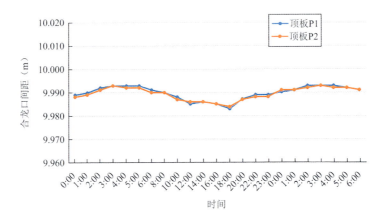

图 6-2-18　合龙口顶板间距连续观测曲线图

图 6-2-19　合龙口底板间距连续观测曲线图

合龙段的精确长度与现场的温度条件、主梁梁长拼装误差、横桥向扭转及竖向高程等有关，根据连续监测结果分析，吊装当天梁段温度为 30.5℃，以此温度影响情况下，合龙梁段依照设计梁长预留 20cm，根据预测合龙当日温度进行修正长度，最终确定配切长度。

3）辅助墩回落

为控制桥面板应力，边跨架设时，辅助墩预抬 20cm，待中跨合龙后，从边跨侧往中跨侧浇筑边跨侧湿接缝，至辅助墩顶处湿接缝浇筑完毕后，辅助墩回落至设计高程，以此来增大边跨桥面板压应力储备，其后再对辅助墩处梁底进行压重。经计算，辅助墩以及其他各墩回落前后支反力见表 6-2-10。

辅助墩回落前后各墩支反力情况表（单位：kN）　　表 6-2-10

墩号	中跨合龙后	辅助墩回落前	辅助墩回落后	辅助墩压重后	成桥
74 号边墩	2192	2755	6394	5022	5597
75 号辅助墩	3212	8065	975	18124	20241

续上表

墩号	中跨合龙后	辅助墩回落前	辅助墩回落后	辅助墩压重后	成桥
76 号主墩	4451	3958	3611	3770	14848
77 号主墩	4447	3881	3574	3775	14846
78 号辅助墩	2930	8094	1470	17876	19994
79 号边墩	4393	4837	8035	5070	5638

2.4 高精度线形控制

（1）总体施工控制流程

施工控制内容主要分为准备、制造、架设三个阶段。三个阶段施工控制的总体流程如图 6-2-20 所示。

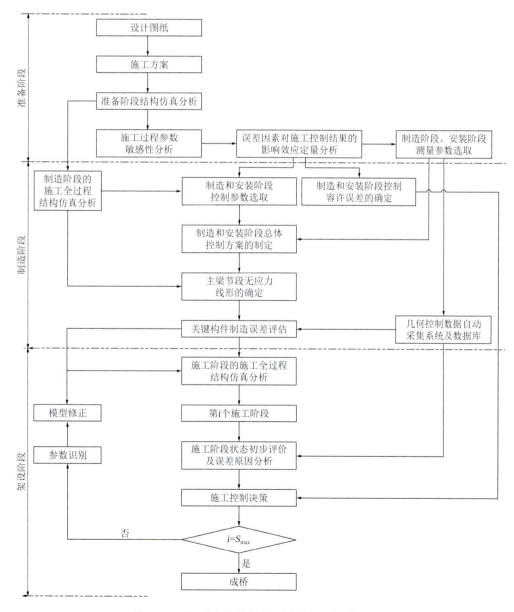

图 6-2-20　基于几何控制法的自适应控制系统总体流程图

注：i 为循环变量；S_{max} 为当前梁部施工控制决策值；$i = S_{max}$ 为循环终止条件，对梁部施工控制最优解判断。

（2）主梁制造线形计算

为了保证悬拼节段间精确匹配及主梁达到设计线形，采用 Midas Civil 和 TDV 两种软件计算主梁的制造线形，相互校核，确保主梁线形计算的正确性和制造线形的准确性。

（3）主梁安装线形计算

根据斜拉索施工张拉力的迭代收敛结果确定主梁安装线形，由于施工过程中实际的斜拉索张拉力、施工荷载条件如桥面吊机等，实际结构参数如梁段重量、构件刚度和材料弹模等均可能与初始计算的预定值不同，因此必须在施工控制中根据实际条件，并结合施工监测系统的反馈结果对模型进行修正后，才能用于后续工况的安装线形计算。

（4）计算参数的敏感性分析

计算参数包括钢箱梁弹性模量、索塔弹性模量、斜拉索弹性模量、截面尺寸效应、梁体自重、外荷载重量及位置温度、梁长、混凝土收缩徐变影响、塔梁斜拉索锚固点的误差等。

敏感性分析的目的，主要是确定最大容许误差、评价对线形和安全度的影响，以及施工控制应采取的措施；同时也对构件制造提出要求。

（5）主梁几何控制点

施工过程中的几何控制是通过对几何控制点的坐标测量和必要的尺寸测量来实现的。对每个钢主梁梁段，根据制造、预拼、安装和整个主梁架设中线形观测的要求定义制造几何控制点，几何控制点在制造、预拼和安装过程以及几何线形监测中使用。几何控制点必须标记清楚，确保在整个施工过程中这些控制点都是可见和可到达的。

（6）主梁线形几何监测系统

主梁在制造阶段与安装阶段采用相同的几何控制点系统。主梁线形测量分为制造线形测量、放样测量及施工过程线形测量等。斜拉索张拉若采用索长控制，准确的锚点位置是索长控制的基础数据之一。通过监测主梁线形，并测量斜拉索梁端锚点与主梁几何控制点之间的相对位置关系，即可获得梁端锚点位置数据。

（7）主梁应力监测

主梁应力测试断面一般布置在应力较大，且应力变化相对平滑、应力分布相对简单的区域。一般设置于腹板或纵隔板与顶底板的交界处。根据宽幅钢箱梁斜拉桥主梁的受力特点，主梁应力监测的测试断面布置在边跨和中跨的 1/4 跨径、1/2 跨径以及支座处断面上，共计 13 个截面，每个断面 9 个测点，全桥主梁应力测点共 117 处。

（8）智能化监测系统

通过网络交换机将多个调理器的信号集中，系统具有实时自诊断功能，能够识别传感器失效、信号异常、子系统功能失效或系统异常等。

2.5 结论

（1）考虑结构受力、施工等因素，合理确定了主梁结构构造；钢梁节段间的工地连接采用栓焊组合连接，避免高腹板及厚板的熔透焊接，减少海上施工难度及作业时间并保证箱体密封性和美观性。

（2）中间支点（辅助墩和索塔处）主梁采用了支座升降法、支点处设置后浇加宽湿接缝、混凝土桥面板合理施工顺序、预加荷载法、配置预应力索等综合性措施，经济且有效地避免了混凝土桥面板受拉，显著减小了钢梁底板压应力和钢板厚度。

（3）大桥施工状态和成桥状态的颤振临界风速均大于桥梁颤振检验风速，桥梁颤振稳定性满足规范要求。该桥的涡激振动不会影响该桥成桥运营阶段的正常运行和施工阶段的安全。

（4）采用无应力状态控制法，对钢梁制造、安装进行全过程控制。开发智能化施工监控系统，通过建立实时数据采集子模块，实现施工智能化实时监控。

第 3 章　整体式连续刚构研究

本章以泉州湾跨海大桥引桥开展整体式连续刚构结构受力、梁轨相互作用、抗震性能和无支架施工等关键技术的研究。

三联（3-70m）整体式预应力连续刚构桥立面布置如图 6-3-1 所示。相邻联桥跨边墩为上肢分离、下肢共用基础的结构形式，如图 6-3-2a）所示；相邻联桥跨两侧梁缝间距为 0.15m，梁缝间设有黏滞阻尼器，如图 6-3-2b）所示。

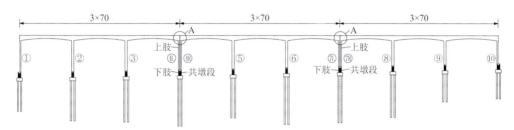

图 6-3-1　整体式预应力连续刚构桥立面布置图（尺寸单位：m）

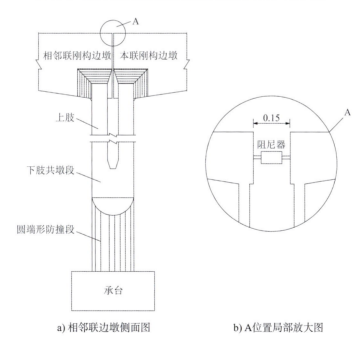

a）相邻联边墩侧面图　　　　b）A 位置局部放大图

图 6-3-2　相邻联边墩构造图

3.1　结构受力分析

1）墩梁刚度比和边中墩刚度比

整体式刚构作为整体式结构，上部和下部结构刚度互相影响，在满足规范的前提下，梁部和桥墩尺寸需要结合整体式刚构的受力特点进行研究。为了更加清晰地了解整体式刚构新桥型的受力特点，针对3孔一联的整体式刚构，运用结构力学求解了整体式刚构在典型荷载下的内力理论解，对合理的主梁与边中墩与边墩刚度比进行分析。

（1）墩梁刚度比

主梁和边墩的截面惯性矩之比$k_1 = I_0/I_1$。主梁与边墩的刚度比$k_0 = k_1(h/L)$。计算M-k_1曲线时取跨度$L = 70$m，墩高$h = 30$m。通过分析三种典型荷载下不同墩梁刚度比下结构的弯矩变化，可得在不同荷载工况下边墩墩顶与墩底弯矩的变化规律。

图6-3-3、图6-3-4和图6-3-5分别给出了三种不同荷载工况下边墩弯矩与惯性矩之比及刚度比的影响曲线。

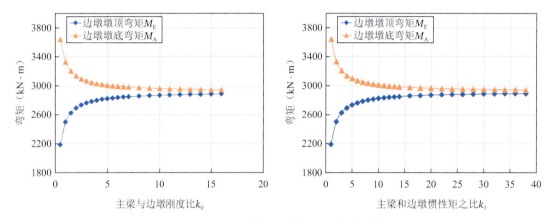

图6-3-3 纵向水平荷载下边墩弯矩-刚度比影响曲线

在水平纵向荷载下，边墩顶弯矩随着刚度比增大而增大，边墩底弯矩随着刚度比增大而减少。当主梁与边墩刚度比小于5、主梁与边墩截面惯性矩比小于10时，墩顶与墩底弯矩差异大，且刚度比变化引起的桥墩弯矩变化比较剧烈；当刚度比大于5、惯性矩比大于10时，墩顶与墩底弯矩逐渐接近，且刚度比变化引起的桥墩弯矩变化较小。

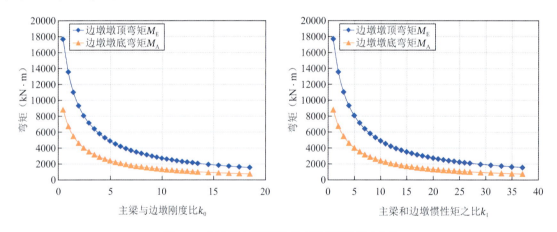

图6-3-4 竖向均布荷载下边墩弯矩-刚度比影响曲线

在竖向均布荷载下，边墩顶和边墩底弯矩均随着刚度比增大而减小。当主梁与边墩刚度比小于7.5、主梁与边墩截面惯性矩比小于15时，墩顶与墩底弯矩差异大，且刚度比变化引起的桥墩弯矩变化比较剧烈；当刚度比大于7.5、惯性矩比大于15时，墩顶与墩底弯矩逐渐接近，且刚度比变化引起的桥墩弯矩变化较小。

在均匀温度变化下边墩顶和边墩底弯矩均随着刚度比增大而增大，当主梁与边墩刚度比小10，主梁与边墩截面惯性矩比小于 20 时，墩顶与墩底弯矩差异大，且刚度比变化引起的桥墩弯矩变化比较剧烈，当刚度比大于 10，惯性矩比大于 20 时，墩顶与墩底弯矩逐渐接近，且刚度比变化引起的桥墩弯矩变化较小。

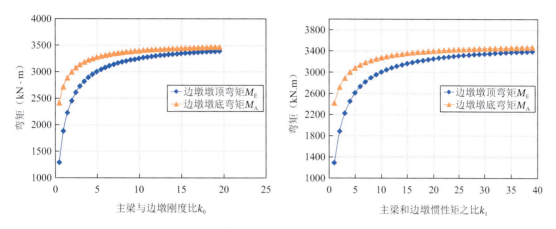

图 6-3-5　整体升温工况边墩弯矩-刚度比影响曲线

通过计算分析，建议主梁与边墩刚度比大于等于 10，截面惯性矩之比大于等于 20。

（2）中边墩刚度比

中墩和边墩的截面惯性矩之比 $k_1 = I_0/I_1$。中墩和边墩的刚度比 $k_0 = k_1(h_1/h_2)$。图 6-3-6、图 6-3-7 和图 6-3-8 分别给出了三种不同荷载工况下边墩弯矩与中边墩刚度比的影响曲线。

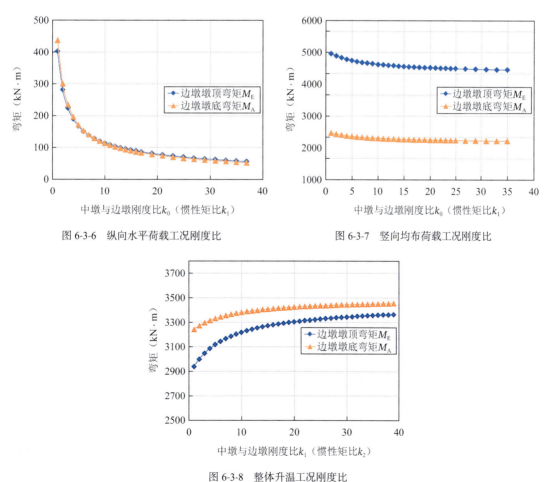

图 6-3-6　纵向水平荷载工况刚度比　　　图 6-3-7　竖向均布荷载工况刚度比

图 6-3-8　整体升温工况刚度比

在水平纵向荷载下，墩顶与墩底弯矩均随着中边墩刚度比增大而减小。当刚度（惯性矩）之比小于10时，刚度（惯性矩）比变化引起的桥墩弯矩变化比较剧烈；当刚度（惯性矩）比大于10时，变化趋于平缓。

在竖向均布荷载下，墩顶与墩底弯矩均随着中边墩刚度（惯性矩）增大而减小。当刚度（惯性矩）之比小于5时，刚度（同惯性矩）变化引起的桥墩弯矩变化比较剧烈；当刚度（惯性矩）比大于5时，变化趋于平缓。

在均匀升温荷载下，墩顶与墩底弯矩均随着中边墩刚度（惯性矩）增大而增大。当刚度（惯性矩）之比小于10时，刚度（惯性矩）变化引起的桥墩弯矩变化比较剧烈；当刚度（惯性矩）大于10时，变化趋于平缓。

综上整体式连续刚构主梁与边墩刚度比大于等于10，截面惯性矩之比大于等于20，中边墩刚度（惯性矩）比宜在10~15之间。

2）受力敏感性分析

（1）变形影响因素分析

桥墩的在水平荷载下的位移包括三部分，墩身自身的弯曲变形、基础平动产生的变形和基础转角产生的位移。选取墩高25m和50m刚构的边、中墩进行分析，下部结构参数见表6-3-1，位移计算结果分析见表6-3-2。

下部结构参数表　　　　　表6-3-1

墩高（cm）	墩身尺寸（纵向×横向）		基础	
	边墩	中墩	边墩	中墩
25	1.4m×9m	3.0m×9m	8-ϕ1.5m	8-ϕ1.8m
50	1.6m×10m	4.0m×10m	8-ϕ2.0m	8-ϕ2.2m

墩顶纵向位移状态表　　　　　表6-3-2

桥墩	边墩	中墩	边墩	中墩
墩高（m）	25		50	
基础平动（mm）	0.726（27.8%）	1.431（56.0%）	0.214（3.7%）	1.131（20%）
转角引起的墩顶位移（mm）	0.469（17.9%）	0.309（12.1%）	2.215（38.1%）	1.795（31.8%）
弯曲位移（mm）	1.416（54.2%）	0.815（31.9%）	3.381（58.1%）	2.714（48.1%）
总位移（mm）	2.61	2.55	5.81	5.64

分析可知：整体式刚构边墩截面尺寸较小，中墩截面尺寸大。在25m和50m墩高下，边墩自身的弯曲水平位移占总水平位移比例均超过50%，基础刚度的变化对刚构边墩的影响不敏感。对于整体式刚构的中墩，25m墩高基础较弱，水平位移占总水平位移比例超过50%；50m墩高基础较强，水平位移占总水平位移比例较小，桥墩弯曲效应位移占比较大。

（2）受力影响因素分析

针对边墩壁厚及宽度、整体降温幅度、桩径及桩基布置形式等对整体式刚构边墩受力影响较大的因素，分析在主力及主力+附加力工况下边中墩的弯矩、混凝土最大压应力、钢筋最大拉应力及混凝土最大裂缝的变化趋势，以得到边墩及中墩刚度对各项性能的影响，如图6-3-9~图6-3-13所示。

分析得出以下结论：

①随着边墩壁厚增大，边墩弯矩随之增大，边墩顶及边墩底混凝土应力、钢筋应力及混凝土裂缝宽度在0.8m时达到最小值，边墩壁厚对中墩顶及中墩底的弯矩、混凝土应力、钢筋应力、混凝土裂缝宽度影响很小。

② 随着边墩宽度增加，边墩弯矩呈线性增加，边墩的混凝土压应力显著降低，边墩的钢筋应力和裂缝宽度变化不明显，对中墩的弯矩及应力几乎没有影响。

③ 随着中墩壁厚增加，中墩弯矩增加，混凝压应力和钢筋拉应力均降低；边墩弯矩、混凝土及钢筋应力略微增大，但影响不大。

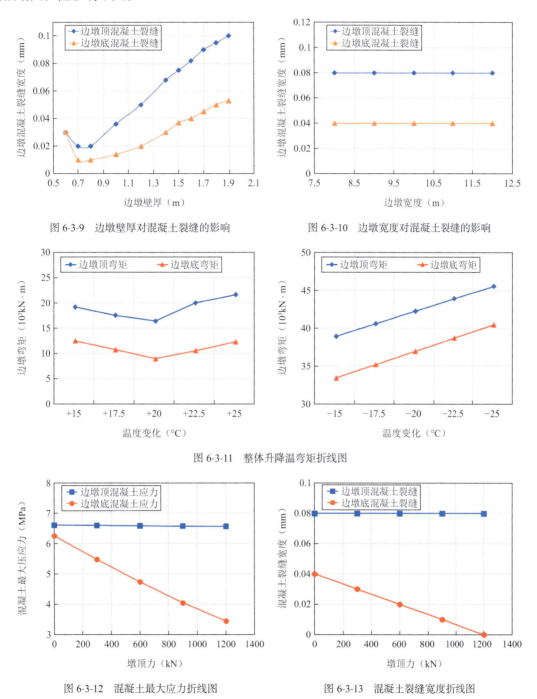

图 6-3-9　边墩壁厚对混凝土裂缝的影响　　　　图 6-3-10　边墩宽度对混凝土裂缝的影响

图 6-3-11　整体升降温弯矩折线图

图 6-3-12　混凝土最大应力折线图　　　　图 6-3-13　混凝土裂缝宽度折线图

④ 随着整体升降温幅度增加，桥梁结构产生的次内力逐渐增大；整体降温产生的边墩弯矩与预应力和收缩徐变次内力在边墩产生的弯矩方向相同，因此整体降温对结构不利，而整体升温在常见温度范围内对边墩受力有利。

⑤ 当桩侧土地基系数的比例系数 m 值小于 1000kPa/m² 时，对桥墩抗推刚度及刚度变化引起的弯矩、混凝土和钢筋应力等影响较为明显；当 m 值大于 1000kPa/m² 时，影响较小。

⑥桩径和桩基布置对桥墩抗推刚度影响比较明显。

⑦边墩主＋附工况下墩底最大弯矩为外侧受拉，在裸墩状态下施加对拉力使墩底外侧产生受压的预弯矩，能够改善墩底的受力。

3）整体式墩柱的二阶效应

结构的一阶效应为不考虑变形效应而计算出的作用效应，二阶效应为由结构变形引起的其他作用效应。二阶效应属于几何非线性的范畴，是外力作用下轴力和挠度相互影响引起的附加效应。根据整体式刚构的受力特点，桥墩墩顶在各种受力工况下，同时承受竖向荷载和水平荷载的作用需要考虑二阶效应的影响。

《铁路桥涵混凝土结构设计规范》（TB 10092—2017）中没有对有侧移与无侧移的构件计算长度进行区分，欧洲规范进行了区分。

欧洲规范规定如下。

对于无侧移构件有效长度为：

$$l_0 = 0.5l\sqrt{\left(1+\frac{k_1}{0.45+k_1}\right)\left(1+\frac{k_2}{0.45+k_1}\right)} \tag{6-3-1}$$

对于有侧移构件有效长度为：

$$l_0 = l \times \max\left\{\sqrt{1+\frac{10k_1k_2}{k_1+k_2}};\left(1+\frac{k_1}{1+k_1}\right)\left(1+\frac{k_2}{1+k_2}\right)\right\} \tag{6-3-2}$$

式中：k_1、k_2——端部1和端部2转动约束的相对柔度，按下式计算：

$$k = \frac{\theta}{M} \times \frac{EI}{l} \tag{6-3-3}$$

式中：M——作用于构件的弯矩；

θ——弯矩M作用下有约束构件的转角；

EI——受压构件的抗弯刚度；

l——受压构件端部约束间的净距。

采用ANSYS大型通用有限元软件，建立空间有限元模型，桥墩采用实体单元SOLID65模拟。对有限元计算结果、欧洲规范计算结果和中国铁路桥梁设计规范计算结果进行了对比，见表6-3-3。

有效计算长度对比　　　　表6-3-3

计算长度（l_0）	有限元	欧洲规范	中国铁路桥梁规范
墩顶无偏移	$0.48l$	$0.5l$	$0.5l$
墩顶有偏移（50mm）	$0.79l$	$0.76l$	$0.5l$

注：l为墩高。

结果表明在两端固结墩在有侧移情况下，考虑墩顶侧移后桥墩的计算长度明显增大。因此整体式连续刚构桥墩计算需要考虑墩顶侧移的二阶效应，否则计算结果偏于不安全。

4）刚度控制

（1）纵向刚度

无缝线路要求桥梁必须有一定的纵向刚度，由于本桥墩高较高，过大的纵向刚度造成难以实现或经济性较差。最小纵向刚度需要考虑以下两个方面：

①桥梁结构施工阶段和成桥阶段稳定性要求。

②桥上无缝线路检算的要求，尽量减小桥梁的位移与变形，降低桥上钢轨的附加应力，保证桥上无缝线路的稳定和行车安全。

由于无支座刚构为多次超静定结构,当结构刚度较大时,会在主梁及桥墩产生较大的次内力,当结构特别是边墩达到一定纵向刚度后,继续增加刚度反而会使次内力的增加量超过惯性矩增加量,使边墩截面检算更难通过。

整体式连续刚构桥中墩、边墩刚度均对全桥整体水平刚度有贡献,因此与常规连续刚构相比,结构轻量化的同时,较好地提高了结构纵向水平刚度,一般情况下设计不做控制。中墩刚度对整体水平线刚度的贡献约占85%,对于三孔整体式连续刚构纵向水平刚度可按不小于1000kN/cm设计。本桥墩高50m时最小纵向线刚度1825kN/cm。

(2)横向刚度

现行高铁设计规范中规定梁端横向水平折角不应大于1.0‰,无砟轨道相邻梁端两侧的钢轨支点横向位移不应大于1mm。由于无支座整体式刚构相邻联边墩上部一定高度范围边墩分叉,在列车偏载等作用下容易发生相对横向位移。以墩高40m刚构为例,在列车单线偏载+风力+摇摆力+离心力的荷载组合下,相邻梁端相对横向位移为3.3mm,超出了规范容许值,需要采用横向限位措施。同时横向刚度的大小会直接影响结构的横向加速度及振动频率,进而对结构横向振动加速度、列车安全性指标和舒适性指标产生影响。

经分析,25m墩高墩顶水平剪力为608kN,50m墩高墩顶水平剪力为327kN。采用在两个梁端的进入孔下方安装了两个水平抗力800kN的横向限位装置,使相邻两联相邻梁体共同协调横向变形的方法,增强了横向的整体性,使相对横向变形超限的问题得到了解决。横向限位装置纵桥向位置如图6-3-14所示。

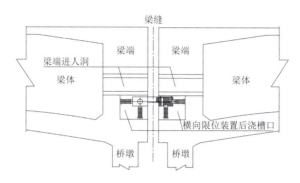

图6-3-14 横向限位装置纵桥向位置示意图

3.2 梁轨相互作用

1)整体式刚构无砟轨道验算

整体式刚构桥上采用60NU71MnG钢轨,一次铺设跨区间无缝线路。铺设双块式无砟轨道,采用WJ-8B小阻力扣件。部分地段位于半径为7000m的曲线上。

(1)桥上无缝线路设计参数

混凝土桥梁无砟轨道梁年温差取30℃。

新建福厦铁路沿线最高轨温、最低轨温及设计锁定轨温见表6-3-4。

设计锁定轨温　　表6-3-4

最高轨温(℃)	最低轨温(℃)	中间轨温(℃)	设计锁定轨温及变化幅度范围(℃)	最大温升(℃)	最大温降(℃)
61.7	-2.3	29.7	无砟:30±5;有砟:35±5	36.7	37.3

线路纵向阻力参照《铁路无缝线路设计规范》(TB 10015—2012)取值如下:本工程桥上双块式无砟轨道采用WJ-8型扣件,无砟轨道无载时纵向阻力取24kN/(m·轨),有载时机车下纵向阻力取37.2kN/(m·轨)、车辆下纵向阻力取24kN/(m·轨);铺设小阻力扣件地段,无载时纵向阻力取8kN/(m·轨),有载时机车下纵向阻力取12.4kN/(m·轨)、车辆下纵向阻力取8kN/(m·轨)。

（2）计算模型

桥上无缝线路纵向附加力计算采用梁轨相互作用的有限元分析模型如图 6-3-15 所示，采用 ANSYS 通用软件进行梁轨相互作用分析。

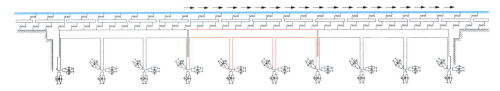

图 6-3-15　三联刚构桥有限元分析模型

该模型包括了钢轨单元、扣件单元、桥梁单元以及墩台基础单元，考虑了桥梁的温度作用，以及垂直荷载与纵向制动力、加速度力等作用。根据线路、运营、气候条件及轨道类型等因素进行轨道强度、稳定性、断缝安全性等检算，并对使用常阻力扣件和小阻力扣件两种方案进行计算对比。

（3）轨道结构检算

① 钢轨强度检算

钢轨强度检算见表 6-3-5。采用 WJ-8 型常阻力扣件，该方案桥上无缝线路钢轨纵向力附加力 352.4MPa 超过了容许值 351MPa，使用小阻力扣件后钢轨纵向应力 303.3MPa 满足要求。

钢轨强度检算汇总表　　　　表 6-3-5

方案		动弯应力（MPa）	温度应力（MPa）	纵向附加应力（MPa）	$\sum\sigma$（MPa）	钢轨容许应力（MPa）	强度检算结果
方案一	无砟轨道，WJ-8 型常阻力扣件方案	127.93	92.5	131.99	352.4	351	$\sum\sigma > [\sigma]$ 未通过
方案二	无砟轨道，WJ-8 型小阻力扣件方案	127.93	92.5	82.82	303.3	351	$\sum\sigma < [\sigma]$ 通过

② 轨道稳定性检算

稳定性检算见表 6-3-6。根据计算结果，两种阻力计算结果无缝线路的最大温升幅度均小于容许温升，满足规范要求。

稳定性检算汇总表　　　　表 6-3-6

方案		$[P]$（kN）	$[P_f]$（kN）	ΔT（℃）	ΔT_c（℃）	稳定性检算结果
方案一	无砟轨道，WJ-8 型常阻力扣件方案	3872	731.74	36.7	62.7	$\Delta T < [\Delta T_c]$ 通过
方案二	无砟轨道，WJ-8 型小阻力扣件方案	3872	377.92	36.7	81.1	$\Delta T < [\Delta T_c]$ 通过

③ 钢轨断缝检算

断缝检算见表 6-3-7。桥上最大温降幅度为 37.3℃，采用常阻力扣件断缝值为 13mm，常用小阻力扣件断缝值为 39.4mm，均满足规范要求。

断缝检算汇总表　　　　表 6-3-7

方案		设计锁定轨温（℃）	最大温降（℃）	断缝（mm）	允许断缝（mm）	断缝检算结果
方案一	无砟轨道，WJ-8 型常阻力扣件方案	30	37.3	13	70	未超限
方案二	无砟轨道，WJ-8 型小阻力扣件方案	30	37.3	39.4	70	未超限

对比结果：使用常阻力扣件轨道结构强度检算不满足规范要求，使用小阻力扣件后轨道强度、稳定性和断缝检算均能满足规范要求。

2）考虑轨道适应性的下部结构刚度分析

通过求解二阶微分方程，建立整体式刚构桥桥上无缝线路在制动（牵引）力作用下引起的钢轨制动附加力计算公式，并与有限元模型计算结果进行对比。

分析可得，下部结构纵向刚度与钢轨应力、扣件纵向阻力的关系如图 6-3-16 所示。对于（3-70）m 整体式刚构桥，桥梁升温 18.9℃，钢轨升温 41.7℃，轨底动弯应力为 103MPa，梁体升温在钢轨中引起的温度附加力为 105.6MPa，钢轨升温引起的钢轨应力为 103.1MPa。当纵向刚度减小时，制动力引起的附加应力增大，同时当线阻力增大时，制动附加应力增大。当采用 WJ-8B 扣件时，最小纵向刚度限值约为 1000kN/cm。

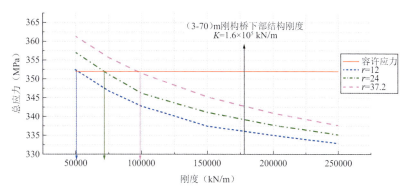

图 6-3-16　制动力引起的钢轨附加应力与纵向刚度的关系

3.3　抗震性能分析

1）动力分析

根据桥址区地震安全评估报告，桥址处 8 度设防烈度区，场地类别为Ⅲ类。根据桥址期望反应谱，通过 SIMQKE_G 软件生成一条人工合成地震波，如图 6-3-17 所示。图 6-3-18 给出了人工波反应谱与桥址期望反应谱的对比曲线，两者较为吻合，说明在一定程度上可以反映人工波对该桥址场地的适用性。根据《铁路工程抗震设计规范》（GB 50111—2006），多遇地震、设计地震和罕遇地震下的地震动峰值加速度分别为 0.07g、0.2g 和 0.38g。

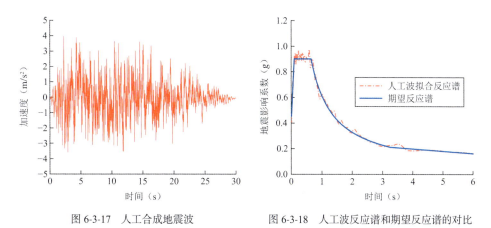

图 6-3-17　人工合成地震波　　　　图 6-3-18　人工波反应谱和期望反应谱的对比

采用子空间迭代法对三联整体式连续刚构桥进行模态分析，三联整体式连续刚构桥的第一阶频率（基频）为 0.55Hz，振型特征为桥梁结构纵向弯曲，说明整体式连续刚构纵向刚度较弱，结构最早出现纵向弯曲，其纵向刚度最小；其次是面外横向弯曲，面内竖向弯曲出现较晚，说明竖向的刚度较大。自振特性见表 6-3-8。

三联整体式连续刚构全桥整体前 10 阶的自振特性　　　　　表 6-3-8

模态号	频率（Hz）	周期（s）	振型参与质量（%）		
			x（纵向）	y（横向）	z（竖向）
1	0.550	1.817	31.45	0	0
2	0.629	1.590	13.31	0	0
3	0.666	1.502	0	28.31	0
4	0.729	1.371	0	4.48	0
5	0.755	1.325	9.62	0	0
6	0.776	1.288	0	10.42	0
7	0.881	1.135	0	1.61	0
8	0.997	1.003	0	4.68	0
9	1.100	0.909	0	0.01	0
10	1.299	0.770	0	1.77	0

2）结构的地震响应

（1）顺桥向地震作用

顺桥向地震作用下桥墩弯矩见表 6-3-9。在多遇、设计地震作用下，桥墩的墩顶、墩底弯矩均小于其对应的等效屈服弯矩，桥墩处于弹性状态；在罕遇地震作用下，边墩墩顶、中墩墩顶的最大弯矩分别大于对应的等效屈服弯矩进入了弹塑性状态。边墩墩底、中墩墩底的最大弯矩小于对应的等效屈服弯矩处于弹性状态。结果表明，在多遇地震和设计地震作用下，桥墩各截面均未进入塑性状态，在罕遇地震作用下，除边墩墩底未进入塑性阶段，其他控制截面均进入了弹塑性状态。

顺桥向地震作用下桥墩弯矩　　　　　表 6-3-9

截面位置	顺桥向弯矩（$\times 10^5$ kN·m）				
	多遇地震	设计地震	罕遇地震	屈服弯矩	等效屈服弯矩
边墩墩顶	0.39	1.11	2.11	1.33	1.49
边墩墩底	0.59	1.70	3.22	7.99	10.00
中墩墩顶	1.36	3.88	7.38	4.35	5.22
中墩墩底	0.96	2.76	5.24	4.90	5.57

（2）横桥向地震作用

表 6-3-10 给出了各桥墩在横桥向地震作用下各墩控制截面的弯矩值。由表可知：在多遇地震和设计地震作用下，桥墩各截面均未进入塑性状态，在罕遇地震作用下，除中墩墩底进入了弹塑性状态外，其他控制截面均未进入弹塑性状态。

横桥向地震作用下桥墩弯矩　　　　　表 6-3-10

截面位置	横桥向弯矩（$\times 10^5$ kN·m）				
	多遇地震	设计地震	罕遇地震	屈服弯矩	等效屈服弯矩
边墩墩顶	0.37	0.44	0.93	5.42	7.38
边墩墩底	2.18	3.07	6.26	16.4	24.4

续上表

截面位置	横桥向弯矩（×10⁵kN·m）				
	多遇地震	设计地震	罕遇地震	屈服弯矩	等效屈服弯矩
中墩墩顶	0.48	0.54	1.04	7.28	9.92
中墩墩底	4.34	6.27	13.01	7.44	10.5

（3）地震作用下桥墩检算

① 多遇地震作用下桥墩应力检算

在多遇地震作用下，边墩、中墩墩顶和墩底钢筋混凝土构件检算结果见表6-3-11。边墩混凝土最大压应力为18.28MPa，小于容许值25.2MPa；钢筋最大拉应力为251.95MPa，小于容许值315.0MPa；轴心受压构件稳定性的混凝土最大压应力为2.03MPa，小于容许值20.1MPa。表明边墩、中墩混凝土和钢筋的应力以及轴心稳定性均满足规范要求。

地震作用下桥墩应力检算结果（单位：MPa）　　　　　表6-3-11

截面位置	混凝土压应力		钢筋拉应力		轴心受压稳定性	
	顺桥向	横桥向	顺桥向	横桥向	顺桥向	横桥向
边墩墩顶	18.28	13.11	251.95	146.82	1.40	1.54
边墩墩底	3.32	1.34	6.3	0	0.93	0.91
中墩墩顶	9.74	5.23	132.80	29.21	1.54	1.61
中墩墩底	5.28	2.28	16.03	0	1.90	2.03

② 罕遇地震作用下桥墩延性及耗能

罕遇地震下桥墩会进入弹塑性状态，建立该桥在罕遇地震作用下的弹塑性有限元模型，采用非线性时程分析法进行计算，墩顶位移计算结果见表6-3-12。

罕遇地震作用下墩顶位移计算结果　　　　　表6-3-12

截面位置	顺桥向地震作用			横桥向地震作用		
	最大位移（mm）	屈服位移（mm）	延性系数	最大位移（mm）	屈服位移	延性系数
边墩墩顶	343	273	1.26	140	—	—
中墩墩顶	337	137	2.50	224	—	—

根据《铁路工程抗震设计规范》（GB 50111—2006）第7.3.3节中规定：钢筋混凝土桥墩在罕遇地震作用下的弹塑性变形分析中，采用非线性时程反应分析法，延系数检算应不大于4.8。在顺桥向地震作用下，延性系数均符合抗震要求，但中墩墩顶的位移延性系数要大于边墩墩顶的位移延性系数，说明中墩更早进入弹塑性状态。在横桥向地震作用下，墩顶都未进入屈服状态。

3）全桥整体减振分析

（1）黏滞阻尼器

根据液体黏滞阻尼器的阻尼力与相对变形的速度是否成比例，分为线性和非线性阻尼器，其关系表达式为：

$$F = Cv^{\alpha} \tag{6-3-4}$$

式中：F——阻尼力；

C——阻尼系数；

v——变形的相对运动速度；

α——阻尼指数，与介质黏度和孔径大小有关，取值范围一般在0.3~1.0。

综合考虑黏滞阻尼器的冲程、输出力、减振效果以及经济效益等，本桥阻尼器力学参数C取 $3000\text{kN}/(\text{m}\cdot\text{s}^{-1})$，$\alpha$取 0.5。

（2）减振效果分析

在地震作用下中墩承担了主要的水平地震荷载，导致边墩、中墩承受的水平地震荷载极其不均衡，这主要是由于边墩、中墩刚度差异造成的。在相邻联梁缝处顺桥向各设置 2 个液体黏滞阻尼器阻尼器，各墩墩顶顺桥向最大弯矩均小于墩顶截面的等效屈服弯矩，桥墩处于弹性工作状态，可较大程度上减小边墩墩顶顺桥向内力的地震响应，取得较好的减振效果。相邻结构梁端相对位移为145mm，小于梁缝距离150mm，可有效防止相邻梁端发生碰撞。

3.4 无支架施工技术

1）相邻梁端临时固结

对于（3-70）m 整体式连续刚构，中墩顶梁段采用悬灌施工，为避免在海上搭设支架，相邻边跨梁段利用相邻边墩顶的临时固结进行悬臂灌注施工。每跨一个合龙段，合龙顺序为先中跨合龙后边跨合龙。

相邻梁端临时固结的方法：利用预应力钢绞线和精轧螺纹钢筋将两相邻联整体式刚构的边墩及 0 号块进行临时固结，梁缝之间填塞钢垫块等，进行悬臂施工。该处悬臂浇筑施工的预应力索只张拉不灌浆，预应力索锚下张拉控制应力 1280MPa，为了保持预应力的有效性和锚固的可靠性，采用了一种低回缩锚具。边跨合龙后解除临时约束，先解除预应力螺纹钢筋，后拆除预应力筋，拆除过程应从短索至长索分批缓慢释放预应力。解除预应力索过程中，梁端将发生向跨中方向的纵向位移，钢垫块将自然脱落。

2）边中跨合龙顺序

悬臂施工由于施工方案或顺序的不同将对桥梁结构的内力产生较大的影响，不同的合龙次序将会产生不同的应力重分布，通过对比可以发现更合理的施工顺序来优化成桥受力状态。合龙顺序有两种方案：方案一，先中跨后边跨；方案二，先边跨合龙再中跨合龙。对以上两种方案进行比选：

两种方案成桥应力对比如图 6-3-19、图 6-3-20 所示。由图可以看出，方案一先中跨合龙方案成桥后在主力荷载工况下顶板最大压应力为 8.92MPa，底板最大压应力值为 9.41MPa；而方案二先边跨合龙成桥后在主力荷载组合下顶板最大压应力为 10.3MPa，底板最大压应力值为 10.1MPa。所以相对于方案二，方案一控制截面的应力较小，整个桥梁结构应力分布更加合理，上下缘应力差更小。

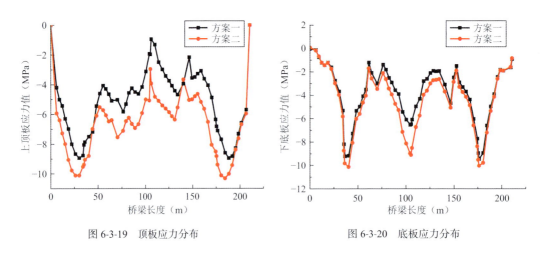

图 6-3-19 顶板应力分布　　　　　　　图 6-3-20 底板应力分布

不同合龙顺序使得各施工段混凝土的加载龄期不同，在预应力作用下桥梁结构会出现上拱，而在自重、二期恒载，活载以及使用荷载作用下桥梁结构又将出现下挠，并将考虑预拱度的设置，成桥后结构将在纵向呈曲线，两个合龙方案的成桥位移如图 6-3-21 所示。按照方案一先中跨合龙后，桥梁竖向变化更加平缓，跨中上拱值较小，线形更加理想；先中跨合龙工后收缩徐变值为 11mm，而先边跨后中跨合龙工后收缩徐变值为 19mm，已超出规范限值，因此先中跨合龙（方案一）更加合理。

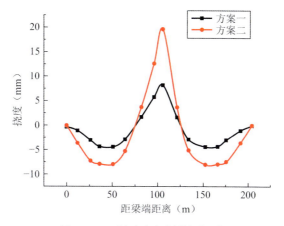

图 6-3-21 两合龙方案成桥线形比较

综上所述，通过对成桥后的应力分布、成桥线形对比发现，按照先中跨后边跨合龙施工，桥梁结构的受力更加均匀，安全储备更高，线形更加理想，徐变变形较小，因此合龙顺序设计为先中跨后边跨合龙。

3）施工体系转换

主要施工阶段边墩顶水平位移如图 6-3-22 所示，拆除临时固结后约为 6mm，上二恒后水平位移约为 15mm，收缩徐变产生的水平位移较大，最终总的水平的位移为 43.5mm。

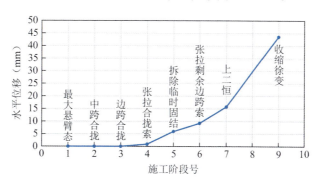

图 6-3-22 边墩顶水平位移

3.5 结论

（1）通过主梁与边墩刚度比以及中墩与边墩刚度比研究得出，主梁与边墩刚度比不小于 10，中边墩刚度比在 10~15 之间结构体系最为合理。

（2）纵向刚度影响轨道强度检算，横向刚度影响梁端折角、相邻梁端横向相对位移和行车平顺性。为满足相邻梁端两侧的钢轨支点横向位移不大于 1mm 的规定，需在梁端设置横向限位装置。

（3）通过梁轨相互作用分析表明，整体式刚构具有较好的无缝线路适应性。

（4）整体式刚构的边、中墩均能分担地震力作用，具有较好的抗震性能。

（5）整体式刚构边墩临时固结方案可行，先中跨后边跨合龙顺序合理。

第4章 并行桥梁气动干扰效应研究

4.1 概述

在我国交通基础设施建设迈向新的历史阶段之际,为了解决交通量持续增长及跨河过江通道压力增大的难题,往往采用多条线路并行跨越河道的运输方式。然而,这一方式却带来了相距较近桥梁主梁间的气动干扰问题。与公路桥梁不同,铁路桥梁并行气动干扰效应会影响列车运营的安全性和舒适性。

福厦高铁泉州湾跨海大桥与既有泉州湾公路跨海大桥并行跨越泉州湾,安海湾特大桥与邻近安海湾公路大桥并行跨越安海湾。本章主要对泉州湾跨海大桥并行桥梁开展气动干扰效应研究,同时借鉴虎跳门水道特大桥和磨刀门水道特大桥并行桥梁气动干扰的研究成果,为福厦高铁桥梁的设计提供技术支撑。

1)大跨度桥梁气动干扰效应研究现状

在工程实践中,并行桥梁主要有以下两类:一是新建桥梁的主梁为分离且相互平行的两幅桥;二是在既有桥梁附近新建一座与其平行的桥梁。近年来,众多大跨度双幅桥面桥梁相继建成,如美国新塔科马大桥、韩国Jindo大桥等,如图6-4-1所示。大跨度双幅桥面桥梁之间一般距离较近,上下游主梁之间存在气动干扰效应。目前,公路双幅桥面桥梁建设较多,而公铁邻近的大跨度桥梁则相对较少,且公铁并行两桥梁的气动干扰效应与单纯两公路桥梁并行存在一定的差异,主要表现为气动干扰效应对涡振的影响,以及对列车运营安全性、舒适性的影响。

a) 日本明港西大桥

b) 美国新塔科马大桥

c) 韩国Jindo大桥

图6-4-1 部分大跨度并列双幅桥梁

美国新塔科马大桥与 1950 年建成的既有桥之间的中心距离仅为 61m。新塔科马大桥采用了创新的加劲梁设计，该设计融合了桁架与正交异性钢桥面板，形成了一种结合型桁架加劲梁结构。本研究采用节段模型（几何缩尺比 1∶50）和全桥气弹模型试验，对新塔科马桥与既有桥之间的气动干扰效应进行了研究，通过全桥气弹模型试验（几何缩尺比 1∶211），全面检验了大桥在紊流风场条件下的气动性能。

韩国 Jindo 大桥为主跨 340m 的两座平行斜拉桥，两座桥主梁断面十分接近，两幅主梁之间的净间距为 10m，Jindo 二桥（新桥）观测到有明显的竖向涡振现象，当时桥面高度处实测风速在 9.8～11.5m/s 之间，风向垂直于桥轴线，从 Jindo 二桥吹向 Jindo 一桥，主梁的最大振幅达 188mm，风洞试验研究表明仅增加结构阻尼能有效抑制振动现象。

实践证明，两大跨度并列桥梁之间可能存在气动干扰效应，分离桥面桥梁的静风荷载、涡激振动性能、颤振稳定性能，因为气动干扰效应的存在，与单幅桥面相比存在较大的差异。因此，在大跨度分离桥面桥梁的抗风设计研究中，气动干扰效应不容忽视。

2）工程概况

（1）泉州湾跨海大桥

① 铁路桥

泉州湾跨海铁路桥位于已建成泉州湾跨海公路桥下游 85m（轴心距离），两桥并行跨越泉州湾，本桥与其对孔布置，主桥平面位于直线上，立面位于 ±1‰ 人字坡上。桥面桥塔处高程 59.129m。与上游既有泉州湾跨海公路桥基本平行布置，边缘距离约 48.7m。

主梁全长采用混凝土桥面板 + 槽形钢箱梁的结合梁结构，为封闭箱形断面形式，梁宽（不含风嘴）17m，主梁（含风嘴）全宽 21m，梁高 4.25m。索塔采用 H 形桥塔，塔底以上索塔全高 160.254m，轨底以上塔高 109m。

工程位于沿海高风速带，风速大、风况复杂，全年 6 级及以上风力的天数平均为 91d，崇武站记录全年 8 级及以上风力的天数平均为 47.7d。桥址区基本风速（标准高度 10m、平均时距 10min、重现期 100 年）为 34.0m/s。设计风速为 39.92m/s，成桥状态主梁桥面高度处设计基准风速为 51.9m/s。

② 公路桥

泉州湾跨海公路桥设计行车速度为 100km/h，主桥为（70 + 130 + 400 + 130 + 70）m 双塔分幅式组合梁斜拉桥，半飘浮体系，双向八车道，跨中桥面高程为 59.1m。

主梁采用左右分幅结构形式，单幅主梁为 PK 式流线型扁平钢-混凝土组合梁，主梁横向分为独立的两幅，四索面体系，单幅（含风嘴）宽 27.41m，梁高 3.5m。采用三柱式门形桥塔，中间两索面锚固在中间塔柱上，桥塔高 157.1m。塔柱采用空心箱形断面，横向 3 个塔柱外轮廓尺寸一致。主桥立面布置和主梁标准断面分别如图 6-4-2 和图 6-4-3 所示。

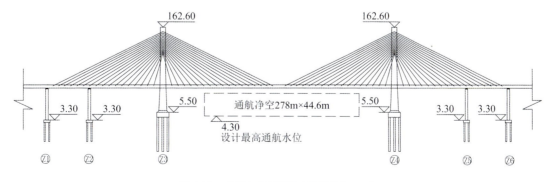

图 6-4-2 主桥立面布置图（高程单位：m）

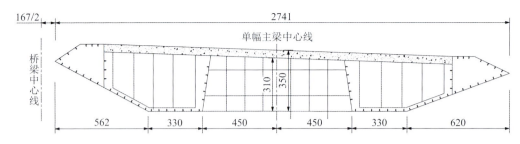

图 6-4-3　主梁标准横断面图（尺寸单位：cm）

（2）安海湾特大桥

① 铁路桥

铁路桥位于泉厦漳城市联盟路泉州段安海湾公路桥下游，轴心距离 68m，结构最小净距 23.05m，主桥平面位于直线上，立面位于±1‰人字坡上，关于主跨中心对称。跨中桥面高程 48.766m。

主梁全长采用混凝土桥面板＋槽形钢箱梁的结合梁结构，为封闭箱形断面形式，主梁（含风嘴）全宽 21m，梁高 4.25m。索塔采用带曲线造型的 H 形混凝土桥塔，塔底以上索塔全高 126.9m，轨底以上塔高 85.4m，最长斜拉索与主梁间纵向水平夹角约为 30.6°。

工程位于沿海高风速带，风速大、风况复杂，全年 6 级及以上风力的天数平均为 36.9d，全年 8 级及以上风力的天数平均为 5.8d。桥位处的基本风速（标准高度 10m、平均时距 10min、重现期 100 年）为 34.3m/s，设计风速为 40.3m/s。

② 公路桥

泉厦漳城市联盟路泉州段安海湾公路桥位于本工程上游，主桥采用（135＋300＋135）m 钢-混凝土连续梁刚构。双向六车道高速公路，计算行车速度 100km/h，设计车辆荷载等级公路-I 级。立面位于±2.36%人字坡上，跨中桥面高程 47.236m。

全桥梁宽 33.0m，上下行分幅布置，单箱顶板 16.25m，底板 7.65m；两幅之间净距 0.5m。根部梁高 15m，跨中梁高 4.5m，梁高按二次抛物线规律变化。全桥箱梁横桥向梁顶面均按桥面横坡设计，梁底面保持水平，钢箱梁长度 103m。主桥立面布置和主梁标准断面分别如图 6-4-4 和图 6-4-5 所示。

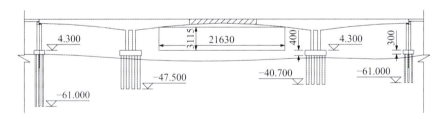

图 6-4-4　主桥立面布置图（尺寸单位：cm；高程单位：m）

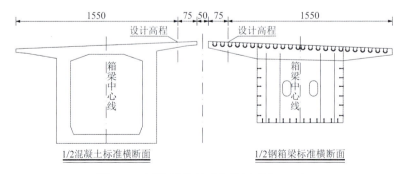

图 6-4-5　主梁标准横断面图（尺寸单位：cm）

4.2 泉州湾跨海大桥气动干扰效应

1)数值方法

使用大型商用流体力学计算软件 Fluent,针对该桥与相邻既有双幅桥的气动干扰效应进行数值模拟研究。采用 SST k-ω 湍流模型,计算雷诺数 Re = 15000。根据《公路桥梁抗风设计规范》(JTG/T 3360-01—2018)有关虚拟风洞试验区域和边界条件的规定,确定合理的计算区域(图 6-4-6),入口至并行桥梁中心连线的距离为 7.5B,出口至并行桥梁中心连线的距离为 22.5B,顶底侧至模型的距离为 35D。其中,B 为新建桥梁断面宽度,D 为新建桥梁断面高度。模型在计算区域中的阻塞比小于 5%。数值模拟的计算区域入口为风的速度入口,出口为远场的压力出口,两侧为对称边界,桥梁结构为壁面边界。计算网格如图 6-4-7 所示。

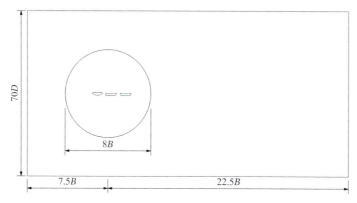

图 6-4-6 并行桥梁气动干扰效应研究计算区域(间距 9D)

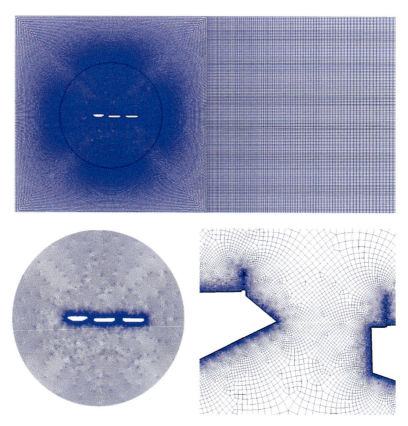

图 6-4-7 并行桥梁气动干扰效应研究计算网格

2）工况设置

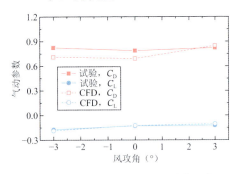

图 6-4-8 CFD 计算结果与风洞试验结果对比

首先分别单独计算既有桥梁和新建桥梁的断面气动三分力，并将新建桥梁的断面气动三分力系数计算结果与风洞试验数据进行比较，验证所采用的数值模拟方法的可靠性，进而分析既有桥梁分别位于新建桥梁上、下游侧时两座相邻桥梁之间的气动干扰效应问题。研究的风攻角为 $-3°\sim+3°$，间隔 $3°$，并考虑 $9D$、$15D$、$18D$ 三种不同间距的影响。图 6-4-8 中对比了 CFD 数值模拟以及风洞试验获得的新建泉州湾跨海大桥的平均升力和平均阻力，CFD 数值模拟的结果与风洞试验结果吻合良好，说明网格系统以及研究方法能够满足分析并行桥梁气动干扰效应的需求。

3）气动力特性

断面脉动升力的变化反映了一个周期内旋涡脱落作用在断面上的脉动力，可以初步判断断面的涡振性能。图 6-4-9 和图 6-4-10 分别为新建桥梁位于来流方向上游和下游时两座桥梁断面的脉动升力。

当新建桥梁位于来流不同方向时，并行桥梁脉动升力随中心间距变化趋势不同。另外，不考虑并行桥梁之间的相互干扰时，新建桥梁和既有桥梁的脉动升力值均较小，说明两座桥梁本身具有良好的气动性能；当考虑并行桥梁之间的相互干扰时，除 $+3°$ 风攻角出现特殊情况外，其余工况下下游断面的脉动升力均会发生更明显的改变，说明桥梁并行布置时需要更加关注下游断面的涡振性能。

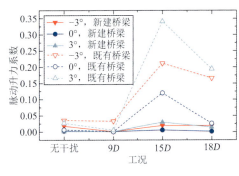

图 6-4-9 新建桥梁位于来流方向上游时
断面的脉动升力结果

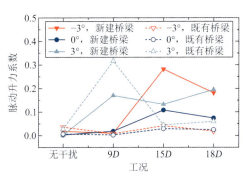

图 6-4-10 新建桥梁位于来流方向下游时
断面的脉动升力结果

4）流场形态

图 6-4-11～图 6-4-16 分别给出了新建桥梁位于来流方向上、下游时断面周围的瞬时涡量、平均流向速度和脉动压力分布。

如图 6-4-11 所示，当新建桥梁位于来流方向上游时，不考虑下游既有桥梁的影响，来流在新建桥梁背风侧的上下角点分离，上下侧的流动状态为稳定的剥离层，尾流没有交替的旋涡脱落生成；当并行桥梁的中心间距为 $9D$ 时，此时间距较近，三幅断面之间的间隙均未形成明显的旋涡脱落，整体的绕流形态呈现拉长的贴体流动；当并行桥梁的中心间距为 $15D$ 时，下游断面的遮挡影响了上游断面尾流的稳定发展趋向，形成交替脱落的旋涡，这种特征尾流击打在下游断面的迎风侧，引起下游断面的中央开槽处和尾流均出现了明显的卡门涡街现象；当并行桥梁的中心间距为 $18D$ 时，下游断面的遮挡效应减弱，上游断面的绕流形态恢复到单幅桥面时的状态，而此间距仍不能使流动到下游断面时恢复到均匀来流状态，因此下游断面的尾流处仍存在卡门涡街。

从图 6-4-13 所示的脉动压力分布云图也可以看出：当并行桥梁的中心间距为 $9D$ 时，下游既有桥梁断面阻碍了上游新建桥梁断面尾流的发展，周围流场作用在桥梁断面的脉动压力较小；当并行桥梁的中心间距为 $15D$ 时，此间距下并行桥梁间气动干扰效应明显，下游既有桥梁断面的迎风侧和背风侧都存在较大的脉动压力；当并行桥梁的中心间距为 $18D$ 时，上游新建桥梁断面对下游既有桥梁断面的遮挡作用减弱，下游既有桥梁断面迎风侧的脉动压力减小。

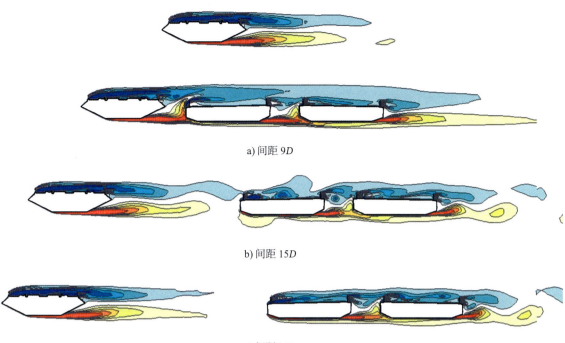

a) 间距 9D

b) 间距 15D

c) 间距 18D

图 6-4-11 新建桥梁位于来流方向上游时断面的涡量云图（0°风攻角）

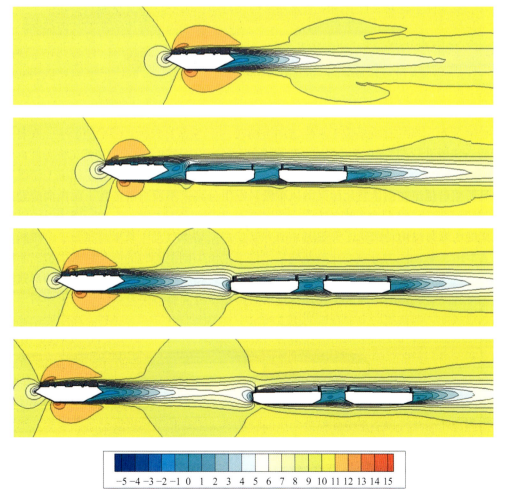

图 6-4-12 新建桥梁位于来流方向上游时断面的平均流向速度云图（0°风攻角）

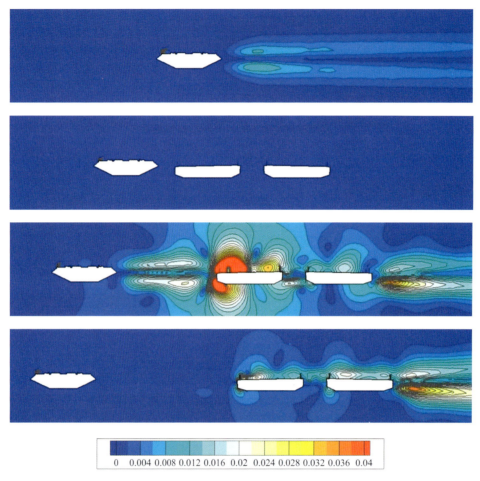

图 6-4-13　新建桥梁位于来流方向上游时断面的脉动压力云图（0°风攻角）

如图 6-4-14 所示，当既有桥梁位于来流方向上游时，不考虑下游新建桥梁的影响，既有桥梁的流场形态与单幅的新建桥梁断面类似，上下侧的流动状态为稳定的剥离层，尾流没有交替的旋涡脱落生成；当并行桥梁的中心间距为 9D 时，新建桥梁因其断面高度更高、形式较钝，更容易影响上游既有桥梁的尾流发展，既有桥梁的尾流在到达新建桥梁的风嘴处时发生分离，不能平滑地在下游断面的迎风侧重新附着，导致下游断面会受到较大的脉动力作用，在尾流形成卡门涡街现象；当并行桥梁的中心间距为 15D 和 18D 时，其流场形态与 9D 时类似，但随着间距增大，并行桥梁气动干扰效应减弱，下游断面的尾流趋于稳定。图 6-4-16 的脉动压力分布变化与新建桥梁位于来流方向上游时的变化趋势类似，不同的是由于既有桥梁断面为分体双幅断面，中央开槽处流动形式复杂，相对于新建桥梁断面的单箱形式更容易受到流场影响，因此在其背风侧的尾流区也会存在较大的脉动压力。

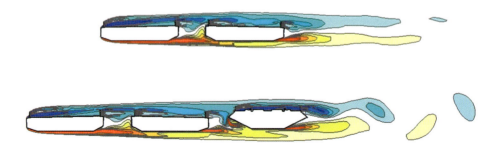

图　6-4-14

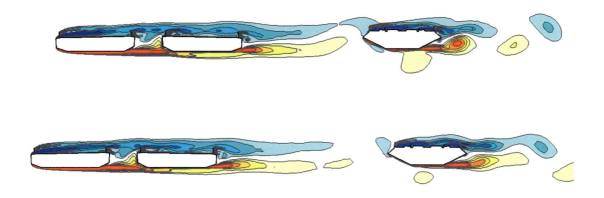

图 6-4-14 新建桥梁位于来流方向下游时断面的涡量云图（0°风攻角）

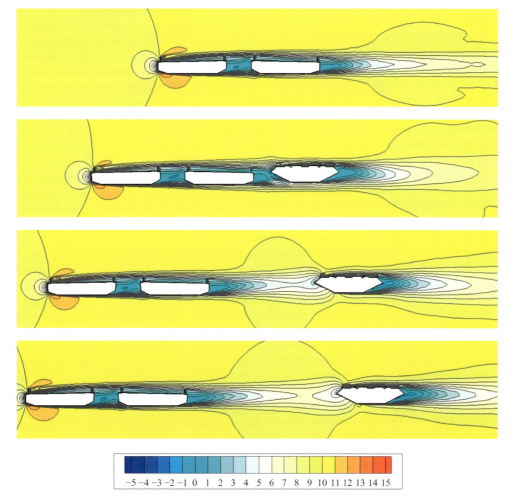

图 6-4-15 新建桥梁位于来流方向下游时断面的平均流向速度云图（0°风攻角）

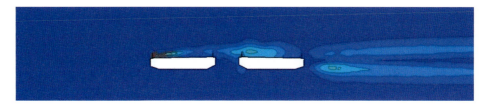

图 6-4-16

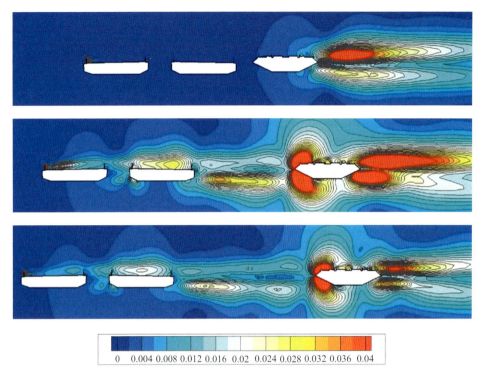

图6-4-16　新建桥梁位于来流方向下游时断面的脉动压力云图（0°风攻角）

5）试验验证

根据数值分析的结果，设计相应的节段模型，进行风洞试验验证，首先考虑不同阻尼比对并行桥梁涡振性能的影响。泉州湾跨海大桥与既有公路桥梁实际中心间距为85m，近似等于18倍新建铁路桥梁的梁高。该间距下新建桥梁位于来流方向上游时，不同阻尼比下竖向涡振响应如图6-4-17所示。

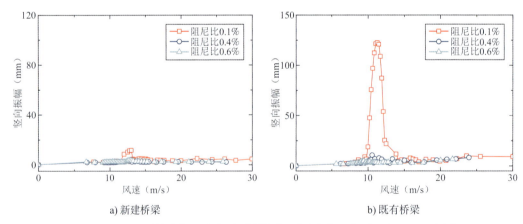

a) 新建桥梁　　　　　　　　　　　　　b) 既有桥梁

图6-4-17　阻尼比对并行桥梁的影响（新建桥梁位于来流方向上游，间距18D，0°风攻角）

由图可看出：当公路桥位于下游，阻尼比为0.1%时，上游铁路桥有一个竖向涡振锁定区间，起振风速11.46m/s，风速13.00m/s时的最大振幅为11.46mm，风速13.2m/s时的竖向涡振消失；下游公路桥有一个竖向涡振锁定区间，第一个起振风速9.31m/s，风速11.26m/s时的最大振幅为122.4mm，风速14.25m/s时的竖向涡振消失；当阻尼比为0.4%和0.6%时，两桥未观察到明显的竖向涡激振动，且均满足颤振检验风速的要求；当阻尼比不小于0.4%时，泉州湾跨海大桥与既有公路桥梁均未观察到明显的竖向涡激振动，涡激振幅均在10mm以内，最大涡振振幅均发生在10～15m/s的中低风速区，两座桥均采用流线型箱形钢-混凝土结合梁，在实际结构阻尼比（规范建议取值为1%）下，主梁的涡激振幅远小于规范值，两座桥梁并行的气动干扰效应不会引起明显的涡激振动，不会给结构和行车带来不利影响。

4.3 磨刀门水道特大桥气动干扰效应

1）工程概况

新建深茂铁路深圳至江门段磨刀门水道特大桥（铁路桥）位于江门至中山交界处，桥位处为台风多发区，实测最大风速均由热带气旋引起。据资料统计，2003—2014年间受热带台风气旋影响30次，平均每年3次，最多时达4次；有严重影响的热带气旋（附近登陆）17次，平均每年1.7次。2008年台风"黑格比"瞬时风速达46.4m/s。

磨刀门水道特大桥位于中开高速公路磨刀门西江特大桥上游，中心间距75m。主桥结构为5跨钢桁腹-混凝土组合梁斜拉桥，主桥结构跨径布置为（56＋128＋320＋128＋56）m，与虎跳门水道特大桥基本一致，主梁断面宽度为14.8m，梁高为5.88m。两座大桥如图6-4-18所示。

中开高速公路磨刀门西江特大桥为双塔双索面半漂浮体系钢-混凝土组合梁斜拉桥，主桥结构跨径布置为（39＋106＋320＋106＋39）m。主梁采用双工字形钢-混凝土组合梁，主梁断面宽度为36.5m，主梁中心线处梁高为3.55m。

磨刀门水道特大桥与中开高速公路磨刀门西江特大桥两桥主梁跨中净间距为49.48m，两侧桥塔净间距分别为40.86m和46.82m。

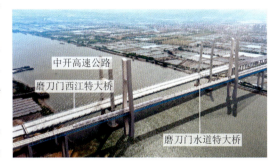

图6-4-18　磨刀门水道特大桥

桥面高程（跨中横向中心处）：磨刀门水道特大桥桥面高程为45.370m，中开高速公路磨刀门西江特大桥桥面高程41.66m，两者相差3.71m，两幅桥主梁1/2梁高相差为2.535m。采用了与虎跳门水道特大桥相同的主梁结构形式，两者具有相近的桥位风特性参数。

2）结构及风参数比较

泉州湾跨海大桥与磨刀门水道特大桥的结构及风参数比较见表6-4-1。

泉州湾跨海大桥与磨刀门水道特大桥的结构及风参数比较表　　表6-4-1

项目类别	泉州湾跨海大桥		磨刀门水道特大桥	
	铁路	公路	铁路	公路
孔跨组成（m）	70＋130＋400＋130＋70	70＋130＋400＋130＋70	56＋128＋320＋128＋56	39＋106＋320＋106＋39
结构类型	斜拉桥	斜拉桥	斜拉桥	斜拉桥
桥面宽度（m）	21	56.49	14.8	36.5
梁部结构	带风嘴封闭箱梁	PK箱梁	钢桁组合梁	双工字组合梁
相邻结构净距（m）	48.7		49.48	
梁部结构高度（m）	4.25	3.5	5.88	3.55
梁部距水面高度（m）	54.8	54.5	44.05	40.34
桥面高差（m）	0.3		3.71	
桥位基本风速（m/s）	39.92		38.5	

从上表可以看出，泉州湾跨海大桥与磨刀门水道特大桥均为斜拉桥并行，外部环境和结构类型也较为相似，因此磨刀门水道特大桥气动干扰效应的研究成果可供泉州湾跨海大桥参考。

3）主要研究成果

（1）铁路桥主梁断面成桥状态在单幅桥面、位于公路桥上游及下游，风攻角为±3°时，涡振性能满足规范要求。

（2）铁路桥主梁断面成桥状态在单幅桥面、位于公路桥上游及下游，风攻角为±3°时，颤振稳定性满足规范要求。

（3）铁路桥位于上游，公路桥增加"下稳定板（$H=3.475m$）+裙板（$L=2.0m$、$h=1.0m$）"的气动控制措施。铁路桥在风攻角为+3°时，在试验风速范围内主梁断面成桥状态未发生明显的涡激共振现象；公路桥在攻角为+3°时，扭转涡振不满足规范要求。

（4）铁路桥位于下游时，公路桥增加"下稳定板（$H=3.475m$）+裙板（$L=2.0m$、$h=1.0m$）"的气动控制措施后，铁路桥和公路桥的颤振稳定性均满足规范要求。

4.4　虎跳门水道特大桥气动干扰效应

1）工程概况

新建深茂铁路深圳至江门段虎跳门水道特大桥（图6-4-19）位于江门市新会区。主桥结构为钢桁腹-混凝土组合梁斜拉桥，梁宽14.6m，桁高4.3m，桁间距13m，桁架采用N形桁式；主桥结构跨径布置为（64+80+300+80+64）m，跨越虎跳门水道处为I级航道；虎跳门水道特大桥为双线铁路桥，线间距6m，活载采用ZK活载，设计速度250km/h；主桥全长（含梁缝）589.6m，桥塔采用H形塔，上塔柱高36m，中塔柱高64m，小里程下塔柱高31.5m，大里程下塔柱高40m。

该桥下游约35m（主塔承台净距）处为中开高速公路虎跳门特大桥，为（79+2×145+79）m连续刚构，铁路桥与公路桥主跨采用一孔对两孔布置。

该区年平均主导风向为南风，桥址区设计基本风速（10m高度、10min平均时距、100年重现期）为32.8m/s。桥面距离水面的最大距离为36.04m。

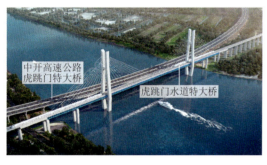

图6-4-19　虎跳门水道特大桥

2）结构及风参数比较

安海湾特大桥与虎跳门水道特大桥的结构及风参数比较见表6-4-2。

安海湾特大桥与虎跳门水道特大桥的结构及风参数比较表　　表6-4-2

项目类别	安海湾特大桥		虎跳门水道特大桥	
	铁路	公路	铁路	公路
孔跨组成（m）	135+300+135	135+300+135	64+80+300+80+64	79+2×145+79
结构类型	斜拉桥	连续刚构	斜拉桥	连续刚构
桥面宽度（m）	21.0	33.0	14.6	33.0
梁部结构	带风嘴封闭箱梁	双幅箱梁	钢桁组合梁	双幅箱梁
相邻结构净距（m）	23.05		35	
梁部结构高度（m）	4.25	4.5～15.0	4.3	4.4
梁部距水面高度（m）	44.63	43.10	36.04	34.78
桥面高差（m）	1.53		1.265	
桥位基本风速（m/s）	34.3		33.9	

从上表可以看出，安海湾特大桥与虎跳门水道特大桥的桥梁环境和结构情况非常相似，均为斜拉桥与梁桥并行，外部环境和结构类型也非常相似，因此虎跳门特大桥气动干扰效应的研究成果可供安海湾特大桥参考。

3）主要研究成果

（1）单幅铁路桥主梁断面成桥状态在铁路桥位于上游及下游，0°和±3°风攻角时，均未出现明显的涡激共振现象，主梁涡振性能满足规范要求。

（2）单幅铁路桥主梁断面成桥状态在铁路桥位于上游及下游时，0°和±3°风攻角时，颤振临界风速均大于颤振检验风速，颤振稳定性满足规范要求。

（3）按规范公式估算的铁路桥主桥结构成桥状态静风失稳临界风速为543.8m/s，远大于该桥静风稳定性检验风速94.2m/s，大桥静风稳定性满足规范要求。

4.5 结论

（1）泉州湾跨海大桥与既有公路桥梁均为流线型断面，且梁底均增加了导流板，因此在实际结构阻尼比下，主梁的涡激振幅远小于规范值，两座桥梁并行的气动干扰不会引起明显的涡激振动以及对结构和行车的不利影响。

磨刀门特大桥铁路桥和公路桥的颤振稳定性均满足规范要求，与泉州湾跨海大桥结构情景类似，也验证了本桥气动效应分析结果的可靠性。

（2）安海湾特大桥的桥梁环境和结构情况与虎跳门水道特大桥非常相似，且安海湾特大桥梁底设置导流板，较好改善了两座并行桥梁的气动效应。通过对虎跳门水道特大桥的气动效应分析，主梁涡振性能满足规范要求，颤振临界风速均大于颤振检验风速，颤振稳定性满足规范要求。

可以推断安海湾特大桥主梁涡振性能和颤振稳定性满足规范要求。

第 5 章 大跨度无砟轨道桥梁适应性研究

5.1 国内大跨度桥梁铺设无砟轨道现状

1）无砟轨道结构

CRTS双块式无砟轨道（含弹性缓冲隔离垫层）结构由钢轨、扣件、轨枕、道床板、弹性缓冲隔离垫层、底座等组成。

道床板采用分块式现场浇筑，长度为 6m 左右，现场布板时在斜拉索处断开。底座对应道床板的长度和宽度进行现场浇筑，每块道床板对应的底座范围设置两个限位凹槽，凹槽四周设置弹性垫板。道床板与底座间设置弹性缓冲隔离垫层。底座板与混凝土桥面板连接成整体，进行轨道纵横向力的传递。轨道结构横断面如图 6-5-1 所示。

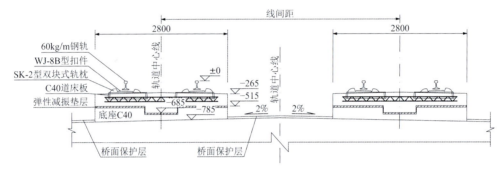

图 6-5-1　轨道结构横断面图（尺寸单位：mm；高程单位：mm）

轨道结构高度推荐为 785mm，其结构组成高度见表 6-5-1。

双块式无砟轨道结构组成高度（单位：mm）　　表 6-5-1

组成	钢轨	扣件	承轨面至道床板面	道床板	隔离缓冲垫层	底座	合计
高度	176	34	45	260	14	256	785

梁端转角满足设置无砟轨道条件，斜拉桥与简支梁桥的梁缝为 550mm，梁端的最大水平位移量为 ±213mm。为保证梁缝处轨枕间距小于 650mm，梁端设置钢轨伸缩调节器，调节器在梁缝处具备抬轨伸缩装置的功能，伸缩调节器范围采用轨枕埋入式无砟轨道，如图 6-5-2 所示。

安海湾特大桥梁缝变化量较大，在梁缝处设置由钢枕、剪刀装置和联结钢梁组成的梁端伸缩装置。该装置能保证梁缝变化时扣件节点间距均匀变化，并使列车荷载能均匀传递到梁缝两侧的轨枕上，如图 6-5-3 所示。

2）国内大跨度桥梁铺设无砟轨道现状

目前，昌赣客运专线的赣州赣江特大桥主桥采用（35＋40＋60＋300＋60＋40＋35）m 组合梁斜拉桥，已铺设 CRTSⅢ型板式无砟轨道。国内铺设无砟轨道跨度最大的桥梁为商合杭裕溪河特大桥主桥

（60＋120＋324＋120＋60）m双塔钢箱桁梁斜拉桥。桥上铺设与昌赣客运专线赣州赣江特大桥上相同的CRTSⅢ型板式无砟轨道。正在建设的最大跨度无砟轨道桥梁为通苏嘉甬高铁杭州湾跨海大桥北航道主跨450m组合梁斜拉桥。

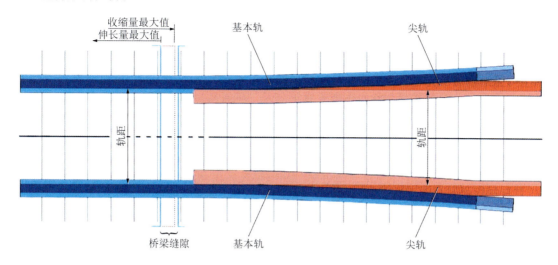

图6-5-2 钢轨伸缩调节器示意图

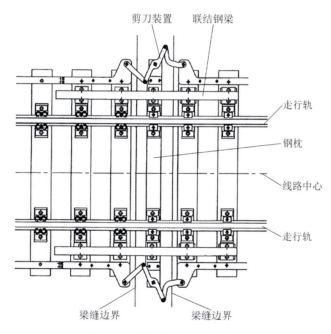

图6-5-3 梁端伸缩装置组成示意图

3）主要问题及应对措施

（1）轨道与桥梁跟随性、协调性及梁端平稳性问题

大跨度桥梁在外荷载作用下，桥面的几何形态处于持续变化之中，必须采取工程措施保证无砟轨道结构与桥梁间的变形协调，保证列车运行的舒适性和安全性，尤其是梁端部位的平稳性问题。

应对措施：

① 采用合理的结构体系和布置，加大桥梁刚度。如：赣江桥主跨采用钢箱与混凝土桥面混合梁斜拉桥、增加结构刚度；设置辅助混凝土边跨加强梁端平稳性。

② 选用刚度大的混凝土桥面结构，加强主体与轨道结构的连接，桥面与轨道结构之间设置弹性隔离缓冲垫层，加强梁轨协调。

③ 选用小阻力扣件。

对赣江桥进行了轨道跟随性的模拟试验，试验结果表明性能满足需求。

（2）竖向变形较大的问题

无论铺设无砟轨道还是有砟轨道，大跨度梁的变形控制问题均是需要解决的关键技术问题，若直接套用现有中小跨度桥梁的要求，会造成很大的经济浪费或不可能实现变形控制。

大跨度桥梁的整体变形虽然较大，但其变形曲线较为平缓，其变化幅度远小于常规32m简支梁，且不会形成连续的激励，因此车辆的舒适度能够得到保证。这一点已经为我国铜陵桥等大跨度斜拉桥的运营实践和车-桥耦合动力分析的结果所证明。

应对措施：

① 合理匹配结构刚度，并将残余徐变、温度等变形作为初始轨道不平顺纳入风-车-桥耦合振动分析，确保舒适度达到"良"以上。

② 借鉴总公司课题国铁集团课题《大跨度桥梁铺设无砟轨道技术深化研究》和《高速铁路200~450m跨度混凝土桥设计关键技术研究》的研究成果，对桥梁的竖向、横向变形、残余徐变进行控制。

③ 借鉴德国经验和我国《高速铁路设计规范》（TB 10621—2014）对无砟轨道路基局部工后沉降后采用拟合曲线的处理方法，大跨度桥梁主跨竖向变形按照线路纵断面竖曲线处理，换算半径$R \geqslant 0.4V^2$（V为设计速度），就满足要求。

（3）轨道长波不平顺验收容许偏差值

我国高铁设计规范和维修规则规定：轨道静态几何尺寸长弦测量作业验收容许偏差管理值为：基线480a、测点间距240a（a为轨枕间距，$a = 0.625m$）、容许偏差10mm。

该规定的核心是以何种轨道状态作为基准，如果以不考虑温度和徐变的理论位置作为基准，则几乎所有的大跨度桥梁均无法满足该标准。大跨度桥梁由于温度和徐变引起的变形，对于线路而言相当于竖曲线半径发生了变化，由于该半径远大于《高速铁路设计规范》（TB 10621—2014）规定的最小竖曲线半径，行车安全是能够得到保证的。这一点已经通过我国天兴洲大桥、大胜关大桥、铜陵长江大桥等大跨度桥梁的动态检测和运营得到证明。

5.2 桥梁主要技术指标

（1）竖向刚度：我国高铁斜拉桥（时速≤250km）挠跨比一般在1/700左右。基于车桥动力响应分析，对于主跨300m双线高铁斜拉桥，挠跨比不宜小于1/800，本桥通过主跨全长采用组合梁提高结构刚度，双线 ZK 静活载作用下，最大挠度为 349.0mm，挠跨比达到 1/860，在斜拉桥中属于较大刚度条件。

（2）梁体横向变形：横向变形会造成梁端两侧的钢轨支点横向相对位移量较大，造成钢轨和扣件等局部受力，也会产生轨道的不平顺，影响车辆运行的安全和乘坐舒适性。主梁在列车横向摇摆力、离心力、风力和温度的作用下，梁体的水平最大挠度为 34.2mm，挠跨比达到 1/8772 < 1/4000，相邻梁端两侧的钢轨支点横向相对位移 0.125mm，梁端水平折角 0.043‰rad < 1.0‰rad，均满足现行规范要求。

（3）梁端转角：主梁在 ZK 竖向静活载作用下，桥梁梁端最大竖向转角 0.256rad‰，满足现行规范要求。

（4）徐变变形：主桥主梁最大徐变变形为 21.1mm，徐变变形挠跨比仅 1/14218，徐变变形量较小。

（5）轨面不平顺性：ZK 静活载作用下梁体扭转引起的轨面不平顺限值，以一段3m长的线路为基准，一线两根钢轨的竖向相对变形量不应大于 1.5mm。该条规定主要是考虑扭转引起的轨面不平顺情况。主桥3m长的线路范围内一线两根钢轨在 ZK 静活载作用下的竖向相对变形量 0.192mm，满足现行规范要求。

（6）桥轨线形：竖曲线曲率由旅客舒适性要求控制，即受列车运行于竖曲线时产生的竖向离心加速度限制$R \geqslant V^2/(3.6^2a)$（V为行车速度）。当行车速度 350km/h、竖曲线半径为 $0.4V^2 = 49000m$ 时，未被平衡垂向离心加速度为 0.19m/s² ≤ 0.4m/s²，则认为该竖曲线可满足速度 350km/h 的行车要求。按各荷载作用下组合最大变形拟合的竖曲线半径 $R \geqslant 49000\text{m}$ 控制。

图 6-5-4、图 6-5-5 为各主要荷载下中跨主梁的竖向变形曲线。徐变 3 年后主梁下挠 21.1mm；整体升降温 25℃时主梁变形为 ±13.1mm；斜拉索升降温 10℃时主梁变形为 ±56.2mm；在双线实际运营动车组荷载作用下，最大挠度为 131.8mm，其余荷载作用下变形较小。

仅考虑徐变及温度组合作用下，主梁最大竖向变形为 −89.7mm，对应曲率半径 $125455\text{m} > 0.4V^2 = 49000\text{m}$。

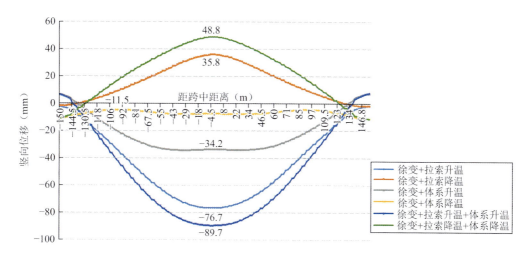

图 6-5-4　徐变及温度组合作用下中跨主梁竖向位移

考虑徐变、温度及实际运营动车组活载荷载组合下，主梁最大竖向变形为 −227.8mm，对应曲率半径 $49393\text{m} > 0.4V^2 = 49000\text{m}$。

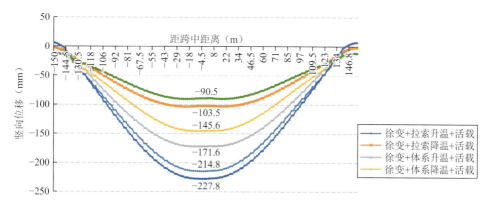

图 6-5-5　徐变、温度及活载组合作用下中跨主梁竖向位移

（7）国内同类桥梁对比分析

目前采用无砟轨道的两座 300m 级无砟轨道桥梁是昌赣客运专线赣州赣江特大桥（主跨 300m）和商合杭铁路裕溪河特大桥（主跨 324m），均已通车运营。对比分析三座桥梁设计技术指标，见表 6-5-2。

三座桥梁设主要设计技术指标汇总　　　　　　　　　表 6-5-2

桥名	昌赣铁路赣江特大桥	商合杭铁路裕溪河特大桥	福厦铁路安海湾特大桥
桥型	双塔双索面斜拉桥	双塔双索面斜拉桥	双塔双索面斜拉桥
桥跨布置（m）	35 + 40 + 60 + 300 + 60 + 40 + 35	60 + 120 + 324 + 120 + 60	40 + 135 + 300 + 135 + 40
每侧辅助墩数（个）	2	1	1

续上表

桥名	昌赣铁路赣江特大桥	商合杭铁路裕溪河特大桥	福厦铁路安海湾特大桥
主梁形式	钢箱混凝梁（中跨260m为箱梁钢-混凝土结合梁，余为混凝土箱梁）	钢箱桁梁结构	钢-混凝土结合梁（全长为箱形钢-混凝土结合梁）
地质条件	软弱覆盖层厚33.9~39m；弱风化岩层埋设46.3~72.1m	软弱覆盖层厚0~4.3m；弱风化岩层埋设8.7~26.8m	软弱覆盖层厚3.6~10.7m；弱风化岩层埋设18.8~60m
风环境	基本风速23.8m/s；桥面设计基准风速28.5m/s	基本风速25.6m/s；桥面设计基准风速29.3m/s	基本风速34.3m/s；桥面设计基准风速48.3m/s
设计速度（km/h）	350	350	350
轨道形式	CRTSIII型板式无砟轨道	CRTSIII型板式无砟轨道	双块式无砟轨道
中跨跨中静活载挠度（双线ZK活载，mm）	340	296.2	349.0
中跨跨中竖向挠跨比	1/880	1/1094	1/860
中跨跨中水平挠度（mm）	35.1	36.0	34.2
中跨跨中水平挠跨比	1/8547	1/9000	1/8772
梁端竖向转角（rad‰）	0.127	0.54	0.256
中跨徐变变形（mm）	27.1	10.6	21.1
运营工况下主梁竖向变形的最大曲率半径（m）	51276	72139	533175

注：1. 软弱覆盖层指基本承载力在120kPa以下的淤泥质及粉质黏土。
2. 基本风速：标准高度10m、平均时距10min、重现期100年的风速值；设计风速：基本风速按场地类别乘阵风系数修正后的瞬时风速（平均时距1~3s）。

由表6-5-2可知：安海湾特大桥主桥梁体竖向变形、横向变形、梁端转角、梁体扭转引起的轨面不平顺等指标优越，竖向刚度较大，行车线形平顺，满足《高速铁路设计规范》(TB 10621—2014)针对有砟轨道和无砟轨道的相关要求。运营阶段桥-轨线形在综合考虑徐变变形、温度变形、运营活载变形等最不利组合下，轨道变形曲线拟合半径为49393m，大于$0.4V^2 = 49000$m，满足列车时速350km旅客舒适性对竖曲线离心加速度的要求。

本桥与赣州赣江特大桥、裕溪河特大桥均为斜拉桥；主梁形式方面，本桥主梁全长采用混凝土桥面板+槽形钢箱梁的结合梁结构，与赣江桥中跨主梁相似，主梁的混凝土桥面结构与无砟轨道的连接技术成熟可靠，为无砟轨道提供了良好的承轨条件、桥面局部刚度及结构整体刚度。

综上可见，安海湾特大桥主桥具有铺设无砟轨道的良好条件。

5.3 轨道结构及其动力学影响分析

1）铺设无砟轨道频域特性分析
（1）无砟轨道结构模态分析

取轨道板板长均为5m，橡胶垫层的刚度设为$0.1N/mm^3$。采用分块兰索斯法进行分析，提取轨道板前10阶自由模态，其振动频率和振型见表6-5-3。

轨道板自由模态频率与振型   表6-5-3

阶次	频率（Hz）	轨道板振型	阶次	频率（Hz）	轨道板振型
1	50.09	横轴向一阶垂弯	3	116.05	纵轴向二阶扭转
2	54.23	纵轴向一阶扭转	4	130.80	横轴向二阶垂弯

续上表

阶次	频率（Hz）	轨道板振型	阶次	频率（Hz）	轨道板振型
5	140.91	纵轴向弯曲	8	219.86	纵横轴向弯曲
6	165.25	纵横轴向弯曲	9	246.25	横向弯曲
7	194.21	纵轴向扭转+横轴向垂弯	10	255.18	纵横轴向弯曲

（2）斜拉桥模态分析

前10阶模态信息见表6-5-4。

安海湾特大桥模态信息　　　　表6-5-4

阶次	频率（Hz）	周期（s）	振型	阶次	频率（Hz）	周期（s）	振型
1	0.231	4.323	主梁纵飘	6	0.588	1.701	主梁反对称竖弯
2	0.317	3.156	主梁一阶正对称横弯	7	0.873	1.145	主梁反对称横弯
3	0.465	2.150	主梁一阶正对称竖弯	8	0.932	1.073	主梁对称竖弯
4	0.519	1.926	两桥塔反向侧弯	9	1.001	0.999	主梁反对称竖弯
5	0.521	1.918	两桥塔同向侧弯	10	1.113	0.899	主梁反对称竖弯

结果表明，轨道板的一阶自由模态频率为50.09Hz，振型为垂向弯曲；二阶自由模态频率为54.23Hz，振型为扭转。桥梁的自振频率较低，第一阶模态频率为0.231Hz，周期为4.323s，振型为主梁纵飘、桥塔纵向弯曲。主梁的最低阶横弯和纵弯频率分别为0.317Hz、0.465Hz。模态分析结果表明，本桥桥梁和轨道结构自振频率相差较大，在外部荷载激励下不会发生轨道、桥梁共振。

2）轨道结构动力学分析

（1）橡胶隔离缓冲垫层刚度的动力学影响分析

基于对不同橡胶隔离缓冲垫层刚度的轨道结构的车辆-轨道动力学分析，提取系统动力学响应。为了确定较优的刚度取值及范围，对动力学指标的进行"归一化"处理，如图6-5-6所示。

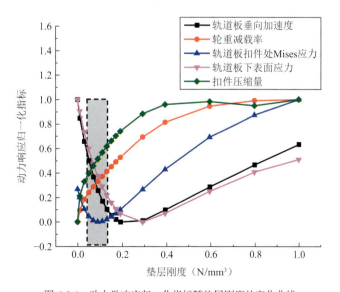

图6-5-6　动力学响应归一化指标随垫层刚度的变化曲线

由图6-5-6可知，垫层刚度较优取值范围为0.07～0.11N/mm³，对比基于车辆-轨道耦合动力学所求出的较优取值范围与桥上轨道谐响应分析所求出的较优弹性垫层刚度（0.1N/mm³），因此将垫层刚度设为0.1N/mm³。

（2）轨道板长度的动力学影响分析

轨道板长度对轨道结构的动力传递特性具有较为显著的影响，对车-轨动力相互作用有一定影响，从轨道结构振动传递特性的角度，推荐选取 4.375～5.625m 范围内的长度作为板长取值。

5.4 无砟轨道结构变形适应性分析

桥梁在服役状态下受众多因素的影响，桥面板结构会产生变形。对于大跨度桥梁，所处的环境条件复杂多变且跨度较大，易产生幅度较大的结构变形。主桥上的轨道垫层参数是均匀的，但受不同位置处的桥梁刚度、桥上拉索布置、桥面板变形量等因素影响，桥梁的静态变形通过桥轨相互作用传递轨道结构，所引起的轨道受力与变形并不均匀。

为研究桥梁变形对轨道结构变形所产生的影响，考虑到不同因素的作用，通过建立桥梁-轨道一体化有限元模型，将桥面变形作为位移边界条件进行分析，计算桥梁不同位置轨道层间的变形量（即扣件的变形量以及减振垫层的变形量）、评估分析无砟轨道结构变形适应性。

主要结论如下：

（1）考虑"自重+二期恒载"作用下，在桥梁拉索位置的轨道扣件压缩量，以及弹性垫层压缩量出现突变，突变间隔为 10.5m（等于拉索节点间距）。拉索的作用会对桥梁变形产生影响，而该影响会传递到轨道结构从而使轨道发生变形。因此为了优化轨道结构的受力，建议不采用跨索布置道床板结构。

（2）在双线活载作用下，桥塔、桥墩、跨中位置的扣件与垫层变形量较为突出，变形量达 0.2mm，小于行车作用动力下的扣件变形量（0.3mm），考虑到该位置的受力状况相对于其他位置较为突出，建议在养护维修时重点关注。

（3）桥梁变形所引起的垫层拉伸量显著小于道床垫层受重力作用下的预压缩量（0.3mm），所有的桥梁变形引起的垫层受拉均会被垫层的预压缩量抵消并有较大压缩量安全富余，不会引起层间离缝。

5.5 无砟轨道长波不平顺管理研究

既有静态验收规范对大跨度桥上无砟轨道过于严苛，没有考虑到不同波长的不平顺成分在车-线-桥系统动力学影响上的差异性，且忽视了桥梁和桥上轨道结构的实际状态。因此对大跨度桥梁铺设无砟轨道不平顺静态验收标准进行系统性研究，分析不同波长的不平顺成分对车-线-桥系统动力响应的影响，并有针对性地提出管理建议值。

主要结论如下：

（1）安海湾特大桥上高低不平顺在长波波段的敏感波长范围为 130～160mm，对高低长波不平顺最为敏感的指标为垂向车体加速度。

（2）对于安海湾特大桥的长波高低不平顺，建议采用 60m 中点弦测法，弦测偏差限制为 7mm。

（3）通过 60m/7mm 的弦测控制标准校核徐变和温度作用下的桥梁线形，虽然此类线形幅值较大，但是其弦测偏差均没有出现超标现象，此类线形对行车平稳性影响较小。

5.6 结论

（1）综合主要设计技术指标（刚度条件及徐变变形等）及对比分析，安海湾特大桥主桥横向刚度、梁端竖向转角及水平折角等指标优越，竖向刚度较大，行车线形平顺，满足铺设无砟轨道条件。

（2）运营阶段桥-轨线形在综合考虑徐变变形、温度变形、运营活载变形等最不利组合下，轨道变形曲线拟合半径为 49393m，大于 $0.4V^2 = 49000$m，满足列车时速 350km 旅客舒适性对竖曲线离心加速度的要求。

（3）桥梁和轨道结构自振频率相差较大，在外部荷载激励下，不会发生轨道、桥梁共振。

（4）铺设含橡胶弹性隔离缓冲垫层的双块式无砟轨道结构具备可行性。弹性隔离缓冲垫层刚度建议取为 $0.1N/mm^3$；道床板长度取值范围为 4.375～5.625m。

（5）主桥桥面线形的静态评估建议采用 60m 中点弦测法，限值为 7mm。根据此评价方法，桥梁受徐变和温度作用的变形均没有超标。

第6章 海洋环境结构耐久性研究

6.1 概述

耐久性是指在设计确定的环境作用和维修、使用条件下，结构构件在设计使用年限内保持其适用性和安全性的能力。桥梁结构长期暴露在自然环境下，会随着时间的推移逐步老化，必然影响结构的安全及其使用功能，缩短结构物的服役期。因此结构的耐久性是结构可靠性的重要内涵之一。

随着我国交通运输事业的发展，越来越多的高铁在沿海地区兴建，海洋（沿海）环境条件具有气温高、湿度大、海水含盐度高的特点，受海水、海风、盐雾、潮汐、干湿循环等众多因素影响，工程主体的钢筋混凝土构件容易受氯离子、化学介质等的侵蚀破坏，产生锈蚀，导致结构的性能退化，危及结构的安全使用，必须引起高度重视。我国近年来积累了一些海洋（沿海）服役环境工程结构（如杭州湾大桥、福平铁路等）的设计与建造施工经验，但相关实践技术储备仍相对较少。结合本项目工程特点和跨海环境特点开展本项目的耐久性研究是十分必要的，研究内容主要包括混凝土结构耐久性和钢结构的耐久性防护措施。

关于解决混凝土的耐久性问题工程师们已研究了很多方法，除了要求采用高强耐久性混凝土、加大混凝土保护层厚度以及提高混凝土初期养护质量等保护措施外，还可以通过采取防腐措施来提高混凝土的耐久性，如环氧涂层钢筋、钢筋阻锈剂、混凝土表面涂层、混凝土表面硅烷浸渍等。

钢结构材料是最容易腐蚀的。目前国内常规的钢铁类材料的防腐措施主要有喷漆防护与采用耐腐蚀钢材。国内普通大气耐候钢对普通大气具有较好的耐蚀性，但适合海洋环境的耐候钢还是空白，也没有相应的规范性的文件。

进行钢结构的耐久性研究要结合现场挂片爆晒试验，重点研究适合本项目具有耐海洋大气腐蚀性能的桥梁用镍系列耐候钢，镍系耐海洋大气腐蚀桥梁钢板、焊接材料及配套螺栓等。

6.2 混凝土结构耐久性

1）技术要求

对于沿海工程混凝土的防腐蚀技术，我国《铁路混凝土结构耐久性设计规范》（TB 10005—2010）、《海港工程混凝土结构防腐蚀技术规范》（JTJ 275—2000）、《公路工程混凝土结构防腐蚀技术规范》（JTG/T B07-01—2006）和《混凝土结构耐久性设计标准》（GB/T 50476—2019）均提出了明确的要求。除了混凝土结构本身满足碳化环境、氯盐环境、化学侵蚀环境、盐类结晶破坏环境等环境下的耐久性要求外，《铁路混凝土结构耐久性设计规范》（TB 10005—2010）中 8.0.1 明确规定："当混凝土结构处于严重腐蚀环境（L3、H4、Y4、D4、M3）条件时，应根据工程的具体情况，对混凝土结构采取一种或多种防腐蚀强化措施"。适当降低混凝土电通量，提高混凝土的密实性；控制混凝土抗氯离子扩散性能，可以提高混凝土的耐久性。对混凝土的配合比中最大水胶比、最小胶凝材料用量严格控制，同时对水泥、掺合料等都做了详细的要求。

《海港工程混凝土结构防腐蚀技术规范》（JTJ 275—2000）中 3.0.2 明确规定："混凝土结构防腐

蚀耐久性设计，应针对结构预定功能和所处环境条件，选择合理的结构形式、构造和抗腐蚀性、抗渗性良好的优质混凝土；对处于浪溅区的混凝土构件，宜采用高性能混凝土，或同时采用特殊防腐蚀措施"。

《公路工程混凝土结构防腐蚀技术规范》（JTG/T B07-01—2006）中4.1明确规定："对于重要工程中受环境严重作用（D、E和F级）的结构部位，应考虑是否需要采取附加防腐蚀措施"。

《混凝土结构耐久性设计标准》（GB/T 50476—2019）中6.1.4明确规定："氯化物环境下的重要混凝土结构和构件，当环境作用等级为E或F级时应采用防腐蚀附加措施"。

规范已将防腐蚀强化措施作为混凝土结构耐久性设计的一项必要内容给以明确规定，由此可见，防腐蚀强化措施在混凝土结构耐久性设计中是十分重要的。对于沿海工程混凝土的防腐蚀技术，除了选择合理的结构形式和抗腐蚀性、抗渗性良好的混凝土之外，采用防腐蚀强化措施也是提高混凝土耐久性的重要措施。

为保证混凝土的耐久性能，除了从原材料、配合比参数等方面提升和保证混凝土的性能外，还需要从以下几个方面采取措施。

（1）混凝土生产方面：应注意混凝土生产及质量控制的稳定性，涵盖原材料品质的稳定性、生产计量的准确性，并应注意外部环境变化，掌握原材料温湿度变化，适时调整混凝土拌合物的性能，控制新拌混凝土温度，满足施工要求。

（2）混凝土浇筑施工质量控制方面：严格按照施工工艺要求进行混凝土浇筑施工，确保浇筑密实，不留蜂窝、孔缝等缺陷；注意大体积混凝土的温度控制，采取有效措施避免混凝土表面裂缝的发生。构造上避免混凝土裂缝措施包括：配置一定间距和配筋率的构造钢筋，对伸缩缝、施工缝、预应力筋锚固端等易遭侵蚀的薄弱关键部位进行封闭。

（3）混凝土养护方面：混凝土浇筑入模后的养护对其水化作用、微结构形成以及性能发展至关重要。为确保混凝土有足够的良好养护条件，宜在混凝土浇筑后应立即进行覆膜保湿养护。当环境温度不低于20℃时，养护龄期不应少于7d；当环境温度低于20℃时，养护龄期不应少于14d。对于处在海中与海水直接接触的结构，宜使混凝土龄期达到28d后拆膜，避免过早使混凝土直接暴露在海水中。

（4）设计方面：设置合理的保护层厚度，在相同条件下，保护层厚度增加可以延长侵蚀性氯离子到达钢筋表面的时间，从而确保钢筋混凝土结构的服役寿命。对于处于浪溅区的混凝土墩台等，其混凝土保护层厚度不宜小于75mm，对于处于水下的基础以及大气区的结构，混凝土保护层厚度不宜小于60mm。

（5）其他强化措施：对于浪溅区的混凝土结构，还宜采用表面涂层等附加措施。

2）防腐强化措施分类

海洋腐蚀环境下的混凝土防腐强化措施主要分为表面涂层、表面浸渍、阴极保护、和涂层钢筋等。

（1）表面涂层

混凝土属于强碱性建筑材料，采用的表面涂料应具有良好的耐碱性、附着性和耐蚀性，常用的涂料有氟碳涂料、环氧树脂涂料等。采用的涂料应有以下特点：

① 超强的抗紫外线能力。
② 优异的化学稳定性。
③ 突出的抗沾污性和自洁性。
④ 卓越的耐温性能。
⑤ 氟碳涂料有超强的耐候能力。

跨海大桥的承台和部分墩处于潮差区，在落潮间隙涂装时，要求涂料具有以下功能：

① 在潮湿混凝土基面具有很好的润湿性、渗透性和优异的附着力。
② 涂料干燥速度快，经过短暂的空气中停留便可浸入海水中，经受海水波动的冲击。
③ 涂料在海水中能够完成固化，其性能基本不受影响。

防护涂层材料包括环氧封闭底漆和氟碳表面漆。环氧封闭底漆为环氧类；氟碳表面漆由柔性氟碳树脂、颜料、助剂等组成。

（2）表面硅烷浸渍

在混凝土表面进行硅烷喷涂。硅烷的小分子结构可穿透胶结性表面，渗透到混凝土内部与暴露在酸性或碱性环境中的空气及基底中的水分子发生化学反应，形成斥水处理层，从而抑制水分进入到基底中。产生防水、防 Cl^-、抗紫外线的性能且具有透气性，可有效防止基材因渗水、日照、酸雨和海水的侵蚀而对混凝土及内部钢筋结构的腐蚀、疏松、剥落、霉变而引发的病变，提高建筑物的使用寿命。

硅烷适用于浪溅区混凝土结构表面的防腐蚀保护，具有良好的耐酸、耐碱、耐磨、耐紫外线、耐风化、耐氯离子、透气性佳等性能，其使用年限与异丁烯三乙氧基硅烷的含量有关，在海洋环境下一般含量大于 40% 的使用年限为 10～15 年，含量大于 98.9% 的使用年限在 20 年以上。

（3）阴极保护

阴极保护是降低钢筋锈蚀速率的有效辅助措施。该方法是通过引入一个外加牺牲阳极或直流电源来抑制钢筋电化学腐蚀反应过程，从而延长海洋环境下钢筋混凝土的服役寿命。一般在钢筋腐蚀开始后启用，以降低腐蚀扩展速率。自 20 世纪 80 年代以来，阴极保护（CP）及电化学处理（EC）已逐步在工程中应用。

（4）涂层钢筋

环氧涂层钢筋是美国在 20 世纪 70 年代开发的，目前美国、日本、欧洲及中东国家均已采用，并已制定了制造和应用环氧涂层钢筋的规范。近年来，我国也有在跨海工程中采用。环氧涂层钢筋的主要不利方面是，环氧涂层钢筋与混凝土的握裹力降低 20%，使钢筋混凝土结构的整体力学性能有所降低；施工过程中对环氧涂层钢筋的保护要求极其严格，加大了施工难度。

3）防腐强化措施选择

（1）表面涂层

氟碳涂料、环氧涂料、硅烷涂料三种混凝土防腐强化涂料都具有优异的特性。

① 氟碳涂料是在氟树脂基础上经过改性、加工而成的一种新型涂装材料，其主要特点是树脂中含有大量的 F-C 键，由于引入的氟元素电负性大，碳氟键能强，使得其具有优异的耐候性、耐热性、耐低温性、耐化学腐蚀性、稳定性好，而且具有独特的不黏性和低摩擦性。

② 环氧涂料是双组分涂料，由环氧树脂和固化剂组成，其主要优点是对水泥、金属等无机材料的附着力很强，且涂料本身非常耐腐蚀；机械性能优良，耐磨，耐冲击，其缺点是耐候性不好，一般用于底漆或内用漆。

③ 硅烷涂料中硅烷的小分子结构可穿透胶结性表面，渗透到混凝土内部与暴露在酸性或碱性环境中的空气及基底中的水分子发生化学反应，形成斥水处理层，从而抑制水分进入到基底中，产生防水、防 Cl^-、抗紫外线的性能且具有透气性，可有效防止基材因渗水、日照、酸雨和海水的侵蚀而对混凝土及内部钢筋结构的腐蚀，提高建筑物的使用寿命，但必须保证硅烷的浸渍效果。

从以上三种涂料的施工要求来看，三种涂料都对涂装基面以及涂刷工序提出了较为严格的要求。要求如下：

① 氟碳涂料涂装表面一般按照基层处理、批抗裂腻子、抛光腻子、底漆喷涂和面漆涂装等几个工序，氟碳涂料的适宜施工温度为 0～35℃，基面温度最好不低于 5℃，不能在雨、雪、雾、霜、大风，或相对湿度 85% 以上的条件下施工。

② 环氧涂料一般的固化温度为 10℃ 以上，否则固化缓慢，这对于在冬季对户外的大型建筑物施工造成困难。

③ 硅烷涂料浸渍施工时应特别注意涂装表面的干燥状态和施工条件，喷涂硅烷的混凝土表面应为面干状态，混凝土表面温度应控制在 5～40℃ 之间，下雨或有强风或强烈阳光直射时不得喷涂硅烷涂料。

图 6-6-1～图 6-6-3 分别为混凝土试件表面的氟碳涂料涂层、硅烷涂料浸渍涂层以及环氧涂料涂层照片。基于试验结果的涂装效果看，采用氟碳涂料涂层施工效果最好，且较容易保证质量。

a) 刚涂刷完成　　　　　　　　b) 涂刷后 8h

图 6-6-1　试件表面氟碳涂料涂层照片

a) 刚涂刷完成的涂层　　　　　b) 涂刷后 8h 的涂层

图 6-6-2　试件表面环氧涂料涂层照片

a) 刚涂刷完成的涂层　　　　　b) 涂刷后 8h 的涂层

图 6-6-3　试件表面硅烷涂料浸渍涂层照片

三种涂料防腐方案综合比较分析，见表 6-6-1。

三种涂料防腐方案综合比较分析表　　　　　　表 6-6-1

序号	项目	表面涂层		表面浸渍
		氟碳涂料	环氧涂料	硅烷涂料
1	作用机理	涂料渗入混凝土表层，在混凝土表面形成附着良好、坚韧的无色透明漆膜	物理黏合，涂料在混凝土表面固化成膜	通过渗透进入混凝土表面与水化的水泥发生化学反应，在基材表面上生成了不溶性防水树脂薄膜
2	耐腐蚀性	良好的耐腐蚀性	良好的耐腐蚀性	优异的防水性及防氯离子渗透性

续上表

序号	项目	表面涂层		表面浸渍
		氟碳涂料	环氧涂料	硅烷涂料
3	稳定性	常温固化、优异的化学稳定性；附着力、抗冲击、硬度、柔韧性好	附着力强、优异的化学稳定性、耐碱性、机械性能	紫外线稳定性、耐久性强，长效保护、渗透深度大
4	外观	良好的装饰效果	装饰效果差	无色，保持混凝土表面自然外观
5	施工	对施工要求高	低温下涂膜固化缓慢，施工时构件混凝土表面一定要干燥，否则涂层易鼓泡、剥落	固化反应时间长，施工时混凝土表面应尽量干燥
6	用途	稳定性好，常用于面漆	耐候性不好，常用于底漆或中间漆	混凝土表面浸渍
7	典型涂装体系	湿固化环氧封闭底漆＋湿固化环氧树脂中间漆或环氧云铁中间漆＋溶剂性氟碳漆	环氧底漆（环氧封闭漆、环氧腻子）＋环氧云铁中间漆＋聚氨酯面漆或丙烯酸面漆	硅烷浸渍＋湿固化环氧封闭底漆＋湿固化环氧树脂中间漆＋聚氨酯面漆或氟碳面漆
8	价格（元/m²）	70～80	60～70	60～70
9	寿命	20 年	5～10 年	15～20 年

基于以上分析，单选用一种涂装材料对混凝土的防腐具有一定的局限性，应根据其特点发挥各自的优良特性，合理选用。氟碳涂料用于面漆，环氧涂料用于底漆和中间漆；硅烷用于混凝土表面浸渍。

（2）环氧涂层钢筋

对于钢筋表面的环氧涂层，虽然它能够很好地保护钢筋锈蚀，但是会降低钢筋和混凝土的咬合，使黏结强度降低，钢筋刚度下降，不均匀应变增加，裂缝间距增大，所承载安全性会降低。同时，因为涂装工艺要求高，造价高，施工质量不易保证，环氧涂层钢筋使用 4～6 年后防腐失效，致使钢筋严重锈蚀。故本项目不推荐选用。

（3）阴极保护

受外部电源等限制，本项目不推荐选用。

4）涂装体系设计

根据福厦高铁桥梁工程混凝土结构所处位置和工程环境，将全桥需要涂装的混凝土表面划分为 4 个不同的区域，见表 6-6-2。

腐蚀区域高程划分   表 6-6-2

划分类别	分界位置	高程（m）			
		湄洲湾	泉州湾）	安海湾	乌龙江
大气区	以上	—	—	—	—
	最高潮水位＋波浪高＋1.0m	11.30	11.80	12.52	12.07
浪溅区					
	最高潮水位	3.80	4.30	4.72	4.57
水位变动区					
	最低潮水位−1.0m	−3.14	−3.32	−3.27	−1.74
水下区					
	以下	—	—	—	—
	平均潮位（m）	0.33	0.49	0.73	1.42
	波浪高（m）	6.50	6.50	6.80	6.50

498

结合本桥位处的环境条件特点，根据涂装划分为 4 个区域，分别制定两套不同的混凝土涂装体系。防护涂装体系设计使用年限为 20 年。具体涂装方案内容见表 6-6-3。

混凝土结构防护涂装方案　　　　　　　　　　　　　　　　　　　　　表 6-6-3

涂装体系	涂料（涂层）名称	涂装道数	总干膜厚度（μm）	单位面积用量（kg/m²）
Ⅰ	环氧封闭底层涂料 + 氟碳面层涂料	1	60	0.2
		2		0.33
Ⅱ	环氧封闭底层涂料 + 氟碳面层涂料	1	100	0.2
		2		0.55
Ⅲ	环氧封闭底层涂料 + 氟碳面层涂料	1	300	0.12
		2		0.6
Ⅳ	环氧封闭底层涂料 + 环氧树脂中间漆涂料 + 氟碳面层涂料	1	400	0.12
		1		0.6
		1		0.4
Ⅴ	硅烷浸渍（600ml/m²）	2	浸渍深度 2mm	0.53

为保证全桥涂层方案及外观的一致性，跨海大桥防腐措施见表 6-6-4，乌龙江特大桥防腐措施见表 6-6-5。

跨海大桥防腐措施　　　　　　　　　　　　　　　　　　　　　表 6-6-4

环境类别 桥梁部位		位置	控制环境	混凝土强度等级	保护层厚度（mm）	附加防腐措施
梁部	梁部	主桥混凝土梁	L1	C55	40	Ⅲ体系
	斜拉索		L1			环氧涂层钢绞线 + 防腐油脂 + HDPE 外护管
桥塔/桥墩	桥塔	桥面以上	L1	C50	50	Ⅱ体系
	双薄壁墩	（最高潮位高程 + 波浪高 +15m）以上	L1	C50	50	Ⅱ体系
		最高潮位高程至（高潮位高程 + 波浪高 + 1.0~15m）之间	L2	C50	50	Ⅲ体系
		（最低潮位高程−1.0m）至（最高潮位高程+ 波浪高 + 1.0m）之间	L3	C50	50	Ⅳ体系或Ⅴ体系
承台	承台	（最低潮位高程−1.0m）以上	L3	C50	90	
		（最低潮位高程−1.0m）以下	L1	C50	90	
桩基		水下桩	L1	C45	90	

乌龙江特大桥防腐措施　　　　　　　　　　　　　　　　　　　　表 6-6-5

环境类别 桥梁部位		位置	控制环境	混凝土强度等级	保护层厚度（mm）	防腐措施
梁部	梁部	混凝土箱梁	T2	C55	40	
	梁部	钢箱梁	T2			
	斜拉索		T2			环氧涂层钢丝 + 双层 PE 护套
主塔	上塔柱		T2	C50	60	Ⅰ体系

续上表

环境类别 桥梁部位		位置	控制环境	混凝土 强度等级	保护层厚度 （mm）	防腐措施
主塔	中塔柱		T2	C50	60	I体系
	下塔柱		T2、H2	C50	60	II体系
承台		水中	H2	C40	90	
桩		水下	H2	C40	90	

6.3 钢结构耐久性

1）国内外高性能耐候桥梁用钢的发展

耐候桥梁用钢作为高性能桥梁钢的一个发展方向，在国外得到了较为广泛的发展。到2000年，日本7%和美国45%的桥梁已经采用了耐蚀钢，实现了不涂装使用。

耐候钢在桥梁上的裸露使用1964年从美国开始。在1977年美国建成了当时世界上最大跨度的上承式耐候钢拱桥——新河峡大桥（New River Gorge Bridge），用耐候钢量1.9万t。其后耐候钢桥在世界范围内得到很快推广，1993年美国裸露耐候钢桥梁已经达到23000座。

日本是在1967年开始在桥梁上使用耐候钢，并制定有《焊接结构用耐大气腐蚀热轧钢》（JIS G 3114）标准，1981年起进行耐候钢露天试验等许多调查与研究，于1985年制定了《无涂装耐候性桥梁设计施工要领》。

日本的地形特点是海岸线多，高温、潮湿，大气中飞来盐粒子含量高，环境严酷，钢在大气中腐蚀严重。日本在整修新干线中钢桁架桥防腐方法的选定都是考虑生命周期成本，以低维修费为出发点，在飞来盐分量多的地区，使用镍系高耐候钢（以下简称"Ni钢"）。

20世纪90年代初我国研制了NH35q桥梁用耐候钢，试制的钢板在桥梁工厂制作了三孔箱形梁，其中有一孔为裸露使用，于1991年10月架设在京广线武昌至余家湾之间的巡司河上。后期由于效果不佳，又重新进行了涂装。

自2004年以来，我国一直致力于高性能耐候桥梁用钢的研发，形成了耐一般工业大气腐蚀桥梁钢和耐海洋大气腐蚀桥梁钢两个大类，开创了国内耐候钢桥梁应用的新局面。已经建造的耐候钢桥近20座，如藏木雅鲁藏布江铁路桥、官厅水库特大桥和张吉怀酉水大桥等。

2）镍系高耐候钢技术进展

（1）合金元素的作用

耐候钢中常见主要的添加元素有Cu、P、Cr、Ni、Mo、Si等。对海洋大气各元素在钢中对提高钢的耐候性效果为Mo＞Cu＞Ni＞P＞Si、Cr。这些合金元素的复合添加，可以获得比分别单独添加更高的双重效果。

Cu：作为耐候钢中合金元素最重要的目的是提高钢的耐蚀性。在钢中加入0.2%~0.4%的Cu时，无论在乡村大气、工业大气或海洋大气中，都具有较普碳钢优越的耐蚀性能。值得注意的是，Cu有抵消钢中S有害作用的明显效果。钢中S含量愈高，合金元素Cu降低腐蚀速率的相对效果愈显著。

Cu在钢中具有许多有益作用，除了提高钢的耐蚀性外，还可提高钢的强度、抗疲劳性，改善焊接性、成型性与机加工性等。

Ni：是一种比较稳定的元素，加入Ni能使钢的自腐蚀电位向正方向变化，增加了钢的稳定性。一般认为Ni是耐大气腐蚀有效的合金元素在含量较多时（3.5%左右），效果显著，可耐各种大气腐蚀。大气暴露试验表明，当Ni含量在3%~4%时，能显著提高海滨耐候钢的抗大气腐蚀性能。

Si：是改善钢的耐大气腐蚀性能的元素。Si和Cu、Cr、P等元素匹配使用，可以较好地改善耐大气腐蚀的性能，尤其改善耐海洋大气腐蚀的性能。耐大气腐蚀钢中的Si含量一般都在1%以下。

Mo：是能够有效地提高耐大气腐蚀性能的合金元素，当钢中含有 0.4%～0.5% Mo 时，在大气腐蚀环境下（包括工业、海洋和农村大气，尤其是工业大气）钢的腐蚀速率可降低二分之一以上。添加 Mo 还可以有效改善钢的耐电蚀性能。在海洋环境中，Mo 由钢中脱溶出来成为负的钼酸离子，与同是负离子的 Cl^- 离子产生排斥的作用，从电化学角度抑制 Cl^- 离子的透过。

Mn：对耐蚀性的影响没有一致的认识，较多学者认为 Mn 能提高钢对海洋大气的耐蚀性，但对在工业大气中的耐蚀性没有什么影响。耐候钢中 Mn 含量一般为 0.5%～2%。

在近海地区飞来盐量（Cl^- 离子量）较多的地域，由于盐分（Cl^- 离子）会阻碍稳定锈层的生成，所以在该环境下，传统耐候钢不能抑制腐蚀的进行。传统耐候钢即使形成锈层，Cl^- 离子也能透过锈层而集中于腐蚀前沿，形成蜂窝状的 Cl^- 聚集区，这些 Cl^- 离子停滞在锈层下，使腐蚀进一步进行。因此传统的耐候钢，只能在飞来盐量（Cl^- 离子量）小于 0.05mdd（$mg.NaCldm^2/day$）的区域无涂敷使用。

要开发具有强耐海洋大气腐蚀性能的耐候钢，如何抑制 Cl^- 离子窝的形成是其关键所在。研究结果表明，3%Ni 高耐候性钢的锈层具有离子交换功能，可将氯离子分离浓缩在锈层外侧，将钠离子分离浓缩在锈层内侧，因此抑制了氯离子渗透到钢基界面，不使 pH 值下降，显著降低了钢的腐蚀速度。

耐海洋大气腐蚀的镍系高耐候钢的特点在于向钢中添加 Ni，同时复合添加 Mo、Cu 等元素。Ni 可以促进锈层致密化，物理性地抑制 Cl^- 离子渗透。Mo 由钢中脱溶出来成为负的钼酸离子，与同是负离子的 Cl^- 离子产生排斥的作用，从电化学角度抑制 Cl^- 离子的透过。主要通过 Ni、Mo 的复合添加效果，抑制 Cl^- 离子窝的形成，即使在飞来盐分含量超过 0.05mdd 的严酷环境中也能具有优越的耐候性能。

（2）Ni 系高耐候钢研制

① 化学成分设计

Ni 系高耐候钢主要以 Ni 元素为主，同时复合添加 Cu、Mo、Mn、Ti 等微合金元素来提高钢的耐蚀及其他物理、化学性能。根据不同的环境及使用位置需要，镍系高耐候钢可分为 3Ni 和 1Ni 两种，其中 3Ni 钢中的 Ni 含量达到 3.0%～3.5%，1Ni 钢中的 Ni 含量达到 0.9%～1.2%，具体化学成分设计范围见表 6-6-6。3Ni 和 1Ni 钢的 C 含量很低，可以使钢板的可焊性、低温韧性更好。

化学成分（Wt%） 表 6-6-6

钢种	C	Si	Mn	P	S	Cu	Ni	Mo	Ti	Nb	Als	V 值
3Ni	≤0.08	≤1.0	≤1.0	≤0.02	≤0.005	≤1.0	3.00～3.50	≤0.6	≤0.1	≤0.1	≤0.1	1.72
1Ni	≤0.08	≤1.0	≤1.0	≤0.02	≤0.005	≤1.0	0.90～1.50	≤0.6	≤0.1	≤0.1	≤0.1	1.67

注：耐海洋大气指数 V 值的计算公式如下（引用标准 JIS Z3320：2012）：

$$V = 1/\{(1.0 - 0.16 \cdot C) \times (1.05 - 0.05 \cdot Si) \times (1.04 - 0.016 \cdot Mn) \times (1.0 - 0.5 \cdot P) \times (1.0 + 1.9 \cdot S) \times (1.0 - 0.10 \cdot Cu) \times (1.0 - 0.12 \cdot Ni) \times (1.0 - 0.3 \cdot Mo) \times (1.0 - 1.7 \cdot Ti)\}$$

② 力学性能

工业试制结果表明，3%Ni 高耐候钢具有优良的力学性能，拉伸性能及低温冲击功完全满足《桥梁用结构钢》（GB/T 714—2015）对该强度级别桥梁用钢的指标要求，韧脆转折温度最低达到 -100℃。是跨海大桥理想的钢铁材料。

③ 焊接材料工艺

研发了耐海洋大气腐蚀桥梁钢 3Ni 高耐候钢配套焊接材料，研制的 3Ni%高耐候钢手工焊、气保焊及埋弧焊配套焊接材料熔敷金属及接头的力学性能完全能够满足桥梁设计规范要求，低温韧性优良，焊接工艺易于操作，在海洋大气环境中的耐腐蚀性能与母材匹配。

（3）腐蚀预测

在日本的"无涂漆耐候钢桥梁的设计、施工要领"中，规定以"100 年的推定板厚减少量为 0.5mm

以下"为基准,超过这种情况产生的层状剥离锈因为会导致板厚急剧减少,所以不适合使用耐候钢。为此根据短期曝晒腐蚀数据进行准确预测服役期限内钢板厚度的减少量是非常有意义的。

经过大量回归分析表明,钢的大气腐蚀的发展遵循幂函数规律。在进行稳定化的措施并预测耐候钢腐蚀量的时候,广泛使用堀川等人提出的计算式:

$$Y = AX^B \tag{6-6-1}$$

式中:X——暴露期间(a);

Y——平均板厚减少量(mm);

A、B——与环境、钢种成分相关的系数。A值相当于第一年的腐蚀率,主要与环境有关;B值表征腐蚀的发展趋势,随钢种及环境变化极大。耐候钢的大气腐蚀产物具有保护作用,其大气腐蚀是一个收敛过程,B值一般在0.2~1.0范围内;普通碳钢在湿热海洋气候地区,锈层没有保护作用,腐蚀过程不收敛,B值在1.0以上。

一般来说,系数A、B是通过基于暴露试验数据的回归分析来确定的,虽然能够预测测试地的腐蚀量,但是需要常年的暴露实验数据组作为支持。在没有暴露数据的地区,需要事先通过测试地区的环境因素确认A、B系数的值。

(4)耐候钢在桥梁上的应用

耐候钢在桥梁上的使用方式主要有锈层稳定化处理后裸露使用和涂装使用两种。

① 裸露使用

裸露使用是耐候钢最突出的优点,也是最为常见的使用方法。裸露使用可以最大程度地发挥耐候钢的作用。所谓裸露使用,即不施加任何涂装或表面处理,在裸露状态下(带有轧制氧化皮或者去除)使用。一般经过4~15年时间后,耐候钢表面才能形成一层致密的锈层。锈层逐渐稳定,使得腐蚀发展减慢,外观呈美丽的巧克力色,从而达到保护基体的目的,这是耐候钢独特的使用方法。由于裸露使用巧妙地利用了耐候钢的稳定锈层特性,不需要再次涂装维修,所以是最经济的使用方法。且稳定化锈层呈暗褐色,也能很好地满足设计意图。

由于耐候钢的锈层稳定化过程受钢材的化学成分、使用环境、构造细节的滞水积尘和机械磨损等条件的影响,如果使用不当,破坏了稳定锈层的生成条件,耐候钢也会产生严重腐蚀。实践证明,在无严重大气污染或非特别潮湿的地区,耐候钢可直接裸露于大气中,在海水和含盐地区、温泉(含H_2S)地区等亚硫酸气体浓度较高的地区都不宜使用耐候钢。日本桥梁建筑协会规定:在海盐粒子飞扬量低于0.05mdd区域,耐候钢可以在无涂覆状态下裸露使用。

② 涂装使用

目前,耐候钢裸露使用仍存在的一些问题。由于耐候钢耐腐蚀锈层的形成需用数年时间,其间将生成红锈(氧化铁)和黄锈等疏松锈层和锈液,流淌锈蚀不仅影响外观且会成为环境污染的原因。另外,耐候钢在海盐粒子飞扬量超过0.05mdd以上的条件下使用时,问题不仅是上述倾向显著,而且生成稳定锈层存在困难。这是由于在海洋大气环境下,耐候钢表面不能形成一层致密的具有保护能力的锈层,原在大气中形成的锈层在海盐粒子的冲击和侵蚀下变成粉状,这种锈层一方面不具有保护性,另一方面污染了钢结构物的外观。因此,在建筑、桥梁、车辆等很多部门,耐候钢和普通钢一样,大多是涂装使用。涂装后的耐候钢和普通钢相比,表现出极优越的耐蚀性,其优点是能够比普通钢延长涂装寿命。

这是因为在耐候钢表面施行涂装后,涂膜与基体附着力增强,在涂膜下发生局部腐蚀速度减小,使涂膜受到损伤的概率减少。另外由于其铁锈扩展的速度也比普通钢的慢,因此延长了涂膜劣化的时间,从而降低了重新涂装维持费。

(5)耐候钢锈层稳定化技术

欲达到耐候钢裸露使用的效果,必须满足生成稳定化锈层的条件,一般需2~4年或更长时间。虽然通过适当设计能够得到锈层稳定化的部分条件,但在裸露使用初期,尚不能防止铁锈的流出,锈层稳定化处理技术是对耐候钢进行人为的表面处理，使之快速形成稳定化锈层，以缩短耐候钢稳定化锈层的形成过程。它既可避免耐候钢使用初期黄色锈液流挂的现象，防止污染，又能达到和裸露使用同样效果，以实现锈层稳定化处理的目的。

目前，锈层稳定化处理方法的研究开发主要集中在以下三个方面。

① 稳定化锈层 + 特种涂层，即耐候性膜处理（双层法）

耐候性膜处理时，首先对底层进行耐候性底膜处理，在耐候钢表面形成以复合磷酸盐为主要成分的无机复合盐膜；然后在其上面涂以丙烯类涂层，形成透气、透水性良好的多孔形栅格涂层。上层多孔形栅格涂膜可以允许一定量的空气、水供给底层，直至其形成稳定化锈层，又可以防止使用初期锈液的流挂、飞散，而且保持外表美观。

② 特种氧化涂层处理（单层或双层）

氧化涂层处理时，在疏水性的载色剂中配上氧化物颜料以及具有促进锈化作用的添加剂，涂敷在耐候钢表面形成有机膜。由于这种有机膜的作用，锈液不会流挂，耐候钢表面形成稳定锈层后有机膜消失。在环境恶劣情况下，通过增加稳定锈层来缓和环境的影响。短曝型氧化涂层几个月后就开始向稳定锈层过渡，长曝型氧化涂层的过渡时间 1～2 年。

③ 氧化铁、磷酸盐系处理（单层或双层）

氧化铁、磷酸盐系由底漆、面漆组成。处理工艺与氧化涂层一样，底漆含有磷酸（磷酸盐）或氧化铁等，有控制早期锈蚀、形成致密稳定锈层的作用。在底漆上再涂刷面漆，适用于腐蚀严重海岸或工业地区等。为了产生稳定锈层，采用具有良好耐候性、耐蚀性含氧化铁的丙烯树脂涂料。

3）腐蚀试验研究

（1）Cl^-离子沿海岸分布规律

Cl^-离子多存在于海岸大气中，是自然污染物。由于其体积较小，可以穿过腐蚀产物层到达金属表面从而促进腐蚀，而且它在反应过程中并不被消耗而是起到催化剂的作用。同时，Cl^-离子的存在，增加了电解液的导电性，促进了腐蚀微电池的作用。因此，Cl^-离子对金属危害性非常大。氯盐的溶解度一般都很高，所以很容易被雨水冲刷掉。但是即使是微量的 Cl^- 离子仍能对钢铁的腐蚀造成重大的影响。Cl^-离子的浓度分布与离海岸线的距离和高度有关。

现有资料表明 Cl^-离子的浓度分布与离海岸线的距离（横向分布）和高度（纵向分布）关系如下：

$$C = C_1 X^{-0.6} \tag{6-6-2}$$

式中：C——飞来盐分量（mdd）；

C_1——与距离 1km 的飞来盐分相当的量；

X——离岸距离（km）。

沿海大气中 Cl^-离子浓度横向分布随着距海岸线距离的增加而衰减，距离海岸近时衰减明显，超过一定距离后趋于稳定；在海岸线附近，Cl^-离子浓度纵向分布按照距海平面高度衰减，且沿纵向衰减要比横向衰减快得多。距离海岸线越远 Cl^-离子浓度衰减幅度越小，到内陆地区垂直方向的 Cl^-离子浓度基本不变。因此，对于跨海大桥而言，当其达到海平面以上一定高度后，其大气中的 Cl^-离子浓度将大大降低。

（2）泉州湾挂片曝晒试验

2016 年 10 月研究团队在泉州湾桥位处开始进行耐海洋大气腐蚀钢的挂片曝晒试验（图 6-6-4、图 6-6-5）。泉州湾属于亚热带海洋性季风气候，温热湿润，海洋性强；季风明显，台风频繁。表层海水温度、盐度一般夏高冬低。该地理位置具备沿海海洋气候的特性，能够可靠地反映钢材在沿海腐蚀环境的腐蚀变化。

选择靠近海水处堤坝上分别设一高一低两个试验点：飞溅区试验点 1（低处）、飞溅区以上大气一区试验点 2（高处）。选择位于距泉州湾 500m 处，海拔高度约 20m 处大气三区试验点 3。

图 6-6-4 泉州湾飞溅区挂片曝晒试验

图 6-6-5 试验点挂片样本

① 大气区曝晒半年后试样腐蚀形貌及速率

2016 年 10 月 23 日至 2017 年 4 月 23 日共计 182d（约半年）试验期间内，两种试验钢在泉州湾曝晒点海洋大气环境下，试样的腐蚀形貌如图 6-6-6 所示。可以看出经过半年的大气曝晒试验，Q345qDNHY-I（1Ni 钢）和 Q345qDNHY-II（3Ni 钢）试验钢的表面均形成致密的褐色锈层且均匀、无鼓包现象。大气一区试片锈层的颜色相较于大气三区要深。

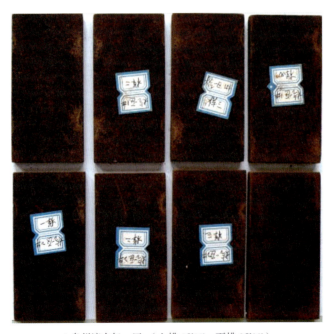

a) 泉州湾大气一区，（上排 1%Ni、下排 3%Ni）

图 6-6-6

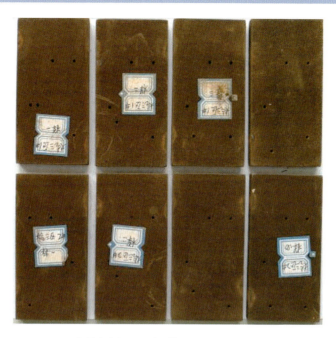

b) 泉州湾大气三区（上排 1%Ni、下排 3%Ni）

图 6-6-6　泉州湾大气区试验钢半年腐蚀形貌

试验钢在大气环境中曝晒半年的腐蚀速率结果见表 6-6-7。由表可以看出 Q345qDNHY-II 钢的耐蚀性要优于 Q345qDNHY-I。距离海洋近的大气一区相对三区腐蚀严重，两个钢种在大气一区的腐蚀速率分别为 0.0537mm/a 和 0.0799mm/a。

根据腐蚀遵循幂函数 $Y = AX^B$ 规律，按照日本研究者的估算方法，在不考虑工业污染物 SO_2 浓度影响的前提下，把实测的第一年腐蚀量作为 A，B 值由下式计算：

$$B = -4611.3A^3 + 769.19A^2 - 32.421A + 1.0109 \tag{6-6-3}$$

计算结果见表 6-6-7。

试验钢在泉州曝晒半年腐蚀结果及腐蚀预测　　　　表 6-6-7

钢种	地区及时间	实测腐蚀速率（mm/a）	计算值 B	腐蚀厚度预测（mm）	
				50 年	100 年
Q345qDNHY-I（1Ni 钢）	大气一区半年	0.070177	0.9301027	2.67	5.09
	大气三区半年	0.032618	0.6117314	0.36	0.55
	飞溅区半年	0.081879	0.9817974	3.81	7.53
Q345qDNHY-II（3Ni 钢）	大气一区半年	0.049224	0.7287686	0.85	1.41
	大气三区半年	0.030946	0.6075597	0.33	0.51
	飞溅区半年	0.058698	0.8254664	1.48	2.63

由于采用了半年数据，计算结果偏大，会偏于安全。可以推断，1Ni 耐海洋大气腐蚀钢也具备裸露使用的潜力。据此，可以认为，距离海岸远于该挂片处的桥梁，可以采用免涂装的 1Ni 耐海洋大气腐蚀钢，反之采用 3Ni 耐海洋大气腐蚀钢，且海拔高于该处时，3Ni 耐海洋大气腐蚀钢可考虑免涂装使用。

对于福厦高铁沿线，以泉州湾的海洋腐蚀状况最为苛刻，因此，试验钢在泉州曝晒半年腐蚀结果及 100 年腐蚀预测（表 6-6-7）可以作为福厦高铁全线的参考依据，针对福厦高铁设计的乌龙江特大桥、泉州湾跨海大桥、安海湾特大桥，根据其自身环境特点及现有数据，进行桥梁结构钢的选材分析。

② 大气区曝晒 1 年后试样腐蚀形貌及速率

2016 年 10 月 23 日至 2017 年 11 月 17 日共计 390d。2 种试验钢在泉州湾大气一区环境，1 年多时间曝晒后，试样表面的腐蚀形貌如图 6-6-7 所示。由图可以看出 Q345qDNHY-I 和 Q345qDNHY-II 钢表面锈层颜色依旧为深褐色，且致密，无任何脱落现象。

图 6-6-7　泉州湾大气一区试验钢 1 年腐蚀形貌（上排 1%Ni、下排 3%Ni）

试验钢曝晒 1 年的腐蚀速率结果：Q345qDNHY-II 钢的耐蚀性要优于 Q345qDNHY-I，2 个钢种在大气一区的腐蚀速率分别为 0.0347mm/a 和 0.0414mm/a。

③ 大气区曝晒 2 年后试样腐蚀形貌及速率

2016 年 10 月 23 日至 2018 年 10 月 29 日共计 736d 的试验期间内，两种试验钢在泉州湾曝晒点海洋大气环境下，试样的腐蚀形貌如图 6-6-8 所示。由图可以看出，经过 2 年的大气曝晒试验，Q345qDNHY-I 和 Q345qDNHY-II 试验钢的表面均形成致密的褐色锈层且均匀无鼓包现象。大气一区与大气三区试片锈层的颜色相差不大。

a) 泉州湾大气一区(上排 1%Ni、下排 3%Ni)

图　6-6-8

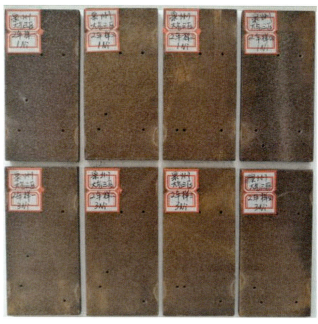

b) 泉州湾大气三区（上排 1%Ni、下排 3%Ni）

图 6-6-8　泉州湾大气区试验钢 2 年腐蚀形貌

试验钢曝晒 2 年的腐蚀速率结果：Q345qDNHY-II钢的耐蚀性要优于 Q345qDNHY-I，距离海洋近的大气一区相对三区腐蚀严重，两个钢种在大气一区的腐蚀速率分别为 0.0244mm/a 和 0.0338mm/a。

④ 大气区曝晒 4 年后试样腐蚀形貌及速率

2016 年 10 月 23 日至 2020 年 12 月 7 日共计 1506d（4 年多）的试验期间内，两种试验钢在泉州湾曝晒点海洋大气环境下，试样的腐蚀形貌如图 6-6-9 所示。由图可以看出：试验钢经过 4 年的大气曝晒试验，表面锈层依旧稳定且均匀致密无鼓包现象；大气一区与大气三区试片间的锈层颜色都为褐色且相差不大。

a) 泉州湾大气一区（上排 1%Ni、下排 3%Ni）

图　6-6-9

b) 泉州湾大气三区（上排 1%Ni、下排 3%Ni）

图 6-6-9　泉州湾大气区试验钢 4 年腐蚀形貌

试验钢曝晒 4 年的腐蚀速率结果：Q345qDNHY-II 钢的耐蚀性要优于 Q345qDNHY-I。距离海洋近的大气一区相对三区腐蚀严重，两种试验钢在大气一区的腐蚀速率分别为 0.0183mm/a 和 0.0151mm/a。

① 飞溅区曝晒半年后试样腐蚀形貌及速率

2016 年 10 月 23 日至 2017 年 4 月 23 日共计 182d（约半年）的试验期间内，两种试验钢在泉州湾曝晒点海岸飞溅环境下，试样的腐蚀形貌如图 6-6-10 所示。试样锈层为褐色且致密，表面无任何鼓包现象。

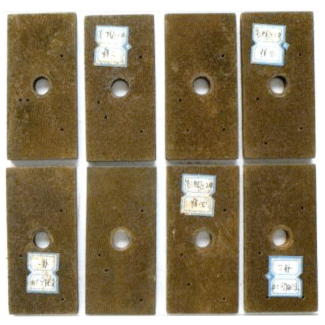

图 6-6-10　泉州湾飞溅区半年试验钢腐蚀形貌（上排 1%Ni、下排 3%Ni）

试验钢在飞溅环境中曝晒半年的腐蚀速率结果：Q345qDNHY-II 钢腐蚀速率为 0.0632mm/a，Q345qDNHY-I 腐蚀速率为 0.0916mm/a。

② 飞溅区曝晒 1 年后试样腐蚀形貌及速率

2016 年 10 月 23 日至 2017 年 11 月 17 日共计 390d（约 1 年）的试验期间内，两种试验钢在泉州湾曝晒点海岸飞溅环境下，试样的腐蚀形貌如图 6-6-11 所示。由图可以看出：其锈层形貌与半年腐蚀试样相同，颜色为褐色，表面致密无鼓包现象。

图 6-6-11　泉州湾飞溅区 1 年试验钢腐蚀形貌（上排 1%Ni、下排 3%Ni）

试验钢在飞溅环境中曝晒 1 年多时间内的腐蚀速率结果：Q345qDNHY-II钢腐蚀速率为 0.0517mm/a，Q345qDNHY-I 腐蚀速率为 0.0649mm/a。

③ 飞溅区曝晒 2 年后试样腐蚀形貌及速率

2016 年 10 月 23 日至 2018 年 10 月 29 日共计 736d（约 2 年）的试验期间内，两种试验钢在泉州湾曝晒点海岸飞溅环境下，试样的腐蚀形貌如图 6-6-12 所示。由图可以看出：试样锈层为褐色且致密，表面无任何鼓包现象。

图 6-6-12　泉州湾飞溅区 2 年试验钢腐蚀形貌（上排 1%Ni、下排 3%Ni）

试验钢在飞溅环境中曝晒 2 年的腐蚀速率结果：Q345qDNHY-II钢腐蚀速率为 0.0325mm/a，Q345qDNHY-I腐蚀速率为 0.0414mm/a。

④飞溅区曝晒 4 年后试样腐蚀形貌及速率

2016 年 10 月 23 日至 2020 年 12 月 7 日共计 1506d（约 4 年）的试验期间内，两种试验钢在泉州湾曝晒点海岸飞溅环境下，试样的腐蚀形貌如图 6-6-13 所示。由图可以看出两种试验钢试样经过 4 年的腐蚀后，锈层依旧致密且呈现出褐色，表面无任何鼓包现象。

图 6-6-13 泉州湾飞溅区 4 年试验钢腐蚀形貌（左 1 为 1%Ni、其余 3%Ni）

试验钢在飞溅环境中曝晒 4 年的腐蚀速率结果：Q345qDNHY-II钢腐蚀速率为 0.0228mm/a，Q345qDNHY-I腐蚀速率为 0.0297mm/a。

综上分析可看出 Q345qDNHY-II钢耐蚀性要优于 Q345qDNHY-I。

4）钢桥环境选材分析

（1）乌龙江特大桥

乌龙江特大桥桥址处距离海岸线较远，最近距离达到 20km 以上，空气中飞来盐分含量低，氯离子影响小。可以认为该处适用于一般大气条件下的耐候钢，没有必要采用镍系高耐候钢。

推荐采用非耐海洋大气腐蚀耐候钢 Q370qDNH、配合使用 Q500qDNH 或 Q420qDNH，无涂装应用。相关钢种技术要求执行《桥梁用结构钢》（GB/T 714—2015）。

关于无涂装耐候钢桥的桥位限制对桥下距水面净空的要求，美国规定桥下净空限制为静止水面桥下净空不得小于 3m，流动水面不得小于 2.4m；英国规定桥面距离水面高度不低于 2.5m。乌龙江特大桥梁底钢梁距水面的高度 25m，因此具备采用无涂装耐候钢的桥址条件，但是要注意桥梁钢结构细节设计。

推荐采用的《桥梁用结构钢》（GB/T 714—2015）中的高性能耐候钢 Q345qDNH～Q500qDNH，根据相关曝晒试验数据，按照幂函数预测 100 年的腐蚀量为 0.41mm；根据日本相关规定，可以裸露使用，不需要考虑腐蚀厚度。因此，乌龙江特大桥采用高性能耐候钢，可以实现免涂装应用。

（2）泉州湾跨海大桥

泉州湾跨海大桥桥梁钢结构距水面 50m，相对氯离子浓度较低，3Ni 耐海洋大气腐蚀钢具备免涂装应用要求。按照目前数据及按照日本相关方法预测，理论上该桥梁主结构采用 3Ni 耐海洋大气腐蚀钢，建桥时涂装一次。同时，在桥梁建成后同期在桥上适当位置进行为期 8 年的挂片曝晒试验及小型模拟裸露桥梁结构的雕塑造型，并进行氯离子浓度实测。如果 8 年试验结果显示腐蚀量及氯离子浓度允许裸露使用，则后期可以不再重新涂装维护。为了装饰效果，可简单涂装面漆。

索塔钢锚梁：距水面 118～161m，可以考虑采用 1%Ni 的高镍耐候钢进行一次涂装。

(3)安海湾特大桥

安海湾特大桥虽然跨海,桥梁钢结构距水面39.2m,相对氯离子浓度较低,按照目前数据及按照日本相关方法预测,推荐该桥梁主结构采用3Ni耐海洋大气腐蚀钢,建桥时涂装一次。同时,在桥梁建成后同期在桥上适当位置进行为期8年的挂片曝晒试验及小型模拟裸露桥梁结构的雕塑造型,并进行氯离子浓度实测。如果8年的试验结果显示腐蚀量及氯离子浓度允许裸露使用,则后期可以不再重新涂装。为了装饰效果,可简单涂装面漆。钢主梁采用3%Ni钢材的情况下,可进行初次涂装,后期维护免涂装。

索塔钢锚梁,距水面97.6~130m。

索塔钢锚梁离水面较高且在索塔内腔(类似室内),采用1%Ni的A1Q370qD,可不做涂装或仅做简单面漆涂装。

(4)选材经济性分析

上述三座大桥应用高性能耐候钢作为桥梁结构用钢,现对其100年的设计使用寿命期的经济效益进行对比分析,见表6-6-8。经济效益分析表(表6-6-8)中:如采用普通钢材,内外表面均采用长效型涂装,其内陆寿命期按20年,海上寿命期按12.5年计算;对于应用耐候钢的实际情况,采用长效型涂装寿命期按20年计算;另外对于耐候钢只计算初期涂装费用或锈层稳定化处理费用,平均厚度规格按照24mm计算。钢材价格仅考虑钢材,其他如焊材、焊接制作、运输、结构安装全部工序的预算价格不包括在内,涂装价格为包含喷砂除锈等所有工序的预算价。

由表6-6-8可以看出,对于内陆跨河桥梁乌龙江特大桥,建设初期钢结构部分的工程造价采用耐候钢比采用普通钢+涂装费用高18%左右,但是100年服役期成本可降低约42%;而泉州湾特大桥和安海湾特大桥由于处于海洋环境,需要应用含Ni高的镍系高耐候钢才具备免涂装应用的条件,如此其初期造价增加了60%左右,但是其100年服役期成本可降低约43%。采用合适的耐候钢,该三座桥梁在全寿命周期的成本大大低于采用"普通钢+涂装"。

高性能耐候钢应用经济效益分析表 表6-6-8

用钢类型	桥梁	钢牌号	钢材用量(t)	钢材单价(元)	涂装单价(元/m²)	建设初期涂刷次数	建设初期涂装总价(万元)
普通钢	乌龙江特大桥	Q345qD	1470.1	4260	120	1	187
		Q370qD	12715.4	4600	120	1	1620
	泉州湾特大桥	Q345qD	1367.6	4260	120	1	174
		Q370qD	10614.1	4600	120	1	1352
	安海湾特大桥	Q345qD	1005.7	4260	120	1	128
		Q370qD	7713.9	4600	120	1	983
耐候钢	乌龙江特大桥	Q345qDNH	1470.1	5260	25	1	39
		Q370qDNH	12715.4	7190	25	1	337
	泉州湾特大桥	A3Q345qD	1307.6	9600	70	1	97
		A3Q370qD	9959.4	9800	70	1	740
		A1Q370qD	714.7	6410	70	1	53
	安海湾特大桥	A3Q345qD	965.7	9600	70	1	72
		A3Q370qD	7087.2	9800	70	1	527
		A1Q370qD	666.7	6410	70	1	50

续上表

用钢类型	建设初期合计费用（万元）	建设初期对比结果（万元）	初期成本增加（%）	100年寿命期内涂刷次数	100年使用寿命期成本（万元）	100年使用寿命期成本对比（万元）	成本增加（%）
普通钢	25461	0	0	4	32689	0	0
				4			
	20245	0	0	5	27877	0	0
				5			
	14828	0	0	5	20382	0	0
				5			
耐候钢	27470	2010	7.9		27470	−5219	−16.0
	25616	5371	26.5		25616	−2261	−8.1
	18687	3859	26.0		18687	−1695	−8.3

5）耐候钢应用情况

耐候钢在福厦铁路安海湾特大桥主要应用于索塔钢锚梁、全线球型钢支座，以及配套使用的高强螺栓。

（1）索塔钢锚梁

索塔钢锚梁采用 Ni 系高性能耐海洋大气腐蚀钢，不进行涂装、不设除湿系统，靠其自身生成致密稳定的钝化锈层，阻止氯离子渗透，实现全寿命期的长效防腐。钢锚梁在出厂前采用锈层稳定化技术对钢结构表面进行处理，以尽早形成稳定致密的锈层。

（2）球型支座

球型支座应采用耐海洋大气环境腐蚀铸钢，牌号为 ZG345qDNHY-I 或 ZG345qDNHY-II。

（3）高强耐海洋大气腐蚀螺栓

高强耐海洋大气腐蚀螺栓的力学性能（经过调质处理后）和硬度要求应符合相关的规定。

6.4 结论

（1）提高混凝土强度、加大保护层厚度、提高混凝土质量、控制混凝土各项技术指标，特别是适当降低混凝土电通量、控制混凝土抗氯离子扩散性能，可显著提高混凝土的耐久性能。

（2）混凝土结构处于严重腐蚀环境下，除结构本体强化防腐措施外，同时辅以防腐蚀附加强化措施，如混凝土表面涂层、混凝土表面硅烷浸渍等。

（3）结合现场挂片爆晒试验，提出适合本项目具有耐海洋大气腐蚀性能的桥梁用的镍系列耐候钢。主梁主体结构采用 3%Ni 的 Q370qD，索塔钢锚梁离水面较高，采用 1%Ni 的 A1Q370qD。初期可进行锈层稳定化处理或涂装一次，后期服役免涂装维护。初期造价增加了 60% 左右，但是其 100 年服役期成本可降低 35~43%。

第 7 章 大跨度 40m 箱梁运架技术研究

7.1 概述

我国高铁桥梁建设以简支梁桥为主流,其中 24m、32m 整孔简支箱梁应用最为广泛,施工过程中,主要采用预制架设建造模式,并大量使用提梁机、运梁车和架桥机等大型施工设备。随着我国高铁桥梁建设规模的持续扩大,所面临的地形、地质、环境等条件日趋复杂,对简支梁的跨越能力提出了更高需求。为此,我们组织开展了 40m 大跨度简支箱梁建造关键新技术的研究工作。新技术的应用为桥梁运架施工带来了全新的挑战,因此,研发新型高端箱梁运架成套设备已成为当务之急。

7.2 运架设备关键技术

高铁 40m 箱梁运架成套设备主要包括运架一体机、运架分体机、搬梁机、提梁机,可实现 20~40m 多种跨度简支箱梁的运输和架设,如图 6-7-1~图 6-7-4 所示。箱梁运架成套设备适应线路最大纵坡为 30‰、最小曲线半径为 2000m。

图 6-7-1 运架一体机

图 6-7-2 运架分体机

图 6-7-3 搬梁机

图 6-7-4 提梁机

1）运架一体机

运架一体机具有提梁、运梁、架梁三合一功能，安全性好、适用范围广，满足隧道口、隧道内、连续梁等全工况运架梁施工需求。其关键技术如下：

（1）自动同步控制技术。自主开发多传感器融合控制系统，实现前后车走行及转向的高精度自动同步，保证行车安全。

（2）自动对中驾驶技术。采用高精度测距系统与转向系统的闭环控制，实现隧道内快速自动驾驶（图6-7-5）。

（3）自动折转技术。采用液压自动折转机构，实现主支腿的运梁、架梁姿态快速转换（图6-7-6）。

图6-7-5　自动对中驾驶

图6-7-6　主支腿自动折转

2）运架分体机

运架分体机由U形运梁车和一跨式架桥机组成，可实现隧道出口3m、隧道进口40m架梁。其关键技术如下：

（1）超低位运架梁技术。首创超低位运架梁技术，研制了超低位运梁装置（图6-7-7），应用该装置在隧道仰拱填充时无须预留后浇层，即可实现快速驮运过隧和隧道口高效架梁。

（2）快捷变跨技术。创新设计架桥机支腿结构，可实现任意变跨、快速过孔（图6-7-8），大幅度提高了施工效率。

（3）自动变形技术。创新设计支腿自动翻转、折叠机构，实现架桥机自行快速变形、驮运过隧及后支腿自动回位（图6-7-9），可提高工作效率、降低施工成本。

（4）自动落梁技术。集成影像识别、智能控制等技术，自动调整、定位，实现精准自动落梁（图6-7-10）。

图6-7-7　超低位运梁装置

图6-7-8　变跨过孔

图6-7-9　后支腿自动回位

图6-7-10　精准自动落梁

3）搬梁机

轮胎式搬梁机适用于高铁 20～40m 双线整孔箱梁及单线梁的搬运转移。关键技术如下：

（1）自动调平技术。采用高精度闭环同步控制技术，可实现 4 套卷扬系统起升速度的自适应调整，解决人工调平不可控的难题；并可保证起吊过程的平稳性（图 6-7-11）。

（2）重载转弯技术。采用半八字转向控制模式，可实现整机重载转弯（图 6-7-12）。

（3）自动变跨技术：采用自动顶推机构，可实现起重天车自动快速无级变跨，提高施工效率。

图 6-7-11　箱梁自动调平

图 6-7-12　整机重载转弯

4）提梁机

提梁机适用于 20～40m 简支箱梁的吊运及跨线提梁作业，并满足吊运一体机和分体机整体上下桥的需求。关键技术如下：

（1）双机联动技术。通过无线传输技术实现双机运行数据及影像共享，进行单台主控、双重监控，可保证双机联动的安全性（图 6-7-13）。

（2）高精度同步控制自动纠偏技术。采用高精度同步控制自动纠偏系统，可实现实时纠偏，并保证行走系统及结构的稳定性（图 6-7-14）。

图 6-7-13　吊运一体机

图 6-7-14　双机联动提梁

7.3　运架设备研发

1）研发背景

2013 年，铁道部发布的第 34 号铁道部令中第 38 条明确要求"开展大跨度桥梁研究"，铁总建设〔2013〕103 号文指出"梁部结构宜采用预应力混凝土结构并以简支为主"。原铁道部和中国铁路总公司相关文件精神是我国高铁大跨度简支梁发展的政策依据和技术导向，也是高铁桥梁的发展方向。2016 年之前，我国高铁预制简支梁桥最大跨度为 32m；当跨度大于 32m 时，大多采用现浇桥梁。现浇桥梁经济性指标较差且质量控制难度大,因此亟须研究大跨度预制箱梁的运架设备,以满足高铁桥梁建设的需要。

中铁十一局集团有限公司联合中铁第五勘察设计院集团有限公司成立了 40m 箱梁运架成套设备研发团队,为保证研究工作顺利开展,针对中国中铁、中国铁建等主要铁路建设单位的 32m 箱梁运架成套设备展开调研,历时半年。调研结果如下:

截至 2016 年底,32m 箱梁运架设备合计为 681 台,使用 5 年以上的设备占比达 89.3%(图 6-7-15)。这些设备大部分存在结构部件损耗,电气、液压元件老化等问题,甚至有些设备面临更新、升级。

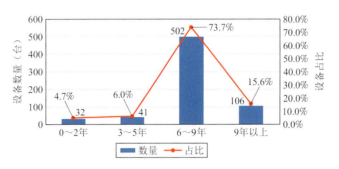

图 6-7-15　32m 箱梁运架设备数量及时间统计

(1)32m 箱梁运架设备存在的主要问题

① 分体式运架设备运梁过隧时填充层不能一次浇筑完成,影响隧道施工。

② 由于空间受限,分体式运架设备架梁时后支腿无法展开和支撑,不能满足隧道口近距离架梁需求。

③ 分体式运架设备变跨时需拆装支腿连接螺栓,变跨移位时间较长,效率低。

(2)40m 箱梁运架设备需要具备的功能和特点

① 运架一体机满足隧道内运、架梁功能。

② 运架分体机满足隧道内运梁、隧道口近距离架梁功能。

③ 架桥机具备快速转场、便捷拆装、快速变跨功能。

④ 运架设备具备高寒、沿海等复杂环境条件下的适用性。

⑤ 运架设备具备智能化、信息化特点。

2)方案分析论证

根据 32m 箱梁运架设备调研结果,经讨论后提出了两种方案:一是升级改造 32m 箱梁运架设备;二是研发 40m 箱梁运架成套设备。

(1)改造设备方案论证

根据 40m 箱梁运架施工要求,首先研究了 32m 箱梁运架设备升级改造方案,并在经济性、安全可靠性、工效等方面与新制 40m 箱梁运架成套设备进行了对比,见表 6-7-1。

分体式架桥机、运架一体机原有结构加长后,强度、刚度不足,无法利用,升级改造不可行。32m 箱梁搬梁机、提梁机、运梁车升级改造费用比新制设备低,考虑原设备残值的情况下,升级改造经济性差。

因此,32m 箱梁运架成套设备升级改造方案不可行,需新研制 40m 箱梁运架成套设备。

升级改造与新研制设备主要指标对比　　　　表 6-7-1

设备名称	方案	经济性(万元)	安全可靠性	工效
搬梁机	900t 升级改造	改造:500~850;残值:900	既有元器件使用时间长,可靠性低	提梁 24min/片
	1000t 新研制	1650	采用新的元器件,可靠性高	提梁 14min/片
提梁机	450t 升级改造	改造:400~800;残值:650	主要外购件使用时间长,可靠性低	提梁 75min/片
	500t 新研制	1450	采用新的外购件,可靠性高	提梁 50min/片

续上表

设备名称	方案	经济性（万元）	安全可靠性	工效
运梁车	900t 升级改造（无法运梁过隧）	改造：450~650；残值：950	既有元器件使用时间长，可靠性低	运梁速度3km/h
	1000t 新研制	1650	采用新的元器件，可靠性高	运梁速度5km/h

（2）新研制设备方案论证

在 40m 箱梁建造技术标准、现场工况基础上展开研究，通过研究提出了两个新研制设备方案，并通过论证分析对比选取最优方案。新研制设备方案对比见表 6-7-2。

新研制设备方案对比表　　　　　表 6-7-2

新研制设备	方案一	方案二	方案选择
搬梁机	A 型支腿单主梁结构	门形支腿双/单主梁结构	用户根据需求选择不同形式的搬梁机
提梁机	单侧大车走行机构单轨运行	单侧大车走行机构双轨运行	考虑地基承载及基础成本，选择方案二
运架分体机	两跨式架桥机	一跨式架桥机	根据施工流程及效率，选择方案二
运架一体机	下导梁式运架一体机（运梁机＋导梁机）	运架一体机	根据施工流程及效率，选择方案二

3）关键技术

在 40m 箱梁运架成套设备研制过程中，围绕性能要求及技术难点，开展创新研究，攻克了 20 多项关键技术。

（1）新型材料研发

与 32m 运架一体机相比，40m 运架一体机的长度、荷载明显增加，对运架一体机的强度、刚度提出了更高的要求。

初始阶段参考 32m 运架一体机的结构尺寸进行设计，通过理论计算结构应力需达到 1020MPa，选用 32m 运架一体机 Q460D 材料不满足强度要求。再次考虑扩大主梁截面尺寸，在满足材料 Q460D 强度条件下进行结构设计，确定截面后，其整机外形尺寸超过隧道断面，无法满足过隧要求。在满足过隧条件下，通过有限元软件多次模拟仿真计算、研究讨论确定最优的主梁截面和材料等级，选定材料的抗拉强度应不低于 785MPa，且在 −20℃ 条件下冲击功需达到 120J。通过调研，国内虽有 785MPa 钢材，但冲击功不能满足要求。

为解决材料这一技术难题，研发团队与国内知名钢铁科研单位联合成立专项课题组，共同研发适合 40m 运架一体机的新型材料（785MPa 级高强钢）。通过分析研究相类似材料的科研成果，提出钢材的化学元素配比方案。采用纯净钢控制技术、高质量铸坯控制技术、轧钢热处理等先进工艺，轧制不同厚度的试验用钢。通过金相分析、力学性能试验等理化检验手段评估材料是否满足使用要求。不断优化成分、调整生产工艺，先后生产 20 余批次试验用钢，开展上百次取样及试验分析，历经 120 余天的日夜奋战，于 2019 年 4 月顺利完成了新型材料研发，并命名该新型材料牌号为 GT785D。图 6-7-16 为首批 GT785D 高强钢试产现场。

（2）支腿自适应技术

为保证支腿轴向受力，在 40m 运架一体机主支腿下部设置关节轴承，承载面有水平误差时可随角度自动调节，达到自适应效果。

运架一体机支腿承受荷载较大，关节轴承受力接近 7000kN，研发团队初步选用 GX280T 关节轴承，其额定动荷载可达 17000kN，额定静荷载可达 28000kN。由于关节轴承承受荷载较大、安装精度高，为确保设备安全，通过理论分析、加载试验对关节轴承进行检验。在理论分析过程中，假设关节轴承内外圈完全接触，通过有限元分析，GX280T 关节轴承满足要求。进一步通过反复加载试验验证关节轴承的可靠性，当荷载缓慢施加到 6000kN 左右时，关节轴承外圈断裂。试验与理论分析结果存在较大差异。通过认真观察、讨论分析发现，轴承内、外圈实际接触未达到 100%，测量破坏后轴承实际接触面积仅为 30%～50%。

图 6-7-16　首批 GT785D 高强钢试产

根据试验结果，将轴承内、外圈接触面调整为 30%、50%进行仿真分析，分析结果表明关节轴承不满足承载要求，与试验结果一致。通过进一步分析研究，认为导致轴承外圈断裂的主要原因是：①关节轴承的结构形式不利于外圈受力；②轴承材料（GCr15SiMn）脆性大。

通过不断优化关节轴承结构形式、尺寸，创新设计了 GX250S 型关节轴承，并按接触面 30%、50%、100%进行反复加载仿真模拟和反复验证，最终确定了轴承结构尺寸。委托专业轴承厂家进行生产，并提出了生产技术要求：①关节轴承内外圈接触面积不低于 50%；②关节轴承具备一定的硬度和塑形，轴承经热处理后达到外硬内软的效果，要求轴承材料由 GCr15SiMn 改为 30CrMnTi。

图 6-7-17 为有限元模型及仿真图。

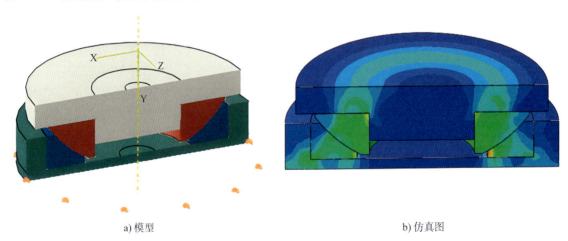

a) 模型　　　　　　　　　　　　　　b) 仿真图

图 6-7-17　有限元模型及仿真图

GX250S 型关节轴承研制完成后，通过贴合试验，轴承内外圈接触面积达到 50%以上，然后进行加载试验，当荷载加载至 7500kN 时，关节轴承状况良好；通过进行应力检测，得出的检测结果与理论分析、加载试验结果一致。

图 6-7-18 为 GX250S 型关节轴承结构图。

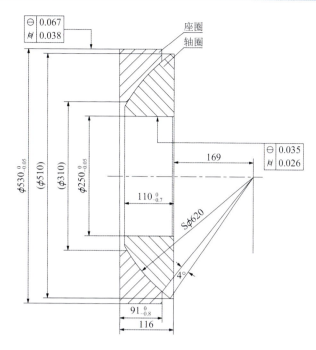

图 6-7-18　GX250S 型关节轴承结构图（尺寸单位：mm）

（3）超低位运架梁技术

传统运梁车高度过高，隧道仰拱填充层需预留后浇层方可运梁过隧，存在二次浇筑问题，造成隧道施工困难；同时隧道口架梁过程中，架桥机高度过高，无法实现隧道内取梁和隧道口近距离架梁。经研发团队研究讨论后，一致认为进一步降低运梁车、架桥机高度可有效解决以上问题，并提出"小轮胎、U 形车体结构及滑动式驮梁机构"技术方案，以降低运梁车高度（图 6-7-19、图 6-7-20）；采用"重型移运器、后走行液压均衡"方式解决隧道口架梁难题（图 6-7-21、图 6-7-22）。

图 6-7-19　U 形车体结构

图 6-7-20　滑动式驮梁机构

图 6-7-21　重型移运器

图 6-7-22　液压均衡机构

① 优化轮胎总成结构

结合当前轮胎技术参数，明确运梁车轮胎直径不超过 0.95m，承载力达到 80kN，通过对小直径、大承载轮胎设计及制造技术调研，市场上只有 355/65-R15 型轮胎总成性能参数比较接近，但无法安装大轴载减速机。研发团队研讨决定在355/65-R15型轮胎基础上，通过加厚胎体、加强带束层的钢丝帘线、优化轮辋结构等技术措施，最终实现轮胎直径由1.2m降低到0.9m，且满足悬挂设计要求。

②创新设计U形车体结构

运梁车车体初步方案采用主梁中置式结构，在空间、强度、刚度要求下，无法进一步降低车体高度。研发团队打破常规、跳出惯性思维，设计出双主梁边置的U形车体结构。实践证明"U形车体结构"方案是合理、可行的。

③创新设计滑动式驮梁机构

传统驮梁小车通过滚动的运动方式驮梁喂梁。由于传统驮梁小车设计的滚轮直径较大，使得其设计高度至少要在0.6m以上，导致驮梁高度超过方案设计指标。研发团队通过耐磨板重载滑动试验，分析滑板与轨道间的滑动性能，结果表明摩擦力在可行范围内，认为滑动运动方式能够解决高度问题。通过设计专用驮梁机构及滑板，使驮梁小车高度降低至0.3m以下。

④创新应用重型移运器

架桥机主梁及支腿结构优化设计完成后，采用传统轮轨式起重天车，整机高度仍然超标，不足以在隧道内取梁，无法解决隧道口近距离架梁难题，必须采用新型结构代替传统轮轨式结构，降低起重天车的设计高度。基于轻型移运器在公司其他设备成功应用经验，调研市场现有重型移运器，并分析各型号的外形尺寸、承载能力等性能参数，研究其应用的可能性。经专家论证、设计验算，并应用重型移运器将起重天车高度降低至1m以下，可移至隧道内取梁，实现隧道口近距离架梁。

⑤创新研发液压均衡机构

后支腿走行机构采用传统机械均衡方式结构复杂，很难降低支腿底横梁的高度，因此不能满足运梁车喂梁要求。对此首先优化机械均衡机构，改变安装位置及结构形式，在确保受力情况下，高度最多降低1m，但仍未达到超低位喂梁要求。采取液压均衡技术，前、后走行机构受力均衡一致，不需要均衡梁，后支腿底横梁顶面高度，可将传统架桥机的3.1m降低至1.3m，实现了超低位喂梁、架梁。

（4）快捷变跨技术

架梁施工过程中，架桥机需要频繁地进行变跨作业，常规架桥机变跨时需大型起重设备辅助拆解支腿，变跨时间长、成本高，存在高空吊装作业风险。通过3D模型分析变跨作业工序，经过多次模拟研究，设计了两种可实现快捷变跨的方案。

方案一：后、中支腿与主梁固结，下部均设置有走行机构，前支腿上部设置驱动机构。后、中支腿共同驱动主机前移过孔，中支腿走行到梁端位置架梁。变跨时，前支腿通过挂轮自行移位完成变跨。

方案二：后支腿与主梁固结，下部设置有走行机构，中间辅助支腿与主梁铰接可翻转，前支腿上部设置有驱动机构。后支腿驱动主机前移，然后支撑；前支腿自行移位至变跨位置并支撑；翻转中间辅助支腿，继续驱动主机前移就位，完成过孔及变跨。

对以上两种方案进行分析论证，得出如下结论：

方案一中架桥机为两跨式结构，主梁长度较长，不适应小曲线半径，生产成本较高，无市场竞争优势。方案二将中间辅助支腿设计为可翻转方式，并将前支腿设计为三角形结构形式，稳定可靠，过孔就位同时完成变跨，施工作业流程简单。

通过以上两种方案的对比分析认为，方案二在经济性、安全性、操作便捷性等方面具有明显的优势。因此选用方案二。

（5）自动变形技术

由于现有架桥机后支腿宽度较宽，结构部件重量大，拆解过隧效率低、在隧道口组装恢复难度大，且需起重设备配合方可完成。研发团队通过计算软件对结构外形尺寸进行优化，同时利用机械系统动力学自动分析软件模拟翻转、折叠运动轨迹及受力状况，确定最佳方案。在翻转、折叠等部位安装液压机构实现自行快速变形和恢复（图6-7-23），解决了架桥机过隧及隧道口组装难题。

图 6-7-23 后支腿自动快速变形

（6）新型液压行车制动技术

现有的运梁车行车制动多采用气制动技术（图 6-7-24），该气制动系统的储气罐、气动阀等元器件容易漏气，出现气压降低，导致制动扭矩变小，存在制动不可靠、失灵等隐患。

常开式制动器在液压系统或管路出现故障时不能立即关闭，导致无法及时制动，安全风险高。基于以上原因，提出采用常闭式液压制动的新思路，根据常闭式液压制动原理，开发运梁车专用制动单作用液压缸及常闭式控制系统（图 6-7-25），经反复试验验证，制动控制系统安全可靠。

图 6-7-24 气动制动装置　　图 6-7-25 单作用液压缸及常闭式控制系统

（7）自动调平技术

在提、落梁过程中，常规搬梁机采用人工实时监视梁片水平度，出现偏差较大时需手动单独调整，费时费力，同时人工调整精度不可控，容易出现的问题：①姿态不水平，造成吊杆受损变形，甚至断裂；②钢丝绳与滑轮摩擦过大，易造成断丝，严重时可能拉断钢丝绳导致梁片坠落。

针对以上问题，进行自动调平技术攻关。要实现自动调平，需对各吊点的位置进行实时测量。为避免人工目测误差大，确定通过激光测距传感器或高精度绝对值编码器实现吊点位置实时测量。为验证激光测距传感器和高精度绝对值编码器的适应性，进行了多次测试与试验。测试中，高精度激光测距传感器室内测试效果良好，而室外测试中雨天和灰尘较大情况下效果较差；高精度绝对值编码器室内外测试效果均满足要求。基于智能控制理论及控制算法，将 4 组实测数据反馈至 PLC 处理器进行分析比对，并通过控制系统对起升速度实时进行自适应调整，经过 30 余次现场试验，反复调整时滞参数，最终将梁片水平误差控制在 5cm 之内。

图 6-7-26 所示为现场提梁自动调平。

图 6-7-26 现场提梁自动调平

（8）新材料焊接技术

GT785D 高强钢首次在高铁施工设备领域应用，国内外尚无相关焊接施工技术及质量控制经验。GT785D 高强钢碳含量高，焊接难度大，容易产生裂纹、气孔等缺陷，为探究该高强钢的焊接工艺，对焊接工艺进行专项研究。

通过焊接工艺模拟软件仿真确定初步工艺参数，根据等强匹配原则选取 ER76-G 实心焊丝作为焊接材料，并进行了大量的焊接试验（图 6-7-27、图 6-7-28）。以 30mm 厚板材为试件进行常温环境焊接试验，焊接完成后静置 10d，结构试验焊缝均出现大量裂纹，表明常温下 GT785D 高强钢焊缝极易出现氢致冷裂纹。研发团队通过在 50℃、100℃、150℃、200℃预热温度下进行了 72 次对比焊接试验，结果表明板越厚其需要的预热温度越高。根据试验结果，确定了采用电加热方式进行焊前预热，焊后保温 2h 的消氢处理措施（图 6-7-29、图 6-7-30）。

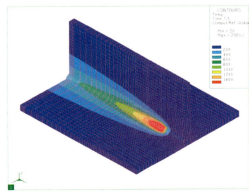

图 6-7-27　焊接模拟仿真

图 6-7-28　焊前加热

根据材料的焊接性，结合运架一体机主梁结构特点、生产实际情况，试验所需预热温度，选取 16mm、20mm、30mm 厚板，根据焊接接头设计了 6 组焊接试板。制定了焊接工艺规程，对焊接工艺进行技术评定，并开展焊接试验。通过各项严格检验和相关力学性能试验，各项性能满足设计要求。

图 6-7-29　结构焊接

图 6-7-30　焊后保温

7.4　运架一体机施工工艺

1）架梁前准备工作

（1）垫石准备

① 垫石的强度必须达到设计要求的强度即 50MPa。

② 垫石验收合格。锚栓孔的设计直径为 160mm，设计深度为 360mm，现场实测直径和深度偏差值 ≤ 5mm；同一端垫石的左右高差 ≤ 2mm；垫石表面平整，不平整度最大值 ≤ 5mm。

③垫石表面支座下底板范围内凿毛处理。凿毛面积占支座下底板面积的70%，凿毛深度将表层浮浆清除。

④锚栓孔内清理干净。

⑤垫石顶面支座纵横向中心线标识清楚。

⑥垫石内侧的墩顶宽度能满足放置千斤顶的要求。

（2）安全防护

①架梁施工范围与外界进行安全隔离，安全监护人员已到位。

②已架梁桥头两侧的防护栏杆安装牢固。栏杆高1.2m，栏杆上悬挂"禁止依靠"警示牌。

③已架梁端止挡三角木楔摆放到位，止挡木楔距离梁端1m。

（3）物资准备

砂浆数量满足施工要求，拌和用水数量足够。

（4）设备及工机具检查

①架桥机各系统运转正常。

②发电机、搅拌机、千斤顶工作正常。

（5）其他

①对天气变化进行预判。未来5h内无6级以上的大风、雷雨天气。

②架梁工班长进行班前讲话，检查人员的到位情况、精神状态。重点讲各工序安全应急措施。

2）技术要求

架桥机主梁坡度根据桥梁坡度进行调整。

（1）平坡工况：平坡状态架梁，不做调整。

（2）下坡工况：架设9‰以内下坡的桥梁时，不做调整；架设9‰~14‰之间下坡的桥梁时，后车悬挂下降200mm进行调坡；架设14‰~20‰之间下坡的桥梁时，主支腿向下伸长300mm，后车悬挂，同时下降200mm进行调坡。

（3）上坡工况：架设9‰以内上坡的桥梁时，不做调整；架设9‰~14‰之间上坡的桥梁时，后车悬挂升高200mm进行调坡；架设14‰~20‰之间上坡的桥梁时，后车架与主梁尾部连接处的伸缩柱升高400mm，后车悬挂，同时升高200mm进行调坡。

3）架梁质量要求

（1）箱梁架设后，相邻梁跨梁端桥面之间、梁端桥面与相邻桥台胸墙顶面之间的相对高差不得大于10mm。预制箱梁桥面高程不得高于设计高程，也不得低于设计高程20mm。

（2）支承垫石顶面与支座下底板间的压浆厚度不得小于20mm，也不得大于30mm。

（3）每个支点反力与四个支点反力的平均值之差不得超过±5%。

4）运架一体机套梁

在湄洲湾跨海大桥45~46号墩桥面上标识箱梁临时垫墩布设位置，测量同一端左右垫墩相对高差。垫墩布置要求：临时垫墩设置于梁端底板的腹板下方，与梁端距离≤1.5m，其上需放置5cm厚的橡胶垫，同一端左右横桥向中心距4.4m，左右相对高差≤2mm。以40m预制简支箱梁为例，桥面临时垫墩位置如图6-7-31所示。

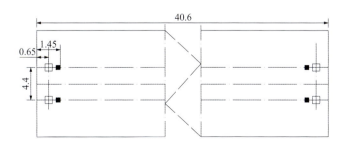

图6-7-31　40m预制箱梁桥面临时垫墩位置示意图（尺寸单位：m）

待架支座安装完成后，提升箱梁至桥面，再用临时垫墩支撑箱梁。运架一体机开至离待架箱梁距离0.5m处。

运架一体机后车架采用门式车架结构形式，其上端横梁通过球铰支座支撑主梁后端，球铰支座只能承受压力、不能承受拉力，整体提升桥机时必须将后车架与主梁用吊杆临时连接。整体提升吊杆连接要求：丝杆与下部加长节段必须成直线，顶部螺母拧紧后再回拧半个螺距，加长节段上销轴必须安装牢固。

（1）提梁机及运架一体机就位，如图6-7-32所示。

图6-7-32 提梁机及运架一体机就位图

运架一体机后退时按梁面标识线行走，距待架箱梁端部15m时减速并将行走模式切换为蠕动模式，同时监视运架一体机与待架箱梁的安全距离，至运架一体机后车距离待架箱梁端部0.5m时停止。同时运架一体机在后退过程中经过提梁机下方时，注意观察提梁机吊具与其顶部的安全间距，避免发生碰撞。

提梁机吊杆与运架一体机的吊装孔对位，吊杆应自由插入吊装孔。安装螺母时同一端四根吊杆的螺纹外露长度必须相同，且底部螺母、垫片必须放平，保证吊杆垂直受力。

（2）500t提梁机提升1000t运架一体机，如图6-7-33所示。

图6-7-33 500t提梁机提升1000t运架一体机

提升前，检查提梁机吊具钢丝绳的垂直度及吊杆连接是否满足要求。提升时，1号提梁机（天车卷扬机串联）先起，2号提梁机（天车卷扬机独立）后起。起升至运架一体机轮胎距离梁面20cm时停止起升，重复起落动作3次（每次10cm），检验提梁机卷扬机制动性能。确认卷扬机制动性能符合要求后方可继续提升。

（3）提梁机将运架一体机横移至桥梁边界外，如图 6-7-34 所示。

图 6-7-34　提梁机将运架一体机横移至桥梁边界外

提梁机提升运架一体机轮胎高于梁面临边防护栏杆后方可横移，由工班长负责监视安全间距。低速起动，横移到位前逐级降挡减速，严禁直接在高速挡位直接停止移动。

（4）提梁机提吊运架一体机纵移后退，如图 6-7-35 所示。

图 6-7-35　提梁机提吊运架一体机纵移后退

在桥面上观察纵移后退的情况，后退至运架一体机的吊具与待架箱梁的吊装孔对齐时停止，在前后端观察运架一体机轮胎与临边栏杆的安全间距。提梁机要逐级降挡减速。纵移过程中，地面设专人监护拖地电缆及提梁机大车走行。

（5）将提梁机横移运架一体机至待架箱梁上方，如图 6-7-36 所示。

图 6-7-36　提梁机横移运架一体机至待架箱梁上方

横移过程中，注意运架一体机中支腿与待架梁端的安全间距，运架一体机中心线与箱梁中心线对正，中心线偏差≤2cm。

（6）将提梁机下落运架一体机至桥面上，如图6-7-37所示。

图6-7-37　提梁机下落运架一体机至桥面上

下落时，2号提梁机（天车卷扬机独立）先落，1号提梁机（天车卷扬机串联）后落。盯控运架一体机前后两端吊具与待架箱梁梁面的安全间距，及提梁机前后两端吊具下落情况，严禁吊具过度下放，钢丝绳完全放松或吊具歪倒。

5）运架一体机架梁

（1）架梁前的准备工作

①垫石交接验收时同步检查步板的安装质量。

②垫石验收。复测垫石高程控制在0～10mm及平面位置不得大于10mm；检查锚栓孔的中心位置不得大于5mm、深度不得超过锚棒长度0～20mm；检查垫石的高度、顶面平整度；检查千斤顶摆放位置处墩顶的平整度、有无残留的钢筋头；检查顶面凿毛质量；清理锚栓孔；采用回弹仪检查垫石强度；检查垫石的宽度及偏位，分析挡块能否安装。

③待架桥头及两侧桥面设置防护栏杆。

（2）运架一体机架梁工艺流程

架梁工艺流程：运梁到桥头→支撑主支腿→一次过孔→临时落梁→支撑辅助支腿→主支腿纵移至前方墩台→收辅助支腿→提升箱梁→二次过孔→落梁对位→整机后退→返回梁场。

①运梁到达桥头，如图6-7-38所示。

图6-7-38　运梁至桥头

②恢复主支腿；顶升前车架悬挂并支好主支腿，如图6-7-39所示。

图 6-7-39 恢复主支腿

③操作系统由运输状态转换至喂梁状态，由后车及主支腿托轮定扭矩马达共同推动整机前行，当辅助支腿距已架梁端 50cm 时停止，完成第一次过孔，如图 6-7-40 所示。

④前、后吊具同时降低高度，将待架箱梁前端临时支垫使前吊具钢丝绳不受力。

⑤顶升辅助支腿液压缸，使主支腿下垫梁悬空。

图 6-7-40 第一次过孔

⑥主支腿前移至前方桥墩并支好，如图 6-7-41 所示。

图 6-7-41 主支腿前移

⑦收缩辅助支腿液压缸，使辅助支腿悬空。

⑧前、后吊具同步提升箱梁，移开临时垫墩。

⑨由后车及主支腿托轮定扭矩马达推动整机前行到位，完成第二次过孔，准备落梁，如图 6-7-42 所示。

图 6-7-42 第二次过孔

⑩ 落梁就位，如图 6-7-43 所示。

图 6-7-43　落梁就位

⑪ 支座灌浆。
⑫ 整机后退，使前车架轮组完全进入已架箱梁顶面，如图 6-7-44 所示。

图 6-7-44　整机后退

⑬ 顶升前车架轮组悬挂使主支腿下垫梁悬空。
⑭ 折转主支腿并固定，恢复前车架悬挂高度。架桥机空车返回制梁场，如图 6-7-45 所示。

图 6-7-45　返回梁场

7.5　结论

　　高铁 40m 箱梁运架成套设备及核心技术首次成功运用在福厦高铁工程中，取得了显著的社会效益和经济效益。运架一体机具有提梁、运梁、架梁三合一功能，安全性好、适用范围广，满足隧道口、隧道内、连续梁等全部工况的架梁要求，实现了 24～40m 多种跨度简支箱梁的运输和架设。

REFERENCES

参 考 文 献

[1] 陈良江, 文望青. 中国铁路桥梁 (1980—2020) [M]. 北京: 中国铁道出版社, 2020.

[2] 项海帆. 21世纪世界桥梁工程的展望[J]. 土木工程学报, 2000(3): 1-6.

[3] 国家铁路局. 高速铁路设计规范: TB 10621—2014 [S]. 北京: 中国铁道出版社, 2015.

[4] 国家铁路局. 铁路桥涵设计规范: TB 10002—2017 [S]. 北京: 中国铁道出版社, 2017.

[5] 国家铁路局. 铁路桥涵混凝土结构设计规范: TB 10092—2017 [S]. 北京: 中国铁道出版社, 2017.

[6] 国家铁路局. 铁路混凝土结构耐久性设计规范: TB 10005—2010 [S]. 北京: 中国铁道出版社, 2010.

[7] 王德志, 杨恒, 曾甲华. 福州至厦门高速铁路桥梁总体设计[J]. 铁道标准设计, 2018(8): 68-73.

[8] 刘振标, 罗世东, 潘茂盛, 等. 主跨468m铁路钢箱混合梁斜拉桥设计[J]. 桥梁建设, 2014(5): 81-88.

[9] 杨艳丽, 严爱国. 赣江特大桥无砟轨道施工线形控制关键技术[J]. 中国铁路, 2019(11): 104-108.

[10] 任征. 大跨度四线铁路高低塔混合梁斜拉桥塔设计[J]. 铁道标准设计, 2018(8): 68-73.

[11] 杨恒. 泉州湾跨海大桥主桥设计方案研究[J]. 中外铁路, 2016(6): 69-73.

[12] 文望青, 王德志, 武兵. 高速铁路无支座整体式刚构设计[J]. 桥梁建设, 2020(2): 86-91.

[13] 湛敏. 高速铁路跨度40m与32m简支箱梁建造技术对比研究[J]. 铁道标准设计, 2019, 63(3): 75-79.

[14] 叶阳升, 魏峰, 胡所亭, 等. 高速铁路跨度40m预制简支箱梁建造技术研究[J]. 中国铁路, 2016(10): 5-10.

[15] 杨心怡, 苏永华, 石龙, 等. 高速铁路40m简支箱梁截面关键尺寸设计研究[J]. 铁道建筑, 2019, 59(4): 22-26.

[16] 廖祖江. 独塔双索面曲线铁路斜拉桥抗震性能分[J]. 武汉理工大学学报, 2012(3): 20-25.

[17] 张立江, 宋顺忱. 京沪高速铁路子牙河独塔斜拉桥设计[J]. 铁道标准设计, 2011(9): 27-28.

[18] 周有权. 铁路新型钢-混凝土组合独塔部分斜拉桥设计研究[J]. 铁道标准设计, 2017(3): 82-87.

[19] 罗春林. 武九客运专线铁路 (82+154+88) m 矮塔斜拉桥设计[J]. 铁道标准设计, 2017(8): 70-74.

[20] 朱彬. 大跨度钢箱混合梁斜拉桥无缝线路设计研究[J]. 铁道标准设计, 2012(2): 4-6, 15.

[21] 付小军. 商合杭高铁淮河特大桥总体设计研究[J]. 中国铁路, 2020(6): 52-57.

[22] 聂建国, 陶慕轩, 吴丽丽, 等. 钢-混凝土组合结构桥梁研究新进展[J]. 土木工程学报, 2012, 45(6): 110-122.

[23] 聂建国. 钢-混凝土组合结构桥梁[M]. 北京: 人民交通出版社, 2011.

[24] 聂建国. 钢-混凝土组合结构原理与实例[M]. 北京: 科学出版社, 2009.

[25] 胡文军, 梅新咏, 张燕飞, 等. 沪苏通长江公铁大桥主航道桥桥塔设计关键技术[J]. 世界桥梁, 2022, 50(3): 1-7.

[26] 项贻强, 易绍平, 杜晓庆, 等. 南京长江二桥南汊桥斜拉索塔节段足尺模型的研究[J]. 土木工程学报, 2000, 33(1): 15-22.

[27] 罗世东, 刘振标. 铁路钢箱混合组合梁斜拉桥[M]. 北京: 中国铁道出版社, 2017.

[28] 聂利芳, 严爱国, 曾甲华, 等. 福厦高铁安海湾特大桥无砟轨道钢-混凝土结合梁斜拉桥设计研究[J]. 铁道标准设计, 2020, 64(S1): 137-141, 146.

[29] 陈磊磊, 钱振东, 王建伟, 等. 武汉天兴洲公铁两用长江大桥钢桥面环氧沥青混凝土铺装设计与施工[J]. 桥梁建设, 2011(1): 79-82.

[30] 聂建国, 余志武. 钢-混凝土组合梁在我国的研究及应用[J]. 土木工程学报, 1999(2): 3-8.

[31] 徐国平, 张喜刚, 刘玉擎. 混合梁斜拉桥[M]. 北京: 人民交通出版社, 2013.

[32] 刘振标, 文望青, 陈良江. 铁路混合梁斜拉桥设计创新与实践[J]. 铁道工程学报, 2019, 36(5): 30-36.

[33] 娄松, 吴芳, 江湧, 等. 大吨位钢桁梁步履式顶推滑移施工力学行为分析[J]. 桥梁建设, 2021, 51(1): 66-73.

[34] 胡汉舟. 武汉天兴洲公铁两用长江大桥主桥上部结构施工方案[J]. 桥梁建设, 2007(3): 1-4.

[35] 刘杰文, 张红心, 周明星, 等. 黄冈公铁两用长江大桥施工关键技术[J]. 桥梁建设, 2013, 43(2): 1-9.

[36] 李军堂, 潘东发. 沪通长江大桥主航道桥施工关键技术[J]. 桥梁建设, 2019, 49(5): 9-14.

[37] 王东辉. 铜陵公铁两用长江大桥南岸边跨钢梁施工技术[J]. 世界桥梁, 2015, 43(6): 1-5.

[38] 李建勇, 马世权. 钢-混凝土组合梁现浇桥面板施工技术[J]. 施工技术, 2020, 49(S1): 1173-1178.

[39] 刘明虎, 薛花娟. 港珠澳大桥超高强度平行钢丝斜拉索设计与技术研究[J]. 桥梁建设, 2014, 44(5): 6.

[40] 邱凯. 超长服役期钢斜拉桥拉索体系性能评估及加固关键技术研究[D]. 济南: 山东大学, 2022.

[41] 史蒂芬·马克思, 马克·温拿, 张思思, 等. 德国舍孔德高架桥长期性能监测研究[J]. 世界桥梁, 2017, 46(6): 34-38.

[42] 陈爱军, 彭容新, 王解军, 等. 大跨连续刚构桥双肢薄壁墩抗震性能研究[J]. 振动与冲击, 2020, 39(1): 1-7.

[43] 姜文恺, 曾敏, 张学强, 等. 宜昌至郑万高铁联络线黄柏河特大桥节段拼装整体式刚构桥设计[J]. 世界桥梁, 2020, 48(S1): 57-61.

[44] 程杰. 无支座连续刚构轨道结构受力分析及温度跨度研究[D]. 北京: 北京交通大学, 2015.

[45] 孙大斌. 客运专线无砟轨道预应力混凝土T构桥设计跨径研究[J]. 世界桥梁, 2018, 46(2): 6-9.

[46] 袁定安. 武咸城际铁路连续梁跨武广高速铁路转体施工技术[J]. 铁道标准设计, 2012(4): 63-69.

[47] 葛恒岩. 高速铁路2×56m转体T构设计[J]. 铁道勘察, 2017(3): 117-120.

[48] 车晓军, 张谢东, 朱海清. 基于球铰应力差法的T构转体桥不平衡力矩预估[J]. 桥梁建设, 2014, 44(4): 57-61.

[49] 马明路, 彭逸群. 无合龙段T构桥转体施工关键技术研究[J]. 铁道创新技术 2018(5): 56-58.

[50] 左家强. 2-100m铁路双线预应力混凝土T形刚构设计[J]. 铁道标准设计, 2013(11): 51-55.

[51] 陶玉莲. 2×95m铁路单线预应力混凝土T形刚构桥设计[J]. 世界桥梁, 2014, 42(3): 11-14.

[52] 陈晓波. 马水河特大桥T形刚构桥设计[J]. 桥梁建设, 2011, (3): 48-51.

[53] 杨国静, 陈列, 谢海清. 适用于拱桥扣挂施工的T(刚)构高墩结构设计[J]. 桥梁建设, 2018, 48(2): 94-98.

[54] 刘江川. 客运专线无砟轨道大跨度预应力混凝土T构墩梁固结处局部应力分析[J]. 铁道标准设计, 2015, 59(3): 74-77.

[55] 贾宝红. 郑万铁路上跨郑西客专联络线特大桥主桥转体结构分析[J]. 铁道标准设计, 2017, 61(5): 65-69.

[56] 曾甲华, 刘智春, 陈裕民, 等. 转体施工钢箱梁独塔斜拉桥设计[J]. 世界桥梁, 2016, 44(4): 11-15.

[57] 宋子威, 杨利卫, 王德志. 平潭海峡北东口水道特大桥总体设计[J]. 世界桥梁, 2018, 46(4): 1-5.

[58] 宋子威. 铁路大跨度混凝土部分斜拉桥关键技术研究[J]. 铁道工程学报, 2018(4): 49-53.

[59] 刘润舟. (70+125+70)m跨铁路转体连续梁桥设计[J]. 铁道标准设计, 2013(2): 67-70.

[60] 颜惠华, 王长海, 罗力军. 桥梁转体施工中球铰静摩擦系数计算方法[J]. 世界桥梁, 2015, 43(4): 74-78.

[61] 叶华文, 李翠娟, 徐勋, 等. 独斜塔斜拉桥预应力索塔锚固区模型试验研究[J]. 西南交通大学学报, 2014, 49(1): 52-58.

[62] 程飞, 张琪峰, 王景全. 我国桥梁转体施工技术的发展现状与前景[J]. 铁道标准设计, 2011(6): 67-71.

[63] 邹本波. 非对称斜拉桥转体称重测试[J]. 高速铁路技术, 2015, 6(2): 93-96.

[64] 刘建红. 绥芬河斜拉桥设计与转体施工[J]. 铁道标准设计, 2009(8): 48-51.

[65] 王富君. 跨既有铁路矮塔斜拉桥设计与转体施工[J]. 铁道标准设计, 2011(3): 58-61.

[66] 张乃乐. 大跨度铁路斜拉桥换索方案设计与受力性能分析[J]. 铁道标准设计, 2017, 61(4): 79-82.

[67] 尹书军. 怀邵衡铁路沅江特大桥主桥设计[J]. 铁道标准设计, 2016, 60(9): 68-70, 78.

[68] 鲁志强, 陈松. 大跨铁路斜拉桥索塔环向预应力布束方案计算比较研究[J]. 铁道标准设计, 2012(4): 74-79.

[69] 吴大宏, 王立中, 张帅, 等. 津保矮塔斜拉桥空间分析研究[J]. 铁道工程学报, 2013, 30(4): 56-60, 119.

[70] 陈从春, 周海智, 肖汝诚. 矮塔斜拉桥研究的新进展[J]. 世界桥梁, 2006(1): 70-73, 80.

[71] 张海, 吴大宏. 津保铁路矮塔斜拉桥设计关键技术研究[J]. 铁道标准设计, 2013(11): 55-58.

[72] 张雷. 京沪高速铁路津沪联络线矮塔斜拉桥设计[J]. 桥梁建设, 2012(4): 69-74.

[73] 全伟, 张雷, 王砺文. 高烈度震区独塔斜拉桥减震优化设计[J]. 铁道标准设计, 2015(10): 68-72.

[74] 康炜. 小西湖黄河大桥部分斜拉桥结构分析[J]. 铁道标准设计, 2004(11): 88-90.

[75] 刘振标. 广珠城际西江特大桥主桥设计[J]. 桥梁建设, 2009(3): 55-58.

[76] 李建慧, 李爱群, 罗世东, 等. 广珠城际西江特大桥主桥空间受力分析[J]. 东南大学学报, 2009, 39(1): 96-100.

[77] 罗世东, 刘振标, 陈勇, 等. 广珠城际西江特大桥主桥方案设计研究[J]. 桥梁建设, 2006（S2）: 36-39.

[78] 陈银灯. 基于OpenSees软件的大跨度铁路斜拉桥系统地震易损性研究[D]. 成都: 西南交通大学, 2018.

[79] 王新国, 周继, 严定国, 等. 武汉市杨泗港快速通道转体斜拉桥设计[J]. 铁道标准设计, 2019(1): 70-76.

[80] 牛斌. 高速铁路预制后张法预应力混凝土大跨度简支梁技术研究[J]. 铁道建筑, 2015(10): 31-37.

[81] 班新林. 高速铁路大跨度混凝土简支箱梁动力特性分析[J]. 铁道工程学报, 2020(5): 36-41.

[82] 胡所亭, 牛斌, 柯在田, 等. 高速铁路常用跨度简支箱梁优化研究[J]. 中国铁道科学, 2013, 34(1): 15-21.

[83] 刘琛. 铁路大跨度活性粉末混凝土简支梁截面形式研究[J]. 铁道建筑, 2017(7): 21-23.

[84] 苏永华, 石龙, 胡所亭, 等. 时速350km高速铁路40m跨度预应力混凝土简支箱梁徐变上拱控制设计研究[J]. 铁道建筑, 2018, 58(11): 31-36.

[85] 潘永杰, 苏永华, 魏乾坤, 等. BIM技术在铁路40m简支梁设计中的应用[J]. 铁道建筑, 2019, 59(1): 10-14.

[86] 康炜. 高地震区多跨长联桥梁抗震设计[J]. 铁道标准设计, 2012(9): 47-51.

[87] 李沅璋, 赵月悦. 福厦铁路泉州湾特大桥工程BIM技术应用研究[J]. 铁路技术创新, 2019(4): 126-128.

[88] 傅萌萌, 曾敏, 黄卫, 等. 深茂铁路潭江特大桥BIM设计研究[J]. 铁路技术创新, 2016(3): 58-61.

[89] 徐溢滨. 基于BIM的高难度斜拉桥施工控制技术[J]. 智能城市, 2020, 6(12): 182-183.

[90] 宋福春, 陈冲, 张兴, 等. BIM技术在大跨度斜拉桥设计中的应用[J]. 沈阳建筑大学学报 (自然科学版), 2016, 32(1): 115-123.

[91] 古兴宇. 基于BIM技术的参数化自动化建模分析[J]. 四川建筑, 2020, 40(2): 332-333.

[92] 宋子威, 王德志, 薛兆钧, 等. 铁路混凝土部分斜拉桥设计综述及发展方向[J]. 交通科技, 2015(6): 28-31.

[93] 朱佩章, 王永峰, 马明. 大跨度曲线矮塔斜拉桥主梁空间效应研究[J]. 铁道建筑, 2017(7): 13-20.

[94] 严宗雪, 王凌波, 卢旭, 等. 合龙温差下部分斜拉桥顶推力的确定[J]. 土木工程与管理学报, 2016, 33(2): 51-55.

[95] 罗嗣碧, 彭敬垒. 部分斜拉桥二次调索控制措施[J]. 公路, 2012(5): 183-185.

[96] 张晓江. 广州南沙港铁路小榄水道公铁两用特大桥设计创新技术[J]. 公路, 2013(3): 75-78.

[97] 罗世东. 铁路桥梁大跨度组合桥式结构的应用研究[J]. 铁道标准设计, 2005(11): 1-4.

[98] 于晓辉, 吕大刚, 王光远. 关于概率地震需求模型的讨论[J]. 工程力学, 2013, 30(8): 172-179.

[99] 李宗建. 基于抗震设计的新型高墩构造比选: 以黄韩侯铁路纵目沟特大桥105m高主墩为例[J]. 铁道标准设计, 2020, 64(6): 98-103, 111.

[100] 张志, 孙长军, 邱敏. 矮塔斜拉桥混凝土索塔锚固区受力性能分析[J]. 安徽建筑, 2019(8): 125-128.

[101] 全开华, 冯卫军, 李云. 连续刚构桥梁的延性地震响应分析与应用[J]. 铁道建筑, 2011(11): 23-25.

[102] 吴延伟. 大跨度连续刚构桥罕遇地震下抗震分析[J]. 铁道工程学报, 2010, 27(2): 54-59.